压力管道设计与施工常用标准规范手册

第二篇　GA类长输管道

中国石油化工集团有限公司配管设计技术中心站　编

中国石化出版社

图书在版编目(CIP)数据

压力管道设计与施工常用标准规范手册．第二篇，GA类长输管道／中国石油化工集团有限公司配管设计技术中心站编．—北京：中国石化出版社，2022.9
ISBN 978-7-5114-6817-8

Ⅰ．①压… Ⅱ．①中… Ⅲ．①压力管道-管线设计-标准-汇编-中国②压力管道-管道施工-标准-汇编-中国 Ⅳ．①U17-65

中国版本图书馆 CIP 数据核字（2022）第 145825 号

中国石化出版社出版发行
地址:北京市东城区安定门外大街 58 号
邮编:100011　电话:(010)57512500
读者服务部电话:(010)57512575
http://www.sinopec-press.com
E-mail:press@sinopec.com
北京科信印刷有限公司印刷
全国各地新华书店经销

*

880×1230 毫米 16 开本 43.25 印张 1300 千字
2023 年 3 月第 1 版　2023 年 3 月第 1 次印刷
定价:276.00 元

前　言

为适应压力管道设计新形势的要求，规范压力管道设计、校核和审批人员的培训和考核工作，国家市场监督管理总局委托中国石油化工股份有限公司工程建设管理部负责组织编写了《全国压力管道设计和审批人员培训教材》(以下简称《培训教材》)。《培训教材》出版以来，在石油、石油化工、化工、机械、电力、冶金、市政等行业得到广泛使用，发挥了积极作用，可满足和适应压力管道设计许可(或换证)的设计、校核和审批人员培训、考核的需要。

为深入贯彻《中华人民共和国标准化法》，加强压力管道设计和施工的标准化，并配合《培训教材》的学习和相关设计、校核和审批人员的培训和考核工作，汇集了有关压力管道的法律和法规，以及现行国家标准和行业标准，汇编成《压力管道设计与施工常用标准规范手册》(以下简称《手册》)。

《手册》分为五篇，各篇内容如下：

第一篇　法律法规

第二篇　GA 类长输管道

第三篇　GB 类公用管道

第四篇　工业管道—GC 类工艺管道

第五篇　工业管道—GCD 类动力管道

《手册》汇编收集的标准为现行国家标准和行业标准，仅汇编标准正文，条文说明省略，读者在使用这些标准时，其属性以《手册》标明的年版为准(标准正文“引用标准”中标准的属性请读者查对)。条文说明部分请查阅原标准的“条文说明”。

鉴于《手册》收录的标准发布年代不尽相同，汇编时对标准所用计量单位、符号、格式未做改动；标准发布后的有关“修改单”附在标准内容的后面。

《手册》可供石油、石油化工、化工、机械、电力、冶金、市政等行业的压力管道设计和施工单位的设计和施工人员使用。

《手册》编写人员：丘　平　张德姜　许　丹　陈永亮

中国石油化工集团有限公司配管设计技术中心站

目　　录

ICS 75.200
E 98

中华人民共和国国家标准

GB/T 21447—2018
代替 GB/T 21447—2008

钢质管道外腐蚀控制规范

Specifications for steel pipeline external corrosion control

2018-02-06 发布　　2018-09-01 实施

中华人民共和国国家质量监督检验检疫总局
中国国家标准化管理委员会　发布

目　次

前　言

本标准按照 GB/T 1.1—2009 给出的规则起草。

本标准代替 GB/T 21447—2008《钢质管道外腐蚀控制规范》，与 GB/T 21447—2008 相比，除编辑性修改外主要技术变化如下：

——修订了本标准的适用范围(见第 1 章)；

——增加了 5 个术语(见 3.1、3.5、3.11、3.12 和 3.13)；

——修订、增加环境腐蚀性测定方法和分级评价指标(见 4.3)；

——修订了防腐层设计的一般规定，并增加陆上埋地及水下管道防腐层、陆上地上管道防腐层、海底管道防腐层的规定(见 5.1、5.2、5.3 和 5.4)；

——修订了陆上管道阴极保护准则，并增加了海底管道的阴极保护内容(见 6.1.2、6.2)；

——增加了干扰控制的一般规定，修订了交直流干扰的判断指标和防护效果评价指标(见 7.1、7.2.1、7.3.1)；

——修订了施工与验收内容(见第 8 章)；

——调整运行及维护管理内容，并增加检测与评价相关内容(见第 9 章)。

本标准由全国石油天然气标准化技术委员会(SAC/TC355)提出并归口。

本标准起草单位：大庆油田工程有限公司、中国石油规划总院、中国石油天然气管道工程有限公司、中海油研究总院、中国石油集团工程技术研究院、中国石油集团工程设计有限责任公司西南分公司、中国石油天然气管道分公司、中石油西南油气田分公司安全环保与技术监督研究院。

本标准主要起草人：杨春明、张昆、刘芳、黄春蓉、黄留群、韩文礼、胡丽华、韦振光、罗锋、滕延平、张平、秦林、符中欣、张贻刚、李双林、张宝良、徐华天、张荣兰。

本标准的历次版本发布情况为：

——GB/T 21447—2008。

钢质管道外腐蚀控制规范

1 范围

本标准规定了钢质管道(以下简称管道)外腐蚀控制工程设计、施工及管理等应遵循的最低要求,包括基本规定、防腐层设计、阴极保护设计、干扰防护、施工与验收、运行及维护管理等内容。

本标准适用于陆上和海底新建、扩建及改建的输送介质温度低于100℃的油、气、水管道的外腐蚀控制。

2 规范性引用文件

下列文件对于本文件的应用是必不可少的。凡是注日期的引用文件,仅注日期的版本适用于本文件。凡是不注日期的引用文件,其最新版本(包括所有的修改单)适用于本文件。

GB/T 8923.1 涂覆涂料前钢材表面处理 表面清洁度的目视评定 第1部分:未涂覆过的钢材表面和全面清除原有涂层后的钢材表面的锈蚀等级和处理等级

GB/T 19292.1 金属和合金的腐蚀 大气腐蚀性 分类

GB/T 21246 埋地钢质管道阴极保护参数测量方法

GB/T 21448 埋地钢质管道阴极保护技术规范

GB/T 23257 埋地钢质管道聚乙烯防腐层

GB 32167 油气输送管道完整性管理规范

GB/T 50538 埋地钢质管道防腐保温层技术标准

GB/T 50698 埋地钢质管道交流干扰防护技术标准

GB 50991 埋地钢质管道直流干扰防护技术标准

GB/T 51172 在役油气管道工程检测技术规范

GB/T 35988 石油天然气工业海底管道阴极保护

SY/T 0029 埋地钢质检查片应用技术规范

SY/T 0087.1 钢制管道及储罐腐蚀评价标准 埋地钢质管道外腐蚀直接评价

SY/T 0315 钢质管道熔结环氧粉末外涂层技术规范

SY/T 0407 涂装前钢材表面处理规范

SY/T 0414 钢质管道聚烯烃胶粘带防腐层技术标准

SY/T 0447 埋地钢质管道环氧煤沥青防腐层技术标准

SY/T 5918 埋地钢质管道外防腐层修复技术规范

SY/T 6854 埋地钢质管道液体环氧外防腐层技术标准

SY/T 6878 海底管道牺牲阳极阴极保护

SY/T 6964 石油天然气站场阴极保护技术规范

SY/T 7036 石油天然气站场管道及设备外防腐层技术规范

SY/T 7041 钢质管道聚丙烯防腐层技术规范

SY/T 7347 油气架空管道防腐保温技术标准

3 术语和定义

下列术语和定义适用于本文件。

3.1

腐蚀控制 corrosion control

改进腐蚀体系以减轻腐蚀损伤的措施。

3.2

电解质 electrolyte

含有在电场中可以迁移离子的化学物质，在本规范中指邻近和接触埋地或水下金属管道系统的土壤或液体，其中包括水分和所含有的其他化学物质。

3.3

极化电位 polarized potential

消除由阴极保护电流或其他电流所引起的 IR 降误差后管道对电解质的电位。

3.4

电绝缘 electric isolation

与其他金属构筑物或环境呈电气隔离的状态。

3.5

飞溅区 splash zone

由于波浪和潮汐的作用，周期性地浸入水中或露出水面的构筑物的外表面。

3.6

屏蔽 shielding

阻止阴极保护电流按预定的路线流通。

3.7

干扰 interference

由于杂散电流的作用而对管道产生的电扰动。

3.8

保护率 coverage range of protection

对所辖管道施加阴极保护后，满足阴极保护准则部分的比率。

3.9

运行率 percentage of effectiveness operation

年度内阴极保护有效投运时间与全年时间的比率。

3.10

保护度 degree of protection

通过保护措施实现的腐蚀损伤减小的百分数。

3.11

直接评价 direct assessment；DA

一种采用结构化过程的完整性评价方法，即通过整合管道物理特性、系统的运行记录或检测、检查和评价结果的管道等信息，给出预测性的管道完整性评价结论。

3.12

破损点 fault

防腐层上的机械损伤、露铁点等防腐层缺陷。

3.13

海底管道 subsea pipeline

包括立管及位于最高潮位的水面以下的管道。

4 基本规定

4.1 应根据管道预期服役年限、工程安全要求和经济性等因素，进行管道外腐蚀控制：

a) 新建管道：应采用外防腐层(以下简称防腐层)或防腐层联合阴极保护。调查表明不需要腐蚀控制的，可不采用。

b) 已建有防腐层无阴极保护的埋地或水下管道：调查表明需要加强腐蚀控制，宜增加阴极保护。

c) 已建无外腐蚀控制管道：应检测评价管道系统的腐蚀状况，并根据评价结果确定采取的腐蚀控制措施。

4.2 腐蚀控制方法的选择应考虑如下因素：

a) 环境的腐蚀性；

b) 管道特性；

c) 运行工况；

d) 施工条件；

e) 环境敏感性；

f) 运行维护需求；

g) 管道预期服役年限；

h) 经济性。

4.3 管道所处环境的腐蚀性等级划分应符合下列规定：

a) 大气腐蚀性等级划分应符合表1的规定。当大气的年腐蚀速率难以获取时，应按GB/T 19292.1有关规定划分大气腐蚀性等级。

表1 大气腐蚀性分级

大气腐蚀性分级	很低	低	中等	高	很高(工业)	很高(海洋)
第一年的腐蚀速率 V_{corr}/(μm/a)	≤1.3	$1.3<V_{corr}≤25$	$25<V_{corr}≤50$	$50<V_{corr}≤80$	$80<V_{corr}≤200$	$80<V_{corr}≤200$

b) 土壤腐蚀性的测定可采用土壤电阻率，并按照表2的规定划分等级。也可采用试片失重法和腐蚀坑深法，按表3的规定划分等级。含细菌土壤的腐蚀等级，可按表4的规定划分等级。

表2 按电阻率划分土壤腐蚀性等级

等级	弱	中	强
土壤电阻率/(Ω·m)	>50	20~50	<20

表3 按腐蚀速率划分土壤腐蚀性等级

等级	弱	较弱	中	较强	强
平均腐蚀速率(试片失重法) g/(dm²·a)	<1	1~3	3~5	5~7	>7
最大腐蚀速率(腐蚀坑深测试法) mm/a	<0.1	0.1~0.3	0.3~0.6	0.6~0.9	>0.9

表4 按土壤细菌腐蚀划分等级

腐蚀级别	弱	中	较强	强
氧化还原电位/mV	≥400	200~400	100~200	<100

5 防腐层设计

5.1 一般规定

5.1.1 钢质管道外防腐层应具备良好的电绝缘性、机械性、防潮防水性、附着力、耐化学性和热老化性、耐微生物侵蚀等基本性能，且易于施工和修补。

5.1.2 选择防腐层时应考虑下列主要因素：

a）环境类型(大气、土壤、水下等)；

b）管道材质、管径、长度及预期服役年限；

c）管道系统的可接近性；

d）管道系统的运行温度和施工温度；

e）管道敷设区域以及位置；

f）管道敷设及连接方式；

g）防腐层对钢管表面处理要求；

h）经济性；

i）搬运与储存。

5.1.3 埋地、水下及海底敷设的管道，选择防腐层时除考虑 5.1.2 的因素外还应考虑下列因素：

a）与阴极保护的兼容性；

b）土壤应力，包括冷热循环带来的应力；

c）在岩石区、非开挖穿越施工中或其他外力影响下抗机械损伤的性能；

d）抗冲击损伤的性能；

e）大气与土壤界面段的影响；

f）与管道配重层的匹配性。

5.2 埋地及水下管道防腐层

5.2.1 埋地及水下管道防腐层除应具备 5.1.1 规定的基本性能外，还具有良好的耐土壤应力性能，并应与阴极保护相匹配。

5.2.2 管道低温环境施工时，防腐层还应具备良好的低温施工性能。

5.2.3 石方段管道及施工过程易造成防腐层损伤的管段宜采取保护措施，保护措施包括但不限于细土回填、加厚防腐层、防腐层保护层等。保护层选择时宜考虑下列因素：

a）与管道防腐层在化学和物理性能上应相匹配；

b）保护层不应对阴极保护有效性产生不利影响。

5.2.4 埋地与水下管道防腐层，选用以下管道外防腐层时，应执行下列标准。

a）挤压聚乙烯防腐层应符合 GB/T 23257 的规定；

b）挤压聚丙烯防腐层应符合 SY/T 7041 的规定；

c）熔结环氧防腐层应符合 SY/T 0315 的规定；

d）聚烯烃冷缠带防腐层应符合 SY/T 0414 的规定；

e）无溶剂液体环氧防腐层应符合 SY/T 6854 的规定；

f）环氧煤沥青防腐层应符合 SY/T 0447 的规定。

5.3 地上管道防腐层

5.3.1 地上管道防腐层除应具备 5.1.1 规定外，还应具备较强的耐候性能。

5.3.2 大气环境、绝热层下管道防腐层应根据管道运行温度、预期服役年限、环境腐蚀性进行选择。

5.3.3 站场管道外防腐层宜按 SY/T 7036 执行，埋地保温管道防腐层宜按 GB/T 50538 执行，线路跨越管道外防腐层宜执行 SY/T 7347。

5.4 海底管道防腐层

5.4.1 平管段防腐层除应具备 5.1.1 性能外，还应满足抗海水和海泥腐蚀性要求，以及静水压和机械强度要求。

5.4.2 立管的大气区、飞溅区和全浸区可采用不同的防腐层类型和结构。大气区和飞溅区除了满足 5.1.1 的性能要求外还应具有良好的耐候性，立管飞溅区防腐层还应具有良好的耐冲击和耐磨性能。

5.4.3 弯管和现场补口防腐层的选择应与海底管道防腐层相匹配。有配重层或保温层的海底管道，现场补口应由防腐层和填充物组成。

6 阴极保护设计

6.1 陆上管道

6.1.1 一般规定

6.1.1.1 埋地油气长输管道、油气田外输管道和油气田内集输干线管道应采用阴极保护；其他埋地管道宜采用阴极保护。

6.1.1.2 阴极保护应与防腐层联合实施。

6.1.1.3 阴极保护工程应与主体工程同时勘察、设计、施工和投运，当阴极保护系统在管道埋地三个月内不能投入运行时，应采取临时性阴极保护措施；在强腐蚀性土壤环境中，应在管道埋地时施加临时阴极保护措施；临时阴极保护措施应维持至永久阴极保护系统投运；对于受到直流杂散电流干扰影响的管道，阴极保护(含排流保护)应在三个月之内投入运行。

6.1.1.4 埋地或水下管道阴极保护可采用强制电流法、牺牲阳极保护法或两种方法的结合，应依据工程规模、土壤环境、管道防腐层质量等因素，经济合理地选用。

6.1.1.5 设计时应考虑高温、防腐层剥离、隔热保温层、屏蔽、细菌侵蚀及电解质的异常污染等特殊条件下阴极保护可能无效或部分无效情况。

6.1.1.6 被保护管道应和其他金属构筑物电绝缘，无法实现电绝缘时，应考虑阴极保护电流流失。

6.1.1.7 并行或交叉管道的保护，应符合以下原则：

a）并行管道采用联合阴极保护时，宜在汇流点及其他适当位置设置跨接线；并行管道分别实施阴极保护时，宜选择各自适宜的阳极地床方式或位置，避免相互之间的干扰；当存在干扰时应采取防治措施。

b）被保护管道与其他埋地管道交叉时，二者间的净垂直距离不应小于 0.3m。当小于 0.3m 时，两者间应设有坚固的绝缘隔离物，确保交叉管道之间的电绝缘。同时，两管道在交叉点两侧各延伸 10m 以上的管段上，应确保管道防腐层无缺陷。

6.1.2 阴极保护准则

6.1.2.1 无 IR 降阴极保护电位 E_{IRfree} 应满足式(1)要求：

$$E_1 \leqslant E_{IRfree} \leqslant E_p \qquad (1)$$

式中：

E_1——限制临界电位；

E_p——金属腐蚀速率小于 0.01mm/a 时的最小保护电位；

E_{IRfree}——无 IR 降阴极保护电位。

6.1.2.2 阴极保护电位宜满足表5要求。

表5 金属材料在土壤、水中的自然电位、最小保护电位和限制临界电位[1,2]

金属或合金	环境条件	自然电位（参考值）E_{COR}/V	最小保护电位（无IR降）E_p/V	限制临界电位（无IR降）E_1/V
碳钢、低合金钢和铸铁	一般土壤和水环境	-0.65～-0.40	-0.85	[a]
	40℃<T<60℃的土壤和水环境	—	[b]	[a]
	T>60℃的土壤和水环境[c]	-0.80～-0.50	-0.95	[a]
	T<40℃，100<ρ<1000Ω·m 含氧的土壤和水环境	-0.50～-0.30	-0.75	[a]
	T<40℃，ρ>1000Ω·m 含氧的土壤和水环境	-0.40～-0.20	-0.65	[a]
	存在硫酸盐还原菌腐蚀风险的缺氧的土壤和水环境	-0.80～-0.65	-0.95	[a]
PREN<40的奥氏体不锈钢	环境温度下，中性和碱性的土壤与水环境	-0.10～+0.20	-0.50	[d]
PREN>40的奥氏体不锈钢		-0.10～+0.20	-0.30	—
马氏体和双相不锈钢		-0.10～+0.20	-0.50	[e]
不锈钢	环境温度下的酸性土壤和水	-0.10～+0.20	[e]	[e]
铜	环境温度下，土壤和水环境	-0.20～0.00	-0.20	—
镀锌钢		-1.10～-0.00	-1.20	—

注1：所有电位无IR降的，且相对于铜/饱和硫酸铜参比电极（CSE，下同）。

注2：管道寿命期内，应考虑管道周围介质电阻率变化。

[a] 对于高强度非合金钢和屈服强度超过550N/mm² 的低合金钢，临界限制电位值应有文件证明或实验确定。

[b] 温度为40℃～60℃时，最小保护电位值可在40℃的电位值（-0.65V，-0.75V，-0.85V或-0.95V）与60℃的电位值（-0.95V）之间通过线性插值法确定。

[c] 高pH值应力腐蚀开裂风险随温度升高而增加。

[d] 如果存在马氏体和铁素体相，应有文件证明或通过实验确定氢脆危害风险。

[e] 应由文献或实验确定。

6.1.2.3 管道防腐层的限制临界电位 E_1 不应负于-1.20V（CSE），并防止防腐层出现阴极剥离、起泡、管体氢脆现象。

6.1.2.4 当表5的阴极保护准则无法达到时，也可采用阴极电位负向偏移最少100mV的准则。100mV阴极电位偏移准则不应用于温度大于40℃的环境、含硫酸盐还原菌的土壤、存在干扰电流、平衡电流和大地电流的情形，存在外部应力腐蚀风险的情形，以及管道连接处或者由多种金属组成的部件。

6.1.2.5 可采用具备良好的电位稳定性、极化小的金属材料或结构，在确认其相对于铜/饱和硫酸铜参比电极的电位后，代替铜/饱和硫酸铜参比电极。

6.1.2.6 交流干扰下的阴极保护准则

a）在存在交流干扰的管道，应测试交流感应电压和(或)交流电流密度，评估交流干扰程度。

b）对存在交流干扰的管道，阴极保护电位除应满足表1要求之外，还应满足 GB/T 50698 的有关规定。

c）交流干扰防护措施及防护效果应满足 GB/T 50698 的有关规定。

6.1.2.7 直流干扰下的阴极保护准则

a）当管道遭受直流干扰影响时，应采取防护措施。

b）直流干扰防护措施及防护效果应满足 GB 50991 的有关规定。

6.1.2.8 阴极保护效果也可通过腐蚀状况检查或检查片腐蚀速率测试方法判定阴极保护的有效性：

a）腐蚀状况检查，包括被保护管道的外观检查，腐蚀类型、腐蚀产物分析，腐蚀深度和金属壁厚测试等，所获结果应表明腐蚀程度没有超出被保护管道使用寿命所允许的限度。

b）检查片腐蚀速率测试。检查片腐蚀速率测试结果应限制在允许的范围内。

6.1.3 埋地管道线路阴极保护应执行 GB/T 21448。站场埋地管道阴极保护应执行 SY/T 6964。

6.2 海底管道

6.2.1 一般规定

6.2.1.1 位于全浸区的海底管道，应采用阴极保护系统对管道提供足够的保护，阴极保护方式可采用牺牲阳极或外加电流。

6.2.1.2 与受阴极保护的陆上管道直接相接的短距离海底管道或其支管的阴极保护设计宜执行 GB/T 21448。

6.2.2 海底管道的阴极保护效果应满足表6的要求。

表6 海底管道阴极保护电位判据

材料		最正阴极保护电位/V	最负阴极保护电位[a]/V
碳钢	浸没在海水中	-0.80	-1.10[b]
	埋设在海泥中	-0.90[f]	-1.10[b]
奥氏体不锈钢[g]	PREN≥40[c]	-0.30[d]	-1.10
	PREN<40[c]	-0.50[d]	-1.10
双相不锈钢		-0.50[d]	[e]
马氏体不锈钢[13%Cr]		-0.50[d]	[e]

注：表中电位是相对饱和甘汞电极电极(SCE)的电位，当海水电阻率为 30Ω·cm 时，SCE 电极电位等效于 Ag/AgCl/海水电极电位。

[a] 阴极电位限制应同时确保阴极保护系统对管道涂层不产生不良影响。

[b] 对于高强钢管道系统(SMYS>550MPa)，应确定不产生氢脆的最负阴极保护电位。

[c] PREN=%Cr+3.3%[Mo+0.5W]+16%N。

[d] 对于不锈钢，最正阴极电位同时适用于含氧和无氧条件。

[e] 根据强度、特殊金相条件和服役环境中承受的压力等级不同，合金易发生氢脆和开裂。如果存在氢脆风险，则宜避免阴极电位低于-0.8V。

[f] 考虑了 SRB 菌作用和管道温度>60℃的情况。

[g] 如果不锈钢材料的金相结构不完全为奥氏体，则该不锈钢易发生氢致开裂(HISC)，宜避免阴极电位过负。

6.2.3　海底管道阴极保护设计应满足 GB/T 35988 的要求。

7　干扰防护

7.1　一般规定

7.1.1　管道与高压直流换流站接地极、直流牵引系统、高压交流变电站(所)等强干扰源应相互避让远离。

7.1.2　电力、铁路、地铁、管道等工程设计中，应充分考虑管道可能受到的干扰影响，并对管道上可能产生的杂散电流腐蚀和对腐蚀控制系统的影响进行分析和评估。

7.1.3　对管道造成干扰影响的干扰源方，应根据国家现行有关标准采取减轻干扰的措施，并应为管道干扰的调查测试和防护工作提供支持。

7.1.4　在干扰区域，宜由被干扰方、干扰源方及其他有关各方，组成防干扰协调机构，对干扰进行统一测试和评价，协调设计干扰防护措施并分别实施和管理。

7.1.5　当确认管道受干扰影响和危害时，应采取与干扰程度相适应的防护措施。

7.1.6　在同一条或同一系统的管道中，根据实际情况可采用一种或多种防护措施。

7.1.7　受干扰影响的管道可安装检查片、极化探头或电阻探针。

7.2　直流干扰

7.2.1　直流干扰的判断应符合下列规则：

a）对在设计阶段的新建管道可采用管道两侧的土壤直流电位梯度判断，当土壤直流电位梯度>0.5mV/m 时，确认存在直流杂散电流；当土壤电位梯度≥2.5mV/m 时，应评估管道敷设后可能受到的直流干扰影响，根据评估结果预设干扰防护措施。

b）对已建管道宜采用在没有阴极保护电流时管地电位相对于自然电位的偏移值进行判断，当任意点上的管地电位相对于自然电位正向或负向偏移超过 20mV，应确认存在直流干扰；当任意点上管地电位相对于自然电位正向偏移≥100mV 时，应及时采取干扰防护措施。

c）已投运阴极保护的管道，当干扰导致管道不满足保护准则时，应及时采取干扰防护措施。

d）可根据干扰程度和受干扰位置随时间变化的情况，判定干扰的形态属动态干扰或静态干扰。

7.2.2　管道侧应根据调查与测试的结果，选择排流保护、阴极保护、防腐层修复、等电位连接、绝缘隔离、绝缘装置跨接和屏蔽等干扰防护措施，防护措施的选取应考虑下列因素：

a）干扰来源及干扰源与管道相互位置关系；

b）干扰的形态和程度；

c）干扰的范围及管道阳极区、管道阴极区和管道交变区的位置；

d）管道周围地形、地貌和土壤电阻率等环境因素；

e）管道防腐层绝缘性能；

f）管道已有干扰防护措施及干扰防护措施的防护效果。

7.2.3　当调整被干扰管道的阴极保护系统不能减轻干扰影响时，应采取排流保护及其他防护措施。

7.2.4　干扰防护措施实施后，应进行干扰防护效果评定测试，采取干扰防护措施后应满足下列要求：

a）对于干扰防护系统中的管道及其他共同防护构筑物，管地电位应达到阴极保护电位标准或者达到或接近未受干扰时的状态；

b）对于干扰防护系统中的管道及其他共同防护构筑物，管地电位最大负值不宜超过管道所允许的最大保护电位；

c）不宜对干扰防护系统以外的埋地管道或金属构筑物产生不可接受的干扰；

d）在复杂干扰情况下，如果评定测试的结果未能满足上述 a）、b）、c）要求时，可通过电位正向偏移平均值比进一步评定，干扰防护效果的评定指标应符合 GB 50991 的规定。

7.2.5　直流干扰的调查与测试和采取的干扰防护措施应符合 GB 50991 的规定。

7.3　交流干扰

7.3.1　当管道上的交流干扰电压不高于 4V 时，可不采取交流干扰防护措施；高于 4V 时，应采用交流电流密度进行评估，交流干扰程度的判断指标应符合表 7 的规定。

表 7　交流干扰程度的判断指标

交流干扰程度	弱	中	强
交流电流密度/(A/m^2)	<30	30~100	>100

7.3.2　当交流干扰程度判定为“强”时，应采取交流干扰防护措施；判定为“中”时，宜采取交流干扰防护措施；判定为“弱”时，可不采取交流干扰防护措施。

7.3.3　管道侧防护措施应根据调查与测试的结果，选择集中接地、故障屏蔽、固态去耦合器接地、接地垫等干扰防护措施；干扰防护措施不得对管道阴极保护的有效性造成不利影响。防护措施的选取应考虑下列因素：

a）管道所受瞬间强电冲击干扰、持续干扰的影响情况和减缓目标；

b）干扰源来源及干扰源与管道相互位置关系；

c）管道外防腐层绝缘性能及管道上阴极保护设备、绝缘接头（绝缘法兰）、干扰防护设施等腐蚀控制设施的设置情况；

d）管道周围地形、地貌和土壤电阻率等环境因素；

e）管道上其他接地设施或已有干扰防护措施的防护效果。

7.3.4　交流干扰防护效果应符合下列规定：

a）在土壤电阻率不大于 25Ω·m 的地方，管道交流干扰电压低于 4V；在土壤电阻率大于 25Ω·m的地方，交流电流密度小于 $60A/m^2$；

b）在安装阴极保护电源设备、电位远传设备及测试桩位置处，管道上的持续干扰电压和瞬间干扰电压应低于相应设备所能承受的抗工频干扰电压和抗电强度指标，并满足安全接触电压的要求。

7.3.5　埋地管道与架空输电线路的距离宜符合下列要求：

a）在开阔地区，埋地管道与高压交流输电线路杆塔基脚间控制的最小距离不宜小于杆塔高度；

b）在路径受限地区，埋地管道与交流输电系统的各种接地装置之间的最小水平距离不宜小于表 8 的规定。在采取故障屏蔽、接地、隔离等防护措施后，表 8 规定的距离可适当减小。

表 8　埋地管道与交流接地体的最小距离

电压等级/kV	≤220	330	500
铁塔或电杆接地/m	5.0	6.0	7.5

7.3.6　管道与 110kV 及以上高压交流输电线路的交叉角度不宜小于 55°。在不能满足要求时，宜根据工程实际情况进行管道安全评估，结合防护措施，交叉角度可适当减小。

7.3.7　直埋电缆不应沿埋地管道的正上方或正下方敷设。埋地管道与直埋敷设电缆之间容许的最小距离应符合表 9 的要求。水下的电缆与管道之间的水平距离不宜小于 50m，受条件限制时不得小于 15m。

表9　埋地管道与直埋敷设电缆之间容许的最小距离

管道类别	平行	交叉
热力管沟	2m[a]	0.5m[b]
油管或易燃气管道	1m	0.5m[b]
其他管道	0.5m	0.5m[b]

[a] 特殊情况可酌减且最多减少一半值。

[b] 用隔板分隔或电缆穿管时可为0.25m。

7.3.8　交流干扰的调查与测试和采取的干扰防护措施及效果评价应符合GB/T 50698的规定。

8　施工与验收

8.1　一般规定

8.1.1　施工作业人员应经过专业培训，并按规定配备个人防护用具。

8.1.2　腐蚀控制工程施工机具应安全可靠；检测仪器仪表应经过检定、校准、比对，并在有效期内。

8.1.3　防腐材料使用前应检验，供应商应提供相应的资质证明文件及产品质量保证书，确认合格后方可使用。

8.2　防腐层施工与验收

8.2.1　陆上管道

8.2.1.1　防腐层涂敷前，钢表面应进行预处理，经检查合格后方可涂敷。表面预处理要求应符合GB/T 8923.1和SY/T 0407的有关规定。

8.2.1.2　现场涂敷施工时应符合以下规定：

a) 防腐层的缺陷应予修补。管道防腐层补口、补伤及管件、管道连接装置的涂敷材料应与管道原有防腐层相匹配；

b) 管沟沟底应平整，且没有石块或其他可能损伤防腐层或导致电屏蔽的物质。在恶劣条件下，应考虑衬垫管道或在沟底加垫层；

c) 管道下沟及回填时，应注意避免下沟工具、石块等损伤管道防腐层；

d) 在管道四周不宜使用可能对阴极保护产生电屏蔽效应的岩石护板等材料；

e) 局部位于地面上的管道，宜采用适宜的防大气腐蚀材料。

8.2.1.3　埋地管道防腐层的施工及验收应执行下列标准的有关规定：

a) 挤压聚乙烯防腐层应符合GB/T 23257的规定；

b) 挤压聚丙烯防腐层应符合SY/T 7041的规定；

c) 熔结环氧防腐层应符合SY/T 0315的规定；

d) 聚烯烃冷缠带防腐层应符合SY/T 0414的规定；

e) 无溶剂液体环氧防腐层应符合SY/T 6854的规定；

f) 环氧煤沥青防腐层应符合SY/T 0447的规定。

8.2.1.4　埋地保温管道防腐施工与验收可按GB/T 50538的有关规定执行。

8.2.1.5　埋地管道防腐层验收时，应进行外防腐层地面检漏，应修复破损点及漏涂的防腐层缺陷。

8.2.1.6　地上管道防腐层施工与验收可按SY/T 7036的有关规定执行。

8.2.2 海底管道

8.2.2.1 海底管道防腐层的施工和验收应按照具体类型的防腐层施工验收规范执行。

8.2.2.2 海底管道采用铺管船敷设时，防腐层在经过张紧器后不应出现破损。

8.2.2.3 海底管道防腐层节点补口所采用的材料应与海底管道防腐层系统相匹配。

8.2.2.4 海底管道采用铺管船敷设时，节点补口材料在经过托管架滚轮后不应脱落。

8.3 阴极保护施工与验收

8.3.1 陆上管道

8.3.1.1 强制电流系统施工与验收应符合以下要求：

a）电源设备与阴极保护电缆的连接应符合设计要求，接线应正确，电气接触应导通良好，电缆应明确标识；电源设备安放位置应符合设计要求，应预留足够空间用于接线安装、检测与维护。

b）阳极地床施工过程中，阳极接头应牢固密封完整，阳极电缆应完整无损坏，每根阳极电缆长度均应符合安装位置尺寸的要求，并留有余量；阳极安装后，宜在阴极保护系统断电状态下测试阳极组的接地电阻，并作好测试记录。

8.3.1.2 牺牲阳极施工与验收应符合以下要求：

a）牺牲阳极的布局、位置和数量应符合设计要求；非预包装牺牲阳极应除去牺牲阳极的所有防水包装材料，阳极周围应填充填包料，并置于填包料中心位置，填包料应混合均匀并完整包覆阳极；采用预包装牺牲阳极时，填包料应采用麻袋或棉质布袋包装，不应采用化纤类包装袋包装。牺牲阳极就位后应浇水浸泡。

b）带状牺牲阳极在低温环境下施工时，应注意低温环境对带状阳极机械性能的影响。

c）电缆与牺牲阳极钢芯的连接宜采用焊接方式或铜管钳接方式，焊接处应防腐绝缘。

8.3.1.3 线路阴极保护施工与验收按 GB/T 21448 执行，站场阴极保护施工与验收按 SY/T 6964 执行。

8.3.2 海底管道

8.3.2.1 牺牲阳极与海底管道连接可采用铝热焊、铜焊或焊接，应控制焊接过程的热量导入。阳极安装完成后，焊接热影响区应彻底清理，暴露的钢表面采用热缩带保护。

8.3.2.2 有混凝土配重层的管道，应避免牺牲阳极与混凝土加强筋之间的电连接。

8.3.2.3 海底管道牺牲阳极安装检验应包括焊缝外观和电连接检验。

8.3.2.4 海底管道牺牲阳极阴极保护施工可按 SY/T 6878 的有关规定执行。

8.3.3 系统验收

阴极保护系统通电和(或)调试之后，应按 9.1.4.4 规定的方法进行检测，阴极保护工程应达到阴极保护准则的要求方可通过验收。

9 运行及维护管理

9.1 陆上管道

9.1.1 一般要求

9.1.1.1 在役管道应制定管道外腐蚀检测计划并实施检测，检测应重点关注以下部位：

a）管道补口处；

b) 热煨弯头；

c) 绝缘接头附近；

d) 保温层下的管道；

e) 输送介质温度超过 40℃的管段；

f) 管道固定墩、支撑墩附近；

g) 管道穿跨越段；

h) 隧道内的管道；

i) 阴极保护不足段；

j) 杂散电流干扰段；

k) 阴极保护屏蔽段；

l) 涂层剥离区；

m) 管道周围电解质异常污染或含有微生物。

9.1.1.2 管道外腐蚀检测方法可按 GB/T 51172 执行。

9.1.1.3 对于管体的腐蚀缺陷应进行评估，根据评估结果确定修复措施并及时修复。

9.1.1.4 管道因外腐蚀发生泄漏后，应进行腐蚀机理分析，确定发生腐蚀的原因，并采取相应的应对措施。

9.1.2 管道检测

9.1.2.1 管道外腐蚀检测可采用内检测、外腐蚀直接评价或其他适宜的方法。管道内检测应按 GB 32167 的规定执行，外腐蚀直接评价应按照 SY/T 0087.1 规定执行。

9.1.2.2 管道投产后宜在 3 年内进行管道基线检测，检测间隔应根据上次检测结果综合确定。保温层管道宜缩短检测周期。

9.1.2.3 管道管理部门应根据管道外腐蚀检测结果，对外腐蚀控制措施的有效性进行评价，对外腐蚀控制措施失效的管段，应及时采取应对措施。

9.1.3 防腐层管理

9.1.3.1 管道防腐层管理宜结合完整性评价结果进行。有内检测报告时，应优先根据内检测结果指导防腐层的维修与管理。

9.1.3.2 宜定期进行防腐层检漏，并做好防腐层检漏修补记录。

9.1.3.3 应根据管道外防腐层检测结果，结合阴极保护情况，对管道的防腐层缺陷点进行修复。对于位于阴极保护不足以及其他易发生腐蚀区域的防腐层缺陷点，应及时修复。外防腐层的修复应按 SY/T 5918 的有关规定执行。

9.1.3.4 应定期对管道外防腐层、补口材料、保温材料以及可能产生阴极保护屏蔽的防腐材料进行开挖检查。对管道外腐蚀控制采用的新材料、新工艺、新结构，应缩短检查周期。检查评价方法应按 SY/T 0087.1 的规定执行。

9.1.3.5 埋地管道暴露后，宜对管道的防腐层状况进行检测。

9.1.3.6 管道防腐层大修应依据管道内外检测结果、土壤条件并结合日常维护管理资料综合考虑，宜优先修复高后果区的管段。

9.1.3.7 当管道运行工况与环境发生重大变化，应对防腐层的服役性能重新评价。

9.1.4 阴极保护管理

9.1.4.1 管道阴极保护管理应符合 GB/T 21448 的规定。阴极保护参数的测试应符合 GB/T 21246 的规定。

9.1.4.2 可通过定期对外防腐层缺陷点开挖，检查缺陷点处管体表面情况，评价阴极保护效果。也可适量埋设检查片，通过检查片失重法对阴极保护效果进行评价，检查片的埋设位置、制备及腐蚀速率的测试应按 SY/T 0029 的规定执行。

9.1.4.3 当同步中断法使用受限时，宜采用极化探头法或者阴极保护电位检查片断电法评价管道阴极保护的有效性。

9.1.4.4 管道线路阴极保护系统的保护率应达到 100%，阴极保护设备的运行率应大于 98%，阴极保护系统的保护度宜大于 85%。

a) 保护率计算公式见式(2)：

$$\eta_P = \frac{L_0 - L_1}{L_0} \times 100\% \quad \cdots\cdots (2)$$

b) 运行率计算公式见式(3)：

$$\eta_O = \frac{T_1}{T_0} \times 100\% \quad \cdots\cdots (3)$$

c) 保护度计算公式见式(4)：

$$\eta_C = \frac{G_1/S_1 - G_2/S_2}{G_1/S_1} \times 100\% \quad \cdots\cdots (4)$$

式中：

η_P——阴极保护系统的保护率；

η_O——阴极保护设备的运行率；

η_C——阴极保护系统的保护度；

L_0——阴极保护对象为管道时，管道总长度，单位为千米(km)；

L_1——阴极保护对象为管道时，未达有效阴极保护管道的长度，单位为千米(km)；

T_0——全年小时数，8760h；

T_1——年度有效投运时间，单位为小时(h)；

G_1——未施加阴极保护试片的失重，单位为克(g)；

S_1——未施加阴极保护试片的裸露面积，单位为平方厘米(cm^2)；

G_2——施加阴极保护试片的失重，单位为克(g)；

S_2——施加阴极保护试片的裸露面积，单位为平方厘米(cm^2)。

9.2 海底管道

9.2.1 一般规定

9.2.1.1 海底管道外防腐检测宜包含管道外防腐层检测和管道牺牲阳极检测。

9.2.1.2 应根据检测评价结果，制定下一次检测计划。

9.2.2 海底管道防腐层运行维护管理

9.2.2.1 飞溅区和大气区立管防腐层：应进行防腐层的外观检查，如涂层变色、隆起或开裂等，确定是否采取预防性的维护。

9.2.2.2 水下区管道与立管防腐层：对于裸露于海床上的管道，可采用目视外防腐层状况、水下测厚等进行检测，并采用摄影、录像等方式进行管道外防腐层检测记录。对于海底管道，可采用管道沿线电位梯度检测判断管道防腐层漏点，测量时，应确保测量电极偏差管道轴线距离不大于 1m。

9.2.3 海底管道牺牲阳极运行维护管理

9.2.3.1 海底管道牺牲阳极的检测内容主要包括但不限于：

a) 海底管道/海水的保护电位；

b）绝缘效果：海底管道分段保护时，检测绝缘法兰(接头)的绝缘性能，并检测绝缘法兰(接头)管道防腐层完整性和腐蚀情况；

c）牺牲阳极状况，包括：牺牲阳极的消耗情况；牺牲阳极有无移动、脱落、损坏，牺牲阳极与海底管道是否连接牢固，牺牲阳极表面是否覆盖了海洋生物或出现钝化现象等。

9.2.3.2　海底管道的阴极保护检测方法：可通过潜水员或 ROV 调查船等对海底管道阴极保护参数进行测量。

9.2.3.3　牺牲阳极处理与更换可采取下列方法：

a）阳极块被海洋生物严重覆盖时，可由潜水员或 ROV 机械臂剥离。

b）牺牲阳极损坏或严重消耗时，可由潜水员更换新阳极块。

10　腐蚀控制记录

10.1　与设计、施工相关的记录主要应包括：

a）电流需要量的试验结果；

b）土壤电阻率勘测的结果；

c）外部金属构筑物、外部干扰源的位置；

d）管道材质、壁厚、焊接类型等管道特征数据；

e）管道埋深、连接方法、穿跨越、套管、回填的等管道施工文件、竣工资料；

f）防腐层设计、施工与验收规范以及设计文件、竣工资料；

g）阴极保护设计、施工与验收规范以及设计文件、竣工资料；

h）其他腐蚀控制措施的有关资料。

10.2　与腐蚀控制维护管理相关的记录主要应包括：

a）防腐层的检测，维修记录；

b）阴极保护系统的检测、维修记录；

c）干扰腐蚀控制设施的检测/维修记录；

d）腐蚀泄漏、断裂、失效和管道更换记录；

e）当埋地管道暴露时，观察到的管道及防腐层的状况；

f）管道运行压力、运行温度、巡线记录等运行记录；

g）其他有关的检测、维修记录。

10.3　宜保存管道调查、检测和试验的相关记录。

10.4　有关设施仍在役使用时，宜保存证明腐蚀控制措施必要性和有效性的评价记录。根据需要，其他有关的腐蚀控制记录也宜保存一定期限。

ICS 75.200
E 98

中华人民共和国国家标准

GB/T 21448—2017
代替 GB/T 21448—2008

埋地钢质管道阴极保护技术规范

Specification of cathodic protection for underground steel pipelines

(ISO 15589-1:2015,Petroleum,petrochemical and natural gas industries—Cathodic protection of pipeline systems—Part1:On-land pipelines,NEQ)

2017-12-29 发布 2018-07-01 实施

中华人民共和国国家质量监督检验检疫总局
中国国家标准化管理委员会 发布

目　次

前　言

本标准按照 GB/T 1.1—2009 给出的规则起草。

本标准代替 GB/T 21448—2008《埋地钢质管道阴极保护技术规范》，与 GB/T 21448—2008 相比，除编辑性修改外主要技术变化如下：

——进一步明确了临时阴极保护的要求(见 4.1.3)；

——修改了“阴极保护准则”并增加了“交流干扰下的阴极保护准则”和“直流干扰下的阴极保护准则”的规定(见 4.4)；

——增加了强制电流系统电源设备的要求(见 5.1)；

——增加了石墨阳极、导电聚合物线性阳极和 MMO-Ti 线性阳极的主要性能指标要求(见 5.2.5.2、5.2.5.3 和 5.2.5.4)；

——增加了“并行管道的阴极保护”要求(见 5.3)；

——修改了牺牲阳极性能指标要求(见 6.2 和 6.3)；增加了牺牲阳极系统的设计要求(见 6.4.1)；修改了牺牲阳极种类选用要求及其填包料要求(见 6.4.2 和 6.5)；

——细化了测试装置的特殊要求(见 7.1.2)，增加了测试桩的类型规定(见 7.1.3)，增加了“检查片、极化探头与电阻探针”(见 7.1.4)；

——细化了“附加措施”中与套管、防雷保护和防浪涌保护器相关的要求(见 8.2、8.3 和 8.4)；

——增加了“施工与调试”(见第 9 章)；

——修改了“管理与维护”的内容(见第 10 章)；

——修改了附录 A，并删除了附录 B，附录 A 由规范性附录修改为资料性附录(见附录 A)。

本标准使用重新起草法参考 ISO 15589-1：2015《石油石化天然气工业　管道输送系统的阴极保护　第 1 部分：陆上管道》编制，与 ISO 15589-1：2015 的一致性程度为非等效。

本标准由全国石油天然气标准化技术委员会(SAC/TC355)提出并归口。

本标准起草单位：中国石油管道局工程有限公司、中国石油规划总院、中国石油天然气管道分公司、中国石油集团工程设计有限责任公司西南分公司、中国石化管道储运有限公司。

本标准主要起草人：黄留群、张文伟、廖煜炤、罗锋、黄丽、郑安升、闫明珍、李国辉、滕延平、张平、黄春蓉、马晓成、刘佳、丁杰、王杰、郭娟丽、陈莎莎、付伟、潘怀良、付平平、程明、张延丰。

本标准所代替标准的历次版本发布情况为：

——GB/T 21448—2008。

埋地钢质管道阴极保护技术规范

1 范围

本标准规定了陆上埋地钢质管道(以下简称管道)外表面阴极保护系统设计、施工、测试、管理与维护的最低技术要求。

本标准适用于陆上埋地钢质油、气、水管道。

2 规范性引用文件

下列文件对于本文件的应用是必不可少的。凡是注日期的引用文件，仅注日期的版本适用于本文件。凡是不注日期的引用文件，其最新版本(包括所有的修改单)适用于本文件。

GB/T 4208 外壳防护等级

GB/T 4950 锌-铝-镉合金牺牲阳极

GB/T 10123 金属和合金的腐蚀 基本术语和定义

GB/T 17731 镁合金牺牲阳极

GB/T 21246 埋地钢质管道阴极保护参数测量方法

GB 50058 爆炸危险环境电力装置设计规范

GB 50217 电力工程电缆设计规范

GB/T 50698 埋地钢质管道交流干扰防护技术标准

GB 50991 埋地钢质管道直流干扰防护技术标准

SY/T 0029 埋地钢质检查片应用技术规范

SY/T 0086 阴极保护管道的电绝缘标准

SY/T 0087.1 钢质管道及储罐腐蚀评价标准 埋地钢质管道外腐蚀直接评价

SY/T 0096 强制电流深阳极地床技术规范

SY/T 0516 绝缘接头与绝缘法兰技术规范

SY/T 6964 石油天然气站场阴极保护技术规范

3 术语、定义和缩略语

3.1 术语和定义

GB/T 10123 界定的以及下列术语和定义适用于本文件。

3.1.1

阳极填料 anode backfill

填充在埋地阳极周围的低电阻率材料，用于保持湿度、减小阳极与电解质之间的电阻，以及防止阳极极化。

3.1.2

跨接 bond

采用金属导体(多为铜质导体)连接同一金属结构或不同金属结构上的两点，用于保证两点之间的电连续性。

3.1.3

去耦隔直装置　direct current decoupling device

为交流电流提供低阻抗并为直流电流提供高电阻通道的设备。

例如：极化电池、电容器、二极管。

3.1.4

汇流点　drain point

阴极保护系统中的阴极电缆与被保护管道的连接点，保护电流通过此点流回电源。

3.1.5

等电位连接　equipotential bonding

将分开的金属结构直接用导体或经电涌保护器连接到防雷装置上以减小雷电流引发的电位差。

3.1.6

地床　groundbed

埋地的牺牲阳极或强制电流辅助阳极系统。

3.1.7

辅助阳极　impressed-current anode

强制电流阴极保护系统中用于提供电流的电极。

3.1.8

断电电位　instant-OFF potential

瞬时断电电位

为测试无 IR 降电位，在回路电流中断短时间延迟后瞬间所测的电位。

3.1.9

IR 降　IR drop

阴极保护回路中所有电流与回路电阻(主要是电解质电阻和管道电阻)的乘积。

3.1.10

极化电位　polarized potential

无 IR 降电位

消除由阴极保护电流或其他电流所引起的 IR 降后管道对电解质的电位。

3.1.11

绝缘装置　isolating/insulating devices

用于隔离金属间电连续的设施，指专用的配件、加工件等。

3.1.12

线性阳极　linear auxiliary anode

阳极主体由线性的、连续的阳极材料组成，阳极材料周围填充焦炭填料，并预包装在织物覆盖层及耐磨编织网中。

例如，导电聚合物线性阳极、混合金属氧化物(MMO-Ti)线性阳极。

3.1.13

测试桩　test post

布设在埋地管道沿线，用于监测与测试管道阴极保护参数的设施。

3.1.14

通电电位　ON potential

阴极保护系统持续运行时测量的管道对电解质电位。

3.1.15

耐点蚀当量数 pitting resistance equivalent number；PREN

依据不锈钢合金化学成分中所含的铬、钼、钨以及氮等组分，反映和预测不锈钢耐点蚀能力的数值。

3.1.16

极化 polarization

由外部电流引起的管道对电解质电位的变化。

3.1.17

保护电位 protection potential

管道的金属腐蚀速率可以接受状态下的管道对电解质电位。

3.1.18

恒电位仪 potentiostat unit

能自动保持管道对电解质电位恒定的电源设备。

3.1.19

电源设备额定输出电压 rated output voltage

U_{dN}

电源设备规定的最高输出电压。

3.1.20

电源设备额定输出电流 rated output current

I_{dN}

电源设备规定的最大输出电流。

3.1.21

杂散电流 stray current

在非指定回路中流动的电流。

3.2 缩略语

下列缩略语适用于本文件。

CCVT：密闭循环蒸气发电机组。

CSE：铜/饱和硫酸铜参比电极。

SCC：应力腐蚀开裂。

SCE：饱和 KCl 甘汞电极。

SRB：硫酸盐还原菌。

TEG：热电发生器。

4 通则

4.1 基本要求

4.1.1 埋地油气长输管道、油气田外输管道和油气田内埋地集输干线管道应采用阴极保护；其他埋地管道宜采用阴极保护。

4.1.2 阴极保护应与防腐层联合实施。

4.1.3 阴极保护工程应与主体工程同时勘察、设计、施工和投运。当阴极保护系统在管道埋地三个月内不能投运时，应采取临时阴极保护措施保护管道；在强腐蚀性土壤环境中，应在管道埋地时施加临时阴极保护措施；临时阴极保护措施应维持至永久阴极保护系统投运；对于受到直流杂散电流干扰影响的管道，阴极保护系统及排流保护措施应在三个月之内投运。

4.1.4 埋地管道阴极保护可采用强制电流法、牺牲阳极法或两种方法结合的方式，应视工程规模、土壤环境、管道防腐层绝缘性能等因素，经济合理地选用。

4.1.5 对于高温、防腐层剥离、隔热保温层、屏蔽、细菌侵蚀及电解质的异常污染等特殊条件下，阴极保护可能无效或部分无效，在设计时应予以考虑。

4.1.6 站场埋地管道阴极保护应符合 SY/T 6964 的规定。

4.2 管道条件

4.2.1 电绝缘

4.2.1.1 一般要求

阴极保护管道应与非保护金属结构和公共或场区接地系统电绝缘。

阴极保护线路管道应与工艺站场内管道、井场设施、非阴极保护的管道和钢质套管等金属结构电绝缘。

阴极保护管道在杂散电流干扰影响区可安装电绝缘装置分段隔离。

电绝缘无法实现时，阴极保护设计应提供足够的阴极保护电流和有效的电流分布。

电绝缘装置的设计、材料、尺寸和结构应符合 SY/T 0516 和 SY/T 0086 的规定。绝缘接头宜采用整体型。对于输送导电介质的管道，绝缘接头内表面及与绝缘接头相连的管道内表面应涂敷内防腐层，涂刷长度应根据输送介质的电阻率计算，以能够消除两侧电位差导致的腐蚀为准。所使用的密封材料、防腐层材料和绝缘材料应适应所输送的介质。

4.2.1.2 电绝缘装置安装位置

可在管道下列位置处设置绝缘装置：

——与站场管道连接处；

——与支线管道连接处；

——不同金属材料之间；

——交、直流干扰影响的管段上；

——阴极保护管道与非保护金属结构之间。

绝缘装置不应设置在易形成导电凝析液或游离水积聚的位置。

4.2.1.3 电绝缘装置安装

电绝缘装置安装应符合 SY/T 0086 的有关规定。

绝缘接头和绝缘法兰安装前应进行绝缘电阻检测，性能应符合 SY/T 0516 的规定。

绝缘接头安装处应设置测试设施。

绝缘法兰安装时宜采取防尘防水密封措施。

4.2.1.4 电绝缘装置保护

绝缘接头和绝缘法兰应设置防电涌保护器。

防电涌保护器设置不应影响绝缘接头或绝缘法兰的性能。防电涌保护器可采用固态去耦合器、避雷器、火花间隙、电解接地电池、极化电池、等电位连接器等。

4.2.2 电连续性

4.2.2.1 阴极保护管道应具有良好的电连续性。

4.2.2.2　电连续性跨接可设置在电绝缘装置两侧。对于非焊接钢质管道，电连续性跨接应设置在管道接头处。

4.2.2.3　电连续性跨接应在测试装置内进行。

4.2.3　接地

4.2.3.1　当阴极保护管道需要接地时，接地系统应与阴极保护系统兼容，可在接地回路中安装去耦隔直装置。当管道局部接地时，可采用锌或镀锌接地极与管道直接连接。

4.2.3.2　所有接地设施不应对阴极保护系统造成不利影响。

4.3　设计资料及现场勘察

4.3.1　管道阴极保护系统设计时，宜收集下列技术资料：

——管道参数，包括长度、直径、壁厚、材料类型与等级、防腐层类型与等级；

——输送介质、设计温度、设计压力、操作温度和操作压力；

——管道路由带状图纸；

——工艺站场和阀室的分布；

——穿越河流、铁路、公路的位置和结构；

——沿线已有的埋地电缆、金属结构和钢质管道的分布；

——套管位置和结构；

——管沟回填材料种类；

——管道上的其他电动设备；

——地形地貌和土壤特性参数，包括土壤电阻率、pH 值、引起腐蚀的细菌、冻土层；

——气候条件；

——高压输电线路或埋地高压电缆的位置、走向及额定电压；

——邻近交、直流电气化牵引系统的特性参数、变电站位置和其他干扰电流源的特性参数；

——接地系统类型与位置；

——阴极保护系统设计寿命；

——阴极保护设施安装的环境条件；

——绝缘装置类型与位置；

——电源的可利用性；

——可用于远距离监测的遥测系统的类型与位置。

4.3.2　现场勘察所测项目应包括下列内容：

——阳极地床可选区域不同深度的土壤电阻率；

——细菌活动的腐蚀条件；

——交、直流干扰源特性参数及与管道的相对位置关系；

——4.3.1 中收集到的资料不能满足设计要求的项目。

4.4　阴极保护准则

4.4.1　无 IR 降阴极保护电位

无 IR 降阴极保护电位 E_{IRfree} 应满足式(1)要求：

$$E_1 \leqslant E_{\mathrm{IRfree}} \leqslant E_p \quad \cdots\cdots (1)$$

式中：

E_1——限制临界电位；

E_{IRfree}——无 IR 降阴极保护电位；

E_p——金属腐蚀速率小于0.01mm/a时的最小保护电位。

4.4.2 阴极保护电位

阴极保护电位宜满足表1的要求。在管道寿命期内，应考虑管道周围介质电阻率变化对阴极保护电位的影响。

表1 金属材料在土壤、水中的自然电位、最小保护电位和限制临界电位

金属或合金	环境条件	自然电位 E_{COR} （参考值） V	最小保护电位 E_p （无IR降） V	限制临界电位 E_1 （无IR降） V
碳钢、低合金钢和铸铁	一般土壤和水环境	−0.65～−0.40	−0.85	E_1^a
	40℃<T<60℃的土壤和水环境	—	E_p^b	E_1^a
	T>60℃的土壤和水环境[c]	−0.80～−0.50	−0.95	E_1^a
	T<40℃，100<ρ<1000Ω·m 含氧的土壤和水环境	−0.50～−0.30	−0.75	E_1^a
	T<40℃，ρ>1000Ω·m 含氧的土壤和水环境	−0.40～−0.20	−0.65	E_1^a
	存在硫酸盐还原菌（SRB） 腐蚀风险的缺氧土壤和水环境	−0.80～−0.65	−0.95	E_1^a
PREN<40的奥氏体不锈钢	环境温度下，中性和碱性的土壤与水环境	−0.10～+0.20	−0.50	E_1^d
PREN>40的奥氏体不锈钢		−0.10～+0.20	−0.30	—
马氏体或奥氏-铁素体（双相）不锈钢		−0.10～+0.20	−0.50	E_1^d
不锈钢	环境温度下，酸性的 土壤和水环境	−0.10～+0.20	E_p^e	E_1^d
铜	环境温度下，土壤和水环境	−0.20～0.00	−0.20	—
镀锌钢		−1.10～0.00	−1.20	—

注：所有电位相对于铜/饱和硫酸铜参比电极（CSE，下同）。

[a] 对于高强度非合金钢和屈服强度超过550N/mm² 的低合金钢，临界限制电位值应有文件证明或通过实验确定。

[b] 温度为40℃～60℃时，最小保护电位值可在40℃时的电位值（−0.65V，−0.75V，−0.85V或−0.95V）与60℃时的电位值（−0.95V）之间通过线性插值法确定。

[c] 高pH值应力腐蚀开裂（SCC）风险随温度升高而增加。

[d] 若存在马氏体和铁素体相，应有文件证明或通过实验确定氢脆危害风险。

[e] 应通过文献或实验确定。

4.4.3 限制临界电位

管道防腐层的限制临界电位 E_1 不应比−1.20V（CSE）更负，并应防止防腐层出现阴极剥离、起泡、管体氢脆现象。

4.4.4 100mV阴极电位负向偏移准则

4.4.4.1 当表1的阴极保护准则无法达到时，可采用阴极电位负向偏移至少100mV的准则。

4.4.4.2 100mV阴极电位负向偏移准则不适用于温度大于40℃的环境，含硫酸盐还原菌的土壤，存在干扰电流、平衡电流和大地电流的情形，存在外部应力腐蚀风险的情形，以及管道连接处或由多种金属组成的部件。

4.4.5 交流干扰下的阴极保护准则

4.4.5.1 当管道遭受交流干扰影响时，应测试管道上的交流感应电压和(或)交流电流密度，评估交流干扰程度。

4.4.5.2 对遭受交流干扰影响的管道，阴极保护电位除应满足表1要求之外，还应满足GB/T 50698的规定。

4.4.5.3 交流干扰防护措施及防护效果应满足GB/T 50698的规定。

4.4.6 直流干扰下的阴极保护准则

4.4.6.1 当管道遭受直流干扰影响时，应采取直流干扰防护措施。

4.4.6.2 直流干扰防护措施及防护效果应满足GB 50991的规定。

5 强制电流系统

5.1 电源设备

5.1.1 一般要求

5.1.1.1 电源设备应使用市电或所在站场稳定可靠的交流电源，在无可利用电源的场所，可采用太阳能电池、风力发电机、天然气发电机、TEG、CCVT等直流电源。电源设备所用外部电源应设置独立的配电箱。

5.1.1.2 电源设备的机壳应接地。

5.1.1.3 防爆区域使用的电源设备应符合GB 50058的规定。

5.1.1.4 电源设备安装环境应与设备使用环境相匹配，应采取措施确保电源设备正常工作。

5.1.2 电源设备选择

5.1.2.1 电源设备可选用恒电位仪和变压器-整流器。

5.1.2.2 电源设备应具备恒电位、恒电流或整流器运行模式。

5.1.2.3 电源设备的额定输出电流、额定输出电压宜不低于实际需要的1.5倍。

5.1.2.4 电源设备的输出功率可参照附录A计算确定。

5.1.3 电源设备基本要求

5.1.3.1 电源设备应能在下列环境条件下正常工作：

——环境温度：-25℃～+50℃；

——相对湿度：15%～90%；

——大气压力：86kPa～106kPa。

5.1.3.2 电源设备应能在下列外部电源条件下正常工作：

a） 交流供电电源：

1） 单相220(1±10%)V，频率：50(1±5%)Hz；

2） 三相380(1±10%)V，频率：50(1±5%)Hz。

b） 直流供电电源：87.5%U_{dN}~117.5%U_{dN}。

5.1.3.3 电源设备的输出电压不宜超过50V。

5.1.3.4 电源设备的输入端子和输出端子对机壳的绝缘电阻应不小于10MΩ

5.1.3.5 电源设备的抗电强度应满足以下要求：

a） 交流电源输入端子对机壳、设备“零位接阴”端子对各远传接口输出端子应能承受1500V(有效值)、50Hz的试验电压，试验时间1min，不出现飞弧或击穿现象；

b） 直流电源输入端子对机壳应能承受750V(有效值)、50Hz的试验电压，试验时间1min，不出现飞弧或击穿现象。

5.1.3.6 电源设备的防雷保护应满足以下要求：

a） 电源设备的输入、输出端子应安装适宜的雷电防护单元；

b） 当阳极电缆和管道受到感应雷影响时，阳极电缆与阴极电缆、阳极电缆与零位接阴电缆之间的限幅电压100V~150V，过压通流容量20kA(8/20μs)，漏电流不大于20mA；参比电缆和零位接阴电缆之间的限幅电压5V，过压通流容量50A(10/1000μs)，漏电流小于0.3μA(3V)。

5.1.3.7 电源设备应安装过电流保护装置；当阴极保护电源设备各路输出电流达到额定值的110%时，应采用黄色指示灯指示，并发出报警，持续2min可自动限流。

5.1.3.8 恒电位仪无法恒电位运行时，应具备自动转换成恒电流工作方式的功能，同时具备手动锁定恒电位工作方式的功能及手动锁定恒电流工作方式的功能。

5.1.3.9 电源设备控制精度应满足以下要求：

a） 当负载变化、电网电压在本标准规定的范围内变化时，恒电位仪的通电点电位值的变化应小于5mV。

b） 恒电流方式工作时，输出电流为2%I_{dN}~100%I_{dN}内，恒电流的控制精度应为±1%，且偏移量不超过50mA。

5.1.3.10 当需要实现远程测控时，电源设备应提供点对点或(和)数字通讯接口。

5.1.3.11 电源设备内的电路板和导线焊接点应进行防霉、防潮、防尘处理。户外安装时，机壳防护等级应为GB/T 4208规定的IP55及以上；户内安装时，机壳防护等级应为GB/T 4208规定的IP31及以上。

5.2 辅助阳极地床

5.2.1 一般要求

5.2.1.1 辅助阳极地床(以下简称地床)的设计和选址应满足以下条件：

——地床材料的质量应满足阴极保护系统的设计寿命；

——在最大的预期保护电流需要量时，地床接地电阻上的电压降应小于额定输出电压的70%；

——避免对邻近埋地金属构筑物造成不可接受的干扰影响。

5.2.1.2 辅助阳极地床分为深井型和浅埋型，在选择时应分析下列因素的影响：

——岩土地质特征和土壤电阻率随深度的变化；

——地下水位；

——不同季节土壤条件极端变化；

——地形地貌特征；

——屏蔽作用；

——第三方破坏的可能性；

——周围环境规划情况；

——经济性。

5.2.1.3 采用多座地床时，各地床的输出电流应能独立调整。

5.2.2 深井阳极地床

5.2.2.1 深井阳极地床的设计、安装、运行与维护应符合 SY/T 0096 的规定。地床接地电阻的计算应采用位于阳极段长度中点深度的土壤电阻率值，并分析不同层次土壤电阻率差异的影响。

5.2.2.2 深井阳极地床应安装非金属耐氯材料制造的排气管，缓解阳极与导电填料间产生气阻。

5.2.2.3 深井阳极地床处应设置永久性地床标识桩。

5.2.3 浅埋阳极地床

5.2.3.1 浅埋阳极地床可采用水平式或立式。在非永冻土地区，辅助阳极应安装在冻土层以下，埋深不宜小于1m；在永冻土地区，辅助阳极应安装在岛状冻土之间的非永冻土层或冻融地层内。

5.2.3.2 浅埋阳极地床首末端应设置永久性地床标识桩。

5.2.4 辅助阳极

5.2.4.1 辅助阳极可选用高硅铸铁阳极、石墨阳极、钢铁阳极、导电聚合物阳极和金属氧化物阳极。

5.2.4.2 阳极材料和质量选用应按阴极保护系统设计寿命期内最大预期保护电流的125%计算。

5.2.4.3 阳极宜使用填充料，可使用冶金焦炭、石油焦炭或石墨填充料，填充料的含碳量宜大于85%，最大粒径应不大于15mm。

5.2.4.4 辅助阳极接地电阻、工作寿命和阳极数量计算可参见附录A。

5.2.5 常用辅助阳极主要性能

5.2.5.1 高硅铸铁阳极的化学成分应符合表2的规定。阳极的允许电流密度为5A/m^2~80A/m^2，消耗率应小于0.5kg/(A·a)。阳极引出线与阳极的接触电阻应小于0.01Ω，拉脱力数值应大于阳极自身质量的1.5倍，接头密封可靠。阳极引线长度应不小于1.5m。阳极表面应无明显缺陷。

表2 高硅铸铁阳极的化学成分

序号	类型	主要化学成分的质量分数 %					杂质质量分数 %	
		Si	Mn	C	Cr	Fe	P	S
1	普通	14.25~15.25	0.5~1.5	0.80~1.05		余量	≤0.25	≤0.1
2	加铬	14.25~15.25	0.5~1.5	0.8~1.4	4~5	余量	≤0.25	≤0.1

5.2.5.2 石墨阳极的性能应符合表3的规定。阳极宜经亚麻油或石蜡浸渍处理，阳极引出电缆与阳极的接触电阻应小于0.01Ω，拉脱力数值应大于阳极自身质量的1.5倍，接头应密封。阳极电缆长度应不小于1.5m。阳极表面应无明显缺陷。

表3 石墨阳极的主要性能

密度 g/cm^3	气孔率 %	灰分 %	石墨化程度 %	电阻率 Ω·mm^2/m	消耗率 kg/(A·a)	允许电流密度 A/m^2
1.7~2.2	25~30	≤0.5	≥81	9.5~11.0	<0.6	5~10

5.2.5.3　导电聚合物线性阳极的性能应符合表 4 的规定。

表 4　导电聚合物线性阳极主要性能

最大输出线电流密度 mA/m		最低施工温度 ℃	阳极铜芯截面积 mm^2	阳极外径 mm	最小弯曲半径 mm
无填充料	有填充料				
52	82	−18	16	13	150

5.2.5.4　MMO-Ti 线性阳极主体应采用线性的、连续的钛基混合铱/钽金属氧化物阳极，阳极主体的性能应符合表 5 的规定。

表 5　MMO-Ti 阳极主体性能指标

项目	性能指标	试验方法
基材	一级钛	ASTM B863-2010
防腐层厚度 g/m^2	≥6	ASTM B568-2009
在额定最大线电流密度下的使用寿命 a	≥25	NACE TM108-2008
最大工作电流密度 A/m^2	100	土壤环境中，使用填充料

5.2.5.5　钢铁阳极的消耗率为 8kg/(A·a)~10kg/(A·a)。

5.3　并行管道的阴极保护

5.3.1　同沟敷设并行管道、同期建设管径相同或相近的并行管道、阴极保护站合建的并行管道宜采用联合阴极保护。同沟敷设阴极保护站分建的并行管道以及非同沟敷设的并行管道宜分别实施阴极保护。

5.3.2　与高压输电线路长距离并行、与电气化铁路并行或多次交叉的并行管道，不宜采用联合保护。

5.3.3　并行管道采用联合阴极保护时，宜在汇流点及其他适当位置设置跨接线。

5.3.4　并行管道分别实施阴极保护时，宜选择各自适宜的阳极地床方式或位置，避免相互之间的干扰；当存在干扰时应采取防治措施。

5.3.5　分别实施阴极保护的并行管道在投运时应进行联合调试。

6　牺牲阳极系统

6.1　基本要求

6.1.1　牺牲阳极系统适用于保护敷设在电阻率较低的土壤、水、沼泽或湿地环境中的小口径管道或距离较短并带有优质防腐层的管道。

6.1.2　选用牺牲阳极时，应考虑以下因素：

——无合适的可利用电源；

——电器设备难以维护保养的情形；

——临时性保护；

——强制电流系统保护的补充；

——永冻土层内管道周围土壤融化带；

——存在阴极保护屏蔽的地方。

6.1.3 牺牲阳极上应标记材料类型(如商标)、阳极质量(不含阳极填充料)和炉号。供货商应提供完整的文件资料说明阳极的数量、类型、质量、直径、化学成分和性能数据等。

6.2 锌合金牺牲阳极

6.2.1 化学成分

锌合金牺牲阳极成分中锌的含量应不小于99.314%，高纯锌合金中锌的含量应不小于99.99%，其他元素含量应符合表6的规定。

表6 锌合金牺牲阳极化学成分

元素	锌合金主要化学成分的质量分数 %	高纯锌合金主要化学成分的质量分数 %
Al	0.1~0.5	≤0.005
Cd	0.025~0.07	≤0.003
Fe	≤0.005	≤0.0014
Pb	≤0.006	≤0.003
Cu	≤0.005	≤0.002
其他杂质	总含量≤0.1	—

6.2.2 棒状锌合金牺牲阳极

棒状锌合金牺牲阳极的电化学性能应符合表7的规定，结构与尺寸应符合GB/T 4950的规定。使用其他成分的锌合金牺牲阳极时，应提供满足表7规定的证明材料。

表7 土壤环境中棒状锌合金牺牲阳极的电化学性能

性能	锌合金
开路电位 V	-1.05~-1.10
工作电位 V	-1.00~-1.05
实际电容量 A·h/kg	≥780
电流效率 %	≥95
消耗率 kg/(A·a)	11.2
注：所有电位相对于CSE。	

6.2.3 带状锌合金牺牲阳极

带状锌合金牺牲阳极的电化学性能应符合表 8 的规定，规格及尺寸应符合表 9 的规定，截面图例可参见图 1。

表 8 带状锌合金牺牲阳极的电化学性能

型号	开路电位 V		理论电容量 A·h/kg	实际电容量 A·h/kg	电流效率 %
	相对 CSE	相对 SCE			
高纯锌	≤-1.10	≤-1.03	820	≥740	≥90
注：实验介质——人造海水。					

表 9 带状锌合金牺牲阳极的规格及尺寸

阳极截面尺寸 $D_1 \times D_2$ mm×mm	25.40×31.75	15.88×22.22	12.70×14.28	8.73×10.32
阳极带线质量 kg/m	3.57	1.785	0.893	0.372
钢芯直径 mm	4.70	3.43	3.30	2.92
标准卷长 m	30.5	61	152	305
标准卷内径 mm	900	600	300	300
钢芯的中心度偏差 mm	-2~+2			

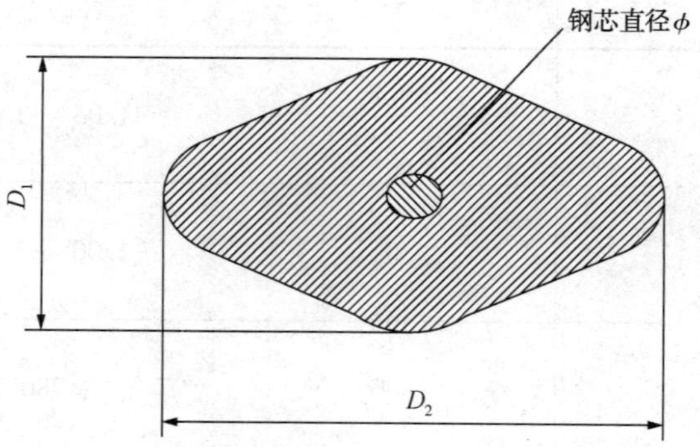

图 1 带状锌阳极的截面示意图

6.3 镁合金牺牲阳极

6.3.1 化学成分

镁合金牺牲阳极化学成分应符合表 10 的规定。

表 10　镁合金牺牲阳极的化学成分

元素	标准型主要化学成分的质量分数 %	镁锰型主要化学成分的质量分数 %
Mn	≥0.25	0.50～1.50
Al	5.0～7.0	≤0.05
Zn	2.0～4.0	≤0.03
Fe	≤0.005	≤0.03
Ni	≤0.003	≤0.002
Cu	≤0.08	≤0.02
Si	≤0.30	≤0.05
其他杂质	≤0.30	≤0.30
Mg	余量	余量

6.3.2　电化学性能

镁合金牺牲阳极电化学性能应符合表 11 的规定。使用其他成分的镁合金牺牲阳极时应提供满足表 11 规定的证明材料。

表 11　镁合金牺牲阳极的电化学性能

性能	标准型	镁锰型
开路电位 V	−1.57～−1.60	−1.77～−1.82
工作电位 V	−1.52～−1.57	−1.64～−1.69
实际电容量 A·h/kg	1100	1100
实际消耗率 kg/(A·a)	7.5	7.5
注：所有电位相对 CSE。		

6.3.3　结构与尺寸

镁合金牺牲阳极结构形式可选用棒状、带状，镁合金牺牲阳极的结构与尺寸应符合 GB/T 17731 的规定。

6.4　牺牲阳极系统的设计

6.4.1　设计原则

牺牲阳极系统的设计应满足以下要求：

——阳极材料应能持续提供管道所需的保护电流；

——阳极总质量应满足阴极保护系统设计寿命要求；

——阳极总质量计算应考虑阳极利用系数，阳极利用系数一般取 0.8；

——应分析阳极及其填料对环境的不利影响。

6.4.2 牺牲阳极选用

6.4.2.1 牺牲阳极种类应按表 12 的要求选取。

表 12 牺牲阳极种类的应用选择

阳极种类	土壤电阻率 Ω·m
锌合金牺牲阳极	<50
镁合金牺牲阳极	50~100

6.4.2.2 对于锌合金牺牲阳极，当土壤电阻率大于 50Ω·m 时，应现场试验确认其有效性。
6.4.2.3 对于镁合金牺牲阳极，当土壤电阻率大于 100Ω·m 时，应现场试验确认其有效性。

6.5 牺牲阳极填包料

牺牲阳极的填包料由石膏粉、膨润土和工业硫酸钠组成，它们的质量百分比为 75 : 20 : 5。

6.6 牺牲阳极与管道的连接

牺牲阳极电缆应通过测试装置与管道实现电连接。

6.7 牺牲阳极布置

6.7.1 棒状牺牲阳极

6.7.1.1 棒状牺牲阳极可采取单支埋设或多支成组埋设两种方式，同组阳极宜选用同一炉号或开路电位相近的阳极。
6.7.1.2 棒状牺牲阳极埋设方式按轴向和径向分为立式和水平式两种。一般情况下，牺牲阳极宜距离管道外壁 3m~5m，最小不宜小于 0.5m，埋设深度以阳极顶部距地面不小于 1m 为宜。成组埋设时，阳极间距宜为 2m~3m。
6.7.1.3 棒状牺牲阳极应埋设在冻土层以下。埋设在地下水位低于 3m 的干燥地带或河床中的阳极，应适当加深埋设。在冻土区，阳极应安装在冻融地层或岛状冻土之间的非永冻土层。
6.7.1.4 棒状牺牲阳极布置时，阳极与管道之间不应存在其他金属构筑物。

6.7.2 带状牺牲阳极

带状牺牲阳极应根据用途和需要与管道同沟敷设或缠绕敷设。

6.7.3 特殊用途的牺牲阳极

牺牲阳极作为接地极、交直流干扰防护、参比电极等特殊应用时，应根据用途和需要进行布置。

7 测试及监测

7.1 测试装置

7.1.1 一般要求

阴极保护测试装置应与阴极保护系统同步安装。测试装置应沿管道线路走向进行布设，相邻测试装置间隔宜不大于3km。在城镇市区或工业区，相邻测试装置间隔不应大于1km；在杂散电流干扰影响区域内，测试装置可适当加密。测试装置宜安装在管道上方，并进行标识。

7.1.2 特殊要求

7.1.2.1 在下列位置处，应安装测试装置：
——绝缘接头处；
——金属套管处；
——与其他管道或设施连接处；
——辅助试片及接地设施连接处；
——强制电流阴极保护系统汇流点；
——辅助阳极处；
——管道定向钻穿越处；
——需要进行电流测试的位置。

7.1.2.2 在下列位置处，宜安装测试装置：
——管道与交、直流电气化铁路交叉处或平行段；
——管道与交流高压线交叉或平行段；
——与外部管道交叉处；
——管道与主要道路或堤坝交叉处；
——管道穿越铁路或河流处；
——靠近其他阴极保护构筑物的位置。

7.1.2.3 对于非同沟敷设的并行管道，每条管道应单独设置测试装置，测试装置应安装在相应管道的正上方。

7.1.2.4 每个测试装置中应有不少于两根电缆与管道连接，电缆应采用颜色或其他标记法区分，并应全线统一。

7.1.3 测试桩

测试桩类型主要包括：
——电位测试桩；
——电流测试桩；
——绝缘接头测试桩；
——管道交叉测试桩；
——长效参比电极、试片、探头、极化探头、直流去耦设施等测试桩；
——输送管与金属套管绝缘性能测试桩。

7.1.4 检查片、极化探头与电阻探针

7.1.4.1 下列情况下可安装检查片、极化探头或电阻探针：
——同步中断法不能有效测量管地电位；
——评价管道阴极保护效果；
——评价交流腐蚀风险；
——检测交流或者直流电流密度；
——检测管道在土壤中的腐蚀速率。

7.1.4.2 可采用埋地钢质检查片评价土壤腐蚀性和阴极保护效果。根据测试目的，可分别或同时使用腐蚀失重检查片和阴极保护电位检查片。

7.1.4.3 检查片、极化探头和电阻探针应靠近管道安装。极化探头的长效参比电极应靠近试片，且

应需要定期校准。

7.2 监测装置

7.2.1 与外部管道交叉

在与其他外部管道交叉时宜设置监测装置，每条管道上宜分别引出两根测试电缆连接到监测装置中，电缆可直接连接，或通过电阻或二极管跨接。

7.2.2 金属套管处

采用金属套管穿越时，套管和输送管两侧宜分别引出两根测试电缆连接到监测装置中；应通过监测装置检测金属套管与输送管之间的电绝缘状况。

7.2.3 电流监测装置

应对电流测试桩的每根测试电缆进行标识，以确定电流的方向。

7.2.4 绝缘接头处

绝缘接头两侧宜分别引出两根测试电缆连接到监测装置中。在监测装置中，应根据需要与防浪涌保护装置跨接。

7.2.5 排流点处

在杂散电流干扰影响区域，直接排流、极性排流或强制排流的排流点处，宜将来自管道、干扰源或接地体的电缆引至监测装置，在监测装置中进行电缆跨接或与排流装置跨接。

7.2.6 汇流点处

7.2.6.1 汇流点处宜设置监控设施，监控设施宜安装在监测装置中。

7.2.6.2 当阴极保护系统保护多条管道时，监测装置中应为每根管道配备分流器和阻断二极管。

7.2.6.3 宜从管道上单独引出测试电缆并连接到汇流点处的监测装置中，用于测量汇流点处的管/地电位。

7.3 远程监测装置

当管道穿越无人地区或很难接近的地方，应采用远程监测、遥感技术或其他数据传输系统，同时配合使用长效参比电极、极化探头或检查片。远程监测装置应具备自动采集、储存和远传功能，采集参数的范围及误差应满足要求。

7.4 消除 IR 降的测试装置

当存在杂散电流干扰影响或牺牲阳极难以拆除时，应采用阴极保护检查片或者极化探头进行断电电位测量。极化探头和阴极保护检查片的安装应符合 SY/T 0029 的规定。

8 附加措施

8.1 临时阴极保护

8.1.1 临时阴极保护可采用牺牲阳极方式，在阴极保护系统调试期间及调试后，牺牲阳极和管道应通过测试桩连接。

8.1.2　应安装测试装置测试临时性阴极保护效果，测试装置应与管道同时安装。

8.2　套管

8.2.1　一般要求

8.2.1.1　宜避免采用套管穿越。

8.2.1.2　采用套管穿越时，套管内的输送管应具有完好的防腐层，且应满足如下要求：

——套管与输送管之间应安装绝缘支撑隔离；

——套管端部应密封。

8.2.2　屏蔽阴极保护电流的套管

采用塑料管、带防腐层的混凝土管、导电性差的混凝土管、带防腐层的钢套管等屏蔽阴极保护电流的套管时，管道的腐蚀控制可采取如下措施：

——套管内存在电解质时，应采用牺牲阳极保护，牺牲阳极不应与套管存在电连接，应避免阳极腐蚀产物造成套管与输送管电连接；

——向套管内的环形空间填充防腐材料。

8.2.3　导通阴极保护电流的套管

采用裸钢套管或防腐层质量差的钢套管、混凝土导电性良好的无防腐层的混凝土管、进行就近接地的防腐套管等导通阴极保护电流的套管时，应按以下要求采取措施：

——套管与管道之间无电连接，且环形空间内存在足够量的电解质时，可利用管道的外部阴极保护电流对套管内的管道进行保护。

——对于实施了阴极保护的套管，套管与管道之间应通过可调电阻跨接，套管相对于管道应处于阳极状态。

8.3　防雷防护

8.3.1　电绝缘装置或需要防护的设备应设置防电涌保护器。

8.3.2　当电绝缘装置所处位置存在交流干扰时，防电涌保护器还应具有导通交流电流的能力，宜采用固态去耦合器或其他等效的产品。

8.3.3　当需要将感应交流电、雷电、故障电流或静电积累电流从管道上向大地中排放时，接地材料可采用锌合金阳极；当采用非牺牲阳极材料作为接地极时，管道与接地极之间应安装去耦隔直装置或其他等效产品。所有防护措施均不应对管道阴极保护的有效性造成不利影响。

8.3.4　防电涌保护器应安装在能防止灰尘和潮气汇聚的地方。

8.3.5　防电涌保护器连接电缆的长度、横截面面积和类型应与防电涌保护器的电气性能相匹配；截面积不应小于 $16mm^2$，电缆长度应短、直。

8.4　防电涌保护器

8.4.1　防电涌保护器应能承受预期的最大电流冲击或故障电流。

8.4.2　防电涌保护器应具有较强的绝缘强度自恢复能力。

8.4.3　用于阴极保护系统的防电涌保护器应能有效隔离阴极保护直流电流，且额定隔离电压值应低于绝缘设施的击穿电压。

8.4.4　用于阴极保护系统的防电涌保护器应具有较小的漏泄电流。

8.4.5　用于保护阴极保护设备的防电涌保护器的残压应小于设备的耐受电压。

8.4.6 防电涌保护器应完全封包以防在大气中出现火花；设置在防爆区域内的防电涌保护器应安装在具备相应防爆性能的防爆接线箱内。

8.4.7 防电涌保护器外壳防护等级应为 GB/T 4208 的 IP55 及以上。

8.5 阴极保护电缆与电缆连接

8.5.1 电缆选用

8.5.1.1 阴极保护电缆应采用铜芯电缆，测试电缆的截面不宜小于 $4mm^2$。采用多股连接导线时，每股导线的截面不宜小于 $2.5mm^2$。

8.5.1.2 用于强制电流阴极保护的阴极电缆和阳极电缆截面不宜小于 $16mm^2$，用于牺牲阳极阴极保护的铜芯电缆的截面不宜小于 $4mm^2$。

8.5.2 电缆与管道连接

8.5.2.1 焊接位置不宜在弯头上或管道焊缝两侧 150mm 范围内。

8.5.2.2 电缆与管道的连接可采用铝热焊方法，当电缆截面大于 $16mm^2$ 时，可将电缆分成若干股，每股小于 $16mm^2$，分开进行焊接。

8.5.2.3 在运行管道上实施铝热焊时，应制定安全防范措施，并应分析下列因素对焊接的影响：

——焊接前管道的完整性；

——输送介质对焊接热量传输与散失的影响；

——焊接热量对输送介质的影响。

8.5.2.4 在耐蚀合金管道上不应实施铝热焊。

9 施工与调试

9.1 施工

9.1.1 电源设备的安装

9.1.1.1 电源设备安放位置应符合设计要求，设备周围 500mm 内不应有其他物体，应预留足够空间用于接线安装、检测与维护。

9.1.1.2 电源设备与阴极保护电缆的连接应符合设计要求，接线应正确，电气接触应导通良好，电缆应明确标识。

9.1.2 浅埋阳极地床的施工

9.1.2.1 施工前应检查阳极，阳极不应有损伤和裂纹，阳极接头应牢固密封完整，阳极电缆应完整无损坏，每根阳极电缆长度均应符合安装位置尺寸的要求，并留有余量。

9.1.2.2 浅埋阳极地床的位置、阳极布局和阳极数量应符合设计要求。

9.1.2.3 阳极安装后，宜在阴极保护系统断电状态下测试阳极组的接地电阻，并做好测试记录。

9.1.3 深井阳极地床的施工

9.1.3.1 深井阳极地床的安装施工应符合 SY/T 0096 的规定。

9.1.3.2 安装过程中应保证电缆的松弛度，电缆不应承重。

9.1.4　牺牲阳极的施工

9.1.4.1　牺牲阳极的布局、位置和数量应符合设计要求。

9.1.4.2　非预包装牺牲阳极施工时，应除去牺牲阳极的所有防水包装材料，阳极周围应填充填包料，并置于填包料中心位置，填包料应混合均匀并完整包覆阳极；采用预包装牺牲阳极时，填包料应采用麻袋或棉质布袋包装，不应采用化纤类包装袋包装。牺牲阳极就位后应浇水浸泡。

9.1.4.3　带状牺牲阳极在低温环境下施工时，应注意低温环境对带状阳极机械性能的影响。

9.1.4.4　电缆与牺牲阳极钢芯的连接宜采用焊接方式或铜管钳接方式，焊接处应防腐绝缘。

9.1.5　测试桩的施工

9.1.5.1　测试桩的安装位置应符合设计要求。

9.1.5.2　测试电缆与管道连接后应防腐密封，并留有裕量。

9.1.5.3　测试桩应安装铭牌，标识管道信息，铭牌宜面对油气流方向。

9.1.6　电缆敷设安装

9.1.6.1　阴极保护电缆敷设应符合 GB 50217 相关规定，宜在电缆正上方每隔 50m 以及电缆转角处设置电缆走向标志桩。

9.1.6.2　阴极保护电缆埋地敷设时，应减少电缆接头。

9.1.6.3　阴极保护电缆穿越围墙、道路、管道、沟渠以及其他电缆时，应当采取套管防护。

9.1.6.4　电缆与管道焊接前应将焊点处打磨至露出金属光泽。焊点应牢固无尖锐突出，不应虚焊，焊后应清除焊渣，焊点应防腐密封。

9.2　调试

9.2.1　一般要求

9.2.1.1　阴极保护系统的调试应在管道投产前完成。

9.2.1.2　阴极保护系统的调试应分三步进行：

a）投运前检查；

b）阴极保护系统投运；

c）阴极保护有效性测试与调整。

9.2.1.3　当存在其他干扰源影响管道时，应分别在干扰源处于正常运行工况和其他典型运行工况下进行测试和对比。

9.2.2　投运前检查

9.2.2.1　阴极保护系统投运前，所有必备的安全文件应齐全。

9.2.2.2　检查前，应断开所有的临时阴极保护系统，使管道完全去极化。

9.2.2.3　投运前应检查并确认阴极保护系统符合设计要求，所有电气设施安装应符合标准规范的规定。

9.2.2.4　投运前，宜开展下列检查和测试，并应做好记录：

——阴极保护系统回路的完整性；

——阴极保护站的电源设备接线、阴极保护电缆接线与标识、螺栓与螺母连接、油冷式电源设备的油位、附属设施；

——测试装置的电缆接线、电缆标识、紧固情况等；

——绝缘设施及防电涌保护器性能；
——阀室内管道与接地网的绝缘情况；
——管道与接地系统、金属套管的绝缘情况；
——检查片及参比电极接线及性能；
——排流设施的接线、电缆标识、螺栓与螺母连接、附属设施；
——辅助阳极地床、牺牲阳极、排流设施地床的接地电阻测量；
——被保护管道与阳极地床之间的电阻测量；
——所有测试桩处管道自腐蚀电位、牺牲阳极开路电位、附近外部构筑物对地电位测量；
——排流设施处不小于24h的管道电位测量，交、直流干扰源对管道的影响测试。

9.2.2.5 检查完成后，应提交投运前检查报告。

9.2.3 阴极保护系统投运

9.2.3.1 强制电流阴极保护系统投运后，应开展以下工作内容：
——投运后阴极保护系统运行情况检查；
——若投运后管地电位发生正向偏移，应立即关机并检查阴阳极接线是否接反；
——调整阴极保护系统设置，使汇流点附近管地电位满足阴极保护准则要求；
——记录电源设备的输出电压与输出电流；
——监测汇流点的通电电位。

9.2.3.2 牺牲阳极系统投运后，应开展以下工作内容：
——所有牺牲阳极与管道连接后，应确保其正常工作，存在偏差时，应查找原因并采取措施；
——可通过在回路中串接可变电阻，调整牺牲阳极的输出电流；
——测量每组牺牲阳极的输出电流；
——测量管道通电电位。

9.2.3.3 应在测试桩处测试并记录：
——阴极保护系统保护范围远端处的管道通电电位；
——关键测试桩处的管道通电电位；
——检查片处的管道通电电位与电流；
——外部临近构筑物对地电位变化情况；
——被跨接构筑物对地电位、跨接电缆的电流；
——绝缘接头电绝缘情况，金属套管、混凝土钢筋、接地系统与管道的绝缘情况。

9.2.4 阴极保护有效性测试与调整

9.2.4.1 阴极保护系统投运且管道极化完成后，应对管地电位和电流进行测量。管道断电电位应满足阴极保护准则要求。管道交流电压应满足GB/T 50698的规定。

9.2.4.2 交、直流电位的测量宜包括以下内容：
——每个测试桩处的直流电位与交流电压。当直流电位或者交流电压波动较大时，应采用数据记录仪在测试桩处进行24h连续监测并记录；
——每个测试桩处进行断电电位测试；
——在所有安装检查片或者极化探头的测试桩处应进行断电电位测试。当存在直流杂散电流干扰时，连续监测至少24h并记录。

9.2.4.3 电流测量宜包括以下内容：
——强制电流阴极保护系统的直流输出电流，包括每条阴极电缆流过的电流；
——每组牺牲阳极的输出电流；
——跨接电缆中直流电流的大小与方向、交流电流的大小；

——直流排流设施中的直流电流大小，宜进行24h连续监测并记录；
——通过去耦隔直装置的直流与交流电流；
——极化探头或者检查片中的直流与交流电流，当存在直流或者交流杂散电流干扰时，宜进行24h连续监测并记录。

9.2.4.4 若管道未达到有效阴极保护时，应调整阴极保护系统参数，并重新测量，直到所有管段的管地电位均满足阴极保护准则的要求。

9.2.4.5 在有效性测试过程中发现管道受到直流杂散电流干扰影响时，应进行详细测试，评估测试结果后决定是否实施专项直流干扰防护设计。直流干扰防护应符合GB 50991的规定。

9.2.4.6 在有效性测试过程中发现管道交流干扰不符合GB/T 50698的规定时，应进行详细测试，通过调整交流干扰防护设施的安装位置或者增加交流干扰防护设施，直至交流干扰满足GB/T 50698的规定。

9.2.4.7 阴极保护有效性测试与调整完成，应编制测试与调整报告。

9.3 交工资料

9.3.1 阴极保护系统调试完成后，应向业主提交设计及施工资料与调试报告。

9.3.2 设计及施工资料宜包括：
——设计文件与设计变更文件；
——阴极保护产品说明书、技术规格书、产品合格证、安装图纸等技术文件；
——管道线路走向图、阴极保护系统竣工图；
——管道附属设施，如固定墩，穿跨越，阀室，套管等分布、结构与防腐保护状态；
——所有直流与交流排流设施接线示意图；
——阴极保护检查片的原始规格；
——隐蔽工程记录；
——其他与阴极保护有关的设计资料。

9.3.3 调试报告应包括投运前检查、阴极保护系统投运、阴极保护有效性测试与调整等调试阶段的所有检查结果和测试数据，宜包括但不限于下列内容：
——强制电流阴极保护系统的参数设置；
——牺牲阳极系统的测量参数；
——辅助阳极与牺牲阳极的接地电阻；
——管道自腐蚀电位；
——管道ON/OFF电位；
——管道上的交流感应电压；
——检查片的ON/OFF电位；
——流经检查片的电流；
——跨接线上的电流；
——排流电流；
——采用的可变电阻值；
——所有电绝缘设施有效性检测结果；
——调试前后的干扰测试结果；
——调试完成后，阴极保护系统有效性评价结果；
——调试过程中所采取的改进措施及结果；
——改进阴极保护系统的其他措施。

10 管理与维护

10.1 一般要求

10.1.1 管道管理部门应收集、整理、保存由设计、施工单位提供的和其他来源获得的文件、图纸资料和原始资料以及运行、维护资料。

10.1.2 管道管理部门应配备必需的设备和仪表、工具。至少包括：管道防腐层检测仪、接地电阻测试仪、万用表、便携式 CSE 参比电极、管道定位设备。所有测量仪器和设备应符合 GB/T 21246 的要求。当土壤里含有大量氯化物时，测量电位不宜使用 CSE。

10.1.3 阴极保护管理人员，上岗前应进行专门的技术培训。

10.1.4 应定期对阴极保护系统进行检查与测试，确保阴极保护系统运行正常、管地电位符合阴极保护准则。

10.2 管理要求

10.2.1 阴极保护效果宜采用断电电位数值评价，阴极保护系统有效性评价宜采用下列测量方法：

——宜优先采用极化探头或者检查片进行断电电位测量；

——满足同步中断法测试条件时，可采用同步中断法在所有测试桩进行断电电位测量。

10.2.2 对于阴极保护系统运行稳定，且开展过断电电位测试的管段，可参考断电电位测试结果，采用通电电位数值对阴极保护效果进行评价。

10.2.3 阴极保护系统运行参数调整后，宜重新测量管道断电电位。

10.2.4 当管道阴极保护存在局部保护不足，应进行调查并采取相应的措施，确保阴极保护的有效性。

10.2.5 宜根据管道阴极保护及杂散电流干扰的实际情况，选择适当位置长期埋设检查片，通过检查片失重法确定管道的阴极保护效果。检查片的制作、安装、维护、管理及开挖应符合 SY/T 0029 的规定。

10.2.6 对于高温、防腐层剥离、隔热保温层、屏蔽、细菌侵蚀及电解质的异常污染、高土壤电阻率等阴极保护可能无效或部分无效的情况，宜通过开挖调查或者加密内检测频次对管道腐蚀控制效果进行评价。

10.2.7 管道周围进行第三方管道、电气化铁路、高压电力线、地铁、轻轨等可能引起杂散电流干扰的工程建设时，应及时进行干扰测试，并根据测试结果调整或增设阴极保护系统、排流设施等。

10.3 日常测量

10.3.1 日常测量与检查频次应符合表 13 的要求。所有的测量与检查结果应记录。

10.3.2 下列情况下宜开展详细检查，确定阴极保护系统的有效性：

——管道防腐层破损或者与金属搭接时；

——管道有位移迹象；

——管道运行环境发生变化；

——交流干扰；

——电干扰情况发生长期变化。

10.3.3 宜通过管中电流测量，评价阴极保护电流分布与杂散电流干扰情况。

10.3.4 阴极保护系统的管理与维护应基于管道监测和检测数据进行。

——宜结合管道内外检测、日常开挖检测结果，评价阴极保护管理是否有效；尤其是内检测数据、外检测开挖结果，对管道阴极保护效果进行评价；
——识别阴极保护管理存在的不足并加以改进；
——确定是否有必要对管道状况进行更详细评价；
——确定是否需要进行交直流干扰专项测试。

表 13　日常测量与检查最小频次

项目	内容	检查周期
强制电流系统	1）检查阴极保护电源运行情况； 2）记录阴极保护电源设备的运行参数	每天
	综合测试强制电流阴极保护系统的性能，宜包括： 1）阴极保护电源运行情况检测； 2）阳极地床的接地电阻测试； 3）阴极保护电源接地系统性能测试； 4）电源设备控制系统检测； 5）电源设备输出电压与输出电流校核	≤6 个月
与外部构筑物的连接（电阻跨接或者直接跨接）	设备功能的全面测试、电流大小与方向、电位	≤6 个月
长效硫酸铜参比电极	测量与校准参比电极的误差	≤3 个月
安装阴极保护检查片或者极化探头的测试桩	1）检查片的 ON/OFF 电位； 2）检查片上的电流	≤3 个月
关键测试桩	测量通电电位	≤6 个月
所有测试桩	测量断电电位	≤3 年
牺牲阳极系统	综合测试牺牲阳极系统，宜包括： 1）输出电流； 2）管地电位； 3）接地电阻； 4）电缆连接的有效性	≤6 个月
所有的电绝缘装置	电绝缘装置的有效性	≤6 个月
防浪涌保护器	防浪涌保护器的有效性	≤6 个月

10.3.5　直流干扰防护系统的管理与维护应符合 GB 50991 的规定。

10.3.6　交流干扰防护系统的管理与维护应符合 GB/T 50698 的规定。

10.4　远程监测

10.4.1　远程监测数据应与现场测量的数据一致。应定期检查远程监测系统的监测结果，确保远程监测系统正常运行。

10.4.2　根据管道防腐层质量、管道外部环境变化以及远程监测的数量与分布，可适当提高远程监测的频率与数量。

10.4.3　当发现远程监测系统运行故障或者传输的阴极保护参数异常时，应查找原因并采取相应的修复措施。

10.5 专项调查

10.5.1 当怀疑防腐层破损严重或者部分管段阴极保护不充分时，宜按 SY/T 0087.1 开展专项调查。专项调查内容包括但不局限于：

——防腐层地面检漏；
——阴极保护有效性；
——馈电实验；
——土壤腐蚀性调查；
——阴极保护电绝缘设施有效性；
——管道杂散电流测试；
——其他。

10.5.2 确定专项调查的检测频率与必要性时，应考虑下列因素：

——外部电解质的腐蚀性；
——管道的材质、长度与复杂程度；
——防腐层的质量；
——管道受到机械损伤的风险；
——直流或交流杂散电流干扰；
——阴极保护设备受雷电、过电压或机械损伤的敏感性；
——管道失效风险与后果；
——与阴极保护有效性有关的施工特性；
——远程监测使用情况；
——牺牲阳极或者阴极保护电源的运行情况；
——电源类型(如太阳能板或者热电发生器)；
——排流设施运行情况；
——环境与安全；
——管道的年限与历史情况；
——管理要求。

10.6 测试计划

10.6.1 应制定并执行阴极保护系统测试计划。测试计划应包括以下内容：

——测试内容；
——测试位置；
——测试仪器设备；
——测量方法；
——测量频次。

10.6.2 测试计划应包括管道上安装的远程监测系统。

10.7 系统维护

10.7.1 阴极保护系统应在整个管道服役期内有效。当发现阴极保护系统故障时，应及时进行维修。

10.7.2 阴极保护欠保护或者过保护时，应采取相应的措施。

10.7.3 当管道存在杂散电流干扰时，应按照 GB 50991 和 GB/T 50698 的要求开展相应的调查，并采取相应的防护措施。

10.8 运行与维修记录

10.8.1 运行与管理资料

阴极保护管理部门应制定阴极保护运行与维修管理手册，并对阴极保护系统的运行与维修进行记录。阴极保护运行与维修管理手册的内容应包括：

——阴极保护系统说明；
——调试报告；
——竣工图；
——制造商文件；
——所有监测设施的分布；
——阴极保护电位准则；
——监测计划；
——监测时间安排表以及需要的监测设备；
——监测设施的检测与监测程序；
——阴极保护系统安全操作规程。

10.8.2 检测与监测记录

所有的检测与监测(包括专项调查)结果均应进行记录和归档。

10.8.3 维修记录

当存在以下情况时，应进行记录：

——整流器或其他直流电源的修复；
——阳极、阳极连接以及电缆的修复或更换；
——防腐层、绝缘装置、测试桩和其他测试设备的维护、修理和更换；
——阴极保护系统的更新；
——排流系统、套管、交流减缓装置以及远程监测装置的修复或更换；
——阴极保护管道的更新、改造与扩建记录；
——管道腐蚀穿孔分布、测试及分析记录等。

附　录　A
(资料性附录)
阴极保护计算公式

A.1　强制电流的计算

A.1.1　管道保护长度的计算：

$$2L_p=\sqrt{\frac{8\times\Delta V}{\pi\times D_p\times J_s\times R_s}} \quad \cdots\cdots (A.1)$$

$$R_s=\frac{\rho_\tau}{\pi(1000D_p-\delta)\delta} \quad \cdots\cdots (A.2)$$

式中：

L_p——单侧保护管道长度，单位为米(m)；

ΔV——极限保护电位与保护电位之差，单位为伏(V)；

D_p——管道外径，单位为米(m)；

J_s——保护电流密度，单位为安每平方米(A/m^2)；

R_s——管道线电阻，单位为欧每米(Ω/m)；

ρ_τ——钢管电阻率，单位为欧平方毫米每米($\Omega\cdot mm^2/m$)；

δ——管道壁厚，单位为毫米(mm)。

A.1.2　保护电流的计算：

$$2I_0=2\pi\times D_p\times J_s\times L_p \quad \cdots\cdots (A.3)$$

式中：

I_0——单侧管道保护电流，单位为安(A)；

D_p——管道外径，单位为米(m)；

J_s——保护电流密度，单位为安每平方米(A/m^2)；

L_p——单侧保护管道长度，单位为米(m)。

A.1.3　辅助阳极接地电阻的计算：

1)　单支立式辅助阳极接地电阻的计算见式(A.4)，单支水平式辅助阳极接地电阻的计算见式(A.5)，深井式辅助阳极接地电阻的计算见式(A.6)。

$$R_{v1}=\frac{\rho}{2\pi L_a}\ln\left(\frac{2L_a}{D_a}\sqrt{\frac{4t+3L_a}{4t+L_a}}\right) \quad (t\gg D_a)(D_a\ll L_a) \quad \cdots\cdots (A.4)$$

$$R_h=\frac{\rho}{2\pi L_a}\ln\left(\frac{L_a^2}{tD_a}\right) \quad (t\ll L_a)(D_a\ll L_a) \quad \cdots\cdots (A.5)$$

$$R_{v2}=\frac{\rho}{2\pi L_a}\ln\left(\frac{2L_a}{D_a}\right) \quad (t\gg L_a) \quad \cdots\cdots (A.6)$$

式中：

R_{v1}——单支立式辅助阳极接地电阻，单位为欧(Ω)；

R_{v2}——深埋式辅助阳极接地电阻，单位为欧(Ω)；

R_h——单支水平式辅助阳极接地电阻，单位为欧(Ω)；

ρ——土壤电阻率，单位为欧米($\Omega\cdot m$)；

L_a——辅助阳极长度(含填料)，单位为米(m)；

D_a——辅助阳极直径(含填料)，单位为米(m)；

t——辅助阳极埋深(阳极体中间位置距地表面)，单位为米(m)。

2) 辅助阳极组接地电阻的计算：

$$R_z = F\frac{R_a}{n} \qquad \text{(A.7)}$$

$$F \approx 1+\frac{\rho}{nsR_a}\ln(0.66n) \qquad \text{(A.8)}$$

式中：

R_z——辅助阳极组接地电阻，单位为欧(Ω)；

F——辅助阳极电阻修正系数，可查图 A.1；

R_a——单支辅助阳极接地电阻，单位为欧(Ω)；

n——阳极支数；

ρ——土壤电阻率，单位为欧米(Ω·m)；

s——辅助阳极间距，单位为米(m)。

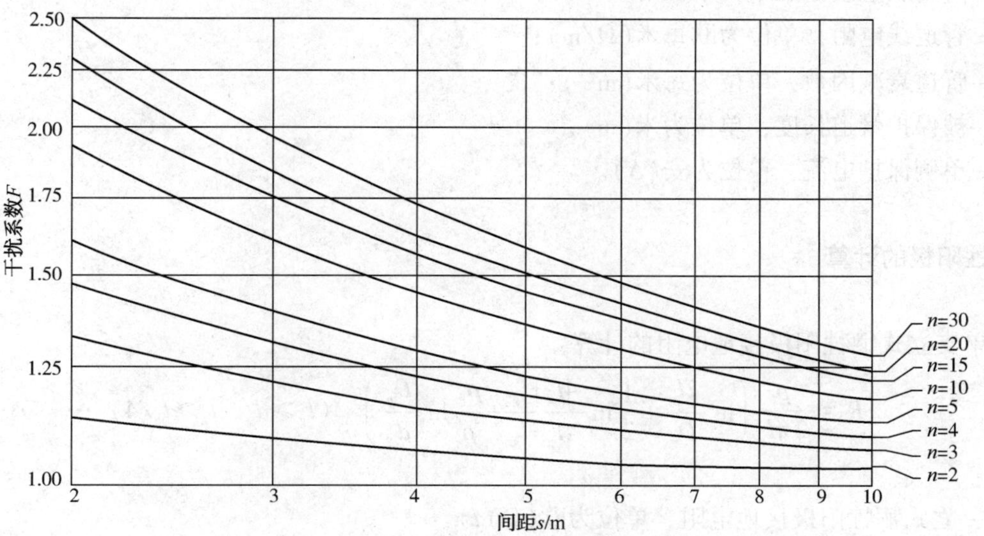

图 A.1 由 n 支阳极组成的阳极地床的干扰系数 F

A.1.4 辅助阳极质量的计算：

$$W_a = \frac{T_a \times \omega_a \times I}{K} \qquad \text{(A.9)}$$

式中：

W_a——辅助阳极总质量，单位为千克(kg)；

T_a——辅助阳极设计寿命，单位为年(a)；

ω_a——辅助阳极的消耗率，单位为千克每安年[kg/(A·a)]；

I——保护电流，单位为安(A)；

K——辅助阳极利用系数，取 0.7~0.85。

注：当已知辅助阳极阳极质量，也可用式(A.9)计算辅助阳极设计寿命。

A.1.5 电源设备功率的计算：

$$P = \frac{IV}{\eta} \qquad \text{(A.10)}$$

$$V = I(R_z + R_1 + R_c) + V_r \qquad \text{(A.11)}$$

$$R_c=\frac{\sqrt{R_t\times r_t}}{2\mathrm{th}(\alpha L)} \qquad\qquad (A.12)$$

$$\alpha=\sqrt{\frac{r_t}{R_t}} \qquad\qquad (A.13)$$

$$I=2I_0 \qquad\qquad (A.14)$$

式中：

P——电源功率，单位为瓦(W)；

I——保护电流，单位为安(A)；

V——电源设备的输出电压，单位为伏(V)；

η——电源设备效率，一般取 0.7；

R_z——辅助阳极组接地电阻，单位为欧(Ω)；

R_l——导线电阻，单位为欧(Ω)；

R_c——阴极过渡电阻，单位为欧(Ω)；

V_r——辅助阳极地床的反电动势，单位为伏(V)，当采用焦炭填充时，取 $V_r=2\mathrm{V}$；

R_t——防腐层过渡电阻率，单位为欧米(Ω·m)；

r_t——管道线电阻，单位为欧每米(Ω/m)；

α——管道衰减因数，单位为每米(m^{-1})；

L——被保护管道长度，单位为米(m)；

I_0——单侧保护电流，单位为安(A)。

A.2 牺牲阳极的计算

A.2.1 单支立式牺牲阳极接地电阻的计算：

$$R_v=\frac{\rho}{2\pi l_g}\left(\ln\frac{2l_g}{D_g}+\frac{1}{2}\ln\frac{4t_g+l_g}{4t_g-l_g}+\frac{\rho_g}{\rho}\ln\frac{D_g}{d_g}\right)\quad (l_g\gg d_g,\ t_g\gg l_g/4) \qquad (A.15)$$

式中：

R_v——立式牺牲阳极接地电阻，单位为欧(Ω)；

ρ——土壤电阻率，单位为欧米(Ω·m)；

l_g——裸牺牲阳极长度，单位为米(m)；

D_g——预包装牺牲阳极直径，单位为米(m)；

t_g——牺牲阳极中心至地面的距离，单位为米(m)；

ρ_g——填包料电阻率，单位为欧米(Ω·m)；

d_g——裸牺牲阳极等效直径，单位为米(m)[$d_g=c/\pi$，c 为周长，单位为米(m)]。

A.2.2 单支水平式牺牲阳极接地电阻的计算：

$$R_h=\frac{\rho}{2\pi l_g}\left\{\ln\frac{2l_g}{D_g}\left[1+\frac{l_g/4t_g}{\ln^2(l_g/D_g)}\right]+\frac{\rho_g}{\rho}\ln\frac{D_g}{d_g}\right\}\quad (l_g\gg d_g,\ t_g\gg l_g/4) \qquad (A.16)$$

式中：

R_h——水平式牺牲阳极接地电阻，单位为欧(Ω)；

ρ——土壤电阻率，单位为欧米(Ω·m)；

l_g——裸牺牲阳极长度，单位为米(m)；

D_g——预包装牺牲阳极直径，单位为米(m)；

t_g——牺牲阳极中心至地面的距离，单位为米(m)；

ρ_g——填包料电阻率，单位为欧米(Ω·m)；

d_g——裸牺牲阳极等效直径，单位为米(m)[$d_g=c/\pi$，c 为周长，单位为米(m)]。

A.2.3 多支牺牲阳极接地电阻的计算：

$$R_g=f\frac{R_0}{n} \quad\cdots\cdots\cdots\cdots(\text{A.17})$$

式中：

R_g——多支组合牺牲阳极接地电阻，单位为欧(Ω)；

f——牺牲阳极电阻修正系数，可查图 A.2；

R_0——单支牺牲阳极接地电阻，单位为欧(Ω)；

n——阳极支数。

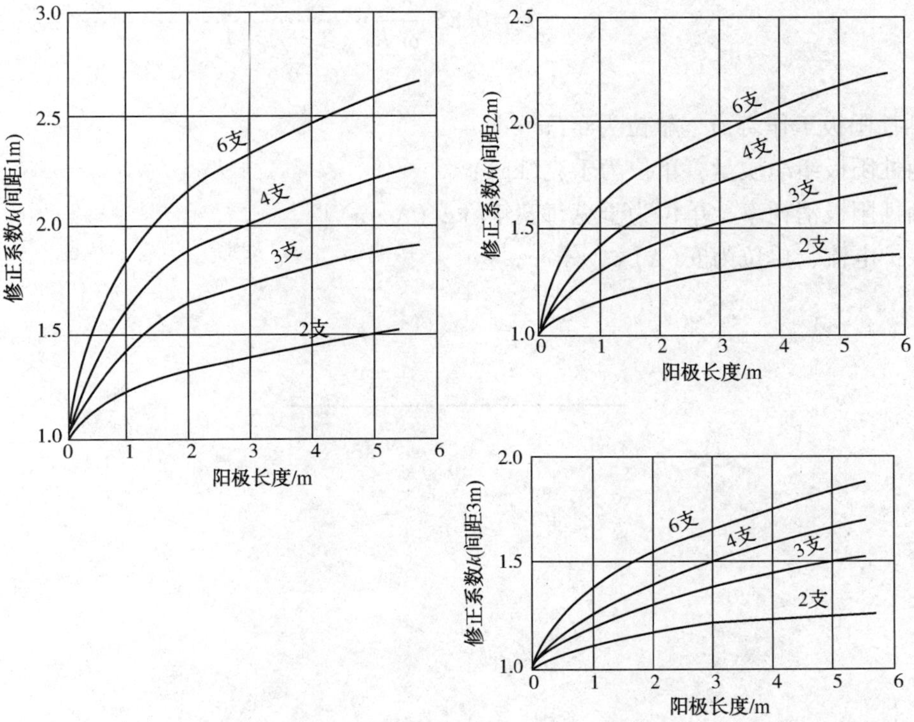

图 A.2 阳极接地电阻修正系数 k

A.2.4 牺牲阳极输出电流的计算：

$$I_g=\frac{e_c-e_a}{R}=\frac{(E_c-\Delta E_c)-(E_a+\Delta E_a)}{R_g+R_c+R_1}=\frac{\Delta E}{R} \quad\cdots\cdots\cdots\cdots(\text{A.18})$$

式中：

I_g——牺牲阳极输出电流，单位为安(A)；

e_c——阴极极化电位，单位为伏(V)；

e_a——阳极极化电位，单位为伏(V)；

R——回路总电阻，单位为欧(Ω)；

E_c——阴极开路电位，单位为伏(V)；

ΔE_c——阴极极化电位，单位为伏(V)；

E_a——阳极开路电位，单位为伏(V)；

ΔE_a——阳极极化电位，单位为伏(V)；

R_g——多支组合牺牲阳极接地电阻，单位为欧(Ω)；

R_c——阴极过渡电阻，单位为欧(Ω)；

R_1——导线电阻，单位为欧(Ω)；

ΔE——牺牲阳极有效电位差，单位为伏(V)。

A.2.5 所需牺牲阳极支数的计算：

$$n=\frac{B\times I}{I_{g0}} \qquad \text{(A.19)}$$

式中：

n——阳极支数；

B——备用系数，取2~3；

I——保护电流，单位为安(A)；

I_{g0}——单支牺牲阳极输出电流，单位为安(A)。

A.2.6 牺牲阳极工作寿命的计算：

$$T_g=0.85\frac{W_g}{\omega_g I} \qquad \text{(A.20)}$$

式中：

T_g——牺牲阳极工作寿命，单位为年(a)；

W_g——牺牲阳极组净质量，单位为千克(kg)；

ω_g——牺牲阳极消耗率，单位为千克每安年[kg/(A·a)]；

I——保护电流，单位为安(A)。

ICS 23.040
J 74

中华人民共和国国家标准

GB/T 34275—2017

压力管道规范　长输管道

Pressure piping code—Long-distance pipeline

2017-09-07 发布　　　　2018-04-01 实施

中华人民共和国国家质量监督检验检疫总局
中国国家标准化管理委员会　发布

目 次

前言

本标准按照 GB/T 1.1—2009 给出的规则起草。

本标准由全国锅炉压力容器标准化技术委员会(SAC/TC 262)提出并归口。

本标准起草单位：中国石油天然气管道局、国家质检总局特种设备安全监察局、中国特种设备检测研究院、全国化工设备设计技术中心站、中石化上海工程有限公司。

本标准主要起草人：续理、修长征、孙宇、寿比南、黄正林、许砚新、冯斌、魏国昌、徐进、门建新、古桢、马红昕、蔡暖姝、应道宴、王昊旸、尤子涵。

压力管道规范　长输管道

1　范围

本标准规定了长输(油气)商品介质管道(GA类)建设、投产，在役管道的运行、维修及检验等技术要求。

本标准适用于长输管道建设的设计、材料、安装、无损检测、投产和在役管道的运行、维修及检验。本长输管道系指产地、储存库、用户间的用于输送(油气)商品介质的管道。本标准适用的管道系统范围如图1所示。油气田集输管道符合本标准的相关条件的可执行本标准。

本标准不适用于公用管道(GB类)、工业管道(GC类)、动力管道(GD类)；也不适用于其他类型的管道，如电气(电讯)专用的管道、军事装备和核设施的管道、海上设施和矿井的管道、移动设备上的管道、石油、天然气、地热等勘探和采掘装置的管道、城镇的门站后所属的燃气管网。

注：依据TSG D3001《压力管道安装许可规则》GA类为长输(油气)管道，GB类为公用管道，GC类为工业管道，GD类为动力管道。

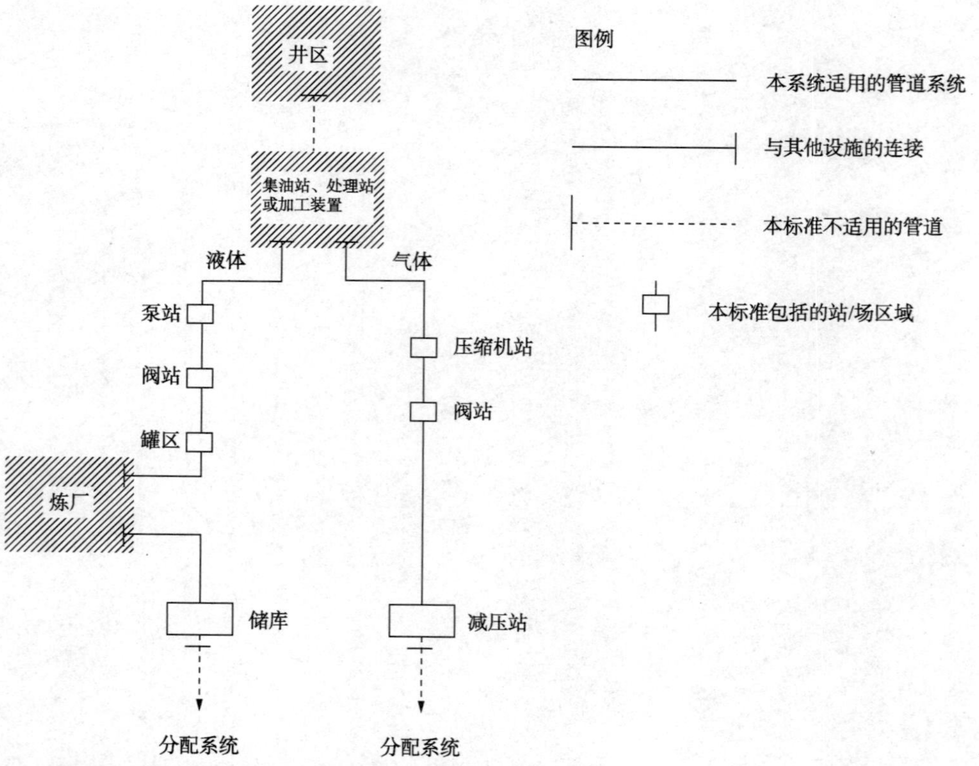

说明：管道系统在与其他设施的连接处和分支处，宜设置一个隔离阀。

图1　本标准适用的管道系统范围

2　规范性引用文件

下列文件对于本文件的应用是必不可少的。凡是注日期的引用文件，仅注日期的版本适用于本文件。凡是不注日期的引用文件，其最新版本(包括所有的修改单)适用于本文件。

GB/T 2887　计算机场地通用规范

GB/T 3620.1　钛及钛合金牌号和化学成分

GB/T 5117　非合金钢及细晶粒钢焊条

GB 6722　爆破安全规程

GB/T 8110　气体保护电弧焊用碳钢、低合金钢焊丝

GB/T 8163　输送流体用无缝钢管

GB 8978　污水综合排放标准

GB/T 9361　计算机场地安全要求

GB/T 9711　石油天然气工业　管线输送系统用钢管

GB 11174　液化石油气

GB/T 12459　钢制对焊无缝管件

GB/T 13401　钢板制对焊管件

GB/T 13402　大直径钢制管法兰

GB/T 14549　电能质量　公用电网谐波

GB/T 16805　液体石油管道压力试验

GB/T 17493　低合金钢药芯焊丝

GB 17820　天然气

GB 18306　中国地震动参数区划图

GB/T 19285—2014　埋地钢质管道腐蚀防护工程检验

GB/T 19326　锻制承插焊、螺纹和对焊支管座

GB/T 19624　在用含缺陷压力容器安全评定

GB/T 19672　管线阀门技术条件

GB/T 20173　石油天然气工业　管道输送系统　管道阀门

GB/T 20801(所有部分)　压力管道规范　工业管道

GB/T 21246　埋地钢质管道阴极保护参数测量方法

GB/T 21447　钢质管道外腐蚀控制规范

GB/T 21448　埋地钢质管道阴极保护技术规范

GB/T 26480　阀门的检验和试验

GB/T 27512　埋地钢质管道风险评估方法

GB/T 27699　钢质管道内检测技术规范

GB/T 28055　钢质管道带压封堵技术规范

GB/T 29168.1　石油天然气工业　管道输送系统用感应加热弯管、管件和法兰　第1部分：感应加热弯管

GB/T 29168.2　石油天然气工业　管道输送系统用感应加热弯管、管件和法兰　第2部分：管件

GB/T 29168.3　石油天然气工业　管道输送系统用感应加热弯管、管件和法兰　第3部分：法兰

GB/T 30582—2014　基于风险的埋地钢质管道外损伤检验与评价

GB/T 31032　钢质管道焊接及验收

GB 50007　建筑地基基础设计规范

GB 50009　建筑结构荷载规范

GB 50010　混凝土结构设计规范

GB 50016　建筑设计防火规范

GB 50017　钢结构设计规范

GB 50055 通用用电设备配电设计规范
GB 50057 建筑物防雷设计规范
GB 50058 爆炸危险环境电力装置设计规范
GB 50086 岩土锚杆与喷射混凝土支护工程技术规范
GB 50093 自动化仪表工程施工及质量验收规范
GB 50135 高耸结构设计规范
GB 50140 建筑灭火器配置设计规范
GB 50147 电气装置安装工程 高压电器施工及验收规范
GB 50148 电气装置安装工程 电力变压器、油浸电抗器、互感器施工及验收规范
GB 50149 电气装置安装工程 母线装置施工及验收规范
GB 50160 石油化工企业设计防火规范
GB 50168 电气装置安装工程电缆线路施工及验收规范
GB 50169 电气装置安装工程接地装置施工及验收规范
GB 50170 电气装置安装工程旋转电机施工及验收规范
GB 50171 电气装置安装工程 盘、柜及二次回路接线施工及验收规范
GB 50172 电气装置安装工程 蓄电池施工及验收规范
GB 50173 电气装置安装工程 66kV 及以下架空电力线路施工及验收规范
GB 50183 石油天然气工程设计防火规范
GB 50204 混凝土结构工程施工质量验收规范
GB 50205 钢结构工程施工质量验收规范
GB 50236 现场设备、工业管道焊接工程施工规范
GB 50242 建筑给水排水及采暖工程施工质量验收规范
GB 50243 通风与空调工程施工质量验收规范
GB 50251 输气管道工程设计规范
GB 50253 输油管道工程设计规范
GB 50254 电气装置安装工程 低压电器施工及验收规范
GB 50255 电气装置安装工程 电力变流设备施工及验收规范
GB 50256 电气装置安装工程 起重机电气装置施工及验收规范
GB 50257 电气装置安装工程 爆炸和火灾危险环境电气装置施工及验收规范
GB 50369 油气长输管道工程施工及验收规范
GB 50423 油气输送管道穿越工程设计规范
GB 50424 油气输送管道穿越工程施工规范
GB 50459 油气输送管道跨越工程设计规范
GB 50460 油气输送管道跨越工程施工规范
GB 50461 石油化工静设备安装工程施工质量验收规范
GB 50470 油气输送管道线路工程抗震技术规范
GB/T 50538 埋地钢质管道防腐保温层技术标准
GB/T 50539 油气输送管道工程测量规范
GB 50540 石油天然气站内工艺管道工程施工规范
GB 50568 油气田及管道岩土工程勘察规范
GB/T 50698 埋地钢质管道交流干扰防护技术标准
GB/T 50818 石油天然气管道工程全自动超声波检测技术规范
GB 50991 埋地钢质管道直流干扰防护技术标准
JTG D62 公路钢筋混凝土及预应力混凝土桥涵设计规范

JGJ 94　建筑桩基技术规范

JB/T 1308.2　PN2500 超高压阀门和管件　第 2 部分：阀门、管件和紧固件

JB 4732　钢制压力容器分析设计标准

NB/T 47008　承压设备用碳素钢和合金钢锻件

NB/T 47013.1～47013.6　承压设备无损检测

SH/T 3542　石油化工静设备安装工程施工技术规程

SY/T 0087.1—2006　钢制管道及储罐腐蚀评价标准　埋地钢质管道外腐蚀直接评价

SY/T 0095　埋地镁牺牲阳极试样试验室评价的试验方法

SY/T 0403　输油泵组安装技术规范

SY/T 0404　加热炉工程施工及验收规范

SY/T 0460　天然气净化装置设备与管道安装工程施工技术规范

SY/T 0510　钢制对焊管件规范

SY/T 0516　绝缘接头与绝缘法兰技术规范

SY/T 0524　导热油加热炉系统规范

SY/T 0538　管式加热炉规范

SY/T 0609　优质钢制对焊管件规范

SY/T 4108　输油(气)管道同沟敷设光缆(硅芯管)设计及施工规范

SY/T 4109　石油天然气钢质管道无损检测

SY/T 4111　天然气压缩机(组)安装工程施工技术规范

SY 4203　石油天然气建设工程施工质量验收规范　站内工艺管道工程

SY 4207　石油天然气建设工程施工质量验收规范　管道穿跨越工程

SY 4208　石油天然气建设工程施工质量验收规范　输油输气管道线路工程

SY/T 5262　火筒式加热炉规范

SY/T 5767　原油管道添加降凝剂输送技术规范

SY/T 6793　油气输送管道线路工程水工保护设计规范

SY/T 6884　油气管道穿越工程竖井设计规范

SY 7513　出矿原油技术条件

TSG Z6002　特种设备焊接操作人员考核细则

TSG D7003　压力管道定期检验规则　长输(油气)管道

ASME B31.8　输气和配气管道系统(Gas transmission and distribution piping systems)

3　术语和定义

下列术语和定义适用于本文件。

3.1

长输管道　long-distance pipeline

产地、储存库、用户间的用于输送(油气)商品介质的管道。

3.2

(油气)商品介质　oil and gas

符合国家相关标准要求的原油、成品油、天然气和液化石油气。

3.3

公称压力(*PN*)　nominal pressure

由字母 *PN* 和无因次整数数字组合的压力标记，代表管道组成件的允许的压力等级。

3.4

公称尺寸(*DN*) nominal diameter

由字母 *DN* 和无因次整数数字组合的尺寸标识，这个数字与端部连接件的孔径和外径等特征尺寸直接相关(以 mm 计)。

3.5

弹性敷设 pipe laying with elastic bending

管道在外力或自重作用下产生弹性弯曲变形，利用这种变形进行管道敷设的一种方式。

3.6

水露点 water dew point

气体在一定压力下析出第一滴水时的温度。

3.7

烃露点 hydrocarbon dew point

气体在一定压力下析出第一滴液态烃时的温度。

3.8

冷弯管 cold bends

在不加热条件下，用模具(或夹具)将直管弯制成需要角度的弯管。

3.9

热煨弯管 hot bends

在加热条件下，在夹具上将直管弯曲成需要角度的弯管。

3.10

弯头 elbow

曲率半径小于 4 倍公称直径的弯曲管段。

3.11

管道 piping

由管道组成件和管道支撑件组成，用于输送、分配、混合、分离、排放、计量、控制或制止流体流动的钢管、管件、法兰、螺栓连接、垫片、阀门和其他组成件或受压部件的装配总成。

3.12

管道组成件 piping components

用于连接或装配成压力密封的管道系统机械元件，包括钢管、管件、法兰、垫片、紧固件、阀门、安全保护设施以及诸如膨胀节、挠性接头、耐压软管、过滤器、管路中的仪表(如孔板)和分离器等。

3.13

管件 pipe fittings

弯头、弯管、三通、异径接头和管封头等管道上各种异形连接件的统称。

3.14

管道附件 pipe auxiliaries

管件、法兰、阀门及其组合件，绝缘法兰、绝缘接头等管道专用部件的统称。

3.15

固定件 pipe supporting fixtures

将输送管或结构附件的载荷传递给支承构筑物或支承设备的各种零件，包括悬吊类固定件，如吊杆、弹簧吊、竖向支撑、平衡块、紧线螺丝、支撑杆、链条、导向支座和锚固件等；支承类固定件，如鞍形支座底座、滚筒、托架、滑动支座、限位支座、固定支座等。

3.16

结构附件 pipe supporting structural attachments

焊接在、栓接在或夹持在输送管上的零件，例如管夹、吊耳、吊环、卡箍、U 形夹、箍带及裙座等。

3.17

管架　pipe support

支承管道的构筑物，管道通过支承固定件、结构附件将荷重和推力传递到管架上。管架由钢结构或钢筋混凝土结构的立柱、横梁或框架所构成，独立固定在基础上，也可固定在设备上或墙上。按类型分有：独柱式、双柱式和悬臂式等。

3.18

绝缘接头　insulating joint

对同时具有埋地钢质管道要求的密封性能和电法腐蚀防护工程要求的电绝缘性能接头的统称，它包括上、下导管，套筒、绝缘件、密封件、绝缘涂层。在绝缘接头的上、下导管对接端面间，夹有绝缘件和密封件，形成具有绝缘性能的双密封结构，套筒采用坡口焊接或与上导管直接焊接两种形式，将绝缘件和上、下导管牢固封裹在里面，保证了良好的绝缘效果和承压能力。

3.19

快开盲板　fast opening blind

用于压力管道的圆形开口上并能实现快速开启和关闭的一种机械装置。

3.20

橇装设备　prytopach equipment

将机泵和工艺管道等在工厂组装到钢质底座，整体拉运到现场、直接安装在基础的成套设备。

3.21

管道单元　pipe cell

采用预制的方法，将管道、管道附件按照设计的要求进行部分组装而成的单元。

3.22

输油泵机组　oil pump set

输送原油、成品油的泵组及驱动系统、润滑油系统、电气仪表系统等以及钢结构的总称。

3.23

压缩机机组　air-compress set

压缩介质为气体的压缩机及其驱动系统、冷却系统、润滑油系统、电气仪表系统以及钢结构的总称。

3.24

压力试验　pressure test

以液态或气体作为介质，对管道逐步加压，达到规定的压力，以检验管道运行安全性和严密性的试验。

3.25

干空气　dry air

在一定压力和温度条件下的空气，即露点低于-40℃的空气。

3.26

干空气干燥法　dry air drying

通过持续地向管道内注入干空气进行清扫，使残留在管道内的水分蒸发，并将蒸发后的湿空气置换出管道外，从而达到管道干燥目的的施工方法。

3.27

真空干燥法　vacuum drying

水的沸点随压力的降低而降低，在压力很低的情况下，水可以在很低的温度下沸腾汽化。利用这一原理，在控制条件下用真空泵不断地抽取管道内的气体，降低管道中的压力直至达到管壁温度下水的饱和蒸汽压，此时残留在管道内壁上的水沸腾而迅速汽化，汽化后的水蒸气随后被真空泵抽出的施工方法。

3.28

液氮干燥法　liquefied nitrogen drying

液氮经汽化器汽化，加热器加热后以不低于 50℃ 的温度进入管道进行低压间断性清扫，管道内的水分与干燥氮气混合后被带出管道，从而达到管道干燥目的的施工方法。

3.29

单线图　isometric diagram

将每条管道按照轴侧投影的绘制方法，画成以单线表示的管道空视图。

3.30

预焊接工艺规程　preliminary welding procedure specification

按照工程设计要求，根据焊接试验结果或其他类似工程经验，由焊接试验单位编制的用于焊接工艺评定的焊接工艺指导性文件。

3.31

焊接工艺评定　welding procedure qualification

在工程焊接前，为验证所拟定的焊件焊接工艺的正确性而进行的试验过程及结果评价。在本标准中，焊接工艺评定是指为使焊接接头的力学性能、弯曲性能或堆焊层的化学成分符合规定对预焊接工艺进行验证性试验和结果评价的过程。

3.32

焊接工艺规程　welding procedure specification

根据评定合格的焊接工艺编制的用于工程施工的一整套详细的焊接技术规定和程序。

3.33

根焊　root bead

为管与管，管与管件，管件与管件之间焊接时的第一层焊道。

3.34

热焊　hot bead

为了防止根部冷裂纹或根部烧穿，而在根焊完成后立即进行的第二层焊道。

3.35

填充焊　filler bead

在根焊或热焊完成后，盖面焊之前的焊道。

3.36

盖面焊　cap bead

最外面一层的成型焊道。

3.37

多道焊(排焊)　multi-pass welding

熔敷两条或两条以上的焊道而完成一层焊缝所进行的焊接。

3.38

焊接缺陷　weld defect

在焊接接头与母材中，无损检测标准不允许存在的不连续部位。

3.39

焊接缺欠　weld imperfection

在焊接接头与母材中，无损检测标准允许存在的不连续部位。

3.40

修补　patching

对发现的表面非裂纹缺陷进行的修复。

3.41

返修焊　repair welding

对发现的表面裂纹缺陷及经无损检测发现的缺陷进行的修补焊接。

3.42

死口　set welding line

管道线路焊接施工中，两个管端在组对时，只能在二维平面进行调整，轴向位置不能调整，焊接后参加试压的焊口。

3.43

金口　set welding line nonattendance pressure test

管道线路焊接施工中，两个管端在组对时，只能在二维平面进行调整，轴向位置不能调整，焊接后只进行无损检测，不参加试压的焊口。

3.44

投产　commissioning

与管道系统最初充装管输流体有关的活动。

3.45

在役管道　in-service pipeline

已经投产输送流体的管道。

3.46

自动化仪表(SCADA)系统　supervisory control and data acquisition

数据采集与监视控制系统，无论规模大小都由三部分组成：位于调度控制中心的主端调度装置(MTU)、位于各站场的远程终端装置(RTU)和连接它们的通信系统。使用SCADA系统可对指定设施提供连续监测，并从控制中心对这些设施进行操作控制。

3.47

A型套袖　type A sleeve

由放置在管道损伤部位的两个半圆的柱状管或两片适当弯曲的钢板，并经侧缝焊接组合成。用作管道损伤部位的加强件，不用焊接可直接安装在管道上。

3.48

B型套袖　type B sleeve

由放置在管道损伤部位的两个半圆的柱状管或两片适当弯曲的钢板，并经侧缝焊接组合成。其末端应与管道进行焊接，套袖侧缝宜采用对接焊接方式。

3.49

动火　hotwork

在油气、易燃易爆危险区域内和油气容器、管线、设备或盛装易燃易爆物品的容器上，使用焊接，割等工具，能直接和间接产生明火的施工作业。

3.50

置换　displacement

用清水、蒸汽、氮气或其他惰性气体将作业管道、设备内部可燃气体替换出来的一种方法。

3.51

金属损失　metal-loss features

因金属消失导致的管道壁厚减薄。金属损失通常是由于腐蚀、机械损伤及管材缺陷造成的。

3.52

管道内检测(ILI)　in-line inspection

利用在管道内运行的可实时采集并记录管道信息的检测器所完成的检测。

3.53

几何变形检测　geometry inspection

以检测管道的几何变形情况为目的所实施的管道内检测。

3.54

金属损失检测　metal loss inspection

以检测管壁金属损失为目的所实施的管道内检测。

3.55

管道特征　pipeline feature

管道上存在的管壁金属损失、凹陷、椭圆度变形、管道附属设施及制造缺陷等。

3.56

标定　calibrate

对检测设备的力学性能和检测性能进行测试与调整。

3.57

设标　marking

为实现对检测出的管道特征精确定位而设置地面测量标记点的工作。

3.58

清管　pigging

使用可在管道内独立运行的设备，清理管道内杂质、积垢及凝蜡的工作。

3.59

测径板　gauge plate

用于初步测量管径变化的，可产生不可恢复变形的软质金属盘。

3.60

检测概率(POD)　probability of detection

检测器检测出管道特征的概率。

3.61

可信度(Conf.)　confidence

检验报告数据与管道实际情况的符合程度。

3.62

验证　verification

对检测结果进行复核的方式。

3.63

腐蚀活性点　corrosion activity

腐蚀正在进行，并以一定速率发展的部位，该发展速率足以导致管道在设计寿命内的承压能力降低。

3.64

防腐层缺陷　coating fault

防腐层上所有的异常，包括剥离区和漏点等。

3.65

漏点　holiday

防腐层不连续处(孔)，使管体表面暴露于环境中。

3.66

密间距电位测量法　close-interval potential survey; CIPS

沿着管顶地表，以密间隔(1m~3m)移动参比电极测量管地电位的方法。

3.67

直流电位梯度　direct-current voltage gradient；DCVG

通过沿管道或环绕管道的由防腐层破损点漏泄的直流电流所产生的土壤中直流电压梯度的变化，来确定防腐层缺陷位置、大小以及表征腐蚀活性的地表测量方法。

3.68

交流电位梯度　alternating current voltage gradient；ACVG

通过沿管道或环绕管道的由防腐层破损点漏泄的交流电流所产生的土壤中交流电压梯度变化，来确定防腐层缺陷位置的地表测量方法。

3.69

管地电位　the pipe-to-soil potential

管道与其相邻电解质(土壤)的电位差。

3.70

断电电位　off potential

断电瞬间测得的构筑物对电解质(土壤)电位。

3.71

交流电流衰减法　alternating current attenuation survey

在现场应用电磁感应原理，采用专用仪器测量管内信号产生的电磁辐射，通过测量出的信号电流衰减变化，来评价管道防腐层总体情况的地表测量方法。收集到的数据可能包括管道位置、埋深、异常位置和异常类型。

4 材料

4.1 一般规定

4.1.1　按本标准建造的油气管道系统，所有作为永久性组成部分的材料，在规定的使用条件下，应适用、安全。所有这些材料应遵守有关技术条件、标准和本标准的要求。

4.1.2　按本标准制造的钢管或管件等适用于输送原油、成品油。输油管道输送原油的质量应符合 SY 7513 的规定，输气管道输送天然气的质量应符合 GB 17820 的规定，输送液态液化石油气的质量应符合 GB 11174 的规定，输送成品油的质量应符合国家现行产品标准。不适用于输送酸性天然气或其他腐蚀性介质的管道，也不包括基于应变设计地区使用的抗大变形钢管。

4.1.3　油气管道设计应根据具体条件(包括制造/制作、安装、介质、工况、工作环境和试验等)以及材料使用要求，选用合适的管道组成件材料。

4.1.4　油气管道组成件以及其他结构、元件的材质，应根据设计压力、温度和储运介质的物理化学性质等因素，经技术、经济综合比较分析后确定。

4.1.5　管道组成件应当逐件采用标志进行标记，标志内容一般包括制造单位代号或商标、许可标志、材料(牌号或强度等级、规格、炉批号)、产品编号等。产品规格较小，无法标记全部内容时，可采用标签或按照相关要求省略部分内容。产品标志应当能够追溯到产品质量证明文件。

4.1.6　油气管道所用材料、管道附件和设备的材质、规格和型号应符合设计要求，所有压力管道元件制造产品应具有压力管道元件制造的许可，其质量性能应符合本标准所列标准最新版本的规定，并具备产品质量证明文件，以及材质使用说明书，进口物资应有商检报告。实行监督检验的管道组成件，还应提供特种设备检验检测机构出具的监督检验证书。质量证明文件除包括产品合格证外，一般还应包括以下内容：

a)　材料化学成分；

b)　材料及焊接接头力学性能；

c) 热处理状态；

d) 无损检测结果；

e) 压力试验结果(适用于有关安全技术规范及其相应标准或者合同有规定的)；

f) 型式试验结果(适用于有型式试验要求的)；

g) 产品标准或用户规定的其他检验项目。

4.1.7 油气管道工程所用的材料、管道附件、设备在使用前，应核对其规格、材质、型号，并应进行外观检查。

4.1.8 对材料有复检要求或对材料的质量有疑问时，应按照相关规范的规定对材料进行复检、牌号及质量性能不明的材料不应用于管道(承压)组成件，不合格的材料、管道附件、设备不应安装使用。

4.2 基本要求

4.2.1 油气管道用钢应采用镇静钢，采用吹氧转炉工艺或电炉冶炼工艺冶炼，经协议，也可采用其他相当的炼钢工艺。

4.2.2 油气管道组成件用材料应有足够的强度、塑性和韧性，在最低使用温度下应具备足够的抗脆断能力。

4.2.3 油气管道组成件用材料应具有足够的稳定性，包括化学性能、力学性能、耐蚀和耐磨性能、抗疲劳性能等。

4.2.4 油气管道组成件用材料应适合相应的制造、制作和安装，包括焊接、冷热加工与热处理以及焊接性等方面的要求。

4.2.5 油气管道组成件所使用的焊接材料(焊条、焊丝、焊剂、保护气体等)应符合设计要求，其性能应与母体材料保持良好的强度与韧性匹配；应进行焊接材料与焊接方法相适应的焊接工艺评定。并根据合格的焊接工艺评定编制焊接工艺规程。

4.2.6 油气管道组成件用焊接材料的质量和检验要求应符合 GB/T 5117、GB/T 8110 和 GB/T 17493 等相关标准的规定。对不同生产厂家、不同规格、型号的焊接材料应按照批次、批号分别进行检查。

4.2.7 当管道组成件采用几种不同的材料组合使用时，应考虑可能产生的不利影响。

4.2.8 管道组成件的外观应完好无损伤，不应有毛刺、划痕、砂眼及气孔等超标缺陷。

4.2.9 管道组成件的尺寸偏差应符合现行国家或行业标准的有关规定。

4.2.10 管道元件用材料及其制造、安装(含现场制作)的技术要求和使用条件不符合本标准规定时，应当在学习借鉴和实验研究的基础上，将所做试验的依据、条件、数据、结果和第三方的检验报告及其他有关的技术资料报省级质量技术监督部门审核，国家质量监督检验检疫总局(以下简称国家质检总局)批准后，方可进行试制、试用。

4.2.11 管道组成件及管道支承固定件、结构附件在施工过程中应妥善保管，不应混淆或损坏，其色标或标记应明显清晰。防腐后，应对材料表面的标记进行移植。

4.3 线路用钢管及管件

4.3.1 线路用钢管

4.3.1.1 天然气管道线路用钢管产品等级应为 GB/T 9711 PSL2 级，原油和成品油管道线路用钢管产品等级宜选 GB/T 9711 PSL2 级，其钢管钢级包括 GB/T 9711 中的 L290/X42~L555/X80 钢级。选用钢管产品的质量性能应符合本标准与 GB/T 9711 的规定。

4.3.1.2 油气管道线路用钢管应综合考虑管道直径、壁厚、制造技术成熟度、使用要求及经济适用性，选择合适的高频焊(HFW)、螺旋缝埋弧焊(SAWH)和直缝埋弧焊(SAWL)(包括 UOE、JCOE、RBE 成形等)3 种类型的钢管。不同管型钢管的规格范围见表 1。

4.3.1.3　为了区别管线的重要程度，根据设计压力、管径将输送原油、成品油和天然气管道划分为不同级别，见表2，并根据不同级别提出钢管的性能和检验的不同要求。

4.3.1.4　用于生产螺旋缝埋弧焊钢管的板卷的宽度不得小于钢管外径的1.0倍，也不得大于钢管外径的2.5倍。钢板或板卷不应含有任何补焊焊缝，制管过程中也不允许进行补焊。

4.3.1.5　对于不同等级的油气管道用钢，其炼制工艺与夹杂物等的控制要求见表3。对于L485/X70、L555/X80钢级管线钢，其显微组织应为针状铁素体型。

4.3.1.6　对于壁厚不大于25.0mm的钢管，其化学成分应符合表4的要求。对于壁厚大于25.0mm的钢管，其化学成分可参考表4的要求，也可协商确定。

表1　不同管型钢管的推荐规格范围

种类	钢级及钢种		尺寸范围 mm				
			管径	最大壁厚		管长	
				常用	理论	常用	最大
HFW	碳钢及低合金钢	L290/X42～L555/X80	219.1～610	13	19	12000	18000
SAWL	碳钢及低合金钢	L290/X42～L555/X80	508～1219	28	40	12000	18000
SAWH	碳钢及低合金钢	L290/X42～L555/X80	355.6～1219	20	25	12000	18000

表2　油气输送管道级别的划分

管道类型	设计压力/MPa	管径/mm		
		<508	508～914	914～1422
原油管道	<6.3	1	1	2
	≥6.3	1	2	3
成品油管道	<6.3	1	2	3
	≥6.3	2	3	4
天然气管道	<6.3	1	2	3
	6.3～8	2	3	4
	>8	3	4	5

表3　油气管道用钢技术要求

管道种类	技术要求
1、2、3级输气管道	(1)制管用的钢材应采用吹氧碱性转炉工艺或电炉工艺冶炼。钢应为细晶粒的镇静钢，晶粒尺寸应为ASTM E112(或GB/T 4335)No.7级或更细； (2)对于3级输气管道用钢管，钢中A、B、C、D类非金属夹杂物级别均不应大于2级； (3)带状组织应不大于3级
4、5级输气管道	(1)制管用的钢材须为吹氧转炉或电炉冶炼并经真空脱气、钙和微钛处理的细晶粒(X70及以上钢级No.10级或更细，X70以下钢级No.8级或更细)纯净镇静钢； (2)制管用钢板须用热机械控轧工艺(TMCP)生产； (3)钢中A、B、C、D类非金属夹杂物级别均不应大于2级； (4)带状组织应不大于3级

表3　油气管道用钢技术要求(续)

管道种类	技术要求
3级原油管道 3、4级成品油管道	(1)制管用的钢材应采用吹氧碱性转炉工艺或电炉工艺冶炼。钢应为细晶粒的镇静钢，晶粒尺寸应为 ASTM E112(或 GB/T 4335) No. 7级或更细； (2)制管用钢板宜采用热机械控轧工艺(TMCP)生产； (3)钢中A、B、C、D类非金属夹杂物级别均不应大于2.5级； (4)带状组织应不大于3级

表4　壁厚不大于25.0mm钢管的化学成分

钢号	根据熔炼分析和产品分析的最大质量分数 %									最大碳当量[a] %	
	C[b]	Si	Mn[b]	P	S	V	Nb	Ti	其他[i]	CE_{IIW}	CE_{Pcm}
焊接钢管											
L290或X42	0.22	0.45	1.30	0.025	0.015	0.05	0.05	0.04	d	0.43	0.25
L360或X52	0.22	0.45	1.40	0.025	0.015	c	c	c	d	0.43	0.25
L390或X56	0.22	0.45	1.40	0.025	0.015	c	c	c	d	0.43	0.25
L415或X60	0.12[e]	0.45[e]	1.60[e]	0.025	0.015	f	f	f	g	0.43	0.25
L450或X65	0.12[e]	0.45[e]	1.60[e]	0.025	0.015	f	f	f	g	0.43	0.25
L485或X70	0.12[e]	0.45[e]	1.70[e]	0.025	0.015	f	f	f	g	0.43	0.25
L555或X80	0.12[e]	0.45[e]	1.85[e]	0.025	0.015	f	f	f	h	0.43[e]	0.25

a 根据产品分析。如果碳的质量分数大于0.12%，则 CE_{IIW} 极限适用；如果碳的质量分数小于或等于0.12%，则 CE_{Pcm} 极限适用。

b 碳含量比规定最大质量分数每降低0.01%，则允许锰含量比规定最大质量分数增加0.05%，但对于大于或等于L290或X42小于或等于L360或X52的钢级，最大值不应超过1.65%；对于大于L360或X52小于L485或X70的钢级，最大值不应超过1.75%；对于大于或等于L485或X70钢级小于或等于L555或X80的钢级，最大值不应超过2.00%。

c 铌、钒和钛的总含量不应超过0.15%。

d 除非另有规定，铜的最大含量为0.50%，镍的最大含量为0.30%，铬的最大含量为0.30%，钼的最大含量为0.15%。对于L360/X52及以下钢级，不应有意加入铜、铬和镍。

e 除非另有协议。

f 除非另有协议，铌、钒和钛的总含量不应超过0.15%。

g 除非另有规定，铜的最大含量为0.50%，镍的最大含量为0.50%，铬的最大含量为0.50%，钼的最大含量为0.50%。

h 除非另有规定，铜的最大含量为0.50%，镍的最大含量为1.00%，铬的最大含量为0.50%，钼的最大含量为0.50%。

i 除非另有规定，不得有意加入B，残留B含量应≤0.001%。

4.3.1.7　应根据钢管的不同使用环境，对钢管进行冷扩径。机械扩径过程中，应采用适当的措施，防止内扩径装置与焊缝相接触。不同介质与不同制造型式的钢管扩径应满足下列的要求：

a)　对于3级原油管道和3级、4级成品油管道用直缝埋弧焊管，应采用全长冷扩径，扩径率不大于1.5%。

b） 对于天然气管道用直缝埋弧焊管，应采用全长冷扩径，冷扩径技术要求见表5。

c） 管径不小于711mm螺旋埋弧焊管管端150mm范围内宜进行冷扩径，扩径率不大于0.6%。

表5 钢管冷扩径技术要求

钢管种类	技术要求
埋弧焊（SAW）	直缝埋弧焊钢管应全长扩径，扩径量范围为0.4%～1.4%。即： $0.4\% \leqslant \frac{扩径后外径-扩径前外径}{扩径前外径} \times 100\% \leqslant 1.4\%$ 管径不小于711mm螺旋缝埋弧焊管管端150mm范围内宜冷扩径；管端扩径量范围为0%～0.6%
高频焊（HFW）	可采用扩径或减径的方法将钢管定径至最终尺寸。定径比S_r不超过1.5%，即： $\frac{\|定径后外径-定径前外径\|}{钢管规定外径} \times 100\% \leqslant 1.5\%$

4.3.1.8 应对每根钢管进行静水压试验，试验过程中整个焊缝或管体无泄漏，试验后无形状的变化和管壁凸起。试验压力应按GB/T 9711的有关规定确定。D小于或等于457mm的钢管，试验压力下的保持时间应不小于5s；D大于457mm小于或等于914mm的钢管，试验压力下的保持时间应不小于10s；D大于914mm小于或等于1422mm的钢管，试验压力下的保持时间应不小于15s。当环向应力达到规定最小屈服强度的95%时，试验压力保持时间应不小于15s。

4.3.1.9 应从钢管上截取样品进行拉伸试验、弯曲试验和压扁试验等力学性能试验，钢管的拉伸性能应符合表6对相应钢级的要求。试验方法应符合GB/T 9711或设计的相关规定。

表6 钢管的拉伸性能要求

钢级	管体						焊接接头
	屈服强度 $R_{t0.5}$/MPa		抗拉强度[a] R_m/MPa		最大屈强比 $R_{t0.5}/R_m$	标距长度为50mm的最小伸长率 $A_{f,min}$/%	最小抗拉强度 R_m/MPa
	最小	最大	最小	最大			
L290N或X42N L290Q或X42Q L290M或X42M	290	495	415	760	0.93	a	415
L360N或X52N L360Q或X52Q L360M或X52M	360	530	460	760	0.93	a	460
L390N或X56N L390Q或X56Q L390M或X56M	390	545	490	760	0.93	a	490
L415N或X60N L415Q或X60Q L415M或X60M	415	565	520	760	0.93	a	520
L450Q或X65Q L450M或X65M	450	600	535	760	0.93	a	535

表6 钢管的拉伸性能要求(续)

钢级	管体						焊接接头
	屈服强度 $R_{t0.5}$/MPa		抗拉强度[a] R_m/MPa		最大屈强比 $R_{t0.5}/R_m$	标距长度为50mm的最小伸长率 $A_{f,min}$/%	最小抗拉强度 R_m/MPa
	最小	最大	最小	最大			
L485Q 或 X70Q L485M 或 X70M	485	635	570	760	0.93	[a]	570
L555Q 或 X80Q L555M 或 X80M	555	705	625	825	0.93	[a]	625

[a] 规定最小伸长率 $A_{f,min}$ 应按下式计算确定：

$$A_{f,min}=C\frac{A_{xc}^{0.2}}{U^{0.9}}$$

式中：

C——采用国际单位制为1940；

A_{xc}——适用的拉伸试样横截面积，单位为平方毫米(mm^2)，按下列方法确定：

1） 对于圆棒试样，直径为12.5mm和8.9mm的试样为$130mm^2$；直径为6.4mm的试样为$65mm^2$；

2） 对于全截面试样，取a)$485mm^2$和b)采用钢管规定外径和规定壁厚计算的试样横截面积两者中的较小者，圆整到最接近的$10mm^2$；

3） 对于条形试样，取a)$485mm^2$和b)采用试样规定宽度和钢管规定壁厚计算的试样横截面积两者中的较小者，圆整到最接近的$10mm^2$；

U——规定最小抗拉强度，单位为兆帕(MPa)。

4.3.1.10 应从钢管上截取样品进行CVN冲击试验、DWTT试验拉伸试验。对于天然气输送管道，应对管体提出防止裂纹长程扩展的止裂韧性要求；对于焊缝、热影响区则提出防止启裂的韧性要求。天然气管道防止长程裂纹扩展的止裂韧性冲击功值要求应按表7所述的方法来确定，必要时应对要求值进行修正；

a） 对于3级及以下级别天然气管道用钢管的焊缝和热影响区，3个试样夏比冲击功平均最小值40J，单个试样最小值为30J。

b） 对于4级天然气管道用钢管的焊缝和热影响区，3个试样夏比冲击功平均最小值为60J，单个试样最小值为45J。

c） 对于5级天然气管道用钢管的焊缝和热影响区，3个试样夏比冲击功平均最小值为80J，单个试样最小值为60J，试验温度与管体试验温度相同。

d） 对于原油与成品油管道，钢管与焊缝及热影响区的CVN冲击值应符合表8对相应钢级的要求。

e） 油气管道用钢管管体CVN冲击试验断口剪切面积应符合表9的要求。

f） 对于埋地天然气管道，钢管CVN冲击试验温度为-5℃。对于埋地原油管道和成品油管道，钢管夏比冲击试验温度为0℃。如果管道钢管的最低设计温度低于0℃，可在最低设计温度下进行试验。

g） 对于钢级不低于X52，管径在508mm~1422mm之间的钢管，应进行落锤撕裂试验。落锤撕裂试验(DWTT)的剪切面积要求和试验温度如表10所示。

表7　确定陆上埋地输气管线用钢管延性断裂止裂 CVN 夏比冲击功值的方法

序号	方法	来源	内容	适用范围
1	方法一	Battelle 简化公式	$K_V=C_3\times\sigma_h^2\times\left(\frac{Dt}{2}\right)^{1/3}$ 式中： C_3——采用国际单位制时为 3.57×10^{-4}； σ_h——设计环向应力，单位为兆帕(MPa)； D——钢管外径，单位为毫米(mm)； t——钢管壁厚，单位为毫米(mm)	钢级≤X80，输送压力≤7.0MPa，$40<D/t<115$，单相气体
2	方法二	Battelle 双曲线法	依据 Battelle 双曲线法，将断裂速度曲线和钢管韧性或阻力曲线相匹配而成。当两曲线相切时，定义为止裂所需的最小断裂韧性值。如果通过本方法计算的全尺寸冲击功大于100J，则需对止裂韧性进行修正。修正时应获取专家的建议	钢级≤X80，输送压力≤12.0MPa，$40<D/t<115$，单相或富气
3	方法三	全尺寸爆破试验	依据全尺寸爆破试验，对特定设计和输送流体的管线止裂韧性进行验证。典型做法是，一定范围的钢管韧性值设置在爆破试验段，随着距启裂源距离的增大，试验段两侧钢管韧性值随之增加。依据钢管发生止裂时的实际 CVN 冲击功确定止裂所需 CVN 冲击功	

表8　原油和成品油钢管夏比 V 型缺口冲击功要求

规定外径 D/mm	全尺寸3个试样的最低平均值 K_V/J				
	管体				焊缝和 HAZ
	≤L415/X60	>L415/X60 ≤L450/X65	>L450/X65 ≤L485/X70	>L485/X70 ≤L555/X80	
≤508	27	27	27	40	27
>508～≤762	27	27	27	40	27
>762～≤914	40	40	40	40	27
>914～≤1219	40	40	40	40	27

表9　冲击试验断口剪切面积要求

管道级别	CVN 最小剪切面积百分比/(SA%)		试验温度[a]
	3个试样平均值	单个值	
原油、成品油和输气管道	85	70	按 4.3.1.11

[a] 对于非埋地管道，根据购方规定或设计进行。

4.3.1.11 对于 HFW 钢管，应做压扁试验。其试验结果应符合下列要求：

a) 对于壁厚大于或等于 12.7mm、钢级大于或等于 L415/X60 的钢管，板间距离达到钢管原始外径的 66%时，焊缝应不出现开裂。对于钢管钢级和规定壁厚的所有其他组合，板间距离达到钢管原始外径的 50%时，焊缝应不出现开裂。

b) 对于直径与壁厚比值大于 10 的钢管，板间距离达到钢管原始外径的 33%时，除焊缝之外的金属不应出现裂纹或断裂。

c) 对所有钢管，继续压扁，直到钢管的管壁贴合为止，在整个压扁试验过程中，不得出现分层或过烧金属的迹象。

表 10 落锤撕裂试验要求

管道级别	DWTT 最小剪切面积百分比/(SA%)		试验温度[a]
	2 个试样平均值	单个值	
1 级原油、成品油和天然气管道	60	40	0℃
2 级、3 级原油和成品油和天然气管道	80	60	
4 级成品油管道和 4 级、5 级天然气管道	85	70	

[a] 如果管道钢管的最低设计温度低于 0℃，可在最低设计温度下进行试验。

[b] 壁厚超过 25.4mm 的钢管，由购方和制造商双方另行协商确定。

4.3.1.12 所有规格的埋弧焊钢管焊缝应进行导向弯曲试验。试验过程中试样边缘出现的裂纹，只要其长度不超过 6.4mm，应视为试验合格；如试样出现其下列任一种状况时，应视为试验不合格：

a) 完全断裂；

b) 在焊缝金属处出现任何长度大于 3.2mm 的裂纹或断裂，无论深度如何；

c) 在母材金属、热影响区或熔合线处出现任何长度大于 3.2mm，深度大于规定壁厚的 12.5% 的裂纹或断裂。

4.3.1.13 为了控制钢管的残余应力，可采用切环法对残余应力进行检测。选取长度为 200mm 左右的管段，在距焊缝 100mm 处沿钢管纵向切开，然后测量管段周向张开量(切口张开间距)。不同运行压力、不同管径情况下钢管切口张开间距应满足表 11 要求。

表 11 切口张开量要求

运行压力/MPa	最大切口张开量/mm	
	管径/mm	
	323.9~762	>762
<6.3	80	100
6.3~8	80	100
>8	80	90

4.3.1.14 油气输送用钢管的检验，应按制管标准检查钢管的外径、壁厚、圆度等钢管尺寸偏差，尺寸偏差应符合表 12 要求，设计或购方有特殊要求时，按照订货要求执行。钢管表面不应有裂纹、结疤、折叠以及其他深度超过公称壁厚偏差的缺陷。钢管如有凿痕、槽痕、凹坑、变形或压扁等有害缺陷应按下列方法修复或消除后使用：

a) 凿痕、槽痕可用砂轮磨去，但磨剩的厚度不应小于材料标准允许的最小厚度，否则，应将受损部分整段切除。

b) 凹坑的深度不应超过公称管径 2%。凹坑位于纵向焊缝或环向焊缝处，应将凹坑处管子受损部分整段切除。

c) 变形或压扁的管段超过制管标准规定时，应修复，不能修复的应废弃。弯管端部应标注弯曲角度、钢管外径、壁厚、曲率半径及材质等参数。凡标注不明或不符合设计要求的不应使用。

表 12　钢管尺寸偏差要求

要求级别	钢管直径 D/mm	管端直径公差	管体直径偏差	椭圆度	
				管端	管体
一般要求	219.1≤D≤610	±0.5%D， 最大为±1.6mm	±0.75%D， 最大为±3mm	1.5%D	2%D
	610<D≤1219	±1.6mm	±0.5%D， 最大为±4mm	D/t≤75：1%D（最大 13mm） D/t>75： 1.5%D 或协议	D/t≤75：1.5%D（最大 15mm） D/t>75： 2%D 或协议
严格要求[a]		管端外径允许偏差为+2.0mm~−0.5mm，且两端平均直径之差≤2.0mm	−0.15%D~+0.5%D	0.6%D	1.2%D

[a] 4 级、5 级输气管道和 4 级成品油管道用钢管应满足严格要求。

4.3.2　线路用弯管

4.3.2.1　管道线路用冷弯管制作可采用直缝埋弧焊钢管（SAWL），螺旋缝埋弧焊钢管（SAWH）和无缝钢管，并满足 4.3.2.2 的规定。

4.3.2.2　外径为 914mm 以下、L485 及以下钢级的冷弯管制作可采用直缝埋弧焊钢管或螺旋缝埋弧焊钢管，外径为 914mm~1422mm，L485 或 L555 的冷弯管制作应采用直缝埋弧焊钢管。

4.3.2.3　冷弯管宜选用同钢级、同规格、同批次的线路用钢管制作。冷弯管的弯制角度、弯制工艺与质量检验应符合设计及现行相关技术规范的要求。

4.3.2.4　管道线路用热煨弯管可采用具有相同或相近的钢级、化学成分、力学性能和尺寸偏差的线路用钢管制作。用于制作热煨弯管的钢管应具有良好的再次热加工性能和不出现裂纹等缺陷的能力。

4.3.2.5　用于制作热煨弯管的钢管不允许有对接的环焊缝，其壁厚应有足够的裕量以满足由于感应加热弯制带来的外弧侧壁厚减薄。钢管内外表面不允许有黄铜、紫铜、铝、锡、铅、锌等低熔点金属污染，对表面的油污杂质应在感应加热前清除干净。

4.3.2.6　管道线路用热煨弯管的制作与质量应符合设计及 GB/T 29168.1 的要求。

4.3.2.7　管道线路用的热煨弯管、冷弯弯管的外观和主要尺寸应按表 13 的要求执行。

表 13　热煨弯管、冷弯弯管的外观和主要尺寸要求

种类	曲率半径	外观和主要尺寸	其他规定
热煨弯管	≥4D	无褶皱、裂纹、重皮、机械损伤；两端椭圆度小于或等于 1.0%，其他部位的椭圆度不应大于 2%，外径偏差+2，−1，壁厚减薄量≤9%壁厚，弯曲半径小于或等于 1000mm 时，允许偏差为±5mm；弯曲半径大于 1000mm 时，允许偏差为±0.5%，弯曲平面度≤7.0mm	应满足清管器和探测仪器顺利通过；端部直管段≥1D 且不小于 0.5m
冷弯弯管	≥30DN	无裂纹、机械损伤，弯管椭圆度小于 2.0%，弯曲角度误差在±0.2°，其平面度不大于 8mm 冷弯管褶折深度≤3mm	端部 2m 的直管段

注：D 为管道外径，DN 为冷弯弯管的公称直径。

4.4 站场用钢管及附件

4.4.1 站场用钢管

4.4.1.1 站场内管道所用钢管宜采用油气输送钢管，钢管的规格与性能应符合本标准和 GB/T 9711 的规定；站场内管道采用油气输送钢管有困难时，也可采用设计规定的相关标准的钢管。

4.4.1.2 站场用钢管选型的基本要求：

a) 对于钢管公称直径小于或等于 300mm 时，宜采用无缝钢管；

b) 对于钢管公称直径大于 300mm 小于或等于 600mm 时，宜选用高频电阻焊钢管，也可选用螺旋缝埋弧焊钢管或直缝埋弧焊钢管；

c) 对于钢管公称直径大于 500mm 时，宜选用螺旋缝埋弧焊钢管或直缝埋弧焊钢管。

4.4.1.3 钢管用钢材须为纯净镇静钢，L485/X70 强度级别材料晶粒度应为 No. 10 级或更细；L450/X65～L360/X52 强度级别材料晶粒度应为 No. 8 级或更细；低于 L360/X52 强度级别材料晶粒度应为 No. 6 级或更细。无缝管用钢材应为吹氧转炉或电炉冶炼、晶粒应为 No. 6 级或更细的纯净镇静钢。

4.4.1.4 钢材中 A、B、C、D 类非金属夹杂物级别限定如表 14 所示。L485/X70 强度级别钢材带状组织评定应不大于 3 级。L450/X65 及以下强度级别钢材带状组织评定结果应不大于 4.5 级。

表 14 非金属夹杂物级别限定

钢级	级别							
	A		B		C		D	
	薄	厚	薄	厚	薄	厚	薄	厚
L485/X70	≤2.0	≤2.0	≤2.0	≤2.0	≤2.0	≤2.0	≤2.0	≤2.0
其他	≤2.5	≤2.5	≤2.5	≤2.5	≤2.5	≤2.5	≤2.5	≤2.5

4.4.1.5 对于外径为 114.3mm 及以上的站场用钢管，其夏比冲击试验按 GB/T 9711 相关要求进行；当钢管外径为 70mm～114.3mm，且壁厚不小于 6.5mm 时，应取纵向试样进行夏比冲击韧性试验。夏比冲击试验温度选取原则应满足下列要求：

a) 钢管及其焊缝的夏比冲击试验温度应考虑当地最低环境温度(最低环境温度可按该地区气象资料，取历年来月平均最低气温的最低值，月平均最低气温是指当月各天的最低气温值相加后除以当月的天数)，试验温度应不高于管线通过地区当地最低环境温度，试验温度一般取-10℃ 、-20℃或-30℃，且冲击功应满足表 15 的要求。剪切面积百分数仅提供数据供参考。

b) 当最低环境温度低于-30℃时，试验温度取-45℃，或/和采取保温或伴热等工艺措施，确保采取工艺措施后管道壁温度不低于-30℃。冲击功也应满足表 15 的要求。

c) 站场埋地钢管应在-5℃下进行夏比冲击韧性试验。

d) 如果协议在更低的试验温度下进行夏比冲击试验，其在该温度下的夏比冲击功满足规定的冲击试验结果要求，可认为该试验合格。

4.4.1.6 站场用钢管应按照 GB/T 9711 进行落锤撕裂试验(DWTT)，其在0℃下的断口剪切面积的最小百分数要求见表 16。

4.4.1.7 站场用钢管外径的允许偏差为+0.5%D～-0.15%D，但钢管外径的正偏差最大为 4.0mm；100mm 以内管端外径允许偏差为+1.6mm～-0.5mm；钢管一端的外径与另一端外径之差不得大于 2.0mm。距管端 100mm 范围内钢管的椭圆度(即最大外径与最小外径之差与公称外径的比值)应不大于 0.6%，其余部分椭圆度应不大于 1.2%。

表 15 夏比冲击韧性要求(10mm×10mm×55mm)

管径 D/mm	取样位置	各种强度级别钢管夏比冲击功[a]/J			试验温度
		B/L245	>B/L245 ≤X70/L485	X80/L555	
≤508	焊接接头	27(20)	27(20)	—	-5℃ -10℃ -20℃ -30℃ -45℃
	管体母材	27(20)	40(30)	—	
>508 ≤762	焊接接头	—	27(20)	—	
	管体母材	—	54(40)	—	
>762 ≤914	焊接接头	—	40(30)	—	
	管体母材	—	80(60)	—	
>914 ≤1219	焊接接头	—	40(30)	50(40)	
	管体母材	—	80(60)	90(75)	

[a] 夏比冲击功数值，括号外为 3 个试样最小平均值，括号内为单个试样最小值。

表 16 DWTT(落锤撕裂试验)剪切面积的最小百分数要求

试验温度	两个试样最小平均值
0℃	40

4.4.1.8 站场用钢管壁厚允许偏差应为公称壁厚的-3%~+7%。无缝管壁厚允许偏差应为公称壁厚的-10%~+12.5%。

4.4.2 站场用管道附件

4.4.2.1 用于制造站场用管件的原材料应是采用吹氧转炉或电炉冶炼的全镇静钢，且具有要求的韧性和热处理状态，并适合与油气输送管道用钢管及管件进行现场焊接。

4.4.2.2 制造管件的原材料应为各类锻件、板材、无缝管或有填充金属的焊接钢管。弯头本体不应有丁字或环形焊缝。

4.4.2.3 制造管件的原材料应为焊接性良好的碳钢或低合金高强度钢，当管件与连接钢管焊接需要预热时，制造商应说明规定的预热条件，并在管件上做出永久性标记。

4.4.2.4 制造商采用的管件制造材料，其化学成分、力学性能及检验应符合 GB/T 29168.2 的要求。为了满足产品性能要求，用低合金高强度钢制作的管件，其合金元素的选用应由购方和制造商协商确定，并由制造商按所供管件强度级别分别做出适用性评价报告。

4.4.2.5 管件可采用压制、拔制、冲压、挤压、焊接等加工工艺进行制造，所采用的工艺，应保证不产生裂纹缺陷和其他有碍于使用的损伤。若供方采用冷成型方式制造管件，应经过购方认可。

4.4.2.6 管件所用焊接材料在产品热处理后，其焊接接头拉伸性能和夏比冲击韧性应满足 4.4.2.7 和 4.4.2.8 的要求。

4.4.2.7 成品管件母材的棒状、全壁厚矩形和焊接接头的全壁厚矩形拉伸试验结果应符合 GB/T 29168.2 的要求。

4.4.2.8 成品管件的母材、焊缝及热影响区在试验温度下的夏比 V 型缺口冲击韧性试验结果应符合表 19 的要求。夏比冲击试验温度选取原则如下：

a) 管件夏比冲击试验温度应考虑当地最低环境温度，试验温度应低于管线通过地区当地最低环境温度，试验温度一般取-10℃、-20℃或-30℃，且冲击功应满足表 17 的要求。

b) 当最低环境温度低于-30℃时，试验温度取-45℃，或采取保温或伴热等工艺措施，当采取工艺措施后管道壁温度应不低于-30℃。冲击功亦应满足表 17 的要求。

c) 埋地管件应在-5℃下进行夏比冲击韧性试验。

d) 允许采用更低试验温度进行夏比冲击试验，但其在该温度下夏比功应满足规定冲击试验结果要求。

表 17 管件夏比冲击韧性要求

试样位置	强度等级	夏比冲击功/J		剪切面积 SA%	试验温度
		三个试样最小平均值	单个试样最小值		
母材	L555/X80	60	45	提供数据	-5℃ -10℃ -20℃ -30℃ -45℃
	≤L485/X70 ≥L245/B	40	30		
焊缝、热影响区	L555/X80	50	40	提供数据	
	≤L485/X70 ≥L245/B	40	30		

4.4.2.9 站场钢制管法兰用材料应遵循下列原则选用：

a) 满足压力和温度要求，材质从低级向高级选用；

b) 满足介质要求；碳钢与低合金钢一般优先采用 16Mn；不锈钢一般优先采用材料 304（0Cr18Ni9）；

c) 管法兰材料一般应采取锻制，但板式平法兰、法兰盖可用钢板制作；

d) 材料选用应注明标准号，表明是钢板还是锻件。

4.4.2.10 站场钢制管法兰用材料应为镇静钢，其制造及热处理、化学成分及力学性能检验等应符合 GB/T 29168.3 的要求。

4.4.2.11 站场用钢制管件的尺寸、公差、技术要求、检验、标志和包装，应符合 GB/T 12459、GB/T 13401 和 SY/T 0609 与 SY/T 0510 的规定。

4.4.3 站场用管道附件质量要求

4.4.3.1 管件、紧固件的检验应符合下列规定：

a) 管件、紧固件尺寸偏差应符合国家现行有关标准的规定；

b) 管件及紧固件使用前，应核对其制造厂的出厂合格证，质量证明文件；

c) 应按设计图纸(文件)核对管件所标注管径、壁厚、压力等级、材质等参数；

d) 管件及紧固件技术要求应符合设计要求，设计无要求时应符合 JB/T 1308.2 的有关规定。

4.4.3.2 弯头、异径管、三通、管帽的质量应符合以下条件：

a) 管件表面不应有裂纹，过热、过烧等；

b) 管件内外表面应光滑、无有损强度及外观的缺陷，如结疤、划痕、起皮等；

c) 不应用焊接方式对管件焊缝错边超标部分进行修补；

d) 弯头、三通、异径管、管帽的尺寸和几何形状误差值应符合设计及 SY/T 0609 与 SY/T 0510 的规定；

e) 弯头的端面倾斜偏差、弯曲角度偏差及圆度、曲率半径偏差，应符合表 18 的要求；

f) 弯头壁厚减薄量应小于厚度的 10%，且实测厚度不应小于设计计算壁厚；

g) 弯头坡口角度应满足设计规格书或焊接工艺要求，宜为 35°±5°，钝边宜为 1mm~2mm。

表 18 弯头允许偏差

检查项目	公称直径/mm			
	25～65	80～100	125～200	≥250
端面倾斜/mm	≤1.0	≤1.0	≤1.5	≤1.5
曲率半径/mm	±2	±3	±4	±5
弯曲角度	±1°	±1°	±1°	±1°
圆度	≤公称直径的 1%			

4.4.3.3 异径管、三通、管帽等管件的质量应符合 SY/T 0609 与 SY/T 0510 的规定。

4.4.3.4 法兰的质量应符合下列要求：

a) 法兰的尺寸和几何形状误差值应符合设计及相关标准的规定；

b) 法兰密封面应光滑、平整，不应有毛刺、径向划痕、砂眼及气孔；

c) 对焊法兰的尾部坡口处不应有碰伤；

d) 螺纹法兰的螺纹应完好；

e) 法兰连接件螺栓、螺母、垫片等应符合装配要求，不应有影响装配的划痕、毛刺、翘边等。

4.4.3.5 支管座的质量应符合 GB/T 19326 的规定，并应满足下列要求：

a) 支管座的外观不应有裂纹、过烧、重皮、结疤、夹渣和大于接管壁厚 5% 的机械划痕或凹坑。焊接坡口应光滑过渡。坡口周围应清洁、无锈斑。

b) 支管座的壁厚等级、无损检测等应符合现行国家标准的规定。

c) 支管座尺寸允许偏差应符合表 19 的规定。

表 19 支管座尺寸允许偏差

单位为毫米

项目	类型	公称直径			
		6～20	25～100	125～300	350～600
		极限偏差			
结构高度	所有支管座	±0.8	±1.6	±3.2	±4.8
支管公称壁厚	对焊支管座	不小于公称壁厚的 87.5%			
与支管连接处的端部外径		+0.8，−0.4		+1.6，−0.8	
与支管连接处的端部内径		±0.4		±0.8	
承插孔直径	承插焊直管座	+0.5，0		—	
流通孔径		+1.5，0		—	

4.4.3.6 绝缘接头(法兰)质量应符合下列要求：

a) 绝缘接头(法兰)外观应平整、端部坡口内侧以及锻件本体内侧应与所接管道的内侧齐平。对焊坡口不应有严重的损伤。

b) 表面涂层用设计规定的绝缘电压值进行电火花检测应无漏电。

c) 绝缘接头压力等级应符合设计要求。绝缘接头的绝缘电阻值应大于 10MΩ。

4.4.3.7 汇管的质量应符合下列要求：

a) 管汇外观不应有裂纹、伤痕、毛刺、内部锈斑与污物；管汇的内部应清洁。对焊坡口不应有损伤。

b) 管汇支管间距尺寸误差应符合设计及相关标准的规定。

c) 管汇由锻制三通或四通制作时其板边端口应平齐，板边高度应高于扳边口外轮廓线的曲率半径，与支管内径相匹配的开孔内径拔梢段的锥度不小于 1∶3；扳边端口的坡口尺寸应符合设计要求。

4.4.3.8 紧固件质量应符合下列要求：

a) 外观不应有裂纹、重皮、伤痕、毛刺、砂眼及气孔；
b) 尺寸应符合设计要求；
c) 材质应符合设计要求；
d) 用于管道上的螺栓、螺母应符合国家现行有关标准的规定，使用前应从每批中各取两根(个)进行硬度检查，不合格时加倍检查；仍有不合格时，逐根(个)检查，不合格者不应使用。螺栓硬度不合格，取最高、最低各一根校验机械性能，若有不合格，取硬度相近的螺栓加倍校验，仍有不合格，则该批螺栓不应使用。

4.4.3.9 支吊架的检验及其质量要求应符合下列规定：

a) 支吊架表面应无毛刺、铁锈、裂纹、漏焊、表面气孔等；
b) 支吊架用的弹簧表面不应有裂纹、折叠、分层、锈蚀等缺陷，工作圈数偏差不应超过半圈；
c) 自由状态时，弹簧各圈节距均匀，其节距允许偏差不应大于平均节距的 10%；
d) 弹簧两端支撑面与弹簧轴线应垂直，其允许偏差不应大于自由高度的 2%。

4.4.3.10 管线补偿器检验应按出厂说明书和设计要求进行，其尺寸偏差应符合下列要求：

a) “Π”“L”形补偿器的弯曲钢管的圆度不应大于外径的 8%，壁厚减薄量不应大于公称壁厚的 15%，且壁厚不小于设计壁厚；
b) “Π”形补偿器悬臂长度允许偏差为±10mm；平面翘曲每米允许偏差为±3mm，且总长平面翘曲允许偏差为±10mm。

4.5 阀门

4.5.1 阀门的设计、制造、测试等应符合 GB/T 19672、GB/T 20173 及相关标准的要求。

4.5.2 阀门的检验应符合 GB/T 26480 的要求。

4.5.3 应有产品合格证，带有伺服机械装置的阀门应有安装使用说明书。

4.5.4 现场安装的阀门应逐个进行外观检查，其外观质量应符合下列要求：

a) 阀体、阀盖、阀外表面无气孔、砂眼、裂纹等；
b) 垫片、填料应满足介质要求，安装应正确；
c) 丝杆、手轮、手柄无毛刺、划痕，且传动机构操作灵活、指示正确；
d) 铭牌完好无缺，标识清晰完整；
e) 备品备件应数量齐全、完好无损。

4.5.5 阀门应按要求进行试压检验，强度和密封试验应符合下列要求：

a) 工厂阀门压力试验应按工厂制造阀门依据的标准进行，并由买方在工厂内监督制造和试压。依据标准为 GB/T 26480。
b) 需要现场进行阀门压力试验应按使用说明书要求执行，无要求时按下列要求执行：
   1) 试压用压力表精度不应低于 1.0 级，表的量程应为被测压力(最大值)的 1.5 倍~2 倍，并应经检定合格。
   2) 阀门应用洁净水为介质进行强度和密封试验，强度试验压力应为管道设计压力的 1.5 倍，稳压时间应大于 5min，壳体、垫片、填料等不渗漏、不变形、无损坏，压力不降为合格。密封试验压力应为设计压力，稳压 15min，不内漏、压力不降为合格。
   3) 止回阀、截止阀可按流向进行强度和密封试验。止回阀应按逆流向做密封试验、顺流向做强度试验，截止阀可按顺流向进行强度和密封试验。
   4) 阀门试压合格后，应排除内部积水(包括中腔)，密封面应涂保护层，关闭阀门，封闭出入口，并应填写阀门试压记录。

4.5.6 安全阀安装前应由取得资质认定的单位进行调试。调试合格后应铅封，并应有合格的标识。安装后保留铅封。

4.5.7 液压球阀驱动装置，应按出厂说明书进行检查，压力油应在油标2/3处，各部驱动灵活。

4.5.8 电(液)驱动阀应按使用说明书检查其驱动装置，传动装置应灵活；电气部分、液压管路应无故障；液压油、润滑油应足量、合格。

4.6 焊接材料

焊接材料应符合下列规定：

a) 焊材的品种和型号应符合焊接工艺规程的要求，焊材包装应完好，标识应清晰；

b) 焊条应无破损、霉变、油污、锈蚀；焊丝应无锈蚀和折弯；焊剂应无变质现象；保护气体的纯度和干燥度应满足焊接工艺规程的要求；

c) 焊接材料生产厂商应随货提供必要的质量证明文件，工程使用前采购方应对不同批号的焊接材料进行复检；

d) 保护气体应达到规定的纯度。二氧化碳气体纯度不宜低于99.5%，含水量和含氧量不超过0.1%，气路系统中应设置干燥器和预热装置。氩气纯度不宜低于99.96%。

4.7 防腐及补口用材料

4.7.1 线路管体外防腐材料可采用三层结构聚乙烯外防腐层、单层环氧粉末外防腐层、双层熔结环氧粉末外防腐层等结构。应根据环境条件及工况要求选择适宜的外防腐层材料，防腐材料的质量性能应符合有关技术条件、标准的要求。

4.7.2 站场工艺管道埋地主管道可采用与线路外防腐材料相同的材料，也可采用无溶剂环氧液体防腐再缠绕增强型聚丙烯冷缠带。其他管道可采用无溶剂环氧液体防腐，异型连接件可采用粘弹体防腐，地上管道防腐涂层面层应采用耐候涂层。

4.7.3 管体外防腐层补口材料可采用辐射交联聚乙烯热收缩套/带(以下简称热收缩套/带)、热缩压敏带、无溶剂聚氨脂和无溶剂环氧液体补口涂料等。应根据环境条件及工况要求选择适宜的外防腐层补口材料，外防腐层补口材料的质量性能应符合有关技术条件、标准的要求。

4.7.4 管道防腐用材料的技术要求和使用条件不符合本标准规定时，应当在学习借鉴和实验研究的基础上，将所做试验的依据、条件、数据、结果进行评价，并进行相关现场试验后，经设计允许方可试用。并满足下列要求：

a) 管体防腐层材料的技术性能应满足管道的使用要求且具有成熟的施工工艺；

b) 防腐补口材料应与管体防腐层材料相同或相容，且施工工艺应能适应具体工程的现场施工环境及施工条件。

4.8 阴极保护材料

4.8.1 强制电流系统的辅助阳极有：高硅铸铁阳极、石墨阳极、钢铁阳极、柔性阳极、金属氧化物阳极等，其主要性能应符合以下要求：

a) 高硅铸铁阳极的化学成分应符合表20的规定，阳极的允许电流密度为5A/m^2~80A/m^2，消耗率应小于0.5kg/(A·a)。阳极引出线与阳极的接触电阻应小于0.01Ω，拉脱力数值应大于阳极自身质量的1.5倍，接头密封可靠；阳极引线长度不应小于1.5m，阳极表面应无明显缺陷。

b) 石墨阳极的石墨化程度不应小于81%，灰分应不大于0.5%，阳极宜经亚麻油或石蜡浸渍处理，阳极的性能应符合表21的规定。阳极引出电缆与阳极接触电阻应小于0.01Ω，拉脱力数值应大于阳极自身质量的1.5倍，接头密封可靠；阳极引线长度不应小于1.5m，阳极表面应无明显缺陷。

c）柔性阳极是由导电聚合物包覆在铜芯上构成，其性能应符合表22的规定，阳极铜芯截面积为16mm²，阳极外径为13mm。

d）钢铁阳极是指角钢、扁钢、槽钢、钢管制作的阳极或其他用作阳极的废弃钢铁构筑物，理论阳极的消耗率为9.1kg/(A·a)~10kg/(A·a)。

e）混合金属氧化物阳极基体材料采用工业纯钛，其化学成分应不低于GB/T 3620.1中对TA2的要求，在土壤环境中(带有填料)金属氧化物阳极的工作电流密度为100A/m²，阳极与电缆接头的接触电阻应小于0.01Ω。

表20　高硅铸铁阳极化学成分

序号	类型	主要化学成分的质量分数/%					杂质质量分数/%	
		Si	Mn	C	Cr	Fe	P	S
1	普通	14.25~15.25	0.5~1.5	0.80~1.05	—	余量	≤0.25	≤0.1
2	加铬	14.25~15.25	0.5~1.5	0.8~1.4	4~5	余量	≤0.25	≤0.1

表21　石墨阳极主要性能

密度/(g/m³)	电阻率/(Ω·mm²/m)	气孔率/%	消耗率/[kg/(A·a)]	允许电流密度/(A/m²)
1.7~2.2	9.5~11.0	25~30	<0.6	5~10

表22　柔性阳极主要性能

最大输出线电流密度/(mA/m)		最低施工温度/℃	最小弯曲半径/mm
无填充料	有填充料		
52	82	−18	150

4.8.2　强制电流系统的辅助阳极有：锌合金牺牲阳极和镁合金牺牲阳极等，其主要性能应符合以下要求：

a）锌合金牺牲阳极的成分见表23，其棒状锌合金牺牲阳极的电化学性能见表24，带状锌合金牺牲阳极的电化学性能见表25，带状锌合金牺牲阳极的规格尺寸见表26，带状锌合金牺牲阳极截面示意图见图2。

b）镁合金牺牲阳极的性能测试应按SY/T 0095进行，棒状镁合金牺牲阳极化学成分见表27，棒状镁合金牺牲阳极的电化学性能见表28，镁锰合金挤压制造的带状镁合金牺牲阳极规格及性能见表29。

表23　锌合金牺牲阳极化学成分

元素	锌合金主要化学成分的质量分数/%	高纯锌主要化学成分的质量分数/%
Al	0.1~1.5	≤0.005
Cd	0.025~0.07	≤0.003
Fe	≤0.005	≤0.0014
Pb	≤0.006	≤0.003
Cu	≤0.005	≤0.002
其他杂质	总含量≤0.1	—
Zn	余量	余量

表 24　棒状锌合金牺牲阳极电化学性能

性能	锌合金、高纯锌	备注
密度/(g/m^3)	7.14	—
开路电位/V	-1.03	相对 SCE
理论电容量/[(A·h)/kg]	820	
电流效率/%	95	在海水中，$3mA/cm^3$ 条件下
发生电容量/[(A·h)/kg]	780	
消耗率/[kg/(A·a)]	11.88	
电流效率/%	≥65	在土壤中，$0.03mA/cm^3$ 条件下
发生电容量/[(A·h)/kg]	530	
消耗率/[kg/(A·a)]	≤17.25	
注：SCE 为饱和 KCl 甘汞电极。		

表 25　带状锌合金牺牲阳极电化学性能

型号	开位电位/V		理论电容量/(A·h/kg)	实际电容量/(A·h/kg)	电流效率/%
	相对 CSE	相对 SCE			
锌合金	≤-1.05	≤-0.98	820	≥780	≥95
高纯锌	≤-1.10	≤-1.03	820	≥740	≥90
注：实验介质为人造海水，CSE 为铜/饱和硫酸铜参比电极。					

表 26　带状锌合金牺牲阳极的规格尺寸

阳极规格	ZR-1	ZR-2	ZR-3	ZR-4
截面尺寸(D_1×D_2)/mm	25.4×31.75	15.88×22.22	12.70×14.28	8.73×10.32
阳极带线质量/(kg/m)	3.57	1.785	0.893	0.372
钢芯直径/mm	4.70	3.43	3.30	2.92
标准卷长/m	30.5	61	152	305
标准卷内径/mm	900	600	300	300
钢芯的中心度偏差/mm	-2～+2			
注：阳极规格中 Z 代表锌，R 代表带状，后面数字为系列号。				

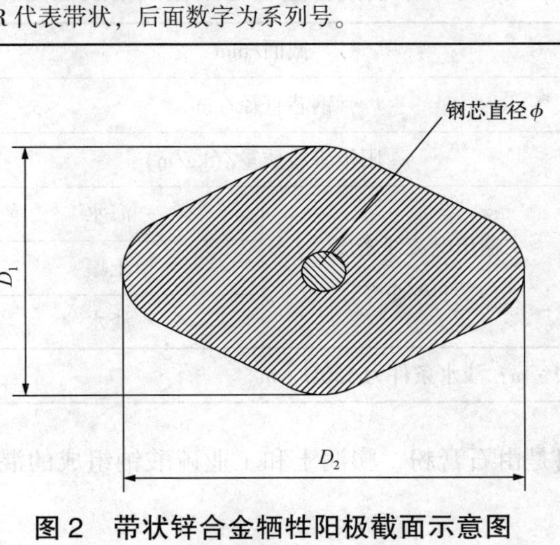

图 2　带状锌合金牺牲阳极截面示意图

表 27　镁合金牺牲阳极化学成分

元素	标准主要化学成分的质量分数/%	镁锰型主要化学成分的质量分数/%
Al	5.3~6.7	≤0.010
Zn	2.5~3.5	—
Mn	0.15~0.60	0.50~1.30
Fe	≤0.005	≤0.03
Ni	≤0.003	≤0.001
Cu	≤0.020	≤0.020
Si	≤0.10	—
Mg	余量	余量

表 28　镁合金牺牲阳极电化学性能

性能	标准型	镁锰型	备注
密度/(g/m^3)	1.77	1.74	—
开路电位/V	-1.48	-1.56	相对 SCE
理论电容量/[(A·h)/kg]	3200	2200	—
电流效率/%	55	50	在海水中，$3mA/cm^3$ 条件下
发生电容量/[(A·h)/kg]	1220	1100	
消耗率/[kg/(A·a)]	7.2	8.0	
电流效率/%	≤50	40	在土壤中，$0.03mA/cm^3$ 条件下
发生电容量/[(A·h)/kg]	1100	880	
消耗率/[kg/(A·a)]	≤7.92	10.0	

注：如果在相似土壤环境中的阳极性能能够被证明可靠且有证据支持时，其他成分的镁合金牺牲阳极也可以使用。

表 29　带状镁合金牺牲阳极规格及性能

<table>
<tr><td rowspan="6">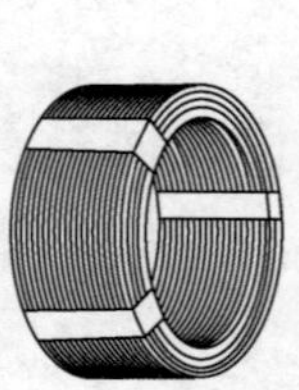</td><td colspan="2">截面/mm</td><td>9.5×19</td></tr>
<tr><td colspan="2">钢芯直径/mm</td><td>3.2</td></tr>
<tr><td colspan="2">阳极带线质量/(kg/m)</td><td>0.37</td></tr>
<tr><td rowspan="3">输出电流线密度
mA/m</td><td>海水</td><td>2400</td></tr>
<tr><td>土壤</td><td>10</td></tr>
<tr><td>淡水</td><td>3</td></tr>
<tr><td colspan="4">注：土壤条件为电阻率 60Ω·m；淡水条件为 150Ω·m。</td></tr>
</table>

c）牺牲阳极的包填料是由石膏粉、膨润土和工业硫酸钠组成的混合物，常规的牺牲阳极填料配方见表 30。

表 30 牺牲阳极填料包配方

阳极类型	质量分数/%			适用土壤电阻率/(Ω·m)
	石膏粉	膨润土	工业硫酸钠	
镁合金牺牲阳极	50	50	—	≤20
	75	20	5	>20
锌合金牺牲阳极	50	45	5	≤20
	75	20	5	>20
注：所选用石膏粉的分子式为 $CaSO_4 \cdot 2H_2O$。				

5 设计

5.1 设计准则

5.1.1 总则

5.1.1.1 长输油管道设计应遵循 GB 50253 的要求。
5.1.1.2 长输气管道设计应遵循 GB 50251 的要求。
5.1.1.3 长输管道穿越工程设计应遵循 GB 50423 的要求。
5.1.1.4 长输管道跨越工程设计应遵循 GB 50459 的要求。
5.1.1.5 长输管道线路工程抗震设计应遵循 GB 50470 的要求。

5.1.2 设计压力

5.1.2.1 在相应的设计温度下，设计用以计算管道壁厚及其他元件尺寸的压力值，该压力为管道的内部压力时称设计内压力，为外部压力时称设计外压力。
5.1.2.2 输油管道系统任何一处的设计内压力不应小于该处的最高稳态操作压力，且不应小于管内流体处于静止状态下该处的静压力。当设置反输流程时，输油管道任何一处的设计内压力不应小于该处正、反输送条件下的最高稳态操作压力的较高值，且不应小于该处正、反输送条件下静压力的较高值。管道及管道附件应能承受作用在其上的外压、内压、外压与内压之间最大压差。
5.1.2.3 输气管道的设计压力应根据起源条件、用户需要、管道材质及地区安全等因素综合确定。管道系统的最大允许操作压力应小于或等于设计压力。

5.1.3 设计温度

设计温度是用于设备或管道机械设计的温度，由最高设计温度和最低设计温度组成。设计温度应结合管道内介质温度、管道运行条件和环境温度综合确定。

5.1.4 载荷

5.1.4.1 管道、管道附件、支承固定件和支承结构附件，应根据管道敷设形式、所处环境和运行条件，按下列可能同时出现的永久载荷、可变载荷和偶然载荷的组合后进行设计：

a) 永久载荷：
   1) 输送油品的内压力；
   2) 钢管及其附件、绝缘层、保温层、结构附件的自重；
   3) 输送油品的重量；

4） 横向和竖向的土压力；
5） 管道介质静压力和水浮力；
6） 温度作用载荷以及静止流体由于受热膨胀而增加的压力；
7） 连接构件相对位移而产生的作用力。

b） 可变载荷：
1） 试压或试运行时的水重量；
2） 附在管道上的冰雪载荷；
3） 内部高落差或风、波浪、水流等外部因素产生的冲击力；
4） 车辆载荷及行人重量；
5） 清管载荷；
6） 检修载荷；
7） 施工过程中的各种作用力。

c） 偶然载荷：
1） 位于地震动峰值加速度 α 大于或等于 0.1g 地区的管道，由于地震引起的断层位移、砂土液化、山体滑坡等施加在管道上的作用力；
2） 振动和共振所引起的应力；
3） 冻土或膨胀土中的膨胀压力；
4） 沙漠中沙丘移动的影响；
5） 地基沉降附加在管道上的载荷。

5.1.5 许用应力

5.1.5.1 输油管道直管段的许用应力应符合下列规定：

a） 线路段管道的许用应力应按式(1)计算：

$$[\sigma]=K\phi\sigma_s \quad \cdots\cdots (1)$$

式中：

$[\sigma]$——许用应力，单位为兆帕(MPa)；

K——设计系数，输送原油、成品油管道除穿跨越段、敏感区域段按照 GB 50423 和 GB 50459 的规定取值外，输油站外一般地段设计系数取 0.72；输送液化石油气(LPG)管道设计系数取值，执行 5.4.4.4 的规定；

σ_s——钢管的最低屈服强度，单位为兆帕(MPa)，应按表 31 的规定取值；

ϕ——焊缝系数，应按表 31 的规定取值。

表 31 输油管道常用钢管钢级的最低屈服强度、最低抗拉强度和焊缝系数

钢管标准名称	钢号或钢级	最低屈服强度 σ_s/MPa	最低抗拉强度 σ_b/MPa	焊缝系数	备注
GB/T 8163《输送流体用无缝钢管》	Q295	295($S\leqslant$16mm) 275(16mm<$S\leqslant$30mm) 255(S>30mm)	390	1.0	S—钢管的公称壁厚
	Q345	345($S\leqslant$16mm) 325(16mm<$S\leqslant$30mm) 295(S>30mm)	470		
	20	245($S\leqslant$16mm) 235(16mm<$S\leqslant$30mm) 225(S>30mm)	410		

表 31　输油管道常用钢管钢级的最低屈服强度、最低抗拉强度和焊缝系数(续)

钢管标准名称	钢号或钢级	最低屈服强度 σ_s/MPa	最低抗拉强度 σ_b/MPa	焊缝系数	备注
《石油天然气工业管线输送系统用钢管》GB/T 9711 PSL1 钢管的钢管等级	L175 L175P	175	310	1.0	—
	L210	210	335		
	L245	245	415		
	L290	290	415		
	L320	320	435		
	L360	360	460		
	L390	390	490		
	L415	415	520		
	L450	450	535		
	L485	485	570		
《石油天然气工业管线输送系统用钢管》GB/T 9711 PSL2 钢管的钢管等级	L245R L245N L245Q L245M	245	415	1.0	—
	L290R L290N L290Q L290M	290	415		
	L320N L320Q L320M	320	435		
	L360N L360Q L360M	360	460		
	L390N L390Q L390M	390	490		
	L415N L415Q L415M	415	520		
	L450Q L450M	450	535		
	L485Q L485M	485	570		
	L555Q L555M	555	625		
	L625M	625	695		
	L690M	690	760		
	L830M	830	915		

注 1：PSL1 钢管的钢管等级中后缀字母 P 表明该钢中含有规定含量的磷。

注 2：PSL2 钢管的钢管等级中后缀字母 R、N、Q、M 表示钢管的交货状态。

注 3：R 表示轧制；

N 表示正火轧制、正火成型、正火或正火加回火；

Q 表示淬火加回火；

M 表示热机械轧制。

b) 输油站内管道的许用应力应按 GB 50253 的规定选取。

c) 对于旧钢管，如有出厂证明及制造标准资料，经材料性能检验及试压合格后，可按式(1)计算许用应力。

d) 对于为了达到规定的最低屈服强度要求而进行过冷加工(控轧、冷扩)，并在其后加热至大于或等于 300℃(焊接除外)的钢管，其许用应力应按式(1)计算值的 75%取值。

e) 钢管的许用剪应力不应超过其最低屈服强度的 45%；支承外载荷作用下的许用应力(端面承压)不应超过其最低屈服强度的 90%。

5.1.5.2 管道结构支承固定件、结构附件和约束件所用钢材的许用拉应力和压应力不应超过其最低屈服强度的 60%；许用剪应力不应超过其最低屈服强度的 45%；支承应力(端面承压)不应超过其最低屈服强度的 90%。

5.1.5.3 管道及管件强度验算的应力限用值应符合下列规定；

a) 根据设计内压力计算出的应力值不应超过钢管的许用应力；

b) 对于输送加热油品的管道，当管道轴向受约束时，其当量应力不得超过钢管最低屈服强度的 90%；当管道轴向不受约束时，热胀当量应力不得超过钢管的许用应力；

c) 架空结构构件的强度验算应符合 GB 50459 的规定。

5.1.5.4 管道及管件由于永久载荷、可变载荷所产生的轴向应力之和，不应超过钢管的最低屈服强度的 80%，但不应将地震作用和风载荷同时计入。

5.2 一般规定

5.2.1 资质要求

从事长输管道工程设计的设计单位应具有国家法律、法规规定的资质要求。

5.2.2 设计原则

5.2.2.1 长输管道工程设计除应满足规定的使用功能外，还应遵循安全、环境保护、健康、节能、节约用地和经济合理的原则。

5.2.2.2 设计所选用的设备及材料应符合国家相关标准的规定。

5.2.2.3 设计应对长输管道线路进行多方案比选，在符合相关法规规定条件下，满足沿线土地与规划部门要求，并结合各专项评估报告的条件，选择技术经济合理的方案。

5.2.2.4 管道系统应采用安全可靠的技术和设备。

5.2.3 基本资料

5.2.3.1 设计应获得管道起、终点及沿线资源地与目标市场的资料。

5.2.3.2 设计线路路由应遵循国家相关法规与技术标准，应获得沿线当地规划与土地管理部门认可的函件等，并应获取安全、社会稳定、环境保护、节能、水土保持、地质灾害、地震安全、矿产压覆、职业卫生、防洪和文物评价等评估报告。

5.2.3.3 设计应获得输送介质的有关物理性质资料、相关技术参数和环境参数；并有资源、市场、输量、系统功能要求的相应资料。

5.2.3.4 设计应收集沿线人文资料，包括行政规划、各行业资源状况、重要设施及保护区分布、社会依托条件等内容。

5.3 工艺设计

5.3.1 基本要求

5.3.1.1 输油管道输送原油的质量应符合 SY 7513 的规定，输送液态液化石油气的质量应符合 GB

11174 的规定，输送成品油的质量应符合国家现行产品标准。

5.3.1.2　进入输气管道的气体应清除机械杂质；水露点应比输送条件下最低环境温度低 5℃；烃露点应低于最低环境温度；气体中硫化氢的含量不应大于 20mg/m³。

5.3.1.3　管道设计输量应按设计委托书或设计合同规定的输量确定。设计最小输量应符合安全和经济输送条件。设计年工作天数宜按 350d 计算。

5.3.1.4　长输管道宜设清管设施。

5.3.1.5　长输管道系统输送工艺方案应根据资源条件、输送距离、输送量、分输或输入量等特点和要求，考虑管道设计内压力、管径、输送方式、站数、顺序输送油品批次等因素，经综合分析后确定最佳输送工艺方案。

5.3.2　输油管道系统输送工艺

5.3.2.1　原油一般物理化学性质测定项目，应符合 GB 50253 的规定；原油流变性测定项目应符合 GB 50253 的规定。

5.3.2.2　原油管道的输送方式应根据输送原油的物理性质及其流变性，通过优化确定。

5.3.2.3　加热输送的原油管道应符合下列规定：

a）加热温度应从安全输送和节约能源的角度优选确定。

b）采用保温或不保温输送方案时，应进行技术经济论证。宜选择加保温层方案，并确定保温层结构和厚度。

c）加热站和泵站的设置应综合管道的热力条件和水力条件优化确定。

5.3.2.4　成品油管道输送工艺应根据成品油输量，品种及各品种比例、沿线注入量及分输量确定。成品油管道最大输送流量应根据输送方式、年输送批次、沿线库容综合确定。

5.3.2.5　液化石油气管道输送工艺应按液化石油气输量、组分及各组分比例进行设计。

5.3.2.6　输油管道内输送牛顿流体时，沿程摩阻损失应按式(2)和式(3)计算：

$$h=\lambda \frac{L}{d} \cdot \frac{V^2}{2g} \qquad (2)$$

$$V=\frac{4q_v}{\pi d^2} \qquad (3)$$

式中：

h——管道内沿程水力摩阻损失，单位为米(m)；

λ——摩阻系数，可按附录 A 计算；

L——管道计算长度，单位为米(m)；

d——管道的内直径，单位为米(m)；

V——流体在管道内的平均流速，单位为米每秒(m/s)；

g——重力加速度 9.81m/s²，单位为米每平方秒(m/s²)；

q_v——平均温度下的流量，单位为立方米每秒(m³/s)。

5.3.2.7　液化石油气管道的沿程摩阻损失应按 5.3.2.6 中的公式计算，并取 1.1~1.2 的流态阻力增加系数。

5.3.2.8　液化石油气在管道中输送时，沿线任何一点的压力应高于输送温度下液化石油气的饱和蒸气压。

5.3.2.9　当管道内输送幂律流体时，其沿程摩阻损失可按附录 B 计算。

5.3.2.10　输油管道的沿线温降应按式(4)~式(6)计算：

$$\frac{t_1-t_0-b}{t_2-t_0-b}=e^{aL} \qquad (4)$$

$$b = \frac{ig}{Ca} \quad \cdots\cdots (5)$$

$$a = \frac{K\pi D}{q_m C} \quad \cdots\cdots (6)$$

式中：

t_1——计算管段的起点油温，单位为摄氏度(℃)；

t_2——计算管段的终点油温，单位为摄氏度(℃)；

t_0——埋地管道中心处最冷月份平均地温，单位为摄氏度(℃)；

l——计算管段长度，单位为米(m)；

i——流量为 q_m 时的水力坡降，单位为米每米(m/m)，可近似取计算管段的平均水力坡降；

g——重力加速度 9.81m/s^2；

C——输油平均温度下原油的比热容，单位为焦每千克摄氏度[J/(kg·℃)]；

K——总传热系数，单位为瓦每平方米摄氏度[W/(m^2·℃)]；

D——管道外直径，单位为米(m)；

q_m——油品质量流量，单位为千克每秒(kg/s)。

5.3.2.11 输送多品种成品油时，宜采用连续顺序输送方式；当采用间歇顺序输送方式时，应采取减少混油量措施。

5.3.2.12 成品油顺序输送管道混油段长度按 GB 50253 的规定计算。

5.3.3 输气管道系统输送工艺

输气管道应按下列公式进行水力计算：

a) 当考虑输气管道纵断面的相对高差影响时，应按式(7)进行水力计算：

$$q_v = 1051\left\{\frac{[P_1^2 - P_2^2(1+\alpha\Delta h)]d^5}{\lambda Z\Delta TL\left[1+\frac{\alpha}{2L}\sum_{i=1}^{n}(h_i+h_{i-1})L_i\right]}\right\} \quad \cdots\cdots (7)$$

$$\alpha = \frac{2g\Delta}{ZR_a T} \quad \cdots\cdots (8)$$

式中：

q_v——气体(P_0=0.101325MPa，T=293K)的流量，单位为 m^3/d；

P_1——输气管道计算段的起点压力(绝)，单位为兆帕(MPa)；

P_2——输气管道计算段的终点压力(绝)，单位为兆帕(MPa)；

α——系数，单位为每米(m^{-1})；

Δh——输气管道计算段的终点和起点的标高差，单位为米(m)；

d——输气管道内直径，单位为米(m)；

λ——水力摩阻系数；

Z——气体的压缩系数；

Δ——气体的相对密度，单位为千克每立方米(kg/m^3)；

T——气体的平均温度，单位为开(K)；

L——输气管道计算段的长度，单位为千米(km)；

n——输气管道沿线高差变化所划分的计算段数；

h_i，h_{i-1}——各分管段终点和起点的标高，单位为米(m)；

L_i——各分管段长度，单位为千米(km)；

g——重力加速度 9.81m/s^2；

R_a——空气的气体常数，在标准状况下(P_0=0.101325MPa，T=293K)，R_a=287.1m^2/(s^2·K)。

水力摩阻系数按式(9)计算：

$$\frac{1}{\sqrt{\lambda}}=-2.011\mathrm{g}\left[\frac{k}{3.71d}+\frac{2.51}{Re\sqrt{\lambda}}\right] \quad\cdots\cdots\cdots\cdots\cdots\cdots\cdots\cdots\cdots\cdots(9)$$

式中：

k——管内壁绝对粗糙度，单位为米(m)；

d——管内径，单位为米(m)；

Re——雷诺数。

b) 当输气管道纵断面图的相对高差 $\Delta h\leqslant 200\mathrm{m}$ 且不考虑高差影响时，应按式(10)计算：

$$q_{\mathrm{v}}=1051\times10^{5}\left\{\frac{(P_1^2-P_2^2)d^5}{\lambda Z\Delta TL}\right\}^{0.5} \quad\cdots\cdots\cdots\cdots\cdots\cdots\cdots\cdots\cdots\cdots(10)$$

沿线温度计算应按式(11)和式(12)计算：

$$t_x=t_0+(t_1-t_0)\mathrm{e}^{-\alpha x}-\frac{J\Delta P_x}{\alpha x}(1-\mathrm{e}^{-\alpha x}) \quad\cdots\cdots\cdots\cdots\cdots\cdots\cdots\cdots\cdots\cdots(11)$$

式中：

t_x——输气管道沿线任意点的气体温度，单位为摄氏度(℃)；

t_0——输气管道埋深处的土壤温度，单位为摄氏度(℃)；

t_1——输气管道计算段起点的气体温度，单位为摄氏度(℃)；

e——自然对数底数，e=2.718；

x——输气管道计算段起点至沿线任意点的长度，单位为千米(km)；

J——焦尔-汤姆逊效应系数，单位为摄氏度每兆帕(℃/MPa)；

ΔP_x——x 长度管段的压降，单位为兆帕(MPa)；

α——系数。

$$\alpha=\frac{225.256\times10^{6}KD}{q_{\mathrm{v}}\Delta C_{\mathrm{p}}} \quad\cdots\cdots\cdots\cdots\cdots\cdots\cdots\cdots\cdots\cdots(12)$$

式中：

K——输气管中气体到土壤的总传热系数，单位为瓦每平方米摄氏度[W/(m²·℃)]；

D——输气管外径，单位为米(m)；

q_{v}——输气管流量(P_0=0.101325MPa，T=293K)，单位为立方米每天(m³/d)；

Δ——气体的相对密度，单位为千克每立方米(kg/m³)；

C_{p}——气体的定压比热，单位为焦每千克摄氏度[J/(kg·℃)]。

5.3.4 压力保护系统

5.3.4.1 输油管道系统输送工艺设计应包括水力和热力计算，并进行稳态和瞬态水力分析，提出输油管道在密闭输送中瞬变流动过程的控制方法。

5.3.4.2 由于水击和其他因素造成的瞬间最大压力值，在管道系统中的任何一点都不应超过输油管道设计内压力的1.1倍。

5.3.4.3 输油管道站场压力泄放罐设置应根据瞬态水力分析确定。

5.3.4.4 液化石油气管道泵送设备宜选用液化石油气专用泵。泵出口管段上应设置止回阀、操作阀和液相安全回流阀。

5.3.4.5 液化石油气管道压缩机进、出口管之间应设置旁通管及旁通阀；压缩机出口管线上应设置止回阀和安全阀。

5.3.4.6 输气干线应按照一定的距离设置线路自动截断阀，在管道泄漏或者紧急状况下能自动切断管道，避免气体的大量泄漏，输气干线截断阀上下游均应设置放空管，放空管应能迅速放空两截断阀之间管段内的气体，放空阀直径与放空管直径应相等。

5.3.4.7 输气站存在超压可能的受压设备和容器，应设置安全阀，安全阀泄放的气体可引入同级等压的放空管线。

5.3.4.8 往复式压缩机出口与第一个截断阀之间应安装安全阀和放空阀，安全阀的泄放能力应不小于压缩机的最大排量。

5.3.4.9 每台压缩机应设置安全保护装置，并且在事故停机时，压缩机进出口阀门自动关闭，防喘振阀应开启，压缩机及其配管应泄压。

5.4 线路设计

5.4.1 管道路由

5.4.1.1 线路选线的主要原则

线路选线除应符合 GB 50251 和 GB 50253 中所列要求外，还应执行下列原则：

a) 线路选择应遵守国家和行业现行法律法规的相关要求，对法律法规中明确管道不能通过的地段应予以绕避。

b) 路由选择地形条件满足时，线路宜顺直。宏观方案选择时如有必要应与工艺站场布置相结合，并考虑运营费进行技术经济综合比选。

c) 对于管道建设受限地区，宜首选绕避方案。若经详细比选，实在无法绕避时应与主管部门协商，共同确定通过方案，并制定相应的防护措施方案。

d) 路由选择应充分与各专项评价成果结合，尤其重视与环境影响评价、水土保持评价、压覆矿产资源评价的结合，对评价报告中提出的敏感区域应予绕避或采取有效措施。

e) 多条管道并行敷设时，应结合工程的实际情况，统筹安排、合理布局，并充分考虑管道施工建设、运行维护、检修作业等要求。

5.4.1.2 油气管道与公路、铁路、电力线路等设施的间距应满足相关行业的规定或行业间协议。

5.4.2 线路敷设

5.4.2.1 具备埋地敷设条件时，管道应采用埋地敷设，不具备埋地敷设条件时，局部地段可采用土堤埋设或地上敷设。

5.4.2.2 埋地管道的埋设深度，应综合考虑管道所经过地段的农田耕作深度、冻土深度、地形和地质条件、地下水深度、地面车辆所施加的荷载及管道稳定性的要求等因素而确定：

a) 管顶的覆土层厚度不应小于 0.8m；

b) 在岩石地区或其他特殊地段，可适当减少管顶覆土厚度，但应满足管道稳定性的要求，并应考虑输送介质物理性质的要求和外力对管道的影响。

5.4.2.3 当埋地管道通过地面坡度较大时，应视土壤情况和坡长以及管道在坡上敷设的方向，采取防止地面径流、渗水侵蚀和土体滑动影响管道安全的措施。

5.4.2.4 管道在沼泽、水网(含水田)地区敷设，或开挖穿越河道时，应进行管道抗漂浮计算，当管道覆土层不足以克服钢管浮力时，应采取稳管措施。

5.4.2.5 当管道穿(跨)越冲沟，或管道的一侧临近发育中的冲沟或陡坎时，应对冲沟的边坡、沟底和陡坎采取加固措施。

5.4.2.6 当管道采用土堤敷设时，土堤高度和顶部宽度，应根据地形、工程地质、水文地质、土壤类别及性质确定。

5.4.2.7 当埋地管道与其他埋地管道或金属构筑物交叉时，其垂直净距不应小于 0.3m；管道与电力、通信电缆交叉时，其垂直净距不应小于 0.5m，并应在交叉点处管道两侧各 10m 以上的管段和电缆采用相应的最高绝缘等级防腐层。

5.4.2.8 管道穿跨越人工或天然障碍物如水域、冲沟、铁路、公路和建筑物等时，除应执行 GB 50423 以及 GB 50459 规定外，还应满足相关管理部门的要求。

5.4.2.9 当管道需改变平面走向适应地形变化时，可采用弹性弯曲、冷弯弯管、热煨弯管。在平面转角较小或地形起伏不大的情况下，首先应采用弹性弯曲敷设；不满足弹性弯曲敷设时可采用冷弯弯管或热煨弯管来满足管道转向的要求。冷弯弯管和热煨弯管应符合下列要求：

a) 采用热煨弯管时，其曲率半径不宜小于 4 倍钢管外直径，且应满足清管器或检测器顺利通过的要求；

b) 现场冷弯弯管的最小曲率半径应符合表 32 的规定。

表 32 现场冷弯弯管的最小弯管半径

单位为毫米

钢管外径 D	最小弯管半径
≤323.9	$18D$
355.6	$21D$
406.4	$24D$
457	$27D$
≥508	$30D$
注：D 为管外径，弯管两端宜有约 2m 的直管段。	

5.4.2.10 当管道采用弹性弯曲敷设时，应符合下列要求：

a) 弹性弯曲敷设的管道其曲率半径应满足钢管的强度要求，且不应小于钢管外直径的 1000 倍。垂直面上弹性敷设管道的曲率半径尚应大于管道在自重作用下产生的挠度曲线的曲率半径，其曲率半径应按式(13)计算：

$$R \geqslant 3600\sqrt[3]{\frac{1-\cos\frac{\alpha}{2}}{\alpha^4}D^2} \qquad (13)$$

式中：

R——管道弹性弯曲曲率半径，单位为米(m)；

D——管道的外直径，单位为厘米(cm)；

α——管道的转角，单位为度(°)。

b) 在相邻的反向弯曲管段之间应采用直管段连接，直管段长度不应小于钢管的外直径，且不应小于 500mm。

c) 当管道平面和竖向同时发生转角时，不宜采用弹性敷设。

5.4.2.11 热煨弯管和冷弯弯管不应使用褶皱弯或虾米弯。管道对接偏差不应大于 3°。

5.4.2.12 并行敷设应符合下列要求：

a) 并行间距的确定应考虑管道输送介质的特征、压力、管径、地形特点、周围的土壤性质等参数，同时应满足施工和运行的要求。

b) 不受限制地段，并行间距应满足起决定作用的管道失效而不造成其他并行管道破坏的要求，并且应不小于 6m；不同期建设的石方地段，并行间距不宜小于 20m。

c) 受地形、规划等条件限制的区段，并行间距应满足下列要求：

1) 应根据具体的限制条件，经过技术经济比较，在采取安全措施后，可适当缩小并行间距。同期建设的并行管道可同沟敷设；不同期建设的并行管道不宜同沟敷设。

2) 不同期建设时，土方地段埋地并行管道的最小并行间距如表 33 所示。

3) 同沟敷设段管道的最小并行间距应符合表 34 的要求。

表 33 不同期建设的土方地段埋地并行管道的最小并行间距要求

土壤类型	新建管径		
	<323.9mm	323.9mm~610mm	711mm~1219mm
	最小间距		
中密的沙土	2.8m	3.5m	4m
中密的碎石类土(充填物为沙土)	2.5m	2.8m	3.5m
硬塑的粉土	2m	2.5m	3m
中密的碎石类土(充填物为黏性土)	2m	2m	2.5m
硬塑的粉质黏土、黏土	1.5m	1.5m	2m
老黄土	1.5m	1.5m	2m
软土(经井点降水)	2.5m	3m	4m
注1：对于加热输送管道、弹性敷设段以及存在较大应力的其他地段，需进行土体稳定性的校核。 注2：本表适用于管顶埋深小于1.5m，坡顶无动载情况。			

表 34 同沟敷设段管道的最小并行间距

管道直径/mm	<406.4	406.4~813	>813
最小并行间距/m	1.0	1.2	1.5
注：表中管道直径为并行管道中管径的大者。			

5.4.2.13 抗震设计应符合下列要求：

a) 管道的抗震设计应按 GB 50470 的要求执行；

b) 油气输送管道线路工程文件中，应提出工程抗震设防依据和设防标准；

c) 对于一般地段埋地管道，当位于设计地震动峰值加速度大于或等于 0.20g 地区时，应进行抗拉伸和抗压缩校核。

5.4.2.14 管道防护工程在保护管道安全运行的同时，还应具有水土保持的功能。管道的防护工程主要分 3 大类：坡面防护、冲刷防护和支挡防护。其防护工程设计应满足 SY/T 6793 的要求。

5.4.2.15 管道的锚固应符合下列要求：

a) 管道通过高差较大的长陡坡地段，应设置管道锚固墩；

b) 当管道的设计温度同安装温度之差影响管道的稳定性时，宜在管道出土端、弯头、管径改变处以及管道和清管器收发筒装置连接处，应根据计算采用使管道稳固的措施。

5.4.2.16 管道标志应符合下列要求：

a) 管道沿线应设置里程桩、转角桩、交叉和警示牌等永久性地面标志，并宜在地下设置警示带标志。

b) 里程桩应设置在介质流向的左侧，沿管道从起点至终点，每隔 1km 设置 1 个，不应间断。阴极保护测试桩可同里程桩结合设置。

c) 在管道改变方向处应设置水平转角桩。转角桩应设置在管道中心线的转角处左侧。

d) 管道穿跨越人工或天然障碍物时，应在穿跨越处两侧及地下建(构)筑物附近设立标志。通航河流上的穿跨越工程，应设置警示牌。

e) 对交通流量较大的以及人口密集活动频繁的地段，应设置警示牌，并应采取保护措施。

5.4.3 线路阀室

5.4.3.1 长输油气管道线路沿线应安装截断阀。输油管道和输送液态液化石油气管道，截断阀间距应按照 GB 50253 的规定执行；输气管道线路截断阀的间距，应按照 GB 50251 的规定执行。

5.4.3.2 对于管道沿线的大型穿跨越处，应增设线路阀室，中型穿跨越处及活动断裂带、饮用水源地、地质灾害多发区等特殊地段，如有必要可增设线路阀室。

5.4.3.3 阀室位置：

a） 线路阀室位置宜选在交通便利、地势较高且开阔、工程地质条件较好的地方，宜不占用基本农田用地。

b） 阀室设置应满足安全距离的要求，输气管线的阀室还应考虑放空管的防火间距。不点火的放空管可放置在阀室的围墙内。

c） 监控阀室选择应考虑周围供电、通信条件。

d） 当输气管道沿线有潜在天然气用户市场，阀室位置在满足该段地区等级要求间距的条件下宜靠近用户。

e） 截断阀室应设置在不受地质灾害及洪水影响、检修方便的位置，并应设保护设施。

5.4.4 线路用管设计与计算

5.4.4.1 线路用管满足第4章的要求。

5.4.4.2 输油气管道所采用的钢管、管道附件的材质选择，应根据设计压力、温度、所输介质的物理化学性质和使用地区等因素，经技术和经济上的比较后确定。采用的钢管和钢材应具有良好的韧性和可焊性。

5.4.4.3 壁厚选择及管件设计

5.4.4.3.1 输油管道用管壁厚计算

直管段管壁厚度应按式(14)计算：

$$\delta=\frac{PD}{2[\sigma]} \quad \cdots\cdots (14)$$

式中：

δ——直管段钢管计算壁厚，单位为毫米(mm)；

P——设计内压力，单位为兆帕(MPa)；

D——钢管外直径，单位为毫米(mm)；

$[\sigma]$——钢管许用应力，单位为兆帕(MPa)，应按5.1.4规定取值。

5.4.4.3.2 输气管道用管壁厚计算

直管段管壁厚度应按式(15)计算：

$$\delta=\frac{PD}{2\sigma_s \phi K t} \quad \cdots\cdots (15)$$

式中：

δ——钢管计算壁厚，单位为毫米(mm)；

P——设计压力，单位为兆帕(MPa)；

D——钢管外径，单位为毫米(mm)；

σ_s——钢管的最小屈服强度，单位为兆帕(MPa)；

ϕ——焊缝系数，按表31取值；

K——强度设计系数，根据地区等级选取，见5.4.4.4.2；

t——温度折减系数。当温度小于120℃时，t 值取1.0。

5.4.4.3.3 弯管壁厚计算

a） 弯管的壁厚应按式(16)～式(18)计算：

$$\delta_H \geqslant \delta \qquad (16)$$

$$\delta_i \geqslant \delta \times m \qquad (17)$$

$$m = \frac{4R-D}{4R-2D} \qquad (18)$$

式中：

δ_H——弯管的外弧侧壁厚最小值，单位为毫米(mm)；

δ_i——弯管的内弧侧壁厚最小值，单位为毫米(mm)；

δ——弯管所连接直管段的计算壁厚，单位为毫米(mm)，

m——弯管的壁厚增大系数；

R——弯管的曲率半径，单位为毫米(mm)；

D——弯管的外径，单位为毫米(mm)。

b） 弯管的母管壁厚应按式(19)计算：

$$\delta_b = \frac{1}{1-c}\delta \qquad (19)$$

式中：

δ_b——弯管母管计算壁厚，单位为毫米(mm)；

δ——弯管所连接直管段的计算壁厚，单位为毫米(mm)；

c——弯管弯制允许最大壁厚削薄率，不大于9%。

注：对于热煨弯管，还应考虑煨制过程中的壁厚减薄因素。

5.4.4.4 地区等级划分

5.4.4.4.1 对于输气管道，输送液化石油气(LPG)管道通过的地区，应按照沿线居民户数和(或)建筑物的密集程度，划分为4个地区等级，并依据地区等级做出相应的管道设计。

5.4.4.4.2 地区等级划分及相应的管道强度设计系数应符合下列规定：

a） 沿管道中心线两侧各200m范围内，任意划分成长度为2km并能包括最大聚集户数的若干地段，按划定地段内的户数划分为4个等级。在农村人口聚集的村庄、大院、住宅楼，应以每一独立户作为一个供人居住的建筑物计算，见表35。

表35 地区等级及管道强度设计系数

地区等级	说明	强度设计系数 K
一级地区	户数在15户或以下区段	0.72
二级地区	户数在15户以上，100户以下区段	0.60
三级地区	户数在100户或以上的区段包括市郊、商业区、工业区、不够四级的人口稠密区	0.50
四级地区	系指地面四层及四层以上楼房普遍集中、交通频繁、地下设施多的区段	0.40

b） 当划分地区等级边界线时，边界线距最近一幢建筑物外边缘应大于或等于200m。

c） 在一级、二级地区内的学校、医院以及其他公共场所等人群聚集的地方，应按三级地区选取设计系数。

d） 当一个地区的发展规划足以改变该地区的现有等级时，应按发展规划划分地区等级。

5.4.4.4.3 输气管道穿越铁路、公路和人群聚集场所的管段以及输气站内管道的强度设计系数，应满足表36的规定。

5.4.4.4.4 输送LPG管道穿越铁路、公路和人群聚集场所的管段以及LPG站内管段的强度设计系数，应符合表37的规定。

表 36　穿越铁路、公路及输气站内管道的强度设计系数

管道及管段	地区等级			
	一	二	三	四
	强度设计系数 K			
有套管穿越三级、四级公路的管道	0.72	0.6	0.5	0.4
无套管穿越三级、四级公路的管道	0.6	0.5	0.5	0.4
有套管穿越一级、二级公路、高速公路、铁路的管道	0.6	0.6	0.5	0.4
输气站内管道及其上、下游各 200m 管道，截断阀室管道及其上、下游各 50m 管道(其距离从输气站的阀室边界线起算)	0.5	0.5	0.5	0.4
人群聚集场所的管道	0.5	0.5	0.5	0.4

表 37　穿越铁路、公路及 LPG 站内管道的强度设计系数

管道及管段	地区等级			
	一	二	三	四
	强度设计系数 K			
有套管穿越三级、四级公路的管道	0.72	0.6	0.5	0.4
无套管穿越三级、四级公路的管道	0.6	0.5	0.5	0.4
有套管穿越一级、二级公路、高速公路、铁路的管道	0.6	0.6	0.5	0.4
LPG 站内管道及其上下游各 200m 管段、人群聚集场所的管段	0.4	0.4	0.4	0.4

5.4.4.5　埋地管道的强度校核计算

5.4.4.5.1　管道强度校核计算应符合下列原则：

a)　管道应计算由设计内压力、外部荷载和热胀冷缩所产生的应力，并应使其小于管道、管道附件、与管道相连接的设备的安全承受能力。

b)　管道强度设计应根据管段所处地区等级以及所承受的可变荷载和永久荷载而定。当管道通过地震动峰值加速度大于或等于 0.2g 的地区时，应按 GB 50470 规定对管道在地震作用下的强度进行校核。

c)　埋地直管段的轴向应力与环向应力组合的当量应力，应小于钢管的最小屈服强度的 90%。管道附件的设计强度不应小于相连接直管段的设计强度。

5.4.4.5.2　埋地高压输送管道的直管段和轴向变形受限制的地上管段的轴向应力应按式(20)和式(21)计算：

$$\sigma_L = \mu\sigma_h + E\alpha(t_1 - t_2) \qquad (20)$$

$$\sigma_h = \frac{Pd}{2\delta} \qquad (21)$$

式中：

σ_L——由内压和温度变化引起的轴向应力，拉应力为正，压应力为负，单位为兆帕(MPa)；

μ——泊松比，取值 0.3；

σ_h——由内压产生的环向应力，单位为兆怕(MPa)；

E——钢材的弹性模量，单位为兆帕(MPa)；

α——钢材的线膨胀系数，单位为每摄氏度(℃$^{-1}$)；

t_1——管道下沟回填时温度，单位为摄氏度(℃)；

t_2——管道的工作温度，单位为摄氏度(℃)；

P——管道设计内压力，单位为兆帕(MPa)；

d——管道内径，单位为毫米(mm)；

δ——管道公称壁厚，单位为毫米(mm)。

5.4.4.5.3 对于受约束的管道应按最大剪应力破坏理论计算当量应力，并应符合式(22)要求：

$$\sigma_e = \sigma_h - \sigma_L < 0.9\sigma_s \quad \cdots\cdots (22)$$

式中：

σ_e——当量应力，单位为兆帕(MPa)；

σ_s——钢管的最低屈服强度，单位为兆帕(MPa)。

5.4.4.5.4 对于无套管穿越公路、穿越用钢套管及埋深较大管段，应按无内压状态验算在外力作用下钢管的变形，其水平直径方向的变形量不应大于钢管外直径的3%。变形量应按式(23)、式(24)和式(25)计算：

$$\Delta X = \frac{ZKWD_m^3}{8EI + 0.061E_s D_m^3} \quad \cdots\cdots (23)$$

$$W = W_1 + W_2 \quad \cdots\cdots (24)$$

$$I = \frac{\delta_n^3}{12} \quad \cdots\cdots (25)$$

式中：

ΔX——钢管水平方向最大变形量，单位为米(m)；

Z——钢管变形滞后系数，宜取1.5；

K——基床系数，宜按表37选取；

W——作用在单位管长上的总竖向荷载，单位为牛每米(N/m)；

D_m——钢管的平均直径，单位为米(m)；

E——钢材弹性模量，单位为牛每平方米(N/m²)；

I——单位管长截面惯性矩，单位为四次方米每米(m⁴/m)；

W_1——单位管长上的竖向永久荷载，单位为牛每米(N/m)；

W_2——地面可变荷载传递到管道上的荷载，单位为牛每米(N/m)；

δ_n——钢管壁厚，单位为米(m)；

E_s——土壤变形模量，单位为牛每平方米(N/m²)；

E_s值应采用现场实测值。当无实测资料时，可按照表38选取。

表38 敷管条件的设计参数

敷管类型	敷管条件	E_s/(MN/m²)	基床包角/(°)	基床系数/K
1型	管道敷设在未扰动的土上，回填土松散	1.0	30	0.108
2型	管道敷设在未扰动的土上，管道中线以下的土轻轻压实	2.0	45	0.105
3型	管道放在厚度有100mm的松土垫层内，管顶以下的回填土轻轻压实	2.8	60	0.103
4型	管道放在砂卵石或碎石垫层内，垫层顶面应在管底以上1/8管径处，但不应小于100mm，管顶以下回填土夯实密度约80%	3.8	100	0.096
5型	管道中线以下放在压实的黏土内，管顶以下的回填土夯实，夯实密度约90%	4.8	150	0.085

注1：管径大于或等于DN750mm的管道，不采用1型。

注2：基床包角系数指管基土壤反作用的圆弧角。

5.4.4.5.5 对加热输送的埋地输油管道，应验算其轴向稳定，并应符合式(26)和式(27)的要求：

$$N \leqslant \frac{N_{cr}}{n} \qquad (26)$$

$$N = [\alpha E(t_2 - t_1) + (0.5 - \mu)\sigma_h]A \qquad (27)$$

式中：

N——由温差和内压产生的轴向压缩力，单位为兆牛(MN)；

N_{cr}——管道开始失稳时的临界轴向力，单位为兆牛(MN)；

n——安全系数，对于公称直径大于500mm的钢管宜取 $n=1.33$；公称直径小于或等于500mm的钢管宜取 $n=1.11$；

A——钢管横截面积，单位为平方米(m^2)。

注：按式(26)计算时，如果计算结果 N 为正值，表示 N 为轴向压缩力，需按式(27)验算轴向稳定问题。如果 N 为负值，则表示 N 为轴向拉力，则不必验算轴向稳定问题。

5.4.4.5.6 对于轴向不受约束的地面管道和埋地管道出土端未设固定墩的管段，当温度变化较大时，应按式(28)~式(30)计算热胀当量应力，其值不应大于钢管的许用应力[σ]。

$$\sigma_t = \sqrt{\sigma_b^2 + 4\tau^2} \leqslant [\sigma] \qquad (28)$$

$$\sigma_b = \frac{\sqrt{(i_i M_i)^2 + (i_o M_o)^2}}{Z} \qquad (29)$$

$$\tau = \frac{M_t}{2Z} \qquad (30)$$

式中：

σ_t——最大运行温差下热胀当量应力，单位为兆帕(MPa)；

σ_b——最大运行温差下热胀合成弯曲应力，单位为兆帕(MPa)；

i_i——构件平面内弯曲时的应力增强系数；

M_i——构件平面内的弯曲力矩。对于三通，总管和支管部分的力矩应分别考虑，单位为兆牛米(MN·m)；

i_o——构件平面外弯曲时的应力增强系数；

M_o——构件平面外的弯矩，单位为兆牛米(MN·m)；

τ——扭应力，单位为兆帕(MPa)；

M_t——扭矩，单位为兆牛米(MN·m)；

Z——管道截面系数，单位为立方米(m^3)。

注：计算地面管道的热胀应力时，管道的全补偿值包括热伸长值、管道端点的附加位移及有效预拉伸。预拉伸的有效系数取0.5。

5.4.4.5.7 对于管道弯头，还应考虑受内压和温差共同作用下的组合应力。

当弯头所受的环向应力 σ_h 小于许用应力[σ]时，组合应力 σ_e 成按式(31)~式(37)计算：

$$\sigma_e = \sigma_h + \sigma_{hmax} < \sigma_b \qquad (31)$$

$$\sigma_h = \frac{Pd}{2\delta_b} \qquad (32)$$

$$[\sigma] = F\phi t\sigma_s \qquad (33)$$

$$\sigma_{hmax} = \beta_q \sigma_o \qquad (34)$$

$$\beta_q = 1.8\left[1 - \left(\frac{r}{R}\right)^2\right]\left(\frac{1}{\lambda}\right)^{2/3} \qquad (35)$$

$$\lambda = \frac{R\delta_b}{r^2} \qquad (36)$$

$$\sigma_o = \frac{Mr}{I_b} \tag{37}$$

式中：

σ_e——由内压和温差作用下的弯头组合应力，单位为兆帕(MPa)；

σ_h——由内压产生的环向应力，单位为兆帕(MPa)；

σ_b——材料的强度极限，单位为兆帕(MPa)；

P——设计内压力，单位为兆帕(MPa)；

d——弯头内径，单位为米(m)；

δ_b——弯头壁厚，单位为米(m)；

$[\sigma]$——材料的许用应力，单位为兆帕(MPa)；

F——设计系数；

ϕ——焊缝系数；

t——温度折减系数，温度小于120℃时，t 取1.0；

σ_s——材料的屈服极限，单位为兆帕(MPa)；

σ_{hmax}——由热胀弯矩产生的最大环向应力，单位为兆帕(MPa)；

β_q——环向应力增强系数；

σ_o——热胀弯矩产生的环向应力，单位为兆帕(MPa)；

r——弯头截面平均半径，单位为米(m)；

R——弯头曲率半径，单位为米(m)；

λ——弯头参数；

M——弯头的热胀弯矩，单位为兆牛米(MN·m)；

I_b——弯头截面的惯性矩，单位为四次方米(m^4)。

5.5 穿跨越设计

5.5.1 一般规定

5.5.1.1 穿跨越工程设计前，应取得输送介质物理性质资料及输送工艺参数。其要求应按 GB 50253 和 GB 50251 的规定执行。

5.5.1.2 应按 GB/T 50539 和 GB 50568 要求进行测量和勘察。大中型穿跨越工程及非开挖小型穿越和小型跨越工程应单独进行勘察和测量，取得穿跨越场地工程测量和工程地质所需资料。

5.5.1.3 位于设计地震动峰值加速度 a 大于或等于 0.1g 地区的大中型穿越工程，应调查下列4种情况，并取得量化指标：

a) 有无断层及断层活动性质，活动断层应取得一次性最大错动量；

b) 有无地震时两岸或水床出现开裂或错动；

c) 有无地震时发生基土液化；

d) 有无地震时引起两岸滑坡或深层滑动。

5.5.1.4 多条管道并行敷设时，对于同期建设的并行管道，宜共用穿跨越结构；对于不同期建设的并行管道，当利用在役管道已建的穿跨越结构及其设施敷设时，应对在役管道、穿跨越结构及其设施本体进行安全检测和评价，并根据检测评价结果确定加固及修复方案。

5.5.1.5 输油管道大型穿跨越工程两岸应设置截断阀，输气管道大型跨越工程两岸宜设置截断阀。截断阀位置应选择在设计洪水位以上、交通方便的地方。

5.5.2 穿跨越工程等级

5.5.2.1 穿越工程等级

水域穿越工程等级应按表39划分。

表 39　水域穿越工程等级

单位为米

工程等级	穿越水域的水文特征	
	多年平均水位的水面宽度	相应水深
大型	≥200	不计水深
	≥100～<200	≥5
中型	≥100～<200	<5
	≥40～<100	不计水深
小型	<40	不计水深

注 1：对于季节性河流或无资料的河流，水面宽度可按河槽宽度选取(不含滩地)。

注 2：对于游荡性河流，水面宽度可按深泓线摆动范围选取；若无资料，可按两岸大堤间宽度选取。

注 3：若采用裸管敷设或管沟埋设穿越，当施工期流速大于 2m/s 时，中小型工程等级可提高一级。

注 4：有特殊要求的中小型工程，工程等级可提高一级。

5.5.2.2　跨越工程等级

管道跨越工程等级应按表 40 划分。

表 40　跨越工程等级

单位为米

工程等级	总跨长度	主跨长度
大型	≥300	≥150
中型	≥100～<300	≥50～<150
小型	<100	<50

5.5.3　穿跨越工程设防

5.5.3.1　洪水设防标准

穿跨越工程的设计洪水频率(重现周期)应按照不同工程等级按表 41 选用，并结合当地水文资料确定相应的设计洪水位。桥梁上游 300m 范围内的穿越工程，设计洪水频率不应低于该桥梁的设计洪水频率。

表 41　设计洪水频率

工程等级	设计洪水频率	
	穿越工程	跨越工程
大型	1%(100 年一遇)	1%(100 年一遇)
中型	2%(50 年一遇)	2%(50 年一遇)
小型	2%(50 年一遇)	2%(50 年一遇)

5.5.3.2　防洪评价及设计要求

可行性研究或初步设计阶段，当管道穿跨越位置经规划、河道等相关管理部门同意批复后，按照河道主管部门的要求，应对有防洪要求的河流穿跨越工程进行河流防洪影响评价。河流大中型穿跨越工程应按批准的防洪影响评价报告提供的设防洪水水文参数、冲刷深度及对河流两岸岸坡和大堤提出的处理意见进行穿跨越工程设计。

5.5.3.3 抗震设防标准

5.5.3.3.1 位于设计地震动峰值加速度 a 大于或等于 0.1g 地区的大中型穿越工程及设计地震动峰值加速度 a 大于或等于 0.05g 地区的跨越工程，应进行抗震设计。设计地震动峰值加速度 a 为 0.05g 地区的跨越工程，可不进行地震作用计算，但应采取相应的抗震措施。

5.5.3.3.2 大中型穿跨越工程应按 50 年超越概率 5%的地震动参数进行抗震设计，其中大型跨越及埋深小于 30m 的大型穿越，应按 50 年超越概率 2%的地震动参数进行抗震设计；小型穿跨越工程应按 50 年超越概率 10%的地震动参数进行抗震设计。大中型跨越工程抗震设计采用的地震动参数，应按地震安全性评价或经专门研究审定后的文件确定。小型穿跨越工程抗震设计采用的地震动参数，应按 GB 18306 的规定采用。

5.5.3.3.3 大型跨越工程和重要干线的中型跨越工程应按抗震设防类别乙类进行设防，其余跨越工程应按抗震设防类别丙类进行设防。

5.5.4 穿跨越位置选择

5.5.4.1 穿跨越位置应综合考虑地形、地势、河势、河流形态、水文、地质、地震、航运、现有水利工程和水利设施、水利规划、防洪要求、保护区规划、水上或地下构筑物以及两岸城市规划、交通条件、施工场地等因素，根据有关部门对管道工程的环境影响评估报告、灾害性地质评估报告、地震安全评估报告及防洪影响评价报告等，按 GB 50423、GB 50459 和 GB 50470 的相关规定确定。

5.5.4.2 穿跨越位置应符合线路总体走向，对于大中型穿跨越工程，线路局部走向可根据穿跨越位置进行调整。

5.5.4.3 穿跨越位置选择应符合国家及地方相关法律法规，满足河道、水务(利)、渔业、环保、航道、规划、交通、铁路和建筑物管理等相关部门的要求，并取得相关部门的管道通过许可协议。

5.5.4.4 穿跨越位置应避开水源地一级保护区和水生生物保护区核心区。对于水源地二级保护区和准保护区、水生生物保护区缓冲区和实验区宜首先避绕，确需通过时，应取得有关部门的同意，并采取必要的保护措施。

5.5.4.5 穿跨越位置选择宜避开下列河段：

a) 岸坡区岩土松软、不良地质作用发育且对穿跨越工程稳定性有直接危害或潜在威胁的河段；

b) 存在活动断裂的河段。

5.5.5 穿跨越方案选择

5.5.5.1 穿跨越方案的选择应根据地形、气象、水文、地质、水土保持、环境、交通、施工及管理条件等进行综合技术经济比选、论证，确定最优穿跨越方案。

5.5.5.2 对于通航河流，宜采用非开挖穿越或跨越方式。

5.5.5.3 对于枯水期流量很小或断流的季节性河流，宜选择枯水期采用开挖穿越方式。

5.5.5.4 对于常年有水流量较大的河流，当地质条件适宜，定向钻穿越方案可行的情况下，宜优先选择定向钻穿越方式。

5.5.5.5 过河位置经过水源保护区、水生生物保护区等敏感区时，宜选择非开挖穿越方式或一跨过河的跨越方式。

5.5.6 穿越工程设计与计算

5.5.6.1 开挖穿越设计

5.5.6.1.1 开挖穿越管段的埋深应按照工程等级与相应设计洪水冲刷深度或疏浚深度要求，按

表42确定。

表42 开挖穿越水域的管顶埋深

单位为米

水域冲刷情况	大型	中型	小型	备 注
有冲刷或疏浚的水域，应在设计洪水冲刷线下或规划疏浚线下，取其深者	≥1.5	≥1.2	≥1.0	当有船锚或疏浚机具，管顶埋深应达到不受机具损伤防腐层的要求
无冲刷或疏浚的水域，应埋在水床底面以下	≥1.5	≥1.3	≥1.0	—
河床为基岩，并在设计洪水下不被冲刷时，管段应嵌入基岩，管顶埋深	≥0.8	≥0.6	≥0.5	所挖沟槽应用满槽混凝土覆盖封顶，达到原水床标高

5.5.6.1.2 穿越管段的埋深除应符合表42规定外，还应考虑以下情况对管道穿越的影响：

a) 当穿越河段深泓线反复摆动时，穿越管段在全部摆动范围内埋深应相同；
b) 当穿越河段位于水库下游或水工建筑物附近时，考虑水库下泄清水引起的河床降低或水工建筑物附近局部冲刷的影响，应加大管道埋深；
c) 当穿越河段位于人工挖沙活动区时，考虑河床变化的影响，应加大管道埋深；
d) 当穿越河段位于河流弯曲段且无河工治理时，会出现凹岸冲淘、凸岸淤积的河势演变，应在凹岸加大管道埋深，并增加穿越长度；
e) 当穿越河段位于河流下游时，河床以下切为主，应加大管道埋深；
f) 当穿越河段位于河流中游时，对于边坡地质条件较差，且无人工堤防旁切严重的河段的应增大穿越长度。

5.5.6.1.3 水下穿越管段敷设后，不应发生管段漂浮和移位。当管段抗漂浮或抗移位稳定性核算不满足要求时，应采取稳管措施。

5.5.6.2 定向钻穿越设计

5.5.6.2.1 定向钻穿越管段的埋深应根据地质条件、冲刷深度(或疏浚深度)、穿越管径、入出土角、弹性敷设曲率半径等综合确定，并应满足下列要求：

a) 水域穿越管段管顶埋深不宜小于设计洪水冲刷线或规划疏浚线以下6m；
b) 水域穿越管段埋深应避开河道挖砂、采石、船只抛锚的影响；
c) 穿越铁路、公路、堤防等构筑物时，穿越管段埋深应符合铁路、公路、堤防等相关部门的规定。

5.5.6.2.2 定向钻穿越入出土角应根据穿越长度、穿越管段埋深、穿越管径、弹性敷设条件、地形条件，按GB 50423的相关规定确定。

5.5.6.2.3 采用定向钻穿越河流防洪堤坝时，不应危及堤坝的安全，应根据穿越场地地质条件采取措施控制堤坝和地面沉陷。

5.5.6.2.4 定向钻穿越管段防腐应满足以下要求：

a) 定向钻穿越段回拖前应对防腐层及补口进行质量检测；穿越完成后应进行馈电法对防腐层性能进行评价，对防腐层质量无法达到要求的定向钻穿越管道，应对出土端管道进行修复，并对定向钻穿越管段实施阴极保护。穿越管段阴极保护宜纳入干线阴极保护系统中。
b) 定向钻穿越管段在纳入永久阴极保护系统之前应采取临时阴极保护措施。

5.5.6.3 隧道穿越设计

5.5.6.3.1 矿山法隧道穿越宜选择在稳定的地层中，不宜穿越工程地质和水文地质复杂以及溶洞、暗河、煤层采空区等不良地层段；当必须通过时，应采取可靠的工程措施。

5.5.6.3.2 盾构法、顶管法隧道埋深应根据地面环境、地下设施、工程地质和水文地质条件、设备特性等按 GB 50423 的相关规定确定，并应满足隧道抗浮稳定性要求。

5.5.6.3.3 山岭隧道穿越轴线高程应满足输送工艺控制要求。隧道修建应避免破坏原有的地表形态和山体的平衡。

5.5.6.3.4 隧道结构净空尺寸应满足管道建筑限界、隧道施工、管道安装及运营维护等要求。

5.5.6.3.5 矿山法隧道应设衬砌，衬砌结构型式、设计参数应按照围岩级别、水文地质条件、埋置深度、隧道断面、施工条件等，应按 GB 50423 和 GB 50086 通过工程类比和结构计算确定。

5.5.6.3.6 顶管法隧道应进行顶进套管允许顶力验算、顶进套管强度、稳定性验算、钢管套管变形验算、混凝土套管裂缝宽度验算及顶管总顶力和中继站数量估算。

5.5.6.3.7 盾构法隧道应进行管片主体承载力及接头连接计算、千斤顶推力验算、壁后注浆压力验算、管片裂缝宽度验算、管片环及接头变形验算。

5.5.6.3.8 竖井结构设计应按 SY/T 6884 执行。

5.5.6.4 水工保护设计

5.5.6.4.1 河流护岸工程设计：

a) 受水流淘刷或冲蚀威胁的穿越管段，可修筑导流堤或丁坝等调治构筑物满足水流顺畅、不产生集中冲刷的要求。为保持岸坡稳定，应修筑护坡工程。
b) 防护工程的设计洪水设防标准宜与穿越工程相同，护岸顶应高出设计洪水位(包括浪高和壅水)0.5m。若堤岸顶低于设计洪水位，护岸宜至堤顶。
c) 防护工程基础基底埋深要求在水床面下 1m~2m，同时也应满足设计冲刷线下 1.0m 和冰冻线下 0.3m 的要求。
d) 护坡(岸)顺水流方向长度，应根据实地水流形态、岸坡地质条件及管沟开挖宽度确定，且不应小于 5m。

5.5.6.4.2 黄土冲沟防护设计

管道穿越黄土冲沟时，应根据当地水土保持部门的要求进行防护设计。主要措施如下：

a) 可利用冲沟地势在管道穿越的上下游设置若干道淤土坝，防止冲沟下切，保护管道安全；
b) 为防止冲沟两侧坍塌危及管道安全，应进行削坡并作护坡工程或挡土墙工程。

5.5.6.4.3 隧道洞口防护设计：

a) 隧道、明洞的洞口应设置截水沟和排水沟，水量可根据现场调查结论。排水沟应接口至天然排水处。
b) 多雨地区，宜采取措施防止洞口仰坡范围内地表水下渗和冲刷。
c) 洞外路堑的水不宜流入隧道。当出洞方向路堑为上坡时，宜将洞外侧沟做成与隧道坡度相反，且不小于 0.2%的坡度。

5.5.6.5 穿越管段计算

5.5.6.5.1 穿跨越管段应按 5.4.4 的规定选择壁厚和管材等级，并核算强度，刚度及稳定性；当不满足要求时，应增加钢管壁厚或提高管材等级。

5.5.6.5.2 穿越管道强度设计系数应符合表 43 的规定。

表 43　穿越管道强度设计系数

<table>
<tr><th rowspan="2">穿越管段类型</th><th colspan="4">输气管道</th><th rowspan="2">输油管道</th></tr>
<tr><th>一级地区</th><th>二级地区</th><th>三级地区</th><th>四级地区</th></tr>
<tr><td>Ⅲ、Ⅳ级公路有套管穿越</td><td>0.72</td><td>0.6</td><td>0.5</td><td>0.4</td><td>0.72</td></tr>
<tr><td>Ⅲ、Ⅳ级公路无套管穿越</td><td>0.60</td><td>0.5</td><td>0.5</td><td>0.4</td><td rowspan="2">0.6</td></tr>
<tr><td>Ⅰ、Ⅱ级公路、高速公路、铁路穿越</td><td>0.60</td><td>0.6</td><td>0.5</td><td>0.4</td></tr>
<tr><td>水域小型穿越</td><td>0.72</td><td>0.6</td><td>0.5</td><td>0.4</td><td>0.72</td></tr>
<tr><td>水域大、中型穿越</td><td>0.60</td><td>0.5</td><td>0.4</td><td>0.4</td><td>0.5</td></tr>
<tr><td>山岭隧道、冲沟穿越</td><td>0.60</td><td>0.5</td><td>0.5</td><td>0.4</td><td>0.6</td></tr>
<tr><td colspan="6">注：穿越渡槽、桥梁、古迹可视其重要性按水域穿越取用设计系数。</td></tr>
</table>

5.5.6.5.3　穿越管段钢管许用应力应按式(38)计算：

$$[\sigma]=\eta F\phi t\sigma_s \qquad (38)$$

式中：

$[\sigma]$——钢管许用应力，单位为兆帕(MPa)。

η——钢管许用应力提高系数，运营阶段工况取 1.0，施工阶段工况(包括试压工况)取 1.3；

F——管道强度设计系数，应按表 43 采用；

ϕ——钢管焊缝系数，符合 4.3.1 规定的钢管，取 1.0；

t——温度折减系数，输油管道，t 取 1.0；输气管道，当温度小于 120℃时，t 取 1.0；

σ_s——钢管的规定最低屈服强度，单位为兆帕(MPa)。

5.5.6.5.4　穿越管段强度验算应根据作用效应组合分别计算轴向应力、环向应力和弯曲应力，对各工况的单项应力代数和、当量应力按下列规定分别进行核算：

a)　内压产生的环向应力按式(39)计算：

$$\sigma_h=\frac{Pd}{2\delta} \qquad (39)$$

b)　内压与温度变化产生的轴向应力分别按式(40)~式(41)计算：

当管段轴向变形不受约束时：$\sigma_a=0.5\sigma_h$ ……（40）

当管段轴向变形受约束时：

$$\sigma_a=E\alpha(t_1-t_2)+\mu\sigma_h \qquad (41)$$

c)　弹性敷设产生的弯曲应力按式(42)计算：

$$\sigma_b=\pm\frac{ED}{2R} \qquad (42)$$

式中：

σ_h——管段钢管的环向应力，单位为兆帕(MPa)；

P——管道设计压力，单位为兆帕(MPa)；

d——钢管内径，单位为毫米(mm)；

δ——钢管壁厚，单位为毫米(mm)；

σ_a——管段钢管的轴向应力，单位为兆帕(MPa)；

E——钢材的弹性模量，取 2.1×10^5 MPa；

μ——钢材的泊松比，取 0.3；

α——钢材的线膨胀系数，取 1.2×10^{-5} m/(m·℃)；

t_1——管道安装闭合时的环境温度，单位为摄氏度(℃)；

t_2——穿越段管道输送介质温度，单位为摄氏度(℃)；

σ_b——管段钢管的弯曲应力，单位为兆帕(MPa)；

D——钢管外径，单位为毫米(mm)；

R——管段弹性敷设曲率半径，单位为毫米(mm)。

d) 其他作用引起的环向应力、轴向应力和弯曲应力，应根据实际可能发生的情况进行计算。

e) 穿越管段各单项应力、当量应力核算应满足式(43)~式(45)的要求：

$$\sum\sigma_a \leqslant [\sigma] \quad\cdots\cdots(43)$$

$$\sum\sigma_h \leqslant [\sigma] \quad\cdots\cdots(44)$$

$$\sigma_e = \sum\sigma_h - \sum\sigma_a \leqslant 0.9\sigma_s \quad\cdots\cdots(45)$$

式中：

$\sum\sigma_a$——各作用产生的轴向应力代数和，单位为兆帕(MPa)；

$\sum\sigma_h$——各作用产生的环向应力代数和，单位为兆帕(MPa)；

σ_e——穿越管段钢管的当量应力，单位为兆帕(MPa)。

5.5.6.5.5 当内压与温度作用使穿越管段承受轴向压应力时，应按式(46)、式(47)核算管段的轴向稳定。

$$N \leqslant nN_{cr} \quad\cdots\cdots(46)$$

$$N = [Ea\ (t_1 - t_2) + (0.5 - \mu)\sigma_h]A \quad\cdots\cdots(47)$$

式中：

N——由温度和内压产生的轴向压力，单位为兆牛(MN)；

n——安全系数，对于大型穿越工程，$n=0.7$；中型穿越工程，$n=0.8$；小型穿越工程，$n=0.9$；

N_{cr}——管段开始失稳时的临界轴向力，单位为兆牛(MN)，按附录C的规定计算；

A——穿越管段钢管管壁的截面积，单位为平方米(m^2)。

5.5.6.5.6 开挖穿越管段，当埋深满足5.5.6.1.1的要求时，水下穿越管段可不进行抗移位稳定性核算，但应按式(48)进行抗漂浮稳定性核算。

$$W_1 \geqslant KF_s \quad\cdots\cdots(48)$$

式中：

W_1——单位长度管段总重力(包括管身结构自重、加重层重、设计洪水冲刷线至管顶的土重；不含管内介质重)，单位为牛每米(N/m)；

K——稳定安全系数，大中型穿越工程取1.2，小型穿越工程取1.1；

F_s——单位长度管段静水浮力，单位为牛每米(N/m)。

对于竖向弹性敷设穿越管段，W_1 应减去按式(49)~式(52)计算的管段向上的弹性抗力。

$$q = \frac{384E_s I f_c}{5L^4} - 0.0246615(D-\delta)\delta \quad\cdots\cdots(49)$$

$$I = \frac{\pi}{64}(D^4 - d^4) \quad\cdots\cdots(50)$$

$$f_c = R - \sqrt{R^2 - \frac{L^2}{4}} \quad\cdots\cdots(51)$$

$$R \geqslant 3600\sqrt[3]{\frac{1-\cos\frac{\alpha}{2}}{\alpha^4}D^2 \times 10^4} \quad\cdots\cdots(52)$$

式中：

q——弹性敷设管段单位长度抗力，单位为牛每米(N/m)；

E_s——钢管弹性模量，取 2.1×10^{14}，单位为牛每平方米(N/m^2)；

I——钢管截面惯性矩，单位为四次方米(m^4)；

f_c——弹性敷设的矢高，单位为米(m)；

L——弹性敷设起点与终点间的水平长度，单位为米(m)；

D——钢管外径，单位为米(m)；

δ——钢管壁厚，单位为米(m)；

d——钢管内径，单位为米(m)；

R——管段弹性敷设设计曲率半径，单位为米(m)，不应小于$1000D_s$；

α——管段弹性敷设转角，单位为度(°)，宜小于5°。

5.5.6.5.7 定向钻穿越管段，当埋深满足5.5.6.2.1a)的要求时，水下穿越管段可不进行抗移位和抗漂浮稳定性核算。

5.5.6.5.8 定向钻穿越管段在扩孔回拖时，应按式(53)进行空管在泥浆压力作用下的径向屈曲稳定核算。

$$P_s \leqslant F_d \cdot P_{yp} \quad \cdots\cdots (53)$$

$$P_{yp}^2 - \left[\frac{\sigma_s}{m} + (1+6mn)P_{cr}\right]p_{yp} + \frac{\sigma_s P_{cr}}{m} = 0 \quad \cdots\cdots (54)$$

$$m = \frac{D}{2\delta} \quad \cdots\cdots (55)$$

$$n = \frac{f_0}{2} \quad \cdots\cdots (56)$$

$$P_{cr} = \frac{2E_s\left(\frac{\delta}{D}\right)^3}{1-\mu^2} \quad \cdots\cdots (57)$$

式中：

P_s——泥浆压力，取1.5倍泥浆静压力或回拖施工时的实际动压力，单位为兆帕(MPa)；

F_d——穿越管段径向屈曲稳定设计系数，按0.6选取；

P_{yp}——穿越管段所能承受的极限外压力，单位为兆帕(MPa)；

P_{cr}——钢管弹性变形临界压力，单位为兆帕(MPa)；

σ_s——钢管屈服强度，单位为兆帕(MPa)；

D——钢管外径，单位为米(m)；

δ——钢管壁厚，单位为米(m)；

f_0——钢管椭圆度，以%表示，取1%；

E_s——钢管弹性模量，取2.1×10^5，单位为兆帕(MPa)；

μ——泊桑比，取0.3。

5.5.7 跨越工程设计与计算

5.5.7.1 跨越结构选型及跨度设计

5.5.7.1.1 跨越结构型式应根据航运、跨度、管径、地形地貌、水文、水文地质及工程地质条件等确定，可采用梁式直跨、轻型托架跨越、桁架梁跨越、拱式(双管拱、桁架拱)跨越、悬索跨越、斜拉索跨越、斜拉索悬索组合跨越、悬缆跨越等。

5.5.7.1.2 跨越跨度设计应综合考虑以下几项因素：

a) 应满足防洪、泄洪及疏浚整治规划要求；

b) 应考虑跨越上下游以建或拟建建(构)筑物对河床演变的影响；

c) 对于通航河流应满足通航所需的最小跨度要求；

d) 对于河床冲刷严重，河床下有流沙、液化土层、断层、溶洞等不良地质地层，河中不宜做桥墩，宜直接跨越过河；

e) 对于深沟、陡谷需修建深墩、高墩难度较大时，宜选择直接跨越过河。

5.5.7.2 跨越结构设计

5.5.7.2.1 跨越结构应按 GB 50459 和 GB 50009 的相关规定进行作用计算，并按运营、施工(包括管道清管、试压)各阶段不同工况进行作用组合，按最不利组合工况进行设计。

5.5.7.2.2 钢塔架、桁架设计应满足结构强度、刚度和稳定性要求，按 GB 50017、GB 50135 的有关规定执行。钢筋混凝土塔架设计应按 GB 50010、JTG D62 的有关规定执行。

5.5.7.2.3 跨越结构基础及锚固墩设计应满足地基承载力、变形、稳定性及基础自身的强度、稳定性要求，应按 GB 50459、GB 50007、JGJ 94 有关规定执行。

5.5.7.3 跨越管段计算

5.5.7.3.1 跨越管段应按 5.4.4 的规定选择钢管壁厚和管材等级，并进行强度核算；当强度核算不满足要求时，应增加钢管壁厚或提高管材等级。

5.5.7.3.2 跨越管道强度设计系数应符合表 44 的规定。

表 44 跨越管道强度设计系数

工程分类	工程等级	输气管道				输油管道
		一级地区	二级地区	三级地区	四级地区	
甲类	大型	0.4	0.4	0.4	0.4	0.45
	中型	0.45	0.45	0.45	0.4	0.5
	小型	0.5	0.5	0.5	0.4	0.55
乙类	大型	0.5	0.5	0.5	0.4	0.55
	中型	0.55	0.55	0.5	0.4	0.6
	小型	0.6	0.6	0.5	0.4	0.65
注：甲类为通航河流、电气化铁路和高速公路跨越，乙类为非通航河流及其他障碍跨越。						

5.5.7.3.3 跨越管段钢管许用应力应按式(58)计算：

$$[\sigma]=\eta F\sigma_s \qquad (58)$$

式中：

$[\sigma]$——钢管许用应力，单位为兆帕(MPa)；

η——钢管许用应力提高系数，运营阶段工况取 1.0，施工阶段工况(包括试压工况)取 1.3；

F——管道强度设计系数，应按表 44 采用；

σ_s——钢管的规定最低屈服强度，单位为兆帕(MPa)。

5.5.7.3.4 跨越管段强度验算应根据作用效应组合分别计算轴向应力、环向应力、弯曲应力和剪应力，对各工况的当量应力按下列规定进行核算：

a) 管道输送介质内压引起的环向应力应按式(59)计算：

$$\sigma_h=\frac{Pd}{2\delta} \qquad (59)$$

式中：

σ_h——管道输送介质内压引起的环向应力，单位为兆帕(MPa)；

P——管道输送介质内压，单位为兆帕(MPa)；

d——管道内径，单位为毫米(mm)；

δ——管道壁厚，单位为毫米(mm)。

b) 管道输送介质内压引起的轴向应力应按式(60)计算：

$$\sigma_{a1}=0.5\sigma_{h} \quad\cdots\cdots(60)$$

式中：

σ_{a1}——管道输送介质内压引起的轴向应力，单位为兆帕(MPa)。

c) 荷载效应引起的弯曲应力应按式(61)计算：

$$\sigma_{a2}=\frac{M}{W} \quad\cdots\cdots(61)$$

式中：

σ_{a2}——桥面荷载效应组合引起的弯曲应力，单位为兆帕(MPa)；

M——桥面荷载效应组合产生的弯矩，单位为牛毫米(N·mm)；

W——管道净截面抵抗拒，单位为立方毫米(mm^3)。

d) 管道弯曲变形引起的轴向应力应按式(62)计算：

$$\sigma_{a3}=\frac{4EDf}{L^2+4f^2} \quad\cdots\cdots(62)$$

式中：

σ_{a3}——管道悬垂引起的轴向应力，单位为兆帕(MPa)；

E——钢材弹性模量，单位为牛每平方毫米(N/mm^2)；

D——管道外径，单位为毫米(mm)；

f——矢高，单位为毫米(mm)；

L——跨度水平长度，单位为毫米(mm)。

e) 跨越结构应进行温度补偿，补偿后的温度应力应按式(63)计算：

$$\sigma_{at}=\frac{F_t}{A} \quad\cdots\cdots(63)$$

式中：

σ_{at}——温度变化引起的轴向应力，单位为兆帕(MPa)；

F_t——温度变化引起的弹性力，单位为牛(N)；

A——管道截面面积，单位为平方毫米(mm^2)。

f) 两端固定管道的温度应力应按式(64)计算：

$$\sigma_{at}=\alpha E\Delta t \quad\cdots\cdots(64)$$

式中：

σ_{at}——温度变化引起的轴向应力，单位为兆帕(MPa)；

α——钢管线膨胀系数，单位为每摄氏度(1/℃)，取 12×10^{-6}/℃；

E——钢材弹性模量，单位为牛每平方毫米(N/mm^2)；

Δt——温差，单位为摄氏度(℃)。

g) 管道最大剪应力应按式(65)计算：

$$\tau_{max}=\frac{2V}{A} \quad\cdots\cdots(65)$$

式中：

τ_{max}——管道剪切引起的最大剪应力，单位为兆帕(MPa)；

V——管道剪力，单位为牛(N)；

A——管道截面面积，单位为平方毫米(mm^2)。

h) 当量应力应按式(66)计算：

$$\sigma=\sqrt{\sigma_x^2+\sigma_y^2-\sigma_x\sigma_y+3\tau_{xy}^2} \quad\cdots\cdots(66)$$

式中：

σ——跨越管段钢管的当量应力，单位为兆帕(MPa)；

σ_x、σ_y——X、Y方向的应力，单位为兆帕(MPa)；

τ_{xy}——XY平面上的剪应力，单位为兆帕(MPa)。

i) 跨越管段当量应力应满足式(67)要求：

$$\sigma \leqslant [\sigma] \tag{67}$$

式中：

$[\sigma]$——许用应力，单位为兆帕(MPa)。

5.6 站场设计

5.6.1 基本要求

5.6.1.1 油气管道站场的设置应与线路走向相结合，并满足管道工艺设计的要求；应符合国家现行的安全防火、环境保护、工业卫生等法律法规的规定；应满足居民点、工矿企业、铁路、公路等的相关要求。

5.6.1.2 各类站站场址位置、站场与四周相邻的居民点、工矿企业等的防火间距，应符合 GB 50183 的规定。

5.6.1.3 油气管道站场功能设置应根据系统分析结果，考虑管道运行需要，结合沿线市场需求及发展规划进行设置。

5.6.2 主要功能设计

5.6.2.1 输油管道站场：

a) 首站工艺流程一般具有收油、储存、增压正输(加热)、发送清管、检测器、站内循环的功能，必要时还应具有交接计量的功能。

b) 中间泵站工艺流程应具有增压正输、压力越站、全越站、接收和发送清管、检测器或清管、检测器越站的功能。

c) 中间热泵站工艺流程应具有增压正输、加热正输、压力越站、热力越站、全越站、接收和发送清管、检测器或清管、检测器越站的功能。

d) 中间热活工艺流程应具有加热正输、热力越站、全越站、接收和发送清管、检测器或清管、检测器越站的功能。

e) 设有分输功能的中间(热)泵站工艺流程尚应具有油品分输、调节及计量功能。

f) 设有注入功能的中间(热)泵站工艺流程尚应具有收油、调节、计量、注入的功能。

g) 清管站工艺流程应具有接收和发送清管、检测器的功能。

h) 减压站工艺流程应具有减压、接收和发送清管器的功能。设有分输或加热功能的减压站尚应分别具有分输站、热站的功能。

i) 分输站工艺流程应具有油品分输、调节及计量功能。与清管站合建的分输站尚应具有接收和发送清管、检测器的功能。

j) 注入站工艺流程应具有收油、调节、计量、注入的功能。与清管站合建的分输站尚应具有接收和发送清管、检测器的功能。

k) 末站工艺流程应具有收油、储存或不进罐直接计量后去用户、站内循环、接收清管、检测器的功能。

l) 采用反输工艺的输油管道各站场还应具有反输功能。

m) 设有压力泄放系统的各类站场，尚应具有油品泄压进罐及油品回注或处理功能。

5.6.2.2 输气管道站场：

a）首站宜具有分离、过滤、气质分析、计量、调压、清管器发送或天然气增压等功能。工艺流程应满足正输计量、增压外输、清管器发送、站内自用气和越站的需要。

b）分输站通常具有过滤、计量、调压功能。工艺流程应满足正输、分输计量、调压、站内自用气和越站的需要，必要时还应分输管道满足清管器发送及天然气加热的需要。

c）分输清管站除具有分输站功能外，还应具有清管器接收、发送的功能。

d）接收站宜具有气体分离、计量、气体分析、清管、检测器收发等功能。工艺流程应满足接收计量、(增压)外输和站内自用气的需要。

e）压气站应具有过滤分离、天然气加压，根据需要增加清管、计量等功能。工艺流程应满足增压外输、站内自用气和越站的需要，必要时还应满足清管器接收、发送以及清管器转发的需要。

f）末站应具有清管器接收、分离、计量、调压、分输和气质分析等功能。工艺流程应满足分输计量、调压、清管、检测器接收和站内自用气的需要，必要时还应满足支线清管、检测器发送及天然气加热的需要。

5.6.3 站场工艺设备及材料

5.6.3.1 输油泵机组：

输油站泵机组的选择应根据所输油品性质，合理选择泵型。当在输送温度下油品的粘度小于100MPa·s时，输油主泵宜选用离心泵。输油泵站的泵机组工作特性曲线与管路特性曲线交汇点处的排量，应与管道的设计输量一致。

输油泵轴功率应按式(68)计算：

$$P=\frac{q_v \rho H}{102\eta} \quad \cdots\cdots (68)$$

式中：

P——输油泵轴功率，单位为千瓦(kW)；

q_v——设计温度下泵的排量，单位为立方米每秒(m^3/s)；

ρ——设计温度下介质的密度，单位为千克每立方米(kg/m^3)；

H——输油泵排量为 q_v 时的扬程，单位为米(m)；

η——设计温度下泵排量为 q_v 时的输油效率。

5.6.3.2 输油泵驱动装置：

a）输油泵驱动装置在电力充足地区应采用电动机；无电或缺电地区宜采用内燃机；

b）经技术经济比较后，可选择调速装置或可调速的驱动装置；

c）驱动泵的电动机功率应按式(69)计算：

$$N=K\frac{P}{\eta_e} \quad \cdots\cdots (69)$$

式中：

N——输油泵配电机额定功率，单位为千瓦(kW)；

P——输油泵轴功率，单位为千瓦(kW)；

η_e——传动系数，取值如下：

直接传动 $\eta_e=1.0$；

齿轮传动 $\eta_e=0.9\sim0.97$；

液力耦合器 $\eta_e=0.97\sim0.98$；

K——电动机额定功率安全系数，取值如下：

$3<P\leqslant 55\text{kW}$　$K=1.15$；

$55<P\leqslant 75\text{kW}$　$K=1.14$；

$P>75\text{kW}$　$K=1.1$。

5.6.3.3　**压缩机组：**

a）压缩机组的选型和台数，应根据压气站的总流量、总压比、出站压力、气质等参数，结合机组备用方式，进行技术经济比较后确定。

b）压气站宜选用离心式压缩机。在站压比较高、输量较小时，可选用往复式压缩机。

c）同一压气站内的压缩机组，宜采用同一机型。

d）压缩机的原动机选型，应结合当地能源供给情况和环境条件，进行技术经济比较后确定。离心式压缩机宜采用燃气轮机或变频调速电机，往复式压缩机宜采用燃气发动机。

e）驱动设备所需的功率应与压缩机相匹配。驱动设备的现场功率应有适当裕量，能满足不同季节环境温度、不同海拔高度条件下的工况需求，能克服由于运行年限增长等原因可能引起的功率下降，压缩机的轴功率应按 GB 50251 规定计算。

压缩机的原动机为变频调速电机时，电动机的供配电设计应符合 GB 50055 的规定。变频系统谐波对公用电网电能质量的影响和变频系统输入电机的谐波应符合 GB/T 14549 的规定。

5.6.3.4　**加热设备：**

a）加热设备的热负荷应按式(70)计算：

$$Q=q_{\mathrm{m}}C(t_1-t_2) \qquad (70)$$

式中：

Q——加热设备热负荷，单位为瓦(W)；

q_{m}——进入加热设备油品流量，单位为千克每秒(kg/s)；

C——加热设备进、出口平均温度下油品的比热容，单位为焦每千克摄氏度[J/(kg·℃)]；

t_1——加热设备出口油品温度，单位为摄氏度(℃)；

t_2——加热设备进口油品温度，单位为摄氏度(℃)。

b）管式直接加热炉设计宜符合 SY/T 0538 的规定；

c）导热油加热炉设计宜符合 SY/T 0524 的规定；

d）水套炉设计宜符合 SY/T 5262 的规定；

e）管式加热炉设计应适应原油进炉流量变化范围宽、实际操作中热负荷变化大的特点；

f）燃烧器的输出功率应具有自动调节功能，根据原油的加热温度自动调节燃烧器输出功率；燃料油系统可实现燃料油的调压、过滤、泵送、加热、调节、计量等功能。燃烧系统应匹配燃烧器控制系统，达到最佳燃烧工况；

g）加热炉应能根据用户端被加热介质温度变化，自动调节加热炉热负荷；应有完善的点火程序和熄火保护功能；应有多种非正常情况的报警和安全保护功能等。

5.6.3.5　**非标设备：**

a）清管器接收筒、清管器发送筒的结构、筒径及长度应能满足通过清管器或检测器的要求；

b）过滤分离器、过滤器、清管器收发筒等设备宜配设快开盲板。快开盲板应开闭灵活、轻便、密封可靠无泄漏，且设安全联锁装置。

5.6.3.6　**阀门：**

a）安装于通清管、检测器管道上的阀门应选择阀门通道直径与管道内径同径的全通径阀门；

b）当阀门与管道焊接连接时，阀体材料的焊接性能应与所连接的钢管的焊接性能相适应。

5.6.3.7 管道附件：

a) 管道附件应按设计内压力、设计温度和最低环境温度选择和设计；
b) 管件设计应符合 GB/T 29168.2 和 SY/T 0510 的规定；
c) 钢制锻造法兰及其他锻件应符合 GB/T 29168.3 和 NB/T 47008 的规定；
d) 法兰的选择应符合 GB/T 29168.3 和 NB/T 47008、GB/T 13402 的规定；
e) 绝缘接头、绝缘法兰的设计应符合 SY/T 0516 的规定。

5.6.3.8 站内管线敷设：

a) 站内的管线以地上敷设为主，埋地或管沟敷设为辅。管道埋地敷设时，其埋设深度应在土壤冰冻线以下，且覆土厚度(路面至管顶)不应小于 0.8m。管线穿越站内主要道路时，需设套管。
b) 站内地上敷设的长管线、热油管线和不保温的成品油管线应考虑管线补偿。管线补偿应优先采用自然补偿，当自然补偿不能满足要求时，考虑采用补偿器，如 π 型补偿器或波纹补偿器。还应安装安全阀、泄压阀等。安全泄放装置的压力确定应符合 GB/T 20801(所有部分)的规定。管线在改变标高或走向时，应避免管线形成聚集气体的气袋或液体的死角，不可避免时，应安装高点排气、低点放空。
c) 地面管道的管架、钢管支承固定件、结构附件和锚固件的设计，应符合下列规定：
   1) 被支承的钢管不应产生过大的局部应力、轴向和侧向摩擦力；
   2) 管道运行时可能发生振动处，可采用支柱或防震装置，但不应影响管道的胀缩；
   3) 钢管上的支承固定件、结构附件，可采用不与钢管焊接成一体的部件，如管夹或“U”形管卡等。

5.7 管道应力分析

5.7.1 一般规定

规定如下：

a) 本节对各种可能存在的荷载，在管道元件中产生的应力给出分析方法和评定准则。如需考虑压力波动等对管道元件产生的疲劳效应，可参照 JB 4732 给出的方法和评定准则，并将许用应力范围折减系数 f 取为 1.0。
b) 本节所述的柔性分析方法不适用于铸铁等脆性材料。
c) 在进行管道系统应力分析时，应计及膨胀节和其他管道元件的刚度。各种管道元件的柔性系数和应力增大系数可参考 GB/T 20801.3 所列出的公式计算，设计者也可采用由实验或其他方法得到的更为精确的值。
d) 管道系统中支吊架的个数、位置和性质对管道系统的应力分布有很大影响。设计中，应慎重对待支吊架的位置，以减小管道的应力。管道系统设计应保证每个支吊架具有足够的强度。
e) 符合以下条件之一的管道系统可免除应力分析：
   1) 与运行良好的管道系统相比，基本相同或基本相当的管道系统；
   2) 与通过应力分析的管道系统相比，确认有足够强度和柔性的管道系统。

5.7.2 荷载及其组合工况

5.7.2.1 荷载及其分类：

a) 持久性荷载：持久作用于管道系统的荷载，如压力和重力荷载，但不包括冰荷载和雪荷载；

b) 临时性荷载：短时间作用于管道系统的荷载，如风、地震、冰雪、阀门开、关时的反冲力和压力升高等荷载；

c) 交变性荷载：大小和方向随时间发生变化的荷载，如温差、风力引气的端点位移、摩擦力等荷载。

5.7.2.2 应考虑的荷载组合工况：

a) 压力、重力(包括隔热层、管道组成件和管道中流体的重量)等持久性荷载同时作用；

b) 以上a)所述持久性荷载与风荷载或地震荷载等临时性荷载同时作用。必要时，还需考虑冰雪荷载、阀门关闭引起的压力短时升高、泄放阀打开时对管道的反冲力等荷载的作用；

c) 因温差引起的荷载及其他交变荷载；

d) 必要时，需考虑端点或支吊架永久性位移引起的荷载，但在结构设计时应尽可能消除该荷载的影响。

5.7.2.3 应考虑临时性荷载的条件和要求：

a) 地震动峰值加速度大于或等于0.1g时，应计及地震荷载；

b) 如需计及风载，则风载和地震荷载无需同时与其他临时性荷载构成组合工况；

c) 如需计及因阀门开、关产生的荷载，则该荷载与地震荷载无需同时与其他临时性荷载构成组合工况。

5.7.3 应力计算

5.7.3.1 管道约束条件

管道约束条件如下所示：

a) 非完全约束的管道。非完全约束的管道指管道横向和轴向能够自由移动。非完全约束的管道包含以下但不限于以下方面：

1) 能够吸收温度膨胀和支撑移动的地上管道系统；

2) 敷设在软质或非固结土壤中的弯头及与其相邻的管道；

3) 埋地管道的未回填段(能够横向变形或包含弯头)；

4) 未锚固段。

b) 完全约束的管道：

1) 远离弯头部分的埋地管道；

2) 靠近刚性支撑、两端及方向改变处锚固的地上管道；

3) 敷设在坚硬或固结土壤中的弯头及与其相邻的管道。

5.7.3.2 应力计算

以下应力计算方法按5.7.2.2所列荷载组合工况给出：

a) 环向应力

内压作用下管道的环向应力应按式(71)计算：

$$S_H=\frac{P_iD}{2t} \qquad (71)$$

式中：

S_H——内压作用下管道的环向应力，单位为兆帕(MPa)；

P_i——设计压力，单位为兆帕(MPa)；

D——管道外径，单位为毫米(mm)；

t——管道壁厚，单位为毫米(mm)。

上式适用于$D/t\geqslant 20$的管道。

b) 膨胀应力

1) 完全约束的管道膨胀应力应按式(72)计算:

$$S_E = Ea(T_1 - T_2) \quad \cdots\cdots (72)$$

式中:

S_E——膨胀应力，单位为兆帕(MPa);

E——弹性模量;

a——膨胀系数，单位为 mm/mm/℃;

T_1——管道的安装温度，单位为摄氏度(℃);

T_2——管道的操作温度，单位为摄氏度(℃)。

2) 非完全约束的管道膨胀应力应按式(73)~式(75)计算:

$$S_E = \sqrt{S_b^2 + 4S_t^2} \quad \cdots\cdots (73)$$

式中:

S_b——弯曲应力，单位为兆帕(MPa);

S_t——剪应力，单位为兆帕(MPa)。

$$S_b = \frac{\sqrt{(i_i M_i)^2 + (i_o M_o)^2}}{Z} \quad \cdots\cdots (74)$$

$$S_t = \frac{M_t}{2Z} \quad \cdots\cdots (75)$$

式中:

i_i——平面内应力增大系数;

M_i——平面内弯矩，单位为牛毫米(N·mm);

i_o——平面外应力增大系数;

M_o——平面外弯矩，单位为牛毫米(N·mm);

M_t——管子或管道元件所受扭矩，单位为牛毫米(N·mm);

Z——管子或管道元件的抗弯截面模量，单位为立方毫米(mm^3)。

c) 轴向应力

1) 完全约束的管道轴向应力应按式(76)计算:

$$S_L = S_E + \nu S_H + \frac{M}{Z} + \frac{F_a}{A} \quad \cdots\cdots (76)$$

式中:

ν——泊松比;

M——弯矩，单位为牛毫米(N·mm);

F_a——外部轴向力，单位为牛(N);

A——管道截面积，单位为平方毫米(mm^2)。

2) 非完全约束的管道轴向应力应按式(77)计算:

$$S_L = \frac{p_i D}{4t} + \frac{iM}{Z} + \frac{F_a}{A} \quad \cdots\cdots (77)$$

式中:

i——管道元件平面内应力增大系数。

d) 完全约束的管道的组合应力

完全约束的管道的组合应力应按式(78)、式(79)计算:

1) 依据最大剪应力理论的计算公式:

$$S_{eq} = 2\sqrt{\left(\frac{S_L - S_H}{2}\right)^2 + S_t^2} \quad \cdots\cdots (78)$$

式中：

S_{eq}——组合应力，单位为兆帕(MPa)。

2） 依据形状改变比能理论的计算公式：

$$S_{eq}=\sqrt{S_H^2-S_HS_L+S_L^2+3S_t^2} \quad (79)$$

式中：

S_{eq}——组合应力，单位为兆帕(MPa)。

5.7.3.3 材料物理性能参数

材料物理性能参数如下所示：

a） 线膨胀系数。碳钢及低合金钢的线膨胀系数通常取 11.7×10^{-6} mm/mm/℃。

b） 弹性模量。柔性分析应基于环境温度下的弹性模量。

c） 泊松比。泊松比一般取 0.3，但也可取更为精确的值。

5.7.3.4 分析评定

5.7.3.4.1 应力准则

依据 5.7.3.2 计算的管道系统的应力值不应大于表 45、表 46 中的许用值。

a） 输气管道

表 45 输气管道许用应力

位置	膨胀应力，S_E	轴向应力，S_L	组合应力
完全约束的管道	—	$0.9S_YT$	kS_YT[b]
非完全约束的管道	S_A[a]	$0.75S_YT$	—

注：T——温度折减系数，当温度小于 121℃时取 1；

S_Y——管道材料的最小屈服强度，单位为兆帕(MPa)；

k——对于持久荷载，k 值不应大于 0.9，对于非周期的偶然荷载，k 值不应大于 1.0。

[a] 见 5.7.3.2。

[b] 上述组合应力的评定准则仅适用于直管道。

b） 输油管道

表 46 输油管道许用应力

位置	环向应力，S_H	膨胀应力，S_E	轴向应力，S_L	持久荷载与临时荷载轴向应力之和
完全约束的管道	$0.72(E)S_Y$	$0.9S_Y$	$0.54S_Y$	$0.8S_Y$
非完全约束的管道	$0.72(E)S_Y$	S_A[a]	$0.54S_Y$	$0.8S_Y$

注：E——焊接接头系数。

[a] 见 5.7.3.2。

5.7.3.4.2 柔性分析：

a） 在 5.7.2.1 所述荷载的作用下，所有管道系统都应具有足够的柔性以避免出现如下情况：

——由于应力超限或疲劳原因导致的管道或支吊架失效；

——管道连接部位发生泄漏；

——因存在过大的推力或弯矩，而导致管道支吊架、管道元件或与管道连接的其他设备产生应力或荷载超限。

b) 管道系统中任何一处由位移引起的应力不应超过规定的许用应力范围值 S_A。许用应力范围值 S_A 一般应按式(80)计算：

$$S_A = f[1.25(S_c + S_h) - S_L] \quad (80)$$

式中：

f——许用应力范围折减系数。

$$f = 6.0N^{-0.2} \leqslant 1.0 \quad (81)$$

式中：

N——预期工作寿命内，以最大应力范围为基准的当量循环次数；

S_c——循环荷载作用下管道元件或管子材料在最低工作温度下的许用应力，单位为兆帕(MPa)。

输气管道：

$$S_c = 0.33S_uT \quad (82)$$

输油管道：

$$S_c = \frac{2}{3}S_Y \quad (83)$$

S_h——循环荷载作用下管道元件或管子材料在最高工作温度下的许用应力，单位为兆帕(MPa)。

输气管道：

$$S_h = 0.33S_uT \quad (84)$$

输油管道：

$$S_h = \frac{2}{3}S_Y \quad (85)$$

S_u——最小抗拉强度，单位为兆帕(MPa)。

5.7.4 公用工程

5.7.4.1 总图设计：

a) 输油气管道站场应按 GB 50183 的相关规定划分等级，与周边设施的距离满足安全间距的要求。

b) 站场选址应避开下列场所：

1) 地震断裂带和抗震设防烈度大于 9 度的地区；
2) 较厚的Ⅲ级自重湿陷性黄土、新近堆积黄土、一级膨胀土等工程地质恶劣地区；
3) 有泥石流、滑坡、崩塌、地陷、地裂、流沙、溶洞、可能发生地表错位等直接危害地段；
4) 矿产采空区、高耸孤立的山丘、非岩石陡坡、条状突出的山嘴、河岸和边坡边缘地段；
5) 地面高程在 50 年一遇洪水位以下的场地；
6) 泄洪道、泄洪区不宜建永久建筑物的场地；
7) 重要的洪水水源卫生保护区；
8) 国家自然保护区；
9) 对飞机起落、电台通信、电视传播、雷达导航、天文观察等设施有影响的地区；
10) 重要军事设施的防护区；
11) 历史文物、名胜古迹保护区；
12) 地下有尚未开采的有价值矿藏的场地。

c) 站场内总平面布置要遵循功能分区的原则，按照生产区、辅助区，办公区分区块布置。生产区方位要便于干线进出站，且处于最小频率风向的上风侧；办公区方位要便于进场道路的连接，位于站场出入口处，且处于最小频率的下风侧；辅助区位于生产区与办公区之间。站内各设施之间的防火间距应遵循 GB 50183 的相关规定。

d) 站场内竖向布置考虑外围地形标高、道路及防洪排水等条件，宜做到挖填平衡。压气站、泵站、带储罐区的首末站，其防洪标准应按 100 年一遇进行设计，其余站场的防洪标准应按 50 年一遇进行设计。当站场所在区域的当地政府部门对防洪有特殊要求时，应遵循当地政府部门的相关规定。

e） 站内管线布置应符合下列要求：

1） 满足工艺要求，符合流程顺畅、有利生产，保证安全、环保卫生、降低能耗、方便管理、提高效益的需要；

2） 满足交通运输、消防、施工、检维修和自然条件等方面的需要；

3） 管线布置应短捷顺畅，并与附近区域的道路、铁路、建筑红线或工艺装置，系统单元、储运设施等边界线平行；

4） 不同类别的干管宜分类布置在道路两侧，地下干管宜布置在用户较多的道路一侧；

5） 减少管线与道路、铁路及其他干管的交叉，当管线与道路或铁路必须交叉时宜为正交，在困难情况下，其交角不应小于 45°；

6） 进出工艺装置、系统单元、储运设施等的管廊和地下管线应与站场主管廊及地下管线在平面布置及竖向布置上合理连接。

5.7.4.2 站场供配电：

a） 油气管道站场爆炸危险区域的划分及电气设备的选择，应符合 GB 50058 的规定。

b） 站场内的建、构筑物的防雷、接地保护措施应符合 GB 50057 的规定。

c） 消防设施的供配电应符合 GB 50183 的有关规定执行。

5.7.4.3 给排水与消防：

a） 生产和消防用水的水质标准应满足生产和消防工艺要求。

b） 含油污水应进行处理，并宜采用小型处理设备。处理深度应符合 GB 8978 的规定。

c） 站场的消防设计应符合 GB 50183 的规定。

d） 建筑消防设计应符合 GB 50016 和 GB 50140 的规定。

5.8 控制与通信

5.8.1 自控系统

5.8.1.1 输油(气)管道自动化控制系统宜采用计算机监控系统作为其控制设备。计算机监控系统应能使管道连续、平稳、高效运行和人身、环境、设备安全。计算机监控系统宜采用控制中心控制、站控制、就地控制等三级控制。

5.8.1.2 控制中心的设计应满足运行操作条件的要求，除应符合 GB/T 2887 和 GB/T 9361 的规定外，尚应满足计算机设备的安装要求。

5.8.1.3 控制中心应具有下列主要监控功能：

a） 各站及监控阀室工艺设备的运行状态；

b） 采集和处理主要工艺变量，实时进行显示、报警、存储、记录和打印；

c） 通过站控制系统进行远程控制、调节；

d） 监控线路截断阀的控制；

e） 全线紧急停运；

f） 数据分析、运行管理等。

5.8.1.4 站控制系统应具有下列主要监控功能：

a） 监控站场工艺设备的运行状态；

b） 采集和处理站场的各类工艺变量，实时进行画面显示，报警、存储、记录和打印；

c） 接收控制中心的指令，调整控制回路的设定值，并能独立工作；

d） 向控制中心报告经选择的工艺参数和报警信息；

e） 工艺过程及输油(气)设备的顺序控制；

f） 各类工艺参数的控制与调节等。

5.8.1.5 安全仪表系统设计：

a） 输油站的安全仪表系统可独立配置，其控制分为紧急停车和安全保护两个部分，并进行分级设计。安全仪表系统具有独立完成安全保护的功能。

b） 安全仪表系统应按故障安全型设计。

5.8.1.6 一般参数测量用压力表：

a） 对于腐蚀性介质的压力测量，应选用耐腐蚀压力表或不锈钢膜片压力表。

b） 当压力检测信号需要远传时，宜选用法兰式变送器或直接安装式变送器；对于准确度要求较高的压力或差压测量，宜选用智能型压力或差压变送器。与介质直接接触的材质，须根据介质的特性选择或采取必要的隔离措施。

5.8.1.7 输油(气)管道使用的控制阀宜选用球型、轴流式，直通式，蝶型等控制阀。执行机构宜选用电液执行机构，电动执行机构和气动执行机构。输气管道应首选自力式控制阀。

5.8.1.8 压力控制系统设计应满足下列要求：

a） 输气管道的站场压力控制系统应维持系统下游压力在工艺所需的范围之内。

b） 压力控制系统包括压力检测、压力调节、安全切断及相关的监视报警系统。压力检测系统使用的压力检测仪表宜选用智能压力变送器。安全切断系统中的安全截断阀应采用自力式结构。

c） 压力控制系统的设置，宜采用独立的安全截断阀、监控阀和工作调压阀串联组合设置；根据具体工况确定组合方式。

d） 压力控制系统应设置备用回路。

5.8.1.9 罐区、工艺设备区、泵区、压缩机区根据需要可设置可燃气体检测器及手动报警开关；泵区、压缩机区还应设火焰探测器。控制室设置报警器并应能与外部的计算机监控系统通信。

5.8.2 通信

5.8.2.1 应根据生产需要对重要数据业务设置备用通信信道传输方式。备用信道传输方式和传输路由宜根据已有通信信道的类型、可靠性和传输路由做出其他方式或传输路由的选择。

5.8.2.2 数据传输系统(SCADA)设计应符合下列规定：

a） 数据信号速率应根据数据传输量和工艺要求确定，但不宜小于 9600bit/s；

b） 传输方式应选择半双工或全双工，同步或异步、串行传输；

c） 传输误码率应小于 10^{-6}。

5.8.2.3 管道巡线、维修和事故抢修部门，宜设无线通信设施。

5.8.2.4 长输管道的通信传输方式如选用光纤通信，其光缆可与管道同沟敷设。与管道同沟敷设光缆线路的设计应符合 SY/T 4108 的规定。

5.9 腐蚀防护设计

5.9.1 长输油气管道的防腐蚀设计应符合 GB/T 21447 和 GB/T 21448 的规定。

5.9.2 站外主体管道外壁应采用防腐层进行腐蚀控制。防腐层的选用除应考虑其优良的电绝缘、机械强度、抗阴极剥离、耐老化等性能外，还应考虑其经济性，并符合国家有关环保要求。

5.9.3 在有特殊力学性能要求、不易施工或维护的特殊地段的管道，四类人口密集区，可适当提高防腐层等级。

5.9.4 站外埋地管道在采用外防腐层的同时，还应采用阴极保护腐蚀控制措施。阴极保护可采用牺牲阳极法、强制电流法或两种方法的结合。

5.9.5 敷设在高压交/直流输电线路、电气化铁路走廊内的管道，以及邻近其他电力设施和阴极保护系统的管道，应采取有效的干扰防护措施。

5.9.6 站外埋地保温管道的钢管外壁也应防腐，并应有良好的防水措施。保温层应满足 GB/T 50538 的要求。

5.9.7 站场埋地管道应采取区域阴极保护措施。

5.9.8 站内地面钢质管道和金属设施应采用防腐层进行腐蚀防护。

5.9.9 站内埋地钢质管道的防腐层应为加强级或特加强级，或采取外防腐层和阴极保护联合防护方式。

5.9.10 站内保温管道的钢管外壁及钢制设备外壁均应进行防腐，保温层外应设防护层。

6 线路施工

6.1 一般规定

6.1.1 承担油气长输管道工程施工的企业，应具备国家法律法规规定的资质要求。

6.1.2 特殊工种应按相关规定持证上岗。

6.1.3 施工前，应进行图纸会审、设计交底及技术交底。

6.1.4 应依据设计和标准规范编制施工组织设计及专项施工方案。

6.1.5 应做好施工设备的准备及专用施工机具的制作、配制。

6.1.6 所有用于检测的计量器具都应按规定进行校验，并在规定的期限内使用。

6.1.7 应提前办理相关施工许可证。

6.1.8 油气长输管道工程施工除应符合本标准规定外，尚应满足国家相关标准的要求。

6.1.9 线路桩的确定应满足设计要求及土地使用者要求。

6.1.10 管道施工方应与设计方在现场办理线路桩交接。

6.1.11 应进行线路中心线桩、变坡桩、转角桩的加密及补桩作业。

6.1.12 应在施工前和施工期间保持线路桩及标记。

6.1.13 管道施工交工文件按相应的施工标准进行编制。

6.1.14 管道施工交工各项记录按本标准和工程设计的要求，应由管道设计、制造、施工承包企业及物资采购企业分别负责编制，统一纳入竣工文件。

6.2 施工作业带清理

6.2.1 应根据油气长输管道的管径、施工方法、并行管道的数量，间距及相邻管道的建构筑物等确定施工作业带的宽度。穿跨越河流，沟渠、公路、铁路，地下水丰富或管沟挖深超过 5m 的地段及拖管车调头处，可根据实际需要，适当增加占地宽度。山区非机械化施工及人工凿岩地段可根据地形、地貌条件酌情减少占地宽度。

6.2.2 施工作业带应平整、承载力应满足施工要求。在施工作业带范围内，影响施工机具通行的石块、树木和建(构)筑物应清理干净，沟坎应予平整，有积水的低洼地段应排水。施工作业带清理时，应注意对土地的保护，减少或防止产生水土流失，应减少破坏地表植被。

6.2.3 当需要爆破施工时，应遵守国家相关规定，应由有资质的单位和有资格的人员承担。对爆破区附近的居民和建构筑物应采取相应的预防保护措施，并应符合 GB 6722 的要求。

6.3 运布管

6.3.1 管子的运输应符合交通部门的有关规定。拖车与驾驶室之间应设置止推挡板，立柱应牢固。

6.3.2 应采用合适、安全的设备起吊和运布管，钢管装卸应使用不损伤管口的专用吊具，双联管吊装时应使用扁担式吊具。

6.3.3 应采取吊管带及人员牵引钢管，在吊装设备可能与钢管接触处加垫胶皮等方法，在起吊和运布管过程中，防止钢管跌落或碰撞其他物体而造成损坏。

6.3.4 所有施工机具和设备在行车、吊装、装卸过程中，其任何部位与架空电力线路的安全距离应符合表47的规定。

表47 施工机具和设备与架空电力线路安全距离

电力线路电压/kV	<1	1~35	60	110	220	330	n
安全距离/m	>1.5	>3	>5.1	>5.6	>6.7	>7.8	$>0.01(n-50)+5$

6.4 管沟开挖

6.4.1 管沟开挖前，应确定与管沟走向相交叉或相近的地下建构筑物、光缆、管道等的位置，在地下设施两侧5m范围内，应采用人工开挖，并对挖出的地下设施给予必要的保护。对于重要地下设施，开挖前应征得其主管部门同意，必要时应在其监督下开挖。

6.4.2 管沟开挖时，应将挖出的土石方堆放到焊接施工对面一侧，堆土应距沟边不小于1m。在耕作区开挖管沟时，应将表层耕作土与下层土分别堆放。下层土放置在靠近管沟一侧。

6.4.3 当在公路、铁路或居民区附近开挖管沟时，应设置警告牌、信号灯、护栏等安全措施。

6.4.4 爆破开挖管沟宜在布管前完成。爆破作业应由有爆破资质的企业承担。爆破作业应制定安全措施。

6.4.5 管道通过地震断裂带时，施工应符合GB 50470的要求。

6.4.6 管沟边坡坡度应按照土壤类别、力学性能和管沟开挖深度确定。深度在5m以内(不加支撑)管沟最陡边坡的坡度可按表48确定。

表48 深度在5m以内管沟最陡边坡坡度

土壤类别	最陡边坡坡度 i		
	坡顶无载荷	坡顶有静载荷	坡顶有动载荷
中密的砂土	1∶1.00	1∶1.25	1∶1.50
中密的碎石类土(填充物为砂土)	1∶0.75	1∶1.00	1∶1.25
硬塑的粉土	1∶0.67	1∶0.75	1∶1.00
中密的碎石类土(填充物为黏性土)	1∶0.50	1∶0.67	1∶0.75
硬塑的粉质黏土、黏土	1∶0.33	1∶0.50	1∶0.67
老黄土	1∶0.10	1∶0.25	1∶0.33
软土(经井点降水)	1∶1.00	—	—
硬质岩	1∶0	1∶0	1∶0

6.4.7 深度超过5m的管沟边坡可按照实际情况，采取边坡适当放缓，加支撑或采取阶梯式开挖措施。

6.4.8 管沟的深度应考虑到线路的位置、地表的使用情况、地形特征及冻土深度等因素，应满足设计要求。

6.4.9 管沟沟底宽度应按照管道外径、开挖方式、组装焊接工艺及工程地质等因素确定。深度在5m以内管沟沟底宽度应按式(86)确定：

$$B=D_m+K \quad\cdots\cdots(86)$$

式中：

B——沟底宽度，单位为米(m)；

D_m——钢管的结构外径(包括防腐、保温层的厚度)，单位为米(m)；

K——沟底加宽余量，单位为米(m)；按表49取值。

表49　沟底加宽余量 *K* 值

单位为米

条件因素		沟上焊接				沟下焊条电弧焊接			沟下半自动焊接处管沟	沟下焊接弯头、弯管及连头处管沟
		土质管沟		岩石爆破管沟	弯头、冷弯管处管沟	土质管沟		岩石爆破管沟		
		沟中有水	沟中无水			沟中有水	沟中无水			
K值	沟深3m以内	0.7	0.5	0.9	1.5	1.0	0.8	0.9	1.6	2.0
	沟深3m~5m	0.9	0.7	1.1	1.5	1.2	1.0	1.1	1.6	2.0
注：当采用机械开挖管沟时，计算的沟底宽度小于挖斗宽度时，沟底宽度按挖斗宽度计算。										

6.4.10　深度超过5m的管沟，沟底宽度应按照工程地质情况酌情处理。

6.4.11　直线段管沟应顺直；曲线段管沟应圆滑过渡，并应保证设计要求的曲率半径。管沟沟底标高、沟底宽度、变坡点位移、管沟中心线偏移的允许偏差应符合表50的规定。管沟底部应有200mm的细土垫层。

表50　管沟允许偏差

单位为毫米

项目	允许偏差
沟底标高	+50 −100
沟底宽度	−100
变坡点位移	<100
管沟中心线偏移	±100

6.5　管道组对、焊接及检验

6.5.1　基本要求

6.5.1.1　根据TSG Z6002的要求，焊工应取得特种设备作业人员证书，所从事工作范围应与资格证书相符。取得上岗资格的焊工，若中断特种设备焊接作业超过6个月，应复审考试。

6.5.1.2　在进行正式焊接施工前，应根据GB/T 31032对焊接预规程进行焊接工艺评定，应根据评定合格的焊接工艺编制焊接工艺规程。焊接工艺规程在管道焊接作业时应严格执行。

6.5.1.3　焊接所用设备应配有指示焊接工艺参数的电流表、电压表，气压表和流量表应能够满足焊接工艺要求，具有良好的工作状态和安全性，适合于野外工作条件。不符合要求的焊接设备应予以更换或维修。

6.5.2　组对前的检查

6.5.2.1　钢管组对前应进行检查，如管口的划伤、钢管的凹坑、变形或压扁等有害缺陷应修复或消除后使用。

6.5.2.2 划伤可以用砂轮磨去，但对划痕的打磨情况应进行渗透剂检验。输油管道可以选用焊接方式修复，但磨剩的厚度不应小于材料标准允许的最小厚度。否则，应将受损部分整段切除。

6.5.2.3 输气管道凹坑的深度不应超过公称管径2%，输油管道凹坑的深度不应超过公称管径6%。凹坑位于纵向焊缝或环向焊缝处影响钢管曲率者，应将凹坑处钢管受损部分整段切除。

6.5.2.4 变形或压扁的管段超过制管标准规定时，应废弃。

6.5.3 管口组对

6.5.3.1 管口组对前应对钢管内部进行清洁作业。

6.5.3.2 管道组对应使用内对口器，特殊地段或条件可选用外对口器。

6.5.3.3 不应使用锤击的方法对管口整形。

6.5.3.4 管道坡口设计及组对间隙应符合焊接工艺评定的要求。

6.5.3.5 管道组对应符合表51的规定

表51 管道组对规定

序号	检查项目	规定要求
1	管内清扫	无污物
2	管口清理(10mm 范围内)和修口	管口完好无损，无铁锈、油污、油漆、毛刺
3	管端螺旋焊缝或直缝余高打磨	端部10mm范围内余高打磨掉，并平缓过渡
4	两管口螺旋焊缝或直缝间距	错开间距大于或等于100mm
5	错口和错口校正要求	当壁厚<14mm时，不大于1.6mm； 当壁厚14mm$<t\leqslant$17mm时，不大于2mm； 当壁厚17mm$<t\leqslant$21mm时，不大于2.2mm； 当壁厚21mm$<t\leqslant$26mm时，不大于2.5mm； 当壁厚$t\geqslant$26mm时，不大于3mm。 局部错边均不应大于3mm，错边沿周长均匀分布
6	钢管短节长度	不应小于钢管外径值且不应小于0.5m
7	钢管对接偏差	不应大于3°
8	管端斜口	不允许

6.5.4 焊接

6.5.4.1 焊接时不应在坡口以外的管壁上引弧。

6.5.4.2 预热和层间温度、焊后缓冷：

a) 预热和层间温度、焊后缓冷应符合焊接工艺规程要求；

b) 焊接具有不同预热要求的不同材料时，应以预热温度要求较高的材料为准；

c) 宜用中频加热的方式进行预热，层间温度宜用相应的电加热方式保持，预热应均匀，在实际施焊期间温度不应降至最低值以下；

d) 宜选用合适的测温工具，保证在焊接前和焊接过程中及时获得温度数据。

6.5.4.3 焊接作业应严格执行焊接工艺规程。

6.5.4.4 焊接作业过程中应进行焊接环境包括风速、湿度、温度、雨雪条件的监测。在下列任何一种环境中，如未采取有效防护措施不应进行焊接：

a) 雨雪天气；

b) 大气相对湿度大于90%；

c) 低氢型焊条电弧焊，风速大于5m/s；

d) 酸性焊条电弧焊，风速大于8m/s；

e) 自保护药芯焊丝半自动焊，风速大于8m/s；

f) 气体保护焊，风速大于2m/s；

g) 环境温度低于焊接工艺规程中规定的温度。

6.5.5 焊接检验

6.5.5.1 焊接质量检验包括外观检查、无损检测和力学性能试验。

6.5.5.2 焊缝应先进行外观检查，外观检查合格后方可进行无损检测。焊缝外观检查应符合下列规定：

a) 焊缝外观成型均匀一致，焊缝及其热影响区表面上不应有裂纹、未熔合、气孔，夹渣、飞溅、夹具焊点等缺陷；

b) 焊缝表面不应低于母材表面，焊缝余高一般不应超过2mm，余高超过应进行打磨，打磨后应与母材圆滑过渡，但不应伤及母材；

c) 焊缝表面宽度每侧应比坡口表面宽0.5mm~2mm；

d) 咬边的最大尺寸应符合表52中的规定。

表52 咬边的最大尺寸

深度	长度
大于0.8mm或大于12.5%管壁厚，取二者中的较小值	任何长度均不合格
大于6%~12.5%的管壁厚或大于0.4mm，取二者中的较小值	在焊缝任何300mm连续长度上不超过50mm或焊缝长度的1/6，取二者中的较小值
小于或等于0.4mm或小于或等于6%的管壁厚，取二者中的较小值	任何长度均为合格

6.5.5.3 力学性能试验宜在工程开工初期抽取二道口进行，应由业主或监理在已完工的管道焊缝上选定或在模拟条件下制作，焊接过程中宜每1000口抽一道口进行力学性能试验。

6.5.6 焊缝缺陷的清除和修补

6.5.6.1 焊缝缺陷的清除和修补应符合GB/T 31032的要求。

6.5.6.2 电弧烧痕应打磨掉，打磨后剩余壁厚应不小于材料标准允许的最小厚度。否则应将含有电弧烧痕的这部分钢管整段切除。

6.5.6.3 焊缝在同一部位的返修，不应超过2次。根部只允许返修一次，否则应将该焊缝切除。返修后，按原标准检测。裂纹性缺陷应切除。

6.5.7 管道死口焊接

6.5.7.1 死口留头位置地形宜选择在地势较高处。沟底比设计深度加深500mm~800mm。连头处人行通道修成阶梯形。沟壁应坚实，对不良地质应加设防护装置。

6.5.7.2 死口连头前，两侧宜各留出60m管线不回填，并且连头处两管头应对中。连头长度宜2根~3根管。

6.5.7.3 死口连头应参与整体管道试压。

6.6 防腐和保温

6.6.1 钢管、弯管、弯头的防腐和保温，现场防腐补口，补伤施工应符合设计要求和现行有关标准的规定。

6.6.2 防腐质量应采用外观检查，厚度检查，电火花检漏，粘结力测试等方法进行。

6.6.3 管道锚固墩、穿越段管道、阴极保护测试线焊接处的防腐，检查合格后方可进行下一道工序。阴极保护测试线焊接处的防腐材料应与管道防腐层相匹配并与测试线外皮粘接良好。

6.7 管道下沟

6.7.1 管道下沟应符合 GB 50369 的要求。

6.7.2 管道下沟应采用吊管下沟法；有条件时可采用辊轮或托架连续下沟。

6.7.3 管道下沟应采用专用的吊管设备。其使用数量应经过计算确定，且不应少于 3 台。

6.7.4 管道下沟不应使钢管产生大的应力。

6.7.5 管道下沟时，端部可连接一个弯管，弯管后不应有连接的直管段或弯管。

6.7.6 管道下沟后，应在不用外力的条件下将管道妥贴地放置在管沟内，局部悬空段应以填实。

6.8 管沟回填

6.8.1 回填前应确认管道已全部紧贴沟底且管沟底部密实。

6.8.2 管道易水淹处，应先完成回填或采取压载措施，压载措施可采用压载袋、混凝土配重块，螺旋地锚、混凝土浇筑的方式，不应产生漂管。

6.8.3 锚固墩的位置应夯实处理。

6.8.4 管道下沟后，石方段管沟细土应回填至管顶上方 300mm。细土的最大粒径不宜超过 10mm。然后回填原土石方，石块的最大粒径不应超过 250mm；戈壁段管沟，细土可回填至管顶上方 100mm。细土的最大粒径不应超过 20mm；黄土塬地段管沟回填应按设计要求做好垫层及夯实；陡坡地段管沟回填宜采取袋装土分段回填。回填土应平整密实。

6.8.5 下沟管道的端部，应依据管道直径确定暂不回填的长度，暂不回填的长度不宜小于 60m。若在可能发生洪水的泥石流的地区，要注意管道的保护。

6.8.6 管沟回填土宜高出地面 0.3m 以上，覆土应与管沟中心线一致，其宽度为管沟上开口宽度，并应做成梯形。管道最小覆土层厚度应符合设计要求。管沟回填后应进行地面音频检漏。合格的标准为每 10km 不超过 5 个漏点。

6.9 管道穿跨越工程

6.9.1 一般规定

6.9.1.1 管道穿越工程的施工应符合 GB 50424 的要求。

6.9.1.2 管道跨越工程的施工应符合 GB 50460 的规定。

6.9.1.3 穿跨越工程开工前，应调查施工区域内建(构)筑物，水利设施、通讯及电力线路等设施的影响及拆迁数量；施工场地布置与相邻工程，农田水利，道路交通、征地等的关系；施工的自然气候条件，雨季和洪水对施工的影响；河流洪水水位及年洪水频率、最高洪水位及凌汛情况。

6.9.1.4 应确定埋地管线，地下光电缆及其他地下构筑物的位置。应事先将施工计划通知受影响的地下构筑物的使用者或所有者，便于需要时到现场监护。

6.9.1.5 管道穿跨越工程施工前，应编制专项施工方案，并获得穿跨越许可。

6.9.1.6 管道穿跨越工程施工前，应进行现场准备、设备准备并做好技术交底工作。

6.9.1.7 施工期间应妥善安排，安排好交通和临近居民的活动。应减少对周围的损坏，并应保护好公众的安全。

6.9.2 管道穿越

6.9.2.1 开挖穿越

6.9.2.1.1 不带水开挖施工方式应满足下列要求：

a) 开挖穿越河流湖泊时，宜在非汛期并应连续进行施工。

b) 围堰和导流时，导流沟底应低于入口处河流水面，且沟底沿水流方向应有一定的坡度。导流沟宽度应根据河水流量的大小确定；河流上下游两截水坝之间的距离应能满足施工作业要求。坝顶应高出施工期水面1m~1.5m，且不应超过河岸最低点；断面应为梯形，其边坡比宜为(1∶1)~(1∶2)，坝顶的宽度根据河水的深度而定，一般可为2.5m~5m。截流方法可采用橡胶水坝、打桩护坝、水工布密封等措施。

c) 管沟开挖时应根据穿越地段的岩土性质，施工方法、施工机具情况确定降水方法，以保证管沟开挖和其他作业正常进行。当开挖地段为砂石、砂卵石、砂土，黏土时，可采用密封截水、明沟及大口井排水等方法；若为淤泥、流砂、粉砂和细砂，可采用井点降水等方法；堰内管沟开挖可采用机械、人工或爆破方法。

d) 河底管沟的沟底宽度和边坡尺寸应根据土石性质、水流速度、开挖深度和施工方法等因素确定或根据试挖资料确定。在无试验条件和资料的情况下，可按表53确定沟底宽度和边坡数据。

表53 不带水开挖管沟尺寸

土石名称	沟底最小宽度/m	管沟边坡	
		沟深≤2.5m	沟深>2.5m
淤泥、粉细砂	B1+4(8)	1∶3.5	1∶5
中粗砂、卵砾	B1+3(6)	1∶ 3	1∶4
砂土	B1+2(5)	1∶2.5	1∶ 3
黏土	B1+2(5)	1∶2	1∶2
岩石	B1+2(5)	1∶0.5	1∶1

注1：如遇流砂、沟底宽度和边坡数据，根据施工方案另行确定。

注2：如用围堰方法挖沟，在沟下焊接时，沟底宽度应为8m~12m。

注3：B1为钢管外径+双管直径。

注4："( )"内为采用沟下组焊规定值。

e) 河底管沟应平直，不应有土坎，中心线偏移不应超过200mm，管沟深度应符合设计要求，其允许偏差为±200mm。

6.9.2.1.2 带水开挖穿越施工应满足下列要求：

a) 水下开挖管沟时，对河床土壤松软、水流速度小，回淤量小的河流，宜采用链斗式，绞吸式或吸扬式挖泥船开挖管沟；对河床土壤坚硬，如硬土层或卵石层，可采用抓斗挖泥船或轮斗挖泥船开挖管沟。河床地质为砂土、黏土或夹卵石土壤，可用拉铲配合其他方法开挖管沟。

b) 河底管沟的开挖的沟底宽度和边坡尺寸应根据土壤性质，水流速度、开挖深度和施工方法等因素确定或根据试挖资料确定。在无试验条件和资料的情况下，可参照表54确定沟底宽度和边坡数据。

表 54　带水开挖管沟尺寸

土石名称	沟底最小宽度/m	管沟边坡	
		沟深≤2.5m	沟深>2.5m
淤泥、粉细砂	$D^{a}+5$	1∶4	1∶6
中粗砂、卵砾石	$D+4$	1∶3.5	1∶5
砂土	$D+3$	1∶2.5	1∶4
黏土	$D+3$	1∶2	1∶3
岩石	$D+2$	1∶0.5	1∶1
注：如遇流砂、沟底宽度和边坡数据，根据施工方案另行确定。			
[a] D 为钢管外径(包括防腐层或保温层厚度)。			

c) 河底管沟应平直，不应有土坎，中心线偏移不应超过 500mm，管沟深度应符合设计要求，其允许偏差为+300mm。

6.9.2.1.3　开挖穿越管段应稳定在所要求的位置上，应按设计要求进行稳管；穿越管段在安放配重块、石笼、浇筑混凝土连续覆盖层时，不应损坏管道的防腐层。

6.9.2.1.4　不带水开挖穿越的管道安装可采用沟上，沟下安装的方式，但在回填前应进行强度和严密性试压；带水开挖穿越的管道可在岸上预制后安装配重块，经强度和严密性试压后，用浮筒增加浮力后漂浮牵引通过。下沟后采用压载或回淤的方式回填。

6.9.2.2　定向钻穿越

6.9.2.2.1　定向钻穿越施工时，应充分考虑地质条件、河流最大冲刷深度对导向孔成孔及回拖管段的影响。

6.9.2.2.2　定向钻回拖时的拉力宜按式(87)计算：

$$F_{拉}=f\cdot L_2\cdot\left|\pi\frac{D^2}{4}\gamma_{泥}-\pi\delta_1\cdot(D-\delta_1)\gamma_{钢}-W_{配}\right|+k_{粘}\cdot\pi\cdot D\cdot L_2 \quad\cdots\cdots\cdots\cdots\cdots(87)$$

式中：

$F_{拉}$——计算的拉力，单位为千牛(kN)；

f——摩擦系数，取 0.3；

L_2——穿越管段的长度，单位为米(m)；

D——钢管的直径，单位为米(m)；

$\gamma_{泥}$——泥浆的重度，单位为千牛每立方米(kN/m^3)；

δ_1——钢管的壁厚，单位为米(m)；

$\gamma_{钢}$——钢材的重度，单位为千牛每立方米(kN/m^3)；取 78.5；

$W_{配}$——定向钻回拖过程中单位长度配重，单位为千牛每米(kN/m)；

$k_{粘}$——粘滞系数，单位为千牛每平方米(kN/m^2)，取 0.175。

6.9.2.2.3　水平定向钻机的回拖力宜根据式(41)计算值的 1.5 倍~3 倍来选择。

6.9.2.2.4　当地质条件不满足定向钻施工条件时，可采用夯套管、地质改良等方法。

6.9.2.2.5　导向孔实际曲线与设计穿越曲线的偏差应符合表 55 的规定。

6.9.2.2.6　定向钻钻导向孔时，钻杆折角宜符合表 56 的要求。

6.9.2.2.7　最终扩孔直径应根据不同的管径、穿越长度、地质条件和钻机能力确定。最小扩孔直径与穿越管径的关系可按表 57 的选取。

表 55 导向孔允许偏差

单位为米

导向孔曲线		出土点	
横向偏差	上下偏差	横向偏差	纵向偏差
±3	+1～-2	±3	+9～-3

表 56 钻杆折角表

穿越管径 mm	每根钻杆最大折角 (°)	4 根钻杆累加最大折角 (°)
≤ϕ610	1.2	3.6
ϕ711	1.1	3
ϕ813	1	2.6
ϕ914	0.9	2.4
≥ϕ1016	0.8	2.2
注：表中未包含的其他穿越管径的钻杆最大折角可用差值法计算。		

表 57 最小扩孔直径与穿越管径关系

单位为毫米

穿越管段的直径	最小扩孔直径
≤610	1.5 倍管径
>610	管径+300

6.9.2.2.8 定向钻施工时，应根据地质条件，现场控制好泥浆的黏度、静切力、动切力、滤失量和 pH 值等指标。

6.9.2.2.9 穿越管段在岩石单轴饱和抗压强度大于 15MPa 的岩石孔内回拖时，根据岩石破碎的状况、成孔效果，可采取短管试回拖或外加保护层措施。

6.9.2.2.10 穿越管道在穿越完成后，应进行馈电法检验。当防腐层绝缘电阻 R 小于 $5000\Omega \cdot m^2$ 时，应对穿越段管道附加阴极保护措施。

6.9.2.3 盾构法穿越施工

6.9.2.3.1 盾构法穿越应首先做好竖井处地探工作，可选择沉井法、逆作法、连续墙等竖井施工方法。盾构施工时应严格控制轴线偏移，确保进出洞时的穿越精度，防止损伤止水环，必要时，在始发与接收井处采取地质改良等措施。始发井应满足盾构施工、推进顶力、设备安装的要求；接收井应满足盾构设备接收与拆除要求。

6.9.2.3.2 盾构掘进中应严格控制隧道中心线，发现偏离应逐步纠正，使偏离在允许值范围内。隧道中心线平面位置允许偏差为±150mm；隧道中心线高程允许偏差为±150mm；贯通允许偏差平面为±75mm，高程为±25mm。

6.9.2.3.3 盾构环片拼装允许偏差应符合表 58 的规定：

表 58 环片拼装允许偏差

项目	允许偏差
环向相邻环片平整度	±8mm
纵向相邻环片	±9mm
衬砌圆环直径圆度	±0.8%圆环直径
环片拼装的纵缝	±2mm

6.9.2.4　顶管法穿越施工

顶管法穿越施工时，水下隧道可采用泥水平衡式顶管作业。地下水压力小于0.03MPa时可采用土压平衡式顶管，道路及水渠可采用螺旋钻及千斤顶顶管。顶管横向、高程和地面变形允许偏差应符合表59的要求。

表59　顶管横向、高程和地面变形允许偏差

单位为毫米

序号	项目	允许偏差
1	横向贯通偏差	±100
2	高程贯通偏差	±50
3	地面隆起最大极限	+30
4	地面沉降最大极限	−30

6.9.2.5　矿山法隧道穿越

6.9.2.5.1　矿山法隧道施工时应先进行超前地质预报(地质雷达、红外线探水、超前水平探孔)，以探明开挖前方的岩性变化、地应力状况及地下水活动情况。

6.9.2.5.2　矿山法岩石隧道的爆破开挖，应采用光面爆破或预裂爆破。

6.9.2.5.3　矿山法隧道施工时，监控量测工作应紧接开挖、支护作业，按设计要求进行布点和监测，并根据现场情况及时进行调整或增加量测的项目和内容。量测数据应及时分析处理，并将结果反馈到施工过程中。

6.9.2.5.4　隧道结构交工后混凝土抗压强度和抗渗等级应符合设计要求，且无露筋、振漏、露石，其允许偏差应符合表60的规定。

表60　隧道二次衬砌结构允许偏差值

项目	允许偏差值				
	内墙	拱部	变形缝	预埋件	预留孔洞
平面位置/mm	±10	—	±20	±20	±20
垂直度/%	0.2	—	—	—	—
高程/mm	—	+30 −10	—	—	—
直顺度/mm	—	—	5	—	—
平整度/mm	15	15	—	—	—

注1：本表不包括特殊要求项目的偏差标准。

注2：平面位置以隧道线路中线为准进行测量。

6.9.2.6　穿越水域的大中型工程、单出图的公路穿越工程、隧道的管段宜单独进行试压。试压应按GB 50369的规定执行。

6.9.2.7　管道穿越施工时应做好堤防沉降的测量与监测工作，并应及时采取预防和处理措施。

6.9.2.8　选用定向钻法、顶管法、盾构法施工时，应做好泥浆回收工作。进行矿山法隧道施工时，应按环保部门批准的方案弃渣。

6.9.2.9　隧道管道安装：

a)　隧道管道安装方式可采用支架(墩)式。管段与隧道壁净距宜为0.5m，双管敷设的管段之间净距不宜小于0.6m。

b) 管道支墩及支架结构现场制作应符合设计要求。

c) 应根据隧道直径、长度、坡度和穿越管段管径大小和数量，选择管道运输及安装方法。管道安装可采用隧道内安装或竖井内组焊、回拖的方法。

d) 隧道内的运输道路应平整、坚实，可采用龙门架，电动平车等运输钢管。如采用柴油内燃机械运输宜采用尾气净化装置并加强通风，汽油机车不应进洞。

e) 当隧道较长，自然通风不好或存在有害气体时，隧道施工应采取强制通风。

f) 隧道内施工照明应采用36V电压等级的照明设备。

6.9.3 管道跨越工程

6.9.3.1 应编制并报批施工组织设计或施工方案、措施，并完成技术交底。大、中型管道跨越施工组织设计或施工专项方案应包括：测量控制，基础工程、塔架工程、索缆架设、桥面吊装(对结构在吊装过程中的强度计算、吊装工具的受力计算和强度校核、吊装设备的选用)、管道安装、管道试压方案及安全技术措施等。

6.9.3.2 测量的平面控制网应利用现有控制点建立，坐标系统应采用设计选用的坐标系。大型跨越的首级控制网精度不应低于一级，中型跨越及以下的首级控制网精度不应低于二级。测量的高程系统宜采用1985国家高程系，大型跨越的首级高程控制不应低于四等，中型跨越不应低于五等。

6.9.3.3 钢筋混凝土基础与塔架施工应按设计要求进行，并应符合GB 50204的规定。

6.9.3.4 钢筋混凝土塔架施工偏差应符合表61的要求。

表61 塔架施工精度要求

单位为毫米

序号	项目	规定值或允许偏差
1	轴线偏移	±10
2	倾斜度	塔高的1/3000，且<30
3	断面尺寸	±20
4	塔顶标高	±10
5	索鞍底板面标高	+10，0
6	预埋螺栓位置	±2

6.9.3.5 桁架安装其弦杆不应下挠，安装尺寸允许偏差应符合表62规定。

表62 桁架安装允许偏差

单位为毫米

序号	项目	允许偏差
1	轴线偏移	10
2	桁架管道支座轴线偏移	10
3	多跨桁架间距	±10
4	桁架及其受压弦杆的侧向弯曲矢高(f)	10

6.9.3.6 跨越管道的发送应根据跨越型式，桥面结构形式等选择发送方法。悬索桥宜选用配重荷载逐步转移的方式发送。可采用袋装土预先在跨越的桥面上按管道荷载布放，当跨越管道发送中，将袋装土逐步移除，以防止桥面结构变形。

6.9.3.7 大中型跨越工程在组装，焊接、检验合格后，应单独进行清管和试压。试压充水应缓慢进行，防止产生过大的冲击荷载引起跨越结构变形，在充水过程中应随时对桥面结构和跨越管道进行检查。悬索和斜拉索结构应对结构作不对称荷载进行校核。

6.9.3.8 跨越管段通球扫线时，应采取临时加固等措施，对柔性管桥进行保护。

6.9.3.9 施工过程中应加强测量与监测，保证施工安全。

6.9.3.10 管道跨越通过地震断裂带时，应严格按照设计及 GB 50470 的要求施工。

6.10 管道清管测径试压

6.10.1 油气长输管道在下沟回填后应清管、测径和试压。清管、测径和试压应先分段进行。管道连通后可进行站间严密性试验。分段试压前，应采用清管球(器)进行清管，清管次数不应少于两次，以开口端不再排出杂物为合格。管道测径应符合 GB 50369 的要求。

6.10.2 大中型穿、跨越河流、铁路、二级及以上公路、高速公路的管段应单独进行试压。穿越铁路、公路、高速公路的管段试验压力与方法可与两侧干线相同。大开挖、定向钻穿越管段应在预制后进行强度及严密性试验，定向钻穿越管段就位后再进行一次严密性试压。强度试验压力为设计压力的 1.5 倍。

6.10.3 试压中如有泄漏，应泄压后修补或更换。并应重新试压。

6.10.4 管道清管试压应编制施工方案，制定安全措施，充分考虑施工人员及附近公众安全。

6.10.5 输油管道试压：

输油管道水压试压，应符合 GB/T 16805 的要求，并应符合下列的要求：

a) 试压应用洁净水做介质。
b) 试压应分段进行，先强度试验后严密性试验。
c) 强度试验时，各个试压段的任何一点试验压力均不应小于该点 1.25 倍的设计压力，其值一般不应大于管材最低屈服强度的 0.9 倍(不包括设计系数为 0.8 的管道)；对山区地段经设计允许，其高点位置的强度试验压力可以以最大操作压力为依据，最低点位置强度试验压力值最大不应大于管材最低屈服强度的 0.95 倍。强度试验稳压时间为 4h，合格后做严密性试验。严密性试验压力为设计压力，稳压时间不少于 24h。
d) 水压试验合格后，应排除管内存水。若在寒冷天气，应采取措施防止结冰损坏管道。

6.10.6 输气管道试压：

输气管道应符合下列的要求：

a) 输气管道位于一、二级地区的管段宜采用水作试压介质，当采用空气作试压介质时，应有设计文件做依据，并应采取严密的安全措施。输气管道位于三级、四级地区的管段应采用水作试压介质。
b) 输气管道分段水压试验时的压力值、稳压时间及合格标准应符合表 63 的规定。

表 63 输气管道水压试验压力值、稳压时间及合格标准

分类		强度试验	严密性试验
一级地区输气管道	压力值/MPa	1.1 倍设计压力	设计压力
	稳压时间/h	4	24
二级地区输气管道	压力值/MPa	1.25 倍设计压力	设计压力
	稳压时间/h	4	24
三级地区输气管道	压力值/MPa	1.4 倍设计压力	设计压力
	稳压时间/h	4	24
四级地区输气管道	压力值/MPa	1.5 倍设计压力	设计压力
	稳压时间/h	4	24
合格标准		无泄漏	压降不大于 1%试验压力值，且不大于 0.1MPa

c) 输气管道分段空气试验时的压力值、稳压时间及合格标准应符合设计文件的要求。

6.11 管道连头及金口焊接

6.11.1 管道连头所用钢管、弯管应预先试压合格。

6.11.2 金口组对时应采用外对口器对口，不应强行组对。

6.11.3 金口焊接完毕，应进行焊缝外观检查并在24h后进行100%超声波检测和100%射线检测。金口焊缝不允许出现未熔合缺陷。

6.11.4 无损检测按第8章的要求进行检测，无损检测结束后，应在回填前完成防腐补口并经检验合格。

6.12 输气管道干燥

6.12.1 输气管道试压、清管结束后应进行干燥。

6.12.2 干燥方法可采用吸水性泡沫清管塞反复吸附、干燥气体(压缩空气或氮气等)吹扫、真空蒸发等上述一种或几种方法的组合。

6.12.3 干燥验收应符合下列规定：

a) 当采用干燥气体吹扫时，应在管道末端放置水露点分析仪，干燥后排出气体水露点值连续4h变化幅度不大于3℃为合格。

b) 当采用真空法时，选用的真空表精度为1级，真空干燥过程中定期检测管体的温度和内压，管体温度不应低于5℃。当管内压力降到0.1kPa时，关闭真空泵，密闭4h，管道内压力变化值小于0.6kPa即为合格。

c) 管道干燥结束后，如果没有立即投入运行，宜充入干燥氮气，保持管内为微正压密封，防止外界湿气重新进入管道，否则应重新进行干燥。

6.13 附属工程

6.13.1 应在管道下沟后及时进行线路保护构筑物的施工，并宜在雨季(洪水)到来之前完成。对于影响施工安全的地方应预先施工。

6.13.2 管道试压结束后应进行地貌恢复及地表设施的复原，应取得其所有者或使用者的认可。

6.13.3 应在管道沿线装设里程桩、转角桩、标志桩，测试桩及警示牌，在穿越道路、公路、铁路、河流、湖泊、鱼塘等特殊区域应适当加密，做到通视良好，标示清晰。并应在交工前进行维护，不应损坏或丢失。里程桩、转角桩、标志桩及警示牌的安装位置应准确，并应保存相应记录。

7 站场安装

7.1 施工准备

7.1.1 施工前，应进行现场调查、参与设计文件交底、编制并报批施工组织设计、进行资源准备。

7.1.2 现场调查核实道路、桥梁、电力、通信、生活供应等是否满足站场施工需求。

7.1.3 参加设计现场交底。

7.1.4 人员、机具设备、材料等应满足施工要求。

7.1.5 施工准备工作应符合GB 50540中的相关规定。

7.2 钢管下料与加工

7.2.1 下料

7.2.1.1 在设计压力6.4MPa及以上条件下使用的钢管，其切断与开孔宜采用机械切割；在设计压力小于 6.4MPa 条件下使用的钢管可采用火焰切割。

7.2.1.2　合金钢管不宜采用火焰加工，不锈钢钢管应采用机械或等离子方法切割。

7.2.1.3　钢管切口质量应符合 GB 50540 中的相关规定。

7.2.1.4　管端的坡口型式及组对尺寸应符合焊接工艺规程要求，当焊接工艺规程无规定时应按附录 D 中表 D.1 执行。对于焊接端带坡口且坡口满足焊接工艺规程要求的管件，可按照原有坡口焊接。

7.2.2　加工

7.2.2.1　Ⅱ形弯管的平面度允许偏差Δ应符合表 64 和图 3 的要求。

表 64　Ⅱ形弯管的平面度允许偏差

单位为毫米

长度 L	<500	500~1000	>1000~1500	>1500
平面度 Δ	≤3	≤4	≤6	≤10

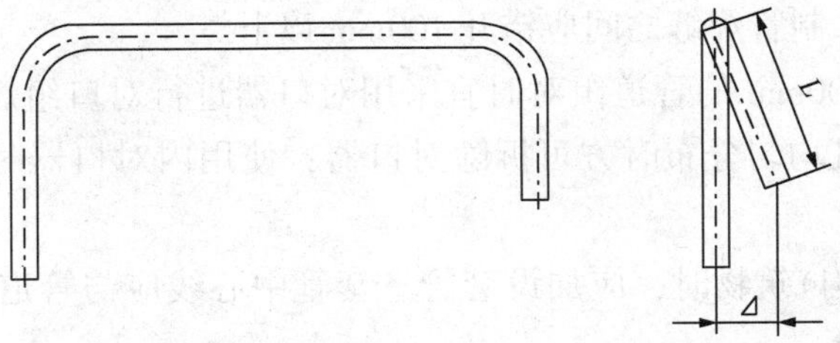

说明：

L——Ⅱ形弯管最长直管段的长度；

Δ——Ⅱ形平面度偏差。

图 3　Ⅱ形弯管平面度

7.2.2.2　制作管汇母管宜选择整根钢管，钢管应选用直缝钢管或无缝钢管，不应采用螺旋焊缝钢管。若采用焊接钢管对接时，纵缝应错开 100mm 以上。管汇的制作及其质量应符合 GB 50540 中的相关规定。

7.2.3　管道单元预制

7.2.3.1　管道单元预制应按照设计单线图或依据管道系统平、剖面图、绘制的单线图进行。

7.2.3.2　管道单元预制应按单线图规定的数量，规格、材质选配管道附件，并应按单线图标明管道系统号和按预制顺序标明各组成件的顺序号。同时，应对切割的钢管进行不伤害管体的标识及其移植。

7.2.3.3　当采用单件、小单元及组合件预制时，应符合 GB 50540 中的相关规定。

7.3　管道及阀门安装

7.3.1　一般规定

7.3.1.1　管道安装前，应与站场施工的其他相关专业进行图纸会审，对埋地管道与埋地电缆、给排水管道、地下设施、建筑物预留孔洞位置进行核对。

7.3.1.2　与管道安装相关的土建工程应经验收合格，达到安装条件。

7.3.1.3　钢管、管道附件，阀门及所有安装件内部应清理干净，应封堵管口或阀门出入口。

7.3.1.4　不宜在管道焊缝位置及其边缘上开孔，应距焊缝 100mm。当不可避免时，应对开孔处直径 1.5 倍范围内进行补强，补强板覆盖的焊缝应磨平。

7.3.1.5 管道、阀门的安装及其附件制作安装还应符合 GB 50540 中的相关规定。

7.3.2 管道安装

7.3.2.1 对预制的管道应按管道系统编号和顺序号进行对号安装。

7.3.2.2 管道、管道附件、设备等连接时，不应强力组对。

7.3.2.3 钢管组对时，错边量应不大于壁厚的1/8且小于3mm。异径管直径应与其相连接管段直径一致，错边量不应大于1.5mm。

7.3.2.4 钢管端口圆度超标时应进行校圆。校圆时宜采用整形器调整，不应用锤击方法进行调整。

7.3.2.5 管道对口时应检查平直度。

7.3.2.6 管道对接焊缝位置应符合下列要求：

a) 同一管道上相邻两个对接环焊缝的间距当公称直径大于或等于150mm时，不应小于150mm，当公称直径小于150mm时，不应小于管道的外径，且不应小于100mm；
b) 管道对接焊缝距离支吊架应大于50mm，需要热处理的焊缝距离支吊架应大于300mm；
c) 焊接钢管对接时，制管焊缝之间应错开100mm以上。

7.3.2.7 公称直径大于200mm的管道组对时宜采用对口器进行对口组焊。使用外对口器时，根焊完成管道周长的50%以上且均匀分布时方可拆除对口器；使用内对口器时，根焊全部完成后方可拆除对口器。

7.3.2.8 钢管在穿越建(构)筑物时，应加设套管。套管中心线应与管道中心线一致，且建(构)筑物内隐蔽处不应有对接焊缝。

7.3.2.9 管道安装允许偏差值应符合表D.2的要求。

7.3.2.10 管道在同一地沟内有数根管道时，应自下而上依次分层进行。在同层中，宜先安装管径大的钢管后安装管径小的钢管。管道外壁(包括保温层或防腐层厚度)与地沟壁、沟底面的距离可参照表65的规定。

表65 管道外壁与地沟壁、沟底面的距离

单位为毫米

公称直径	≤100	125	150	200	250	300	350	400	≥500
与地沟壁距离	85	85	90	90	95	95	110	135	150
与沟底面距离	200	200	200	200	200	250	250	250	250

7.3.2.11 动设备进出口管道的安装应在动设备安装合格后进行。该管道与管网连接的固定对接焊口应在靠近进出口管道的支座之外，宜从动设备进出口侧开始安装，并先安装支、吊架或地下管道，管道和阀门等的重量及附加力矩不应作用在动设备上。气体压缩机进口如有分液缸，人口管道因水平偏差造成的坡度应斜向分液缸。对不允许承受附加外力的动设备，管道与动设备的连接应符合下列要求：

a) 管道在自由状态下，检查法兰的平行度和同心度，允许偏差应符合表67的规定。
b) 紧固螺栓时，应在设备主轴节上用百分表观察设备位移，应符合设备安装要求，当无要求时其值应符合表66的规定。

表66 法兰平行度、同心度允许偏差和设备位移

机泵转速/(r/min)	平行度/mm	同心度/mm	设备位移/mm
3000~6000	≤0.10	≤0.50	≤0.05
>6000	≤0.05	≤0.20	≤0.02

7.3.2.12 法兰密封面应与钢管中心垂直。当 $DN \leqslant 300$mm 时，在法兰外径上的允许偏差为±1mm；当 $DN>300$mm 时，在法兰外径上的允许偏差为±2mm。检查示意图见图 4。

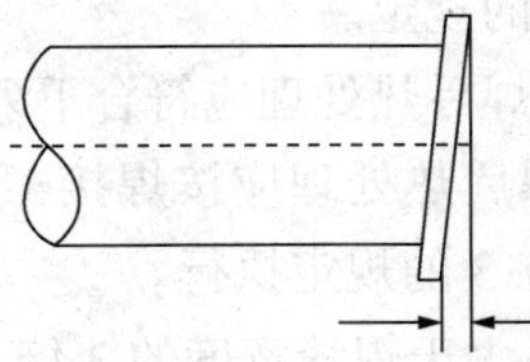

说明：

Δ——法兰与钢管垂直度偏差。

图 4 法兰密封面与钢管垂直度组对偏差示意图

7.3.2.13 法兰连接时应保持平行。垫片应放在法兰密封面中心。螺栓拧紧应按对称次序进行。

7.3.3 阀门安装

7.3.3.1 阀门安装前，应核对其型号、位号，复核产品合格证及试验记录。

7.3.3.2 当阀门与管道以焊接方式连接时，应按阀门的安装焊接要求处于开、闭状态。根焊宜采用气体保护焊。并应在焊接时对阀门密封面进行保护，防止焊接飞溅对阀腔的伤害。

7.3.3.3 阀门安装时，应按阀门标示的介质流向与管道介质的流向确定阀门的安装方向，避免强力安装。

7.3.3.4 安全阀应垂直安装，安装完毕的安全阀不允许受到严重的震动或撞击。

7.4 设备安装

7.4.1 设备安装主要包括一般静设备安装、输油泵机组安装及压缩机(组)安装等。

7.4.2 设备安装的内容一般包括设备基础验收处理、设备就位、设备调平、地脚螺栓安装及灌浆、联轴器对中、设备的拆检清洗、附属设备及管道安装、润滑油系统冲洗、试运转等。

7.4.3 设备安装应符合 GB 50461、SH/T 3542、SY/T 0460、SY/T 4111 和 SY/T 0403 及国家现行相关标准的规定。

加热炉主要有火筒式和管式加热炉等，加热炉的安装施工及验收等应符合 SY/T 0404、SY/T 0538、SY/T 5262 及国家现行相关标准的规定。

7.5 焊接与无损检测

7.5.1 一般规定

7.5.1.1 工艺管道焊接应按 GB/T 31032 中的有关规定执行，其余异种钢、不锈钢管道焊接与焊接返修应按 GB 50236 的有关规定执行。

7.5.1.2 按 TSG Z6002 的要求，焊工应取得特种设备作业人员证书及上岗资格证，所从事工作范围应与资格证书相符。取得上岗资格的焊工，若中断特种设备焊接作业超过 6 个月，应复审考试。

7.5.1.3 在进行正式焊接施工前，应根据 GB/T 31032 对焊接预规程进行焊接工艺评定，应根据评定合格的焊接工艺编制焊接工艺规程。焊接工艺规程在站场工艺管道焊接作业时应严格执行。

7.5.1.4 焊接所用设备应配有指示焊接工艺参数的电流表、电压表，气压表和流量表应能够满足焊接工艺要求，具有良好的工作状态和安全性。不符合要求的焊接设备应予以更换或维修。

7.5.2 焊接

7.5.2.1 焊接坡口应按照焊接工艺规程要求执行，焊接工艺规程没有进行规定的应按表 D.1 执行。对于带焊接端坡口的管件，可按照原有坡口焊接。

7.5.2.2 可采用打磨方法去除钢管非防腐层外表面的划痕、刻痕和电弧烧伤等缺陷，磨剩的厚度不应小于材料标准允许的最小厚度。否则，应将受损部分整段切除。

7.5.2.3 管口组对应符合焊接工艺规程的规定。

7.5.2.4 预热、层间温度、焊后缓冷及焊后热处理应符合下列的要求：

a) 预热、层间温度、焊后缓冷和焊后热处理应按焊接工艺规程执行。焊前预热及焊后热处理编制预焊接工艺规程时应按表 D.3 的规定执行。

b) 热处理加热范围应为焊口两侧各大于焊缝宽度的 3 倍，且不小于 25mm，加热区及其以外的 100mm 范围应予以保温。

c) 当焊接两种具有不同预热要求的材料时，应以预热温度要求高的材料为准。管口应均匀加热，防止局部过热。

7.5.2.5 使用外对口器时，应保证根焊道均匀对称完成 50%以上才能撤离。对口支撑和吊具则应在根焊道全部完成后方可撤除。

7.5.2.6 若采用定位焊缝对口，根焊焊至定位焊缝时，宜将定位焊缝去除。定位焊缝的长度、厚度和间距可按表 67 和表 68 的规定执行。

表 67 管道定位焊缝的位置与数量

公称直径 DN/mm	位置与数量
$DN \leqslant 50$	对称 2 点
$50 < DN \leqslant 150$	均布 2 点~3 点
$150 < DN \leqslant 200$	均布 3 点~4 点
$200 < DN \leqslant 500$	均布 4 点~6 点
$500 < DN \leqslant 1200$	均布 6 点~10 点

表 68 管道定位焊缝尺寸

壁厚 δ/mm	$\delta < 3$	$3 \leqslant \delta < 5$	$5 \leqslant \delta < 12$	$\delta \geqslant 12$
焊缝长度/mm	6~9	8~13	12~17	14~20
焊缝高度/mm	2	2.5	3~5	≤6

7.5.2.7 与线路钢管相同规格的焊接返修工艺应采用线路上评定合格的返修焊接工艺规程，工艺管网的管道焊接返修工艺可执行原焊接工艺规程。所有带裂纹的焊口应从管线上切除。

7.5.3 外观检查

7.5.3.1 管道对接焊缝与角焊缝应进行 100%外观检查。焊缝焊渣及周围飞溅物应清除干净。

7.5.3.2 对接焊缝外观成形应均匀一致，错边量不大于钢管壁厚的 1/8，且小于 3mm。对接焊缝表面不应低于母材表面，焊缝余高不应大于 2.0mm，当焊缝余高超高时，应进行打磨并与母材圆滑过渡。

7.5.3.3 角焊缝的边缘应平缓过渡，焊缝的凹度和凸度不应大于 1.5mm，两焊脚高度差不宜大于 3mm。

7.5.3.4 盖面焊缝为多道焊时，相邻焊道间的沟槽底部应高于母材，焊道间的沟槽深度(焊道与相邻沟槽的高度差)不应超过 1.0mm。

7.5.3.5 不应有裂纹、未熔合、气孔、夹渣、引弧痕迹、有害的焊瘤、凹坑等缺陷。咬边深度不应超过 0.5mm。咬边深度小于 0.3mm 的任何长度均为合格。咬边深度在 0.3mm~0.5mm 之间，单个长度不应超过 30mm，累计长度不应大于焊缝周长的 15%。

7.5.4 无损检测

无损检测应符合第 8 章的相关规定。

7.6 管沟开挖与回填

7.6.1 管沟开挖

7.6.1.1 管沟开挖前，应对地下构筑物、电缆、管道等障碍物进行定位，在开挖过程中采取保护措施。

7.6.1.2 管沟超挖部分，对其地基应做分层夯实处理或按设计要求进行处理。

7.6.1.3 开挖管沟的弃土距离管沟边不应小于 0.5m，高度不宜超过 1.5m。

7.6.2 管道下沟、回填

7.6.2.1 管道下沟应在不受外力的条件下，放置到沟底中心位置，悬空段应用细土或砂填塞。

7.6.2.2 相互交叉的管道进行管沟回填时，按照管道标高由低向高依次分层回填并夯实。

7.6.2.3 管沟回填时，应先回填直管段，后回填弯曲管段，并应分层夯实。

7.7 吹扫清洗、压力试验与干燥

7.7.1 一般规定

7.7.1.1 管道投产前应进行系统的吹扫清洗、试压和干燥。

7.7.1.2 不同压力等级的管道系统须分别按其压力等级进行压力试验。

7.7.1.3 试压过程中如有泄漏，禁止带压修补。缺陷修补合格后，应重新试压。当环境温度低于5℃时，应采取防冻措施。

7.7.1.4 工艺管道系统的吹扫清洗、压力试验与干燥还应符合 GB 50540 中的相关规定。

7.7.2 吹扫与清洗

7.7.2.1 不参与系统吹扫清洗的设备及管道系统，应与清扫系统隔离。

7.7.2.2 吹扫、清洗工作介质宜采用空气和洁净水。吹扫压力应小于管道设计压力。

7.7.2.3 用水冲洗时，宜以最大流量进行清洗，且流速不应小于 1.5m/s。

7.7.2.4 采用压缩空气爆破膜法吹扫管道，吹扫流程宜与工艺流程一致，泄压口前端 20m 范围内禁止行人走动，爆破压力应控制在 0.3MPa~0.5MPa 之间，爆破吹扫次数可按表 69 的规定进行。爆破膜厚度可参照表 70 进行选用。

表 69 爆破膜法管道清扫次数

爆破压力/MPa	储气罐容积/管道容积				
	1/5	1/4	1/3	1/2	1
0.1	8	6	4	3	2
0.15	6	5	3	2	1
0.2	4	3	2	L	1
0.25	3	3	2	1	1

表 70 爆破膜厚度选择表

单位为毫米

管线规格	*DN*100~*DN*150	*DN*200~*DN*250	*DN*300~*DN*500	*DN*600~*DN*800
爆破膜厚度	3	4.5	6	7.5

7.7.2.5　最后一次清扫后，用白布靶放在工艺管线的排空处，检查 5min，白布靶上无固体颗粒物为合格。

7.7.3　压力试验

7.7.3.1　工艺管道系统的压力试验包括强度试验和严密性试验。埋地管道应在下沟回填后进行强度和严密性试验。

7.7.3.2　压力试验应以洁净水或空气为试验介质，设计压力在 6.4MPa 以下可用空气作为试验介质。对奥氏体不锈钢管道的压力试验宜采用空气或惰性气体。

7.7.3.3　用水作为介质进行强度试验时，升压应平稳缓慢，分阶段进行，压力试验升压次数应符合表 71 的规定。试验方法及合格标准应符合表 72 的规定。

表 71　水压强度试验升压次数

试验压力/MPa	升压次数	各阶段试验压力百分数/%
$p \leqslant 1.6$	1	100
$1.6 < p \leqslant 2.5$	2	50，100
$2.5 < p$	3	30，60，100

表 72　水压试验方法及合格标准

检验项目	强度试验	严密性试验
试验压力	1.5 倍设计压力	设计压力
升压步骤	升压阶段间隔 30min，升压速度不大于 0.1MPa/min	—
稳压时间	4h	24h
合格标准	管道目测无变形、无渗漏且压降小于或等于试验压力的 1%	无渗漏且压降小于或等于试验压力的 1%

7.7.3.4　用空气作为介质做强度试验时，升压应平稳缓慢，分阶段进行，升压速度应小于 0.1MPa/min。气压试验方法及合格标准应符合表 73 的规定。

表 73　气压试验方法及合格标准

检验项目	强度试验	严密性试验
试验压力	1.15 倍设计压力	设计压力
升压步骤	升压值依次为试验压力的 10%、50%，逐次增加 10% 的试验压力直至 100%，间隔 5min，升压速度不大于 0.1MPa/min	—
稳压时间	4h	24h
合格标准	管道目测无变形、无泄漏	无泄漏

7.7.3.5　管道系统当采用洁净水作为试压介质时，应将不适宜参与试压的仪器、仪表等隔离，强度试压完成，用真空法或爆破法将水清扫干净后，可采用空气对管道系统及仪器、仪表等一并进行严密性试验。

7.7.4　干燥

7.7.4.1　天然气管道站场工艺管道系统压力试验合格后，应进行管道系统干燥。

7.7.4.2 站场管道干燥可采用干空气干燥、真空干燥和液氮干燥法，管道干燥可进行分区干燥也可整体干燥。
7.7.4.3 干燥作业前应固定干燥临时管道，设置警戒区。干燥作业应满足 GB 50540 中的相关要求。

7.8 防腐和保温

工艺管道系统应按照设计要求对其进行防腐和保温，防腐、保温的施工、检查及验收等应符合 GB 50540 及国家现行相关标准的规定。

7.9 钢结构安装

钢结构的安装应符合 GB 50205 及国家现行相关标准的规定。

7.10 暖通、消防、电气、自动化仪表等工程

7.10.1 暖通工程应符合 GB 50242 和 GB 50243 及国家现行相关标准的规定。
7.10.2 消防工程应符合 GB 50160 和 GB 50183 及国家现行相关标准的规定。

电气工程应符合电气装置安装工程施工及验收规范 GB 50254、GB 50255、GB 50256、GB 50257、GB 50147、GB 50148、GB 50149、GB 50168、GB 50169、GB 50170、GB 50171、GB 50172、GB 50173 及国家现行相关标准的规定。
7.10.3 自动化仪表工程的施工及质量验收应符合 GB 50093 及国家现行相关标准的规定。
7.10.4 其他相关站场安装工程应符合国家现行相应标准的规定。

8 无损检测

8.1 一般规定

8.1.1 检测单位

8.1.1.1 从事长输管道无损检测的单位应取得国家质量监督检验检疫总局颁发的特种设备检验检测机构核准证。
8.1.1.2 进行长输管道检测前应按相关标准的规定编制符合要求的无损检测工艺规程。
8.1.1.3 检测程序及检测结果应正确、完整并应有相应责任人员签名认可。
8.1.1.4 检测用仪器和设备的性能应进行定期检定(校准)，并有记录可查。

8.1.2 检测人员

8.1.2.1 从事无损检测的人员，应当按相应技术规范进行考核取得相应资格证书。

无损检测人员资格级别分为Ⅲ(高)级、Ⅱ(中)级和Ⅰ(初)级。取得不同无损检测方法各资格级别的人员只能从事与该方法级别相应的无损检测工作并负相应的技术责任。
8.1.2.2 从事全自动超声波检测以及其他新检测技术的人员还应接受设备调试、检测结果评定等培训，经考核合格方可从事检测工作。
8.1.2.3 检测人员未经矫正或经矫正的近(距)视力和远(距)视力不应低于 5.0。从事全自动超声、磁粉和渗透检测的评判人员不应有色盲。

8.1.3 检测工艺规程

8.1.3.1 检测单位应编制无损检测工艺规程，并应严格按照工艺规程检测。检测结果应正确、完整并应有相应责任人员签名认可。

8.1.3.2 无损检测工艺规程应包括通用工艺规程和工艺卡，并应符合下列要求：

a) 无损检测通用工艺规程应根据相关法规、产品标准、有关的技术文件和本标准的要求，并结合本单位的特点和检测能力，由无损检测高级(Ⅱ级)及以上人员编制，无损检测责任工程师审核，所在单位技术负责人批准。无损检测通用工艺规程修订、更改时也应履行上述程序。

b) 无损检测工艺卡应根据无损检测通用工艺规程、产品标准、有关技术文件和本标准的要求，并结合本单位的特点和检测能力，由无损检测中级(Ⅱ级)及以上人员编制，无损检测责任工程师审核。无损检测工艺卡修订、更改时也应履行上述程序。

8.1.4 新技术应用

当采用未列入本标准规定的无损检测方法时，采用的新技术应当经相关部门审核并在相关行业有成功应用的经验，并制定了相关检测标准。

8.2 检测要求

8.2.1 检测时机

对有延迟裂纹倾向的材料以及返修、不参加试压的金口焊缝，应在焊接完成24h后进行无损检测。

8.2.2 外观检查

所有管道的对接焊缝和角焊缝应先进行外观检查，合格后才能进行无损检测。外观检查的内容和要求应符合6.5.5的规定。

8.2.3 检测方法

8.2.3.1 当采用两种或两种以上的检测方法对同一部位进行检测时，应按各自的方法评定级别。如采用同种检测方法、不同检测工艺进行检测，当检测结果不一致时，应以危险度大的评定结果为准。

8.2.3.2 对无损检测发现的缺陷应进行返修，返修后宜按原规定的无损检测方法进行检测。对规定进行抽样或局部无损检测的焊接接头，当发现不合格焊口时，应当用原规定的无损检测方法，按照本标准的规定进行累进检查。

8.2.4 检测比例

8.2.4.1 输油管道：

a) 除设计文件另有规定外，现场焊接的管道及管道组成件的对接环焊缝、对接式支管连接焊缝应进行射线检测或超声检测；

b) 采用射线检测时，检测比例应不小于焊工当天所焊焊口的15%；

c) 采用超声检测时，检测比例为焊工当天所焊焊口的100%，并对其中5%的焊口进行射线检测复查；

d) 射线检测复验、抽查时，若发现不合格焊口，应对该焊工或流水作业焊工组在该日或该检查段中焊接的焊口加倍检查，如再有不合格的焊口，则对其余的焊口进行100%的射线检测；

e) 管道采用全自动超声波检测时，可不进行射线检测复查；

f) 抽查的无损检测焊接接头位置及检查点应由监理选择或批准。

8.2.4.2 输气管道：

a) 采用射线检测时，检测比例为100%；

b) 采用超声检测时，检测比例为100%，且应采用射线检测进行复验，复验比例为每个焊工或流水作业焊工组当天完成的全部焊口中任意选取不小于表74所列数目的焊口。

表74 抽查比例

序号	地区等级	检测比例	备注
1	一级地区	≥5%	
2	二级地区	≥10%	
3	三级地区	≥15%	
4	四级地区	≥20%	

8.2.4.3 特殊焊口检测比例：

穿、跨越水域、公路、铁路的管道焊缝，弯头与直管段焊缝以及未经试压的管道金口焊缝，均应进行100%超声波检测和射线检测。

8.2.4.4 站内工艺管道的焊缝应进行100%的无损检测，检测方法应首选用射线检测或超声波检测。如上述方法无法检测时，可选用磁粉或渗透方法检测。

8.2.4.5 不合格品的处理：

对无损检测发现不合格的管道元件、部位或焊缝，应进行返修或更换，宜采用原规定的无损检验方法重新进行检测。裂纹性缺陷应切除。

8.2.5 检测标准

射线检测、超声检测、磁粉检测和渗透检测应按照SY/T 4109的规定执行，超出SY/T 4109适用范围的其他钢种的焊缝应按照NB/T 47013.1~47013.6的规定执行。全自动超声波检测应按照GB/T 50818的规定执行。

8.2.6 合格级别

8.2.6.1 输油管道焊缝采用射线和超声检测时，设计压力小于或等于6.4MPa的，合格级别为Ⅲ级；设计压力大于6.4MPa的，合格级别为Ⅱ级。

8.2.6.2 输气管道焊缝进行射线和超声检测时，设计压力小于或等于4MPa的，一级、二级地区管道合格级别为Ⅲ级，三级、四级地区管道合格级别为Ⅱ级；设计压力大于4MPa的，合格级别为Ⅱ级。

8.2.6.3 站内工艺管道焊缝设计压力大于4MPa时，射线检测和超声检测二级为合格；设计压力小于或等于4MPa时，射线检测和超声检测三级为合格。

8.2.6.4 磁粉检测或渗透检测应按SY/T 4109的规定进行验收。

8.2.6.5 全自动超声波检测应按GB/T 50818的规定进行验收。

8.3 检测报告

实施无损检测的单位应认真做好无损检测原始记录，正确填写检测报告，妥善保管好无损检测记录、报告、底片，保存期限不应少于7年。

9 管道试运投产

9.1 一般规定

9.1.1 对新建(或停运后再启用)的石油天然气管道，在投入运行前应编制投产方案，经审查批准，并严格按投产方案组织投产。

9.1.2 长输管道全线已按 GB 50369 的相关规定完成了试压、清管和干燥，并按 SY 4208 验收合格。

9.1.3 长输管线站场已按 GB 50540 的相关规定完成了试压和干燥，并按 SY 4203 验收合格。

9.1.4 长输管道穿跨越工程已按 GB 50424、GB 50460 的相关规定完成试压和干燥，并按 SY 4207 验收合格。

9.1.5 管道站场的电气、仪表、自动化、通讯、消防及各项公用工程等，按有关施工及验收规范预验收合格。站场的单机试车和分系统试运完成。

9.1.6 对重新启用的管道已完成管道腐蚀状况调查和剩余强度评价。

9.1.7 沿线阴保测试桩、里程桩、转角桩等标志物埋设完毕。全线阴极保护系统验收合格并投入使用。

9.1.8 运营企业应协调供油、气，用油、气单位，保证有充足的油、气源满足投产需要，为试运投产做好充分准备。

9.2 原油管道投产

9.2.1 试运投产的技术参数

按以下计算：

a) 管道内沿程摩阻损失可按附录 B 的计算公式计算；

b) 管道加热输送埋地管线温降可按附录 E 的计算公式计算。

9.2.2 注水作业

9.2.2.1 站场(含阀室)的隔离：

a) 输油站、分输站、阀室内不具备投产条件的工艺设备、设施与投产的工艺设备、设施之间应按设计要求有效隔离；

b) 输油管道试运投产应利用水隔离管道中的原油与空气。

9.2.2.2 干线注水的基本要求：

a) 宜采用主泵注水，若主泵注水条件不具备时，可安装临时泵注水。

b) 根据油品凝点和投油方案，若采用加热方式投油，应启动加热炉。

c) 宜按照管线高程落差大于 50m 的背压要求建立注水段。且不小于两个相邻阀室的间距。

d) 应根据注水段长度，计算注水量。

e) 投产试运用水应为过滤后的清洁淡水。

f) 应根据审批的方案建立排气点。

9.2.3 原油投油作业

9.2.3.1 确认油质：

投油前，上游交付的原油油质应符合设计的要求。

9.2.3.2 投油方式：

a) 原油管道试运投产可采用原油直接投油或加降凝剂改性投油、热水预热投油方式。

b) 原油凝点低于试运投产期间管道沿线最低地温，应直接投油。

c) 原油凝点高于试运投产期间管道沿线最低地温，若采用加降凝剂改性处理方式投油的，应加剂投油。

d) 原油凝点高于试运投产期间管道沿线最低地温，若采用加热原油方式投油的，应加热原油投油。

e) 原油凝点高于试运投产期间管道沿线最低地温，若采用水预热方式应按下列规定执行：

1) 可采取正、反向交替输送热水预热的方式。使进站温度高于原油凝点 5℃。应水预热投油。

2) 采用正反向交替输水预热方式投产前，应核算管线末端的加热能力。预热前除管线中全部充满水外，首站应储备相当于最大加热站间管容积的1.5倍~2倍的水量，末站储罐容量应满足投产需要，管线每一单程的总输量取最大加热站间管线总容积的1.2倍~1.5倍。

3) 若采用加剂与水预热结合的方式投油，应按设计要求执行。

9.2.3.3 投油要求：

a) 应根据投油计划，对管道进行投油；
b) 应在油和水之间放置隔离球，并对隔离球进行跟踪，确定油水界面的位置；
c) 应根据水力热力计算结果，确定投产期间最低输油量和出站温度；
d) 应建立背压，控制沿线各点压力，防止出现不满管流动和液柱断流；
e) 应根据管道上下游流量及注入总量安排，合理控制注入点流量；
f) 加剂改性原油输送管道不应进行反输；
g) 允许停输时间应按设计要求执行；
h) 需要反输的热油管道反输总量应大于加热站最大站间距管容的1.5倍。其最低输量应高于热油管道最低输量。

9.2.3.4 投油作业：

a) 预热方式投产时，应按最大输量进行输送。
b) 水预热投油时，输油量不宜低于设计输量。
c) 水预热开始进油前，进站水温达到试运投产方案确定的预热条件。
d) 采用加降凝剂投油方式，应对原油加注降凝剂和改性效果进行室内试验评价，评价项目和评价方法应执行SY/T 5767的规定。
e) 加剂改性原油投产时，投运工况稳定前应每2h在沿线各站检测原油的凝点和黏度，稳定后应每4h在沿线各站检测原油的凝点和黏度。检测持续至交工前。
f) 按投产方案中按流量计算油头到达各站的时间，对各站进行预报，提前做好准备，及时调节运行参数。
g) 导通沿线各站工艺流程，具有收发球功能的站场应做好收发球的准备。
h) 工艺流程阀门操作应先导通主流程，再关断预切断的流程；高低压衔接流程导通时应先导通低压流程再导通高压流程，切断时应先关闭高压流程再关闭低压流程。
i) 应按照投产方案进行油头跟踪和排气、排水，并对管道穿跨越、阀室、高点、低点等进行重点巡查。
j) 应制定含油污水处理方案，避免对环境造成污染。

9.2.4 输油泵及减压站操作

输油泵及减压站操作如下：

a) 应根据设计运行工况控制的需要选择采用进站压力控制、出站压力控制或流量控制；
b) 应根据输送流量对输油泵机组进行组合，应优先选择调速机组；
c) 泵站采用调速电机和(或)压力调节阀保护输油泵满足最小允许气蚀余量的要求，保护输油泵出口不超压，保护泵机组不过载；
d) 应根据管道系统压力控制和线路高程的要求，制定减压站运行控制方案；
e) 应用减压站的主调节回路控制管道背压，上游高点处压力应高于油品的饱和蒸气压；
f) 应用减压站保护性调节回路控制管道下游压力；
g) 管道停运时，减压站应全部关闭，截断静压。

9.2.5 排气、排水

9.2.5.1 排气：

a) 应在站场的收发筒排空阀、过滤器排空阀、输油泵排空阀处排气。
b) 应与设计协调在管线的高点处设置排气点。排气完成后应封堵。
c) 排气应垂直向上排放，当排放出现背压水后立即停止排放，然后间断性排气。
d) 排气点应设专人值守，负责气体具体排放操作和记录。
e) 水头越过次高点排气后，可不定时进行试探性动态排气。

9.2.5.2 排水：

a) 在管道站场应设置临时排水管线进行排水；
b) 集中排水应设有排放池或污水蒸发池，当油水隔离球接近排放处 2km 时立即停止排放；
c) 水排放时，应避免冲毁农田及造成其他危害；
d) 应设专人在现场对排水量、压力、水质等内容进行监护，并填写记录报告；
e) 排水临时设施拆除后，应作相应处理并检测合格。

9.2.6 运行参数

运行参数如下所示：

a) 管道系统中任意点的最大稳态运行压力及管道停运状态下的静压力不应超过该点的设计压力；
b) 运行中由于水击造成的压力上升，在系统中的任意点均不应超出设计压力的 10%。

9.2.7 混油的切割和处理

混油的切割和处理如下所示：

a) 在计算油头到达末站前 2h，开始连续检测，油水混合物应进混油罐。当原油含水率低于 1%时，应切换流程进原油罐。
b) 对油水混合物应采取加温沉降或加破乳剂等措施分离油和水。分离出的污水应进行处理，达到 GB 8978 中规定的要求排放。

9.3 成品油管道投产

9.3.1 注水作业

9.3.1.1 站场(含阀室)的隔离：

a) 输油站、分输站、阀室内不具备投产条件的工艺设备、设施与投产的工艺设备、设施之间应按设计要求有效隔离；
b) 输油管道试运投产应利用水或氮气隔离管道中的成品油与空气。

9.3.1.2 干线注水的基本要求：

a) 宜采用主泵注水，若主泵注水条件不具备时，可安装临时泵注水。
b) 宜按照管线高程落差大于 50m 的背压要求建立注水段。且不小于两个相邻阀室的间距。
c) 根据注水段长度，计算注水量。
d) 投产试运用水应为过滤后的清洁淡水。
e) 根据审批的方案建立排气点。

9.3.2 投油作业

9.3.2.1 确认油质：

投油前，上游交付的成品油油质应符合设计的要求。

9.3.2.2 投油方式：

a) 成品油管道可采用水联运后投油方式、水隔离段后投油方式和惰性气体隔离段后投油 3 种方式。

b） 水联运方式应在投油管道全部充满清洁的淡水，应在油水分离界面上放置隔离球后直接投油。

c） 水隔离段后投油方式，宜按照管线高程落差大于 50m 的背压要求建立注水段。且不小于干线两个相邻阀室的间距，应在油水分离界面上放置隔离球后直接投油。

d） 惰性气体隔离段投油方式，宜不小于干线两个相邻阀室的间距，惰性气体应充填至油品进口处。压力宜为 0.2MPa，充填完成后直接投油。

9.3.2.3 投油要求：

a） 根据投油计划，对管道进行投油；

b） 投油宜采用单一油品，应根据输送介质及管道地形特点确定不同介质的隔离方案和排气，排水方案；

c） 应在油和水之间放置隔离球，应对隔离球进行跟踪，确定油水界面的位置；

d） 根据水力计算结果，确定投产期间最低输油量；

e） 如停输，宜将油水界面停在平坦地段或下坡段；

f） 应建立背压，控制沿线各点压力，防止出现不满管流动和液柱断流；

g） 应根据管道上下游流量及注入总量安排，合理控制注入点流量。

9.3.2.4 投油作业：

a） 投油时，输油量不宜低于最小设计输量；

b） 按投产方案中按流量计算油头到达各站的时间，对各站进行预报，提前做好准备，及时调节运行参数；

c） 导通沿线各站工艺流程，具有收发球功能的站场应做好收发球的准备；

d） 工艺流程阀门操作应先导通主流程，再关断预切断的流程；高低压衔接流程导通时应先导通低压流程再导通高压流程，切断时应先关闭高压流程再关闭低压流程；

e） 应按照投产方案进行油头跟踪和排气、排水，并对管道穿跨越、阀室、高点、低点等进行重点巡查；

f） 应制定含油污水处理方案，避免对环境造成污染。

9.3.3 输油泵及减压站操作

输油泵及减压站操作按 9.2.4 执行。

9.3.4 排气、排水

排气、排水作业按 9.2.5 执行。

9.3.5 运行参数

管道输送油品温度应在一定范围内并保持平稳，不宜超过 35℃。其他按 9.2.6 执行。

9.3.6 混油的切割

在计算油头到达末站前 2h，开始连续检测，混油应进混油罐。

9.4 天然气管道投产

9.4.1 工艺计算

试运投产期间的工艺计算可参照附录 F 的计算公式计算。

9.4.2 注氮作业

9.4.2.1 站场(含阀室)的隔离:

输气站，阀室内不具备投产条件的工艺设备、设施与投产的工艺设备、设施之间应按设计要求有效隔离。

9.4.2.2 注氮置换的准备:

a) 注氮点的选择应选择在氮气隔离段站场或阀室进、出站的阀门旁通位置，注氮点位置应选择在方便作业安装的场地及液氮运输的道路;
b) 应提前制作好注氮需要的临时注氮接头，合理安排注氮车及其设施的停放位置;
c) 在注氮作业现场周围20m范围处设警戒区，有明显警示标志，与注氮作业无关人员不应入内。

9.4.2.3 注氮置换的基本要求:

a) 注氮置换包括输气管道和站场。
b) 向管道内注氮时，液氮纯度应达到98%以上，主管道氮气注入速度应大于1m/s。注入管道的氮气温度应不低于5℃。
c) 注氮置换空气时，氮气的隔离长度应保证到达置换管线末端空气与天然气不混合。
d) 站场的所有工艺管道应用氮气全部置换。
e) 注氮车加热装置氮气出口处应有温度、压力和流量显示仪表，检定合格并在有效检定周期内。
f) 注氮封存管段氮气的合格标准为在注氮封存终点检测含氧量小于2%。
g) 注氮置换期间应记录注氮压力、注氮温度、瞬时流量，累计流量、管道压力以及注氮的时间等。
h) 保持现场通风，防止液氮泄漏造成人员窒息。不应触摸液氮低温管线，防止冻伤。
i) 注氮作业完成后，应拆除临时注氮管线，恢复流程并做好现场清理工作。

9.4.2.4 注氮工艺:

a) 注氮设备可采取液氮注入或制氮机制氮注入，也可两种方式并用;
b) 制氮设备应正常工作，管道应无泄漏。

9.4.2.5 注氮量计算:

1t液氮在5℃状态下的气体体积按700m^3计算，按注氮管道长度计算注氮量。

9.4.2.6 氮气置换的检测:

注氮段用含氧分析仪检测，当含氧量降至2%时氮气置换完成。

9.4.2.7 注氮段的封存:

当注氮结束后，如不立即进行天然气置换氮气的作业，应对注氮管段进行封存。封存管段应关闭站场和阀室的排污阀门、仪表连接阀门和放空阀门。封存段压力应保持0.1MPa以上，并实时检测无泄漏。

9.4.3 天然气置换作业

9.4.3.1 确认气质:

投气前，确认上游交付的天然气气质应符合设计的要求。

9.4.3.2 置换方式:

a) 应采用天然气推动氮气，氮气推动空气的置换方式;
b) 置换过程应用氮气置换管道、阀室和站场的空气，再用天然气置换管道、阀室和站场氮气的操作方式。

9.4.3.3 置换要求:

a） 根据工艺要求，干线主阀处于全开启状态，站场阀门根据流程的要求确认开启的状态；

b） 天然气置换过程中，干线管道应保持氮气头速度 3m/s~5m/s；

c） 在投气过程中，各站场、阀室值班人员负责流程操作和检测，记录氮气混气头、纯氮气头、天然气混气头和纯天然气头的行进位置和时间，并实时以电话形式上报调控中心；

d） 在各检测点用可燃气体检测仪检测，当天然气含量升至 80%以上时，即检测点上游的管线天然气置换完成。

9.4.3.4 置换界面检测：

a） 氮气~空气混气头检测。使用含氧分析仪(0%~25%)检测含氧量。当分析仪显示含氧量降低了 2%时，即氮气混气头已经到达。

b） 纯氮气气头检测。当含氧分析仪检测到的含氧量降至 2%时，即纯氮气气头已经达到。

c） 天然气~氮气混气头检测。使用可燃气体报警仪(0%~5%)检测，当可燃气体报警仪显示值达到 1%VOL 时，即天然气混气头已经到达。

d） 纯天然气气头检测。使用可燃气体浓度检测仪(0%~100%)检测，当可燃气体浓度检测仪显示甲烷值达到 80%，即纯天然气气头已经到达。

9.4.3.5 置换最低流速：

试运投产期间的置换最低流速计算可参照附录 G 的计算。

9.4.4 升压、检漏

9.4.4.1 升压、检漏要求：

a） 上游气源供气的各项参数应满足升压要求；

b） 置换完成后进行升压，检漏，升压应采用连续升压，升压速度控制在 1MPa/h；

c） 按设计压力分 3 个台阶升压，每个压力台阶宜为 1/3 设计压力，稳压时间 24h；

d） 投产试运人员应负责升压、检漏的各项操作，并记录；

e） 停输稳压期间，要对站场及沿线、阀室等地段进行检漏；

f） 升压过程中不应用坚硬器物敲击管道及设备。

9.4.4.2 检漏方法：

a） 用检漏胶带在站场所有法兰连接处缠绕一圈，在胶带上扎一个小孔，用可燃气体报警仪在小孔处检测，应无泄漏；

b） 宜用可燃气体报警仪对线路阀室巡检，应无泄漏。

9.4.4.3 漏点处理：

a） 应使用发泡检漏液在可能产生漏气处涂抹，观察应无气泡产生；

b） 如发现漏点，应通知施工单位处理。

9.5 测试与移交

9.5.1 性能测试：

投产试运期间应对油、气管道和站场设备进行连续 72h 的性能测试，并记录运行参数。

9.5.2 移交：

a） 在事先约定的工况下进行 72h 系统性能测试合格后，向使用单位进行移交；

b） 应在试运投产结束后 3 个月内向建设单位交付试运投产资料。

10 管道使用与维护

10.1 一般规定

10.1.1 运营企业应根据管道的运行条件，编制运行与维护规程，并得到相关部门认可。

10.1.2 应按照所编制的规程并在设计参数限制范围内进行管道运行和维护作业。

10.1.3 管道控制中心应制定详细的输油作业计划，并对全线进行集中控制。

10.1.4 输油计划应包括批次、顺序、批量、注入、分输、切换、混油切割及处理方案等内容。

10.1.5 进行维护和修理工作应考虑现场条件(如温度、压力、管道内油品物理性质、地形、环境)对作业可能产生的影响。

10.2 原油管道运行设计单位

10.2.1 输油工艺的运行参数应控制在规定的范围内。

10.2.2 运行中由于水击造成的压力上升，在系统中的任意点均不应超过设计压力的110%。

10.2.3 遇到有着火，爆炸、油品泄漏等紧急情况，应有应急预案并按预案的要求采取措施。

10.2.4 输油管道的高、低压泄压阀、减压阀和泄压用的安全阀等各类安全保护设施应保持完好，并按规定检测。

10.2.5 实行正反交替输送的管道，进展温度、流量和总输量应符合安全要求，避免发生凝管事故。

10.2.6 站内停运的管道和阀门，应防止憋压、冻凝。

10.2.7 流程切换应执行操作票制度，在倒换流程时，控制显示仪表应灵敏准确。

10.2.8 切换流程时，应按照“先开后关”“缓开缓关”的要求开关阀门，确认流程导通，避免憋压和水击现象发生。

10.2.9 具有高压衔接部位的流程切换，应先导通低压部位；切断流程时，应先切断高压部位。

10.2.10 在输油站与上级调度通信中断时，站调度应主动与上下站进行联系，维持原运行流程生产，密切监视运行参数的变化，发现异常应采取应急措施。若上下站失去联系，应及时向上一级汇报，严密监视本站内进、出站压力和旁接储油罐的液位，并按照上级调度指令采取措施，防止憋压和溢罐事故。

10.2.11 对管道所输油品物理性质的检测每年不应少于2次，检测内容应包括所输原油凝点、密度及输油温度范围的黏温曲线。

10.2.12 沿线落差大的管道，应保证管道运行时大落差段动水压力和停输时的静水压力不超过此段管道的最大许用操作压力。

10.2.13 加降凝剂改性处理原油输送管道不应进行反输。

10.2.14 对输高含蜡原油的管道应定期分析管道的结蜡状况，按照输量，运行压力，运行温度、油品性质等制定管道合理的清管周期。

10.3 成品油管道运行

10.3.1 输油工艺的运行参数应控制在规定的范围内。

10.3.2 运行中由于水击造成的压力上升，在系统中的任意点均不应超过设计压力的110%。

10.3.3 管道进站压力应能满足输油泵入口压力要求，系统中各点的最小压力应大于输送油品在运行温度下的饱和蒸气压。

10.3.4 管道输送油品温度应在一定范围内保持平稳，不宜超过35℃。

10.3.5 流程操作应在仪表完好、报警和安全保护系统正常、通信畅通的条件下进行。

10.3.6 流程操作应按“先开后关”的要求操作；高压衔接流程导通时应按“先低后高”的要求操作，切断时应按“先高后低”的要求操作。

10.3.7 收发油和注入、分输操作应提前与管道上下游单位做好协调工作，防止管道超压和油品污染。

10.3.8 每个成品油系统应确定允许最小批次量，使输送混油量不宜大于一个批次量的3%。

10.3.9 批次量不应小于最小批次量，并在条件许可时加大一个批次输送量。

10.3.10 应采用密闭输送工艺。

10.3.11 确定输送次序时，宜选择密度以及其他理化性质相近的两种油品相邻输送。

10.3.12 管道计划停输宜使批次截面中密度较大的油品位于相对较低的位置：非计划停输时间较长且批次界面位置不合适、宜关断界面上下游线路截断阀室。

10.4 天然气管道运行

10.4.1 根据管道输送的气质组成，管道的输送效率和输送压差确定合理的清管周期。

10.4.2 应分析全线和压缩机组之间负载分配，优化运行，确保输送定量气体的动力消耗(总能耗费用)最小，实现在稳定输量下压缩机组的最优匹配。

10.4.3 应根据管道运行压力、温度、全线设备状况和季节特点，通过优化运行进行调峰。

10.4.4 当运行方案发生变化时应做好气量调配。

10.4.5 应定期对天然气管道水力及温度、气质参数进行分析，及时掌握管道泄漏和可能造成的堵塞等异常现象，并及时确定泄漏或堵塞位置。

10.4.6 定期对天然气气质进行检测，检测项目包含高位发热量、压缩因子、气质组分分析、总硫含量、硫化氧、二氧化碳、氧气、水露点、烃露点等。

10.4.7 天然气管道(站场)运行应满足下列要求：

a) 天然气置换完成后即可投产；

b) 开启用户阀门，调节供气压力，直至正常；

c) 投产后按规定进行巡检，测取各种参数，填写报表。

10.5 管道巡回检查

10.5.1 运营企业应根据本单位工艺流程和各装置单元分布情况，明确职责，做到每条管线，每个阀门，每个管架等都有专人负责，不应出现无人管辖的管段。

10.5.2 运营企业应制定严格的压力管道巡回检查制度，明确检查人员，检查时间，检查部位、应检查的项目。

10.5.3 操作人员和维护人员均按照各自的责任和要求定期按巡回检查路线完成每个部位、每个项目的检查，并做好巡回检查记录。

10.5.4 对新建装置或单元，在运行初期，应加强巡检，一旦发现异常情况，应立即处理。

10.6 管道维护

10.6.1 新建或检修后重新投用的设备应按规定进行验收后方可投入运行。

10.6.2 应及时对运行设备进行监控和检查，并记录主要运行数据。

10.6.3 设备不应超压、超温、超速、超负荷运行。

10.6.4 管道沿线的标志桩、测试桩、里程桩应齐全。

10.6.5 对外加电流法阴极保护达不到标准的管道，应采用牺牲阳极保护措施。

10.6.6 应定期检查管道的防腐绝缘层状况，对达不到要求的应及时进行修复，管道外防腐层修复执行 SY/T 5918。

10.6.7 定期对管道沿线进行巡查，对水土流失较多的管段和重点穿跨越管段在汛期应加强巡查。

10.6.8 对站内管网应采取有效的保护措施。

10.6.9 对热油和热力管线应进行有效的保温。

10.6.10 站内地上管网的外表面应按要求涂刷颜色和标记。

10.6.11 应定期维护管网上的阀件和管件，以防锈蚀或残缺。

10.7 清管

10.7.1 输油管道清管

10.7.1.1 清管前应制定清管方案，并报相关部门批准。

10.7.1.2 应选择合适的清管器，对结蜡严重的管线，分几次从末站端开始逐步清管，以防管线产生蜡堵。

10.7.1.3 对不定期清管的管线，宜在清管前 3d~5d 提高管线运行温度和输量。管线清管应采用机械式清管器。

10.7.1.4 首次通机械清管器时，应对管道变形情况进行确认，以保证清管器的通过，且清管器应携带跟踪系统。

10.7.1.5 清管期间应尽量保持运行参数稳定，及时分析清管器的运行情况，对异常情况应采取措施。

10.7.1.6 对首次采用机械清管器进行清管的管线，应做好封堵抢修的保证措施。

10.7.1.7 清管过程中清管器破损而滞留在管线内，且管道压力没有变化时，可根据情况发送第二个清管器，将破损的清管器顶出。

10.7.1.8 清管过程中发生清管器卡阻，出站压力升高，应及时判断卡阻位置，采用提高出站压力顶挤或采用短时间反输进行反推再正推的方法推动清管器。如清管器还不能运行，则应采取在清管器前开孔放蜡或不停输封堵的方法取出清管器。

10.7.1.9 在清管过程中，不宜进行流程及设备的切换和管线停输。

10.7.1.10 在有分支管线的干线清管时，宜在预计清管器通过分支接点的时间段内安排支线暂时停输，确认清管器通过后，再恢复支线的输油。

10.7.2 输气管道清管

10.7.2.1 根据管道输送的气质组成，管道的输送效率和输送压差确定合理的清管周期。

10.7.2.2 清管前应掌握管道历次清管记录，如管道输气流量，管道输送压差、输送效率等。

10.7.2.3 首次清管应进行管道状况调查，对于不符合清管要求的设施进行整改。

10.7.2.4 清管前和清管过程应进行水力学计算，预测和掌握清管器的位置。

10.7.2.5 清管器运行速度宜控制在 3.5m/s~5m/s。

10.7.2.6 应根据清管器运行速度、推球平均压力、管径估算清管所需的推球输气流量。

10.7.2.7 如果管道内污物、积液较多，高程差较大，应注意气量的储备。

10.7.2.8 应估算清管器所需总运行时间。

10.7.2.9 清管末站放空与排污应满足下列要求：

a) 放空、排污应符合安全、环保要求；
b) 应估算放空气量，做好处理准备；
c) 应估算排污量，做好污物、污液处理准备；
d) 对硫化物含量较高的天然气管道，在打开收球筒前，应对收球筒喷水湿式作业，防止硫化亚铁自燃。

10.7.3 清管过程控制

10.7.3.1 清管过程中，应随时掌握清管压差及变化情况。

10.7.3.2 清管器被卡后可根据运行情况采取发第二清管器或提高清管器后运行压力及降低清管器前压力的办法。以上方法均无法解卡时，采取割管取出清管器的办法处理。

10.7.3.3 制定清管方案时应避免出现堵塞、卡阻的现象。

10.7.3.4 清管作业宜安排在价值较低的油品批次中进行，并做好相应的清管器跟踪工作。

11 管道维抢修

11.1 一般规定

11.1.1 应根据管道分布合理配备专职维抢修队伍或委托相应的管道维抢修专业队伍负责管道的维抢修工作。

11.1.2 应合理储备管道维抢修物资。管材储备数量不应少于同规格管道中最大一个穿、跨越段长度；对管道的阀门、法兰、弯头、堵漏工(卡)具等物资应视具体情况进行相应的储备。

11.1.3 应合理配备管道抢修车辆、设备、机具等装备和消防设施并定期进行维护保养。

11.1.4 施焊人员应具有相应的资格。

11.1.5 管道维抢修方法选用参见附录H和附录I。

11.1.6 维抢修作业应使用性能完好的设备、机具，测量和监测机具应在检定有效期内使用。

11.1.7 管道维抢修焊接时应执行焊接工艺规程，并执行附录J的规定。

11.1.8 在役管道带压焊接时，管道运行压力应维持在附录J公式计算的范围内。

11.1.9 当管道发生泄漏时应进行作业条件评估，条件具备时可直接进行抢修作业，不具备时，管道应实施降压或停输处理。

11.1.10 维抢修过程中使用的卡具、套袖、对开三通等物资承压等级应不低于管道设计压力，永久用维抢修材料宜进行监造。

11.2 资质要求

管道维抢修施工单位、人员及相关材料应有相关的许可或资质，应包括以下内容：

a) 施工单位应取得相应级别的《特种设备安装改造维修许可证》，以及管道运营方认可的其他许可证；
b) 施工单位应具备相应的质量及安全管理体系认证；
c) 维抢修作业人员应持证上岗；
d) 焊接作业人员应依照施工所使用的焊接工艺规程进行上岗考核；
e) 维抢修过程中使用的卡具，套袖、对开三通等物资，应由具有压力管道元件制造资质(或管道运营方认可的其他资质)的单位加工，并提供质量证明文件。

11.3 维修条件

维修条件包括以下内容：

a) 管道出现微量泄漏的；
b) 内腐蚀或外腐蚀点的剩余厚度小于设计最小壁厚的；
c) 凿口、凿痕和电焊烧痕的深度超过壁厚12.5%的；
d) 管道上凹痕的深度超过公称管径的6%的；
e) 管道出现裂纹的；
f) 管道有屈曲、波纹、皱褶等经评定的有害缺陷的；
g) 管道有凸起状况的；
h) 防腐层有破损的。

11.4 安全要求

11.4.1 维抢修作业过程中每道工序应设专人监督，得到确认后方可进行下一步操作。

11.4.2 应用可燃气体检测仪或含氧量分析仪对开挖现场及周围环境进行实时监控，以确定现场环境安全进行管道修复作业。

11.4.3 动火作业应防止油蒸气由管道向外蒸发，作业时应采用有效的通风或监测方法，并配备相应的消防设施。

11.4.4 现场动火开始后，若检测仪器检测到可燃气体释放，应立即终止动火作业，并去除现场的原油、成品油及油燕气。在重新开始动火作业前，应重新进行现场环境测试。

11.4.5 维修工作完成后，在管道投入运行前，应对焊缝、留在管线上的短接做必要的检测，测试及运行核查。

11.4.6 若需开挖作业坑，应满足如下要求：

a) 开挖前，应在管道上方人工开挖，深度至管顶，确认管道上方无其他隐蔽工程，查明管道走向和埋深；
b) 土方应堆放在管沟作业相对较少的一侧，且距沟边不小于 1m，堆积高度不超过 1.5m；
c) 作业坑两端应设有安全通道，通道上不应有障碍物；
d) 作业坑周围应设置护栏、安全警示标志；
e) 夜间作业应设置照明灯及红色示警灯，并配备值班人员；
f) 开挖深度超过 1.2m 时，应设置安全边坡或加固支撑；
g) 维抢修过程中若需排放气体，应在排放管段开排气口，通过排气口连接临时管道至临时燃放塔；
h) 管道进行切割或连头焊接前，应关闭管道的阴极保护系统；
i) 断管作业环境有可燃气体时，应采用机械冷切割作业；断管前氮气或惰性气体置换完成可进行火焰切割作业。

11.4.7 动火作业：

a) 动火前，应由施工承包企业填写动火申请书，经授权人批准；
b) 动火作业的焊接质量及检验部分按照第 8 章无损检测执行。

11.5 管道维修

11.5.1 打磨：

a) 打磨适用于外部机械损伤的管道，包括管壁的褶皱、凿痕、刮伤、挤出金属以及除腐蚀以外引起的金属损失。
b) 打磨区域的深度不超过 10%管道壁厚时，长度不受限制；打磨区域的深度超过 10%且不超过 30%管道壁厚时，长度应在式(88)确定的范围内。在打磨的深度和长度限制范围内不能完全清除的损伤，应采用其他方法进行维修。

$$L=1.12\left\{(D/t)\left[\left(\frac{a/t}{1.1a/t-0.11}\right)^{2}-1\right]\right\}^{\frac{1}{2}} \quad \cdots\cdots\cdots\cdots\cdots (88)$$

式中：

L——打磨区域纵向的最大允许长度，单位为毫米(mm)；
D——钢管的公称外径，单位为毫米(mm)；
t——钢管的公称厚度，单位为毫米(mm)；
a——测量出的打磨区域最大允许深度，单位为毫米(mm)。

c) 打磨宜使用角向磨光机，打磨角度宜不大于 45°，打磨时应防止管体过热；
d) 打磨修复完成后，应使用 SY/T 4109 规定的方法用渗透检测或者磁粉对打磨的表面进行检测，表面应无裂纹。

11.5.2 补焊修复：

a) 补焊适用于管道外部金属损失缺陷修复。

b） 本方法可用于维修内腐蚀。维修时，外表面圈焊范围应超出腐蚀区域 1mm～2mm，补焊区域的最终厚度应达到原始壁厚或以上。

c） 有下列情形之一的不应采用本方法：

1） 剩余壁厚在 80%以下的；

2） 金属损失区域轴向或环向长度超过外径的一半以上的；

3） 操作环向应力大于最小屈服强度 20%的运行管线的。

d） 补焊的过程中应执行附录 J 回火焊道技术等技术手段，减少热影响区的范围、改善热影响区的性质。

e） 宜采用的补焊作业程序如下：

1） 清理缺陷应保证最小壁厚大于 80%管道壁厚；

2） 沿需修复缺陷的外沿以直焊道焊一圈，圈外不允许焊接；

3） 在圈内以直焊道熔敷第一层，使用焊接工艺规程规定的较小的热输入以防止熔穿；

4） 后续熔敷层可以使用较大的热输入，确保回火效果；

5） 持续堆焊到预定的维修厚度。为方便检测，补焊表面可打磨平整；

6） 打磨补焊区域最外沿焊道与管道本体保持平滑过渡，打磨深度不允许低于母材。

f） 焊接完成后，应使用 SY/T 4109 规定的方法用磁粉检测或超声检测方法对补焊处进行检测，表面应无裂纹、气孔、夹渣等焊接缺陷。

11.5.3 补丁修复：

a） 补丁焊接适用于表面金属损失缺陷的维修，焊缝缺陷不应采用补丁修复。

b） 补丁弧板应满足如下要求：

1） 弧板尺寸应覆盖金属损失区域外 50mm，弧板的内弧长度与轴线长度不应超过管道外径的一半。

2） 弧板的设计强度应大于或等于钢管的强度。

3） 弧板宜采用与母材相类似的材质，厚度可按式(89)计算：

$$\delta=\frac{P_c D_o}{2[\sigma]^t\phi+P_c} \quad (89)$$

式中：

δ——弧板的厚度，单位为毫米(mm)；

P_c——计算压力，单位为兆帕(MPa)；

D_o——弧板外直径，单位为毫米(mm)；

$[\sigma]^t$——设计温度下护板材料的许用应力，单位为兆帕(MPa)；

ϕ——焊接接头系数，单位为兆帕(MPa)。

4） 弧板形状应采用圆形或椭圆形。

c） 补丁修复焊接作业应满足如下要求：

1） 组对过程中应使用链卡等机具，补丁弧板与管壁应贴合紧密，组对间隙应不大于 5mm；

2） 角焊缝位置贴合间隙大于 1.5mm 的，角焊缝尺寸应在设计尺寸的基础上增加一个实际间隙量；

3） 焊接区域应将油污、锈蚀、涂层等杂物清理干净；

4） 焊接区域不应与原有管道焊道交叉。

d） 焊接完成后，应使用 SY/T 4109 规定的方法用磁粉检测或渗透检测方法对角焊缝进行检测，表面应无裂纹、气孔、夹渣等焊接缺陷。

11.5.4 开孔修复：

a） 开孔修复适用于局部机械损伤、腐蚀、凹痕、焊缝缺陷、变形等的维修。

b） 开孔管件焊接完成后，应对所有焊道采用磁粉检测或渗透检测等进行无损检测，表面应无裂纹、气孔、夹渣等焊接缺陷。

c) 开孔作业应满足以下要求：

1) 中心钻不应落在焊缝上；

2) 管件焊接及开孔时，气体流速不应大于 10m/s；

3) 开孔孔径大于 *DN*500，宜加防胀圈。

d) 缺陷范围不应超出开孔尺寸要求的鞍形板范围。

e) 应预制与开孔尺寸相匹配的鞍形板，并随塞堵装回管道。预制的鞍形板外径宜比开孔孔径小 15mm~30mm。

11.5.5 套袖修复：

a) 套袖修复适用于外表面金属损失，焊缝缺陷的维修。

b) 套袖材料应满足如下要求：

1) 套袖长度应不小于 100mm，且套袖边缘距缺陷外侧边界不小于 50mm；

2) 套袖壁厚应具备不低于待维修管道的承压能力。为适应管道上的焊缝，可预先在套袖内壁对应位置开槽，且剩余壁厚应有足够的承压能力。

c) 套袖应满足如下的要求：

1) 安装前应对安装区域进行清理，对安装区域内影响安装的焊道可打磨至与母材平整；

2) 对安装位置椭圆度和壁厚进行测量，应满足安装和焊接工艺要求；

3) 套袖安装后环向角焊缝和原有环焊缝间隔宜不小于管道外径一倍的距离，且不小于 150mm；

4) 当套袖长度超出 4 倍管径时，修复时应对被修复管道采取临时支撑措施，并分层回填，避免冲击管道；

5) 套袖的纵向对接焊缝焊接时应全部焊透，纵向对接焊缝位置内侧应预加垫板，防止焊到管壁上；

6) 套袖使用角焊方式与管道连接。环向角焊缝焊脚尺寸为套袖壁厚与组对间隙之和；套袖壁厚大于 1.4 倍管道壁厚时，焊脚尺寸不小于 1.4 倍管道壁厚。

d) 焊接完成后，应对所有焊道采用磁粉检测或渗透检测等进行无损检测，表面应无裂纹、气孔、夹渣等焊接缺陷。

e) 套袖的其他使用方法：

1) 串联法，单个套袖长度不满足管道修复长度时，可在套袖串联部位安装一环形垫板，使用对焊的方法连接两个套袖；

2) 桥联法，单个套袖长度不满足管道修复长度时，可用一稍大的套袖连接两个管道上的套袖。本方法也适用于以前维修的套袖的角焊缝位置出现裂纹等缺陷的维修。

11.5.6 复合材料修复：

a) 复合材料修复适用于管道、异型管件外部非泄漏缺陷的补强，不适于裂纹，内腐蚀等缺陷。

b) 不适于易滑坡、洪水冲击等地质灾害频发区域。

c) 复合材料厂企业应提供强度试验数据报告和使用寿命证明文件。

d) 采用复合材料进行的维抢修，宜在其两端安装定位钢带，以便于以后内检测的定位。

e) 复合材料的安装过程应遵守材料厂企业的安装说明和管道运营方的要求，作业人员应经过充分培训。

f) 玻璃纤维复合材料修复应满足以下要求：

1) 管道缺陷表面除锈等级要达到 Sa2 的要求；

2) 修复时应尽量减少修复层的接头数量；

3) 应根据确定的修复层总轴向长度，以缺陷部位为中心进行缠绕，使纤维与管道轴向垂直；

4）碳纤维复合材料修复采用湿缠绕法时，应满足以下要求：

——复合材料与缺陷处管道的剩余壁厚之和的承压能力应大于或等于原壁厚管道的承压能力。

——清除旧防腐层长度应超出待修复缺陷两侧各 500mm，表面除锈等级达到 Sa2.5 级的长度应超出修复两端各 100mm。

——施工过程中，碳纤维布层间不应留有气泡。

——每 20 处修复点至少抽查 1 个点按材料的要求进行修复层附着力测试，不足 20 处时至少抽查一个。若 1 处不合格，应另选取 2 处再抽查，如仍有不合格，该修复段全部返修。完成测试后，应对测试点进行修复。

——碳纤维修复时应采取绝缘措施，避免形成二次电化学金属腐蚀。

g）其他复合材料的修复在有可靠的应用证明的条件下可使用。

11.5.7 换管修复：

a）换管修复可采用停输换管和不停输换管。停输换管包括封堵、局部隔离、大放空等方法；不停输换管包括架设旁通、封堵、局部隔离等方法。

b）换管应满足如下要求：

1）断管作业环境有可燃气体时应采用冷切割作业，断管前氮气或惰性气体置换完成后，可进行火焰切割作业；

2）断管后，应对管内和管口进行清理，并采取气囊、黄油墙等隔离措施，隔离处距管口一倍管径；

3）为防止隔离管段内压力积聚，应在隔离管段上开排气孔，并在动火作业过程中持续检查；

4）更换管段强度应不低于原管道的设计要求；

5）管段长度应不小于管道外径，且不小于 500mm，特殊情况不小于 150mm；

c）采用不停输封堵换管应执行 GB/T 28055 的规定。

d）焊接时应执行焊接工艺规程，对于磁偏吹现象严重的管线，应采取消磁措施。

e）对接焊道的焊接与检测应符合第 8 章的要求。

f）换管作业可使用快速连接套袖，快速连接套袖的使用应符合下列规定：

1）使用时应将安装区域的表面涂层清理干净，被修复管道连接区焊道应打磨至母材厚度；

2）调整端部径向圆周螺栓至快速连接套袖与被修复管道圆周间隙均匀；

3）端部圆周轴向螺栓应均匀紧固；

4）对口管端内外尖角应倒钝，对口间隙应不大于 10mm。

11.6 抢修作业

11.6.1 引流式补强套袖修复：

a）引流式补强套袖适用于泄漏缺陷的抢修。

b）引流式补强套袖修复应满足如下要求：

1）利用链卡等机具将套袖上下护板固定在待修复腐蚀管线上，上下护板坡口对接间距宜为 3mm～6mm。

2）检测引流式抢修套袖焊缝位置的可燃气体浓度，当可燃气体浓度低于其爆炸下限的 10%时，清除套袖纵向对接焊缝及环向角焊缝管线位置的油漆及防腐层；若可燃气体浓度大于爆炸下限的 10%时，应检查密封的严密性，并采取强制通风措施降低可燃气体浓度。

3）测量套袖两端环向角焊缝处管线的壁厚值，应满足焊接要求。

4）套袖的纵向对接焊缝焊接时应全部焊透，纵向对接焊缝位置内侧应预加垫板，防止焊到管壁上。

5） 套袖使用角焊方式与管道连接。环向角焊缝焊脚尺寸为套袖壁厚与组对间隙之和；套袖壁厚大于1.4倍管道壁厚，焊脚尺寸不小于1.4倍管道壁厚。

6） 焊接完成后，应将引流孔封堵。

c） 全部作业完成后，应使用SY/T 4109规定的方法对所有焊道采用磁粉检测或渗透检测等进行无损检测，表面应无裂纹、气孔、夹渣等焊接缺陷。

11.6.2 顶针式卡具修复：

a） 顶针式卡具修复适用于腐蚀穿孔泄漏缺陷的抢修。

b） 顶针式卡具修复应满足如下要求：

1） 圆锥顶针应插入管线内部，插入长度应不大于10mm；

2） 检测顶针式卡具焊接位置的可燃气体浓度，当可燃气体浓度大于爆炸下限的10%时，应检查密封的严密性，并采取强制通风措施降低可燃气体浓度；

3） 测量焊接凸台与管线本体连接部位的壁厚值，满足焊接要求。

c） 全部作业完成后，应使用SY/T 4109规定的方法对所有焊道采用磁粉检测或渗透检测等进行无损检测，表面应无裂纹、气孔、夹渣等焊接缺陷。

11.6.3 补板式卡具修复：

a） 补板式卡具修复适用于腐蚀泄漏缺陷的抢修。

b） 补板式卡具修复应满足如下要求：

1） 补板的尺寸及形状满足11.5.3要求；

2） 卡具正对泄漏点，用链卡等机具均匀夹紧；

3） 检测补板式卡具焊接位置的可燃气体浓度，当可燃气体浓度大于爆炸下限的10%时，应检查密封的严密性，并采取强制通风措施降低可燃气体浓度；

4） 应测量焊接补板与管线本体连接部位的壁厚值，满足焊接要求；

5） 焊接完成后，应将引流孔封堵。

c） 全部作业完成后，应使用SY/T 4109规定的方法对所有焊道采用磁粉检测或渗透检测等进行无损检测，表面应无裂纹、气孔、夹渣等焊接缺陷。

11.6.4 封头式卡具修复：

a） 封头式卡具修复适用于管道上带有突出物（如压力表接头、非法开孔遗留的阀门等）的抢修。

b） 封头式卡具修复应满足如下要求：

1） 封头式卡具腔体尺寸应能够容纳被修复管道上的突起物；

2） 焊接完成后，应将引流孔封堵。

c） 全部作业完成后，应使用SY/T 4109规定的方法对所有焊道采用磁粉检测或渗透检测等进行无损检测，表面应无裂纹、气孔、夹渣等焊接缺陷。

11.6.5 带压密封修复：

a） 带压密封修复适用于穿孔、法兰密封泄漏等缺陷。

b） 带压密封修复可采用机械式对开卡具、法兰卡具、弯头卡具等方法。

c） 带压密封修复应满足如下要求：

1） 应使用专用设备及材料实施；

2） 带压密封安装后应持续监护，发现泄漏则应重新紧固、加压。

11.7 防腐施工

11.7.1 应对维抢修完成后的管道区域进行防腐，并满足管道运行的条件。

11.7.2 工程质量符合设计文件及本章的规定。

11.8 施工后的要求

11.8.1 应由专业人员对修复后的管道进行检验，合格后由管道运营方恢复正常运行。
11.8.2 应根据当地政府相关法律法规，对施工垃圾和污染的土壤进行处理。
11.8.3 修复完成后应恢复原始地貌。

11.9 标志

回填时应采取措施防止破坏防腐层，回填后应设置维抢修标识标志桩。

11.10 恢复运行

11.10.1 维修工作完成并进行了全面检查后，应由指定的人员通知调度运行单位，管道已处于可投入运行状态。
11.10.2 根据控制中心指令，操作相关的阀门和电路开关，并通知有关部门和人员。
11.10.3 管道修复后，对所修复管段进行现场监控以防泄漏，直至管道恢复正常运行。
11.10.4 拆封所有的恒电位仪封条并开始工作。
11.10.5 应仔细做好回填工作，确保不损坏任何原有或新换管道的涂层。
11.10.6 维抢修作业完成后，应恢复现场原貌。
11.10.7 根据国家有关规定，对被污染土壤及材料进行处理。

12 在役管道检验

12.1 一般规定

12.1.1 在役管道检验应依据 TSG D7003 有关规定进行，管道的检验应基于风险程度制定检验方案，风险评估方法应依据 GB/T 27512。
12.1.2 开展定期检验的单位和人员应在认可的资格范围内从事检验与评价工作。
12.1.3 检测中发现的管道本体缺陷应按 GB/T 30582 和 GB/T 19624 及其他相关标准进行评估。
12.1.4 定期检验使用的仪器设备应按国家相关规定进行鉴定或校验。内检测工作开始前应对检测器进行牵拉试验，直接检测工作开始前应对检测设备进行性能校验。
12.1.5 定期检验工作开展前，检验机构应制定检验方案。方案应符合相关安全技术规范的要求。

12.2 全面检验

12.2.1 应优先选择管道内检测方法，对不具备管道内检测条件的管道，应采用直接检测法。选用内检测方法时，仍应对外腐蚀防护系统进行检测评价。
12.2.2 检验报告可包含管道剩余强度评估、管道超标缺陷安全评定，管道剩余寿命预测等管道安全评价的内容及管道维修建议。

12.3 在役管道内检测

12.3.1 管道检测必备的条件：

a) 收发筒除满足管道工艺设计的要求外，还应满足 GB/T 27699 的要求。
b) 管道上三通的挡条或挡板设置、开孔要求应符合 GB/T 27699 的规定。
c) 管道弯头的曲率半径应满足检测器的通过性能指标。相邻弯头间的直管段长度应大于管道外径。
d) 管道沿线阀门指示器指示准确。全开状态的阀门内径应满足检测器的通过性能。

e) 管道直管段变形量不应超过检测器的通过性能。

12.3.2 管道内检测方法、设备及周期的选择：

a) 管道内检测方法、设备可符合附录K的要求。管道运营企业可根据管道运行条件和检测目的选择合适的检测方法及设备。

b) 检测周期的确定应符合下列要求：

1) 新建管道应在投产3年内进行首次管道内检测；

2) 管道内检测周期应不超过8年。

c) 属于下列情况之一的长输管道，应立即进行内检测：

1) 1年内多次发生泄漏、爆管等事故的管道以及受自然灾害、第三方破坏严重的管道；

2) 管道运行工况发生显著改变导致运行风险提高的管道；

3) 输送介质种类发生重大变化，改变为更危险介质的管道；

4) 停用超过1年后再启用的封存管道；

5) 有重大修理改造的管道；

6) 所在地发生地震、海啸、泥石流等重大地质灾害的管道。

d) 属于下列情况之一的长输管道，应适当缩短检测周期：

1) 位于后果严重区内的管道；

2) 发现应力腐蚀、严重局部腐蚀或全面腐蚀的管道；

3) 承受交变载荷，可能导致疲劳失效的管道；

4) 防腐保温层损坏严重或无有效阴保的管道；

5) 风险评估发现风险值较高的管道；

6) 日常维护检查中发现严重问题的管道；

7) 检验人员和管道使用单位认为应该缩短检验周期的管道。

12.3.3 检测前准备：

a) 检测机构应在管道运营企业的配合下对管道调查表中的内容进行现场勘察；

b) 检测器在投运前应进行标定；

c) 检测前检测机构应对管道沿线进行设标。设标间距应符合GB/T 27699的要求。

12.3.4 检测前的清管作业：

a) 检测前应进行常规清管、测径清管、特殊清管，清管要求应符合GB/T 27699的要求；

b) 清管期间清管器应装有跟踪仪器；

c) 清管次数及效果应以清出杂质少于5kg且满足检测器运行要求为合格。

12.3.5 变形检测：

a) 投运几何变形检测器的条件应符合GB/T 27699的规定；

b) 几何变形检测器数据检查的要求应按符合GB/T 27699的规定执行。

12.3.6 金属损失检测：

a) 管道检测器投运接收要求、跟踪设标、数据检查应符合GB/T 27699的规定；

b) 若数据不完整，且影响检验报告的结论或检测机构对管道的安全评价，应及时进行复检。

12.3.7 检测数据的处理与报告：

a) 变形检测器运行完成后，应在现场完成检测数据预处理，报告变形量超过管道外径5%的几何变形点的相关信息；

b) 金属损失检测完成后，应在现场完成检测数据预处理，报告金属损失大于管道公称壁厚的50%以上的金属损失点的相关信息；

c) 检测完成后，应出具管道的总体评价；

d) 检验报告的内容和信息要求见GB/T 27699的规定。

12.3.8 验证及验证报告：

a) 管道运营企业收到检验报告后应选择缺陷进行开挖验证、测绘。

b) 应将验证点的测量结果与检测结果进行比对，若事先没有具体约定，检测概率和可信度均不应低于80%。

c) 验证报告：

1) 验证报告中应以表格的形式详细描述开挖验证点的检测结果和实测结果；

2) 验证报告内容应符合GB/T 27699的要求。

12.4 在役管道外腐蚀直接检测

12.4.1 外腐蚀直接检测：

外腐蚀检测过程包括管线敷设环境调查、检测方法和设备的选择、管道阴极保护检测、管道外防腐层地面检测、开挖直接检测和评价、检验报告等。

12.4.2 管线敷设环境调查：

管道资料收集与调查应依据GB/T 30582—2014第5章规定进行。

12.4.3 检测方法和设备的选择：

a) 对同一被检管段应采用相同的检测方法，并考虑该方法对防腐层漏点及腐蚀活性点的检出能力。

b) 对一种检测方法检出和评价的"严重"点应采用另一种互补的检测方法进行再检，加以验证。

c) 检测方法的选择参见附录L。检测中也可使用其他的检测方法，但应确定评价的可靠性及可行性。

d) 现场检测应配置必要的专用仪表、设备，检测使用的仪表、设备性能应符合GB/T 21246及GB/T 19285—2014附录D、附录E的规定。

12.4.4 管道阴极保护检测：

阴极保护参数测量应符合GB/T 21246及GB/T 19285的规定。

12.4.5 管道外防腐层地面检测：

a) 防腐层检测方法包括交流电流衰减法(ACAS)、交流地电位梯度法(ACVG)、直流地电位梯度法(DCVG)等检测方法；

b) 在进行防腐层检测时，选用的检测方法和设备应考虑被检管道的适用性，应选择两种检测方法以相互补充和验证；

c) 管道外防腐层检测设备、基本要求和数据处理应符合GB/T 19285—2014附录D、附录E的规定；

d) 采用已确定的检测方法或其他经过确认的检测方法进行检测时，应选择足够小的测量间距以满足评价的要求；

e) 所选间距应保证检测方法能够测出并确定管段上可疑的腐蚀活性点位置；

f) 同一管段两种检测方法宜连续进行；

g) 分析对比不同测试方法的数据时，应防止位置误差造成的数据不吻合；

h) 对检测结果进行分级评价时，可按表75中提出的评价等级进行评价。

表75 检测结果的评价等级

检测方法	轻	中	严重
直流电位梯度法(DCVG)	电位梯度IR%较小，CP在通/断电时均处于阴极状态	电位梯度IR%中等，CP在断电时处于中性状态	电位梯度IR%较大，CP在通/断电状态均处于阳极状态
交流电位梯度法(ACVG)	低电压降	中等电压降	高电压降

表 75 检测结果的评价等级(续)

检测方法	轻	中	严重
密间隔电位法(CIPS)	通/断电电位轻微负于阴极保护电位准则	通/断电电位中等偏离并正于阴极保护电位准则	通/断电电位大幅度偏离并正于阴极保护电位准则
交流电流衰减法(ACAS)	单位长度衰减量小	单位长度衰减量中等	单位长度衰减量较大
注：该表提供的评价指标是相对而言的通用性指标，不是绝对指标。			

12.4.6 交直流干扰腐蚀评价：

a) 交流干扰程度依据 GB/T 50698 进行检测、评价；

b) 直流干扰程度应依据 GB 50991 的规定进行检测、评价。

12.4.7 管道直接开挖检测：

a) 直接开挖检测的一般要求应符合 SY/T 0087.1—2006 中 5.3 的规定。

b) 土壤腐蚀性检测应符合下列要求：

——土壤腐蚀性检测可采用土壤电阻率测试或原位极化法、试片失重法等方法测试，必要时对土壤取样进行实验室分析；

——土壤采样点、土壤腐蚀性埋片点及土壤腐蚀电流密度测试点应一致。需要时可采集水样进行分析；

——评价土壤腐蚀性等级应按 GB/T 21447 或 GB/T 19285 的规定进行划分；

——对需要进行土壤细菌腐蚀程度评价的管道，宜采用土壤电位分析仪和室内取样分析的方法，测定土壤的氧化还原电位，并按 GB/T 21447 的规定进行评价。

12.4.8 防腐层检测应符合下列要求：

管道外防腐层检测应符合 GB/T 30582—2014 中 6.3.3.2.4 的规定。

12.4.9 管体腐蚀状况检测应符合下列要求：

管体腐蚀状况检测的项目和方法应符合 GB/T 30582—2014 中 6.3.3.2.6 的规定。

12.4.10 管道安全评价：

管道腐蚀状况的安全评价应按 GB/T 30582—2014 中 7.3 的规定执行。

12.5 检验报告：

a) 检验单位在检测评价任务完成后，应及时出具检验报告。

b) 检验单位应保证出具的检验报告的科学性、公正性和准确性。

c) 检验报告应包括以下内容：

1) 检验项目和采用的方法；

2) 检验数据的收集、确认和分类；

3) 缺陷或异常评估结果；

4) 检验结论；

5) 修复和整改意见；

6) 监测和周期性再检测评价的建议。

附 录 A
(资料性附录)
水力摩阻系数 λ 计算

水力摩阻系数 λ 应按表 A.1 中的雷诺数 Re 划分流态范围，选择相应公式计算。

表 A.1 雷诺数 Re 划分范围及水力摩阻系数 λ 计算

流态		划分范围	$\lambda=f\left(Re,\ \frac{2e}{d}\right)$
层流		$Re<2000$	$\lambda=\frac{64}{Re}$
紊流	水力光滑区	$3000<Re\leqslant Re_1=\frac{59.7}{\left(\frac{2e}{d}\right)^{\frac{8}{7}}}$	$\frac{1}{\sqrt{\lambda}}=1.8\lg Re-1.53$
			$Re<10^5$ 时 $\lambda=\frac{0.3164}{Re^{0.25}}$
	混合摩擦区	$Re_1<Re\leqslant Re_2=\frac{665-765\lg\left(\frac{2e}{d}\right)}{\frac{2e}{d}}$	$\frac{1}{\sqrt{\lambda}}=-2\lg\left(\frac{e}{3.7d}+\frac{2.51}{Re\sqrt{\lambda}}\right)$ $\lambda=0.11\left(\frac{e}{d}+\frac{68}{Re}\right)^{0.25}$
	粗糙区	$Re>Re_2$	$\lambda=\frac{1}{\left(1.74-2\lg\frac{2e}{d}\right)^2}$

注 1：Re——输油平均温度下管内输送牛顿流体时的雷诺数：

$$Re=\frac{4q_v}{\pi d\nu}$$

式中：

q_v——输油平均温度下的体积流量，单位为立方米每秒(m^3/s)；

d——输油管道的内直径，单位为米(m)；

ν——输油平均温度下的运动黏度，单位为平方米每秒(m^2/s)。

注 2：当 $2000<Re<3000$ 时，可按水力光滑区计算。

注 3：Re_1——由水力光滑区向混合摩擦区过渡的临界雷诺数。

注 4：Re_2——由混合摩擦区向粗糙区过渡的临界雷诺数。

注 5：e——管内壁绝对(当量)粗糙度。

附　录　B
（资料性附录）
幂律流体管段沿程摩阻计算

幂律流体管段沿程摩阻应按表 B.1 中的雷诺数 Re 划分流态范围，选择相应公式计算。

表 B.1　幂律流体管段沿程摩阻 h_τ 计算

雷诺数	流态	划分范围	沿程摩阻 h_τ（m 液柱）	备注
$Re_{MR}=\dfrac{d^n V^{2-n}\rho}{\dfrac{K_m}{8}\left(\dfrac{6n+2}{n}\right)^n}$	层流	$Re\leqslant 2000$	$h_\tau=\dfrac{4K_m L}{\rho d}\left(\dfrac{32q_v}{\pi d^3}\right)^n\left(\dfrac{3n+1}{4n}\right)^n$	—
	紊流	$Re>2000$	$h_\tau=0.0826\lambda_\tau\dfrac{q_v{}^2}{d^5}L$ $\dfrac{1}{\sqrt{f}}=\dfrac{4.0}{n^{0.25}}\lg(Re_{MR}\cdot f^{1-\frac{n}{2}})-\dfrac{0.4}{n^{1.2}}$ $\lambda_\tau=4f$	Dodge—Metzner 半经验公式

注：h_τ——幂律流体管段的沿程水力摩阻，油柱，单位为米(m)；
Re_{MR}——幂律流体管段流动的雷诺数；
n——幂律流体的流变指数；
K_m——幂律流体的稠度系数，Pa·sn；
ρ——输油平均温度下的幂律流体密度，单位为千克每立方米(kg/m³)；
λ_τ——幂律流体管段的水力摩阻系数；
V——幂律流体管段管内的流速，单位为米每秒(m/s)；
f——范宁(fonning)摩阻系数。

附 录 C
（规范性附录）
埋地输油管道开始失稳的临界轴向力和计算弯曲半径

C.1 临界轴向力

C.1.1 埋地直线管段开始失稳时的临界轴向力，可按式(C.1)、式(C.2)计算：

$$N_{cr}=2\sqrt{K_e DEI'} \quad \cdots\cdots (C.1)$$

$$K_e=\frac{0.12E'n_e}{(1-\mu_0^2)\sqrt{jD}}\left(1-e\frac{-2h_0}{D}\right) \quad \cdots\cdots (C.2)$$

式中：

N_{cr}——管道开始失稳时的临界力，单位为兆牛(MN)；
K_e——土壤的法向阻力系数，单位为兆帕每米(MPa/m)；
D——管道外直径，单位为毫米(mm)；
E——钢材弹性模量，取值 2.05×10^5，单位为兆帕(MPa)；
I'——钢管横截面惯性矩，单位为四次立米(m^4)；
E'——回填土的变形模量，单位为兆帕(MPa)；
n_e——回填土变形模量降低系数，根据土壤中含水量的多少和土壤结构破坏程度取 0.3~1.0；
μ_0——土壤的泊桑系数，砂土取 0.2~0.25，坚硬的和半坚硬的黏土、粉质黏土取 0.25~0.30，塑性的取 0.30~0.35，流性的取 0.35~0.45；
j——管道的单位长度，单位为米(m)(j=1m)；
h_0——地面(或土堤顶)至管道中心距离，单位为米(m)。

C.1.2 对于埋地向上凸起的弯曲管段开始失稳时的临界轴向力，可按式(C.3)~式(C.5)计算：

$$N_{cr}=0.375Q_u R_0 \quad \cdots\cdots (C.3)$$

$$Q_u=q_0+n_0 q_1 \quad \cdots\cdots (C.4)$$

$$q_1=\gamma D(h_0^2-0.39D)+\gamma h_0^2\tan 0.7\phi+\frac{0.7ch_0}{\cos 0.7\phi} \quad \cdots\cdots (C.5)$$

式中：

Q_u——管道向上位移时的极限阻力，单位为兆牛每米(MN/m)；当管道有压重物或锚栓锚固时，应计入压重物的重力或锚栓的拉脱力，在水淹地区应计入浮力作用；
R_0——管道的计算弯曲半径，单位为米(m)；
q_0——单位长度钢管重力和管内、油品重力，单位为兆牛每米(MN/m)；
n_0——土壤临界支承能力的折减系数，取 0.8~1.0；
q_1——管道向上位移时土的临界支承能力，单位为兆牛每米(MN/m)；
ϕ——回填土的内摩擦角，单位为度(°)；
c——回填土的内聚力，单位为兆牛每平方米(MN/m^2)。

C.1.3 对于敷设在土堤内水平弯曲的管段，失稳时的临界轴向力可按式(C.6)~式(C.10)计算：

$$N_{cr}=0.212Q_b R_0 \quad \cdots\cdots (C.6)$$

$$Q_b=q_f+n_0 q_2 \quad \cdots\cdots (C.7)$$

$$q_f=q_0\tan\phi \quad \cdots\cdots (C.8)$$

$$q_2 = \gamma\tan\phi\left[\frac{Dh_1}{2}+\frac{(b_1+b_2)h_1}{4}-D^2\right]+\frac{C(b_2-D)}{2} \quad\cdots\cdots\cdots\cdots\cdots\cdots\cdots\cdots (C.9)$$

$$q_2 = \gamma h_0 D\left[\tan^2\left(45°+\frac{\phi}{2}\right)\right]+\frac{2c}{\gamma h_0}\tan\left(45°+\frac{\phi}{2}\right) \quad\cdots\cdots\cdots\cdots\cdots\cdots\cdots\cdots (C.10)$$

式中：

Q_b——管道横向位移时的极限阻力，单位为兆牛每米(MN/m)；

q_f——单位长度上的管道摩擦力，单位为兆牛每米(MN/m)；

q_2——管道横向位移时土的临界支撑能力，单位为兆牛每米(MN/m)；

h_1——土堤顶至管底的距离，单位为米(m)；

b_1——土堤顶宽，单位为米(m)；

b_2——土堤底宽，单位为米(m)。

注：管道横向位移时的土的临界支承能力按式(C.9)和式(C.10)计算，取二者中的较小值。

C.2 管道弯曲轴线的诸弯曲半径

C.2.1 当埋地输油管道按弹性弯曲敷设时，弹性弯曲的弯曲半径大于钢管的外直径的1000倍，且曲线的弦长大于或等于管道失稳波长时，管道的计算弯曲半径取管道弹性弯曲的实际弯曲半径。

C.2.2 当管道曲线的弦长小于失稳波长，且满足式(C.11)时，计算弯曲半径按式(C.12)计算。

$$L+\frac{L_0}{2}\geqslant\frac{L_{cr}}{2} \quad\cdots\cdots\cdots\cdots\cdots\cdots\cdots\cdots (C.11)$$

$$R_0=\frac{2L_{cr}^2\cos\frac{\theta}{2}}{\pi^2\left[L_{cr}\sin\frac{\theta}{2}-2R\left(1-\cos\frac{\theta}{2}\right)\right]} \quad\cdots\cdots\cdots\cdots\cdots\cdots\cdots\cdots (C.12)$$

$$L_{cr}^2=\frac{265EI}{Q_u R_0\left(1+\sqrt{1+\frac{80EIC_P}{Q_u^2R_0^2}}\right)} \quad\cdots\cdots\cdots\cdots\cdots\cdots\cdots\cdots (C.13)$$

$$L_{cr}^2=\frac{93.5EI}{Q_b R_0\left(1+\sqrt{1+\frac{80EIC_P}{Q_h^2R_0^2}}\right)} \quad\cdots\cdots\cdots\cdots\cdots\cdots\cdots\cdots (C.14)$$

$$C_P=\frac{q_1}{h_1} \quad\cdots\cdots\cdots\cdots\cdots\cdots\cdots\cdots (C.15)$$

式中：

L——与弯曲两段管侧连接的每一直管段的长度，单位为米(m)；

L_0——弯曲管段的弦长，单位为米(m)；

L_{cr}——管道的失稳波长，单位为米(m)；当管道向上凸起(拱起)时的弯曲管段按式(C.15)计算；在土堤内水平弯曲管段按式(C.14)计算；

R_0——管道的计算弯曲半径，单位为米(m)；

R——管道轴线的弯曲半径，单位为米(m)；

q_1——单位长度上的管道摩擦力，单位为兆牛每米(MN/m)；

θ——管道的转角，单位为度(°)；

C_P——土的卸载系数；

h_1——地面(或土堤顶)至管底的距离，单位为米(m)。

C.2.3 当设计管段由两个冷弯管组成，且弯管之间的直线管段满足式(C.16)时，计算弯曲半径按式(C.17)计算。

$$R_1\sin\frac{\theta_1}{2}+R_2\sin\frac{\theta_2}{2}+L\leqslant L_{cr} \quad \cdots\cdots\cdots\cdots\cdots\cdots\cdots\cdots\cdots\cdots\cdots\cdots (C.16)$$

$$R_0=\frac{2L_{cr}^2}{\pi^2\left[L_{cr}\tan\frac{\theta_1+\theta_2}{2}\left(L+R_1\tan\frac{\theta_1}{2}+R_2\tan\frac{\theta_2}{2}\right)\times\left(\sin\frac{\theta_2-\theta_1}{2}-\tan\frac{\theta_1+\theta_2}{2}\cos\frac{\theta_2-\theta_1}{2}\right)\right]} \quad \cdots (C.17)$$

式中：

R_1、R_2——分别是两个弯管的弯曲半径，单位为米(m)；

θ_1、θ_2——分别是两个弯管的转角，单位为度(°)；

L——两个弯管之间的直管段长度，单位为米(m)。

C.2.4 当设计管段内为一弯曲半径不大于钢管外直径5倍的弯头时，其弯曲半径按式(C.18)计算。

$$R_0=\frac{2L_{cr}}{\pi^2\tan\frac{\theta}{2}} \quad \cdots\cdots\cdots\cdots\cdots\cdots\cdots\cdots\cdots\cdots\cdots\cdots\cdots\cdots (C.18)$$

附　录　D
（规范性附录）
站场施工常用技术参数

本附录提出了管端的坡口型式及组对尺寸、管道安装允许偏差、常用管材焊前预热及焊后热处理工艺条件见表 D.1、表 D.2 和表 D.3。

表 D.1　管端的坡口型式及组对尺寸

名称	坡口型式	坡口尺寸 mm 壁厚 δ mm	坡口尺寸 mm 角度 α	坡口尺寸 mm 钝边 P mm	间隙 b mm
管道与 管件对接	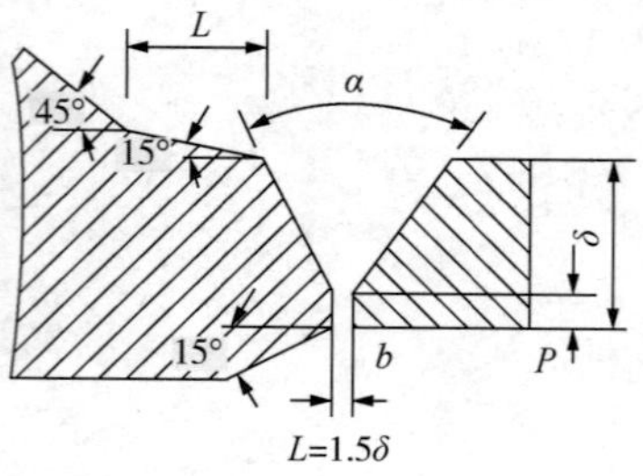	<9	70°±5°	上向焊 1~2	上向焊 1~2.5
				下向焊 1~1.5	下向焊 1~2.0
		≥9	60°±5°	上向焊 1~2	上向焊 1~3.5
				下向焊 1~1.5	下向焊 1~2.0
管道与 管件对接	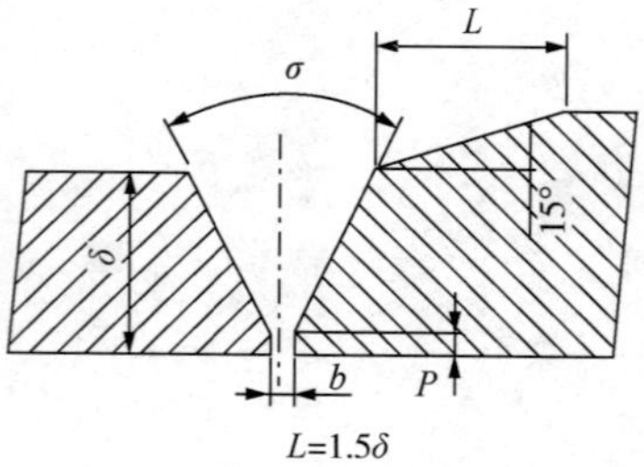	<9	70°±5°	上向焊 1~2	上向焊 1~2.5
				下向焊 1~1.5	下向焊 1~2.0
		≥9	60°±5°	上向焊 1~2	上向焊 1~3.5
				下向焊 1~1.5	下向焊 1~2.0
管道对接	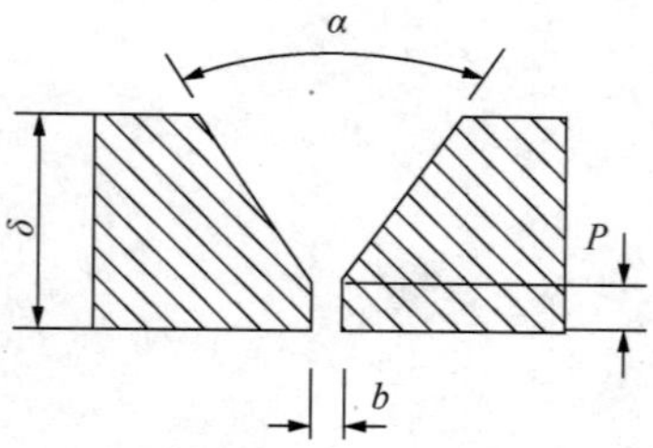	<9	70°±5°	上向焊 1~2	上向焊 1~2.5
				下向焊 1~1.5	下向焊 1~2.0
		≥9	60°±5°	上向焊 1~2	上向焊 1~3.5
				下向焊 1~1.5	下向焊 1~2.0
不等壁厚 对接削薄 处理	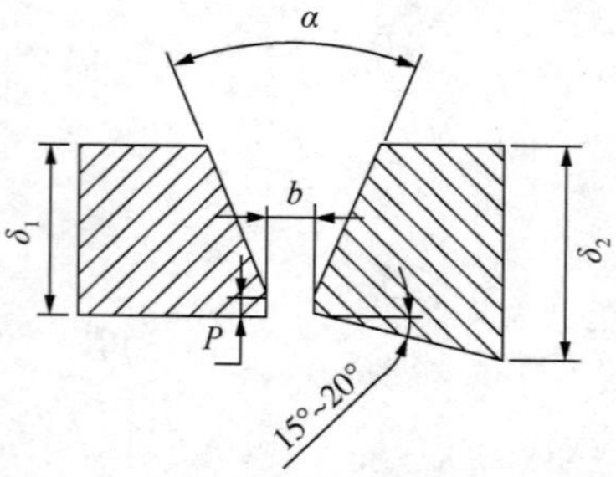	<9	70°±5°	上向焊 1~2	上向焊 1~2.5
				下向焊 1~1.5	下向焊 1~2.0
		≥9	60°±5°	上向焊 1~2	上向焊 1~3.5
				下向焊 1~1.5	下向焊 1~2.0

表 D.1 管端的坡口型式及组对尺寸(续)

名称	坡口型式	壁厚 δ mm	坡口尺寸 mm 角度 α	坡口尺寸 mm 钝边 P mm	间隙 b mm
不等壁厚对接封底焊接	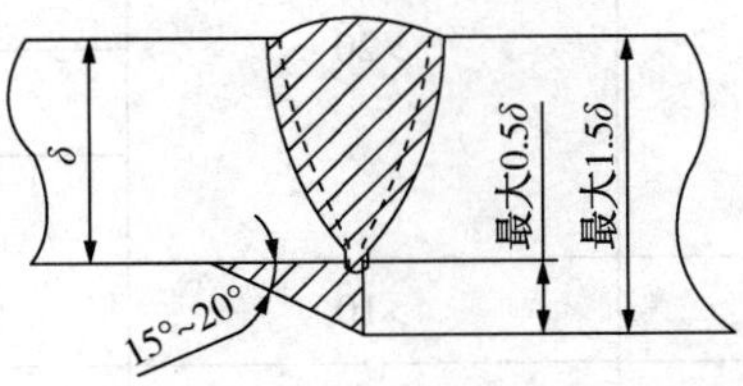	<9	70°±5°	上向焊 1~2	上向焊 1~2.5
				下向焊 1~1.5	下向焊 1~2.0
		≥9	60°±5°	上向焊 1~2	上向焊 1~3.5
				下向焊 1~1.5	下向焊 1~2.0
支管与支管台坡口	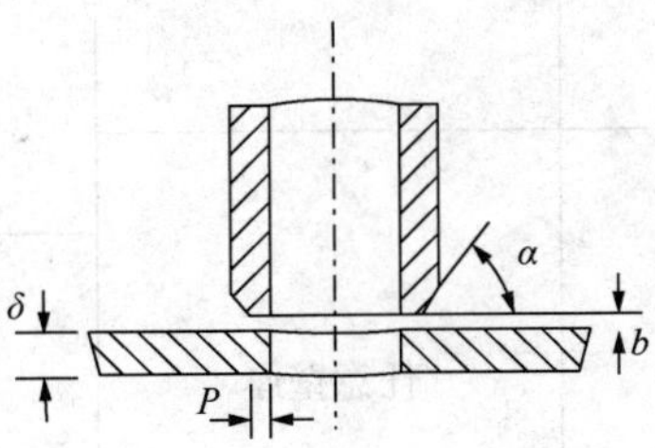	≥6	50°±5°	1.0~1.5	1.5~2.5
三通接头主管坡口	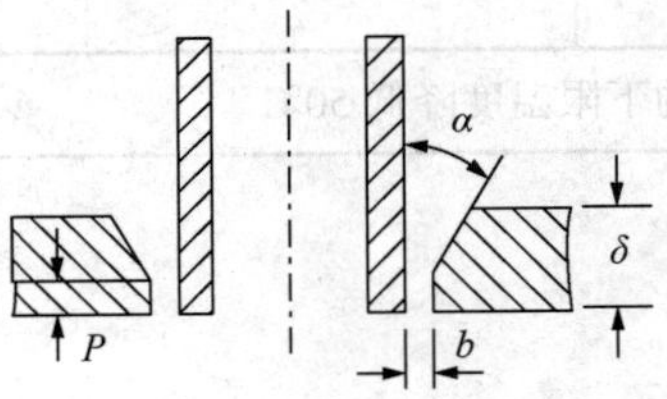	≥6	50°±5°	1.0~1.5	1.5~2.5

表 D.2 管道安装允许偏差

单位为毫米

项目		允许偏差	
坐标	架空	±10	
	地沟	±7	
	埋地	±20	
标高	架空	±10	
	地沟	±7	
	埋地	±20	
平直度	DN≤100	≤2L/1000	最大 40
	DN>100	≤3L/1000	最大 70
铅垂度		≤3H/1000	最大 25
成排	在同一平面上的间距	±10	
交叉	管外壁或保温层的间距	±7	

注： L 为管道有效长度；DN 为管道公称直径；H 为管道有效高度。

表 D.3　常用管材焊前预热及焊后热处理工艺条件

钢种	焊前预热		焊后热处理	
	壁厚 δ/mm	温度/℃	壁厚 δ/mm	温度/℃
C	≥26	100～200	>30	600～650
C-Mn	≥15	150～200	>20	
Mn-V				560～590
C-0.5 Mo				600～650
0.5 Cr-0.5 Mo				650～700
1 Cr-0.5 Mo	≥10	150～250	>10	
1 Cr-0.5 Mo-V	≥6	200～300	>6	700～750
1.5 Cr-1 Mo-V				
2.25 Cr-1 Mo				
5 Cr-1 Mo		250～350	任意壁厚	
9 Cr-1 Mo				750～780
2 Cr-0.5 Mo-WV				
3 Cr-1 Mo-VTi				
12 Cr-1 Mo-V				

注：当采用钨极氩弧焊打底时，焊前预热温度按照表中规定的下限温度降低 50℃。

附　录　E
(资料性附录)
管道加热输送埋地管线温降计算

加热输送埋地管线温降由列宾宗温降式计算，见式(E.1)~式(E.3)：

$$\frac{T_R - T_0 - b}{T_L - T_0 - b} = \exp(al) \quad \cdots\cdots \text{(E.1)}$$

$$b = \frac{gi}{ca} \quad \cdots\cdots \text{(E.2)}$$

$$a = \frac{K\pi D}{Gc} \quad \cdots\cdots \text{(E.3)}$$

式中：

T_R——管道起点油温，单位为摄氏度(℃)；

T_0——环境温度，埋地管道取管中心埋深处自然地温，单位为摄氏度(℃)；

T_L——距起点 L 处油温，单位为摄氏度(℃)；

l——管道加热输送长度，单位为米(m)；

a，b——参数；

K——管道总传热系数，单位为瓦每平方米摄氏度[W/(m^2·℃)]；

D——管道外直径，单位为米(m)；

g——重力加速度，单位为米每平方秒(m/s^2)；

i——油流水力坡降，单位为米每米(m/m)；

G——油品的质量流量，单位为千克每秒(kg/s)；

c——输油平均温度下油品的比热容，单位为焦每千克摄氏度[J/(kg·℃)]。

附 录 F
(资料性附录)
试运投产期间工艺计算

F.1 输气量计算

F.1.1 当管段起点与终点的相对高差 $\Delta h \leqslant 200\text{m}$ 时，按式(F.1)计算。

$$Q=11522Ed^{2.53}\left[\frac{p_1^2-p_2^2}{ZTLG^{0.961}}\right]^{0.51} \quad \cdots\cdots (F.1)$$

式中：

Q——气体流量($p_0=0.101325\text{MPa}$，$t_0=293.15\text{K}$)，单位为立方米每天(m^3/d)；

E——输气管的效率系数，当 DN 为 300~800 时，$E=0.8\sim0.9$；当 $DN>800$ 时，$E=0.91\sim0.94$；

d——输气管内直径，单位为厘米(cm)；

p_1，p_2——输气管段内起点、终点气体压力(绝)，单位为兆帕(MPa)；

Z——气体的压缩系数；

T——输气的平均温度，单位为开(K)；

L——输气管段计算长度，单位为千米(km)；

G——气体的相对密度。

F.1.2 当管段起点与终点的相对高差 $\Delta h>200\text{m}$ 时，按式(F.2)计算。

$$Q=11522Ed^{2.53}\left\{\frac{p_1^2-p_2^2(1+a\Delta h)}{ZTLG^{0.961}\left[1+\frac{a}{2L}\sum_{i=1}^{n}(h_i+h_{i-1})L_i\right]}\right\}^{0.51} \quad \cdots\cdots (F.2)$$

式中：

a——系数，单位为每米(m^{-1})；

Δh——输气管终点和起点的标高差，单位为米(m)；

n——输气管沿线高差变化所划分的计算段数；

h_i，h_{i-1}——各分管段终点和起点的标高，单位为米(m)；

L_i——各分管段长度，单位为千米(km)。

F.2 管道运行压力计算

F.2.1 管道内平均压力按式(F.3)计算(不考虑节流效应)。

$$p_{\mathrm{m}}=\frac{2}{3}\left(p_1+\frac{p_2^2}{p_1+p_2}\right) \quad \cdots\cdots (F.3)$$

式中：

p_{m}——管道内气体平均压力(绝)，单位为兆帕(MPa)；

p_1，p_2——管道计算段内起点、终点气体压力(绝)，单位为兆帕(MPa)。

F.2.2 管道沿线任意点气体压力按式(F.4)计算。

$$p_x=\sqrt{p_1^2-(p_1^2-p_2^2)\frac{X}{L}} \quad \cdots\cdots (F.4)$$

式中：

p_x——管道沿线任意点气体压力(绝)，单位为兆帕(MPa)；

X——管道计算段起点至沿线任意点的长度，单位为千米(km)。

F.3 管道内气体温度计算(不考虑节流效应)

F.3.1 管道内气体平均温度按式(F.5)计算。

$$t_m = t_0 + \frac{t_1 - t_0}{QL}(1 - e^{-aL}) \quad \cdots\cdots (F.5)$$

$$a = \frac{225.256 \times 10^6 KD}{QGC_p} \quad \cdots\cdots (F.6)$$

式中：

t_m——管道计算段内气体的平均温度，单位为摄氏度(℃)；

t_0——管道埋设处的土壤温度，单位为摄氏度(℃)；

t_1——管道计算段内起点气体温度，单位为摄氏度(℃)；

e——自然对数底数，e=2.718；

a——计算常数；

K——管道内气体到土壤的总传热系数，单位为瓦每平方米摄氏度[W/(m^2·℃)]；

D——管道外直径，单位为米(m)；

C_p——气体的定压比热，单位为焦每千克摄氏度[J/(kg·℃)]。

F.3.2 管道沿线任意点气体温度按式(F.7)计算。

$$t_x = t_0 + (t_1 - t_0)e^{-ax} \quad \cdots\cdots (F.7)$$

式中：

t_x——管道沿线任意点气体温度，单位为摄氏度(℃)。

F.4 管道的储气量计算式

管道的储气量按式(F.8)计算。

$$Q_{储} = \frac{VT_0}{p_0 T}\left(\frac{p_{1m}}{Z_1} - \frac{p_{2m}}{Z_2}\right) \quad \cdots\cdots (F.8)$$

式中：

$Q_{储}$——管道的储气量(p_0=0.101325MPa，T_0=293.15K)，单位为立方米(m^3)；

V——管道容积，单位为立方米(m^3)；

T_0——293.15K；

p_0——0.101325MPa；

T——气体的平均温度，单位为开(K)；

p_{1m}——管道计算段内气体的最高平均压力(绝)，单位为兆帕(MPa)；

p_{2m}——管道计算段内气体的最低平均压力(绝)，单位为兆帕(MPa)；

Z_1，Z_2——对应 p_{1m}，p_{2m} 时的气体压缩系数。

F.5 管道清管计算式

F.5.1 清管最大压差估算公式

清管最大压差估算公式见式(F.9)。

$$p = p_1^* + p_2^* + p_3^* \quad \cdots\cdots (F.9)$$

式中：

p——最大压差，单位为兆帕(MPa)；

p_1^*——清管器的启动压差，单位为兆帕(MPa)；

p_2^*——当前收、发站之间输气压差，单位为兆帕(MPa)；

p_3^*——估算管内最大的积液高程压力(绝)，单位为兆帕(MPa)。

F.5.2 清管气量估算公式

F.5.2.1 清管推球输气量估算公式见式(F.10)。

$$Q_{估} = 240000F \cdot \bar{p} \cdot \bar{v} \quad \cdots\cdots (F.10)$$

式中：

$Q_{估}$——输气流量(p_0=0.101325MPa，T_0=293.15K)，单位为立方米每天(m^3/d)；

F——管道内径横截面积，单位为平方米(m^2)；

$\bar{p}$——清管器后平均压力，单位为兆帕(MPa)；

$\bar{v}$——清管器运行平均速度，单位为千米每时(km/h)。

F.5.2.2 清管总进气量估算公式见式(F.11)。

$$Q_{总} = 10000F \cdot L^* \cdot \bar{p} \quad \cdots\cdots (F.11)$$

式中：

$Q_{总}$——总进气量(p_0=0.101325MPa，T_0=293.15K)，单位为立方米(m^3)；

L^*——清管器运行距离，单位为千米(km)。

F.5.3 清管器运行时间估算公式

清管器运行时间估算公式见式(F.12)。

$$t = \frac{L^*}{v} \quad \cdots\cdots (F.12)$$

式中：

t——清管器运行时间，单位为时(h)；

v——清管器运行平均速度，单位为千米每时(km/h)。

F.5.4 清管器运行距离估算公式

清管器运行距离估算公式见式(F.13)。

$$l_{估} = \frac{4p_0 TZQ_{进}}{\pi d^2 T_0 \bar{p}} \quad \cdots\cdots (F.13)$$

式中：

$l_{估}$——清管器运行距离，单位为米(m)；

p_0——0.101325MPa；

T——清管器后管段内气体平均温度，单位为开(K)；

$Q_{进}$——发清管器后的累计进气量(p_0=0.101325MPa，T_0=293.15K)，单位为立方米(m^3)；

T_0——293.15K；

π——3.1415926……；

d——输气管内直径，单位为米(m)。

F.5.5 清管器运行速度估算公式

F.5.5.1 输气流量可计算下的瞬间速度见式(F.14)。

$$v=\frac{Q}{240000F\cdot p} \quad \text{(F. 14)}$$

式中：

v——清管器运行速度，单位为千米每时(km/h)。

F. 5. 5. 2 输气流量不可计算下的速度见式(F. 15)。

$$\bar{v}=\frac{l}{t} \quad \text{(F. 15)}$$

式中：

$\bar{v}$——清管器平均运行速度，单位为米每秒(m/s)；

t——运行 l 距离的实际时间，单位为秒(s)。

F. 5. 6 放空气量计算公式

放空气量计算公式见式(F. 16)。

$$Q_{放}=231.5\,\frac{d_{放}^{2}\cdot p_{放}}{\sqrt{G}} \quad \text{(F. 16)}$$

式中：

$Q_{放}$——天然气放空瞬时气量($p_0=0.101325\text{MPa}$，$T_0=293.15\text{K}$)，单位为立方米每天(m^3/d)；

$d_{放}$——放空管出口端内径，单位为毫米(mm)；

$p_{放}$——在距离放空管口 4 倍管内径处测得压力(绝)，单位为兆帕(MPa)。

附 录 G
(资料性附录)
置换最低流速计算

在置换过程中，为了保证较小的混气量，特别重要的是防止气体流态层流化。根据资料，无量纲理查德系数 $R^{\#}$[见式(G.1)]的计算是确定是否分层现象的一种方法。

$$R^{\#}=\frac{2gD(\rho_a-\rho_b)}{(\rho_a+\rho_b)v^2} \quad \cdots\cdots (G.1)$$

式中：

g——重力加速度，单位为米每平方秒(m/s^2)，一般取值9.81；

D——管道内径，单位为米(m)；

ρ_a，ρ_b——分别为两种气体的密度，单位为千克每立方米(kg/m^3)；

v——平均速度，单位为米每秒(m/s)。

根据经验，理查德系数R#在1~5之间，对应的混气量是可以接受的，R#越小，出现分层的可能性越小，为了保证混气量最小，取R#=1经计算对气体的置换速度要求为：

天然气-氮气：$v\geqslant 2.5$m/s(9.00km/h)；

氮气-空气：$v\geqslant 0.6$m/s(2.16km/h)。

附　录　H
(资料性附录)
管道维抢修方法示意图

管道维抢修方法示意图见图 H.1～图 H.11。

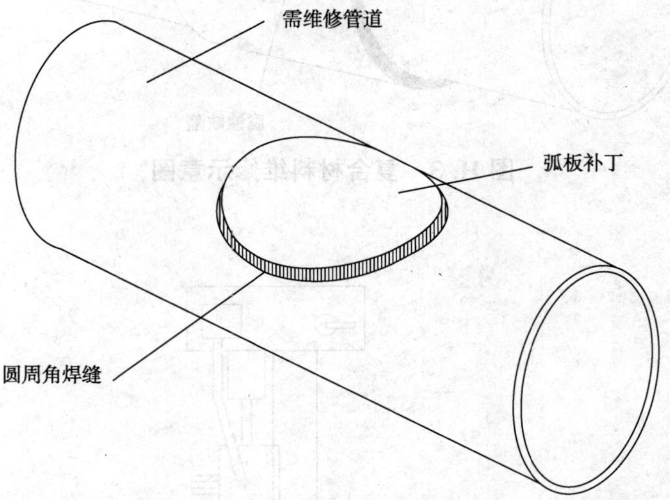

图 H.1　补丁修复示意图

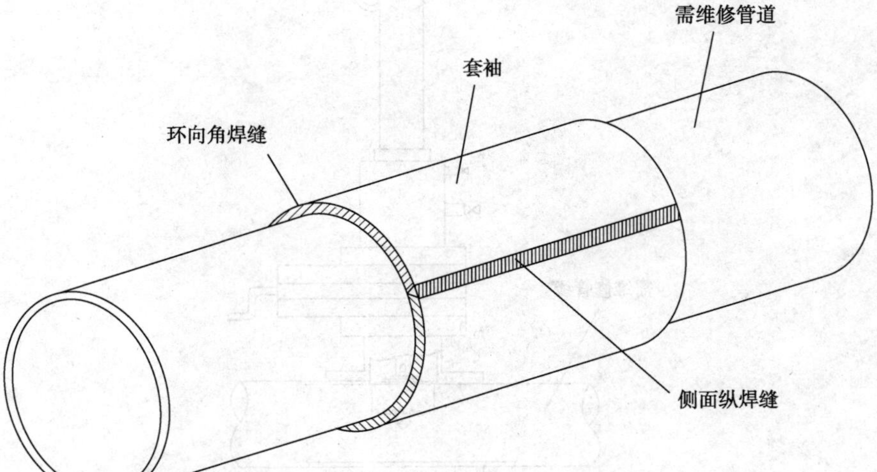

图 H.2　套袖维修示意图

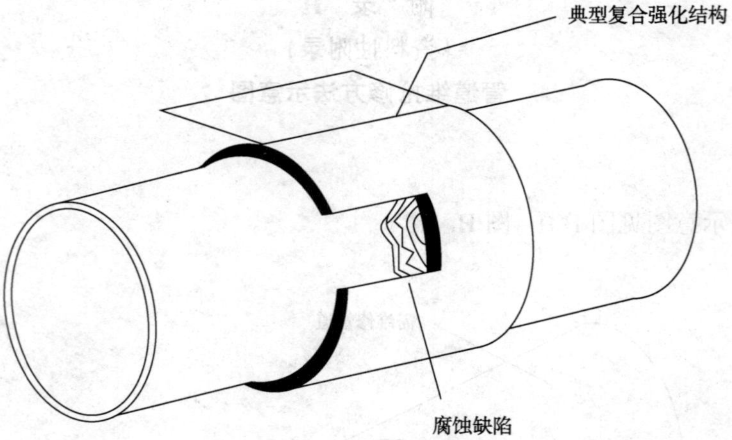

图 H.3　复合材料维修示意图

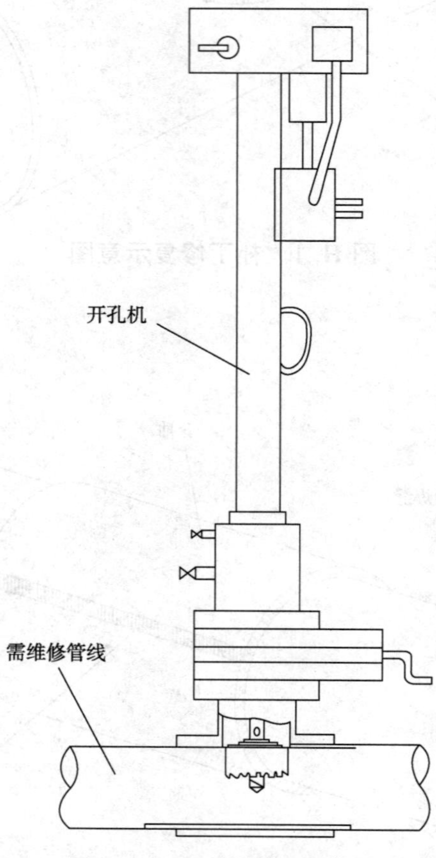

图 H.4　开孔维修示意图

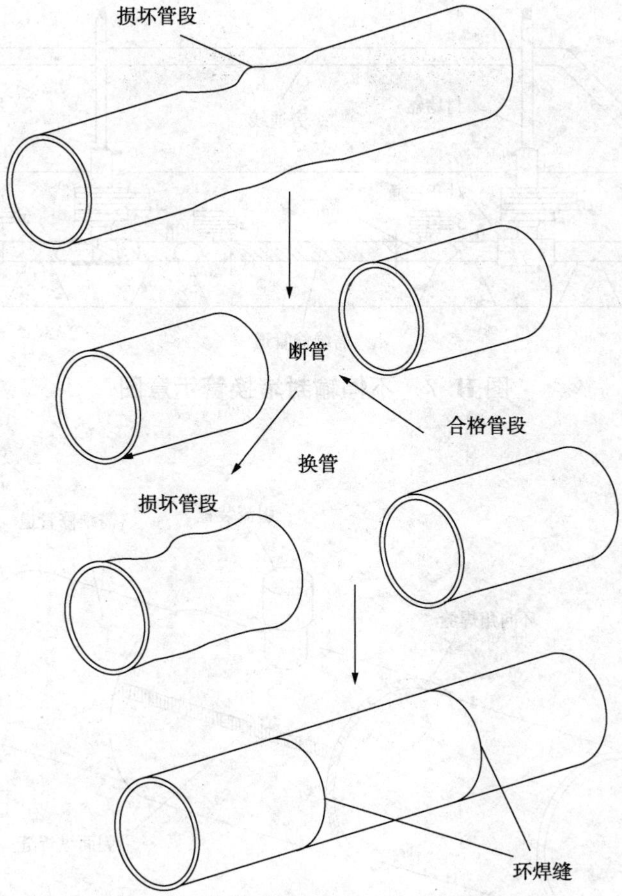

图 H.5　停输放空换管维修示意图

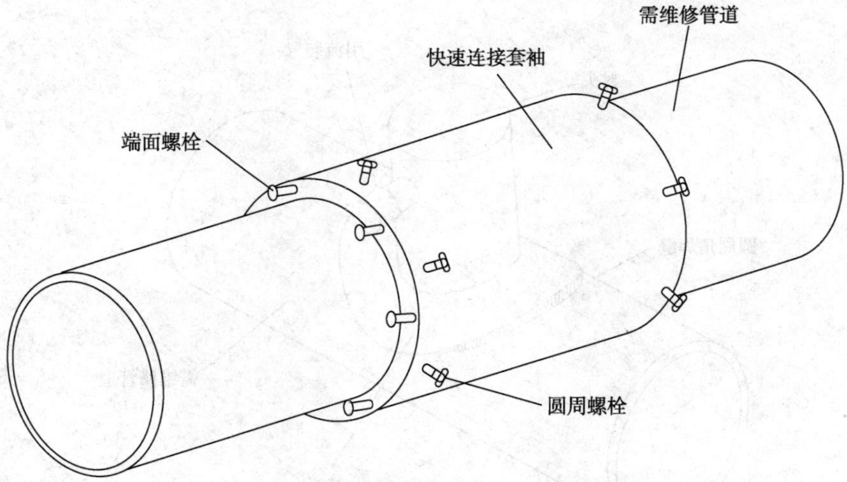

图 H.6　快速连接套袖连头示意图

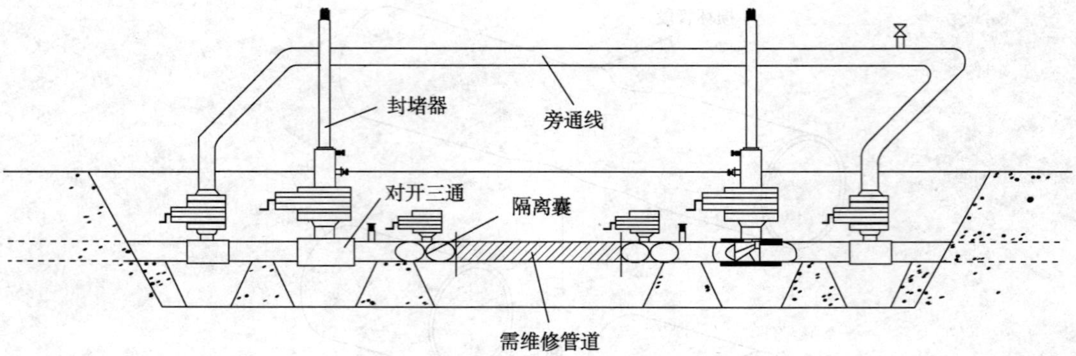

图 H.7　不停输封堵换管示意图

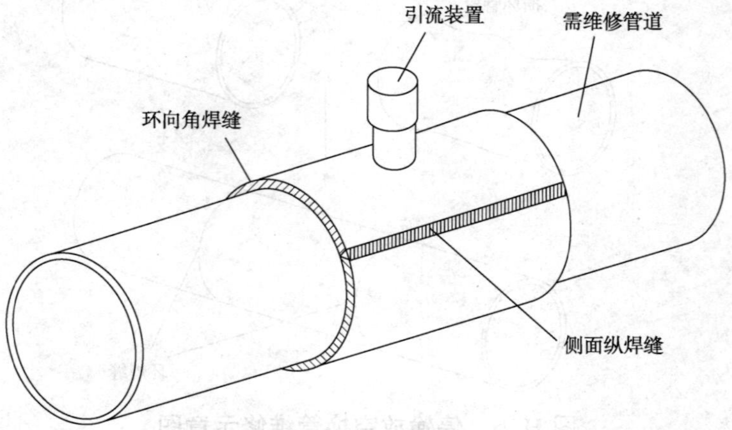

图 H.8　引流式补强套袖抢修示意图

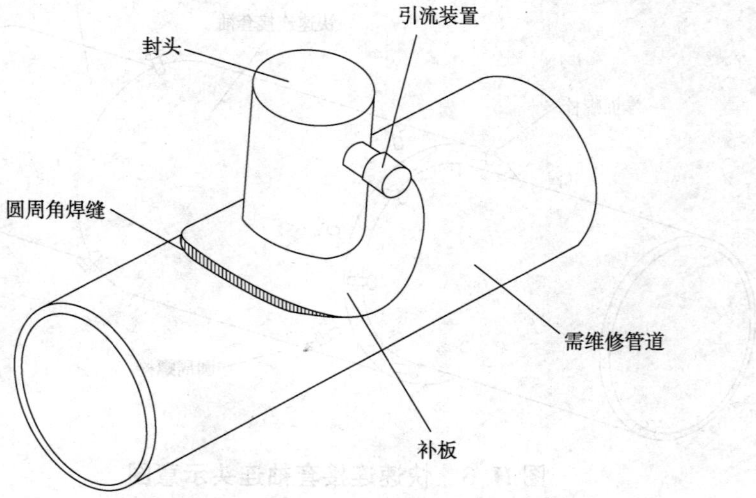

图 H.9　封头式卡具抢修示意图

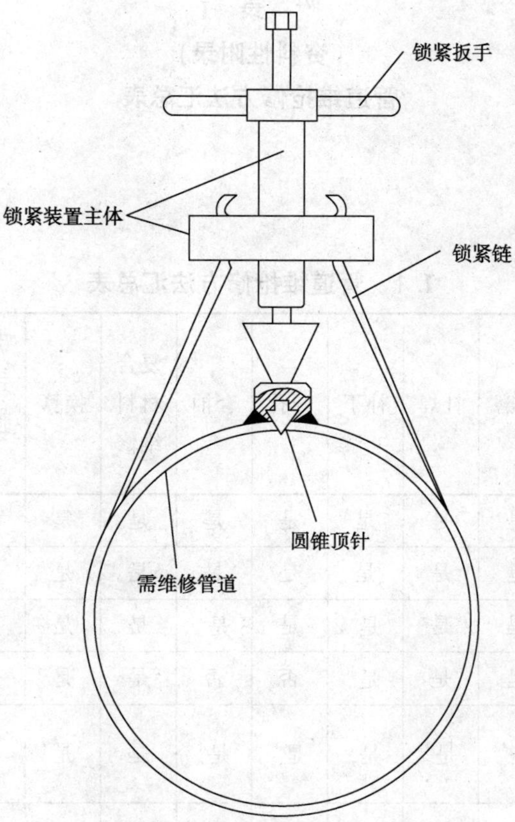

图 H.10　顶针式卡具抢修示意图

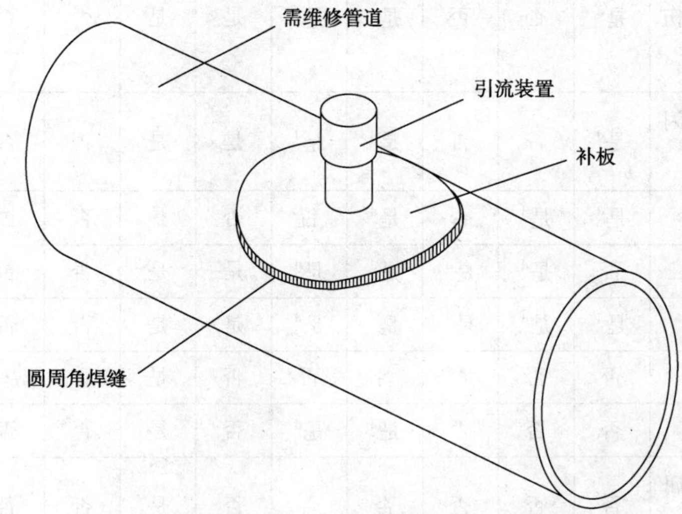

图 H.11　补板式卡具抢修示意图

附 录 I
(资料性附录)
管道维抢修方法汇总表

管道维抢修方法见表I.1。

I.1 管道维抢修方法汇总表

因素和缺陷	打磨	补焊	补丁	开孔	套袖	复合材料维修	换算	引流式补强套袖	顶针式卡具	补板式卡具	封头式卡具	带压密封
陆上管道	是	是	是	是	是	是	是	是[b]	是[b]	是[b]	是[b]	是[b]
直管	是	是	是	是	是	是	是	是[b]	是[b]	是[b]	是[b]	是[b]
缓弯曲	是	是	是[a]	是	是[a]	是	是	是[b]	是[b]	是[b]	是[b]	是[b]
预制弯曲	是	是	是[a]	否	否	是	是	否	是[b]	否	否	是[b]
管道材料剥离、电弧闪击和划伤	是[d]	是[d]	是[d]	是[d]	是[d]	是	是	否	否	否	否	否
管道材料上未伴有应力集中点的凹痕	否	否	否	是[d]	否	否	是	否	否	否	否	否
埋弧焊接焊缝或环向角焊缝上的剥离、电弧闪击、划伤和凹痕	是[d]	否	否	是[d]	是[d]	是	是	否	否	否	否	否
电阻焊缝上的剥离、电弧闪击和凹痕	是[d]	否	否	是[d]	是[d]	是	是	否	否	否	否	否
管道材料上的裂纹	是[d]	是[d]	否	是[d]	否	否	是	否	否	否	否	否
内部腐蚀造成的金属损失	否	是[d]	是[d]	是[d]	是[d]	是	是	否	否	否	否	否
外部腐蚀造成的金属损失	是[d]	是[d]	是[d]	是[d]	是[d]	是	是	否	否	否	否	否
管道腐蚀泄漏	否	否	否	否	否	否	是	是[c]	是[d]	是[d]	是[d]	是[d]
管道外部变形	否	否	否	是[d]	是[d]	否	是	否	否	否	否	否
非法开孔遗留物、管线附属物泄漏	否	否	否	否	否	否	是	否	否	否	是	否
管道断裂	否	否	否	否	否	否	是	否	否	否	否	否

注:“否”表示不推荐也不禁止。

a 根据管线或管件曲率决定是否适用。
b 仅适用于泄漏缺陷的抢修。
c 根据现场孔洞大小确定是否使用。
d 根据现场缺陷大小确定是否使用。

附 录 J
(规范性附录)
在役管道焊接

J.1 范围

本附录规定了钢质天然气管道在役焊接的焊接工艺规程制定、焊工考试和焊接作业的相关要求。本附录适用于采用手工电弧焊对管道管体缺陷、损伤或泄漏的维抢修焊接作业。

J.2 焊接工艺规程制定

J.2.1 焊接工艺评定

J.2.1.1 在役管道焊接前，应制定预焊接工艺规程，进行焊接工艺评定。

J.2.1.2 在役管道焊接工艺推荐采用以下的试验方法：

a) 评定试验中推荐用的试验管件见图 J.1。进行试验管件焊接时，应根据现场在役管道焊接施工条件模拟管道运行条件。

b) 焊接试验管件时，试验管内宜充满水，且水流过试验截面时的热条件与施工现场相同或更为恶劣。

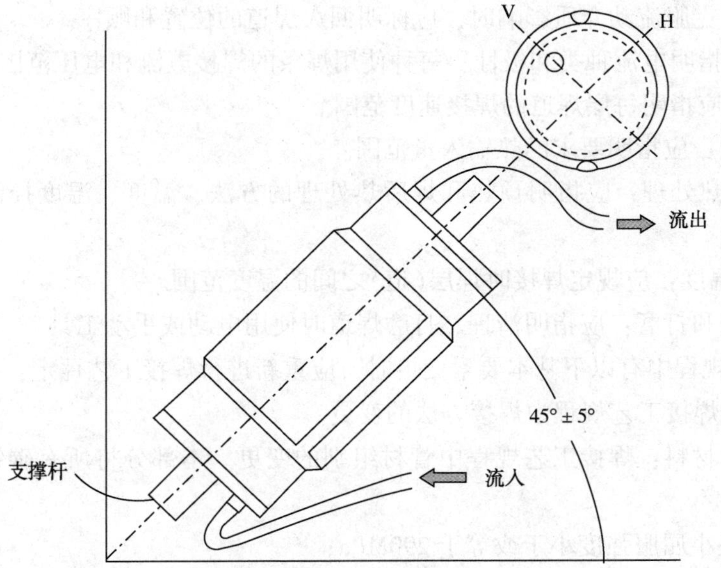

说明：

这种试验条件适合所有位置的工艺评定，也可以对另一种管位置进行试验，但这种试验仅评定该位置下的工艺。

图 J.1 工艺评定用试验管件

J.2.1.3 参与工艺评定试验的焊工应具有相应的焊接资质。

J.2.1.4 在役管道焊接工艺评定试验的试件取样及相关试验的方法与验收标准应符合 API Std 1104 相关规定。

J.2.1.5 应对评定的工艺进行详细记录，记录应包括焊接工艺评定试验的各项结果。在使用该焊接工艺规程期间，应将这些记录保存完好。

J.2.2 焊接工艺规程

J.2.2.1 应依据评定合格的焊接工艺编制焊接工艺规程。

J.2.2.2 除了管道运营方特别通知变更基本要素外，应按照这些焊接工艺规程进行焊接。

J.2.2.3 焊接工艺规程应包括以下部分：

a） 焊接方法：应指明为手工焊焊接方法。

b） 管道和管件材料：应指明工艺规程适用的管道和管件材料。材料分组见 J.2.2.4b)。若进行焊接工艺评定试验，应选择该组材料中具有最高规定屈服强度的材料。

c） 直径和壁厚：应确定焊接工艺规程适用的直径和壁厚范围，直径和壁厚分组如下：

  1） 外径小于 60.3mm；

  2） 外径大于或等于 60.3mm，小于或等于 323.9mm；

  3） 外径大于 323.9mm；

  4） 公称管壁厚小于 4.8mm；

  5） 公称管壁厚大于或等于 4.8mm，小于或等于 19.1mm；

  6） 公称管壁厚大于 19.1mm。

d） 管道运行条件：在役管道焊接中，应在工艺规程中指明管道运行条件(如管道输送介质、流速等)。

e） 接头设计：应指明焊缝的形状和尺寸。焊接时，如使用背部垫板，应指明垫板型式。

f） 焊缝位置：应指明焊接位置。

g） 焊接方向：应说明是上向焊或下向焊。

h） 填充金属和焊道数：应指明填充金属的种类和规格，焊缝最少层数及焊道顺序。采用回火焊道焊接来克服流动介质影响时，应标明回火焊道的位置和顺序。

i） 电特性：应指明电流种类和极性，每种使用焊条的焊接电流和电压范围。

j） 焊接速度：应指明每层焊道的焊接速度范围。

k） 热输入范围：应指明要求的热输入量范围。

l） 预热和焊后热处理：应指明预热和焊后热处理的方法、温度、温度控制方法，以及环境温度范围。

m） 层(道)间温度：应规定焊接时焊层(道)之间的温度范围。

n） 焊道的清理和打磨：应指明清理、打磨焊道时使用电动或手动工具。

J.2.2.4 焊接工艺规程中有以下基本要素变更时，应重新进行焊接工艺评定：

a） 焊接方法：焊接工艺规程中焊接方法的变更。

b） 管道和管件材料：焊接工艺规程中管材组别的变更。本部分将所有碳钢及低合金钢进行以下分组：

  1） 规定最小屈服强度小于或等于 290MPa；

  2） 规定最小屈服强度大于 290MPa，且小于 448MPa；

  3） 规定最小屈服强度大于或等于 448MPa 的各级碳钢及低合金钢均应进行单独的评定试验。

注：以上分组并不表示上述每组中所有的管材可任意代用已做过焊接工艺评定的管材或填充金属，要考虑管材和填充金属在冶金性能、力学性能以及对预热和焊后热处理的要求的不同。对于在役管道焊接中的角焊缝，规定最小屈服强度不是基本要素。

c） 接头设计：接头设计的变更分为以下两种情况：

  1） 接头尺寸的重大变更，对于坡口焊缝，接头尺寸的重大变更包括：V 型坡口改为 U 型坡口，有坡口端部改为无坡口端部；

2） 从多层焊改为单道焊。

d） 焊接位置：焊接工艺评定时，管道或附近焊接位置发生变化，应重新进行工艺评定。若焊接工艺评定采用图 J.1 所示试验管件时，即使焊接位置发生变化，也不必重新进行工艺评定。

e） 壁厚：从一种材料壁厚组别到另一种壁厚组别见 5.2.3c）。

注：对于在役管道焊接中角焊缝的焊接，管道壁厚不是基本要素。

f） 填充金属：填充金属的变更分为以下两种情况：

1） 填充金属组别的变化（见表 J.1）；

2） 对于最小屈服强度大于或等于 448MPa 管材［见 J.2.2.4b）］的填充金属型号的变更。

表 J.1　填充金属分组

组别	标准及规范	焊条
1	GB/T 5117	E4310，E4311
	GB/T 5118	E5010，E5011
	AWS A5.1	E6010，E6011
	AWS A5.5	E7010，E7011
2	GB/T 5118	E5510，E5511
	AWS A5.5	E8010，E8011，E9010
3	GB/T 5117 或 GB/T 5118	E5015，E5016，E5018
	GB/T 5118	E5515，E5516，E5518
	AWS A5.1 或 AWS A5.5	E7015，E7016，E7018
	AWS A5.5	E8015，E8016，E8018，E9018

g） 焊接方向：从上向焊改为下向焊，或反之。

h） 焊缝熔敷顺序：从一种回火焊道熔敷顺序变为另一种焊道熔敷顺序。

i） 电特性：直流焊接时焊条接正变更为接负或反之；将直流电变为交流电或反之。焊接电流和电压范围的变更。

j） 焊接速度：焊接速度增大或减少。

k） 管道运行条件：对于在役管道焊接，从一种管道运行条件变为另一种更恶劣的管道运行条件（焊缝冷却速度方面）。

l） 预热：降低焊接工艺规程中的最低预热温度。

m） 焊后热处理：增加或取消焊后热处理工艺或改变焊接工艺规程中焊后热处理的范围和温度。

J.2.3　返修规程

返修时应使用评定合格的返修焊接规程。试验项目和数量应符合管道运营方要求。返修规程应包括以下内容：

a） 缺陷的检测方法；

b） 缺陷的清除方法；

c） 检查返修坡口，以证实缺陷完全清除；

d） 预热和层间温度；

e） 焊接方法和其他工艺规程参数；

f） 层间无损检测规定。

J.3 焊工考试

J.3.1 资格考试

J.3.1.1 从事管道焊接工作的焊工应持有相关部门颁发的作业资格证书。

J.3.1.2 资格考试机构应是相关部门认可的管道焊接操作人员考试机构。

J.3.1.3 考试机构应按相关部门要求的考试类别、考试项目等组织进行焊工资格考试。

J.3.2 上岗考试

J.3.2.1 焊工上岗考试前应具有相关部门颁发的作业资格证书，且焊工上岗考试项目应在其所持的作业资格证书合格项目范围内。

J.3.2.2 从事在役管道焊接的焊工上岗考试宜按 GB/T 31032 的规定执行，且还应满足以下要求：

a） 在上岗考试之前，应给焊工一定的时间熟悉和调整考试用焊接设备。

b） 在上岗考试时，焊工应使用和现场焊接时相同的焊接技术和焊接速度。

c） 焊工上岗考试工作应在管道运营方代表在场的情况下进行。

d） 焊接试验管件时，应模拟管道运行条件。焊接试验管件时，试验管内充满水，且水流过试验截面时的热条件与施工现场相同或更恶劣。对于不太恶劣的热环境，可采用其他介质来模拟。

e） 采用热输入控制工艺时，焊工应保持热输入量在焊接工艺范围内。采用回火焊道熔敷顺序方法时，焊工应使用合理的焊道熔敷顺序。

f） 焊工考核记录时，应明确记录焊工考核时的管道运行条件(如管道输送介质、流速等)。

J.4 在役管道焊接要求

J.4.1 焊前清理

在役管道焊接操作前，应检查并清理焊接区域，确保焊接表面应均匀光滑，无起鳞、裂纹、锈皮、夹渣、油脂、油漆和其他影响焊接质量的物质。

J.4.2 测量壁厚

施焊前，应使用超声波测厚仪或其他合适仪器确定焊接位置管道壁厚。在役管道焊接位置处推荐的最小管道壁厚为 4.8 mm。

J.4.3 管道施焊压力

在役管道焊接时，管道允许带压施焊的压力应满足式(J.1)的要求：

$$P=\frac{2\sigma_s(t-c)}{D}F \qquad \text{(J.1)}$$

式中：

P——管道允许带压施焊的压力，单位为兆帕(MPa)；

σ_s——管材的最小屈服极限，单位为兆帕(MPa)；

t——焊接处管道实际壁厚，单位为毫米(mm)；

c——因焊接引起的壁厚修正量，单位为毫米(mm)，按表 J.2 取值；

D——管道外径，单位为毫米(mm)；

F——安全系数，按表 J.3 取值。

表 J.2 修正量

单位为毫米

焊条直径	<2.0	2.5	3.2	4.0
c	1.4	1.6	2.0	2.8

表 J.3 安全系数

t/mm	$t \geqslant 12.7$	$8.7 \leqslant t < 12.7$	$6.4 \leqslant t < 8.7$	$t < 6.4$
F	0.72	0.68	0.55	0.4

J.4.4 组对

J.4.4.1 装配要求：

a) 套袖或弧板装配时，套袖或弧板与输送管道之间的间隙不应太大，宜使用链条和液压千斤顶，也可使用其他合适的卡具；

b) 如有必要可在输送管道上焊接预堆层减小间隙；

c) 根据现场装配情况，对焊接套袖或弧板部位的管道螺旋焊缝和对接焊缝宜打磨至母材高度。

J.4.4.2 根部间隙要求：

a) 对开三通或套袖的纵向对接焊缝应100%焊透，根部间隙(对接面的间隙)宜为3mm~6mm；

b) 应在纵向对接焊缝下装配低碳钢垫板，以避免直接焊接到运行管道上。

J.4.4.3 坡口要求：

焊接对接坡口宜采用机械加工或氧气切割并打磨，坡口边缘应光滑、均匀，且尺寸规格应符合焊接工艺规程要求。

J.4.5 环境

J.4.5.1 气候条件

当恶劣气候条件影响焊接质量时，若没有采取相应措施，应停止焊接。

J.4.5.2 作业空间条件

可利用开挖、搭建平台等手段为焊接创造足够的空间。

J.4.5.3 可燃气体浓度条件

施焊前，对可能存在可燃气体的作业环境应进行可燃气体浓度检测。可燃气体浓度应低于其爆炸下限的10%。

J.4.6 回火焊道、退火焊道焊接

J.4.6.1 焊工在进行焊接前应熟悉回火焊道、退火焊道作业程序。

J.4.6.2 X70及以上材质等级的管道进行在役焊接时，宜使用回火焊道、退火焊道焊接。

J.4.6.3 使用回火焊道焊接时，回火焊道应位于套袖护板纵向对接焊缝盖面焊接处、环向角焊缝预堆层及盖面焊接处。

J.4.6.4 在纵向对接焊缝和环向角焊缝中回火焊道、退火焊道的焊接位置如图 J.2 和图 J.3 所示。

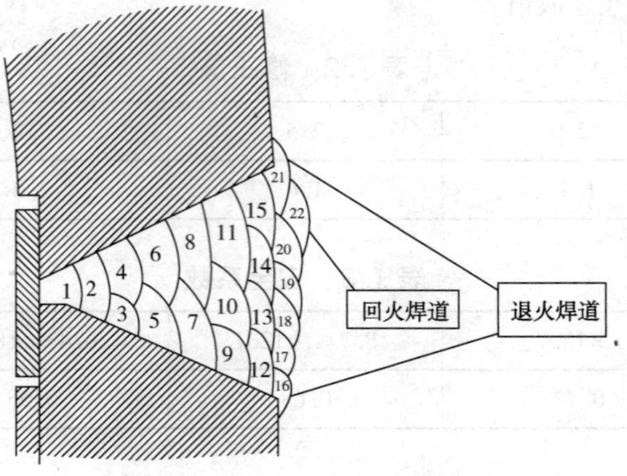

说明：
数字为焊接顺序。

图 J.2　纵向对接焊缝回火焊道、退火焊道位置示意图

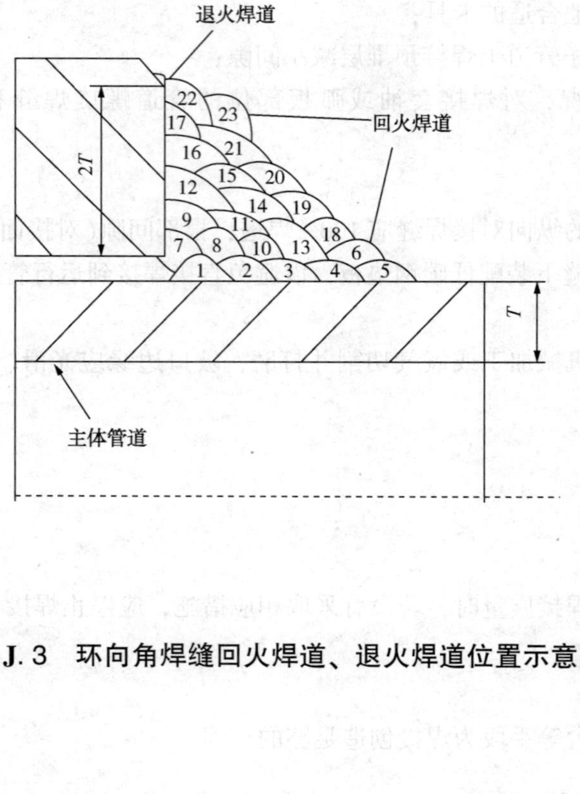

说明：
数字——焊接顺序；
T——管壁厚度。

图 J.3　环向角焊缝回火焊道、退火焊道位置示意图

J.4.7　预热及清理

J.4.7.1　预热方法：

a) 在役管道焊接预热方式可采用火焰加热和中频加热；

b) 对于 X70 及以上高强度材质的管道进行在役管道焊接时，宜采用中频加热或火焰加热和中频加热相结合的形式；

c) 管道内部介质温度偏低与介质流速过快时，环向角焊缝的预热应采用火焰加热和中频加热相结合的形式。

J.4.7.2　预热温度：

在役管道焊接时，应对焊接管件进行预热，预热温度应符合焊接工艺规程的要求。

J.4.7.3　层间温度保持：

a) 整个焊接过程层间温度的最小值应不低于预热温度的最小值；

b) 当焊接作业中断时，再次焊接前应重新预热到要求的温度。

J.4.7.4 层间清理：

坡口和每层焊道上的锈皮及焊渣，在下一步焊接前应清除干净。

J.4.8 对开三通或套袖的焊接

J.4.8.1 焊接顺序：

a) 对于对开三通或套袖进行焊接时，应先同时焊接两侧对接纵向对接焊缝，再焊接环向角焊缝。

b) 由两名焊工焊接纵向对接焊缝时，应按图 J.4a) 中所示焊接顺序同时焊接。由 4 名焊工焊接纵向对接焊缝时，应按图 J.4b) 中所示焊接顺序同时焊接。

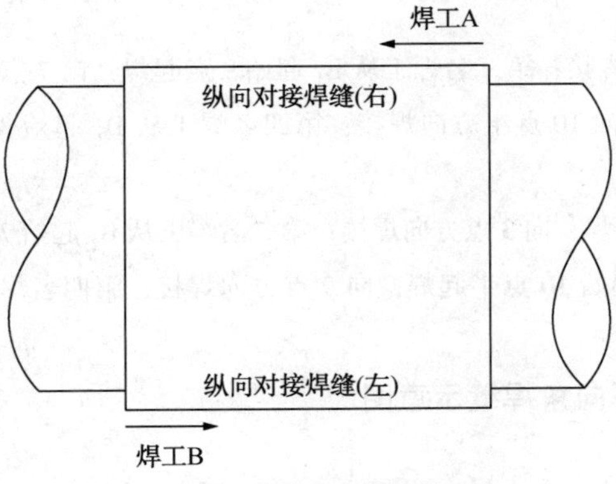

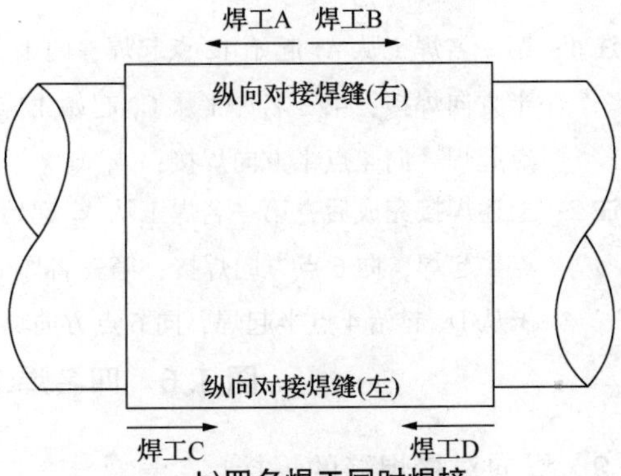

图 J.4 纵向对接焊缝焊接顺序

c) 对开三通或套袖的两道环向角焊缝不应同时焊接。当 2 名焊工同时沿上向焊的方向焊接一道环向角焊缝时，应按图 J.5 所示焊接顺序同时焊接。当 2 名焊工同时沿下向焊方向焊接一道环向角焊缝时，应按图 J.5 所示箭头反方向同时焊接。对于大口径管道，宜采用 4 名焊工同时焊接一道环向角焊缝，4 名焊工焊接环向角焊缝示意图见图 J.6。

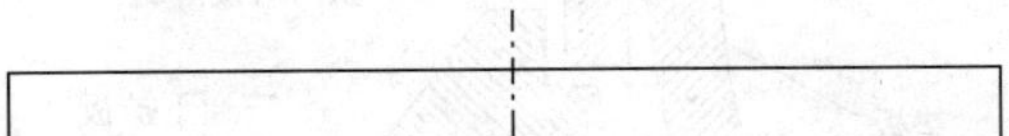

注 1：第一名焊工从 B_1 起始 6 点起焊，向 9 点方向焊接；第二名焊工从 A_1 起始 3 点起焊，向 12 点方向焊接；

注 2：上述焊接完成后，第一名焊工从 B_2 起始 9 点起焊，向 12 点方向焊接；第二名焊工从 A_2 起始 6 点起焊，向 3 点方向焊接。

图 J.5 环向角焊缝焊接顺序

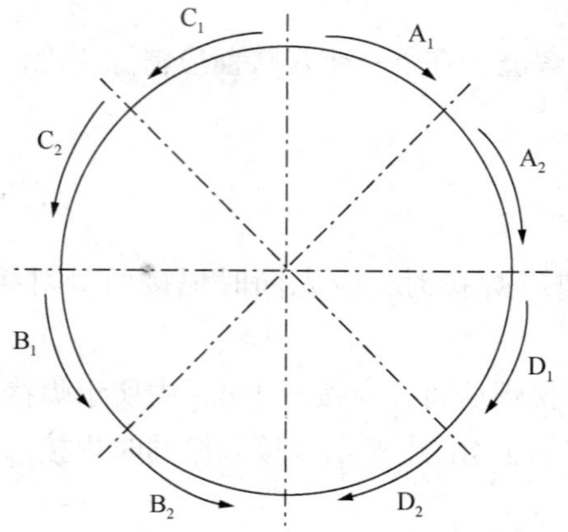

注1：第一名焊工从 A_1 起始12点起焊，向1点半方向焊接；第二名焊工从 B_1 起始9点起焊，向7点半方向焊接；第三名焊工从 C_1 起始12点起焊，向10点半方向焊接；第四名焊工从 D_1 起始3点起焊，向4点半方向焊接；

注2：上述焊接完成后，第一名焊工从 A_2 起始1点半起焊，向3点方向焊接；第二名焊工从 B_2 起始7点半起焊，向6点方向焊接；第三名焊工从 C_2 起始10点半起焊，向9点方向焊接；第四名焊工从 D_2 起始4点半起焊，向6点方向焊接。

图 J.6 四名焊工焊接环向角焊缝示意图

J.4.8.2 纵向对接焊缝的焊接：

对开三通或套袖纵向对接焊缝宜加垫板，垫板长度应与护板长度同长，宽度为对接焊缝宽度的2倍~3倍，垫板布置见图J.7。

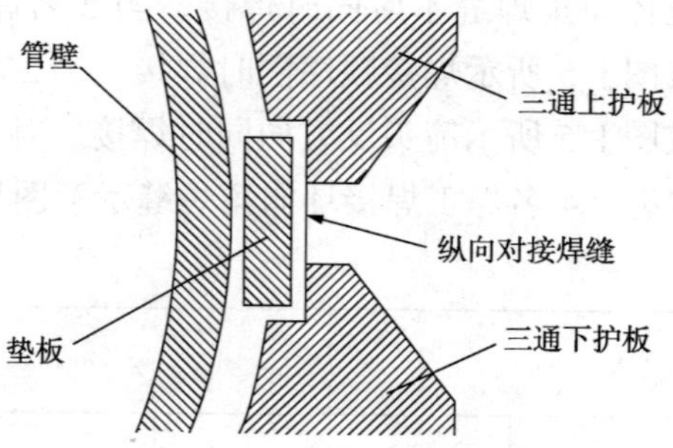

图 J.7 垫板布置示意图

J.4.8.3 环向角焊缝的焊接：

a) 对开三通或套袖与管道的环向角焊缝的焊接应采用多道堆焊，一般的堆焊形式见图J.8，若采用回火焊道见图J.3。

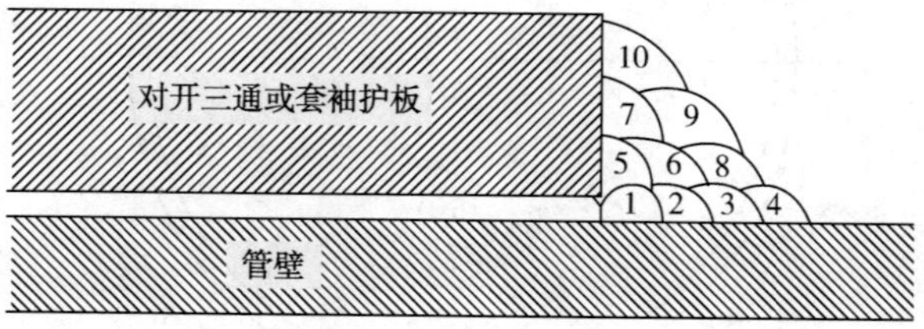

说明：

数字为焊接顺序。

图 J.8 环向角焊缝堆焊焊接形式示意图

b) 对开三通护板或套袖厚度小于或等于1.4倍管壁厚度时，焊角高度和宽度应与护板厚度一致，见图J.9。

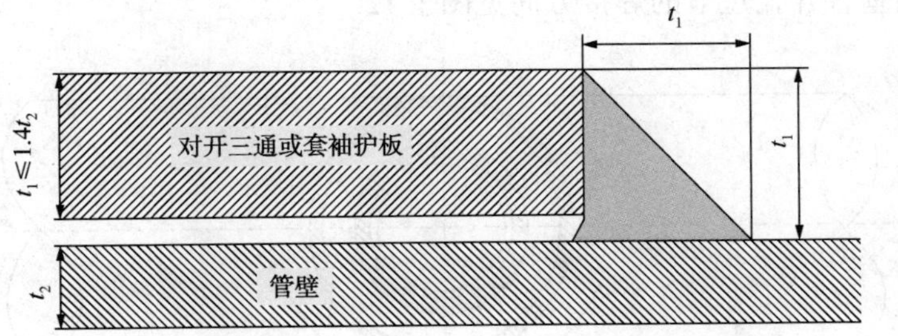

说明：

t_1——护板厚度；

t_2——管壁厚度。

图 J.9　护板厚度小于或等于 1.4 倍管壁厚度的环向角焊缝尺寸

c）对开三通护板或套袖厚度大于 1.4 倍管壁厚度时，焊角高度和宽度应大于或等于 1.4 倍管壁厚度，见图 J.10。

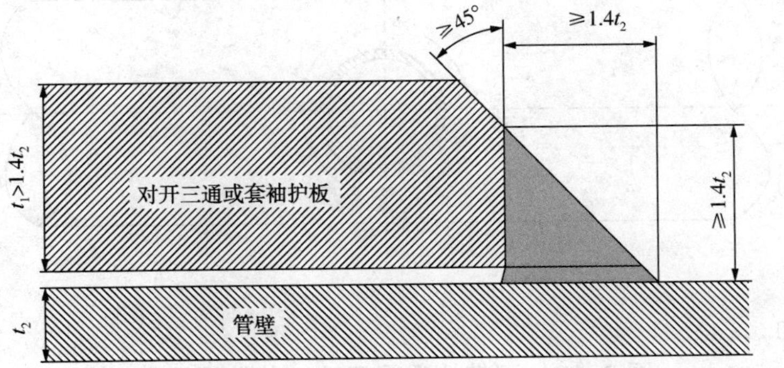

说明：

t_1——护板厚度；

t_2——管壁厚度。

图 J.10　护板厚度大于 1.4 倍管壁厚度的环向角焊缝尺寸

J.4.9　开孔短节焊接

J.4.9.1　补强圈的尺寸应执行 ASME B31.8 规定，并进行计算和校核。

J.4.9.2　开孔短节的焊接应对称焊接。

J.4.9.3　带补强圈开孔短节的焊道顺序见图 J.11。

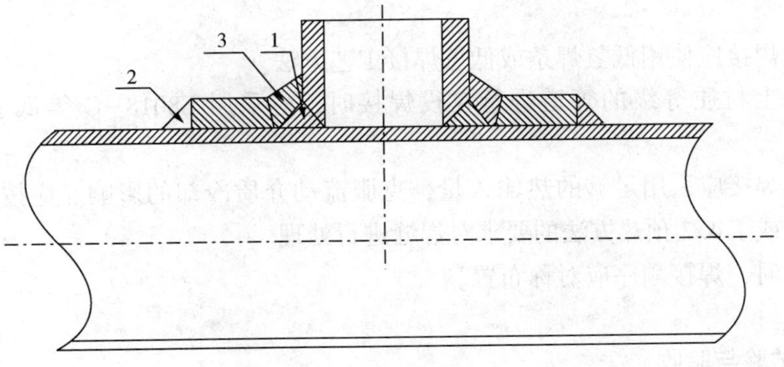

说明：

数字为焊接顺序。

图 J.11　带补强圈开孔短节的焊道顺序

J.4.9.4 带补强圈垂直开孔短节的焊接方向见图 J.12。

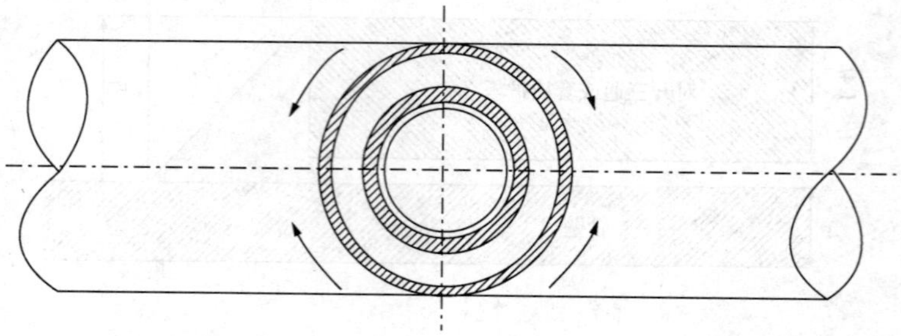

说明：
箭头表示焊接方向。

图 J.12 带补强圈开孔短节的焊接方向

J.4.9.5 不带补强圈的垂直开孔短节的焊接方向见图 J.13。

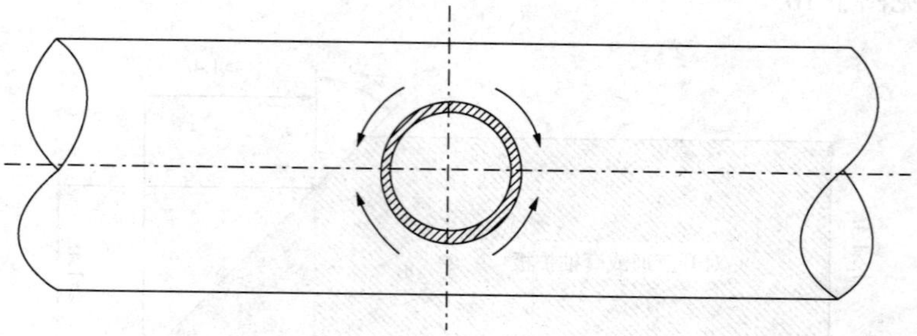

说明：
箭头表示焊接方向。

图 J.13 不带补强圈开孔短节的焊接方向

J.4.9.6 水平开孔短节焊接时，应采用全部上向或下向的工艺焊接。

J.5 在役管道焊接控制

J.5.1 烧穿控制：

a） 管道实际壁厚小于 6.4mm，应使用 2.5mm 或更小直径的焊条进行第一层焊道焊接；
b） 管道实际壁厚大于或等于 6.4mm，应使用 3.2mm 或更小直径的焊条进行第一层焊道焊接。

J.5.2 冷裂纹控制：

a） 在役管道焊接应使用低氢焊条或低氢焊接工艺方法。
b） X70 及以上材质等级的管道进行在役焊接时，应采用 E8018-G 等低氢焊条下向焊焊接工艺。
c） 在役管道焊接应采用足够的热输入量，克服流动介质冷却的影响。应按 J.4.6 回火焊道焊接的要求或 J.4.7 预热方法的要求对焊缝进行处理。
d） 多组施焊时，焊接顺序应对称布置。

J.6 焊缝检查、试验与验收

J.6.1 焊缝的检查与试验

焊缝的检查与试验应符合 GB/T 31032 的规定。

J.6.2　对开三通或套袖的检测

J.6.2.1　对于护板厚度较大的对开三通或套袖，纵向对接焊缝和环向角焊缝采用磁粉检测时，宜采用分层检测的形式。

J.6.2.2　纵向对接焊缝检测时，根焊和热焊完成后，应采用干式磁粉进行磁粉检测，整条焊道完成50%填充金属时，应采用干式磁粉进行二次磁粉检测，焊道完成盖面、温度冷却至常温后，应采用湿式磁粉或渗透进行第3次检测。环向角焊缝的检测方法同纵向对接焊缝一致。

J.6.2.3　焊道冷却24h后宜对整道焊缝进行再次外观检查和检测。

J.6.3　验收标准

在役管道焊接焊缝的无损检测及外观检验，应按GB/T 31032的规定进行验收。

J.7　缺陷的清除和返修

J.7.1　返修权限

J.7.1.1　裂纹：

a）当裂纹长度小于焊缝长度的8%时，可以使用评定合格的返修焊接规程返修；

b）当大于或等于焊缝长度的8%时，所有带裂纹的焊口应按有关的规定从管道上切除。

J.7.1.2　非裂纹性缺陷：

根焊道及填充焊道中出现的非裂纹性缺陷，经管道运营方同意后方可返修。应使用评定合格的返修焊接工艺规程。同一部位的返修不应超过两次。

J.7.2　验收标准

返修区域应采用返修前使用的检测方法进行检测。管道运营方可要求采用同样的检测方法复查包括整个返修区域的整个焊口。返修焊缝应满足第8章的要求。

J.7.3　监督

焊缝返修应在对返修技术有经验的技术人员的监督下进行。

J.7.4　返修人员

应由评定合格的焊工进行返修。

附 录 K
(资料性附录)
内检测器的类型与检测用途

表 K.1 内检测器的类型与检测用途

<table>
<tr><th rowspan="3">缺陷种类</th><th rowspan="3">瑕疵/缺陷/特征</th><th colspan="3">金属损失检测器</th><th colspan="2">裂纹检测器</th><th rowspan="3">变形
检测器</th></tr>
<tr><th colspan="2">漏磁(MFL)</th><th rowspan="2">超声纵波[m]</th><th rowspan="2">超声横波[m]</th><th rowspan="2">环向漏磁</th></tr>
<tr><th>标准分辨率
(SR)</th><th>高分辨率
(HR)</th></tr>
<tr><td rowspan="3">金属损失</td><td>外腐蚀</td><td rowspan="3">可检出[a]
可判定尺寸[b]
不能区分
内部/外部</td><td rowspan="3">可检出[a]
可判定尺寸[b]</td><td rowspan="3">可检出[a]
可判定尺寸[b]</td><td rowspan="3">可检出[a]
可判定尺寸[b]</td><td rowspan="3">可检出[a]
可判定尺寸[b]</td><td rowspan="3">检不出</td></tr>
<tr><td>内腐蚀</td></tr>
<tr><td>划痕</td></tr>
<tr><td rowspan="6">类裂纹</td><td>狭窄轴向外腐蚀</td><td>可检出[a]</td><td>可检出[a]</td><td>可检出[a]
可判定尺寸[b]</td><td>可检出[a]
可判定尺寸[b]</td><td>可检出[a]
可判定尺寸[b]</td><td>检不出</td></tr>
<tr><td>应力腐蚀开裂</td><td>检不出</td><td>检不出</td><td>检不出</td><td>可检出[a]
可判定尺寸[b]</td><td>有限检出[a,c]
可判定尺寸[b]</td><td>检不出</td></tr>
<tr><td>疲劳裂纹</td><td>检不出</td><td>检不出</td><td>检不出</td><td>可检出[a]
可判定尺寸[b]</td><td>有限检出[a,c]
可判定尺寸[b]</td><td>检不出</td></tr>
<tr><td>长焊缝裂纹等
(焊趾裂纹、钩形裂纹、未焊透、焊缝优先腐蚀)</td><td>检不出</td><td>检不出</td><td>检不出</td><td>可检出[a]
可判定尺寸[b]</td><td>有限检出[a,c]
可判定尺寸[b]</td><td>检不出</td></tr>
<tr><td>周向裂纹</td><td>检不出</td><td>可检出[c]
可判定尺寸[b]</td><td>检不出</td><td>可检出[a]
可判定尺寸[b,d]</td><td>检不出</td><td>检不出</td></tr>
<tr><td>氢致裂纹</td><td>检不出</td><td>检不出</td><td>可检出[a]</td><td>有限检出</td><td>检不出</td><td>检不出</td></tr>
<tr><td rowspan="5">变形</td><td>尖锐凹陷</td><td>可检出[e,g]</td><td>可检出[e,l]</td><td>可检出[e,g]</td><td>可检出[e,g]</td><td>可检出[e,g]</td><td>可检出[f]
可判定尺寸</td></tr>
<tr><td>平滑凹陷</td><td>可检出[e,g]</td><td>可检出[e,l]</td><td>可检出[e,g]</td><td>可检出[e,g]</td><td>可检出[e,g]</td><td>可检出[f]
可判定尺寸</td></tr>
<tr><td>鼓胀</td><td>可检出[e,g]</td><td>可检出[e,l]</td><td>可检出[e,g]</td><td>可检出[e,g]</td><td>可检出[e,g]</td><td>可检出[f]
可判定尺寸</td></tr>
<tr><td>皱纹、波纹</td><td>可检出[e,g]</td><td>可检出[e,l]</td><td>可检出[e,g]</td><td>可检出[e,g]</td><td>可检出[e,g]</td><td>可检出[f]
可判定尺寸</td></tr>
<tr><td>椭圆度</td><td>检不出</td><td>检不出</td><td>检不出</td><td>检不出</td><td>检不出</td><td>可检出
可判定尺寸[b]</td></tr>
</table>

表 K.1 内检测器的类型与检测用途(续)

缺陷种类	瑕疵/缺陷/特征	金属损失检测器			裂纹检测器		变形检测器
		漏磁(MFL)					
		标准分辨率(SR)	高分辨率(HR)	超声纵波[m]	超声横波[m]	环向漏磁	
各种部件位置	管式阀和配件	可检出	可检出	可检出	可检出	可检出	可检出
	套管(同心)	可检出	可检出	检不出	检不出	可检出	检不出
	套管(偏心)	可检出	可检出	检不出	检不出	可检出	检不出
	弯头	有限检出	有限检出	有限检出	有限检出	有限检出	可检出[h] 可判定尺寸[h]
	支管附件/带压开孔	可检出	可检出	可检出	可检出	可检出	检不出
各种部件位置	临近金属物	可检出	可检出	检不出	检不出	可检出	检不出
	铝热焊接	检不出	检不出	检不出	检不出	检不出	检不出
	管道坐标	检不出	可检出[k]	可检出[k]	可检出[k]	可检出[k]	可检出[k]
	A 型套筒	可检出	可检出	检不出	检不出	可检出	检不出
	复合套筒	可检出[i]	可检出[i]	检不出	检不出	可检出[i]	检不出
	B 型套筒	可检出	可检出	可检出	可检出	可检出	检不出
	补丁/半圆补强板	可检出	可检出	可检出	可检出	可检出	检不出
	沉积焊	有限检出	有限检出	检不出	检不出	有限检出	检不出
各种损伤	分层	有限检出	有限检出	可检出 可判定尺寸[b]	有限检出	有限检出	检不出
	夹杂物(未熔合)	有限检出	有限检出	可检出 可判定尺寸[b]	有限检出	有限检出	检不出
	冷作	检不出	检不出	检不出	检不出	检不出	检不出
	硬点	检不出	可检出[j]	检不出	检不出	检不出	检不出
	磨痕	有限检出[a]	有限检出[a]	可检出[a,b]	可检出[a,b]	有限检出[a,b]	检不出
	应变	检不出	检不出	检不出	检不出	检不出	可检出[j]
	环焊缝异常(气孔等)	有限检出	可检出	可检出	可检出[d]	检不出	检不出
	疤/毛刺/鼓泡	有限检出[a]	有限检出	可检出[a,b]	可检出[a,b]	有限检出[a]	有限检出

[a] 受可检测的指示的深度、长度和宽度的限制。
[b] 由检测器的尺寸精度确定。
[c] 闭合裂纹减小了探测概率(POD)。
[d] 传感器旋转 90°。
[e] 探测概率(POD)的减小取决于尺寸与形状。
[f] 如装配设备，也可检测周向位置。
[g] 尺寸不可靠。
[h] 如装配弯头测量设备。
[i] 不可探测未做标记的复合套筒。
[j] 如装配设备，取决于参数。
[k] 如装配具有测绘能力的设备。
[l] 量化精度取决于设备。
[m] 仅在液体环境，即液体管道或液体耦合的气体管道中能使用的内检测技术。

附 录 L
(资料性附录)
埋地管道检测方法选择表

埋地管道检测方法选择表

环境	测试方法			
	密间距电位测量法(CIPS)	电流电位梯度法(ACVG，DCVG)	地面音频检漏法或皮尔逊法	交流电流衰减法(PCM)
带防腐层漏点的管段	2	1、2	1、2	1、2
裸管的阳极区管段	2	3	3	3
接近河流或水下穿越管段	2	3	3	2
无套管穿越的管段	2	1、2	2	1、2
带套管的管段	3	3	3	3
短套管	2	2	2	2
铺砌路面下的管段	3	3	3	1、2
冻土区的管段	3	3	3	1、2
相邻金属构筑物的管段	2	1、2	3	1、2
相邻平行管段	2	1、2	3	1、2
杂散电流区的管段	2	1、2	2	1、2
高压交流输电线下管段	2	1、2	2	3
管道深埋区的管段	2	2	2	2
湿地区(有限的)管段	2	1、2	2	1、2
岩石带/岩礁/岩石回填区的管段	3	3	3	2
检测方法的特点	评价阴极保护系统有效性、确定杂散电流影响范围、检测防腐层漏点的检测技术	DCVG、ACVG 比其他测量方法能更精确确定防腐层漏点位置，区别是孤立或连续的防腐层破损。DCVG 还可评估漏点尺寸、缺陷处金属腐蚀活性	确定埋地管线防腐层漏点位置的地面测量技术	评价防腐层管段的整体质量和确定防腐层漏点位置的检测技术
采用标准	GB/T 21246	GB/T 21246	GB/T 21246	GB/T 21246

注 1：可适用于小的防腐层漏点(孤立的，一般面积小于 600mm²)和在正常运行条件下不会引起阴极保护电位波动的环境。

注 2：可适用于大面积的防腐层漏点(孤立或连续)和在正常运行条件下引起阴极保护电位波动的环境。

注 3：不能应用此方法，或在无可行措施时不能实施此方法。

UDC

中华人民共和国国家标准

P

GB 50183—2004

代替GB 50183—93

石油天然气工程设计防火规范

Code for fire protection design of petroleum and natural gas engineering

2004-11-04 发布 **2005-03-01 实施**

中 华 人 民 共 和 国 建 设 部
中华人民共和国国家质量监督检验检疫总局 联合发布

目　次

前　言

本规范是根据建设部建标［2001］87号《关于印发“二○○○至二○○一年度工程建设国家标准制订、修订计划”的通知》要求，在对《原油和天然气工程设计防火规范》GB 50183—93进行修订基础上编制而成。

在编制过程中，规范编制组对全国的油气田、油气管道和海上油气田陆上终端开展了调研，总结了我国石油天然气工程建设的防火设计经验，并积极吸收了国内外有关规范的成果，开展了必要的专题研究和技术研讨，广泛征求有关设计、生产、消防监督等部门和单位的意见，对主要问题进行了反复修改，最后经审查定稿。

本规范共分10章和3个附录，其主要内容有：总则、术语、基本规定、区域布置、石油天然气站场总平面布置、石油天然气站场生产设施、油气田内部集输管道、消防设施、电气、液化天然气站场等。

与原国家标准《原油和天然气工程设计防火规范》GB 50183—93相比，本规范主要有下列变化：

1. 增加了成品油和液化石油气管道工程、液化天然气和液化石油气低温储存工程、油田采出水处理设施以及电气方面的规定。

2. 提高了油气站场消防设计标准。

3. 内容更为全面、合理。

本规范以黑体字标志的条文为强制性条文，必须严格执行。

本规范由建设部负责管理和对强制性条文的解释，由油气田及管道建设设计专业标准化委员会负责日常管理工作，由中国石油天然气股份有限公司规划总院负责具体技术内容的解释。在本规范执行过程中，希望各单位结合工程实践认真总结经验，注意积累资料，如发现需要修改和补充之处，请将意见和资料寄往中国石油天然气股份有限公司规划总院节能与标准研究中心（地址：北京市海淀区志新西路3号；邮政编码：100083），以便今后修订时参考。

本规范主编单位、参编单位和主要起草人：

主 编 单 位：中国石油天然气股份有限公司规划总院

参 编 单 位：大庆油田工程设计技术开发有限公司
中国石油集团工程设计有限责任公司西南分公司
中油辽河工程有限公司
公安部天津消防研究所
胜利油田胜利工程设计咨询有限责任公司
中国石油天然气管道工程有限公司
大庆石油管理局消防支队
中国石油集团工程设计有限责任公司北京分公司
西安长庆科技工程有限责任公司

主要起草人：云成生　韩景宽　章申远　陈辉璧　朱　铃
秘义行　裴　红　董增强　刘玉身　鞠士武
余德广　段　伟　严　明　杨春明　张建杰
黄素兰　李正才　曾亮泉　刘兴国　卜祥军
邢立新　刘利群　郭桂芬

1 总 则

1.0.1 为了在石油天然气工程设计中贯彻“预防为主，防消结合”的方针，规范设计要求，防止和减少火灾损失，保障人身和财产安全，制定本规范。

1.0.2 本规范适用于新建、扩建、改建的陆上油气田工程、管道站场工程和海洋油气田陆上终端工程的防火设计。

1.0.3 石油天然气工程防火设计，必须遵守国家有关方针政策，结合实际，正确处理生产和安全的关系，积极采用先进的防火和灭火技术，做到保障安全生产，经济实用。

1.0.4 石油天然气工程防火设计除执行本规范外，尚应符合国家现行的有关强制性标准的规定。

2 术 语

2.1 石油天然气及火灾危险性术语

2.1.1 油品 oil

系指原油、石油产品(汽油、煤油、柴油、石脑油等)、稳定轻烃和稳定凝析油。

2.1.2 原油 crude oil

油井采出的以烃类为主的液态混合物。

2.1.3 天然气凝液 natural gas liquids(NGL)

从天然气中回收的且未经稳定处理的液体烃类混合物的总称，一般包括乙烷、液化石油气和稳定轻烃成分。也称混合轻烃。

2.1.4 液化石油气 liquefied petroleum gas(LPG)

常温常压下为气态，经压缩或冷却后为液态的丙烷、丁烷及其混合物。

2.1.5 稳定轻烃 natural gasoline

从天然气凝液中提取的，以戊烷及更重的烃类为主要成分的油品，其终沸点不高于190℃，在规定的蒸气压下，允许含有少量丁烷。也称天然汽油。

2.1.6 未稳定凝析油 gas condensate

从凝析气中分离出的未经稳定的烃类液体。

2.1.7 稳定凝析油 stabilized gas condensate

从未稳定凝析油中提取的，以戊烷及更重的烃类为主要成分的油品。

2.1.8 液化天然气 liquefied natural gas(LNG)

主要由甲烷组成的液态流体，并且包含少量的乙烷、丙烷、氮和其他成分。

2.1.9 沸溢性油品 boil over

含水并在燃烧时具有热波特性的油品，如原油、渣油、重油等。

2.2 消防冷却水和灭火系统术语

2.2.1 固定式消防冷却水系统 fixed water cooling fire systems

由固定消防水池(罐)、消防水泵、消防给水管网及储罐上设置的固定冷却水喷淋装置组成的消防冷却水系统。

2.2.2 半固定式消防冷却水系统 semi-fixed water cooling fire systems

站场设置固定消防给水管网和消火栓，火灾时由消防车或消防泵加压，通过水带和水枪喷水冷却的消防冷却水系统。

2.2.3 移动式消防冷却水系统 mobile water cooling fire systems

站场不设消防水源，火灾时消防车由其他水源取水，通过车载水龙带和水枪喷水冷却的消防冷却水系统。

2.2.4 低倍数泡沫灭火系统 low-expansion foam fire extinguishing systems

发泡倍数不大于20的泡沫灭火系统。

2.2.5 固定式低倍数泡沫灭火系统 fixed low-expansion foam fire extinguishing systems

由固定泡沫消防泵、泡沫比例混合器、泡沫混合液管道以及储罐上设置的固定空气泡沫产生器组成的低倍数泡沫灭火系统。

2.2.6 半固定式低倍数泡沫灭火系统 semi-fixed low-expansion foam fire extinguishing systems

储罐上设置固定的空气泡沫产生器，灭火时由泡沫消防车或机动泵通过水龙带供给泡沫混合液的低倍数泡沫灭火系统。

2.2.7 移动式低倍数泡沫灭火系统 mobile low-expansion foam fire extinguishing systems

灭火时由泡沫消防车通过车载水龙带和泡沫产生装置供应泡沫的低倍数泡沫灭火系统。

2.2.8 烟雾灭火系统 smoke fire extinguishing systems

由烟雾产生器、探测引燃装置、喷射装置等组成，在发生火灾后，能自动向储罐内喷射灭火烟雾的灭火系统。

2.2.9 干粉灭火系统 dry-powder fire extinguishing systems

由干粉储存装置、驱动装置、管道、喷射装置、火灾报警及联动控制装置等组成，能自动或手动向被保护对象喷射干粉灭火剂的灭火系统。

2.3 油气生产设施术语

2.3.1 石油天然气站场 petroleum and gas station

具有石油天然气收集、净化处理、储运功能的站、库、厂、场、油气井的统称，简称油气站场或站场。

2.3.2 油品站场 oil station

具有原油收集、净化处理和储运功能的站场或天然汽油、稳定凝析油储运功能的站场以及具有成品油管输功能的站场。

2.3.3 天然气站场 natural gas station

具有天然气收集、输送、净化处理功能的站场。

2.3.4 液化石油气和天然气凝液站场 LPG and NGL station

具有液化石油气、天然气凝液和凝析油生产与储运功能的站场。

2.3.5 液化天然气站场 liquefied natural gas(LNG) station

用于储存液化天然气，并能处理、液化或气化天然气的站场。

2.3.6 油罐组 a group of tanks

由一条闭合防火堤围成的一个或几个油罐组成的储罐单元。

2.3.7 油罐区 tank farm

由一个或若干个油罐组组成的储油罐区域。

2.3.8 浅盘式内浮顶油罐 internal floating roof tank with shallow plate

钢制浮盘不设浮舱且边缘板高度不大于0.5m的内浮顶油罐。

2.3.9 常压储罐 atmospheric tank

设计压力从大气压力到6.9kPa(表压，在罐顶计)的储罐。

2.3.10 低压储罐 low-pressure tank

设计承受内压力大于6.9kPa到103.4kPa(表压，在罐顶计)的储罐。

2.3.11 压力储罐 pressure tank

设计承受内压力大于等于0.1MPa(表压，在罐顶计)的储罐。

2.3.12 防火堤 dike

油罐组在油罐发生泄漏事故时防止油品外流的构筑物。

2.3.13 隔堤 dividing dike

为减少油罐发生少量泄漏(如冒顶)事故时的污染范围，而将一个油罐组的多个油罐分成若干分区的构筑物。

2.3.14 集中控制室 control centre

站场中集中安装显示、打印、测控设备的房间。

2.3.15 仪表控制间 instrument control room

站场中各单元装置安装测控设备的房间。

2.3.16 油罐容量 nominal volume of tank

经计算并圆整后的油罐公称容量。

2.3.17 天然气处理厂 natural gas treating plant

对天然气进行脱水、凝液回收和产品分馏的工厂。

2.3.18 天然气净化厂 natural gas conditioning plant

对天然气进行脱硫、脱水、硫磺回收、尾气处理的工厂。

2.3.19 天然气脱硫站 natural gas sulphur removal station

在油气田分散设置对天然气进行脱硫的站场。

2.3.20 天然气脱水站 natural gas dehydration station

在油气田分散设置对天然气进行脱水的站场。

3 基本规定

3.1 石油天然气火灾危险性分类

3.1.1 石油天然气火灾危险性分类应符合下列规定：

1 石油天然气火灾危险性应按表3.1.1分类。

表3.1.1 石油天然气火灾危险性分类

类别		特征
甲	A	37.8℃时蒸气压力>200kPa的液态烃
	B	1. 闪点<28℃的液体(甲A类和液化天然气除外) 2. 爆炸下限<10%(体积百分比)的气体
乙	A	1. 闪点≥28℃至<45℃的液体 2. 爆炸下限≥10%的气体
	B	闪点≥45℃至<60℃的液体
丙	A	闪点≥60℃至≤120℃的液体
	B	闪点>120℃的液体

2　操作温度超过其闪点的乙类液体应视为甲$_B$类液体。

3　操作温度超过其闪点的丙类液体应视为乙$_A$类液体。

4　在原油储运系统中，闪点等于或大于60℃、且初馏点等于或大于180℃的原油，宜划为丙类。

注：石油天然气火灾危险性分类举例见附录A。

3.2　石油天然气站场等级划分

3.2.1　石油天然气站场内同时储存或生产油品、液化石油气和天然气凝液、天然气等两类以上石油天然气产品时，应按其中等级较高者确定。

3.2.2　油品、液化石油气、天然气凝液站场按储罐总容量划分等级时，应符合表3.2.2的规定。

表3.2.2　油品、液化石油气、天然气凝液站场分级

等级	油品储存总容量 $V_p(m^3)$	液化石油气、天然气凝液储存总容量 $V_1(m^3)$
一级	$V_p \geqslant 100000$	$V_1>5000$
二级	$30000 \leqslant V_p<100000$	$2500<V_1 \leqslant 5000$
三级	$4000<V_p<30000$	$1000<V_1 \leqslant 2500$
四级	$500<V_p \leqslant 4000$	$200<V_1 \leqslant 1000$
五级	$V_p \leqslant 500$	$V_1 \leqslant 200$

注：油品储存总容量包括油品储罐、不稳定原油作业罐和原油事故罐的容量，不包括零位罐、污油罐、自用油罐以及污水沉降罐的容量。

3.2.3　天然气站场按生产规模划分等级时，应符合下列规定：

1　生产规模大于或等于 $100\times10^4m^3/d$ 的天然气净化厂、天然气处理厂和生产规模大于或等于 $400\times10^4m^3/d$ 的天然气脱硫站、脱水站定为三级站场。

2　生产规模小于 $100\times10^4m^3/d$，大于或等于 $50\times10^4m^3/d$ 的天然气净化厂、天然气处理厂和生产规模小于 $400\times10^4m^3/d$，大于或等于 $200\times10^4m^3/d$ 的天然气脱硫站、脱水站及生产规模大于 $50\times10^4m^3/d$ 的天然气压气站、注气站定为四级站场。

3　生产规模小于 $50\times10^4m^3/d$ 的天然气净化厂、天然气处理厂和生产规模小于 $200\times10^4m^3/d$ 的天然气脱硫站、脱水站及生产规模小于或等于 $50\times10^3m^3/d$ 的天然气压气站、注气站定为五级站场。

集气、输气工程中任何生产规模的集气站、计量站、输气站（压气站除外）、清管站、配气站等定为五级站场。

4　区域布置

4.0.1　区域布置应根据石油天然气站场、相邻企业和设施的特点及火灾危险性，结合地形与风向等因素，合理布置。

4.0.2　石油天然气站场宜布置在城镇和居住区的全年最小频率风向的上风侧。在山区、丘陵地区建设站场，宜避开窝风地段。

4.0.3　油品、液化石油气、天然气凝液站场的生产区沿江河岸布置时，宜位于邻近江河的城镇、重要桥梁、大型锚地、船厂等重要建筑物或构筑物的下游。

4.0.4　石油天然气站场与周围居住区、相邻厂矿企业、交通线等的防火间距，不应小于表4.0.4的规定。

表 4.0.4　石油天然气站场区域布置防火间距(m)

序号		1	2	3	4	5	6	7	8	9	10	11	12	13
名称		100人以上的居住区、村镇、公共福利设施	100人以下的散居房屋	相邻厂矿企业	铁路		公路		35kV及以上独立变电所	架空电力线路		架空通信线路		爆炸作业场地(如采石场)
					国家铁路线	工业企业铁路线	高速公路	其他公路		35kV及以上	35kV以下	国家Ⅰ、Ⅱ级	其他通信线路	
油品站场、天然气站场	一级	100	75	70	50	40	35	25	60	1.5倍杆高且不小于30m	1.5倍杆高	40	1.5倍杆高	300
	二级	80	60	60	45	35	30	20	50					
	三级	60	45	50	40	30	25	15	40					
	四级	40	35	40	35	25	20	15	40			1.5倍杆高		
	五级	30	30	30	30	20	20	10	30	1.5倍杆高				
液化石油气和天然气凝液站场	一级	120	90	120	60	55	40	30	80	40	1.5倍杆高	40	1.5倍杆高	300
	二级	100	75	100	60	50	40	30	80					
	三级	80	60	80	50	45	35	25	70					
	四级	60	50	60	50	40	35	25	60	1.5倍杆高且不小于30m				
	五级	50	45	50	40	35	30	20	50	1.5倍杆高				
可能携带可燃液体的火炬		120	120	120	80	80	80	60	120	80	80	80	60	300

注：1　表中数值系指石油天然气站场内甲、乙类储罐外壁与周围居住区、相邻厂矿企业、交通线等的防火间距，油气处理设备、装卸区、容器、厂房与序号1~8的防火间距可按本表减少25%。单罐容量小于或等于50m^3的直埋卧式油罐与序号1~12的防火间距可减少50%，但不得小于15m(五级油品站场与其他公路的距离除外)。

2　油品站场当仅储存丙$_A$或丙$_A$和丙$_B$类油品时，序号1、2、3的距离可减少25%，当仅储存丙$_B$类油品时，可不受本表限制。

3　表中35kV及以上独立变电所系指变电所内单台变压器容量在10000kV·A及以上的变电所，小于10000kV·A的35kV变电所防火间距可按本表减少25%。

4　注1~注3所述折减不得迭加。

5　放空管可按本表中可能携带可燃液体的火炬间距减少50%。

6　当油罐区按本规范8.4.10规定采用烟雾灭火时，四级油品站场的油罐区与100人以上的居住区、村镇、公共福利设施的防火间距不应小于50m。

7　防火间距的起算点应按本规范附录B执行。

火炬的防火间距应经辐射热计算确定，对可能携带可燃液体的火炬的防火间距，尚不应小于表4.0.4的规定。

4.0.5 石油天然气站场与相邻厂矿企业的石油天然气站场毗邻建设时，其防火间距可按本规范表5.2.1、表5.2.3的规定执行。

4.0.6 为钻井和采输服务的机修厂、管子站、供应站、运输站、仓库等辅助生产厂、站应按相邻厂矿企业确定防火间距。

4.0.7 油气井与周围建(构)筑物、设施的防火间距应按表4.0.7的规定执行，自喷油井应在一、二、三、四级石油天然气站场围墙以外。

表4.0.7 油气井与周围建(构)筑物、设施的防火间距(m)

名称		自喷油井、气井、注气井	机械采油井
一、二、三、四级石油天然气站场储罐及甲、乙类容器		40	20
100人以上的居住区、村镇、公共福利设施		45	25
相邻厂矿企业		40	20
铁路	国家铁路线	40	20
	工业企业铁路线	30	15
公路	高速公路	30	20
	其他公路	15	10
架空通信线	国家一、二级	40	20
	其他通信线	15	10
35kV及以上独立变电所		40	20
架空电力线	35kV以下	1.5倍杆高	
	35kV及以上		

注：1 当气井关井压力或注气井注气压力超过25MPa时，与100人以上的居住区、村镇、公共福利设施及相邻厂矿企业的防火间距，应按本表规定增加50%。

2 无自喷能力且井场没有储罐和工艺容器的油井按本表执行有困难时，防火间距可适当缩小，但应满足修井作业要求。

4.0.8 火炬和放空管宜位于石油天然气站场生产区最小频率风向的上风侧，且宜布置在站场外地势较高处。火炬和放空管与石油天然气站场的间距：火炬由本规范第5.2.1条确定；放空管放空量等于或小于$1.2\times10^4m^3/h$时，不应小于10m；放空量大于$1.2\times10^4m^3/h$且等于或小于$4\times10^4m^3/h$时，不应小于40m。

5 石油天然气站场总平面布置

5.1 一般规定

5.1.1 石油天然气站场总平面布置，应根据其生产工艺特点、火灾危险性等级、功能要求，结合地形、风向等条件，经技术经济比较确定。

5.1.2 石油天然气站场总平面布置应符合下列规定：

1　可能散发可燃气体的场所和设施，宜布置在人员集中场所及明火或散发火花地点的全年最小频率风向的上风侧。

2　甲、乙类液体储罐，宜布置在站场地势较低处。当受条件限制或有特殊工艺要求时，可布置在地势较高处，但应采取有效的防止液体流散的措施。

3　当站场采用阶梯式竖向设计时，阶梯间应有防止泄漏可燃液体漫流的措施。

4　天然气凝液，甲、乙类油品储罐组，不宜紧靠排洪沟布置。

5.1.3　石油天然气站场内的锅炉房、35kV及以上的变(配)电所、加热炉、水套炉等有明火或散发火花的地点，宜布置在站场或油气生产区边缘。

5.1.4　空气分离装置，应布置在空气清洁地段并位于散发油气、粉尘等场所全年最小频率风向的下风侧。

5.1.5　汽车运输油品、天然气凝液、液化石油气和硫磺的装卸车场及硫磺仓库等，应布置在站场的边缘，独立成区，并宜设单独的出入口。

5.1.6　石油天然气站场内的油气管道，宜地上敷设。

5.1.7　一、二、三、四级石油天然气站场四周宜设不低于2.2m的非燃烧材料围墙或围栏。站场内变配电站(大于或等于35kV)应设不低于1.5m的围栏。

道路与围墙(栏)的间距不应小于1.5m；一、二、三级油气站场内甲、乙类设备、容器及生产建(构)筑物至围墙(栏)的间距不应小于5m。

5.1.8　石油天然气站场内的绿化，应符合下列规定：

1　生产区不应种植含油脂多的树木，宜选择含水分较多的树种。

2　工艺装置区或甲、乙类油品储罐组与其周围的消防车道之间，不应种植树木。

3　在油品储罐组内地面及土筑防火堤坡面可植生长高度不超过0.15m、四季常绿的草皮。

4　液化石油气罐组防火堤或防护墙内严禁绿化。

5　站场内的绿化不应妨碍消防操作。

5.2　站场内部防火间距

5.2.1　一、二、三、四级石油天然气站场内总平面布置的防火间距除另有规定外，应不小于表5.2.1的规定。火炬的防火间距应经辐射热计算确定，对可能携带可燃液体的高架火炬还应满足表5.2.1的规定。

5.2.2　石油天然气站场内的甲、乙类工艺装置、联合工艺装置的防火间距，应符合下列规定：

1　装置与其外部的防火间距应按本规范表5.2.1中甲、乙类厂房和密闭工艺设备的规定执行。

2　装置间的防火间距应符合表5.2.2-1的规定。

3　装置内部的设备、建(构)筑物间的防火间距，应符合表5.2.2-2的规定。

5.2.3　五级石油天然气站场总平面布置的防火间距，不应小于表5.2.3的规定。

5.2.4　五级油品站场和天然气站场值班休息室(宿舍、厨房、餐厅)距甲、乙类油品储罐不应小于30m，距甲、乙类工艺设备、容器、厂房、汽车装卸设施不应小于22.5m；当值班休息室朝向甲、乙类工艺设备、容器、厂房、汽车装卸设施的墙壁为耐火等级不低于二级的防火墙时，防火间距可减小(储罐除外)，但不应小于15m，并应方便人员在紧急情况下安全疏散。

5.2.5　天然气密闭隔氧水罐和天然气放空管排放口与明火或散发火花地点的防火间距不应小于25m，与非防爆厂房之间的防火间距不应小于12m。

5.2.6　加热炉附属的燃料气分液包、燃料气加热器等与加热炉的防火距离不限；燃料气分液包采用开式排放时，排放口距加热炉的防火间距应不小于15m。

表 5.2.1　一、二、三、四级油气站场总平面布置防火间距(m)

名称		地上油罐　单罐容量(m^3)									全压力式天然气凝液、液化石油气储罐单罐容量(m^3)					全冷冻式液化石油气储罐	天然气储罐总容量(m^3)		甲、乙类厂房和密闭工艺装置(设备)	有明火的密闭工艺设备及加热炉	有明火或散发火花地点(含锅炉房)	敞口容器和除油池(m^3)		全厂性重要设施	液化石油气灌装站	火车装卸鹤管	汽车装卸鹤管	码头装卸油臂及泊位	辅助生产厂房及辅助生产设施	10kV及以下户外变压器
		甲$_B$、乙类固定顶				浮顶或丙类固定顶																								
		>10000	≤10000	≤1000	≤500或卧式罐	≥50000	<50000	≤10000	≤1000	≤500或卧式罐	>1000	≤1000	≤400	≤100	≤50		≤10000	≤50000				≤30	>30							
全压力式天然气凝液、液化石油气储罐单罐容量(m^3)	>1000	60	50	40	30		45	37	30	22	见6.6节																			
	≤1000	55	45	35	25		41	34	26	19																				
	≤400	50	40	30	25	*	37	30	22	19																				
	≤100	40	30	25	20		30	22	19	15																				
	≤50	35	25	20	20		26	19	15	15																				
全冷冻式液化石油气储罐		30	30	30	30	*	30	30	30	30	30	30	30	30	30															
天然气储罐总容量(m^3)	≤10000	30	25	20	15	35	30	25	20	15	55	50	45	40	35	40														
	≤50000	35	30	25	20	40	35	30	25	20	65	60	55	50	45	50														
甲、乙类厂房和密闭工艺装置(设备)		25	20	15	15/12	25	20	15	15/12		60	50	45	40	35	60	25	30												
有明火的密闭工艺设备及加热炉		40	35	30	25	35	30	26	22	19	85	75	65	55	45	60	30	35	20											
有明火或散发火花地点(含锅炉房)		45	40	35	30	40	35	30	26	22	100	80	70	60	50	60	30	35	25/20	20										
敞口容器和除油池(m^3)	≤30	28	24	20	16	24	20	18	16	12	44	40	36	32	30	40	25	30	—	25	25									
	>30	35	30	25	20	30	26	22	20	15	55	50	45	40	35	40	25	30	20	30	35									
全厂性重要设施		40	35	30	25	35	30	26	22	20	85	75	65	55	45	70	30	35	25	25	—	25	30							
液化石油气灌装站		35	30	25	20	30	26	22	20	15	50	40	30	25	20	45	20	25	25	30	30	25	30	50						
火车装卸鹤管		30	25	20	15	30	25	20	15	15	45	40	35	30	25	50	20	25	20	30	30	20	25	30	30					
汽车装卸鹤管		25	20	15	15	25	22	20	15	12	40	35	30	25	20	45	15	20	25/15	20	20	20	20	25	25	20				

表 5.2.1　一、二、三、四级油气站场总平面布置防火间距(m)(续)

名称		地上油罐　单罐容量(m^3)									全压力式天然气凝液、液化石油气储罐单罐容量(m^3)					全冷冻式液化石油气储罐	天然气储罐总容量(m^3)		甲、乙类厂房和密闭工艺装置(设备)	有明火的密闭工艺设备及加热炉	有明火或散发火花地点(含锅炉房)	敞口容器和除油池(m^3)		全厂性重要设施	液化石油气灌装站	火车装卸鹤管	汽车装卸鹤管	码头装卸油臂及泊位	辅助生产厂房及辅助生产设施	10kV及以下户外变压器
		甲$_B$、乙类固定顶				浮顶或丙类固定顶																								
		>10000	≤10000	≤1000	≤500或卧式罐	≥50000	<50000	≤10000	≤1000	≤500或卧式罐	>1000	≤1000	≤400	≤100	≤50		≤10000	≤50000				≤30	>30							
码头装卸油臂及泊位		50	40	35	30	45	40	35	30	25	55	50	45	40	35	55	25	30	35	35	35	30	40	40	30	25	20			
辅助生产厂房及辅助生产设施		30	25	20	15	30	26	22	18	15	60	50	40	30	25	60	30	30	15	15	—	20	20	—	30	25	15	30		
10kV及以下户外变压器		30	25	20	15	30	26	22	18	15	65	60	50	40	40	60	30	35	15	15	—	25	25	—	35	30	20	30	—	
仓库	硫磺及其他甲、乙类物品	35	30	25	20	40	35	30	25	20	60	50	40	30	30	60	20	25	20	25	30	25	25	25	35	30	20	30	20	25
	丙类物品	30	25	20	15	35	30	25	20	15	50	40	30	25	25	50	20	25	15	20	25	15	20	20	30	20	15	20	15	20
可能携带可燃液体的高架火炬		90	90	90	90	90	90	90	90	90	90	90	90	90	90	90	90	90	90	60	60	90	90	90	90	90	90	90	90	90

注：1　两个丙类液体生产设施之间的防火间距，可按甲、乙类生产设施的防火间距减少 25%。

2　油田采出水处理设施内除油罐(沉降罐)、污油罐可按小于或等于 500m^3 的甲$_B$、乙类固定顶地上油罐的防火间距减少 25%，污油泵(或泵房)的防火间距可按甲、乙类厂房和密闭工艺装置(设备)减少 25%。

3　缓冲罐与泵，零位罐与泵，除油池与污油提升泵，塔与塔底泵、回流泵，压缩机与其直接相关的附属设备，泵与密封漏油回收容器的防火间距不限。

4　全厂性重要设施系指集中控制室、马达控制中心、消防泵房和消防器材间、35kV 及以上的变电所、自备电站、化验室、总机房和厂部办公室，空压站和空分装置。

5　辅助生产厂房及辅助生产设施系指维修间、车间办公室、工具间、换热站、供注水泵房、深井泵房、排涝泵房、仪表控制间、应急发电设施、阴极保护间、循环水泵房、给水处理与污水处理等使用非防爆电气设备的厂房和设施。

6　天然气储罐总容量按标准体积计算。大于 50000m^3 时，防火间距应按本表增加 25%。

7　可能携带可燃液体的高架火炬与相关设施的防火间距不得折减。

8　表中数字分子表示甲$_A$类，分母表示甲$_B$、乙类厂房和密闭工艺装置(设备)防火间距。

9　液化石油气灌装站系指进行液化石油气灌瓶、加压及其有关的附属生产设施；灌装站内部防火间距应按本规范 6.7 节执行；灌装站防火间距起算点，按灌装站内相邻面的设备、容器、建(构)筑物外缘算起。

10　事故存液池的防火间距，可按敞口容器和除油池的规定执行。

11　表中“—”表示设施之间的防火间距应符合现行国家标准《建筑设计防火规范》的规定或设施间距只需满足安装、操作及维修要求；表中“*”表示本规范未涉及的内容。

表 5.2.2-1　装置间的防火间距（m）

火灾危险类别	甲$_A$类	甲$_B$、乙$_A$类	乙$_B$、丙类
甲$_A$类	25		
甲$_B$、乙$_A$类	20	20	
乙$_B$、丙类	15	15	10

注：表中数字为装置相邻面工艺设备或建（构）筑物的净距，工艺装置与工艺装置的明火加热炉相邻布置时，其防火间距应按与明火的防火间距确定。

表 5.2.2-2　装置内部的防火间距（m）

名称		明火或散发火花的设备或场所	仪表控制间、10kV及以下的变配电室、化验室、办公室	可燃气体压缩机或其厂房	中间储罐		
					甲$_A$类	甲$_B$、乙$_A$类	乙$_B$、丙类
仪表控制间、10kV及以下的变配电室、化验室、办公室		15					
可燃气体压缩机或其厂房		15	15				
其他工艺设备及厂房	甲$_A$类	22.5	15	9	9	9	7.5
	甲$_B$、乙$_A$类	15	15	9	9	9	7.5
	乙$_B$、丙类	9	9	7.5	7.5	7.5	
中间储罐	甲$_A$类	22.5	22.5	15			
	甲$_B$、乙$_A$类	15	15	9			
	乙$_B$、丙类	9	9	7.5			

注：1　由燃气轮机或天然气发动机直接拖动的天然气压缩机对明火或散发火花的设备或场所、仪表控制间等的防火间距按本表可燃气体压缩机或其厂房确定；对其他工艺设备及厂房、中间储罐的防火间距按本表明火或散发火花的设备或场所确定。

2　加热炉与分离器组成的合一设备、三甘醇火焰加热再生釜、溶液脱硫的直接火焰加热重沸器等带有直接火焰加热的设备，应按明火或散发火花的设备或场所确定防火间距。

3　克劳斯硫磺回收工艺的燃烧炉、再热炉、在线燃烧器等正压燃烧炉，其防火间距按其他工艺设备和厂房确定。

4　表中的中间储罐的总容量：全压力式天然气凝液、液化石油气储罐应小于或等于100m^3；甲$_B$、乙类液体储罐应小于或等于1000m^3。当单个全压力式天然气凝液、液化石油气储罐小于50m^3、甲$_B$、乙类液体储罐小于100m^3时，可按其他工艺设备对待。

5　含可燃液体的水池、隔油池等，可按本表其他工艺设备对待。

6　缓冲罐与泵，零位罐与泵，除油池与污油提升泵，塔与塔底泵、回流泵，压缩机与其直接相关的附属设备，泵与密封漏油回收容器的防火间距可不受本表限制。

表 5.2.3　五级油气站场防火间距(m)

名称		油气井	露天油气密闭设备及阀组	可燃气体压缩机及压缩机房	天然气凝液泵、油泵及其泵房、阀组间	水套炉	加热炉、锅炉房	10kV及以下户外变压器、配电间	隔油池、事故污油池(罐)、卸油池(m^3)		≤$500m^3$油罐(除甲$_A$类外)及装卸车鹤管	天然气凝液、液化石油气储罐(m^3)			计量仪表间、值班室或配水间	辅助生产厂房及辅助生产设施	硫磺仓库
									≤30	>30		单罐且罐容量<50时	总容量≤100	100<总容量≤200，单罐容量≤100			
油气井																	
露天油气密闭设备及阀组		5															
可燃气体压缩机及压缩机房		20															
天然气凝液泵、油泵及其泵房、阀组间		20															
水套炉		9	5	15	15/10												
加热炉、锅炉房		20	10	15	22.5/15												
10kV及以下户外变压器、配电间		15	10	12	22.5/15	—	—										
隔油池、事故污油池(罐)、卸油池(m^3)	≤30	20	—	9	—	15	15	15									
	>30		12	15	15	22.5	22.5	15									
≤$500m^3$油罐(除甲$_A$类外)及装卸车鹤管		15	10	15	10	15	20	15	15	15							
天然气凝液、液化石油气储罐(m^3)	单罐且罐容量<50时	*	—	9	—	22.5	22.5	15	15	30	25						
	总容量≤100		10	15	10	30	30	22.5	15	30	25						
	100<总容量≤200，单罐容量≤100		30	30	30	40	40	40	30	30	30						

表 5.2.3　五级油气站场防火间距(m)(续)

名称	油气井	露天油气密闭设备及阀组	可燃气体压缩机及压缩机房	天然气凝液泵、油泵及其泵房、阀组间	水套炉	加热炉、锅炉房	10kV 及以下户外变压器、配电间	隔油池、事故污油池(罐)、卸油池(m^3)		≤$500m^3$ 油罐(除甲$_A$类外)及装卸车鹤管	天然气凝液、液化石油气储罐(m^3)			计量仪表间、值班室或配水间	辅助生产厂房及辅助生产设施	硫磺仓库
								≤30	>30		单罐且罐容量<50 时	总容量≤100	100<总容量≤200，单罐容量≤100			
计量仪表间、值班室或配水间	9	5	10	10	10	10	—	10	15	15	22.5	22.5	40			
辅助生产厂房及辅助生产设施	20	12	15	15/10		—	—	15	22.5	15	22.5	30	40	—		
硫磺仓库	15	10	15	15	15	15	10	15	15	15		*		10	15	
污水池	5	5	5	5	5	5	5	5	5	5				10	10	5

注：1　油罐与装车鹤管之间的防火间距，当采用自流装车时不受本表的限制，当采用压力装车时不应小于 15m。

2　加热炉与分离器组成的合一设备、三甘醇火焰加热再生釜、溶液脱硫的直接火焰加热重沸器等带有直接火焰加热的设备，应按水套炉确定防火间距。

3　克劳斯硫磺回收工艺的燃烧炉、再热炉、在线燃烧器等正压燃烧炉，其防火间距可按露天油气密闭设备确定。

4　35kV 及以上的变配电所应按本规范表 5.2.1 的规定执行。

5　辅助生产厂房系指发电机房及使用非防爆电气的厂房和设施，如：站内的维修间、化验间、工具间、供注水泵房、办公室、会议室、仪表控制间、药剂泵房、掺水泵房及掺水计量间、注汽设备、库房、空压机房、循环水泵房、空冷装置，污水泵房、卸药台等。

6　计量仪表间系指油气井分井计量用计量仪表间。

7　缓冲罐与泵、零位罐与泵、除油池与污油提升泵、压缩机与直接相关的附属设备、泵与密封漏油回收容器的防火间距不限。

8　表中数字分子表示甲$_A$类，分母表示甲$_B$、乙类设施的防火间距。

9　油田采出水处理设施内除油罐(沉降罐)、污油罐的防火间距(油气井除外)可按≤$500m^3$ 油罐及装卸车鹤管的间距减少 25%，污油泵(或泵房)的防火间距可按油泵及油泵房间距减少 25%，但不应小于 9m。

10　表中"—"表示设施之间的防火间距应符合现行国家标准《建筑设计防火规范》的规定或者设施间距仅需满足安装、操作及维修要求；表中"＊"表示本规范未涉及的内容。

5.3 站场内部道路

5.3.1 一、二、三级油气站场，至少应有两个通向外部道路的出入口。

5.3.2 油气站场内消防车道布置应符合下列要求：

1 油气站场储罐组宜设环形消防车道。四、五级油气站场或受地形等条件限制的一、二、三级油气站场内的油罐组，可设有回车场的尽头式消防车道，回车场的面积应按当地所配消防车辆车型确定，但不宜小于15m×15m。

2 储罐组消防车道与防火堤的外坡脚线之间的距离不应小于3m。储罐中心与最近的消防车道之间的距离不应大于80m。

3 铁路装卸设施应设消防车道，消防车道应与站场内道路构成环形，受条件限制的，可设有回车场的尽头车道，消防车道与装卸栈桥的距离不应大于80m且不应小于15m。

4 甲、乙类液体厂房及油气密闭工艺设备距消防车道的间距不宜小于5m。

5 消防车道的净空高度不应小于5m；一、二、三级油气站场消防车道转弯半径不应小于12m，纵向坡度不宜大于8%。

6 消防车道与站场内铁路平面相交时，交叉点应在铁路机车停车限界之外；平交的角度宜为90°，困难时，不应小于45°。

5.3.3 一级站场内消防车道的路面宽度不宜小于6m，若为单车道时，应有往返车辆错车通行的措施。

5.3.4 当道路高出附近地面2.5m以上，且在距道路边缘15m范围内有工艺装置或可燃气体、可燃液体储罐及管道时，应在该段道路的边缘设护墩、矮墙等防护设施。

6 石油天然气站场生产设施

6.1 一般规定

6.1.1 进出天然气站场的天然气管道应设截断阀，并应能在事故状况下易于接近且便于操作。三、四级站场的截断阀应有自动切断功能。当站场内有两套及两套以上天然气处理装置时，每套装置的天然气进出口管道均应设置截断阀。进站场天然气管道上的截断阀前应设泄压放空阀。

6.1.2 集中控制室设置非防爆仪表及电气设备时，应符合下列要求：

1 应位于爆炸危险范围以外。

2 含有甲、乙类油品、可燃气体的仪表引线不得直接引入室内。

6.1.3 仪表控制间设置非防爆仪表及电气设备时，应符合下列要求：

1 在使用或生产天然气凝液和液化石油气的场所，仪表控制间室内地坪宜比室外地坪高0.6m。

2 含有甲、乙类油品和可燃气体的仪表引线不宜直接引入室内。

3 当与甲、乙类生产厂房毗邻时，应采用无门窗洞口的防火墙隔开。当必须在防火墙上开窗时，应设固定甲级防火窗。

6.1.4 石油天然气的人工采样管道不得引入中心化验室。

6.1.5 石油天然气管道不得穿过与其无关的建筑物。

6.1.6 天然气凝液和液化石油气厂房、可燃气体压缩机厂房和其他建筑面积大于或等于150m² 的甲类火灾危险性厂房内，应设可燃气体检测报警装置。天然气凝液和液化石油气罐区、天然气凝液和凝析油回收装置的工艺设备区应设可燃气体检测报警装置。其他露天或棚式布置的甲类生产设施可不设可燃气体检测报警装置。

6.1.7 甲、乙类油品储罐、容器、工艺设备和甲、乙类地面管道当需要保温时，应采用非燃烧保温材料；低温保冷可采用泡沫塑料，但其保护层外壳应采用不燃烧材料。

6.1.8 甲、乙类油品储罐、容器、工艺设备的基础；甲、乙类地面管道的支、吊架和基础应采用非燃烧材料，但储罐底板垫层可采用沥青砂。

6.1.9 站场生产设备宜露天或棚式布置，受生产工艺或自然条件限制的设备可布置在建筑物内。

6.1.10 油品储罐应设液位计和高液位报警装置，必要时可设自动联锁切断进液装置。油品储罐宜设自动截油排水器。

6.1.11 含油污水应排入含油污水管道或工业下水道，其连接处应设水封井，并应采取防冻措施。含油污水管道在通过油气站场围墙处应设置水封井，水封井与围墙之间的排水管道应采用暗渠或暗管。

6.1.12 油品储罐进液管宜从罐体下部接入，若必须从上部接入，应延伸至距罐底200mm处。

6.1.13 总变(配)电所，变(配)电间的室内地坪应比室外地坪高0.6m。

6.1.14 站场内的电缆沟，应有防止可燃气体积聚及防止含可燃液体的污水进入沟内的措施。电缆沟通入变(配)电室、控制室的墙洞处，应填实、密封。

6.1.15 加热炉以天然气为燃料时，供气系统应符合下列要求：

1 宜烧干气，配气管网的设计压力不宜大于0.5MPa(表压)。

2 当使用有凝液析出的天然气作燃料时，管道上宜设置分液包。

3 加热炉炉膛内宜设常明灯，其气源可从燃料气调节阀前的管道上引向炉膛。

6.2 油气处理及增压设施

6.2.1 加热炉或锅炉燃料油的供油系统应符合下列要求：

1 燃料油泵和被加热的油气进、出口阀不应布置在烧火间内；当燃料油泵与烧火间毗邻布置时，应设防火墙。

2 当燃料油储罐总容积不大于20m^{3}时，与加热炉的防火间距不应小于8m；当大于20m^{3}至30m^{3}时，不应小于15m。燃料油储罐与燃料油泵的间距不限。

加热炉烧火口或防爆门不应直接朝向燃料油储罐。

6.2.2 输送甲、乙类液体的泵，可燃气体压缩机不得与空气压缩机同室布置。空气管道不得与可燃气体，甲、乙类液体管道固定相联。

6.2.3 甲、乙类液体泵房与变配电室或控制室相毗邻时，变配电室或控制室的门、窗应位于爆炸危险区范围之外。

6.2.4 甲、乙类油品泵宜露天或棚式布置。若在室内布置时，应符合下列要求：

1 液化石油气泵和天然气凝液泵超过2台时，与甲、乙类油品泵应分别布置在不同的房间内，各房间之间的隔墙应为防火墙。

2 甲、乙类油品泵房的地面不宜设地坑或地沟。泵房内应有防止可燃气体积聚的措施。

6.2.5 电动往复泵、齿轮泵或螺杆泵的出口管道上应设安全阀；安全阀放空管应接至泵入口管道上，并宜设事故停车联锁装置。

6.2.6 甲、乙类油品离心泵，天然气压缩机在停电、停气或操作不正常工作情况下，介质倒流有可能造成事故时，应在出口管道上安装止回阀。

6.2.7 负压原油稳定装置的负压系统应有防止空气进入系统的措施。

6.3 天然气处理及增压设施

6.3.1 可燃气体压缩机的布置及其厂房设计应符合下列规定：

1 可燃气体压缩机宜露天或棚式布置。

2 单机驱动功率等于或大于 150kW 的甲类气体压缩机厂房，不宜与其他甲、乙、丙类房间共用一幢建筑物；该压缩机的上方不得布置含甲、乙、丙类介质的设备，但自用的高位润滑油箱不受此限。

3 比空气轻的可燃气体压缩机棚或封闭式厂房的顶部应采取通风措施。

4 比空气轻的可燃气体压缩机厂房的楼板，宜部分采用箅子板。

5 比空气重的可燃气体压缩机厂房内，不宜设地坑或地沟，厂房内应有防止气体积聚的措施。

6.3.2 油气站场内，当使用内燃机驱动泵和天然气压缩机时，应符合下列要求：

1 内燃机排气管应有隔热层，出口处应设防火罩。当排气管穿过屋顶时，其管口应高出屋顶 2m；当穿过侧墙时，排气方向应避开散发油气或有爆炸危险的场所。

2 内燃机的燃料油储罐宜露天设置。内燃机供油管道不应架空引至内燃机油箱。在靠近燃料油储罐出口和内燃机油箱进口处应分别设切断阀。

6.3.3 明火设备(不包括硫磺回收装置的主燃烧炉、再热炉等正压燃烧设备)应尽量靠近装置边缘集中布置，并应位于散发可燃气体的容器、机泵和其他设备的年最小频率风向的下风侧。

6.3.4 石油天然气在线分析一次仪表间与工艺设备的防火间距不限。

6.3.5 布置在爆炸危险区内的非防爆型在线分析一次仪表间(箱)，应正压通风。

6.3.6 与反应炉等高温燃烧设备连接的非工艺用燃料气管道，应在进炉前设两个截断阀，两阀间应设检查阀。

6.3.7 进出装置的可燃气体、液化石油气、可燃液体的管道，在装置边界处应设截断阀和 8 字盲板或其他截断设施，确保装置检修安全。

6.3.8 可燃气体压缩机的吸入管道，应有防止产生负压的措施。多级压缩的可燃气体压缩机各段间，应设冷却和气液分离设备，防止气体带液进入气缸。

6.3.9 正压通风设施的取风口，宜位于含甲、乙类介质设备的全年最小频率风向的下风侧。取风口应高出爆炸危险区 1.5m 以上，并应高出地面 9m。

6.3.10 硫磺成型装置的除尘设施严禁使用电除尘器，宜采用袋滤器。

6.3.11 液体硫磺储罐四周应设闭合的不燃烧材料防护墙，墙高应为 1m。墙内容积不应小于一个最大液体硫磺储罐的容量；墙内侧至罐的净距不宜小于 2m。

6.3.12 液体硫磺储罐与硫磺成型厂房之间应设有消防通道。

6.3.13 固体硫磺仓库的设计应符合下列要求：

1 宜为单层建筑。

2 每座仓库的总面积不应超过 $2000m^2$，且仓库内应设防火墙隔开，防火墙间的面积不应超过 $500m^2$。

3 仓库可与硫磺成型厂房毗邻布置，但必须设置防火隔墙。

6.4 油田采出水处理设施

6.4.1 沉降罐顶部积油厚度不应超过 0.8m。

6.4.2 采用天然气密封工艺的采出水处理设施，区域布置应按四级站场确定防火间距。其他采出水处理设施区域布置应按五级站场确定防火间距。

6.4.3 采用天然气密封工艺的采出水处理设施，平面布置应符合本规范第5.2.1条的规定。其他采出水处理设施平面布置应符合本规范第5.2.3条的规定。

6.4.4 污油罐及污水沉降罐顶部应设呼吸阀、阻火器及液压安全阀。

6.4.5 采用收油槽自动回收污油，顶部积油厚度不超过0.8m的沉降罐可不设防火堤。

6.4.6 容积小于或等于200m³，并且单独布置的污油罐，可不设防火堤。

6.4.7 半地下式污油污水泵房应配置机械通风设施。

6.4.8 采用天然气密封的罐应满足下列规定：

1 罐顶必须设置液压安全阀，同时配备阻火器。

2 罐顶部透光孔不得采用活动盖板，气体置换孔必须加设阀门。

3 储罐应设高、低液位报警和液位显示装置，并将报警及液位显示信号传至值班室。

4 罐上经常与大气相通的管道应设阻火器及水封装置，水封高度应根据密闭系统工作压力确定，不得小于250mm。水封装置应有补水设施。

5 多座水罐共用一条干管调压时，每座罐的支管上应设截断阀和阻火器。

6.5 油罐区

6.5.1 油品储罐应为地上式钢罐。

6.5.2 油品储罐应分组布置并符合下列规定：

1 在同一罐组内，宜布置火灾危险性类别相同或相近的储罐。

2 常压油品储罐不应与液化石油气、天然气凝液储罐同组布置。

3 沸溢性的油品储罐，不应与非沸溢性油品储罐同组布置。

4 地上立式油罐同高位罐、卧式罐不宜布置在同一罐组内。

6.5.3 稳定原油、甲$_B$、乙$_A$类油品储罐宜采用浮顶油罐。不稳定原油用的作业罐应采用固定顶油罐。稳定轻烃可根据相关标准的要求，选用内浮顶罐或压力储罐。钢油罐建造应符合国家现行油罐设计规范的要求。

6.5.4 油罐组内的油罐总容量应符合下列规定：

1 固定顶油罐组不应大于120000m³。

2 浮顶油罐组不应大于600000m³。

6.5.5 油罐组内的油罐数量应符合下列要求：

1 当单罐容量不小于1000m³时，不应多于12座。

2 当单罐容量小于1000m³或者仅储存丙$_B$类油品时，数量不限。

6.5.6 地上油罐组内的布置应符合下列规定：

1 油罐不应超过两排，但单罐容量小于1000m³的储存丙$_B$类油品的储罐不应超过4排。

2 立式油罐排与排之间的防火距离，不应小于5m，卧式油罐的排与排之间的防火距离，不应小于3m。

6.5.7 油罐之间的防火距离不应小于表6.5.7的规定。

表6.5.7 油罐之间的防火距离

油品类别	固定顶油罐	浮顶油罐	卧式油罐
甲、乙类	**1000m³以上的罐：0.6*D***	**0.4*D***	**0.8m**
	1000m³及以下的罐，当采用固定式消防冷却时：0.6*D*，采用移动式消防冷却时：0.75*D*		

表 6.5.7 油罐之间的防火距离(续)

油品类别		固定顶油罐	浮顶油罐	卧式油罐
丙类	A	0.4*D*	—	0.8m
	B	>1000m³的罐：5m ≤1000m³的罐：2m	—	

注：1 浅盘式和浮舱用易熔材料制作的内浮顶油罐按固定顶油罐确定罐间距。

2 表中 *D* 为相邻较大罐的直径，单罐容积大于 1000m³ 的油罐取直径或高度的较大值。

3 储存不同油品的油罐、不同型式的油罐之间的防火间距，应采用较大值。

4 高架(位)罐的防火间距，不应小于 0.6m。

5 单罐容量不大于 300m³，罐组总容量不大于 1500m³ 的立式油罐间距，可按施工和操作要求确定。

6 丙$_A$ 类油品固定顶油罐之间的防火距离按 0.4*D* 计算大于 15m 时，最小可取 15m。

6.5.8 地上立式油罐组应设防火堤，位于丘陵地区的油罐组，当有可利用地形条件设置导油沟和事故存油池时可不设防火堤。卧式油罐组应设防护墙。

6.5.9 油罐组防火堤应符合下列规定：

1 防火堤应是闭合的，能够承受所容纳油品的静压力和地震引起的破坏力，保证其坚固和稳定。

2 防火堤应使用不燃烧材料建造，首选土堤，当土源有困难时，可用砖石、钢筋混凝土等不燃烧材料砌筑，但内侧应培土或涂抹有效的防火涂料。土筑防火堤的堤顶宽度不小于 0.5m。

3 立式油罐组防火堤的计算高度应保证堤内的有效容积需要。防火堤实际高度应比计算高度高出 0.2m。防火堤实际高度不应低于 1.0m，且不应高于 2.2m(均以防火堤外侧路面或地坪算起)。卧式油罐组围堰高度不应低于 0.5m。

4 管道穿越防火堤处，应采用非燃烧材料封实。严禁在防火堤上开孔留洞。

5 防火堤内场地可不做铺砌，但湿陷性黄土、盐渍土、膨胀土等地区的罐组内场地应有防止雨水和喷淋水浸害罐基础的措施。

6 油罐组内场地应有不小于 0.5% 的地面设计坡度，排雨水管应从防火堤内设计地面以下通向堤外，并应采取排水阻油措施。年降雨量不大于 200mm 或降雨在 24h 内可以渗完时，油罐组内可不设雨水排除系统。

7 油罐组防火堤上的人行踏步不应少于两处，且应处于不同方位。隔堤均应设置人行踏步。

6.5.10 地上立式油罐的罐壁至防火堤内坡脚线的距离，不应小于罐壁高度的一半。卧式油罐的罐壁至围堰内坡脚线的距离，不应小于 3m。建在山边的油罐，靠山的一面，罐壁至挖坡坡脚线距离不得小于 3m。

6.5.11 防火堤内有效容量，应符合下列规定：

1 对固定顶油罐组，不应小于储罐组内最大一个储罐有效容量。

2 对浮顶油罐组，不应小于储罐组内一个最大罐有效容量的一半。

3 当固定顶和浮顶油罐布置在同一油罐组内，防火堤内有效容量应取上两款规定的较大者。

6.5.12 立式油罐罐组内隔堤的设置，应符合国家现行防火堤设计规范的规定。

6.5.13 事故存液池的设置，应符合下列规定：

1 设有事故存液池的油罐或罐组四周应设导油沟，使溢漏油品能顺利地流出罐组并自流入事故存液池内。

2 事故存液池距离储罐不应小于 30m。

3 事故存液池和导油沟距离明火地点不应小于 30m。

4 事故存液池应有排水设施。

5 事故存液池的容量应符合 6.5.11 条的规定。

6.5.14 五级站内，小于等于500m³的丙类油罐，可不设防火堤，但应设高度不低于1.0m的防护墙。

6.5.15 油罐组之间应设置宽度不小于4m的消防车道。受地形条件限制时，两个罐组防火堤外侧坡脚线之间应留有不小于7m的空地。

6.6 天然气凝液及液化石油气罐区

6.6.1 天然气凝液和液化石油气罐区宜布置在站场常年最小频率风向的上风侧，并应避开不良通风或窝风地段。天然气凝液储罐和全压力式液化石油气储罐周围宜设置高度不低于0.6m的不燃烧体防护墙。在地广人稀地区，当条件允许时，可不设防护墙，但应有必要的导流设施，将泄漏的液化石油气集中引导到站外安全处。全冷冻式液化石油气储罐周围应设置防火堤。

6.6.2 天然气凝液和液化石油气储罐成组布置时，天然气凝液和全压力式液化石油气储罐或全冷冻式液化石油气储罐组内的储罐不应超过两排，罐组周围应设环行消防车道。

6.6.3 天然气凝液和全压力式液化石油气储罐组内的储罐个数不应超过12个，总容积不应超过20000m³；全冷冻式液化石油气储罐组内的储罐个数不应超过2个。

6.6.4 天然气凝液和全压力式液化石油气储罐组内的储罐总容量大于6000m³时，罐组内应设隔墙，单罐容量等于或大于5000m³时应每个罐一隔，隔墙高度应低于防护墙0.2m。全冷冻式液化石油气储罐组内储罐应设隔堤，且每个罐一隔，隔堤高度应低于防火堤0.2m。

6.6.5 不同储存方式的液化石油气储罐不得布置在同一个储罐组内。

6.6.6 成组布置的天然气凝液和液化石油气储罐到防火堤(或防护墙)的距离应满足如下要求：

1 全压力式球罐到防护墙的距离应为储罐直径的一半，卧式储罐到防护墙的距离不应小于3m。

2 全冷冻式液化石油气储罐至防火堤内堤脚线的距离，应为储罐高度与防火堤高度之差，防火堤内有效容积应为一个最大储罐的容量。

6.6.7 防护墙、防火堤及隔堤应采用不燃烧实体结构，并应能承受所容纳液体的静压及温度的影响。在防火堤或防护墙的不同方位上应设置不少于两处的人行踏步或台阶。

6.6.8 成组布置的天然气凝液和液化石油气罐区，相邻组与组之间的防火距离(罐壁至罐壁)不应小于20m。

6.6.9 天然气凝液和液化石油气储罐组内储罐之间的防火距离应不小于表6.6.9的规定。

表6.6.9 储罐组内储罐之间的防火间距

储罐型式 / 防火间距 / 介质类别	全压力式储罐		全冷冻式储罐
	球罐	卧罐	
天然气凝液或液化石油气	1.0D	1.0D且不宜大于1.5m。两排卧罐的间距，不应小于3m	
液化石油气			0.5D

注：1 D为相邻较大罐直径。

2 不同型式储罐之间的防火距离，应采用较大值。

6.6.10 防火堤或防护墙内地面应有由储罐基脚线向防火堤或防护墙方向的不小于1%的排水坡度，排水出口应设有可控制开启的设施。

6.6.11 天然气凝液及液化石油气罐区内应设可燃气体检测报警装置，并在四周设置手动报警按钮，探测和报警信号引入值班室。

6.6.12 天然气凝液储罐及液化石油气储罐的进料管管口宜从储罐底部接入，当从顶部接入时，应将管口接至罐底处。全压力式储罐罐底应安装为储罐注水用的管道、阀门及管道接头。天然气凝液储罐及液化石油气储罐宜采用有防冻措施的二次脱水系统。

6.6.13 天然气凝液储罐及液化石油气储罐应设液位计、温度计、压力表、安全阀，以及高液位报警装置或高液位自动联锁切断进料装置。对于全冷冻式液化石油气储罐还应设真空泄放设施。天然气凝液储罐及液化石油气储罐容积大于或等于 $50m^3$ 时，其液相出口管线上宜设远程操纵阀和自动关闭阀，液相进口应设单向阀。

6.6.14 全压力式天然气凝液储罐及液化石油气储罐进、出口阀门及管件的压力等级不应低于2.5MPa，且不应选用铸铁阀门。

6.6.15 全冷冻式储罐的地基应考虑温差影响，并采取必要措施。

6.6.16 天然气凝液储罐及液化石油气储罐的安全阀出口管应接至火炬系统。确有困难时，单罐容积等于或小于 $100m^3$ 的天然气凝液储罐及液化石油气储罐安全阀可接入放散管，其安装高度应高出储罐操作平台 2m 以上，且应高出所在地面 5m 以上。

6.6.17 天然气凝液储罐及液化石油气罐区内的管道宜地上布置，不应地沟敷设。

6.6.18 露天布置的泵或泵棚与天然气凝液储罐和全压力式液化石油气储罐之间的距离不限，但宜布置在防护墙外。

6.6.19 压力储存的稳定轻烃储罐与全压力式液化石油气储罐同组布置时，其防火间距不应小于本规范第 6.6.9 条的规定。

6.7 装卸设施

6.7.1 油品的铁路装卸设施应符合下列要求：

1 装卸栈桥两端和沿栈桥每隔 60~80m，应设安全斜梯。

2 顶部敞口装车的甲$_B$、乙类油品，应采用液下装车鹤管。

3 装卸泵房至铁路装卸线的距离，不应小于 8m。

4 在距装车栈桥边缘 10m 以外的油品输入管道上，应设便于操作的紧急切断阀。

5 零位油罐不应采用敞口容器，零位罐至铁路装卸线距离，不应小于 6m。

6.7.2 油品铁路装卸栈桥至站场内其他铁路、道路间距应符合下列要求：

1 至其他铁路线不应小于 20m。

2 至主要道路不应小于 15m。

6.7.3 油品的汽车装卸站，应符合下列要求：

1 装卸站的进出口，宜分开设置；当进、出口合用时，站内应设回车场。

2 装卸车场宜采用现浇混凝土地面。

3 装卸车鹤管之间的距离，不应小于 4m；装卸车鹤管与缓冲罐之间的距离，不应小于 5m。

4 甲$_B$、乙类液体的装卸车，严禁采用明沟(槽)卸车系统。

5 在距装卸鹤管 10m 以外的装卸管道上，应设便于操作的紧急切断阀。

6 甲$_B$、乙类油品装卸鹤管(受油口)与相邻生产设施的防火间距，应符合表 6.7.3 的规定。

表 6.7.3　鹤管与相邻生产设施之间的防火距离(m)

生产设施	装卸油泵房	生产厂房及密闭工艺设备		
		液化石油气	甲$_B$、乙类	丙类
甲$_B$、乙类油品装卸鹤管	8	25	15	10

6.7.4 液化石油气铁路和汽车的装卸设施，应符合下列要求：

1 铁路装卸栈台宜单独设置；若不同时作业，也可与油品装卸鹤管共台设置。

2 罐车装车过程中，排气管宜采用气相平衡式，也可接至低压燃料气或火炬放空系统，不得就地排放。

3 汽车装卸鹤管之间的距离不应小于4m。

4 汽车装卸车场应采用现浇混凝土地面。

5 铁路装卸设施尚应符合本规范第6.7.1条第1、4款和第6.7.2条的规定。

6.7.5 液化石油气灌装站的灌瓶间和瓶库，应符合下列要求：

1 液化石油气的灌瓶间和瓶库，宜为敞开式或半敞开式建筑物；当为封闭式或半敞开式建筑物时，应采取通风措施。

2 灌瓶间、倒瓶间、泵房的地沟不应与其他房间连通；其通风管道应单独设置。

3 灌瓶间和储瓶库的地面，应采用不发生火花的表层。

4 实瓶不得露天存放。

5 液化石油气缓冲罐与灌瓶间的距离，不应小于10m。

6 残液必须密闭回收，严禁就地排放。

7 气瓶库的液化石油气瓶装总容量不宜超过$10m^3$。

8 灌瓶间与储瓶库的室内地面，应比室外地坪高0.6m。

9 灌装站应设非燃烧材料建造的，高度不低于2.5m的实体围墙。

6.7.6 灌瓶间与储瓶库可设在同一建筑物内，但宜用实体墙隔开，并各设出入口。

6.7.7 液化石油气灌装站的厂房与其所属的配电间、仪表控制间的防火间距不宜小于15m。若毗邻布置时，应采用无门窗洞口防火墙隔开；当必须在防火墙上开窗时，应设甲级耐火材料的密封固定窗。

6.7.8 液化石油气、天然气凝液储罐和汽车装卸台，宜布置在油气站场的边缘部位。

6.7.9 液化石油气灌装站内储罐与有关设施的防火间距，不应小于表6.7.9的规定。

表6.7.9 灌装站内储罐与有关设施的防火间距(m)

间距 / 单罐容量(m^3) / 设施名称	≤50	≤100	≤400	≤1000	>1000
压缩机房、灌瓶间、倒残液间	20	25	30	40	50
汽车槽车装卸接头	20	25	30	30	40
仪表控制间、10kV及以下变配电间	20	25	30	40	50

注：液化石油气储罐与其泵房的防火间距不应小于15m，露天及棚式布置的泵不受此限制，但宜布置在防护墙外。

6.8 泄压和放空设施

6.8.1 可能超压的下列设备及管道应设安全阀：

1 顶部操作压力大于0.07MPa的压力容器；

2 顶部操作压力大于0.03MPa的蒸馏塔、蒸发塔和汽提塔(汽提塔顶蒸汽直接通入另一蒸馏塔者除外)；

3 与鼓风机、离心式压缩机、离心泵或蒸汽往复泵出口连接的设备不能承受其最高压力时，上述机泵的出口；

4 可燃气体或液体受热膨胀时，可能超过设计压力的设备及管道。

6.8.2 在同一压力系统中，压力来源处已有安全阀，则其余设备可不设安全阀。扫线蒸汽不宜作为压力来源。

6.8.3 安全阀、爆破片的选择和安装，应符合国家现行标准《压力容器安全监察规程》的规定。

6.8.4 单罐容量等于或大于$100m^3$的液化石油气和天然气凝液储罐应设置2个或2个以上安全阀，

每个安全阀担负经计算确定的全部放空量。

6.8.5 克劳斯硫回收装置反应炉、再热炉等，宜采用提高设备设计压力的方法防止超压破坏。

6.8.6 放空管道必须保持畅通，并应符合下列要求：

1 高压、低压放空管宜分别设置，并应直接与火炬或放空总管连接；

2 不同排放压力的可燃气体放空管接入同一排放系统时，应确保不同压力的放空点能同时安全排放。

6.8.7 火炬设置应符合下列要求：

1 火炬的高度，应经辐射热计算确定，确保火炬下部及周围人员和设备的安全。

2 进入火炬的可燃气体应经凝液分离罐分离出气体中直径大于300μm的液滴；分离出的凝液应密闭回收或送至焚烧坑焚烧。

3 应有防止回火的措施。

4 火炬应有可靠的点火设施。

5 距火炬筒30m范围内，严禁可燃气体放空。

6 液体、低热值可燃气体、空气和惰性气体，不得排入火炬系统。

6.8.8 可燃气体放空应符合下列要求：

1 可能存在点火源的区域内不应形成爆炸性气体混合物。

2 有害物质的浓度及排放量应符合有关污染物排放标准的规定。

3 放空时形成的噪声应符合有关卫生标准。

4 连续排放的可燃气体排气筒顶或放空管口，应高出20m范围内的平台或建筑物顶2.0m以上。对位于20m以外的平台或建筑物顶，应满足图6.8.8的要求，并应高出所在地面5m。

5 间歇排放的可燃气体排气筒顶或放空管口，应高出10m范围内的平台或建筑物顶2.0m以上。对位于10m以外的平台或建筑物顶，应满足图6.8.8的要求，并应高出所在地面5m。

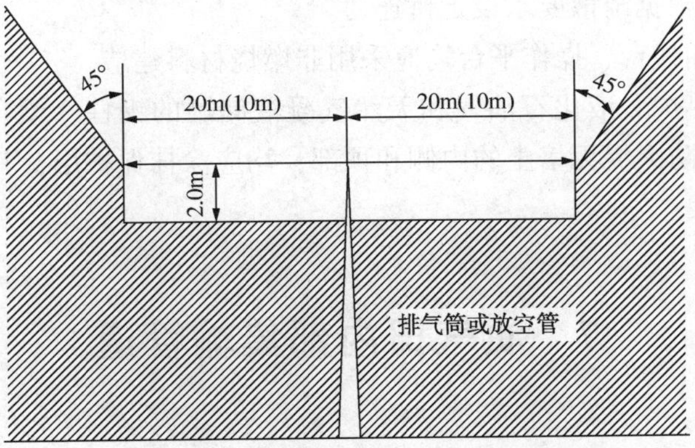

图6.8.8 可燃气体排气筒顶或放空管允许最低高度示意图

注：阴影部分为平台或建筑物的设置范围

6.8.9 甲、乙类液体排放应符合下列要求：

1 排放时可能释放出大量气体或蒸汽的液体，不得直接排入大气，应引入分离设备，分出的气体引入可燃气体放空系统，液体引入有关储罐或污油系统。

2 设备或容器内残存的甲、乙类液体，不得排入边沟或下水道，可集中排入有关储罐或污油系统。

6.8.10 对存在硫化铁的设备、管道，排污口应设喷水冷却设施。

6.8.11 原油管道清管器收发筒的污油排放，应符合下列要求：

1 清管器收发筒应设清扫系统和污油接收系统；

2 污油池中的污油应引入污油系统。

6.8.12 天然气管道清管作业排出的液态污物若不含甲、乙类可燃液体，可排入就近设置的排污池；若含有甲、乙类可燃液体，应密闭回收可燃液体或在安全位置设置凝液焚烧坑。

6.9 建(构)筑物

6.9.1 生产和储存甲、乙类物品的建(构)筑物耐火等级不宜低于二级，生产和储存丙类物品的建(构)筑物耐火等级不宜低于三级。

当甲、乙类火灾危险性的厂房采用轻质钢结构时，应符合下列要求：

1 所有的建筑构件必须采用非燃烧材料。

2 除天然气压缩机厂房外，宜为单层建筑。

3 与其他厂房的防火间距应按现行国家标准《建筑设计防火规范》GBJ 16 中的三级耐火等级的建筑物确定。

6.9.2 散发油气的生产设备，宜为露天布置或棚式建筑内布置。甲、乙类火灾危险性生产厂房泄压面积、泄压措施应按现行国家标准《建筑设计防火规范》GBJ 16 的有关规定执行。

6.9.3 当不同火灾危险性类别的房间布置在同一栋建筑物内时，其隔墙应采用非燃烧材料的实体墙。天然气压缩机房或油泵房宜布置在建筑物的一端，将人员集中的房间布置在火灾危险性较小的一端。

6.9.4 甲、乙类火灾危险性生产厂房应设向外开启的门，且不宜少于两个，其中一个应能满足最大设备(或拆开最大部件)的进出要求，建筑面积小于或等于 100m^{2}时，可设一个向外开启的门。

6.9.5 变、配电所不应与有爆炸危险的甲、乙类厂房毗邻布置。但供上述甲、乙类生产厂房专用的10kV 及以下的变、配电间，当采用无门窗洞口防火墙隔开时，可毗邻布置。当必须在防火墙上开窗时，应设非燃烧材料的固定甲级防火窗。变压器与配电间之间应设防火墙。

6.9.6 甲、乙类工艺设备平台、操作平台，宜设 2 个通向地面的梯子。长度小于 8m 的甲类设备平台和长度小于 15m 的乙类设备平台，可设 1 个梯子。

相邻的平台和框架可根据疏散要求设走桥连通。

6.9.7 火车、汽车装卸油栈台、操作平台均应采用非燃烧材料建造。

6.9.8 立式圆筒油品加热炉、液化石油气和天然气凝液储罐的钢柱、梁、支撑，塔的框架钢支柱，罐组砖、石、钢筋混凝土防火堤无培土的内侧和顶部，均应涂抹保护层，其耐火极限不应小于 2h。

7 油气田内部集输管道

7.1 一般规定

7.1.1 油气田内部集输管道宜埋地敷设。

7.1.2 管线穿跨越铁路、公路、河流时，其设计应符合《原油和天然气输送管道穿跨越工程设计规范 穿越工程》SY/T 0015.1、《原油和天然气输送管道穿跨越工程设计规范 跨越工程》SY/T 0015.2 及油气集输设计等国家现行标准的有关规定。

7.1.3 当管道沿线有重要水工建筑、重要物资仓库、军事设施、易燃易爆仓库、机场、海(河)港码头、国家重点文物保护单位时，管道设计除应遵守本规定外，尚应服从相关设施的设计要求。

7.1.4 埋地集输管道与其他地下管道、通信电缆、电力系统的各种接地装置等平行或交叉敷设时，其间距应符合国家现行标准《钢质管道及储罐腐蚀控制工程设计规范》SY 0007 的有关规定。

7.1.5 集输管道与架空输电线路平行敷设时，安全距离应符合下列要求：

1 管道埋地敷设时，安全距离不应小于表 7.1.5 的规定。

表 7.1.5 埋地集输管道与架空输电线路安全距离

名称	3kV 以下	3~10kV	35~66kV	110kV	220kV
开阔地区	最高杆(塔)高				
路径受限制地区(m)	1.5	2.0	4.0	4.0	5.0

注：1 表中距离为边导线至管道任何部分的水平距离。

2 对路径受限制地区的最小水平距离的要求，应计及架空电力线路导线的最大风偏。

2 当管道地面敷设时，其间距不应小于本段最高杆(塔)高度。

7.1.6 原油和天然气埋地集输管道同铁路平行敷设时，应距铁路用地范围边界 3m 以外。当必须通过铁路用地范围内时，应征得相关铁路部门的同意，并采取加强措施。对相邻电气化铁路的管道还应增加交流电干扰防护措施。

管道同公路平行敷设时，宜敷设在公路用地范围外。对于油田公路，集输管道可敷设在其路肩下。

7.2 原油、天然气凝液集输管道

7.2.1 油田内部埋地敷设的原油、稳定轻烃、20℃时饱和蒸气压力小于 0.1MPa 的天然气凝液、压力小于或等于 0.6MPa 的油田气集输管道与居民区、村镇、公共福利设施、工矿企业等的距离不宜小于 10m。当管道局部管段不能满足上述距离要求时，可降低设计系数，提高局部管道的设计强度，将距离缩短到 5m；地面敷设的上述管道与相应建(构)筑物的距离应增加 50%。

7.2.2 20℃时饱和蒸气压力大于或等于 0.1MPa、管径小于或等于 *DN*200 的埋地天然气凝液管道，应按现行国家标准《输油管道工程设计规范》GB 50253 中的液态液化石油气管道确定强度设计系数。管道同地面建(构)筑物的最小间距应符合下列规定：

1 与居民区、村镇、重要公共建筑物不应小于 30m；一般建(构)筑物不应小于 10m。

2 与高速公路和一、二级公路平行敷设时，其管道中心线距公路用地范围边界不应小于 10m，三级及以下公路不宜小于 5m。

3 与铁路平行敷设时，管道中心线距铁路中心线的距离不应小于 10m，并应满足本规范第 7.1.6 条的要求。

7.3 天然气集输管道

7.3.1 埋地天然气集输管道的线路设计应根据管道沿线居民户数及建(构)筑物密集程度采用相应的强度设计系数进行设计。管道地区等级划分及强度设计系数取值应按现行国家标准《输气管道工程设计规范》GB 50251 中有关规定执行。当输送含硫化氢天然气时，应采取安全防护措施。

7.3.2 天然气集输管道输送湿天然气，天然气中的硫化氢分压等于或大于 0.0003MPa(绝压)或输送其他酸性天然气时，集输管道及相应的系统设施必须采取防腐蚀措施。

7.3.3 天然气集输管道输送酸性干天然气时，集输管道建成投产前的干燥及管输气质的脱水深度必须达到现行国家标准《输气管道工程设计规范》GB 50251 中的相关规定。

7.3.4 天然气集输管道应根据输送介质的腐蚀程度，增加管道计算壁厚的腐蚀余量。腐蚀余量取值应按油气集输设计国家现行标准的有关规定执行。

7.3.5 集气管道应设线路截断阀，线路截断阀的设置应按现行国家标准《输气管道工程设计规范》GB 50251 的有关规定执行。当输送含硫化氢天然气时，截断阀设置宜适当加密，符合油气集输设计国家现行标准的规定，截断阀应配置自动关闭装置。

7.3.6 集输管道宜设清管设施。清管设施设计应按现行国家标准《输气管道工程设计规范》GB 50251 的有关规定执行。

8 消防设施

8.1 一般规定

8.1.1 石油天然气站场消防设施的设置，应根据其规模、油品性质、存储方式、储存容量、储存温度、火灾危险性及所在区域消防站布局、消防站装备情况及外部协作条件等综合因素确定。

8.1.2 集输油工程中的井场、计量站等五级站，集输气工程中的集气站、配气站、输气站、清管站、计量站及五级压气站、注气站，采出水处理站可不设消防给水设施。

8.1.3 火灾自动报警系统的设计，应按现行国家标准《火灾自动报警系统设计规范》GB 50116 执行。当选用带闭式喷头的传动管传递火灾信号时，传动管的长度不应大于 300m，公称直径宜为 15~25mm，传动管上闭式喷头的布置间距不宜大于 2.5m。

8.1.4 单罐容量大于或等于 500m^3的油田采出水立式沉降罐宜采用移动式灭火设备。

8.1.5 固定和半固定消防系统中的设备及材料应符合下列规定：

1 应选用消防专用设备。

2 油罐防火堤内冷却水和泡沫混合液管道宜采用热镀锌钢管。油罐上泡沫混合液管道设计应采取防爆炸破坏的措施。

8.1.6 钢制单盘式和双盘式内浮顶油罐的消防设施应按浮顶油罐确定，浅盘式内浮顶和浮盘用易熔材料制作的内浮顶油罐消防设施应按固定顶油罐确定。

8.2 消防站

8.2.1 消防站及消防车的设置应符合下列规定：

1 油气田消防站应根据区域规划设置，并应结合油气站场火灾危险性大小、邻近的消防协作条件和所处地理环境划分责任区。一、二、三级油气站场集中地区应设置等级不低于二级的消防站。

2 油气田三级及以上油气站场内设置固定消防系统时，可不设消防站，如果邻近消防协作力量不能在 30min 内到达(在人烟稀少、条件困难地区，邻近消防协作力量的到达时间可酌情延长，但不得超过消防冷却水连续供给时间)，可按下列要求设置消防车：

1)油田三级及以上的油气站场应配 2 台单车泡沫罐容量不小于 3000L 的消防车。

2)气田三级天然气净化厂配 2 台重型消防车。

3 输油管道及油田储运工程的站场设置固定消防系统时，可不设消防站，如果邻近消防协作力量不能在 30min 内到达，可按下列要求设置消防车或消防站：

1)油品储罐总容量等于或大于 50000m^3的二级站场中，固定顶罐单罐容量不小于 5000m^3或浮顶罐单罐容量不小于 20000m^3时，应配备 1 辆泡沫消防车。

2)油品储罐总容量大于或等于 100000m^3的一级站场中，固定顶罐单罐容量不小于 5000m^3或浮顶油罐单罐容量不小于 20000m^3时，应配备 2 台泡沫消防车。

3)油品储罐总容量大于 600000m^3的站场应设消防站。

4 输气管道的四级压气站设置固定消防系统时，可不设消防站和消防车。

5 油田三级油气站场未设置固定消防系统时，如果邻近消防协作力量不能在 30min 内到达，应设三级消防站或配备 1 台单车泡沫罐容量不小于 3000L 的消防车及 2 台重型水罐消防车。

6 消防站的设计应符合本规范第 8.2.2 条~第 8.2.6 条的要求。站内消防车可由生产岗位人员兼管，并参照消防泵房确定站内消防车库与油气生产设施的距离。

8.2.2 消防站的选址应符合下列要求：

1 消防站的选址应位于重点保护对象全年最小频率风向的下风侧，交通方便、靠近公路。与油气站场甲、乙类储罐区的距离不应小于200m。与甲、乙类生产厂房、库房的距离不应小于100m。

2 主体建筑距医院、学校、幼儿园、托儿所、影剧院、商场、娱乐活动中心等容纳人员较多的公共建筑的主要疏散口应大于50m，且便于车辆迅速出动的地段。

3 消防车库大门应朝向道路。从车库大门墙基至城镇道路规划红线的距离：二、三级消防站不应小于15m；一级消防站不应小于25m；加强消防站、特勤消防站不应小于30m。

8.2.3 消防站建筑设计应符合下列要求：

1 消防站的建筑面积，应根据所设站的类别、级别、使用功能和有利于执勤战备、方便生活、安全使用等原则合理确定。消防站建筑物的耐火等级应不小于2级。

2 消防车库应设置备用车位及修理间、检车地沟。修理间与其他房间应用防火墙隔开，且不应与火警调度室毗邻。

3 消防车库应有排除发动机废气的设施。滑杆室通向车库的出口处应有废气阻隔装置。

4 消防车库应设有供消防车补水用的室内消火栓或室外水鹤。

5 消防车库大门开启后，应有自动锁定装置。

6 消防站的供电负荷等级不宜低于二级，并应设配电室。有人员活动的场所应设紧急事故照明。

7 消防站车库门前公共道路两侧50m，应安装提醒过往车辆注意，避让消防车辆出动的警灯和警铃。

8.2.4 消防站的装备应符合下列要求：

1 消防车辆的配备，应根据被保护对象的实际需要计算确定，并按表8.2.4选配。

表8.2.4 消防站的消防车辆配置

消防站类别 / 种类		普通消防站			加强消防站	特勤消防站
		一级站	二级站	三级站		
车辆配备数(台)		6~8	4~6	3~6	8~10	10~12
消防车种类	通讯指挥车	√	√		√	√
	中型泡沫消防车	√	√	√	√	
	重型水罐消防车				√	√
	重型泡沫消防车				√	√
	泡沫运输罐车				√	√
	干粉消防车	√	√	√	√	√
	举高云梯消防车				√	√
	高喷消防车	√			√	√
	抢险救援工具车	√			√	√
	照明车	√			√	√

注：1 表中“√”表示可选配的设备。

2 北方高寒地区，可根据实际需要配备解冻锅炉消防车。

3 为气田服务的消防站必须配备干粉消防车。

2 消防站主要消防车的技术性能应符合下列要求：

1)重型消防车应为大功率、远射程炮车。

2)消防车应采用双动式取力器，重型消防车应带自保系统。

3)泡沫比例混合器应为3%、6%两档，或无级可调。

4)泡沫罐应有防止泡沫液沉降装置。

5)根据东、西部和南、北方油气田自然条件的不同及消防保卫的特殊需要，可在现行标准基础上增减功能。

3 支队、大队级消防指挥中心的装备配备，可根据实际需要选配。

4 油气田地形复杂，地面交通工具难以跨越或难以作出快速反应时，可配备消防专用直升飞机及与之配套的地面指挥设施。

5 消防站兼有水上责任区的，应加配消防艇或轻便实用的小型消防船、卸载式消防舟，并有供其停泊、装卸的专用码头。

6 消防站灭火器材、抢险救援器材、人员防护器材等的配备应符合国家现行有关标准的规定。

8.2.5 灭火剂配备应符合下列要求：

1 消防站一次车载灭火剂最低总量应符合表8.2.5的规定。

表8.2.5 消防站一次车载灭火剂最低总量(t)

消防站类别 / 灭火剂	普通消防站			加强消防站	特勤消防站
	一级站	二级站	三级站		
水	32	30	26	32	36
泡沫灭火剂	7	5	2	12	18
干粉灭火剂	2	2	2	4	6

2 应按照一次车载灭火剂总量1：1的比例保持储备量，若邻近消防协作力量不能在30min内到达，储备量应增加1倍。

8.2.6 消防站通信装备的配置，应符合现行国家标准《消防通信指挥系统设计规范》GB 50313的规定。支队级消防指挥中心，可按Ⅰ类标准配置；大队级消防指挥中心，可按Ⅱ类标准配置；其他消防站，可参照Ⅲ类标准，根据实际需要增、减配置。

8.3 消防给水

8.3.1 消防用水可由给水管道、消防水池或天然水源供给，应满足水质、水量、水压、水温要求。当利用天然水源时，应确保枯水期最低水位时消防用水量的要求，并设置可靠的取水设施。处理达标的油田采出水能满足消防水质、水温的要求时，可用于消防给水。

8.3.2 消防用水可与生产、生活给水合用一个给水系统，系统供水量应为100%消防用水量与70%生产、生活用水量之和。

8.3.3 储罐区和天然气处理厂装置区的消防给水管网应布置成环状，并应采用易识别启闭状态的阀将管网分成若干独立段，每段内消火栓的数量不宜超过5个。从消防泵房至环状管网的供水干管不应少于两条。其他部位可设支状管道。寒冷地区的消火栓井、阀井和管道等应有可靠的防冻措施。采用半固定低压制消防供水的站场，如条件允许宜设2条站外消防供水管道。

8.3.4 消防水池(罐)的设置应符合下列规定：

1 水池(罐)的容量应同时满足最大一次火灾灭火和冷却用水要求。在火灾情况下能保证连续补水时，消防水池(罐)的容量可减去火灾延续时间内补充的水量。

2 当消防水池(罐)和生产、生活用水水池(罐)合并设置时，应采取确保消防用水不作它用的技术措施，在寒冷地区专用的消防水池(罐)应采取防冻措施。

3 当水池(罐)的容量超过1000m^3时应分设成两座，水池(罐)的补水时间，不应超过96h。

4 供消防车取水的消防水池(罐)的保护半径不应大于150m。

8.3.5 消火栓的设置应符合下列规定：

1 采用高压消防供水时，消火栓的出口水压应满足最不利点消防供水要求；采用低压消防供水时，消火栓的出口压力不应小于0.1MPa。

2 消火栓应沿道路布置，油罐区的消火栓应设在防火堤与消防道路之间，距路边宜为1~5m，并应有明显标志。

3 消火栓的设置数量应根据消防方式和消防用水量计算确定。每个消火栓的出水量按10~15L/s计算。当油罐采用固定式冷却系统时，在罐区四周应设置备用消火栓，其数量不应少于4个，间距不应大于60m。当采用半固定冷却系统时，消火栓的使用数量应由计算确定，但距罐壁15m以内的消火栓不应计算在该储罐可使用的数量内，2个消火栓的间距不宜小于10m。

4 消火栓的栓口应符合下列要求：

1)给水枪供水时，室外地上式消火栓应有3个出口，其中1个直径为150mm或100mm，其他2个直径为65mm；室外地下式消火栓应有2个直径为65mm的栓口。

2)给消防车供水时，室外地上式消火栓的栓口与给水枪供水时相同；室外地下式消火栓应有直径为100mm和65mm的栓口各1个。

5 给水枪供水时，消火栓旁应设水带箱，箱内应配备2~6盘直径65mm、每盘长度20m的带快速接口的水带和2支入口直径65mm、喷嘴直径19mm水枪及一把消火栓钥匙。水带箱距消火栓不宜大于5m。

6 采用固定式灭火时，泡沫栓旁应设水带箱，箱内应配备2~5盘直径65mm、每盘长度20m的带快速接口的水带和PQ8或PQ4型泡沫管枪1支及泡沫栓钥匙。水带箱距泡沫栓不宜大于5m。

8.4 油罐区消防设施

8.4.1 除本规范另有规定外，油罐区应设置灭火系统和消防冷却水系统，且灭火系统宜为低倍数泡沫灭火系统。

8.4.2 油罐区低倍数泡沫灭火系统的设置，应符合下列规定：

1 单罐容量不小于10000m^3的固定顶罐、单罐容量不小于50000m^3的浮顶罐、机动消防设施不能进行保护或地形复杂消防车扑救困难的储罐区，应设置固定式低倍数泡沫灭火系统。

2 罐壁高度小于7m或容积不大于200m^3的立式油罐、卧式油罐可采用移动式泡沫灭火系统。

3 除1与2款规定外的油罐区宜采用半固定式泡沫灭火系统。

8.4.3 单罐容量不小于20000m^3的固定顶油罐，其泡沫灭火系统与消防冷却水系统应具备连锁程序操纵功能。单罐容量不小于50000m^3的浮顶油罐应设置火灾自动报警系统。单罐容量不小于100000m^3的浮顶油罐，其泡沫灭火系统与消防冷却水系统应具备自动操纵功能。

8.4.4 储罐区低倍数泡沫灭火系统的设计，应按现行国家标准《低倍数泡沫灭火系统设计规范》GB 50151的规定执行。

8.4.5 油罐区消防冷却水系统设置形式应符合下列规定：

1 单罐容量不小于10000m^3的固定顶油罐、单罐容量不小于50000m^3的浮顶油罐，应设置固定式消防冷却水系统。

2 单罐容量小于10000m^3，大于500m^3的固定顶油罐与单罐容量小于50000m^3的浮顶油罐，可设置半固定式消防冷却水系统。

3 单罐容量不大于500m^3的固定顶油罐、卧式油罐，可设置移动式消防冷却水系统。

8.4.6 油罐区消防水冷却范围应符合下列规定：

1 着火的地上固定顶油罐及距着火油罐罐壁1.5倍直径范围内的相邻地上油罐，应同时冷却；

当相邻地上油罐超过3座时，可按3座较大的相邻油罐计算消防冷却水用量。

2　着火的浮顶罐应冷却，其相邻油罐可不冷却。

3　着火的地上卧式油罐及距着火油罐直径与长度之和的一半范围内的相邻油罐应冷却。

8.4.7　油罐的消防冷却水供给范围和供给强度应符合下列规定：

1　地上立式油罐消防冷却水供给范围和供给强度不应小于表8.4.7的规定。

2　着火的地上卧式油罐冷却水供给强度不应小于6.0L/min·m^2，相邻油罐冷却水供给强度不应小于3.0L/min·m^2。冷却面积应按油罐投影面积计算。总消防水量不应小于50m^3/h。

3　设置固定式消防冷却水系统时，相邻罐的冷却面积可按实际需要冷却部位的面积计算，但不得小于罐壁表面积的1/2。油罐消防冷却水供给强度应根据设计所选的设备进行校核。

表8.4.7　消防冷却水供给范围和供给强度

油罐形式			供给范围	供给强度	
				ϕ16mm 水枪	ϕ19mm 水枪
移动、半固定式冷却	着火罐	固定顶罐	罐周全长	0.6L/s·m	0.8L/s·m
		浮顶罐	罐周全长	0.45L/s·m	0.6L/s·m
	相邻罐	不保温罐	罐周半长	0.35L/s·m	0.5L/s·m
		保温罐	罐周半长	0.2L/s·m	
固定式冷却	着火罐	固定顶罐	罐壁表面	2.5L/min·m^2	
		浮顶罐	罐壁表面	2.0L/min·m^2	
	相邻罐		罐壁表面积的1/2	2.0L/min·m^2	

注：ϕ16mm 水枪保护范围为8~10m，ϕ19mm 水枪保护范围为9~11m。

8.4.8　直径大于20m的地上固定顶油罐的消防冷却水连续供给时间，不应小于6h；其他立式油罐的消防冷却水连续供给时间，不应小于4h；地上卧式油罐的消防冷却水连续供给时间不应小于1h。

8.4.9　油罐固定式消防冷却水系统的设置，应符合下列规定：

1　应设置冷却喷头，喷头的喷水方向与罐壁的夹角应在30°~60°。

2　油罐抗风圈或加强圈无导流设施时，其下面应设冷却喷水圈管。

3　当储罐上的环形冷却水管分割成两个或两个以上弧形管段时，各弧形管段间不应连通，并应分别从防火堤外连接水管；且应分别在防火堤外的进水管道上设置能识别启闭状态的控制阀。

4　冷却水立管应用管卡固定在罐壁上，其间距不宜大于3m。立管下端应设锈渣清扫口，锈渣清扫口距罐基础顶面应大于300mm，且集锈渣的管段长度不宜小于300mm。

5　在防火堤外消防冷却水管道的最低处应设置放空阀。

6　当消防冷却水水源为地面水时，宜设置过滤器。

8.4.10　偏远缺水处总容量不大于4000m^3、且储罐直径不大于12m的原油罐区（凝析油罐区除外），可设置烟雾灭火系统，且可不设消防冷却水系统。

8.4.11　总容量不大于200m^3、且单罐容量不大于100m^{3}的立式油罐区或总容量不大于500m^3、且单罐容量不大于100m^{3}的井场卧式油罐区，可不设灭火系统和消防冷却水系统。

8.5　天然气凝液、液化石油气罐区消防设施

8.5.1　天然气凝液、液化石油气罐区应设置消防冷却水系统，并应配置移动式干粉等灭火设施。

8.5.2　天然气凝液、液化石油气罐区总容量大于50m^{3}或单罐容量大于20m^{3}时，应设置固定式水喷雾或水喷淋系统和辅助水枪（水炮）；总容量不大于50m^{3}或单罐容量不大于20m^{3}时，可设置半固定式

消防冷却水系统。

8.5.3 天然气凝液、液化石油气罐区设置固定式消防冷却水系统时，其消防用水量应按储罐固定式消防冷却用水量与移动式水枪用水量之和计算；设置半固定式消防冷却水系统时，消防用水量不应小于20L/s。

8.5.4 固定式消防冷却水系统的用水量计算，应符合下列规定：

1 着火罐冷却水供给强度不应小于0.15L/s·m², 保护面积按其表面积计算。

2 距着火罐直径(卧式罐按罐直径和长度之和的一半)1.5倍范围内的邻近罐冷却水供给强度不应小于0.15L/s·m², 保护面积按其表面积的一半计算。

8.5.5 全冷冻式液化石油气储罐固定式消防冷却水系统的冷却水供给强度与冷却面积，应满足下列规定：

1 着火罐及邻罐罐顶的冷却水供给强度不宜小于4L/min·m²，冷却面积按罐顶全表面积计算。

2 着火罐及邻罐罐壁的冷却水供给强度不宜小于2L/min·m²，着火罐冷却面积按罐全表面积计算，邻罐冷却面积按罐表面积的一半计算。

8.5.6 辅助水枪或水炮用水量应按罐区内最大一个储罐用水量确定，且不应小于表8.5.6的规定。

表8.5.6 水枪用水量

罐区总容量(m³)	<500	500~2500	>2500
单罐容量(m³)	≤100	<400	≥400
水量(L/s)	20	30	45

注：水枪用水量应按本表罐区总容量和单罐容量较大者确定。

8.5.7 总容量小于220m³或单罐容量不大于50m³的储罐或储罐区，连续供水时间可为3h；其他储罐或储罐区应为6h。

8.5.8 储罐采用水喷雾固定式消防冷却水系统时，喷头应按储罐的全表面积布置，储罐的支撑、阀门、液位计等，均宜设喷头保护。

8.5.9 固定式消防冷却水管道的设置，应符合下列规定：

1 储罐容量大于400m³时，供水竖管不宜少于两条，均匀布置。

2 消防冷却水系统的控制阀应设于防火堤外且距罐壁不小于15m的地点。

3 控制阀至储罐间的冷却水管道应设过滤器。

8.6 装置区及厂房消防设施

8.6.1 石油天然气生产装置区的消防用水量应根据油气、站场设计规模、火灾危险类别及固定消防设施的设置情况等综合考虑确定，但不应小于表8.6.1的规定。火灾延续供水时间按3h计算。

表8.6.1 装置区的消防用水量

场站等级	消防用水量(L/s)
三级	45
四级	30
五级	20

注：五级站场专指生产规模小于50×10⁴m³/d的天然气净化厂和五级天然气处理厂。

8.6.2 三级天然气净化厂生产装置区的高大塔架及其设备群宜设置固定水炮；三级天然气凝液装置区，有条件时可设固定泡沫炮保护；其设置位置距离保护对象不宜小于15m，水炮的水量不宜小于30L/s。

8.6.3 液体硫磺储罐应设置固定式蒸汽灭火系统；灭火蒸汽应从饱和蒸汽主管顶部引出，蒸汽压力宜为0.4~1.0MPa，灭火蒸汽用量按储罐容量和灭火蒸汽供给强度计算确定，供给强度为0.0015kg/m^3·s，灭火蒸汽控制阀应设在围堰外。

8.6.4 油气站场建筑物消防给水应符合下列规定：

1 本规范第8.1.2条规定范围之外的站场宜设置消防给水设施。

2 建筑物室内消防给水设施应符合本规范第8.6.5条的规定。

3 建筑物室内外消防用水量应符合现行国家标准《建筑设计防火规范》GBJ 16的规定。

8.6.5 石油天然气生产厂房、库房内消防设施的设置应根据物料性质、操作条件、火灾危险性、建筑物体积及外部消防设施的设置情况等综合考虑确定。室外设有消防给水系统且建筑物体积不超过5000m^3的建筑物，可不设室内消防给水。

8.6.6 天然气四级压气站和注气站的压缩机厂房内宜设置气体、干粉等灭火设施，其设置数量应符合现行国家标准规范的有关规定；站内宜设置消防给水系统，其水量按本规范第8.6.1条确定。

8.6.7 石油天然气生产装置采用计算机控制的集中控制室和仪表控制间，应设置火灾报警系统和手提式、推车式气体灭火器。

8.6.8 天然气、液化石油气和天然气凝液生产装置区及厂房内宜设置火灾自动报警设施，并宜在装置区和巡检通道及厂房出入口设置手动报警按钮。

8.7 装卸栈台消防设施

8.7.1 火车和一、二、三、四级站场的汽车油品装卸栈台，附近有消防车的，宜设置半固定消防给水系统，供水压力不应小于0.15MPa，消火栓间距不应大于60m。

8.7.2 火车和一、二、三、四级站场的汽车油品装卸栈台，附近有固定消防设施可利用的，宜设置消防给水及泡沫灭火设施，并应符合下列规定：

1 有顶盖的火车装卸油品栈台消防冷却水量不应小于45L/s。

2 无顶盖的火车装卸油品栈台消防冷却水量不应小于30L/s。

3 火车装卸油品栈台的泡沫混合液量不应小于30L/s。

4 有顶盖的汽车装卸油品栈台消防冷却水量不应小于20L/s。

5 无顶盖的汽车装卸油品栈台消防冷却水量不应小于16L/s。

6 汽车装卸油品栈台泡沫混合液量不应小于8L/s。

7 消防栓及泡沫栓间距不应大于60m，消防冷却水连续供给时间不应小于1h，泡沫混合液连续供给时间不应小于30min。

8.7.3 火车、汽车装卸液化石油气栈台宜设置消防给水系统和干粉灭火设施，并应符合下列规定：

1 火车装卸液化石油气栈台消防冷却水量不应小于45L/s，冷却水连续供水时间不应小于3h。

2 汽车装卸液化石油气栈台冷却水量不应小于15L/s，冷却水连续供水时间不应小于3h。

8.8 消防泵房

8.8.1 消防冷却供水泵房和泡沫供水泵房宜合建，其规模应满足所在站场一次最大火灾的需要。一、二、三级站场消防冷却供水泵和泡沫供水泵均应设备用泵，消防冷却供水泵和泡沫供水泵的备用泵性能应与各自最大一台操作泵相同。

8.8.2 消防泵房的位置应保证启泵后5min内，将泡沫混合液和冷却水送到任何一个着火点。

8.8.3 消防泵房的位置宜设在油罐区全年最小频率风向的下风侧，其地坪宜高于油罐区地坪标高，并应避开油罐破裂可能波及到的部位。

8.8.4 消防泵房应采用耐火等级不低于二级的建筑，并应设直通室外的出口。

8.8.5 消防泵组的安装应符合下列要求：

1 一组水泵的吸水管不宜少于2条，当其中一条发生故障时，其余的应能通过全部水量。

2 一组水泵宜采用自灌式引水，当采用负压上水时，每台消防泵应有单独的吸水管。

3 消防泵应设置自动回流管。

4 公称直径大于300mm经常启闭的阀门，宜采用电动阀或气动阀，并能手动操作。

8.8.6 消防泵房值班室应设置对外联络的通信设施。

8.9 灭火器配置

8.9.1 油气站场内建(构)筑物应配置灭火器，其配置类型和数量按现行国家标准《建筑灭火器配置设计规范》GBJ 140的规定确定。

8.9.2 甲、乙、丙类液体储罐区及露天生产装置区灭火器配置，应符合下列规定：

1 油气站场的甲、乙、丙类液体储罐区当设有固定式或半固定式消防系统时，固定顶罐配置灭火器可按应配置数量的10%设置，浮顶罐按应配置数量的5%设置。当储罐组内储罐数量超过2座时，灭火器配置数量应按其中2个较大储罐计算确定；但每个储罐配置的数量不宜多于3个，少于1个手提式灭火器，所配灭火器应分组布置；

2 露天生产装置当设有固定式或半固定式消防系统时，按应配置数量的30%设置。手提灭火器的保护距离不宜大于9m。

8.9.3 同一场所应选用灭火剂相容的灭火器，选用灭火器时还应考虑灭火剂与当地消防车采用的灭火剂相容。

8.9.4 天然气压缩机厂房应配置推车式灭火器。

9 电　气

9.1 消防电源及配电

9.1.1 石油天然气工程一、二、三级站场消防泵房用电设备的电源，宜满足现行国家标准《供配电系统设计规范》GB 50052所规定的一级负荷供电要求。当只能采用二级负荷供电时，应设柴油机或其他内燃机直接驱动的备用消防泵，并应设蓄电池满足自控通讯要求。当条件受限制或技术、经济合理时，也可全部采用柴油机或其他内燃机直接驱动消防泵。

9.1.2 消防泵房及其配电室应设应急照明，其连续供电时间不应少于20min。

9.1.3 重要消防用电设备当采用一级负荷或二级负荷双回路供电时，应在最末一级配电装置或配电箱处实现自动切换。其配电线路宜采用耐火电缆。

9.2 防　雷

9.2.1 站场内建筑物、构筑物的防雷分类及防雷措施，应按现行国家标准《建筑物防雷设计规范》GB 50057的有关规定执行。

9.2.2 工艺装置内露天布置的塔、容器等，当顶板厚度等于或大于4mm时，可不设避雷针保护，但必须设防雷接地。

9.2.3 可燃气体、油品、液化石油气、天然气凝液的钢罐，必须设防雷接地，并应符合下列规定：

1　避雷针(线)的保护范围，应包括整个储罐。

2　装有阻火器的甲$_B$、乙类油品地上固定顶罐，当顶板厚度等于或大于4mm时，不应装设避雷针(线)，但必须设防雷接地。

3　压力储罐、丙类油品钢制储罐不应装设避雷针(线)，但必须设防感应雷接地。

4　浮顶罐、内浮顶罐不应装设避雷针(线)，但应将浮顶与罐体用2根导线作电气连接。浮顶罐连接导线应选用截面积不小于25mm^{2}的软铜复绞线。对于内浮顶罐，钢质浮盘的连接导线应选用截面积不小于16mm^{2}的软铜复绞线；铝质浮盘的连接导线应选用直径不小于1.8mm的不锈钢钢丝绳。

9.2.4　钢储罐防雷接地引下线不应少于2根，并应沿罐周均匀或对称布置，其间距不宜大于30m。

9.2.5　防雷接地装置冲击接地电阻不应大于10Ω，当钢罐仅做防感应雷接地时，冲击接地电阻不应大于30Ω。

9.2.6　装于钢储罐上的信息系统装置，其金属外壳应与罐体做电气连接，配线电缆宜采用铠装屏蔽电缆，电缆外皮及所穿钢管应与罐体做电气连接。

9.2.7　甲、乙类厂房(棚)的防雷，应符合下列规定：

1　厂房(棚)应采用避雷带(网)。其引下线不应少于2根，并应沿建筑物四周均匀对称布置，间距不应大于18m。网格不应大于10m×10m或12m×8m。

2　进出厂房(棚)的金属管道、电缆的金属外皮、所穿钢管或架空电缆金属槽，在厂房(棚)外侧应做一处接地，接地装置应与保护接地装置及避雷带(网)接地装置合用。

9.2.8　丙类厂房(棚)的防雷，应符合下列规定：

1　在平均雷暴日大于40d/a的地区，厂房(棚)宜装设避雷带(网)。其引下线不应少于2根，间距不应大于18m。

2　进出厂房(棚)的金属管道、电缆的金属外皮、所穿钢管或架空电缆金属槽，在厂房(棚)外侧应做一处接地，接地装置应与保护接地装置及避雷带(网)接地装置合用。

9.2.9　装卸甲$_B$、乙类油品、液化石油气、天然气凝液的鹤管和装卸栈桥的防雷，应符合下列规定：

1　露天装卸作业的，可不装设避雷针(带)。

2　在棚内进行装卸作业的，应装设避雷针(带)。避雷针(带)的保护范围应为爆炸危险1区。

3　进入装卸区的油品、液化石油气、天然气凝液输送管道在进入点应接地，冲击接地电阻不应大于10Ω。

9.3　防　静　电

9.3.1　对爆炸、火灾危险场所内可能产生静电危险的设备和管道，均应采取防静电措施。

9.3.2　地上或管沟内敷设的石油天然气管道，在下列部位应设防静电接地装置：

1　进出装置或设施处。

2　爆炸危险场所的边界。

3　管道泵及其过滤器、缓冲器等。

4　管道分支处以及直线段每隔200~300m处。

9.3.3　油品、液化石油气、天然气凝液的装卸栈台和码头的管道、设备、建筑物与构筑物的金属构件和铁路钢轨等(做阴极保护者除外)，均应做电气连接并接地。

9.3.4　汽车罐车、铁路罐车和装卸场所，应设防静电专用接地线。

9.3.5　油品装卸码头，应设置与油船跨接的防静电接地装置。此接地装置应与码头上油品装卸设备的防静电接地装置合用。

9.3.6　下列甲、乙、丙$_A$类油品(原油除外)、液化石油气、天然气凝液作业场所，应设消除人体静电装置：

1　泵房的门外。

2 储罐的上罐扶梯入口处。

3 装卸作业区内操作平台的扶梯入口处。

4 码头上下船的出入口处。

9.3.7 每组专设的防静电接地装置的接地电阻不宜大于100Ω。

9.3.8 当金属导体与防雷接地(不包括独立避雷针防雷接地系统)、电气保护接地(零)、信息系统接地等接地系统相连接时，可不设专用的防静电接地装置。

10 液化天然气站场

10.1 一般规定

10.1.1 本章适用于下列液化天然气站场的工程设计：

1 液化天然气供气站；

2 小型天然气液化站。

10.1.2 液化天然气站场内的液化天然气、制冷剂的火灾危险性应划为甲$_A$类。

10.1.3 液化天然气站场爆炸危险区域等级范围，应根据释放物质的相态、温度、密度变化、释放量和障碍等条件按国家现行标准的有关规定确定。

10.1.4 所有组件应按现行相关标准设计和建造，物理、化学、热力学性能应满足在相应设计温度下最高允许工作压力的要求，其结构应在事故极端温度条件下保持安全、可靠。

10.2 区域布置

10.2.1 站址应选在人口密度较低且受自然灾害影响小的地区。

10.2.2 站址应远离下列设施：

1 大型危险设施(例如，化学品、炸药生产厂及仓库等)；

2 大型机场(包括军用机场、空中实弹靶场等)；

3 与本工程无关的输送易燃气体或其他危险流体的管线；

4 运载危险物品的运输线路(水路、陆路和空路)。

10.2.3 液化天然气罐区邻近江河、海岸布置时，应采取措施防止泄漏液体流入水域。

10.2.4 建站地区及与站场间应有全天候的陆上通道，以确保消防车辆和人员随时进入和站内人员在必要时安全撤离。

10.2.5 液化天然气站场的区域布置应按以下原则确定：

1 液化天然气储存总容量不大于3000m^{3}时，可按本规范表3.2.2和表4.0.4中的液化石油气站场确定。

2 液化天然气储存总容量大于或等于30000m^{3}时，与居住区、公共福利设施的距离应大于0.5km。

3 液化天然气储存总容量介于第1款和第2款之间时，应根据对现场条件、设施安全防护程度的评价确定，且不应小于本条第1款确定的距离。

4 本条1~3款确定的防火间距，尚应按本规范第10.3.4条和第10.3.5条规定进行校核。

10.3 站场内部布置

10.3.1 站场总平面，应根据站的生产流程及各组成部分的生产特点和火灾危险性，结合地形、风向等条件，按功能分区集中布置。

10.3.2 单罐容量等于或小于265m^3的液化天然气罐成组布置时，罐组内的储罐不应超过两排，每组个数不宜多于12个，罐组总容量不应超过3000m^3。易燃液体储罐不得布置在液化天然气罐组内。

10.3.3 液化天然气设施应设围堰，并应符合下列规定：

1 操作压力小于或等于100kPa的储罐，当围堰与储罐分开设置时，储罐至围堰最近边沿的距离，应为储罐最高液位高度加上储罐气相空间压力的当量压头之和与围堰高度之差；当罐组内的储罐已采取了防低温或火灾的影响措施时，围堰区内的有效容积应不小于罐组内一个最大储罐的容积；当储罐未采取防低温和火灾的影响措施时，围堰区内的有效容积应为罐组内储罐的总容积。

2 操作压力小于或等于100kPa的储罐，当混凝土外罐围堰与储罐布置在一起，组成带预应力混凝土外罐的双层罐时，从储罐罐壁至混凝土外罐围堰的距离由设计确定。

3 在低温设备和易泄漏部位应设置液化天然气液体收集系统；其容积对于装车设施不应小于最大罐车的罐容量，其他为某单一事故泄漏源在10min内最大可能的泄漏量。

4 除第2款之外，围堰区均应配有集液池。

5 围堰必须能够承受所包容液化天然气的全部静压头，所圈闭液体引起的快速冷却、火灾的影响、自然力(如地震、风雨等)的影响，且不渗漏。

6 储罐与工艺设备的支架必须耐火和耐低温。

10.3.4 围堰和集液池至室外活动场所、建(构)筑物的隔热距离(作业者的设施除外)，应按下列要求确定：

1 围堰区至室外活动场所、建(构)筑物的距离，可按国际公认的液化天然气燃烧的热辐射计算模型确定，也可使用管理部门认可的其他方法计算确定。

2 室外活动场所、建(构)筑物允许接受的热辐射量，在风速为0级、温度21℃及相对湿度为50%条件下，不应大于下述规定值：

1)热辐射量达4000W/m^2界线以内，不得有50人以上的室外活动场所；

2)热辐射量达9000W/m^2界线以内，不得有活动场所、学校、医院、监狱、拘留所和居民区等在用建筑物；

3)热辐射量达30000W/m^2界线以内，不得有即使是能耐火且提供热辐射保护的在用构筑物。

3 燃烧面积应分别按下列要求确定：

1)储罐围堰内全部容积(不包括储罐)的表面着火；

2)集液池内全部容积(不包括设备)的表面着火。

10.3.5 本规范第10.3.4条2款1)、2)项中的室外活动场所、建筑物，以及站内重要设施不得设置在天然气蒸气云扩散隔离区内。扩散隔离区的边界应按下列要求确定：

1 扩散隔离区的边界应按国际公认的高浓度气体扩散模型进行计算，也可使用管理部门认可的其他方法计算确定。

2 扩散隔离区边界的空气中甲烷气体平均浓度不应超过2.5%；

3 设计泄漏量应按下列要求确定：

1)液化天然气储罐围堰区内，储罐液位以下有未装内置关闭阀的接管情况，其设计泄漏量应按照假设敞开流动及流通面积等于液位以下接管管口面积，产生以储罐充满时流出的最大流量，并连续流动到0压差时为止。储罐成组布置时，按可能产生最大流量的储罐计算；

2)管道从罐顶进出的储罐围堰区，设计泄漏量按一条管道连续输送10min的最大流量考虑；

3)储罐液位以下配有内置关闭阀的围堰区，设计泄漏量应按照假设敞开流动及流通面积等于液位以下接管管口面积，储罐充满时持续流出 1h 的最大量考虑。

10.3.6 地上液化天然气储罐间距应符合下列要求：

1 储存总容量小于或等于 $265m^3$ 时，储罐间距可按表 10.3.6 确定。储存总容量大于 $265m^3$ 时，储罐间距可按表 10.3.6 确定，并应满足本规范第 10.3.4 条和第 10.3.5 条的规定。

表 10.3.6 储罐间距

储罐单罐容量（m^3）	围堰区边沿或储罐排放系统至建筑物或建筑界线的最小距离（m）	储罐之间的最小距离（m）
0.5	0	0
0.5~1.9	3	1
1.9~7.6	4.6	1.5
7.6~56.8	7.6	1.5
56.8~114	15	1.5
114~265	23	相邻储罐直径之和的 1/4(最小为 1.5)
大于 265	容器直径的 0.7 倍，但不小于 30	

2 多台储罐并联安装时，为便于接近所有隔断阀，必须留有至少 0.9m 的净距。

3 容量超过 $0.5m^3$ 的储罐不应设置在建筑物内。

10.3.7 气化器距建筑界线应大于 30m，整体式加热气化器距围堰区、导液沟、工艺设备应大于 15m；间接加热气化器和环境式气化器可设在按规定容量设计的围堰区内。其他设备间距可参照本规范表 5.2.1 的有关规定。

10.3.8 液化天然气放空系统的汇集总管，应经过带电热器的气液分离罐，将排放物加热成比空气轻的气体后方可排入放空系统。

禁止将液化天然气排入封闭的排水沟内。

10.4 消防及安全

10.4.1 液化天然气设施应配置防火设施。其防护程度应根据防火工程原理、现场条件、设施内的危险性，结合站界内外相邻设施综合考虑确定。

10.4.2 液化天然气储罐，应设双套带高液位报警和记录的液位计、显示和记录罐内不同液相高度的温度计、带高低压力报警和记录的压力计、安全阀和真空泄放设施。储罐必须配备一套与高液位报警联锁的进罐流体切断装置。液位计应能在储罐运行情况下进行维修或更换，选型时必须考虑密度变化因素，必要时增加密度计，监视罐内液体分层，避免罐内“翻混”现象发生。

10.4.3 火灾和气体泄漏检测装置，应按以下原则配置：

1 装置区、罐区以及其他存在潜在危险需要经常观测处，应设火焰探测报警装置。相应配置适量的现场手动报警按钮。

2 装置区、罐区以及其他存在潜在危险需要经常观测处，应设连续检测可燃气体浓度的探测报警装置。

3 装置区、罐区、集液池以及其他存在潜在危险需要经常观测处，应设连续检测液化天然气泄漏的低温检测报警装置。

4 探测器和报警器的信号盘应设置在其保护区的控制室或操作室内。

10.4.4 容量大于或等于 $30000m^3$ 的站场应配有遥控摄像、录像系统，并将关键部位的图像传送给控制室的监控器上。

10.4.5 液化天然气站场的消防水系统，应按如下原则配置：

1 储存总容量大于或等于 265m^3的液化天然气罐组应设固定供水系统。

2 采用混凝土外罐的双层壳罐，当管道进出口在罐顶时，应在罐顶泵平台处设置固定水喷雾系统，供水强度不小于 20.4L/mm · m^2。

3 固定消防水系统的消防水量应以最大可能出现单一事故设计水量，并考虑 200m^3/h 余量后确定。移动式消防冷却水系统应能满足消防冷却水总用水量的要求。

4 罐区以外的其他设施的消防水和消火栓设置见本规范消防部分。

10.4.6 液化天然气站场应配有移动式高倍数泡沫灭火系统。液化天然气储罐总容量大于或等于 3000m^3的站场，集液池应配固定式全淹没高倍数泡沫灭火系统，并应与低温探测报警装置联锁。系统的设计应符合现行国家标准《高倍数、中倍数泡沫灭火系统设计规范》GB 50196 的有关规定。

10.4.7 扑救液化天然气储罐区和工艺装置内可燃气体、可燃液体的泄漏火灾，宜采用干粉灭火。需要重点保护的液化天然气储罐通向大气的安全阀出口管应设置固定干粉灭火系统。

10.4.8 液化天然气设施应配有紧急停机系统。通过该系统可切断液化天然气、可燃液体、可燃冷却剂或可燃气体源，能停止导致事故扩大的运行设备。该系统应能手动或自动操作，当设自动操作系统时应同时具有手动操作功能。

10.4.9 站内必须有书面的应急程序，明确在不同事故情况下操作人员应采取的措施和如何应对，而且必须备有一定数量的防护服和至少 2 个手持可燃气体探测器。

附录A 石油天然气火灾危险性分类举例

表A 石油天然气火灾危险性分类举例

火灾危险性类别		石油天然气举例
甲	A	液化石油气、天然气凝液、未稳定凝析油、液化天然气
	B	原油、稳定轻烃、汽油、天然气、稳定凝析油、甲醇、硫化氢
乙	A	原油、氨气、煤油
	B	原油、轻柴油、硫磺
丙	A	原油、重柴油、乙醇胺、乙二醇
	B	原油、二甘醇、三甘醇

注：石油产品的火灾危险性分类应以产品标准中确定的闪点指标为依据。经过技术经济论证，有些炼厂生产的轻柴油闪点若大于或等于60℃，这种轻柴油在储运过程中的火灾危险性可视为丙类。闪点小于60℃并且大于或等于55℃的轻柴油，如果储运设施的操作温度不超过40℃，其火灾危险性可视为丙类。

附录B 防火间距起算点的规定

1 公路从路边算起。
2 铁路从中心算起。
3 建(构)筑物从外墙壁算起。
4 油罐及各种容器从外壁算起。
5 管道从管壁外缘算起。
6 各种机泵、变压器等设备从外缘算起。
7 火车、汽车装卸油鹤管从中心线算起。
8 火炬、放空管从中心算起。
9 架空电力线、架空通信线从杆、塔的中心线算起。
10 加热炉、水套炉、锅炉从烧火口或烟囱算起。
11 油气井从井口中心算起。
12 居住区、村镇、公共福利设施和散居房屋从邻近建筑物的外壁算起。
13 相邻厂矿企业从围墙算起。

UDC

中华人民共和国国家标准

P

GB 50251—2015

输气管道工程设计规范

Code for design of gas transmission pipeline engineering

2015-02-02 发布　　2015-10-01 实施

中华人民共和国住房和城乡建设部
中华人民共和国国家质量监督检验检疫总局　联合发布

前　言

根据住房城乡建设部《关于印发〈2011 年工程建设标准规范制订、修订计划〉的通知》(建标〔2011〕17 号)的要求，规范编制组经广泛调查研究，认真总结近年输气管道工程建设实践经验，参考有关国际标准和国外先进标准，并在广泛征求意见，开展多项专题研究的基础上，修订本规范。

本规范共分 11 章和 10 个附录，内容包括：总则、术语、输气工艺、线路、管道和管道附件的结构设计、输气站、地下储气库地面设施、仪表与自动控制、通信、辅助生产设施以及焊接与检验、清管与试压、干燥与置换等。

本次修订的主要内容如下：

1. 将原规范“监控与系统调度”拆分为“仪表与自动控制”和“通信”两章编写。

2. 取消原规范中“节能、环保、劳动安全卫生”一章，将其内容补充到相关章节中。

3. 在“线路”章和“输气站”章中分别增加防腐与保温节，在“辅助生产设施”章中增加“供热”节。

4. 增加了一级一类地区采用 0.8 强度设计系数的相关规定和并行管道设计规定。

5. 补充修订了输气站及阀室放空设计规定、线路截断阀(室)间距调增规定及阀室选址规定，试压、焊接检验与置换要求。

6. 增加了附录 J“输气站及阀室爆炸危险区域划分推荐做法”、附录 K“埋地管道水压强度试验推荐做法。”

本规范中以黑体字标志的条文为强制性条文，必须严格执行。本规范由住房城乡建设部负责管理和对强制性条文的解释，由石油工程建设专业标准化委员会负责日常管理，由中国石油集团工程设计有限责任公司西南分公司负责具体技术内容的解释。执行过程中如有意见和建议，请寄送中国石油集团工程设计有限责任公司西南分公司(地址：四川省成都市高新区升华路 6 号 CPE 大厦，邮政编码：610041)。

本规范主编单位、参编单位、主要起草人和主要审查人：

主 编 单 位：中国石油集团工程设计有限责任公司西南分公司

参 编 单 位：中国石油天然气管道局天津设计院

主要起草人：谌贵宇　汤晓勇　郭佳春　孙在蓉　李　强
郭成华　孟凡彬　向　波　钟小木　唐胜安
何丽梅　张永红　赵淑珍　吴克信　雒定明
张　平　李　巧　陈　凤　牟　建　陈　杰
陈　静　刘科慧　卫　晓　刘玉峰　卿太钢
傅贺平

主要审查人：叶学礼　苗承武　章申远　任启瑞　梅三强
刘海春　胡　颖　张文伟　史　航　李　爽
吴　勇　张邕生　孙立刚　吴洪松　王冰怀
董　旭　刘嵬辉　卜祥军　李国海　隋永莉
宋　飞　李献军　吴昌汉　马　珂　朱　峰
刘志田　王庆红　张箭啸　李延金　王小林

目　次

1 总 则

1.0.1 为在输气管道工程设计中贯彻国家的有关法规和方针政策，统一技术要求，做到技术先进、经济合理、安全适用、确保质量，制定本规范。

1.0.2 本规范适用于陆上新建、扩建和改建输气管道工程设计。

1.0.3 输气管道工程设计应符合下列规定；

1 应保护环境、节约能源、节约用地，并应处理好与铁路、公路、输电线路、河流、城乡规划等的相互关系；

2 应积极采用新技术、新工艺、新设备及新材料；

3 应优化设计方案，确定经济合理的输气工艺及最佳的工艺参数；

4 扩建项目应合理地利用原有设施和条件；

5 分期建设项目应进行总体设计，并制定分期实施计划。

1.0.4 输气管道工程设计除应符合本规范外，尚应符合国家现行有关标准的规定。

2 术 语

2.0.1 管道气体 pipeline gas

通过管道输送的天然气、煤层气和煤制天然气。

2.0.2 输气管道工程 gas transmission pipeline project

用管道输送天然气、煤层气和煤制天然气的工程，一般包括输气管道、输气站、管道穿(跨)越及辅助生产设施等工程内容。

2.0.3 输气站 gas transmission station

输气管道工程中各类工艺站场的总称。一般包括输气首站、输气末站、压气站、气体接收站、气体分输站、清管站等。

2.0.4 输气首站 gas transmission initial station

输气管道的起点站。一般具有分离、调压、计量、清管等功能。

2.0.5 输气末站 gas transmission terminal station

输气管道的终点站。一般具有分离、调压、计量、清管、配气等功能。

2.0.6 气体接收站 gas receiving station

在输气管道沿线，为接收输气支线来气而设置的站，一般具有分离、调压、计量、清管等功能。

2.0.7 气体分输站 gas distributing station

在输气管道沿线，为分输气体至用户而设置的站，一般具有分离、调压、计量、清管等功能。

2.0.8 压气站 compressor station

在输气管道沿线，用压缩机对管道气体增压而设置的站。

2.0.9 地下储气库 underground gas storage

利用地下的某种密闭空间储存天然气的地质构造、气井及地面设施。地质构造类型包括盐穴型、枯竭油气藏型、含水层型等。

2.0.10 注气站 gas injection station

将天然气注入地下储气库而设置的站。

2.0.11 采气站 gas withdraw station

将天然气从地下储气库采出而设置的站。

2.0.12 管道附件 pipe auxiliaries

管件、法兰、阀门、清管器收发筒、汇管、组合件、绝缘法兰或绝缘接头等管道专用承压部件。

2.0.13 管件 pipe fitting

弯头、弯管、三通、异径接头和管封头。

2.0.14 弹性敷设 pipe laying with elastic bending

利用管道在外力或自重作用下产生弹性弯曲变形，改变管道走向或适应高程变化的管道敷设方式。

2.0.15 清管系统 pigging system

为清除管线内凝聚物和沉积物，隔离、置换或进行管道在线检测的全套设备。其中包括清管器、清管器收发筒、清管器指示器及清管器示踪仪等。

2.0.16 设计压力 design pressure(DP)

在相应的设计温度下，用以确定管道计算壁厚及其他元件尺寸的压力值，该压力为管道的内部压力时称为设计内压力，为外部压力时称为设计外压力。

2.0.17 设计温度 design temperature

管道在正常工作过程中，在相应设计压力下，管壁或元件金属可能达到的最高或最低温度。

2.0.18 管输气体温度 pipeline gas temperature

气体在管道内输送时的流动温度。

2.0.19 操作压力 operating pressure(OP)

在稳定操作条件下，一个系统内介质的压力。

2.0.20 最大操作压力 maximum operating pressure(MOP)

在正常操作条件下，管线系统中的最大实际操作压力。

2.0.21 最大允许操作压力 maximum allowable operating pressure(MAOP)

管线系统遵循本规范的规定，所能连续操作的最大压力，等于或小于设计压力。

2.0.22 泄压放空系统 relief and blow-down system

对超压泄放、紧急放空及开工、停工或检修时排放出的可燃气体进行收集和处理的设施。泄压放空系统由泄压设备、收集管线、放空管和处理设备或其中一部分设备组成。

2.0.23 水露点 water dew point

气体在一定压力下析出第一滴水时的温度。

2.0.24 烃露点 hydrocarbon dew point

气体在一定压力下析出第一滴液态烃时的温度。

2.0.25 冷弯弯管 cold bends

用模具将管子在不加热状态下弯制成需要角度的弯管。

2.0.26 热煨弯管 hot bends

管子加热后，在弯制机具上弯曲成需要角度的弯管。

2.0.27 并行管道 parallel pipelines

以一定间距(小于或等于50m)相邻敷设的两条或多条管道。

2.0.28 线路截断阀(室) block valve station

油气输送管道线路截断阀及其配套设施的总称，也称为阀室。

3 输气工艺

3.1 一般规定

3.1.1 输气管道的设计输送能力应按设计委托书或合同规定的年或日最大输气量计算。当采用年输气量时，设计年工作天数应按350d计算。

3.1.2 进入输气管道的气体应符合现行国家标准《天然气》GB 17820中二类气的指标，并应符合下列规定：

1 应清除机械杂质；

2 水露点应比输送条件下最低环境温度低5℃；

3 烃露点应低于最低环境温度；

4 气体中硫化氢含量不应大于20mg/m^3；

5 二氧化碳含量不应大于3%。

3.1.3 输气管道的设计压力应根据气源条件、用户需要、管材质量及管道附近的安全因素，经技术经济比较后确定。

3.1.4 当输气管道及其附件已按现行国家标准《钢质管道外腐蚀控制规范》GB/T 21447和《埋地钢质管道阴极保护技术规范》GB/T 21448的要求采取了防腐措施时，不应再增加管壁的腐蚀裕量。

3.1.5 输气管道应设清管设施，清管设施宜与输气站合并建设。

3.1.6 当管道采用内壁减阻涂层时，应经技术经济比较确定。

3.2 工艺设计

3.2.1 工艺设计应根据气源条件、输送距离、输送量、用户的特点和要求以及与已建管网和地下储气库容量和分布的关系，对管道进行系统优化设计，经综合分析和技术经济对比后确定。

3.2.2 工艺设计应确定下列内容：

1 输气总工艺流程；

2 输气站的工艺参数和流程；

3 输气站的数量和站间距；

4 输气管道的直径、设计压力及压气站的站压比。

3.2.3 工艺设计中应合理利用气源压力。当采用增压输送时，应结合输量、管径、输送压力、供电及运行管理因素，进行多方案技术经济比选，按经济和节能的原则合理选择压气站的站压比和确定站间距。

3.2.4 压气站特性和管道特性应匹配，并应满足工艺设计参数和运行工况变化的要求。在正常输气条件下，压缩机组应在高效区内工作。

3.2.5 具有分输或配气功能的输气站宜设置气体限量、限压设施。

3.2.6 当输气管道气源来自油气田天然气处理厂、地下储气库、煤制天然气工厂或煤层气处理厂时，输气管道接收站的进气管线上应设置气质监测设施。

3.2.7 输气管道的强度设计应满足运行工况变化的要求。

3.2.8 输气站宜设置越站旁通。

3.2.9 进、出输气站的输气管道必须设置截断阀，并应符合现行国家标准《石油天然气工程设计防

火规范》GB 50183的有关规定。

3.3 工艺计算与分析

3.3.1 输气管道工艺设计至少应具备下列资料：

1 管道气体的组成；

2 气源的数量、位置、供气量及其可变化范围；

3 气源的压力、温度及其变化范围；

4 沿线用户对供气压力、供气量及其变化的要求。当要求利用管道储气调峰时，应具备用户的用气特性曲线和数据；

5 沿线自然环境条件和管道埋设处地温。

3.3.2 输气管道水力计算应符合下列规定：

1 当输气管道纵断面的相对高差 $\Delta h \leqslant 200\text{m}$ 且不考虑高差影响时，应按下式计算：

$$q_v = 1051\left[\frac{(P_1^2 - P_2^2)d^5}{\lambda Z \Delta T L}\right]^{0.5} \quad \cdots\cdots (3.3.2\text{-}1)$$

式中：

q_v——气体（$P_0 = 0.101325\text{MPa}$，$T = 293\text{K}$）的流量（m^3/d）；

P_1——输气管道计算段的起点压力（绝）（MPa）；

P_2——输气管道计算段的终点压力（绝）（MPa）；

d——输气管道内径（cm）；

λ——水力摩阻系数；

Z——气体的压缩因子；

Δ——气体的相对密度；

T——输气管道内气体的平均温度（K）；

L——输气管道计算段的长度（km）。

2 当考虑输气管道纵断面的相对高差影响时，应按下列公式计算：

$$q_v = 1051\left\{\frac{[P_1^2 - P_2^2(1 + \alpha \Delta h)]d^5}{\lambda Z \Delta T L\left[1 + \frac{\alpha}{2L}\sum_{i=1}^{n}(h_i + h_{i-1})L_i\right]}\right\}^{0.5} \quad \cdots\cdots (3.3.2\text{-}2)$$

$$\alpha = \frac{2g\Delta}{Z R_a T} \quad \cdots\cdots (3.3.2\text{-}3)$$

式中：

α——系数（m^{-1}）；

Δh——输气管道计算段的终点对计算段起点的标高差（m）；

n——输气管道沿线计算的分管段数。计算分管段的划分是沿输气管道走向，从起点开始，当其中相对高差≤200m时划作一个计算分管段；

h_i——各计算分管段终点的标高（m）；

h_{i-1}——各计算分管段起点的标高（m）；

L_i——各计算分管道的长度（km）；

g——重力加速度，$g = 9.81\text{m/s}^2$；

R_a——空气的气体常数，在标准状况下（$P_0 = 0.101325\text{MPa}$，$T = 293\text{K}$），$R_a = 287.1\text{m}^3/(\text{s}^2 \cdot \text{K})$。

3 水力摩阻系数宜按下式计算，当输气管道工艺计算采用手算时，宜采用附录A中的公式。

$$\frac{1}{\sqrt{\lambda}} = -2.01\lg\left(\frac{K}{3.71d} + \frac{2.51}{Re\sqrt{\lambda}}\right) \quad \cdots\cdots (3.3.2\text{-}4)$$

式中：

K——钢管内壁绝对粗糙度(m)；

d——管道内径(m)；

Re——雷诺数。

3.3.3 输气管道沿线任意点的温度计算应符合下列规定：

1 当不考虑节流效应时，应按下列公式计算：

$$t_x = t_0 + (t_1 - t_0)e^{-\alpha x} \quad (3.3.3-1)$$

$$\alpha = \frac{225.256 \times 10^6 KD}{q_v \Delta c_p} \quad (3.3.3-2)$$

式中：

t_x——输气管道沿线任意点的气体温度(℃)；

t_0——输气管道埋设处的土壤温度(℃)；

t_1——输气管道计算段起点的气体温度(℃)；

e——自然对数底数，宜按 2.718 取值；

x——输气管道计算段起点至沿线任意点的长度(km)；

K——输气管道中气体到土壤的总传热系数[W/(m^2·K)]；

D——输气管道外直径(m)；

q_v——输气管道中气体(P_0=0.101325MPa，T=293K)的流量(m^3/d)；

c_p——气体的定压比热[J/(kg·K)]。

2 当考虑节流效应时，应按下式计算：

$$t_x = t_0 + (t_1 - t_0)e^{-\alpha x} - \frac{j\Delta P_x}{\alpha x}(1 - e^{-\alpha x}) \quad (3.3.3-3)$$

式中：

j——焦耳-汤姆逊效应系数(℃/MPa)；

ΔP_x——x 长度管段的压降(MPa)。

3.3.4 根据工程的实际需求，宜对输气管道系统进行稳态和动态模拟计算，确定在不同工况条件下压气站的数量、增压比、压缩机计算功率和动力燃料消耗，管道系统各节点流量、压力、温度和管道的储气量等。根据系统分析需要，可按小时或天确定计算时间段。

3.3.5 稳态和动态模拟的计算软件应经工程实践验证。

3.4 输气管道的安全泄放

3.4.1 输气站宜在进站截断阀上游和出站截断阀下游设置泄压放空设施。

3.4.2 输气管道相邻线路截断阀(室)之间的管段上应设置放空阀，并应结合建设环境可设置放空立管或预留引接放空管线的法兰接口。放空阀直径与放空管直径应相等。

3.4.3 存在超压的管道、设备和容器，必须设置安全阀或压力控制设施。

3.4.4 安全阀的定压应经系统分析后确定，并应符合下列规定：

1 压力容器的安全阀定压应小于或等于受压容器的设计压力。

2 管道的安全阀定压(P_0)应根据工艺管道最大允许操作压力(P)确定，并应符合下列规定：

1)当 $P \leqslant 1.8$MPa 时，管道的安全阀定压(P_0)应按下式计算：

$$P_0 = P + 0.18\text{MPa} \quad (3.4.4-1)$$

2)当 1.8MPa$<P\leqslant$7.5MPa 时，管道的安全阀定压(P_0)应按下式计算：

$$P_0 = 1.1P \quad (3.4.4-2)$$

3)当 $P>7.5$MPa 时，管道的安全阀定压(P_0)应按下式计算：

$$P_0 = 1.05P \quad (3.4.4\text{-}3)$$

4）采用0.8强度设计系数的管道设置的安全阀，定压不应大于1.04P。

3.4.5 安全阀泄放管直径计算应符合下列规定：

1 单个安全阀的泄放管直径，应按背压不大于该阀泄放压力的10%确定，且不应小于安全阀的出口管径；

2 连接多个安全阀的泄放管直径，应按所有安全阀同时泄放时产生的背压不大于其中任何一个安全阀的泄放压力的10%确定，且泄放管截面积不应小于安全阀泄放支管截面积之和。

3.4.6 放空的气体应安全排入大气。

3.4.7 输气站放空设计应符合下列规定：

1 输气站应设放空立管，需要时还可设放散管；

2 输气站天然气宜经放空立管集中排放，也可分区排放，高、低压放空管线应分别设置，不同排放压力的天然气放空管线汇入同一排放系统时，应确保不同压力的放空点能同时畅通排放；

3 当输气站设置紧急放空系统时，设计应满足在15min内将站内设备及管道内压力从最初的压力降到设计压力的50%；

4 从放空阀门排气口至放空设施的接入点之间的放空管线，用管的规格不应缩径。

3.4.8 阀室放空设计应符合下列规定：

1 阀室宜设置放空立管，室内安装的截断阀的放散管应引至室外；

2 不设放空立管的阀室应设放空阀或预留引接放空管线的法兰接口；

3 阀室周围环境不具备天然气放空条件时，可不设放空立管，该阀室上下游管段内的天然气应由相邻的阀室或相邻输气站放空。

3.4.9 放空立管和放散管的设计应符合下列规定：

1 放空立管直径应满足设计最大放空量的要求；

2 放空立管和放散管的顶端不应装设弯管；

3 放空立管和放散管应有稳管加固措施；

4 放空立管底部宜有排除积水的措施；

5 放空立管和放散管设置的位置应能方便运行操作和维护；

6 放空立管和放散管防火设计应符合现行国家标准《石油天然气工程设计防火规范》GB 50183的有关规定。

4 线　　路

4.1 线路选择

4.1.1 线路的选择应符合下列要求：

1 线路走向应根据工程建设目的和气源、市场分布，结合沿线城镇、交通、水利、矿产资源和环境敏感区的现状与规划，以及沿途地区的地形、地质、水文、气象、地震等自然条件，通过综合分析和多方案技术经济比较，确定线路总体走向；

2 线路宜避开环境敏感区，当路由受限需要通过环境敏感区时，应征得其主管部门同意并采取保护措施；

3 大中型穿（跨）越工程和压气站位置的选择，应符合线路总体走向。局部线路走向应根据大中型穿（跨）越工程和压气站的位置进行调整；

4 线路应避开军事禁区、飞机场、铁路及汽车客运站、海(河)港码头等区域；

5 除为管道工程专门修建的隧道、桥梁外，不应在铁路或公路的隧道内及桥梁上敷设输气管道。输气管道从铁路或公路桥下交叉通过时，不应改变桥梁下的水文条件；

6 与公路并行的管道路由宜在公路用地界3m以外，与铁路并行的管道路由宜在铁路用地界3m以外，如地形受限或其他条件限制的局部地段不满足要求时，应征得道路管理部门的同意；

7 线路宜避开城乡规划区，当受条件限制，需要在城乡规划区通过时，应征得城乡规划主管部门的同意，并采取安全保护措施；

8 石方地段的管线路由爆破挖沟时，应避免对公众及周围设施的安全造成影响；

9 线路宜避开高压直流换流站接地极、变电站等强干扰区域；

10 埋地管道与建(构)筑物的间距应满足施工和运行管理需求，且管道中心线与建(构)筑物的最小距离不应小于5m。

4.1.2 输气管道应避开滑坡、崩塌、塌陷、泥石流、洪水严重侵蚀等地质灾害地段，宜避开矿山采空区及全新世活动断层。当受到条件限制必须通过上述区域时，应选择危害程度较小的位置通过，并采取相应的防护措施。

4.2 地区等级划分及设计系数确定

4.2.1 输气管线通过的地区，应按沿线居民户数和(或)建筑物的密集程度，划分为四个地区等级，并应依据地区等级做出相应的管道设计。

4.2.2 地区等级划分应符合下列规定：

1 沿管线中心线两侧各200m范围内，任意划分成长度为2km并能包括最大聚居户数的若干地段，按划定地段内的户数应划分为四个等级。在乡村人口聚集的村庄、大院及住宅楼，应以每一独立户作为一个供人居住的建筑物计算。地区等级应按下列原则划分：

1)一级一类地区：不经常有人活动及无永久性人员居住的区段；

2)一级二类地区：户数在15户或以下的区段；

3)二级地区：户数在15户以上100户以下的区段；

4)三级地区：户数在100户或以上的区段，包括市郊居住区、商业区、工业区、规划发展区以及不够四级地区条件的人口稠密区；

5)四级地区：四层及四层以上楼房(不计地下室层数)普遍集中、交通频繁、地下设施多的区段。

2 当划分地区等级边界线时，边界线距最近一幢建筑物外边缘不应小于200m。

3 在一、二级地区内的学校、医院以及其他公共场所等人群聚集的地方，应按三级地区选取设计系数。

4 当一个地区的发展规划足以改变该地区的现有等级时，应按发展规划划分地区等级。

4.2.3 输气管道的强度设计系数应符合表4.2.3的规定。

表4.2.3 强度设计系数

地区等级	强度设计系数 F
一级一类地区	0.8
一级二类地区	0.72
二级地区	0.6
三级地区	0.5
四级地区	0.4

注：一级一类地区的线路管道可采用0.8或0.72强度设计系数。

4.2.4 穿越道路的管段以及输气站和阀室内管道的强度设计系数，应符合表4.2.4的规定。

表4.2.4 穿越道路的管段以及输气站和阀室内管道的强度设计系数

管段或管道	地区等级				
	一		二	三	四
	一类	二类			
	强度设计系数				
有套管穿越三、四级公路的管道	0.72	0.72	0.6	0.5	0.4
无套管穿越三、四级公路的管道	0.6	0.6	0.5	0.5	0.4
穿越一、二级公路，高速公路，铁路的管道	0.6	0.6	0.6	0.5	0.4
输气站内管道及截断阀室内管道	0.5	0.5	0.5	0.5	0.4

4.3 管道敷设

4.3.1 输气管道应采用埋地方式敷设，特殊地段可采用土堤或地面形式敷设。

4.3.2 埋地管道覆土层最小厚度应符合表4.3.2的规定。在不能满足要求的覆土厚度或外荷载过大、外部作业可能危及管道之处，应采取保护措施。

表4.3.2 最小覆土厚度(m)

地区等级	土壤类		岩石类
	旱地	水田	
一级	0.6	0.8	0.5
二级	0.8	0.8	0.5
三级	0.8	0.8	0.5
四级	0.8	0.8	0.5

注：1 对需平整的地段应按平整后的标高计算。
2 覆土层厚度应从管顶算起。
3 季节性冻土区宜埋设在最大冰冻线以下。
4 旱地和水田轮种的地区或现有旱地规划需要改为水田的地区应按水田确定埋深。
5 穿越鱼塘或沟渠的管线，应埋设在清淤层以下不小于1.0m。

4.3.3 管沟边坡坡度应根据土壤类别、物理力学性质(如黏聚力、内摩擦角、湿度、容重等)、边坡顶部附近载荷情况和管沟开挖深度综合确定。当无上述土壤的物理性质资料时，对土壤构造均匀、无地下水、水文地质条件良好、深度不大于5m且不加支撑的管沟，其边坡坡度值可按表4.3.3确定。深度超过5m的管沟，应根据实际情况可采取将边坡放缓、加筑平台或加设支撑。

表4.3.3 深度在5m以内管沟最陡边坡坡度值

土壤类别	最陡边坡坡度值(高宽比)		
	坡顶无载荷	坡顶有静载荷	坡顶有动载荷
中密的砂土	1：1.00	1：1.25	1：1.50
中密的碎石类土(充填物为砂土)	1：0.75	1：1.00	1：1.25

表 4.3.3 深度在 5m 以内管沟最陡边坡坡度值(续)

土壤类别	最陡边坡坡度值(高宽比)		
	坡顶无载荷	坡顶有静载荷	坡顶有动载荷
硬塑的粉土	1∶0.67	1∶0.75	1∶1.00
中密的碎石类土(充填物为黏性土)	1∶0.50	1∶0.67	1∶0.75
硬塑的粉质黏土、黏土	1∶0.33	1∶0.50	1∶0.67
老黄土	1∶0.10	1∶0.25	1∶0.33
软土(经井点降水)	1∶1.00	—	—
硬质岩	1∶0	1∶0	1∶0

注：1 静载荷系指堆土或料堆等，动载荷系指有机械挖土、吊管机和推土机等动力机械作业。
2 对软土地区，开挖深度不应超过 4m。
3 冻土地区，应根据冻土可能的变化趋势及土壤特性经现场试挖确定边坡坡度值。

4.3.4 管沟宽度应符合下列规定：

1 管沟深度小于或等于 5m 时，沟底宽度应按下式计算：

$$B=D_o+K \quad (4.3.4)$$

式中：

B——沟底宽度(m)；

D_o——钢管的结构外径(m)，包括防腐及保温层的厚度，两条或两条以上的管道同沟敷设时，D_o 应取各管道结构外径之和加上相邻管道之间的净距之和；

K——沟底加宽裕量(m)，宜按表 4.3.4 取值。

表 4.3.4 沟底加宽裕量(m)

条件因素	沟上焊接				沟下焊条电弧焊接			沟下半自动焊接处管沟	沟下焊接弯头、弯管及连头处管沟
	土质管沟		岩石爆破管沟	弯头、冷弯管处管沟	土质管沟		岩石爆破管沟		
	沟中有水	沟中无水			沟中有水	沟中无水			
沟深 3m 以内	0.7	0.5	0.9	1.5	1.0	0.8	0.9	1.6	2.0
沟深 3m~5m	0.9	0.7	1.1	1.5	1.2	1.0	1.1	1.6	2.0

注：1 当采用机械开挖管沟，计算的沟底宽度小于挖斗宽度时，沟底宽度应按挖斗宽度计算。
2 沟下焊接弯头、弯管、碰口及半自动焊接处的管沟加宽范围宜为工作点两边各 1m。

2 当管沟需要加支撑，在决定底宽时，应计入支撑结构的厚度。

3 当管沟深度大于 5m 时，应根据土壤类别及物理力学性质确定沟底宽度。

4.3.5 岩石及砾石区的管沟，沟底比土壤区管沟超挖不应小于 0.2m，并用细土或砂将超挖部分压实垫平后方可下管。管沟回填时，应先用细土回填至管顶以上 0.3m，方可用原开挖土回填并压实。管沟回填土在不影响土地复耕或水土保持的情况下宜高出地面 0.3m。

4.3.6 农耕区及其他植被区的管沟开挖，应将表层耕(腐)质土和下层土分别堆放，管沟回填时应将耕(腐)质土回填到表层。

4.3.7 当管沟纵坡较大时，应根据土壤性质，采取防止回填土下滑或回填细土流失的措施。

4.3.8 在沼泽、水网(含水田)地区的管道，当覆土层不足以克服管浮力时，应采取稳管措施。有积水的管沟，宜排净水后回填，否则应采取防止回填作业造成管道位移的措施。

4.3.9 当输气管道采用土堤埋设时，土堤高度和顶部宽度应根据地形、工程地质、水文地质、土壤类别及性质确定，并应符合下列规定：

1 管道在土堤中的覆土厚度不应小于0.8m，土堤顶部宽度不应小于管道直径的两倍且不得小于1.0m；

2 土堤的边坡坡度值应根据土壤类别和土堤的高度确定，管底以下黏性土土堤，压实系数宜为0.94~0.97，堤高小于2m时，边坡坡度值宜为1∶1~1∶1.25，堤高为2m~5m时，边坡坡度值宜为1∶1.25~1∶1.5，土堤受水浸淹没部分的边坡宜采用1∶2的边坡坡度值；

3 位于斜坡上的土堤应进行稳定性计算。当自然地面坡度大于20%时，应采取防止填土沿坡面滑动的措施；

4 当土堤阻碍地表水或地下水泄流时，应设置泄水设施。泄水能力应根据地形和汇水量按防洪标准重现期为25年一遇的洪水量设计，并应采取防止水流对土堤冲刷的措施；

5 土堤的回填土，其透水性能宜相近；

6 沿土堤基底表面的植被应清除干净；

7 软弱地基上的土堤应采取防止填土后基础沉陷的措施。

4.3.10 输气管道通过人工或天然障碍物时，应符合现行国家标准《油气输送管道穿越工程设计规范》GB 50423和《油气输送管道跨越工程设计规范》GB 50459的有关规定。

4.3.11 埋地输气管道与其他埋地管道、电力电缆、通信光（电）缆交叉的间距应符合下列规定：

1 输气管道与其他管道交叉时，垂直净距不应小于0.3m，当小于0.3m时，两管间交叉处应设置坚固的绝缘隔离物，交叉点两侧各延伸10m以上的管段，应确保管道防腐层无缺陷；

2 输气管道与电力电缆、通信光（电）缆交叉时，垂直净距不应小于0.5m，交叉点两侧各延伸10m以上的管段，应确保管道防腐层无缺陷。

4.3.12 埋地输气管道与高压交流输电线路杆（塔）和接地体之间的距离宜符合下列规定：

1 在开阔地区，埋地管道与高压交流输电线路杆（塔）基脚间的最小距离不宜小于杆（塔）高；

2 在路由受限地区，埋地管道与交流输电系统的各种接地装置之间的最小水平距离不宜小于表4.3.12的规定。在采取故障屏蔽、接地、隔离等防护措施后，表4.3.12规定的距离可适当减小。

表4.3.12 埋地管道与交流接地体的最小距离（m）

电压等级（kV）	≤220	330	500
铁塔或电杆接地	5.0	6.0	7.5

4.3.13 地面敷设的输气管道与架空交流输电线路的距离应符合表4.3.13的规定。

表4.3.13 地面管道与架空输电线路最小距离（m）

项目		电压等级（kV）								
		3~10	35~66	110	220	330	500	750	1000	
									单回路	双回路（逆相序）
最小垂直距离		3.0	4.0	4.0	5.0	6.0	7.5	9.5	18	16
最小水平距离	开阔地区	最高杆（塔）高	最高杆（塔）高	最高杆（塔）高	最高杆（塔）高	最高杆（塔）高	最高杆（塔）高	最高杆（塔）高	最高杆（塔）高	
	路径受限地区	2.0	4.0	4.0	5.0	6.0	7.5	9.5	13	

注：表中最小水平距离为边导线至管道任何部分的水平距离。

4.3.14 弯管应符合下列规定：

1 线路用热煨弯管的曲率半径不应小于管子外径的5倍，并应满足清管器或检测仪器能顺利通过的要求；

2 热煨弯管的任何部位不得有裂纹和其他机械损伤，其两端部100mm长直管段范围内的圆度不应大于连接管圆度的规定值，其他部位的圆度不应大于2.5%；

3 不应采用有环向焊缝的钢管制作热煨弯管；

4 冷弯弯管的最小曲率半径应符合表4.3.14的规定。

表4.3.14 冷弯弯管最小曲率半径

公称直径 DN(mm)	最小曲率半径 R(mm)
≤300	18D
350	21D
400	24D
450	27D
500	30D
550≤DN≤1000	40D
≥1050	50D

注：表中的 D 为钢管外径(mm)。

4.3.15 输气管道采用弹性敷设时应符合下列规定：

1 弹性敷设管道与相邻的反向弹性弯管之间及弹性弯管和人工弯管之间，应采用直管段连接，直管段长度不应小于管子外径值，且不应小于500mm；

2 弹性敷设管道的曲率半径应满足管子强度要求，且不应小于钢管外径的1000倍，垂直面上弹性敷设管道的曲率半径还应大于管在自重作用下产生的挠度曲线的曲率半径，曲率半径应按下式计算：

$$R \geqslant 3600\sqrt[3]{\frac{1-\cos\frac{\alpha}{2}}{\alpha^4}D^2} \cdots\cdots (4.3.15)$$

式中：

R——管道弹性弯曲曲率半径(m)；

α——管道的转角(°)；

D——钢管外径(cm)。

4.3.16 弯管不得使用褶皱弯或虾米弯弯管代替。管子对接偏差不应大于3°。

4.3.17 管道通过较大的陡坡地段以及受温度变化影响，应校核管道的稳定性，并宜根据计算结果确定设置锚固或采取其他管道稳定的措施。当采用锚固墩时，管道与锚固墩之间应有良好的电绝缘。

4.3.18 埋地输气管道与民用炸药储存仓库的最小水平距离应符合下列规定：

1 埋地输气管道与民用炸药储存仓库的最小水平距离应按下式计算：

$$R = -267e^{-Q/8240} + 342 \cdots\cdots (4.3.18)$$

式中：

R——管道与民用炸药储存仓库的最小水平距离(m)；

e——常数，取2.718；

Q——炸药库容量(kg)，1000kg≤Q≤10000kg。

2 当炸药库与管道之间存在下列情况之一时，按本规范式(4.3.18)计算的水平距离值可折减

15%～20%：

1）炸药库地面标高大于管道的管顶标高；

2）炸药库与管道间存在深度大于管沟深度的沟渠；

3）炸药库与管道间存在宽度大于50m且高度大于10m的山体。

3 无论现状炸药库的库存药量有多少，本规范式（4.3.18）中的炸药库容量 Q 应按政府部门批准的建库规模取值。库存药量不足1000kg应按1000kg取值计算。

4.4 并行管道敷设

4.4.1 并行敷设的管道，应统筹规划、合理布局及共用公用设施，先建管道应为后建管道的建设和运行管理创造条件。

4.4.2 不受地形、地物或规划限制地段的并行管道，最小净距不应小于6m。

4.4.3 受地形、地物或规划限制地段的并行管道，采取安全措施后净距可小于6m，同期建设时可同沟敷设，同沟敷设的并行管道，间距应满足施工及维护需求且最小净距不应小于0.5m。

4.4.4 穿越段的并行管道，应根据建设时机和影响因素综合分析确定间距。共用隧道、跨越管桥及涵洞设施的并行管道，净距不应小于5m。

4.4.5 石方地段不同期建设的并行管道，后建管道采用爆破开挖管沟时，并行净距宜大于20m且应控制爆破参数。

4.4.6 穿越全新世活动断层的并行管道不宜同沟敷设。

4.5 线路截断阀（室）的设置

4.5.1 输气管道应设置线路截断阀（室），管道沿线相邻截断阀之间的间距应符合下列规定：

1 以一级地区为主的管段不宜大于32km；

2 以二级地区为主的管段不宜大于24km；

3 以三级地区为主的管段不宜大于16km；

4 以四级地区为主的管段不宜大于8km；

5 本条第1款至第4款规定的线路截断阀间距，如因地物、土地征用、工程地质或水文地质造成选址受限的可作调增，一、二、三、四级地区调增分别不应超过4km、3km、2km、1km。

4.5.2 线路截断阀（室）应选择在交通方便、地形开阔、地势相对较高的地方，防洪设防标准不应低于重现期25年一遇。线路截断阀（室）选址受限时，应符合下列规定：

1 与电力、通信线路杆（塔）的间距不应小于杆（塔）的高度再加3m；

2 距铁路用地界外不应小于3m；

3 距公路用地界外不应小于3m；

4 与建筑物的水平距离不应小于12m。

4.5.3 线路截断阀及与输气管线连通的第一个其他阀门应采用焊接连接阀门。截断阀可采用自动或手动阀门，并应能通过清管器或检测仪器，采用自动阀时，应同时具有手动操作功能。

4.5.4 截断阀可安装在地面上或埋地。截断阀及其辅助工艺管道应采取稳固措施。截断阀及其配套设施宜采用围栏或围墙进行保护。

4.6 线路管道防腐与保温

4.6.1 输气管道应采取外防腐层加阴极保护的联合防护措施，管道的防腐蚀设计应符合现行国家标准《钢质管道外腐蚀控制规范》GB/T 21447的有关规定。

4.6.2 管道外防腐层类型、等级的选择应根据地形与地质条件、管道所处环境的腐蚀性、地理位置、输送介质温度、杂散电流、经济性等综合因素确定。管道外防腐层的性能及施工技术要求应符合国家现行相关标准的规定。

4.6.3 管道阴极保护设计应根据工程规模、土壤环境、管道防腐层质量等因素，经济合理地选用保护方式，并应符合现行国家标准《埋地钢质管道阴极保护技术规范》GB/T 21448 的有关规定。

4.6.4 阴极保护管道应与非保护构筑物电绝缘。在绝缘接头或绝缘法兰的连接设施上应设置防高压电涌冲击的保护设施。

4.6.5 在交、直流干扰源影响区域内的管道，应按现行国家标准《埋地钢质管道交流干扰防护技术标准》GB/T 50698 和《埋地钢质管道直流干扰防护技术标准》GB 50991 的规定，采取有效的减缓干扰的防护措施。

4.6.6 阴极保护管道应设置阴极保护参数测试设施，宜设置阴极保护参数监测装置。

4.6.7 非同沟敷设的并行管道宜分别实施阴极保护，阳极地床方式和位置的选择应能避免相互之间的干扰。同沟敷设且阴极保护站合建的管段可采用联合保护。

4.6.8 地面以上敷设的管道如需保温时，应采用防腐层进行防腐，保温层材料和保护层材料的性能应符合现行国家标准《工业设备及管道绝热工程设计规范》GB 50264 的有关规定。

4.7 线路水工保护

4.7.1 管道水工保护设计应依据当地气象、水文、地形及地质等条件，结合当地施工材料及经验做法，采取植物措施和工程措施相结合的综合防治措施。

4.7.2 管道通过土(石)坎、田坎、陡坡、河流、冲沟、嵝岘、沟渠、不稳定边坡地段时，应因地制宜地采取保护管道和防止水土流失的水工保护措施。

4.7.3 管道通过易受水流冲刷的河(沟)岸时，应采取护岸措施。护岸设计应符合下列规定：

1 应符合防洪及河道、水利管理的有关法规；

2 应保证水流顺畅，不得冲、淘穿越管段及河床岸坡；

3 应因地制宜、就地取材，根据水流及冲刷程度，采用抛石护岸、石笼护岸、浆砌石或干砌块石护岸、混凝土或钢筋混凝土护岸措施；

4 护岸宽度应根据实际水文地质条件确定，且不应小于施工扰动岸坡的宽度。护岸顶高出设计洪水位(含浪高和壅水高)不应小于 0.5m。护岸不应减少或改变河道的过水断面。

4.7.4 河流、沟渠穿越地段的水工保护设计应符合现行国家标准《油气输送管道穿越工程设计规范》GB 50423 的有关规定。

4.7.5 山地敷设埋地管道的水工保护设计应符合下列规定：

1 管道顺坡埋地敷设时，应依据管道纵坡坡度、回填土特性和管沟地质条件，在管沟内设置截水墙，截水墙的间距宜为 10m~20m；

2 管道横坡向埋地敷设时，管沟附近坡面应保持稳定，水工保护设计应根据地形、地质条件综合布置坡面截、排水系统和支挡防护措施；

3 应依据边坡坡度在坡脚处设置护坡或挡土墙防护措施；

4 宜根据边坡雨水汇流流量在坡面设置截、排水沟。排水沟应充分利用原始坡面沟道，出水口设置位置不应对管道、耕地或邻近建(构)筑物形成冲刷。

4.7.6 管道通过土(石)坎、田坎段时，可采取浆砌石堡坎、干砌石堡坎、加筋土堡坎或袋装土堡坎结构形式进行防护，堡坎宽度不应小于施工作业带扰动宽度。

4.8 管道标识

4.8.1 管道沿线应设置里程桩、转角桩、标志桩、交叉桩和警示牌等永久性标识。

4.8.2 管径相同且并行净距小于6m的埋地管道，以及管径相同共用隧道、涵洞或共用管桥跨越的管道，应有可明显区分识别的标识。

4.8.3 通过人口密集区、易受第三方损坏地段的埋地管道应加密设置标识桩和警示牌，并应在管顶上方连续埋设警示带。

4.8.4 平面改变方向一次转角大于5°时，应设置转角桩。平面上弹性敷设的管道，应在弹性敷设段设置加密标识桩。

4.8.5 地面敷设的管段应设警示牌并采取保护措施。

5 管道和管道附件的结构设计

5.1 管道强度和稳定性计算

5.1.1 管道强度计算应符合下列规定：

1 埋地管道强度设计应根据管段所处地区等级以及所承受永久荷载、可变荷载和偶然荷载而定，通过地震动峰值加速度大于或等于0.05g至小于或等于0.4g地区内的管道，应按现行国家标准《油气输送管道线路工程抗震技术规范》GB 50470的有关规定进行强度设计和校核；

2 埋地直管段的轴向应力与环向应力组合的当量应力，应小于钢管标准规定的最小屈服强度的90%，管道附件的设计强度不应小于相连管道直管段的设计强度；

3 输气管道采用的钢管符合本规范第5.2.2条规定时，焊缝系数值应取1.0。

5.1.2 输气管道强度计算应符合下列规定：

1 直管段管壁厚度应按下式计算：

$$\delta=\frac{PD}{2\sigma_{s}\varphi Ft} \qquad (5.1.2)$$

式中：

δ——钢管计算壁厚（mm）；

P——设计压力（MPa）；

D——钢管外径（mm）；

σ_s——钢管标准规定的最小屈服强度（MPa）；

φ——焊缝系数；

F——强度设计系数，应按本规范表4.2.3和表4.2.4选取；

t——温度折减系数，当温度小于120℃时，t值应取1.0。

2 受约束的埋地直管段轴向应力计算和当量应力校核，应按本规范附录B进行计算。

3 当温度变化较大时，应进行热胀应力计算。必要时应采取限制热胀位移的措施。

4 受内压和温差共同作用下弯头的组合应力，应按本规范附录C进行计算。

5 常用钢管的屈服强度应符合表5.1.2的规定。

5.1.3 输气管道的最小管壁厚度不应小于4.5mm，钢管外径与壁厚之比不应大于100。

5.1.4 输气管道径向稳定校核应按下列公式进行计算。当管道埋设较深或外荷载较大时，应按无内压状态校核稳定性。

$$\Delta_x \leqslant 0.03D \qquad (5.1.4\text{-}1)$$

$$\Delta_x=\frac{ZKWD_m^3}{8EI+0.061E_sD_m^3} \qquad (5.1.4\text{-}2)$$

$$W=W_1+W_2 \qquad (5.1.4\text{-}3)$$

$$I=\delta_n^3/12 \qquad (5.1.4\text{-}4)$$

式中：

Δ_x——钢管水平方向最大变形量(m)；

D——钢管外径(m)；

Z——钢管变形滞后系数，宜取1.5；

K——基床系数，宜按本规范附录D的规定选取；

W——作用在单位管长上的总竖向荷载(N/m)；

D_m——钢管平均直径(m)；

E——钢材弹性模量(N/m²)；

I——单位管长截面惯性矩(m⁴/m)；

E_s——土壤变形模量(N/m²)，E_s值应采用现场实测数，当无实测资料时，可按本规范附录D的规定选取；

W_1——单位管长上的竖向永久荷载(N/m)；

W_2——地面可变荷载传递到管道上的荷载(N/m)；

δ_n——钢管公称壁厚(m)。

表5.1.2 常用钢管屈服强度要求(MPa)

钢管钢级	无缝和焊接钢管管体		钢管钢级	无缝和焊接钢管管体	
	屈服强度 $R_{t0.5}$			屈服强度 $R_{t0.5}$	
	最小	最大		最小	最大
$L245$	245	450	$L450$	450	500
$L290$	290	495	$L485$	485	635
$L320$	320	525	$L555$	555	705
$L360$	360	530	$L625$	625	775
$L390$	390	545	$L690$	690	840
$L415$	415	565	$L830$	830	1050

注：1 $R_{t0.5}$表示屈服强度(0.5%总伸长率)。

2 $L690$、$L830$适用于$R_{P0.2}$(0.2%非比例伸长)。

5.1.5 曾采用冷加工使其符合规定的最小屈服强度的钢管，以后又将其不限时间加热到高于480℃或高于320℃超过1h(焊接除外)，该钢管允许承受的最高压力，不应超过按本规范式(5.1.2)计算值的75%。

5.2 材　　料

5.2.1 输气管道所用钢管及管道附件的选材，应根据操作压力、温度、介质特性、使用地区等因素，经技术经济比较后确定。采用的钢管和钢材，应具有良好的韧性和焊接性能。

5.2.2 输气管道选用的钢管应符合现行国家标准《石油天然气工业　管线输送系统用钢管》GB/T 9711中的PSL2级、《高压锅炉用无缝钢管》GB 5310、《高压化肥设备用无缝钢管》GB 6479及《输送流体用无缝钢管》GB/T 8163的有关规定。

5.2.3 输气管道所采用的钢管和管道附件，应根据强度等级、管径、壁厚、焊接方式及使用环境温度等因素对材料提出韧性要求。

5.2.4 钢级不明的材料不应用于管道及其管道附件制作。铸铁和铸钢不应用于制造管件。

5.2.5 钢管应在工厂逐根进行静水压试验，管体或焊缝不得渗漏，管壁应无明显的鼓胀。一级一类地区采用0.8设计系数的钢管，工厂静水压试验压力产生的环向应力不应小于管材标准规定的最小屈服强度的95%。其他设计系数使用的钢管，工厂静水压试验压力产生的环向应力不宜小于管材标准规定的最小屈服强度的90%。

5.2.6 处于寒冷地区地面安装的承压元件、法兰及紧固件等材料的力学性能应满足设计最低温度的使用要求。

5.2.7 钢管表面的凿痕、槽痕、刻痕和凹痕等有害缺陷处理应符合下列规定：

1 钢管在运输、安装或修理中造成壁厚减薄时，管壁上任一点的厚度不应小于按本规范式(5.1.2)计算确定的钢管壁厚的90%；

2 凿痕、槽痕应打磨光滑，对被电弧烧痕所造成的“冶金学上的刻痕”应打磨掉，并圆滑过渡，打磨后的管壁厚度小于本规范第5.2.7条第1款的规定时，应将管子受损部分整段切除，不得嵌补；

3 在纵向或环向焊缝处影响钢管曲率的凹痕均应去除，其他部位的凹痕深度，当钢管公称直径小于或等于300mm时，不应大于6mm，当钢管公称直径大于300mm时，不应大于钢管公称直径的2%，当凹痕深度不符合要求时，应将管受损部分整段切除，不得嵌补或将凹痕敲臌。

5.2.8 放空管线、管件和放空立管的材料宜按低温低应力工况校核。

5.3 管道附件

5.3.1 管道附件应符合下列规定：

1 管件的制作应符合国家现行标准《钢板制对焊管件》GB/T 13401、《钢制对焊无缝管件》GB/T 12459、《钢制对焊管件规范》SY/T 0510及《油气输送用钢制感应加热弯管》SY/T 5257的有关规定，钢制管法兰、法兰盖、法兰紧固件及法兰用垫片应符合现行国家标准GB 9112～GB 9131系列标准的有关规定；

2 快开盲板的设计制作应符合现行行业标准《快速开关盲板技术规范》SY/T 0556的有关规定。

5.3.2 管道附件与没有轴向约束的直管连接时，应按本规范附录E规定的方法进行承受热膨胀的强度校核。

5.3.3 弯管的管壁厚度应按下列公式计算：

$$\delta_b=\delta\cdot m \quad (5.3.3\text{-}1)$$

$$m=\frac{4R-D}{4R-2D} \quad (5.3.3\text{-}2)$$

式中：

δ_b——弯管的管壁计算厚度(mm)；

δ——与弯管所连接的同材质直管段管壁计算厚度(mm)；

m——弯管的管壁厚度增大系数；

R——弯管的曲率半径(mm)；

D——弯管的外直径(mm)。

5.3.4 主管上不宜直接开孔焊接支管。当直接在主管上开孔与支管连接或自制三通时，开孔削弱部分可按等面积补强，结构和计算方法应符合本规范附录F的规定。当支管外径大于或等于1/2主管内径时，应采用标准三通件。

5.3.5 异径接头可采用带折边或不带折边的两种结构形式，强度设计应符合现行国家标准《压力容器》GB 150.1～GB 150.4的有关规定。

5.3.6 管封头应采用长短轴比值为2的标准型椭圆形封头，结构、尺寸和强度应符合现行国家标准《压力容器》GB 150.1～GB 150.4的有关规定。

5.3.7 管法兰的选用应符合国家现行相关标准的规定。法兰的密封垫片和紧固件应与法兰配套选用。绝缘接头和绝缘法兰的设计、制造及检验应符合现行行业标准《绝缘接头与绝缘法兰技术规范》SY/T 0516的有关规定。

5.3.8 在防爆区内使用的阀门，应具有耐火性能。防爆区采用的设备应具有相应的防爆等级，输气站及阀室的爆炸危险区域划分应符合本规范第10.1.7条和附录J的规定。

5.3.9 需要通过清管器和检测仪器的阀门，应选用全通径阀门。

5.3.10 与工艺管道连接的设备、管道附件和压力容器应满足管道系统1.5倍设计压力的强度试验要求。

6 输 气 站

6.1 输气站设置

6.1.1 输气站的设置应符合目标市场、线路走向和输气工艺设计的要求，各类输气站宜联合建设。

6.1.2 输气站位置选择应符合下列规定：

1 应满足地形平缓、地势相对较高及近远期扩建需求；

2 应满足供电、给水、排水、生活及交通方便的需求；

3 应避开山洪、滑坡、地面沉降、风蚀沙埋等不良工程地质地段及其他不宜设站的地方；

4 压气站的位置选择宜远离噪声敏感区；

5 区域布置的防火距离应符合现行国家标准《石油天然气工程设计防火规范》GB 50183的有关规定。

6.1.3 输气站内平面布置、防火安全、场内道路交通与外界公路的连接应符合国家现行标准《石油天然气工程设计防火规范》GB 50183和《石油天然气工程总图设计规范》SY/T 0048的有关规定。

6.2 站场工艺

6.2.1 输气站设计输气能力应与管道系统设计输气能力匹配。

6.2.2 输气站应根据设备运行对气体中固液含量的要求，分析确定分离过滤设备的设置。

6.2.3 调压及计量设计应符合下列规定：

1 应满足输气工艺、生产运行及检修需要；

2 在需控制压力及需要对气体流量进行控制和调节的管段上应设置调压设施，调压应注意节流温降的影响；

3 具有贸易交接、设备运行流量分配和自耗气的工艺管路上应设置计量设施；

4 计量流程的设计及设备的选择应满足流量变化的要求。

6.2.4 清管设施设计应符合下列规定：

1 清管设施宜与输气站合并建设，当输气站站间距超过清管器可靠运行距离时，应单独设置清管站；

2 清管工艺应采用不停气密闭清管工艺流程，进出站的管段上宜设置清管器通过指示器；

3 清管器收、发筒的结构尺寸应能满足通过清管器或智能检测器的要求；

4 清管作业清除的污物应进行收集处理，不得随意排放。

6.2.5 输气站放空设计应符合本规范第3.4.7条的要求。

6.2.6 输气站生产的污液宜集中收集，应根据污物源的点位、数量、物性参数等设计排污管道系统，排污管道的终端应设排污池或排污罐。

6.3 压缩机组的布置及厂房设计

6.3.1 压缩机组应根据工作环境及对机组的要求，布置在露天或厂房内。在严寒地区、噪声控制地区或风沙地区宜采用全封闭式厂房，其他地区宜采用敞开式或半敞开式厂房。

6.3.2 厂房内压缩机及其辅助设备的布置，应根据机型、机组功率、外形尺寸、检修方式、运输等因素按单层或双层布置，并应符合下列规定：

1 两台压缩机组的突出部分间距及压缩机组与墙的间距，应能满足操作、检修的场地和通道要求；

2 压缩机组的布置应便于管线和设备安装；

3 压缩机基础的布置和设计应符合现行国家标准《动力机器基础设计规范》GB 50040 的有关规定，并应采取相应的减振、隔振措施。

6.3.3 压气站内建(构)筑物的防火、防爆和噪声控制应按国家现行相关标准的有关规定进行设计。

6.3.4 压缩机房的每一操作层及其高出地面 3m 以上的操作平台(不包括单独的发动机平台)，应至少设置两个安全出口及通向地面的梯子。操作平台上的任意点沿通道中心线与安全出口之间的最大距离不得大于 25m。安全出口和通往安全地带的通道，必须畅通无阻。压缩机房设置的平开门应朝外开。

6.3.5 压缩机房的建筑平面、空间布置应满足工艺流程、设备布置、设备安装和维修的要求。

6.3.6 压缩机厂房的防火设计应符合现行国家标准《石油天然气工程设计防火规范》GB 50183 的有关规定。

6.3.7 压缩机房内，应根据压缩机检修的需要配置供检修用的固定起重设备。当压缩机组布置在露天、敞开式厂房内或机组自带起吊设备时，可不设固定起重设备，但应设置移动式起重设备的吊装场地和行驶通道。

6.4 压气站工艺及辅助系统

6.4.1 压气站工艺流程设计应根据输气系统工艺要求，满足气体的除尘、分液、增压、冷却、越站、试运作业和机组的启动、停机、正常操作及安全保护等要求。

6.4.2 压气站宜设置分离过滤设备，处理后的天然气应符合压缩机组对固液含量的要求。

6.4.3 压气站内的总压降不宜大于 0.25MPa。

6.4.4 当压缩机出口气体温度高于下游设施、管道以及管道敷设环境允许的最高操作温度或为提高气体输送效率时，应设置冷却器。

6.4.5 每一台离心式压缩机组宜设天然气流量计量设施。

6.4.6 压缩机组能耗宜采用单机计量。

6.4.7 压缩机组进、出口管线上应设截断阀，截断阀宜布置在压缩机厂房外，其控制应纳入机组控制系统。

6.4.8 压缩机采用燃机驱动时，燃机的燃料气供给系统设计应符合下列规定：

1 燃料气的气质、压力、流量应满足燃机的运行要求；

2 燃料气管线应从压缩机进口截断阀上游的总管上接出，应设置调压设施和对单台机组的计量设施；

3 燃料气管线在进入压缩机厂房前及每台燃机前应装设截断阀；

4 燃料气安全放空宜在核算放空背压后接入站场相同压力等级的放空系统；

5 燃料气中可能出现凝液时，宜在燃料气系统加装气-液聚结器或其他能去除凝液的设施。

6.4.9 离心式压缩机的润滑油系统的动力应由主润滑油泵、辅助润滑油泵和紧急润滑油泵或高位油箱构成。辅助油泵的出油管应设单向阀。

6.4.10 采用注油润滑的往复式压缩机各级出口均应设气-液分离设备。

6.4.11 冷却系统设计应符合下列规定：

1 气体冷却应根据压气站所处地理位置、气象、水源、排水、供配电等情况比较确定，可采用空冷、水冷或其他冷却方式，气体通过冷却器的压力损失不宜大于0.07MPa；

2 往复式压缩机和燃气发动机气缸壁冷却水宜采用密闭循环冷却；

3 冷却系统的布置应注意与相邻散热设施的关系，应避免相互干扰。

6.4.12 压缩空气系统设计应符合下列规定：

1 压缩空气系统的设计应符合现行国家标准《压缩空气站设计规范》GB 50029 的有关规定；

2 压缩空气系统所提供的压缩空气应满足离心式压缩机、电机正压通风，站内仪表用风及其他设施对气量、气质、压力的要求；

3 空气储罐容量应满足15min干气密封、仪表用风等的气量要求；

4 空气罐或罐组出口处宜设置止回阀。

6.4.13 燃气轮机的启动宜采用电液马达启动、交流电机启动或气马达启动。当采用气马达启动时，驱动气马达的气体气质及气体参数应符合设备制造厂的要求，应在每台发动机附近的启动用空气管线上设置止回阀。

6.4.14 以燃气为动力的压缩机组应设置空气进气过滤系统，过滤后的气质应符合设备制造厂的要求。

6.4.15 以燃气为动力的压缩机组的废气排放口应高于新鲜空气进气系统的进气口，宜位于进气口当地最小风频上风向，废气排放口与新鲜空气进气口应保持足够的距离，避免废气重新吸入进气口。

6.5 压缩机组的选型及配置

6.5.1 压缩机组的选型和台数，应根据压气站的总流量、总压比、出站压力、气质等参数，结合机组备用方式，进行技术经济比较后确定。

6.5.2 压气站宜选用离心式压缩机。在站压比较高、输量较小时，可选用往复式压缩机。

6.5.3 同一压气站内的压缩机组宜采用同一机型。

6.5.4 压缩机的原动机选型应结合当地能源供给情况及环境条件，进行技术经济比较后确定。离心式压缩机宜采用燃气轮机、变频调速电机或机械调速电机，往复式压缩机宜采用燃气发动机或电机。

6.5.5 驱动设备所需的功率应与压缩机相匹配。驱动设备的现场功率应有适当裕量，应能满足不同季节环境温度、不同海拔高度条件下的工况需求，且应能克服由于运行年限增长等原因可能引起的功率下降。压缩机的轴功率可按本规范附录G进行计算。

6.6 压缩机组的安全保护

6.6.1 往复式压缩机出口与第一个截断阀之间应装设安全阀和放空阀，安全阀的泄放能力不应小于压缩机的最大排量。

6.6.2 每台压缩机组应设置安全保护装置，并应符合下列规定：

1 压缩机气体进口应设置压力高限、低限报警和低限越限停机装置；

2 压缩机气体出口应设置压力高限报警和高限越限停机装置；

3 压缩机的原动机(除电动机外)应设置转速高限报警和超限停机装置；

4 启动气和燃料气管线应设置限流及超压保护设施。燃料气管线应设置停机或故障时的自动切断气源及排空设施；

5 压缩机组润滑油系统应有报警和停机装置；

6 压缩机组应设置振动监控装置及振动高限报警、超限自动停机装置；

7 压缩机组应设置轴承温度及燃气轮机透平进口气体温度监控装置，温度高限报警、超限自动停机装置；

8 离心式压缩机应设置喘振检测及控制设施；

9 压缩机组的冷却系统应设置振动检测及超限自动停车装置；

10 压缩机组应设轴位移检测、报警及超限自动停机装置；

11 压缩机的干气密封系统应有泄放超限报警装置。

6.6.3 事故紧急停机时，压缩机进、出口阀应自动关闭，防喘振阀应自动开启，压缩机及其配管应自动泄压。

6.7 站内管线

6.7.1 站内所有工艺管道均应采用钢管及钢质管件。钢管材料应符合本规范第5.2节的有关规定。

6.7.2 机组的仪表、控制、取样、润滑油，离心式压缩机用密封气、燃料气、压缩空气等系统的阀门、管道及管件等宜采用不锈钢材质。

6.7.3 钢管强度计算应符合本规范第5.1.2条的规定，设计系数的选择应符合本规范表4.2.4的规定。

6.7.4 站内管线安装设计应采取减小振动和热应力的措施。压缩机进、出口配管对压缩机连接法兰所产生的应力应小于压缩机技术条件的允许值。

6.7.5 管线的连接方式除因安装需要采用螺纹、卡套或法兰连接外，均应采用焊接。

6.7.6 输气站内管线应采用地上或埋地敷设，不宜采用管沟敷设。当采用管沟敷设时，应采取防止天然气泄漏积聚的措施。

6.7.7 管道穿越车行道路和围墙基础时，宜采取保护措施。

6.7.8 从站内分离设备至压缩机人口的管段宜进行内壁清洗。

6.7.9 与分离器、清管收发筒、压缩机组等设备相连的地面和埋地管道应采取防止管道沉降或位移的措施。

6.8 站内管道及设备的防腐与保温

6.8.1 站场地面以上的钢质管道和金属设施应采用防腐层进行防腐蚀防护。

6.8.2 站场埋地钢质管道的防腐层宜采用加强级或特加强级，可采取外防腐层加阴极保护的联合防护措施。

6.8.3 因工艺或材料低温性能原因需要保温的管道和设备，应进行保温。

6.8.4 保温管道及设备应采用防腐层进行防腐。埋地管道的保温设计应符合现行国家标准《埋地钢质管道防腐保温层技术标准》GB/T 50538的有关规定。地上钢质管道及设备的保温设计应符合现行国家标准《工业设备及管道绝热工程设计规范》GB 50264的有关规定。

7 地下储气库地面设施

7.1 一般规定

7.1.1 地下储气库地面设施设计范围应包括采、注气井井口至输气干线之间的工艺及相关辅助设施。

7.1.2 地下储气库地面设施的设计处理能力应根据地质结构的储、供气能力，按设计委托书或合同规定的季节调峰气量、日调峰气量或应急调峰气量确定。

7.1.3 地下储气库宜靠近负荷中心。

7.1.4 注气站、采气站宜合一建设，注气站、采气站宜靠近注采井场。

7.1.5 注入气应满足地下储气库地面设备及地质构造对气质的要求。采出的外输气应满足本规范第3.1.2条对气质的要求。

7.1.6 集注站宜远离噪声敏感区，注气压缩机宜采取噪声控制措施。

7.1.7 地下储气库地面站场防火间距应符合现行国家标准《石油天然气工程设计防火规范》GB 50183的有关规定。

7.1.8 其他要求应符合现行行业标准《地下储气库设计规范》SY/T 6848的有关规定。

7.2 地面工艺

7.2.1 注气工艺应符合下列规定：

1 压缩机的进气管线上应设置过滤分离设备，处理后天然气应符合压缩机组对固液含量的要求；

2 根据储气库地质条件要求，对注入的天然气应采取除油措施；

3 每口单井的注气量应进行计量；

4 注气管线应设置安全截断阀。

7.2.2 采气工艺应符合下列规定：

1 采气系统应有可靠的气液分离设备，采出气应有计量和气质分析设施；

2 采出气应采取防止水合物形成的措施；

3 应根据地下储气库的不同类型，经过技术经济比较，确定采出天然气的脱水、脱烃、脱酸工艺流程；

4 采用节流方式控制水、烃露点的工艺装置，宜配置双套调压节流装置，调压装置宜采用降噪措施；

5 采气工艺应充分利用地层压力能，采、注气管线宜合一使用，采气、注气系统间应采取可靠的截断措施；

6 采气管线应设置安全截断阀。

7.2.3 地下储气库辅助系统应适应注采井、观察井的操作及监测要求。

7.3 设备选择

7.3.1 压缩机的选择应符合下列规定：

1 注气压缩机的选型、配置及工艺应符合本规范第6章的要求，注气压缩机不宜设置备用；

2 地下储气库注气压缩机宜选择往复式压缩机，压缩机各级出口宜在冷却器前设置润滑油分离器，当注气量较大时，可选用离心式压缩机；

3 注气压缩机的选型宜兼顾注气和采气；

4 当地供电系统可靠，供电量充裕时，注气压缩机宜选择电驱。

7.3.2 冷却器宜符合下列规定：

1 宜选择空冷器；

2 空冷器宜设置振动报警、关机装置。

8 仪表与自动控制

8.1 一般规定

8.1.1 输气管道应设置测量、控制、监视仪表及控制系统。

8.1.2 输气管道应根据规模、环境条件及管理需求确定自动控制水平，宜设置监控与数据采集(SCADA)系统。

8.1.3 监控与数据采集(SCADA)系统宜包括调度控制中心的计算机系统、管道各站场的控制系统、远程终端装置(RTU)以及数据通信系统。系统应为开放型网络结构，具有通用性、兼容性和可扩展性。

8.1.4 仪表及控制系统的选型，应根据输气管道特点、规模、发展规划、安全生产要求，经方案对比论证确定，选型宜全线统一。

8.2 调度控制中心

8.2.1 输气管道调度控制中心应设置在调度管理、通信联络、系统维修、交通方便的地方。

8.2.2 调度控制中心计算机系统应配备操作系统软件、监控与数据采集(SCADA)系统软件。调度控制中心宜具备下列功能：

1 采集和监控输气管道各站场的主要工艺变量和设备运行状况；

2 工艺流程的动态显示、工艺变量和设备运行状态报警显示、管理及事件的查询；

3 数据的采集、归档、管理以及趋势图显示，生产统计报表的生成和打印；

4 数据通信信道监视及管理、主备信道的自动切换。

8.2.3 调度控制中心的计算机系统应配置服务器、操作员工作站、工程师工作站、外部存储设备、网络设备和打印机。服务器、网络设备等宜冗余配置。

8.2.4 调度控制中心的计算机系统应采取相应的措施确保数据安全。

8.3 站场控制系统及远程终端装置

8.3.1 输气站宜设置站场控制系统。站场控制系统宜具备下列功能：

1 采集和监控主要工艺变量和设备运行状态；

2 站场安全联锁保护；

3 工艺流程的动态显示、工艺变量和设备运行状态报警显示、管理及事件的查询；

4 数据的采集、归档、管理以及趋势图显示，生产统计报表的生成和打印；

5 向调度控制中心发送实时数据，执行调度控制中心发送的指令。

8.3.2 输气站安全仪表系统的安全完整性等级宜根据站场安全仪表功能回路的辨识分析确定。

8.3.3 输气站紧急联锁应具备下列功能：

1 紧急截断阀关闭；

2 紧急放空阀打开；

3 压气站压缩机机组停机并放空；

4 切断除消防系统和应急电源以外的供电电源。

8.3.4 设置远程终端装置(RTU)的清管站、阀室宜具备下列功能：

1 采集温度、压力和线路截断阀状态参数；

2 向调度控制中心发送实时数据；

3 执行调度控制中心发送的指令。

8.4 输气管道监控

8.4.1 流量计量应符合下列规定：

1 计量系统的设计应符合现行国家标准《天然气计量系统技术要求》GB/T 18603 的有关规定；

2 输气管道贸易交接计量系统应设置备用计量管路；

3 输气管道贸易交接计量系统配置宜根据天然气能量计量的需求确定。

8.4.2 压力控制应符合下列规定；

1 输气站压力控制系统的设计应保证输气管道安全、平稳、连续地向下游用户供气，维持管道下游压力在工艺所需的范围之内，确保管道下游不超过允许的压力；

2 供气量超限可能导致管输系统失调的部位，压力控制系统应具有限流功能；

3 压力控制系统可设置备用管路。

8.4.3 当压力控制系统出现故障会危及下游供气设施安全时，应设置可靠的压力安全装置。压力安全装置的设计应符合下列规定：

1 当上游最大操作压力大于下游最大操作压力时，气体调压系统应设置单个的(第一级)压力安全设备。

2 当上游最大操作压力大于下游最大操作压力 1.6MPa 以上，以及上游最大操作压力大于下游管道和设备强度试验压力时，单个的(第一级)压力安全设备还应同时加上第二个安全设备。此时可选择下列措施之一：

1)每一回路串联安装 2 台安全截断设备，安全截断设备应具备快速关闭能力并提供可靠截断密封；

2)每一回路安装 1 台安全截断设备和 1 台附加的压力调节控制设备；

3)每一回路安装 1 台安全截断设备和 1 台最大流量安全泄放设备。

8.4.4 压缩机组控制应符合下列规定：

1 压缩机组控制系统宜独立设置，应由以微处理机为基础的工业控制器、仪表系统及附属设备组成，应完成对所属压缩机组及其辅助系统的监视、控制和保护任务；

2 压缩机组控制系统应通过标准数据接口与站场控制系统进行数据通信。

8.4.5 火灾及可燃气体报警系统设计应符合下列规定：

1 易积聚可燃气体的封闭区域内应对可燃气体泄漏进行检测；

2 压缩机厂房宜设置火焰探测报警系统；

3 输气站内的建筑物火灾自动报警系统的设计应符合现行国家标准《火灾自动报警系统设计规范》GB 50116 的有关规定。

9 通　　信

9.0.1 输气管道通信方式，应根据输气管道管理营运对通信的要求以及行业的通信网络规划确定。

9.0.2 光缆与输气管道同沟敷设时，应符合现行行业标准《输油(气)管道同沟敷设光缆(硅芯管)设计及施工规范》SY/T 4108 的有关规定。光纤容量应预留适当的富裕量以备今后业务发展的需要。

9.0.3 通信站的位置应根据生产要求，宜设置在管道各级生产管理部门、沿线工艺站场及其他沿管道的站点。

9.0.4 线路阀室应依据输气工艺、监控和数据采集(SCADA)系统的控制要求选择适当的通信方式。

9.0.5 管道通信系统的通信业务应根据输气工艺、监控和数据采集(SCADA)系统数据传输和生产管理运行等需要设置。

9.0.6 输气管道通信宜在调度控中心设自动电话交换系统，电话交换系统应具有调度功能。站场电话业务宜接入当地公共电话网。

9.0.7 监控和数据采集(SCADA)系统数据传输当设置备用传输通道时，宜采用与主用传输通道不同的通信路由。

9.0.8 输气管道巡回检查、管道事故抢修和维修的部门，可配备满足使用条件的移动通信设备。

9.0.9 站场值班室应设火警电话，火警电话宜为公网直拨电话或消防部门专用火警系统电话。

10 辅助生产设施

10.1 供 配 电

10.1.1 输气站及阀室的供电电源应从所在供电营业区的电力系统取得。当无法取得外部电源，或经技术经济分析后取得电源不合理时，宜设置自备电源。

10.1.2 供电电压应根据输气站及阀室所在地区供电条件、用电负荷电压及负荷等级、送电距离等因素，经技术经济对比后确定。

10.1.3 输气站及阀室应根据输气管道的重要性、运行需求和供电可靠性，确定主要设备的用电负荷等级，并应符合下列规定：

1 输气站的用电负荷等级不宜低于重要电力用户的二级负荷，当中断供电将影响输气管道运行或造成重大经济损失时，应为重要电力用户的一级负荷；

2 调度控制中心用电负荷等级宜为一级负荷，阀室用电负荷等级不宜低于三级负荷；

3 输气站及阀室用电单元的负荷等级宜符合表 10.1.3 的规定。

表 10.1.3 输气站及阀室用电单元的负荷等级

单元名称	用电负荷名称	负荷等级
压缩机厂房	应急润滑油系统、电动阀(紧急截断及放空使用)、配套控制系统	重要负荷
	电动机驱动系统、机组配套设施、通风系统	二级
消防系统	消防水泵，稳压设备，配套控制系统	重要负荷
锅炉房	燃烧器、给水泵、补水泵、风机、水处理设备	二级
控制室	计算机控制系统、变电所综合自动化系统、通信系统、应急照明	重要负荷
	工作照明、空调设备、安防及通风设施	二级
给排水设施	供水设备(电驱机组)	二级
	污水处理设备、通风系统、供水设备(生活设施)	三级
工艺设备	进出站及放空用电动阀、计量设备、调压设备、事故照明、安防系统、压缩机区电动阀	重要负荷
	正常照明、电伴热、空气压缩系统	二级

表 10.1.3 输气站及阀室用电单元的负荷等级(续)

单元名称	用电负荷名称	负荷等级
阴极保护	恒电位仪、电位传送器	三级
变电所及发电房	控制保护系统、发电机启动设备、应急照明	重要负荷
	变配电及发电设施的正常照明、通风系统	二级
生产辅助设施	生产用房正常照明、通风、空调、防冻、安防系统	二级
	维修设备、库房、化验、车库等	三级
生活设施	值班宿舍、厨房、采暖及通风	三级
阀室	紧急截断阀、自动控制系统、通信系统	重要负荷
	变配电及发电设施的正常照明、通风系统	三级

注：1 表中各单元负荷等级定义应符合现行国家标准《供配电系统设计规范》GB 50052 的有关规定，重要负荷是指输气站内直接与安全、输气作业及计量有关的用电负荷，中断供电时会对人身、设备和运行造成损害的用电设施需要保证一定时间的供电连续性。

2 当输气站定义为重要电力用户的一级负荷时，表中设备的负荷等级应提高一级，重要负荷即为特别重要负荷。

3 输气站内其他没有明确规定用电负荷等级的设备，可根据实际情况确定。

10.1.4 供电要求应符合下列规定：

1 重要电力用户的供电电源配置应按现行国家标准《重要电力用户供电电源及自备应急电源配置技术规范》GB/Z 29328 的有关规定执行；

2 消防设备的供电应按现行国家标准《石油天然气工程设计防火规范》GB 50183 的有关规定执行；

3 输气站因突然停电会造成设备损坏或作业中断时，站内重要负荷应配置应急电源，其中控制、仪表、通信等重要负荷，应采用不间断电源供电，蓄电池后备时间不宜小于 1.5h。

10.1.5 输气站内的变电站功率因数应符合下列规定：

1 35kV 及以上电压等级的变电站，在变压器最大负荷时，其一次侧功率因数不宜小于 0.95；

2 变压器容量为 100kV·A 及以上的 10kV 变电站功率因数不宜小于 0.95；

3 变电站配置的无功补偿设备应根据负荷变化自动控制功率因数，任何情况下不应向电网倒送无功。

10.1.6 输气站及阀室照明应符合下列规定：

1 室内照明应符合现行国家标准《建筑照明设计标准》GB 50034 的有关规定，室外照明应符合现行国家标准《室外作业场地照明设计标准》GB 50582 的有关规定；

2 控制室、值班室、发电房及消防等重要场所应设应急照明；

3 人员活动场所应设置安全疏散照明，人员疏散的出口和通道应设置疏散照明。

10.1.7 输气站及阀室的爆炸危险区域划分应符合本规范附录 J 的规定，电气设计应符合现行国家标准《爆炸危险环境电力装置设计规范》GB 50058 的有关规定，电气设备应符合现行国家标准《爆炸性环境》GB 3836 系列标准的有关规定。

10.1.8 爆炸危险环境的建(构)筑物不宜以风险作为防雷分类依据，输气站及阀室的雷电防护应符合下列规定：

1 雷电防护应符合国家现行标准《建筑物防雷设计规范》GB 50057 和《油气田及管道工程雷电防护设计规范》SY/T 6885 的有关规定；

2 金属结构的放空立管及放散管上不应安装接闪杆；

3 雷电防护接地宜与站场的保护接地、工作接地共用接地系统，接地电阻应按照电气设备的工作接地要求确定，当共用接地系统的接地电阻无法满足要求时，应有完善的均压及隔离措施。

10.2 给水排水及消防

10.2.1 输气站的给水水源应根据生产、生活、消防用水量和水质要求，结合当地水源条件及水文地质资料等因素综合比较确定。

10.2.2 输气站总用水量应包括生产用水量、生活用水量、消防用水量(当设有安全水池或罐时，可不计入)、绿化和浇洒道路用水量以及未预见用水量。未预见用水量宜按最高日用水量的15%~25%计算。

10.2.3 安全水池(罐)的设置宜根据输气站的用水量、供水系统的可靠程度确定。当需要设安全水池(罐)时，应符合下列规定：

1 宜利用地形设置安全水池(罐)；

2 安全水池(罐)的容积宜根据生产所需的储备水量和消防用水量确定。生产、生活储备水量宜按8h~24h最高日平均时用水量计算；

3 当安全水池(罐)兼有储存消防用水功能时，应有确保消防储水不作它用的技术措施；

4 寒冷地区的安全水池(罐)宜采取防冻措施。

10.2.4 输气站的给水水质应符合下列规定：

1 生产用水应符合输气生产工艺要求，生活用水应符合现行国家标准《生活饮用水卫生标准》GB 5749的有关规定；

2 循环冷却水系统的水质和处理应符合现行国家标准《工业循环冷却水处理设计规范》GB 50050和《工业循环水冷却设计规范》GB/T 50102的有关规定；

3 当压缩机组等设备自带循环冷却水系统时，冷却水水质应符合设备规定的给水水质要求。

10.2.5 循环冷却水系统根据具体情况可采用敞开式或密闭式循环系统；当采用密闭式循环系统时，闭式循环管路内宜充装软化水或除盐水。

10.2.6 输气站污水处置方案宜按现行国家标准《污水综合排放标准》GB 8978和污水水质污染情况，结合工程实际情况、环境影响评价报告和当地污水处置条件综合确定，污水可采用回用、外运、接入城镇排水管道和外排等多种形式处理。

10.2.7 污水处理设施宜小型化、橇装化。

10.2.8 输气站消防设施的设计应符合现行国家标准《石油天然气工程设计防火规范》GB 50183、《建筑设计防火规范》GB 50016和《建筑灭火器配置设计规范》GB 50140的有关规定。

10.3 采暖通风和空气调节

10.3.1 输气站的采暖通风和空气调节设计应符合现行国家标准《采暖通风与空气调节设计规范》GB 50019的有关规定。

10.3.2 各类建筑物的冬季室内采暖计算温度应符合下列规定：

1 生产和辅助生产建筑物应按表10.3.2的规定执行；

2 有特殊要求的建筑物应按需要或国家现行相关标准的规定执行；

3 其他建筑物的冬季室内温度应符合国家现行标准《工业企业设计卫生标准》的有关规定。

10.3.3 输气站内生产和辅助生产建筑物的通风设计应符合下列规定：

1 对散发有害物质或有爆炸危险气体的部位，宜采取局部通风措施，建筑物内的有害物质浓度应符合国家现行标准《工业企业设计卫生标准》GBZ1的有关规定，并应使气体浓度不高于爆炸下限浓度的20%。

表 10.3.2　输气站生产和辅助生产建筑物冬季采暖室内计算温度(℃)

名称	温度
计量仪表室、控制室、值班室、化验室	18~20
各类泵房、通风机房	5~10
机、电、仪表修理间	16~18
车库(不带检修坑)	5
车库(带检修坑)	14~16

2　对同时散发有害物质、有爆炸危险气体和热量的建筑物，全面通风量应按消除有害物质、气体或余热所需的最大空气量计算。当建筑物内散发的有害物质、气体和热量不能确定时，全面通风的换气次数应符合下列规定：

1)厂房的换气次数宜为 8 次/h，当房间高度不大于 6m 时，通风量应按房间实际高度计算，房间高度大于 6m 时，通风量应按 6m 高度计算；

2)分析化验室的换气次数宜为 6 次/h。

10.3.4　散发有爆炸危险气体的压缩机厂房除应按本规范第 10.3.3 条设计正常换气外，还应另外设置保证每小时不小于房内容积 8 次换气量的事故排风设施。

10.3.5　输气站内其他可能突然散发大量有害或有爆炸危险气体的建筑物也应设事故通风系统。事故通风量应根据工艺条件和可能发生的事故状态计算确定。事故通风宜由正常使用的通风系统和事故通风系统共同承担，当事故状态难以确定时，通风总量应按每小时不小于房内容积的 12 次换气量确定。

10.3.6　阀室应采用自然通风。

10.3.7　设有机械排风的房间应设置有效的补风措施。

10.3.8　对于可能有气体积聚的地下、半地下建(构)筑物内，应设置固定的或移动的机械排风设施。

10.3.9　当采用常规采暖通风设施不能满足生产过程、工艺设备或仪表对室内温度、湿度的要求时，可按实际需要设置空气调节、加湿(除湿)装置。

10.4　供　热

10.4.1　输气站场天然气的加热应满足热负荷及工艺要求。加热方式应通过技术经济对比确定。

10.4.2　输气站场采用集中供暖时，供热介质宜选用热水，供暖热源宜使用工艺生产过程中产生的余热。

10.4.3　输气站场锅炉的最大负荷应按下式计算：

$$Q_{max}=K(K_1Q_1+K_2Q_2+K_3Q_3+K_4Q_4) \tag{10.4.3}$$

式中：

Q_{max}——最大计算热负荷(kW)；

K——锅炉房自耗及供热管网热损失系数，取 1.05~1.2；

K_1——采暖热负荷同时使用系数，取 1.0；

K_2——通风热负荷同时使用系数，取 0.9~1.0；

K_3——生产热负荷同时使用系数，取 0.5~1.0；

K_4——生活热负荷同时使用系数，取 0.5~0.7；

Q_1、Q_2、Q_3、Q_4——依次为采暖、通风、生产及生活最大热负荷(kW)。

10.4.4　锅炉房设计应符合现行国家标准《锅炉房设计规范》GB 50041 的有关规定。

11 焊接与检验、清管与试压、干燥与置换

11.1 焊接与检验

11.1.1 设计文件应明确输气管道和管道附件的焊接接头形式及焊接检验要求。

11.1.2 在开工前应根据设计文件提出的钢种等级、管道规格、焊接接头形式进行焊接工艺评定，并应根据焊接工艺评定结果编制焊接工艺规程。焊接工艺评定和焊接工艺规程，线路应符合现行行业标准《钢质管道焊接及验收》SY/T 4103 的有关规定，站场应符合现行行业标准《石油天然气金属管道焊接工艺评定》SY/T 0452 的有关规定。

11.1.3 焊接材料的选用应根据被焊材料的力学性能、化学成分、焊前预热、焊后热处理以及使用条件等因素确定。

11.1.4 焊接材料应符合现行国家标准《非合金钢及细晶粒钢焊条》GB/T 5117、《热强钢焊条》GB/T 5118、《气体保护电弧焊用碳钢、低合金钢焊丝》GB/T 8110、《埋弧焊用碳钢焊丝和焊剂》GB/T 5293、《熔化焊用钢丝》GB/T 14957、《低合金钢药芯焊丝》GB/T 17493 以及《碳钢药芯焊丝》GB/T 10045 的有关规定。

11.1.5 焊缝的坡口形式和尺寸的设计应能保证焊接质量和满足清管器通过的要求。对接焊缝坡口应根据焊接工艺确定。管端焊接接头形式应符合本规范附录 H 的规定。

11.1.6 焊管之间对接焊时，制管焊缝应错开且间距不宜小于 100mm。输气站内地面安装的有缝管，制管焊缝布置应避开现场开孔的位置。

11.1.7 管线连头口的焊缝宜预留在地形较好的直管段上，不应强力组对。

11.1.8 焊件的预热和焊后热处理应符合下列规定：

1 焊前预热和焊后热处理应根据管道材料的性能、焊件厚度、焊接条件、施工现场气候条件，通过焊接工艺评定确定；

2 当焊接两种具有不同预热要求的材料时，应以预热温度要求较高的材料为准；

3 当焊接接头所连接的两端材质相同而厚度不同时，应力消除应以相接两部分中的较厚者确定；

4 材质不同的焊件之间的焊缝，当其中一种材料要求应力消除时，应进行应力消除，当两种材质均需要应力消除时，应按两者要求较高的应力消除温度为准；

5 焊件预热和焊后热处理应受热均匀，并在施焊和应力消除过程中保持规定的温度，加热带以外的部分应予保温。

11.1.9 焊接质量的检测与试验应符合下列规定：

1 当管道操作环向应力大于或等于标准规定的最小屈服强度的 20%时，焊接接头应进行无损检测，或将完工的焊接接头割下后做破坏性试验。

2 焊接接头应在形状尺寸及外观目视检查合格后进行无损检测。焊接接头的无损检测应符合下列规定：

1）所有焊接接头应进行全周长 100%无损检测，宜选择射线或超声波无损检测方法，当射线或超声波方法不可行时，可采用磁粉或渗透方法对焊缝表面缺陷进行检测；

2）返修焊缝和未经试压的管道连头口焊缝，应进行 100%超声波和 100%射线检测；

3）输气站和阀室内工艺管道焊缝、弯头或弯管与直管段焊缝，均应进行 100%射线照相检验，放空及排污管道的焊缝应进行 100%手工超声波检验，并应进行 10%射线照相复查检验；

4)线路管道采用全自动焊接时，宜采用全自动超声波检测仪对全部环焊缝进行检测，射线复查应符合现行国家标准《油气长输管道工程施工及验收规范》GB 50369 的有关规定。

3 线路管道当采用手工超声波对焊缝进行无损检测时，应采用射线照相对所选取的焊缝全周长进行复验，复验数量应为每个焊工或流水作业焊工组当天完成的全部焊缝中任意选取不小于下列数目的焊缝进行：

1)一级地区中焊缝的 5%；

2)二级地区中焊缝的 10%；

3)三级地区中焊缝的 15%；

4)四级地区中焊缝的 20%；

5)当每天的焊口数量达不到本款第 1 项、第 2 项、第 3 项、第 4 项复验比例要求时，可以以每千米为一个检验段按本款规定的比例进行复验。

4 射线、手工超声波、磁粉和渗透检测，应按现行行业标准《石油天然气钢质管道无损检测》SY/T 4109 的有关要求进行检测和等级评定，射线和手工超声波焊缝检测应达到Ⅱ级及以上。

5 全自动超声波检测应符合现行国家标准《石油天然气管道工程全自动超声波检测技术规范》GB/T 50818 的有关规定。

6 用破坏性试验检验的焊接接头，取样、试验项目和方决、焊接质量要求应按现行行业标准《钢质管道焊接及验收》SY/T 4103 和《石油天然气金属管道焊接工艺评定》SY/T 0452 的有关规定执行。

7 焊工资格、管道焊前、焊接过程中间、焊后检查、焊接缺陷的清除和返修、焊接工程交工检验记录、竣工验收要求，应按现行国家标准《油气长输管道工程施工及验收规范》GB 50369 和《石油天然气站内工艺管道工程施工规范》GB 50540 的有关规定执行。

8 输气管道穿(跨)越的焊接质量检验应符合现行国家标准《油气输送管道穿越工程设计规范》GB 50423 和《油气输送管道跨越工程设计规范》GB 50459 的有关规定。

11.2 清管、测径与试压

11.2.1 清管扫线与测径应符合下列规定：

1 输气管道试压前应采用清管器进行清管，且清管次数不应少于两次；

2 清管扫线应设临时清管器收发设施和放空口，不应使用站内设施；

3 管道试压前宜用测径板进行测径。

11.2.2 输气管道试压应符合下列规定：

1 输气管道应进行强度试验和严密性试验，试压管段应按本规范第 4.2.2 条规定的地区等级并结合地形分段；一级一类地区采用 0.8 强度设计系数的管道，强度试验应采用压力-体积图法进行监测；埋地管道水压强度试验可按本规范附录 K 的推荐方法进行；

2 经试压合格的管段间相互连接的焊缝经超声波和射线照相检验合格，可不再进行试压；

3 输气站和阀室应单独进行强度试验，穿(跨)越管段的试压应符合现行国家标准《油气输送管道穿越工程设计规范》GB 50423 和《油气输送管道跨越工程设计规范》GB 50459 的有关规定；

4 参与管道试压的试压头、连接管道、阀门及其组合件等的耐压能力，应能承受管道的最大试验压力，试压头与管道连接的环焊缝应进行 100%射线检测，检测应符合本规范第 11.1.9 条第 4 款的规定；

5 试压过程中，应采取安全措施，试压介质应安全排放并应符合环境保护要求。

11.2.3 输气管道强度试验应符合下列规定：

1 输气管线强度试验应在回填后进行，试验介质应符合下列规定：

1)位于一级一类地区采用 0.8 强度设计系数的管段应采用水作试验介质；

2) 位于一级二类、二级地区的管段可采用气体或水作试验介质；

3) 位于三、四级地区的管段应采用水作试验介质。

2 输气站及阀室的强度试验应采用水作试验介质。

3 当具备表11.2.3全部各项条件时，三、四级地区的线路管段以及输气站和阀室内的工艺管道可采用空气作为强度试验介质。

表11.2.3 三、四级地区的管段及输气站和阀室内的工艺管道空气试压条件

现场最大试验压力产生的环向应力		最大操作压力不超过现场最大试验压力的80%	所试验的是新管子，并且焊缝系数为1.0
三级地区	四级地区		
$<50\%\sigma_{s}$	$<40\%\sigma_{s}$		

注：表中σ_{s}为钢管标准规定的最小屈服强度(MPa)。

4 输气管线强度试验压力应符合下列规定：

1) 一、二级地区内的线路管段水压试验压力不应小于设计压力的1.25倍；

2) 一级二类地区和二级地区内的线路管段采用空气进行强度试验时，试验压力应为设计压力的1.25倍；

3) 三级和四级地区内的管段试验压力不应小于设计压力的1.5倍。

5 输气站和阀室内的工艺管道强度试验压力不应小于设计压力的1.5倍。

6 输气管线用水作为试压介质时，试验段高点的试验压力应符合本条第4款的规定。一级一类地区采用0.8强度设计系数管道的每个试验段，试验压力在低点处产生的环向应力不应大于管材标准规定的最小屈服强度的1.05倍；其他地区等级管线的每个试压段，试验压力在低点处产生的环向应力不应大于管材标准规定的最小屈服强度的95%。水质应为无腐蚀性洁净水。试压宜在环境温度为5℃以上进行，低于5℃时应采取防冻措施。注水宜连续，并应采取措施排除管线内的气体。水试压合格后，应将管段内积水清扫干净。

7 一级一类地区采用0.8强度设计系数的管道，强度试验结束后宜进行管道膨胀变形检测。对膨胀变形量超过1%管道外径的应进行开挖检查；对超过1.5%管道外径的应进行换管，换管长度不应小于1.5倍的管道外径。

8 强度试验的稳压时间不应少于4h。

11.2.4 输气管道严密性试验应符合下列规定：

1 严密性试验应在强度试验合格后进行；

2 线路管道和阀室严密性试验可用水或气体作试验介质，宜与强度试验介质相同；

3 输气站的严密性试验应采用空气或其他不易燃和无毒的气体作试验介质；

4 严密性试验压力应为设计压力，并应以稳压24h不泄漏为合格。

11.3 干燥与置换

11.3.1 管道干燥及验收应符合下列规定：

1 管道的干燥应在试压、清管扫水结束后进行，宜采用站间干燥，可采用吸水性泡沫清管塞多次吸附后，再用干燥气体(压缩空气或氮气等)吹扫、真空蒸发、注入甘醇类吸湿剂清洗等方法或以上方法的组合进行管内干燥，管道末端应用水露点检测仪进行检测；

2 管道干燥方法应减少对环境的不利影响；

3 当采用干燥气体吹扫时，可在管道末端配置水露点分析仪，干燥后排出气体水露点应连续4h比管道输送条件下最低环境温度至少低5℃、变化幅度不大于3℃，注入管道的干燥气体温度不宜低于5℃，且不应大于防腐层的耐受温度；

4 当采用真空法时，选用的真空表精度不应小于1级，干燥后管道内气体水露点应连续4h低于-20℃（相当于绝对压力100Pa）；

5 当采用甘醇类吸湿剂时，干燥后管道末端排出甘醇含水量的质量百分比应小于20%。

11.3.2 管道气体置换应符合下列规定：

1 管道内的气体置换应在干燥结束后或投产前进行，置换过程中的混合气体应集中放空，置换管道末端应用检测仪对气体进行检测；

2 用天然气推动惰性气体作隔离段置换空气时，隔离气段的长度应保证到达置换管线末端天然气与空气不混合，置换管道末端测得的含氧量不应大于2%；

3 用天然气置换管道内惰性气体时，置换管道末端天然气含量不应小于80%；

4 置换过程中管内气体流速度不宜大于5m/s；

5 输气站可结合线路管道一并置换。当输气站单独置换时，应先用惰性气体置换工艺管道及设备内空气，再用天然气置换惰性气体，置换管道末端天然气含量不应小于80%；

6 管道干燥结束后，如果不能立即投入运行，宜用干燥氮气置换管内气体，并应保持内压0.12MPa~0.15MPa（绝）的干燥状态下的密闭封存。

附录 A　输气管道工艺计算

A.0.1　当输气管道沿线的相对高差 $\Delta h \leqslant 200$m 且不考虑高差影响时，气体的流量应按下式计算：

$$q_v = 11522Ed^{2.53}\left(\frac{P_1^2-P_2^2}{ZTL\Delta^{0.951}}\right)^{0.51} \qquad \text{(A.0.1)}$$

式中：

q_v——气体（$P_0=0.101325$MPa，$T=293$K）的流量（m^3/d）；

E——输气管道的效率系数（当管道公称直径为 300mm～800mm 时，E 为 0.8～0.9；当管道公称直径大于 800mm 时，E 为 0.91～0.94）；

d——输气管内直径（cm）；

P_1、P_2——输气管道计算管段起点和终点的压力（绝）（MPa）；

Z——气体的压缩因子；

T——气体的平均温度（K）；

L——输气管道计算段的长度（km）；

Δ——气体的相对密度。

A.0.2　当考虑输气管道沿线的相对高差影响时，气体的流量应按下式计算：

$$q_v = 11522Ed^{2.53}\left\{\frac{P_1^2 - P_2^2(1+\alpha\Delta h)}{ZTL\Delta^{0.961}\left[1+\frac{\alpha}{2L}\sum_{i=1}^{n}(h_i+h_{i-1})L_1\right]}\right\}^{0.51} \qquad \text{(A.0.2)}$$

式中：

α——系数（m^{-1}），$\alpha=\frac{2g\Delta}{R_a ZT}$，$R_a$ 为空气和气体常数，在标准状况下，$R_a=287.1m^2/(s^2 \cdot K)$；

Δh——输气管道计算管段的终点对计算段的起点的标高差（m）；

n——输气管道沿线计算管段数，计算管段是沿输气管道走向从起点开始，当相对高差 $\leqslant 200$m 时划作一个计算管段；

h_i、h_{i-1}——各计算管段终点和对该段起点的标高差（m）；

L_1——各计算管段长度（km）。

附录B 受约束的埋地直管段轴向应力计算和当量应力校核

B.0.1 由内压和温度引起的轴向应力应按下列公式计算：

$$\sigma_L=\mu\sigma_h+E\alpha(t_1-t_2) \quad \text{(B.0.1-1)}$$

$$\sigma_h=\frac{Pd}{2\delta_n} \quad \text{(B.0.1-2)}$$

式中：

σ_L——管道的轴向应力，拉应力为正，压应力为负（MPa）；

μ——泊桑比，取0.3；

σ_h——由内压产生的管道环向应力（MPa）；

E——钢材的弹性模量（MPa）；

α——钢材的线膨胀系数（℃$^{-1}$）；

t_1——管道下沟回填时的温度（℃）；

t_2——管道的工作温度（℃）；

P——管道设计内压力（MPa）；

d——管子内径（mm）；

δ_n——管子公称壁厚（mm）。

B.0.2 受约束热胀直管段，应按最大剪应力强度理论计算当量应力，并应满足下式要求：

$$\sigma_e=\sigma_h-\sigma_L<0.9\sigma_s \quad \text{(B.0.2)}$$

式中：

σ_e——当量应力（MPa）；

σ_s——管材标准规定的最小屈服强度（MPa）。

附录C　受内压和温差共同作用下的弯头组合应力计算

C.0.1　当弯头所受的环向应力 σ_h 小于许用应力 $[\sigma]$ 时，组合应力 σ_e 应按下列公式计算：

$$\sigma_e=\sigma_h+\sigma_{hmax}<\sigma_b \qquad (C.0.1-1)$$

$$\sigma_h=\frac{Pd}{2\delta_b} \qquad (C.0.1-2)$$

$$[\sigma]=F\varphi t\sigma_s \qquad (C.0.1-3)$$

$$\sigma_{hmax}=\beta_q\sigma_o \qquad (C.0.1-4)$$

$$\beta_q=1.8\left[1-\left(\frac{r}{R}\right)^2\right]\left(\frac{1}{\lambda}\right)^{2/3} \qquad (C.0.1-5)$$

$$\lambda=\frac{R\delta_b}{r^2} \qquad (C.0.1-6)$$

$$\sigma_o=\frac{Mr}{I_b} \qquad (C.0.1-7)$$

式中：

σ_e——由内压和温差共同作用下的弯头组合应力(MPa)；

σ_h——由内压产生的环向应力(MPa)；

σ_{hmax}——由热胀弯矩产生的最大环向应力(MPa)；

σ_b——材料的强度极限(MPa)；

P——设计内压力(MPa)；

d——弯头内径(m)；

δ_b——弯头的壁厚(m)；

$[\sigma]$——材料的许用应力(MPa)；

F——设计系数，应按本规范表4.2.3和表4.2.4选取；

φ——焊缝系数，当选用符合本规范第5.2.2条规定的钢管时，φ 值取1.0；

t——温度折减系数，温度低于120℃时，t 取1.0；

σ_s——材料标准规定的最小屈服强度(MPa)；

β_q——环向应力增强系数；

σ_o——热胀弯矩产生的环向应力(MPa)；

r——弯头截面平均半径(m)；

R——弯头曲率半径(m)；

λ——弯头参数；

M——弯头的热胀弯矩(MN·m)；

I_b——弯头截面的惯性矩(m^4)。

附录D 敷管条件的设计参数

表D 敷管条件的设计参数

敷管类型	敷管条件	E_s (MN/m^2)	基床包角 (°)	基床系数 K
1型	管道敷设在未扰动的土上，回填土松散	1.0	30	0.108
2型	管道敷设在未扰动的土上，管中线以下的土轻轻压实	2.0	45	0.105
3型	管道放设在厚度至少有100mm的松土垫层内，管顶以下的回填土轻轻压实	2.8	60	0.103
4型	管道放在砂卵石或碎石垫层内，垫层顶面应在管底以上1/8管径处，但不得小于100mm，管顶以下回填土夯实密度约为80%	3.8	90	0.096
5型	管中线以下放在压实的黏土内，管顶以下回填土夯实，夯实密度约为90%	4.8	150	0.085

注：1 管径大于或等于750mm的管道不宜采用1型。

2 基床包角指管基土壤反作用的圆弧角。

3 表中的E_s为土壤变形模量。

附录 E 管道附件由膨胀引起的综合应力计算

E.0.1 当输气管道系统中的直管段没有轴向约束(如固定支墩或其他锚固件)时，由于热胀作用使管道附件产生弯曲和扭转，其产生的组合应力(不考虑流体内压作用)应按下列公式计算：

$$\sigma_c \leqslant 0.72\sigma_s \tag{E.0.1-1}$$

$$\sigma_e = \sqrt{\sigma_{mp}^2 + 4\sigma_{cs}^2} \tag{E.0.1-2}$$

$$\sigma_{mp} = \frac{IM_b}{W} \tag{E.0.1-3}$$

$$\sigma_{ts} = \frac{M_t}{2W} \tag{E.0.1-4}$$

式中：

σ_e——组合应力(MPa)；

σ_s——钢管标准规定的最小屈服强度(MPa)；

σ_{mp}——弯曲合应力(MPa)；

σ_{ts}——扭应力(MPa)；

I——管件弯曲应力增强系数，应按表 E.0.1 选取或计算；

M_b——总弯曲力矩(N·m)；

W——钢管截面系数(cm^3)；

M_t——扭矩(N·m)。

表 E.0.1 管件弯曲应力增强系数表

名称	应力增强系数 I		挠性特性 h	简图
	平面内 I_i	平面外 I_o		
弯头或弯管(见注)	$\frac{0.9}{h^{2/3}}$	$\frac{0.75}{h^{2/3}}$	$\frac{\delta R}{r^2}$	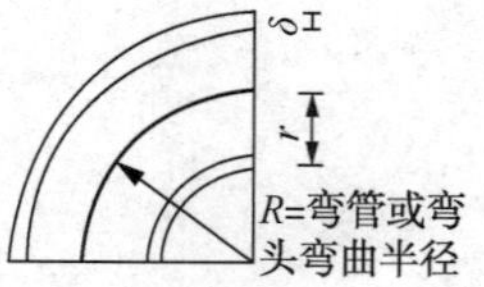
拔制三通(见注)	$0.75I_o+0.25$	$\frac{0.9}{h^{2/3}}$	$4.4\frac{\delta}{r}$	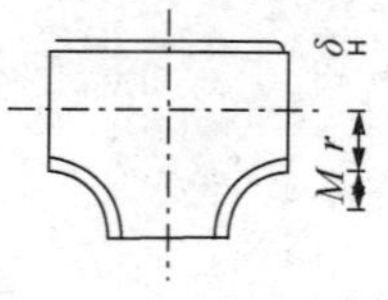
带加强圈的三通(见注)	$0.75I_o+0.25$	$\frac{0.9}{h^{2/3}}$	$\frac{\left(\delta+\frac{1}{2}M\right)^{\delta/2}}{\delta^{3/2}\cdot r}$	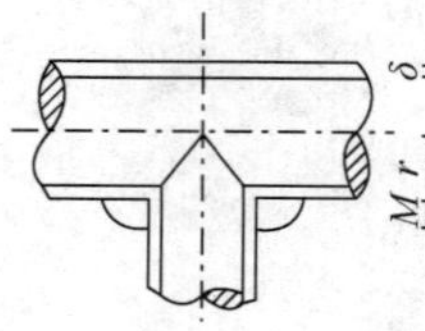

表 E.0.1　管件弯曲应力增强系数表(续)

名称	应力增强系数 I		挠性特性	简图
	平面内 I_i	平面外 I_o	h	
整体加强三通（见注）	$0.75I_o+0.25$	$\frac{0.9}{h^{2/3}}$	$\frac{\delta}{r}$	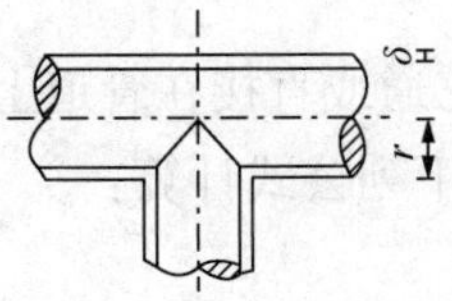
对焊接头，对焊异径接头及对焊法兰	1.0	1.0		
双面焊平焊法兰	1.2	1.2		
角焊接头或单面焊平焊法兰	1.3	1.3		

注：对管道附件，应力增强系数 I 适用于任何平面上的弯曲，其值不应小于1，这两个系数适用于弧形弯头整个弧长及三通交接口处。

E.0.2　对于大口径薄壁弯头或弯管，应力增强系数应除以修正系数，修正系数应按下式计算：

$$\alpha=1+3.25\frac{P}{E}\left(\frac{r}{\delta}\right)^{5/2}\left(\frac{R}{r}\right)^{2/3} \qquad \text{(E.0.2)}$$

式中：

α——应力增强系数的修正系数；

P——管道附件承受的内压(MPa)；

E——室温下材料的弹性模量。

E.0.3　当管件计算的组合应力不满足本规范式(E.0.1-1)时，应加大壁厚再校核。

附录 F　三通和开孔补强的结构与计算

F. 0. 1　三通或直接在管道上开孔与支管连接时，其开孔削弱部分可按等面积补强原理进行补强，其补强应按下列公式计算：

$$A_1+A_2+A_3 \geqslant A_R \quad \text{(F. 0. 1-1)}$$

$$A_1=d_i(\delta'_n-\delta_n) \quad \text{(F. 0. 1-2)}$$

$$A_2=2H(\delta'_b-\delta_b) \quad \text{(F. 0. 1-3)}$$

$$A_R=\delta_n d_i \quad \text{(F. 0. 1-4)}$$

式中：

A_1——在有效补强区内，主管承受内压所需设计壁厚外的多余厚度形成的面积(mm^2)；

A_2——在有效补强区内，支管承受内压所需最小壁厚外的多余厚度形成的截面积(mm^2)；

A_3——在有效补强区内，另加的补强元件的面积，包括这个区内的焊缝截面积(mm^2)；

A_4——主管开孔削弱所需要补强的面积(mm^2)。

F. 0. 2　拔制三通补强(图 F. 0. 2)补强结构的补强计算应满足本规范式(F. 0. 1-1)的要求，其中的 A_3 应按下式计算：

$$A_3=2r_0(\delta_0-\delta'_b) \quad \text{(F. 0. 2)}$$

F. 0. 3　整体加厚三通(图 F. 0. 3)补强结构可采用主管或支管的壁厚或主、支管壁厚同时加厚补强，补强计算应满足本规范式(F. 0. 1-1)的要求，其中的 A_3 应是补强区内的焊缝面积。

F. 0. 4　在管道上直接开孔与支管连接的开孔局部补强(图 F. 0. 4)结构，开孔削弱部分的补强计算应满足本规范式(F. 0. 1-1)的要求，其中的 A_3 应是补强元件提供的补强面积与补强区内的焊缝面积之和，补强的材质和结构还应符合下列规定：

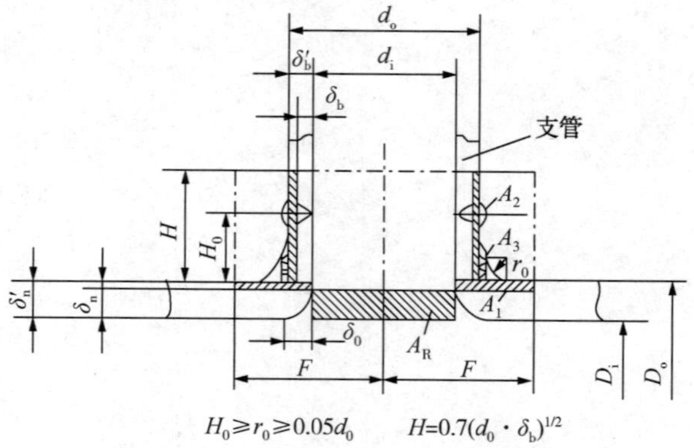

$H_0 \geqslant r_0 \geqslant 0.05d_0$　　$H=0.7(d_0 \cdot \delta_b)^{1/2}$

图 F. 0. 2　拔制三通补强

d_o—支管外径(mm)；d_i—支管内径(mm)；D_o—主管外径(mm)；

D_i—主管内径(mm)；H—补强区的高度(mm)；

δ_0—翻边处的直管管壁厚度(mm)；δ_b—与支管连接的直管管壁厚度(mm)；

δ'_b—支管实际厚度(mm)，δ_n—与主管连接的直管管壁厚度(mm)；

δ'_n—主管的实际厚度(mm)；F—补强区宽度的 1/2，等于 d_i(mm)；

H_0—拔制三通支管接口扳边的高度(mm)；

r_0—拔制三通扳边接口外形轮廓线部分的曲率半径(mm)

注：图中双点划线范围内为有效补强区。

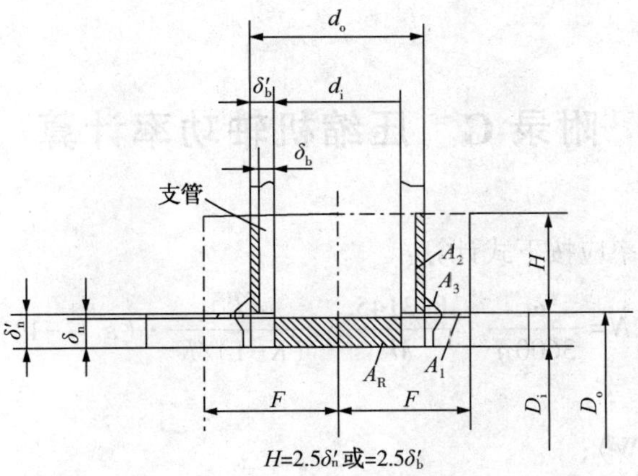

图 F. 0. 3　整体加厚三通

注：图 F. 0. 3 中，除 A_3 外其余符号的含义与图 F. 0. 2 相同。

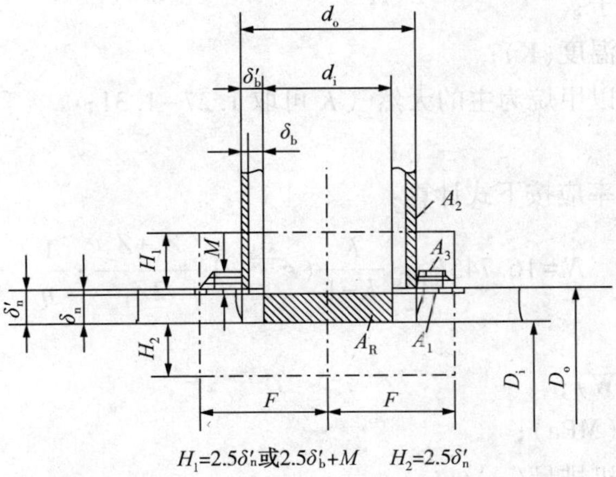

图 F. 0. 4　开孔局部补强

注：图 F. 0. 4 中，除 A3 外其余符号的含义与图 F. 0. 2 相同。

1　补强元件的材质应和主管道材质一致，当补强元件钢材的许用应力低于主管道材料的许用应力时，补强元件面积应按二者许用应力的比值成比例增加；

2　主管上邻近开孔连接支管时，其两相邻支管中心线的距离不得小于两支管直径之和的 1.5 倍，当相邻两支管中心线的距离小于 2 倍大于 1.5 倍两支管直径之和时，应采用联合补强件，且两支管外壁到外壁间的补强面积不得小于主管上开孔所需总补强面积的 1/2；

3　开孔应避开主管道的制管焊缝和环焊缝。

附录 G 压缩机轴功率计算

G.0.1 离心式压缩机轴功率应按下式计算：

$$N=\frac{\omega}{3600\eta}\cdot\frac{8.3145}{M}\cdot\frac{ZT_1}{(K-1)/K}\cdot(\varepsilon^{\frac{K-1}{K}}-1) \quad \text{(G.0.1)}$$

式中：

N——压缩机轴功率(kW)；

ω——天然气流量(kg/h)；

η——压缩机效率；

M——气体的质量(kg/kmol)，其值等于气体的相对分子量；

Z——气体平均压缩因子；

T_1——压缩机进口气体温度(K)；

K——气体绝热指数，以甲烷为主的天然气 K 可取 1.27~1.31；

ε——压缩比。

G.0.2 往复式压缩机轴功率应按下式计算：

$$N=16.745P_1q_v\frac{K}{K-1}(\varepsilon^{\frac{K-1}{K}}-1)\frac{Z_1+Z_2}{2Z_1}\cdot\frac{1}{\eta} \quad \text{(G.0.2)}$$

式中：

N——压缩机轴功率(kW)；

P_1——压缩机进气压力(MPa)；

q_v——进气条件下压缩机排量(m^3/min)；

Z_1、Z_2——压缩机进、排气条件下的气体压缩系数。

附录 H 管端焊接接头坡口型式

H. 0. 1 管端壁厚相同的对焊接头坡口型式宜符合图 H. 0. 1 的规定。

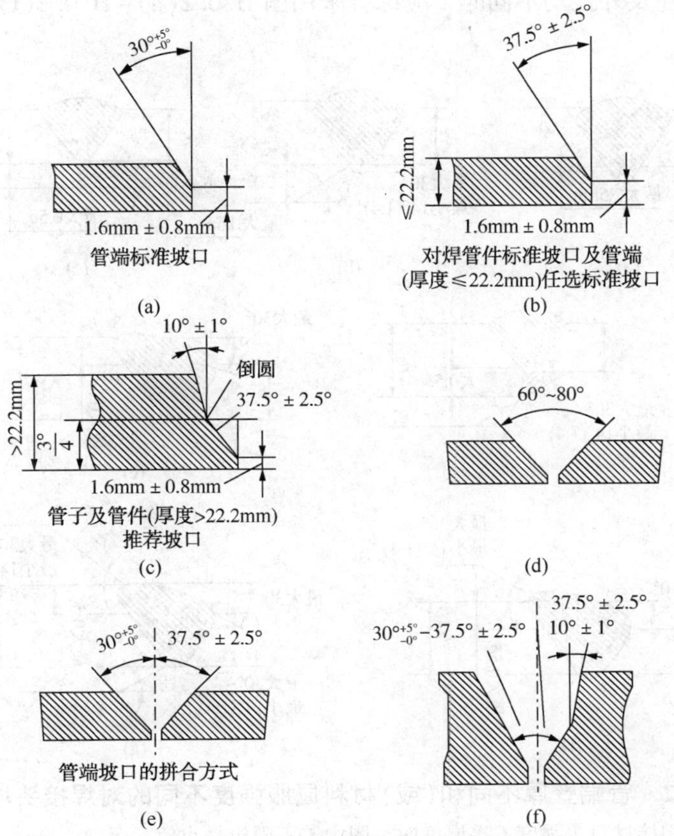

图 H. 0. 1 管端壁厚相同的对焊接头坡口型式

H. 0. 2 管端壁厚不同和(或)材料屈服强度不同的对焊接头坡口型式应满足图 H. 0. 2 的要求，并应符合下列规定：

1 材料、过渡处理及焊后热处理应符合下列规定：

1) 对接管段的最小屈服强度不同时，焊缝金属的力学性能不应小于强度较高的管段；

2) 壁厚不等管段的管端之间的过渡，可按图 H. 0. 2 所示方法或可采用预制的过渡短节管过渡；

3) 采用加工斜坡口时，焊趾部位应圆滑过渡，不应出现咬边或凹槽；

4) 最小屈服强度相同的不等壁厚管段对接焊时，对加工斜坡口的最小角度可不作限制；

5) 焊后热处理应按有效焊缝高度值确定。

2 对接管段内径不同时，坡口应符合下列规定：

1) 当壁厚差不大于 2. 5mm 时应焊透，坡口可按图 H. 0. 2(a)加工且不作特殊加工处理；

2) 当壁厚差大于 2. 5mm 且不能进入管内焊接时，应按图 H. 0. 2(b)将较厚侧管端内部加工成斜坡口，斜坡口的加工角度最大不应大于 30°，最小不应小于 14°；

3) 当壁厚差超过 2. 5mm，但不超过较薄管段壁厚的 1/2，且能进入管内施焊时，可按图 H. 0. 2(c)采用内焊填充完成过渡，较厚管段上的坡口钝边高度应等于管壁厚度的内偏差加上对接管上的坡口的钝边高度；

4) 当壁厚差大于较薄管段壁厚的 1/2，且能进入管内施焊时，可按图 H. 0. 2(b)将较厚管端的内侧加工成斜坡口，或可按图 H. 0. 2(d)加工成组合型式的斜坡口，即以较薄管钢壁厚的 1/2 采用锥形焊健，并从该点起将剩余部分加工成锥面。

3 当相焊接钢管外径不等时，坡口应符合下列规定：

1) 当壁厚差不超过较薄钢管壁厚的 1/2 时，可按图 H. 0. 2(e)加工坡口，焊缝过渡面角度不应大于 30°。且焊趾部位应圆滑过渡；

2) 当壁厚差超过较薄钢管壁厚的 1/2 时，应按图 H. 0. 2(f)将超出部分加工成斜坡口。

4 当相接管段内径及外径均不同时，应综合采用图 H. 0. 2(a)~H. 0. 2(f)或图 H. 0. 2(g)的方式进行坡口设计。

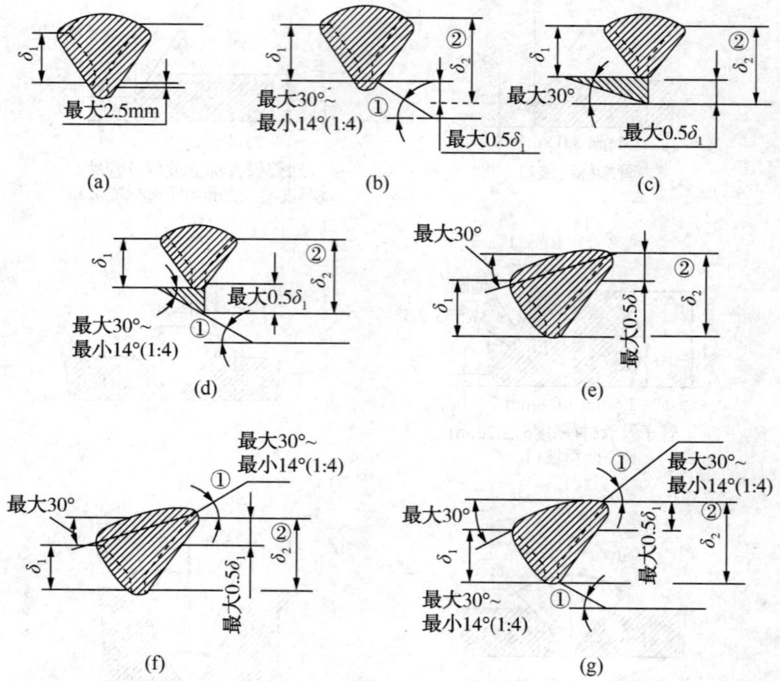

图 H. 0. 2 管端壁厚不同和(或)材料屈服强度不同的对焊接头坡口型式

注：1 当相接材料等强度不等厚度时，图中①不限定最小值。

2 图中②设计用最大厚度 δ_2 不应大于 $1.5\delta_1$。

附录 J　输气站及阀室爆炸危险区域划分推荐做法

J. 0. 1　爆炸危险区域划分的表示方法宜符合下列图示的规定：

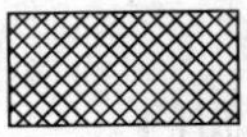

图 J. 0. 1-1　1 区

图 J. 0. 1-2　2 区

J. 0. 2　工艺阀门及设备爆炸危险区域划分应符合下列图示的规定：

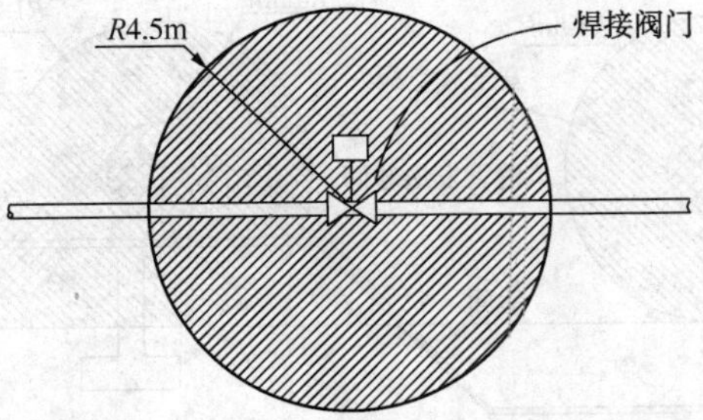

图 J. 0. 2-1　通风良好区域的焊接连接阀门

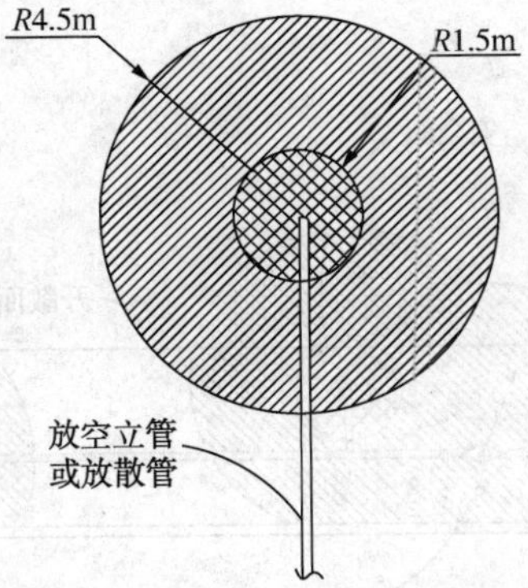

图 J. 0. 2-2　通风良好区域的放空立管或放散管

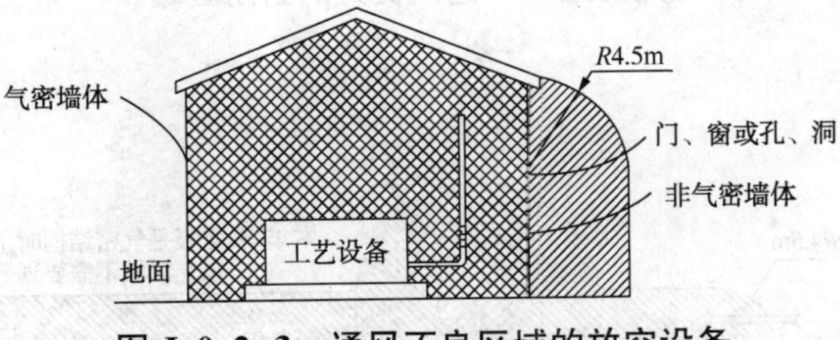

图 J. 0. 2-3　通风不良区域的放空设备

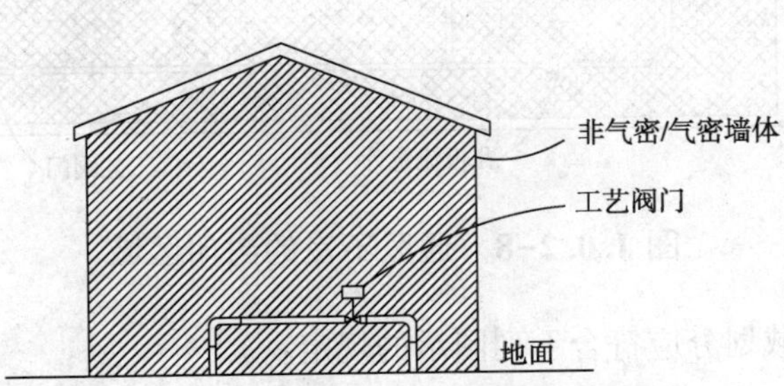

图 J. 0. 2-4　通风良好区域的工艺阀门

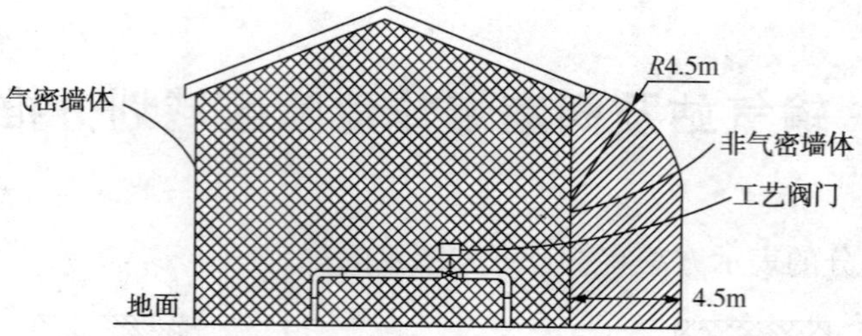

图 J. 0. 2-5　通风不良区域的工艺阀门

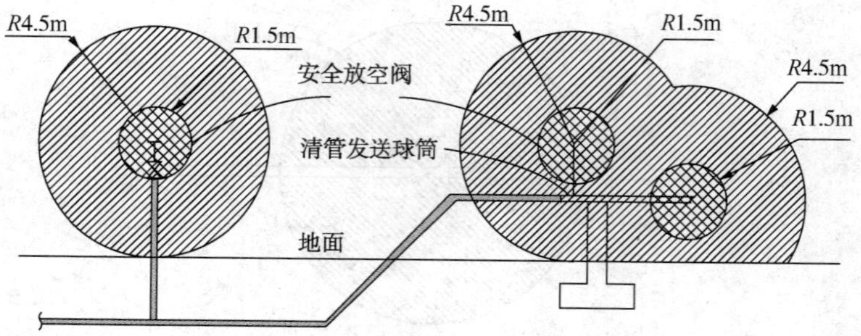

图 J. 0. 2-6　通风良好的户外设备

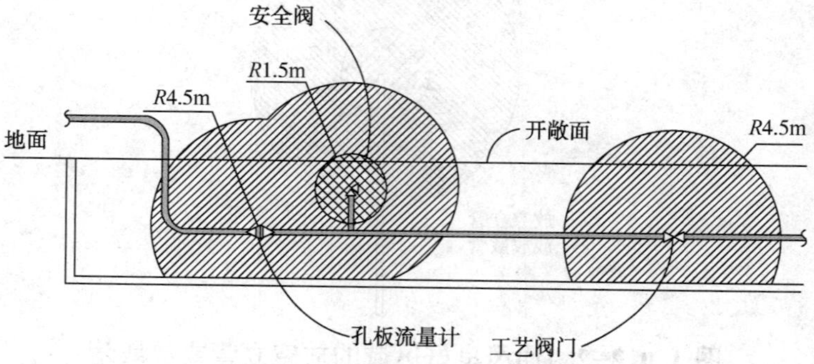

图 J. 0. 2-7　通风良好的封闭区域

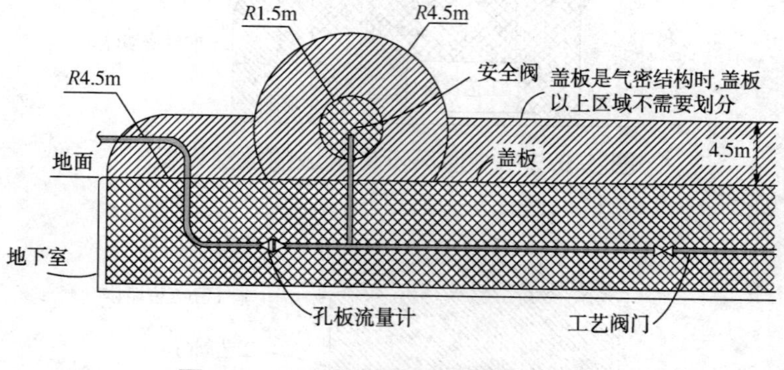

图 J. 0. 2-8　通风不良的封闭区域

J. 0. 3　通风口爆炸危险区域划分应符合下列图示的规定：

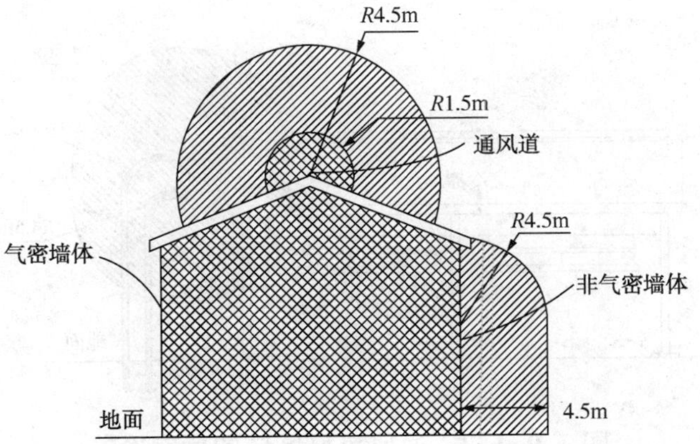

图 J.0.3-1　1 区的通风口

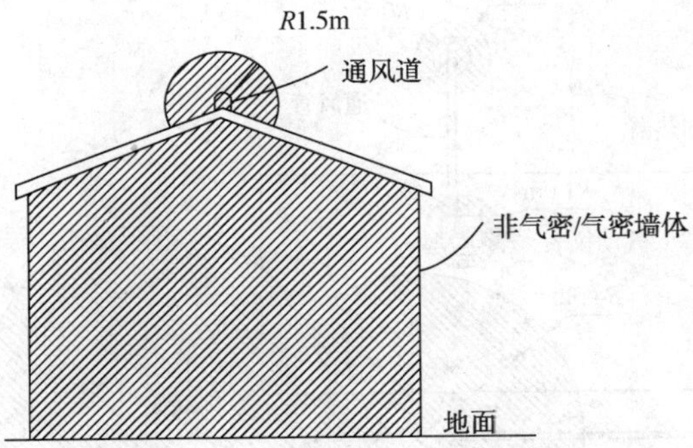

图 J.0.3-2　2 区的通风口

J.0.4　压力容器、空冷器及水套炉爆炸危险区域划分应符合下列图示的规定：

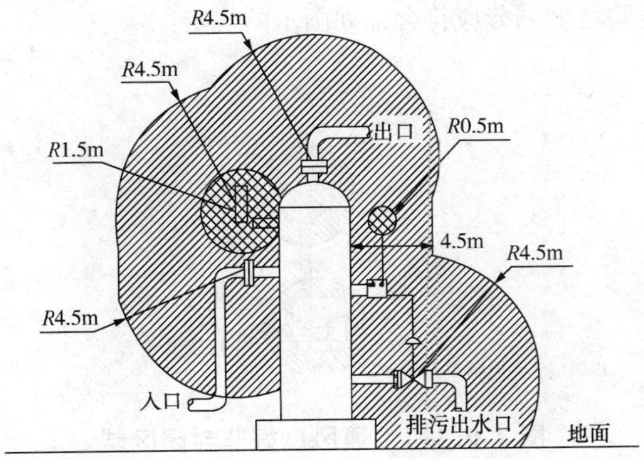

图 J.0.4-1　通风良好区域的压力容器

图 J.0.4-2　通风不良区域的压力容器

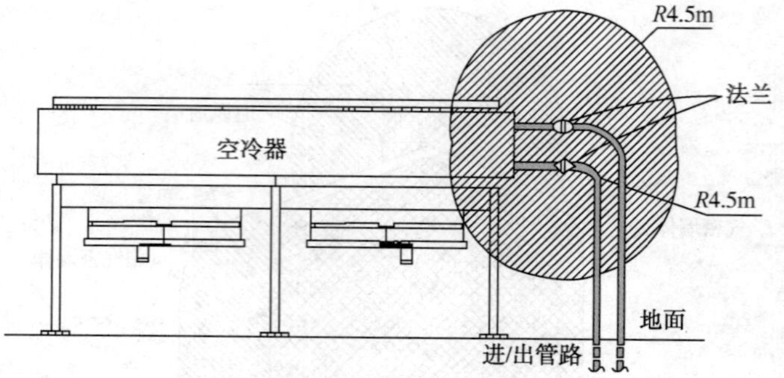

图 J. 0. 4-3 通风良好区域的后空冷器

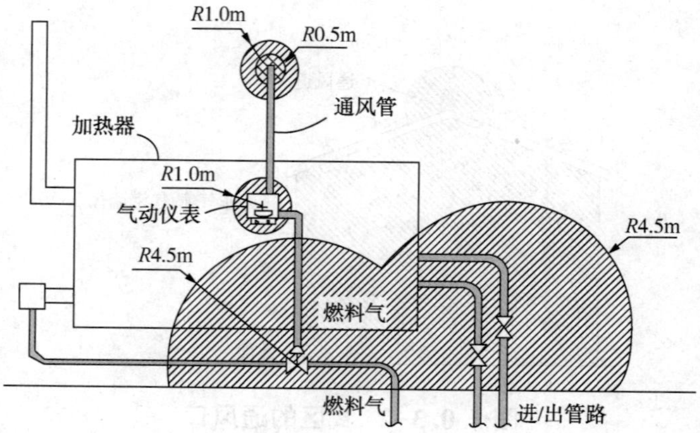

图 J. 0. 4-4 通风良好区域的水套炉

J. 0. 5 气液联动阀爆炸危险区域划分应符合下列图示的规定：

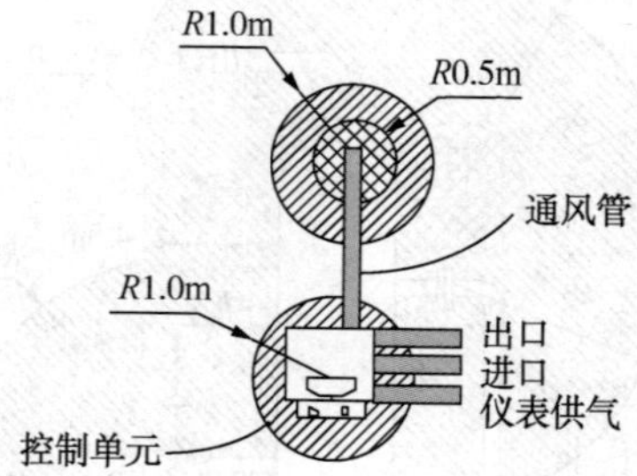

图 J. 0. 5-1 通风良好非封闭区域

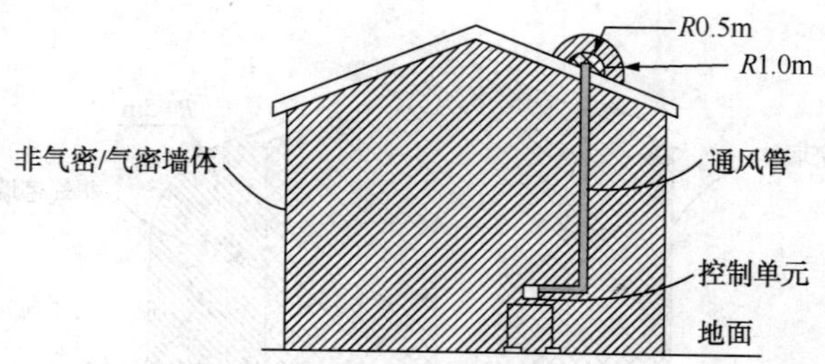

图 J. 0. 5-2 通风良好封闭区域

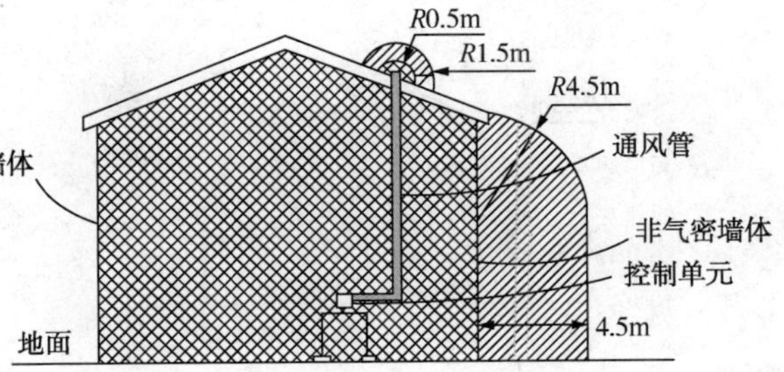

图 J. 0. 5-3　通风不良封闭区域

J. 0. 6　与爆炸危险区域相邻的建筑物，爆炸危险区域划分应符合下列图示的规定：

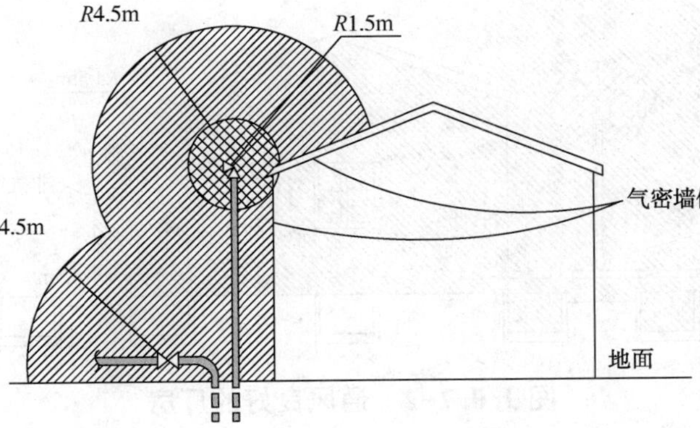

图 J. 0. 6-1　封闭墙体的建筑物

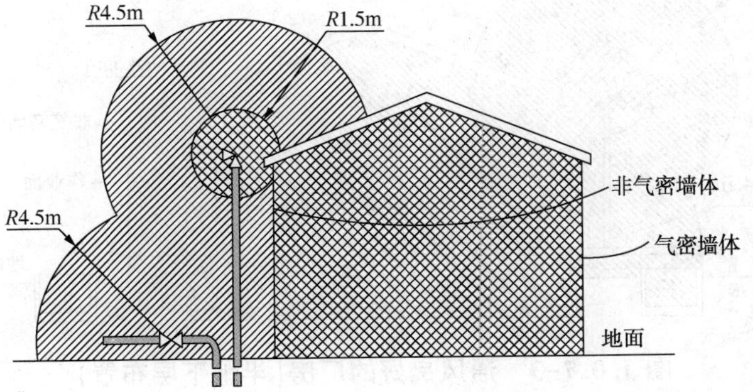

图 J. 0. 6-2　与 1 区相邻、非气密墙体的建筑物

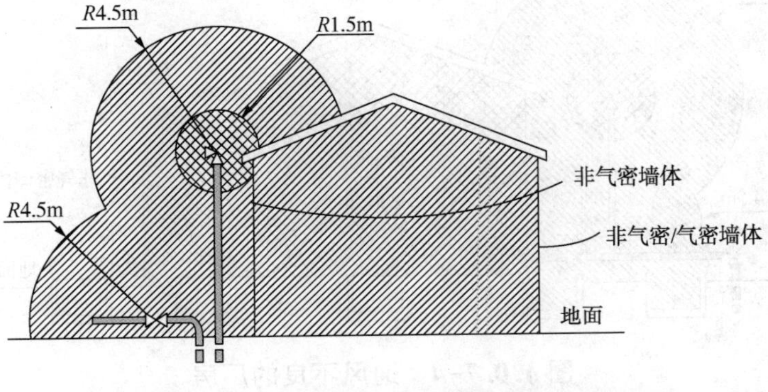

图 J. 0. 6-3　与 2 区相邻、非气密墙体的建筑物

J. 0. 7 压缩机组爆炸危险区域划分应符合下列图示的规定：

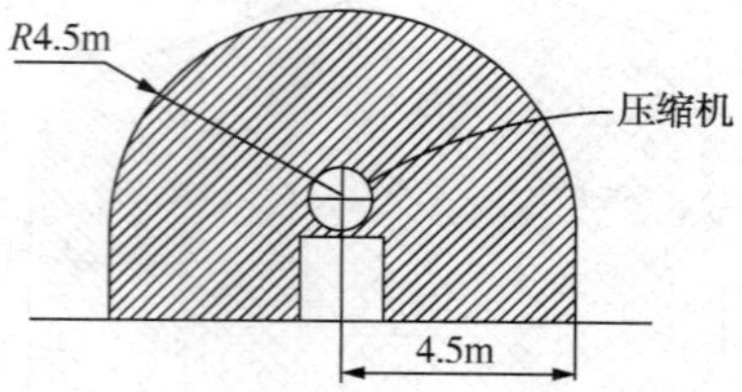

图 J. 0. 7-1 露天安装

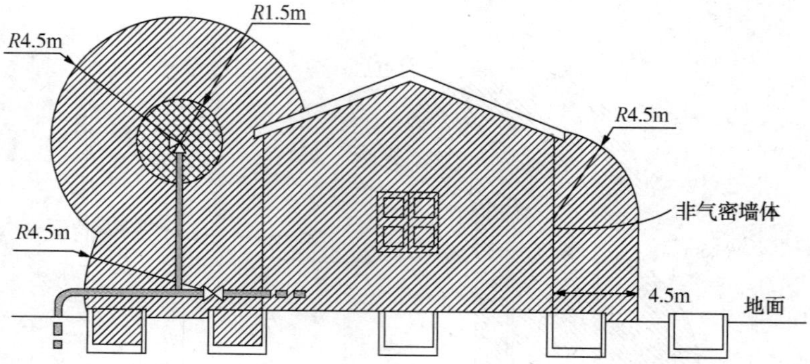

图 J. 0. 7-2 通风良好的厂房

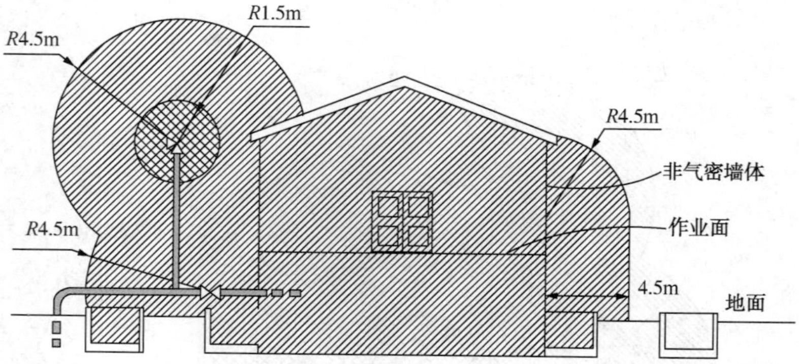

图 J. 0. 7-3 通风良好的厂房(半地下层布置)

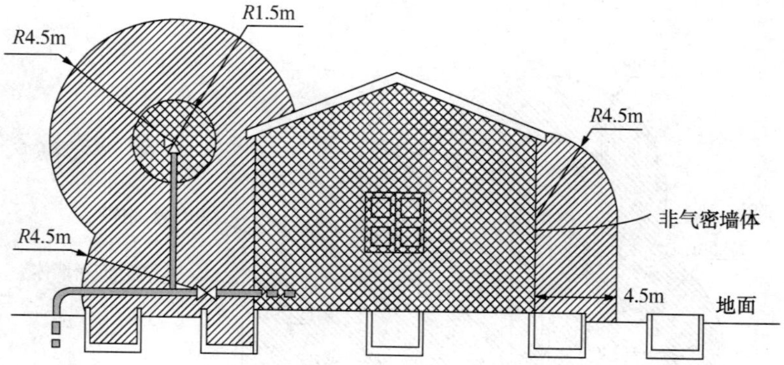

图 J. 0. 7-4 通风不良的厂房

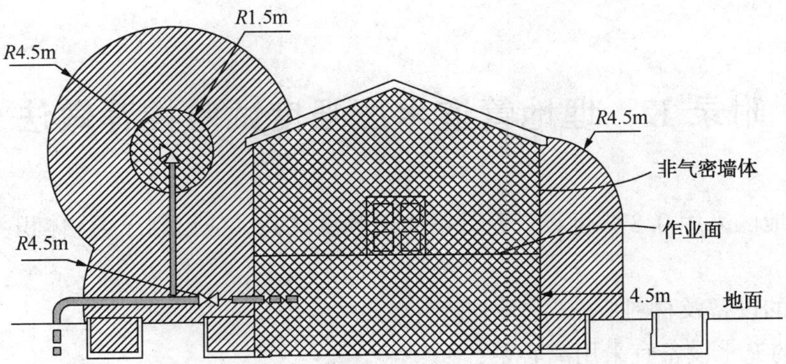

图 J.0.7-5 通风不良的厂房(半地下层布置)

注：本条的图示中，地面以下的沟槽内存在释放源时，应按图 J.0.2-7、图 J.0.2-8 划分爆炸危险区域。

附录 K　埋地管道水压强度试验推荐做法

K.0.1　一级一类地区采用 0.8 强度设计系数的管道强度试验，应绘制压力-体积关系图(*P*-*V* 图)监测试验过程。

K.0.2　试压使用的设备及材料应符合下列规定：

1　试验管段的充水设备宜采用离心泵；

2　试验管段的升压注水设备应采用往复泵，泵的流量选择应适当，以便提供合适的升压速度，泵的工作压力应大于管段的最大试验压力；

3　试验使用的试压头、管汇、阀门及管线的承压能力应大于管段的最大试验压力，试压前应对试压系统进行全面检查，确保参与试压的设施处于良好状态。

K.0.3　试验管段的充水应符合下列规定：

1　应在试验管段内的充水起点置入一个或多个隔离球之后充水，以尽可能地排出管线内的空气，隔离球可在试压完成之后取出；

2　充水宜连续进行，并应对充水的体积进行计量，以便判断管内空气排出程度；

3　充水完成后，应进行一段时间的热稳定，使充入水的温度与地层温度相平衡，方可进入试压阶段。

K.0.4　试压应符合下列规定：

1　可将试压段的试验压力升高到不超过最大试验压力的 80%，并应稳压一段时间；

2　在稳压时间内，应监视并检查试验管段是否有泄漏，如发现泄漏应泄压并修复；

3　稳压时间完成后，应以均匀的速度升压到试验压力；

4　升压达到试验压力，应稳压一定时间并观察，在此期间．可根据需要向管内适量添加试压介质，以便保持试验压力，之后进入试验压力的稳压阶段并应记录稳压时间。

K.0.5　管道产生屈服所需压力的测定应符合下列规定：

1　试验管段升压期间应绘制 *P*-*V* 图，*P*-*V* 图的绘制应符合下列规定：

1) 宜以升压注入水的体积(*V*)为横坐标，以压力(*P*)为纵坐标，用升压注入管线内水的体积与管段压力变化绘制关系图；

2) 应在足以准确建立 *P*-*V* 图直线部分的最低压力点开始绘制；

3) 数据采集点应足够密集，以便能及时测出 *P*-*V* 图中偏离直线部分的非线性(曲线)的开始位置。

2　试验期间，应密切监视 *P*-*V* 图图形的变化趋势，*P*-*V* 图中偏离直线后出现非线性(曲线)部分的开始，预示该管段快要接近屈服点，此时应停止升压并检查。

3　试压管段环向应力超过 100%管材标准要求的最小屈服强度时，可采用以下方法之一控制最大试验压力：

1) 当需要两倍于出现任何偏差前 *P*-*V* 图的直线部分，单位压力增值所需的泵冲程次数才能达到相同的单位压力增值时的压力；

2) 压力不超过 *P*-*V* 图直线部分发生偏差后，所需的冲程次数乘以单位冲程容积等于在大气压下测量的管段充满水体积的 0.002 倍时的压力，该数值为试验段的平均值。

引用标准名录

《建筑设计防火规范》GB 50016
《采暖通风与空气调节设计规范》GB 50019
《压缩空气站设计规范》GB 50029
《建筑照明设计标准》GB 50034
《动力机器基础设计规范》GB 50040
《锅炉房设计规范》GB 50041
《工业循环冷却水处理设计规范》GB 50050
《供配电系统设计规范》GB 50052
《建筑物防雷设计规范》GB 50057
《爆炸危险环境电力装置设计规范》GB 50058
《工业循环水冷却设计规范》GB/T 50102
《火灾自动报警系统设计规范》GB 50116
《建筑灭火器配置设计规范》GB 50140
《石油天然气工程设计防火规范》GB 50183
《工业设备及管道绝热工程设计规范》GB 50264
《油气长输管道工程施工及验收规范》GB 50369
《油气输送管道穿越工程设计规范》GB 50423
《油气输送管道跨越工程设计规范》GB 50459
《油气输送管道线路工程抗震技术规范》GB 50470
《埋地钢质管道防腐保温层技术标准》GB/T 50538
《石油天然气站内工艺管道工程施工规范》GB 50540
《室外作业场地照明设计标准》GB 50582
《埋地钢质管道交流干扰防护技术标准》GB/T 50698
《石油天然气管道工程全自动超声波检测技术规范》GB/T 50818
《埋地钢质管道直流干扰防护技术标准》GB 50991
《工业企业设计卫生标准》GBZ 1
《压力容器》GB 150.1～GB 150.4
《非合金钢及细晶粒钢焊条》GB/T 5117
《热强钢焊条》GB/T 5118
《埋弧焊用碳钢焊丝和焊剂》GB/T 5293
《高压锅炉用无缝钢管》GB 5310
《生活饮用水卫生标准》GB 5749
《高压化肥设备用无缝钢管》GB 6479
《气体保护电弧焊用碳钢、低合金钢焊丝》GB/T 8110
《输送流体用无缝钢管》GB/T 8163
《污水综合排放标准》GB 8978
《石油天然气工业—管线输送系统用钢管》GB/T 9711
《碳钢药芯焊丝》GB/T 10045
《钢制对焊无缝管件》GB/T 12459

《钢板制对焊管件》GB/T 13401
《熔化焊用钢丝》GB/T 14957
《低合金钢药芯焊丝》GB/T 17493
《天然气》GB 17820
《天然气计量系统技术要求》GB/T 18603
《钢质管道外腐蚀控制规范》GB/T 21447
《埋地钢质管道阴极保护技术规范》GB/T 21448
《重要电力用户供电电源及自备应急电源配置技术规范》GB/Z 29328
《石油天然气工程总图设计规范》SY/T 0048
《石油天然气金属管道焊接工艺评定》SY/T 0452
《钢制对焊管件规范》SY/T 0510
《绝缘接头与绝缘法兰技术规范》SY/T 0516
《快速开关盲板技术规范》SY/T 0556
《钢质管道焊接及验收》SY/T 4103
《输油(气)管道同沟敷设光缆(硅芯管)设计及施工规范》SY/T 4108
《石油天然气钢质管道无损检测》SY/T 4109
《油气输送用钢制感应加热弯管》SY/T 5257
《地下储气库设计规范》SY/T 6848
《油气田及管道工程雷电防护设计规范》SY/T 6885

UDC

中华人民共和国国家标准

P

GB 50253—2014

输油管道工程设计规范

Code for design of oil transportation pipeline engineering

2014-06-23 发布

2015-04-01 实施

中华人民共和国住房和城乡建设部
中华人民共和国国家质量监督检验检疫总局
联合发布

前　言

根据住房城乡建设部《关于印发〈2011年工程建设标准规范制订、修订计划(第二批)〉的通知》(建标〔2011〕17号)的要求，规范编制组经广泛调查研究，认真总结经验，参考有关国际标准和国外先进标准，并在广泛征求意见的基础上，对《输油管道工程设计规范(2006年版)》GB 50253—2003进行修订。

本规范共分9章和10个附录，主要内容包括：总则，术语，输油工艺，线路，管道、管道附件和支承件设计，输油站，管道监控系统，通信，管道的焊接、焊接检验与试压等。

本规范修订的主要技术内容是：

1. 根据国家现行法律、法规的要求修订所涉及的条文；
2. 更新本规范中所涉及的其他标准规范；
3. 规定了输油管道工程与上下游相关企业及设施的界面划分范围；
4. 补充、修订有关管道并行敷设的相关规定，增加了管道水工保护的相关规定；
5. 补充、修订有关原油管道加热、顺序输送的相关规定，补充、修订有关成品油管道顺序输送工艺设计的相关规定；
6. 修订了输油站内管道的许用应力计算相关内容；
7. 修订了输油站场的电力负荷分级的相关规定；
8. 将原规范中“健康、安全与环境(HSE)”和“节能”章节内容补充到相关章节中。

本规范中以黑体字标志的条文为强制性条文，必须严格执行。

本规范由住房城乡建设部负责管理和对强制性条文的解释，由石油工程建设专业标准化委员会负责日常管理工作，由中国石油天然气管道工程有限公司负责具体技术内容的解释。在本规范执行过程中，希望各单位结合工程实践，认真总结经验，注意积累资料，如发现本规范需要修改和补充之处，请将意见和有关资料寄送到中国石油天然气管道工程有限公司(地址：河北省廊坊市和平路146号，邮政编码：065000)，以供今后修订时参考。

本规范主编单位、参编单位、主要起草人和主要审查人：

主 编 单 位：中国石油天然气管道工程有限公司

参 编 单 位：中石化洛阳工程有限公司
　　　　　　中国石油规划总院

主要起草人：朱坤锋　张文伟　王　彦　张振永　徐兴文
谢伟峰　许　莉　梅　斌　王　鸿　俞彦英
龚云峰　杜庆山　刘桂志　王　成　周长才
陈丽贤　翟建习　高　红　王小林　董　旭
史　航　程　晖　王怀义　邬俊华　郭宝申
李　津　李　维　陈　枫

主要审查人：宫　敬　李志勇　李　强　王小强　张伟旭
戚　麟　李艳华　眭　峰　张怀法　连洪江
崔　欣　谌贵宇　张义贵　方大钧　李永军
薛　斌　于景龙　晏　伟　吴　勇　刘晓红
杨　拓　王秀丽

目　次

1 总　　则

1.0.1 为在输油管道工程设计中贯彻国家的有关法律、法规，统一技术要求，做到安全可靠、环保节能、技术先进、经济合理，制定本规范。

1.0.2 本规范适用于陆上新建、扩建和改建的输送原油、成品油、液化石油气管道工程的设计。

1.0.3 输油管道工程与上下游相关企业及设施的界面划分应符合本规范附录A的规定。

1.0.4 输油管道工程设计应在管道建设、运营经验和吸收国内外先进科技成果的基础上合理选择设计参数，优化设计。

1.0.5 输油管道工程设计除应符合本规范外，尚应符合国家现行有关标准的规定。

2 术　语

2.0.1 输油管道工程　oil transportation pipeline engineering

用管道输送原油、成品油和液化石油气的建设工程。一般包括输油管线、输油站及辅助设施等工程内容。

2.0.2 管道系统　oil pipeline system

各类型输油站、管线及有关设施的统称。

2.0.3 输油站　oil transportation station

输油管道工程中各类工艺站场的统称。

2.0.4 首站　initial station

输油管道的起点站。

2.0.5 末站　terminal

输油管道的终点站。

2.0.6 中间站　intermediate station

在输油首站和末站之间设有的各类站场的统称。

2.0.7 中间热泵站　intermediate heating and pumping station

在输油首站和末站之间以加热、加压设施为主的输油站。

2.0.8 中间泵站　intermediate pumping station

在输油首站和末站之间以加压设施为主的输油站。

2.0.9 中间加热站　intermediate heating station

在输油首站和末站之间以加热设施为主的输油站。

2.0.10 注入站　injection station

在管道中间某位置向管道中注入其他来源油品的站场。

2.0.11 分输站　distributing station

在输油管道沿线，为分输油品至用户而设置的站场。

2.0.12 减压站　pressure-reducing station

为降低管道由于位差过大形成过高的管道内压力而设置减压设施的输油站。

2.0.13 线路截断阀　pipeline block valve

在管道沿线设置的用于将管道分段的阀门。

2.0.14 原油 crude oil

石油采出后的液相部分。

2.0.15 成品油 products

原油经加工生产的 C_5 及 C_5 以上轻质油至重质油的商品油。

2.0.16 液化石油气 liquefied petroleum gas(LPG)

以丙烷、丁烷为主要成分的液态石油产品，一般有商品丙烷、丁烷和商品丙烷、丁烷混合物。

2.0.17 顺序输送 batch transportation

多种原油或石油产品用同一条管道依次输送的方式。

2.0.18 操作压力 operating pressure

在稳态操作条件下，一个系统内介质的压力。

2.0.19 操作温度 operating temperature

在稳态操作条件下，一个系统内介质的温度。

2.0.20 最高稳态操作压力 maximum steady state operating pressure(MSOP)

管道内液体在稳态操作条件下，介质的最大压力。

2.0.21 管道设计内压力 pipeline internal design pressure

在设计温度范围内，管道系统设计计算或分析所用的内压力。

2.0.22 水击压力 surge pressure

在管道中，由于液流速度突然改变而引起管道内的压力变化现象称水击，该压力的幅值称水击压力。

2.0.23 静压力 hydrostatic pressure

管道内流体处于静止状态下，因重力而垂直作用在管道及管道附件内壁上的压力。

2.0.24 弹性弯曲 elastic bending

管道在外力或自重作用下产生的弹性限度范围内的弯曲变形。

2.0.25 管件 pipe fittings

弯头、弯管、三通、异径接头和管封头等各种管道异形连接件的统称。

2.0.26 管道附件 pipe accessories

管件、阀门及其组合件、法兰、绝缘法兰、绝缘接头、清管器收发筒等管道专用部件的统称。

2.0.27 冷弯管 cold bends

用模具将管子在不加热状态下弯制成需要角度的弯管。

2.0.28 热煨弯管 hot bends

管子加热后，在弯制机具上弯曲成需要角度的弯管。

2.0.29 公称管壁厚度 pipe nominal wall thickness

钢管标准中所列出的管壁厚度。

2.0.30 并行管道 parallel pipelines

以一定间距相邻敷设的管道。

3 输油工艺

3.1 一般规定

3.1.1 输油管道工程设计计算输油量时，年工作天数应按 350 天计算。

3.1.2 管道设计输量应根据设计委托书或设计合同规定的输量确定，设计最小输量应符合安全经济及输送条件。

3.1.3 输油管道宜采用密闭输送工艺。采用其他输送工艺时，应进行技术经济论证，并说明其可行性及必要性。

3.1.4 管输多种油品时宜采用顺序输送工艺。采用专管专用输送工艺时，应进行技术经济论证。

3.1.5 输送工艺方案应根据管道的设计内压力、管径、输送方式、输油站数量、顺序输送油品批次等，以多个组合方案进行比选确定。

3.1.6 输送工艺设计计算应包括水力和热力计算，并进行稳态和瞬态水力分析，提出输送中瞬变流动过程的控制方法。

3.2 原油管道输送工艺

3.2.1 原油一般物理性质测定项目应符合本规范附录B的规定；原油流变性测定项目应符合本规范附录C的规定。

3.2.2 输送方式应根据输送原油的物理性质及其流变性，通过优化确定。原油输送方式应符合下列规定：

1 输送原油的凝点高于管道管顶埋深处地温时，宜采用加热或对原油进行改性处理后输送，并应符合下列规定：

1）采用加热输送时，管道沿线各点原油的输送温度宜高于原油凝点3℃～5℃；

2）采用改性处理输送时，应对改性后原油进行管道输送剪切失效和时效性模拟实验分析。

2 输送高黏低凝原油时，可采取加热降黏或加剂降黏措施，并应进行加剂剪切失效实验分析。

3.2.3 加热输送的原油管道应符合下列规定：

1 加热温度应从安全输送和节约能源的角度优选确定。

2 采用不保温或保温输送方案时，应进行技术经济论证。宜选择加保温层方案，并确定保温层结构和厚度。

3 加热站和泵站的设置应综合管道的热力条件和水力条件优化确定。

3.2.4 管道顺序输送多种原油时，应符合本规范第3.3节、第6.4节中有关成品油顺序输送工艺的相关规定，并应根据不同原油的物理性质及其流变性确定输送方案。

3.2.5 原油管道根据输送原油的物性及输送要求，可设反输工艺。

3.2.6 管道内输送原油为牛顿流体时，其沿程摩阻损失应按下列公式计算：

$$h=\lambda\frac{l}{d}\cdot\frac{V^2}{2g} \tag{3.2.6-1}$$

$$V=\frac{4q_V}{\pi d^2} \tag{3.2.6-2}$$

式中：

h——计算管段的沿程摩阻损失（m）；

λ——水力摩阻系数，应按本规范附录D计算；

l——计算管段的长度（m）；

d——管道内直径（m）；

V——流体在管道内的平均流速（m/s）；

g——重力加速度（9.81m/s^2）；

q_V——流体平均温度下的体积流量（m^3/s）。

3.2.7 输油平均温度应按下式计算：

$$t_{av}=\frac{1}{3}t_1+\frac{2}{3}t_2 \quad \cdots\cdots (3.2.7)$$

式中：

t_{av}——计算管段的输油平均温度(℃)，常温输送的输油管道，计算管段的输油平均温度取管中心埋深处的地温；

t_1——计算管段的起点油温(℃)；

t_2——计算管段的终点油温(℃)。

3.2.8 当管道内输送原油为幂律流体时，其沿程摩阻损失应按本规范附录E的规定计算。

3.2.9 加热输送的输油管道的沿线温降应按下列公式计算：

$$\frac{t_1-t_0-b}{t_2-t_0-b}=e^{al} \quad \cdots\cdots (3.2.9\text{-}1)$$

$$b=\frac{ig}{Ca} \quad \cdots\cdots (3.2.9\text{-}2)$$

$$a=\frac{K\pi D}{q_m C} \quad \cdots\cdots (3.2.9\text{-}3)$$

式中：

t_1——计算管段的起点油温(℃)；

t_2——计算管段的终点油温(℃)；

t_0——埋地管道中心处最冷月份平均地温(℃)；

l——计算管段长度(m)；

i——流量为 q_m 时的水力坡降(m/m)，可近似取计算管段的平均水力坡降；

g——重力加速度(9.81m/s^2)；

C——输油平均温度下原油的比热容[J/(kg·℃)]；

K——总传热系数[W/(m^2·℃)]；

D——管道外直径(m)；

q_m——油品质量流量(kg/s)。

3.3 成品油管道输送工艺

3.3.1 成品油管道输送工艺应根据成品油输量、品种及各品种比例、沿线注入量及分输量确定。

3.3.2 成品油管道最大输送流量应根据输送方式、年输送批次、沿线库容综合确定。

3.3.3 成品油顺序输送管道的设计年循环批次数应经技术经济比较后确定，设计年循环批次数不宜大于30次。

3.3.4 在管道系统分析的基础上，可选择在管道系统适当的中间站场设置一定规模的调节储罐及相关工艺设施。

3.3.5 输送多品种成品油时，宜采用连续顺序输送方式；当采用间歇顺序输送方式时，应采取减少混油量的措施。

3.3.6 当顺序输送多品种成品油管道采用旁接油罐输送工艺时，混油界面通过泵站时应切换成密闭输送方式。

3.3.7 成品油顺序输送管道沿程摩阻损失应按本规范公式(3.2.6-1、3.2.6-2)计算，其雷诺数宜大于本规范公式(3.3.11-3)计算的临界雷诺数。

3.3.8 油品批量输送的排列顺序，宜将油品性质相近的邻近排列。顺序输送的油品中含有较高黏度的油品时，可在该油品的首末段采取适当的隔离措施。

3.3.9 成品油顺序输送管道的输油站间不应设置副管。

3.3.10 站间线路起伏较大的成品油顺序输送管道，宜采取措施使管道在满流状态下运行。

3.3.11 成品油顺序输送管道混油段长度可按下列公式计算：

$$\lg\lg(\nu\times10^6+0.89)=0.5\lg\lg(\nu_A\times10^6+0.89)+0.5\lg\lg(\nu_B\times10^6+0.89) \quad \cdots (3.3.11\text{-}1)$$

$$Re=\frac{4q_v}{\pi d\nu} \quad \cdots (3.3.11\text{-}2)$$

$$Re_{lj}=10000e^{2.72d^{0.5}} \quad \cdots (3.3.11\text{-}3)$$

$Re>Re_{lj}$时：

$$C=11.75(dL)^{0.5}Re^{-0.1} \quad \cdots (3.3.11\text{-}4)$$

$Re\leqslant Re_{lj}$时：

$$C=18385(dL)^{0.5}Re^{-0.9}e^{2.18d^{0.5}} \quad \cdots (3.3.11\text{-}5)$$

式中：

C——混油段长度(m)；

d——管道内径(m)；

L——计算管段长度(m)；

q_V——输油平均温度下的体积流量(m^3/s)；

Re——雷诺数；

Re_{lj}——临界雷诺数；

e——自然对数的底，e=2.718；

ν_A——前行油品在输送温度下的运动黏度(m^2/s)；

ν_B——后行油品在输送温度下的运动黏度(m^2/s)；

ν——各50%的混油在输送温度下的运动黏度(m^2/s)。

3.3.12 成品油顺序输送管道应设混油下载及处理设施。

3.4 液化石油气(LPG)管道输送工艺

3.4.1 液化石油气管道输送工艺应按液化石油气输量、组分及各组分比例进行设计。

3.4.2 液化石油气管道应进行水力计算和热力计算。

3.4.3 液化石油气管道的沿程摩阻损失应按本规范公式(3.2.6-1、3.2.6-2)计算，并应取1.1~1.2的流态阻力增加系数。

3.4.4 液化石油气在管道中输送时，沿线任何一点的压力应高于输送温度下液化石油气的饱和蒸气压。沿线各中间泵站的进站压力宜比进站温度下液化石油气的饱和蒸气压力高1MPa，末站进储罐前的压力宜比进站温度下液化石油气的饱和蒸气压力高0.5MPa。

3.4.5 液化石油气在管道内的平均流速，应经技术经济比较后确定，可取0.8m/s~1.4m/s，但最大不应超过3m/s。

4 线　　路

4.1 线路选择

4.1.1 管道线路的选择，应根据工程建设的目的和资源、市场分布，结合沿线城镇、交通、水利、矿产资源和环境敏感区的现状与规划，以及沿途地区的地形、地貌、地质、水文、气象、地震自然条件，通过综合分析和多方案技术经济比较确定线路总体走向。

4.1.2 中间站场和大、中型穿跨越工程位置选择应符合线路总体走向；局部线路走向应根据中间站场和大、中型穿跨越位置进行调整。

4.1.3 管道不应通过饮用水水源一级保护区、飞机场、火车站、海(河)港码头、军事禁区、国家重点文物保护范围、自然保护区的核心区。

4.1.4 输油管道应避开滑坡、崩塌、塌陷、泥石流、洪水严重侵蚀等地质灾害地段，宜避开矿山采空区、全新世活动断层。当受到条件限制必须通过上述区域时，应选择其危害程度较小的位置通过，并采取相应的防护措施。

4.1.5 管道线路与已建管道路由走向大致相同时，宜利用已建管道走廊并行敷设。

4.1.6 埋地输油管道同地面建(构)筑物的最小间距应符合下列规定：

1 原油、成品油管道与城镇居民点或重要公共建筑的距离不应小于5m。

2 原油、成品油管道临近飞机场、海(河)港码头、大中型水库和水工建(构)筑物敷设时，间距不宜小于20m。

3 输油管道与铁路并行敷设时，管道应敷设在铁路用地范围边线3m以外，且原油、成品油管道距铁路线不应小于25m、液化石油气管道距铁路线不应小于50m。如受制于地形或其他条件限制不满足本条要求时，应征得铁路管理部门的同意。

4 输油管道与公路并行敷设时，管道应敷设在公路用地范围边线以外，距用地边线不应小于3m。如受制于地形或其他条件限制不满足本条要求时，应征得公路管理部门的同意。

5 原油、成品油管道与军工厂、军事设施、炸药库、国家重点文物保护设施的最小距离应同有关部门协商确定。液化石油气管道与军工厂、军事设施、炸药库、国家重点文物保护设施的距离不应小于100m。

6 液化石油气管道与城镇居民点、重要公共建筑和一般建(构)筑物的最小距离应符合现行国家标准《城镇燃气设计规范》GB 50028的有关规定。

注：本条规定的距离，对于城镇居民点，由边缘建筑物的外墙算起；对于单独的学校、医院、军工厂、机场、码头、港口、仓库等，应由划定的区域边界线算起。

4.1.7 管道与架空输电线路平行敷设时，其距离应符合现行国家标准《66kV及以下架空电力线路设计规范》GB 50061及《110kV～750kV架空输电线路设计规范》GB 50545的有关规定。管道与干扰源接地体的距离应符合现行国家标准《埋地钢质管道交流干扰防护技术标准》GB/T 50698的有关规定。埋地输油管道与埋地电力电缆平行敷设的最小距离，应符合现行国家标准《钢质管道外腐蚀控制规范》GB/T 21447的有关规定。

4.1.8 输油管道与已建管道并行敷设时，土方地区管道间距不宜小于6m，如受制于地形或其他条件限制不能保持6m间距时，应对已建管道采取保护措施。石方地区与已建管道并行间距小于20m时不宜进行爆破施工。

4.1.9 同期建设的输油管道，宜采用同沟方式敷设；同期建设的油、气管道，受地形限制时局部地段可采用同沟敷设，管道同沟敷设时其最小净间距不应小于0.5m。

4.1.10 管道与通信光缆同沟敷设时，其最小净距(指两断面垂直投影的净距)不应小于0.3m。

4.2 管道敷设

4.2.1 输油管道应采用地下埋设方式。当受自然条件限制时，局部地段可采用土堤埋设或地上敷设。

4.2.2 当输油管道需改变平面走向或为适应地形变化改变纵向坡度时，可采用弹性弯曲、冷弯管和热煨弯管，不得采用虾米腰弯头或褶皱弯头，并应符合下列规定：

1 在平面转角较小或地形起伏不大的情况下，应优先采用弹性弯曲敷设，并应符合下列规定：

1)弹性敷设管道的曲率半径应满足钢管强度要求，且不宜小于钢管外直径的1000倍。竖向下凹的弹性弯曲管段，其曲率半径尚应大于管道在自重条件下产生的挠度曲线的曲率半径，其曲率半径应按下式计算：

$$R \geqslant 3600 \sqrt[3]{\frac{1-\cos\frac{\alpha}{2}}{\alpha^{4}} D^{2}} \quad (4.2.2)$$

式中：

R——管道弹性弯曲曲率半径(m)；

D——管道的外径(cm)；

α——管道的转角(°)。

2)弹性敷设管道与相邻的反向弹性弯曲管段之间及弹性弯曲管段与弯管之间，应采用直管段连接，直管段长度不应小于钢管的外径，且不应小于0.5m。

2 当采用热煨弯管时，其曲率半径不宜小于钢管外直径的5倍，且应满足清管器或检测器顺利通过的要求。

3 当采用冷弯管改变平面走向或纵向坡度时，冷弯管应符合本规范第5.4节的规定，其最小弯管半径应符合表4.2.2的要求。

表4.2.2 冷弯管的最小弯管半径(mm)

公称管径 DN	最小弯管半径 R
≤300	18D
350	21D
400	24D
450	27D
500	30D
550≤DN≤1000	40D
≥1050	50D

注：D为管外径，弯管两端宜有2m左右的直管段。

4.2.3 埋地管道的埋设深度，应根据管道所经地段的农田耕作深度、冻土深度、地形和地质条件、地下水深度、地面车辆所施加的载荷及管道稳定性的要求等因素，经综合分析后确定。管顶的覆土层厚度不宜小于0.8m。

4.2.4 管沟沟底宽度应根据管道外径、同沟管道数量、开挖方式、组装焊接工艺及工程地质等因素确定，并应符合下列规定：

1 当深度在5m以内时，沟底宽度应按下式确定：

$$B = D_0 + b \quad (4.2.4)$$

式中：

B——沟底宽度(m)；

D_0——钢管的结构外径(m)，多管同沟敷设时D_0取各管道结构外径之和加上管道净间距之和；

b——沟底加宽裕量(m)，应按表4.2.4的规定取值。

2 当管沟深度大于或等于5m时，应根据土壤类别及物理力学性质确定管沟沟底宽度。

3 当管沟开挖需要加强支撑时，管沟沟底宽度应考虑支撑结构所占用的宽度。

4 用机械开挖管沟时，管沟沟底宽度应根据挖土机械切削尺寸确定，但不应小于按本规范公式(4.2.4)计算的宽度。

5 管沟沟底应平整，管子应紧贴沟底。

表 4.2.4 沟底加宽裕量 *b*(m)

条件因素		沟上焊接				沟下手工电弧焊接			沟下半自动焊接处管沟	沟下焊接弯管及碰口处管沟
		土质管沟		岩石爆破管沟	热煨弯管、冷弯管处管沟	土质管沟		岩石爆破管沟		
		沟中有水	沟中无水			沟中有水	沟中无水			
b 值	沟深 3m 以内	0.7	0.5	0.9	1.5	1.0	0.8	0.9	1.6	2.0
	沟深 3m~5m	0.9	0.7	1.1	1.5	1.2	1.0	1.1	1.6	2.0

4.2.5 管沟边坡坡度应根据试挖或土壤的内摩擦角、黏聚力、湿度、密度等物理力学性质确定。

当缺少土壤物理力学性质资料、地质条件良好、土壤质地均匀、地下水位低于管沟底面标高且不加支撑时，沟深小于 5m 的管沟边坡最陡坡度不宜大于表 4.2.5 的规定；沟深大于或等于 5m 的管沟应分台阶开挖，台阶宽度不宜小于 2m。

表 4.2.5 沟深小于 5m 时的管沟边坡最陡坡度

土壤类别	边坡坡度(高：宽)		
	坡顶无荷载	坡顶有静荷载	坡顶有动荷载
中密的砂土	1：1.00	1：1.25	1：1.50
中密的碎石类土(充填物为砂土)	1：0.75	1：1.00	1：1.25
硬塑性的粉土	1：0.67	1：0.75	1：1.00
中密的碎石类土(充填物为黏性土)	1：0.50	1：0.67	1：0.75
硬塑性的粉质黏土、黏土	1：0.33	1：0.50	1：0.67
老黄土	1：0.10	1：0.25	1：0.33
软土(经井点降水后)	1：1.00	—	—
硬质岩	1：0	1：0.1	1：0.2

注：静荷载系指堆土或料堆等；动荷载系指有机械挖土、吊管机和推土机作业。

4.2.6 管沟回填土作业应符合下列规定：

1 岩石、卵砾石、冻土段管沟，应在沟底先铺设细土或砂垫层，压实后的厚度不宜小于 0.2m。

2 回填岩石、砾石、冻土段的管沟时，应先用细土或砂回填至管顶以上 0.3m 后，方可用原状土回填，回填土中的岩石和碎石块最大粒径不应超过 250mm。

3 管顶和管底用的细土或砂的最大粒径应根据外防腐涂层的类型确定；对于三层结构聚乙烯、三层结构聚丙烯和双层环氧粉末外防腐涂层，最大粒径不宜超过 20mm，且应保证良好的颗粒级配；对于其他涂层，最大粒径不宜超过 10mm。

4 一般地段的管沟回填，应留有沉降余量，回填土宜高出地面 0.3m 以上。对于回填后可能遭受地表汇水冲刷或浸泡的管沟，回填土应压实，压实系数不宜小于 0.85，并应满足水土保持的要求。

5 输油管道出土端、进出站(阀室)和固定墩前后段，回填土时应分层夯实，分层厚度不应大于 0.3m，夯实系数不宜小于 0.9。单侧夯实段长度应根据计算确定。

4.2.7 管沟回填后，应恢复原地貌，并保护耕植层，防止水土流失和积水。

4.2.8 当输油管道一侧邻近冲沟或陡坎时，应对冲沟的边坡、沟底和陡坎采取加固措施。

4.2.9 当输油管道采取土堤埋设时，土堤设计应符合下列规定：

1 输油管道在土堤中的径向覆土厚度不应小于1.0m；土堤顶宽应大于管道直径两倍且不得小于1.0m。

2 土堤边坡坡度应根据当地自然条件、填土类别和土堤高度确定。对黏性土土堤，堤高小于2.0m时，土堤边坡坡度可采用1∶0.75~1∶1；堤高为2m~5m时，可采用1∶1.25~1∶1.5。

3 土堤受水浸淹部分的边坡应采用1∶2的坡度，并应根据水流情况采取保护措施。

4 在沼泽和低洼地区，土堤的堤肩高度应根据常水位、波浪高度和地基强度确定。

5 当土堤阻挡水流排泄时，应设置泄水孔或涵洞等构筑物；泄水能力应满足重现期为25年一遇的洪水流量。

6 软弱地基上的土堤，应防止填土后基础的沉陷。

7 土堤用土的透水性能宜接近原状土，且应满足填方的强度和稳定性的要求。

4.2.10 地上敷设的输油管道应采取措施补偿管道轴向变形。

4.2.11 当埋地输油管道同其他埋地管道或金属构筑物交叉时，其垂直净距不应小于0.3m，两条管道的交叉角不宜小于30°；管道与电力、通信电缆交叉时，其垂直净距不应小于0.5m。

4.2.12 输油管道通过人工或天然障碍物(水域、冲沟、铁路、公路等)时，应符合现行国家标准《油气输送管道穿越工程设计规范》GB 50423和《油气输送管道跨越工程设计规范》GB 50459的有关规定。液化石油气管道穿越铁路、公路管段的设计系数应按本规范附录F的规定选取。

4.3 管道的外腐蚀控制和保温

4.3.1 输油管道应采取防腐层与阴极保护联合腐蚀控制措施。输油管道的防腐蚀设计应符合现行国家标准《钢质管道外腐蚀控制规范》GB/T 21447和《埋地钢质管道阴极保护技术规范》GB/T 21448的有关规定。

4.3.2 埋地管道外防腐层的性能、等级及外防护层的选用，应根据地质、环境条件需求确定。

4.3.3 地上管道防腐层的技术性能应能满足现场环境要求。

4.3.4 采用强制电流保护方式时，应避免或抑制对邻近金属构筑物的干扰影响。

4.3.5 采用牺牲阳极方式保护时，应考虑地质条件的限定影响。

4.3.6 在交、直流干扰源影响区域内的管道，应按照国家现行标准《埋地钢质管道交流干扰防护技术标准》GB/T 50698和《埋地钢质管道直流排流保护技术标准》SY/T 0017的相关规定，采取有效的排流保护或防护措施。

4.3.7 相临并行的任一管道受到干扰影响时，不宜采取联合阴极保护措施。需要进行联合保护的，应在并行段两端受干扰的管道上采取绝缘隔离措施。

4.3.8 埋地输油管道的保温层应符合现行国家标准《埋地钢质管道防腐保温层技术标准》GB/T 50538的有关规定。

4.3.9 保温层应采用导热系数小的闭孔材料，保温材料应具有一定机械强度，耐热性能好，不易燃烧和具有自熄性，且对管道无腐蚀作用。

4.3.10 保温层外部宜有保护层，保护层材料应具有足够的机械强度和韧性，化学性能稳定，且具有耐老化、防水和电绝缘的性能。

4.4 线路截断阀

4.4.1 输油管道沿线应设置线路截断阀。

4.4.2 原油、成品油管道线路截断阀的间距不宜超过32km，人烟稀少地区可适当加大间距。

4.4.3 输送液化石油气管道线路截断阀的最大间距应符合表4.4.3的规定。

表 4.4.3 液化石油气管道线路截断阀的最大间距

地区等级	线路截断阀最大间距（km）
一	32
二	24
三	16
四	8

注：地区等级的划分见附录 F。

4.4.4 埋地输油管道沿线在河流大型穿跨越及饮用水水源保护区两端应设置线路截断阀。在人口密集区管段或根据地形条件认为需要截断处，宜设置线路截断阀。需防止油品倒流的部位应安装能通过清管器的止回阀。

4.4.5 截断阀应设置在交通便利、地形开阔、地势较高、检修方便，且不易受地质灾害及洪水影响的地方。

4.4.6 线路截断阀应能通过清管器和管道内检测仪。

4.5 管道的锚固

4.5.1 当管道的设计温度同安装温度存在温差时，在管道出入土端、热煨弯管、管径改变处以及管道同清管器收发设施连接处，宜根据计算设置锚固设施或采取其他能够保证管道稳定的措施。

4.5.2 当管道翻越高差较大的长陡坡时，应校核管道的稳定性。

4.5.3 当管道采取锚固墩（件）锚固时，管道同锚固墩（件）之间应有良好的电绝缘。

4.6 管道标志

4.6.1 管道沿线应设置里程桩、标志桩、转角桩、阴极保护测试桩和警示牌等永久性标志，管道标志的标识、制作和安装应符合现行行业标准《管道干线标记设置技术规范》SY/T 6064 的有关规定。

4.6.2 里程桩应沿管道从起点至终点，每隔 1km 至少设置 1 个。阴极保护测试桩可同里程桩合并设置。

4.6.3 在管道平面改变方向时应设置水平转角桩。转角桩宜设置在折转管道中心线上方。

4.6.4 管道穿跨越人工或天然障碍物时，应在穿跨越处两侧及地下建（构）筑物附近设置标志桩。通航河流上的穿跨越工程，应在最高通航水位和常水位两岸岸边明显位置设置警示牌。

4.6.5 当管道采用地上敷设时，应在行人较多和易遭车辆碰撞的地方，设置标志并采取保护措施。标志应采用具有反光功能的涂料涂刷。

4.6.6 埋地管道通过人口密集区、有工程建设活动可能和易遭受挖掘等第三方破坏的地段应设置警示牌，并宜在埋地管道上方埋设管道警示带。

4.7 管道水工保护

4.7.1 管道通过以下地段时应设置水工保护设施：

1 采用开挖方式穿越河流、沟渠段；

2 顺坡敷设和沿横坡敷设段；

3 通过田坎、地坎段；

4 通过不稳定边坡和危岩段。

4.7.2 管道的水工保护设计应依据当地气候、水文、地形、地质条件及施工材料分布情况，采取工程措施和植物措施相结合的综合防治措施。

4.7.3 河流、沟渠穿越地段的水工保护设计应符合现行国家标准《油气输送管道穿越工程设计规范》GB 50423的有关规定。

4.7.4 顺坡敷设地段水工保护设计应符合下列规定：

1 应依据管道纵坡坡度和管沟地质条件，设置管沟沟内截水墙，截水墙的间距宜为10m~20m；

2 应依据边坡坡度，在坡角处设置护坡或挡土墙防护措施；

3 宜依据边坡坡顶汇流流量，在坡顶设置地表截、排水沟。截水沟距坡顶边缘不宜小于5m，排水沟应利用原始坡面沟道，出水口设置位置不应对管道、耕地或临近建(构)筑物形成冲刷。

4.7.5 横坡敷设地段管沟和作业带切坡面应保持稳定，水工保护设计应根据地形、地质条件，综合布置坡面截、排水系统和支挡防护措施。

4.7.6 管道通过田坎、地坎段时，可采取浆砌石堡坎、干砌石堡坎、加筋土堡坎或袋装土堡坎结构形式进行防护，堡坎宽度不应小于施工作业带宽度。

4.7.7 管道通过不稳定边坡或危岩地段时，应根据不稳定边坡的下滑力和危岩坠落的冲击力，采取边坡支挡、加大管道埋深或采取覆盖物等措施对管道进行防护。

5 管道、管道附件和支承件设计

5.1 载荷和作用力

5.1.1 输油管道、管道附件和支承件，应根据管道敷设形式、所处环境和运行条件，按下列可能同时出现的永久载荷、可变载荷和偶然载荷的组合后进行设计：

1 永久载荷：

1)输送油品的内压力；

2)钢管及其附件、防腐层、保温层、结构附件的自重；

3)输送油品的重量；

4)横向和竖向的土压力；

5)管道介质静压力和水浮力；

6)温度作用载荷以及静止流体由于受热膨胀而增加的压力；

7)连接构件相对位移而产生的作用力。

2 可变载荷：

1)试压或试运行时的水重量；

2)附在管道上的冰雪载荷；

3)内部高落差或风、波浪、水流等外部因素产生的冲击力；

4)车辆及行人载荷；

5)清管载荷；

6)检修载荷；

7)施工过程中的各种作用力。

3 偶然载荷：

1)位于地震动峰值加速度大于或等于0.1g地区的管道，由于地震引起的断层位移、砂土液化、山体滑坡等施加在管道上的作用力；

2)振动和共振所引起的应力；

3)冻土或膨胀土中的膨胀压力；

4)沙漠中沙丘移动的影响；

5)地基沉降附加在管道上的载荷。

5.1.2 输油管道设计压力应符合下列规定：

1 管道系统任何一处的设计内压力不应小于该处的最高稳态操作压力，且不应小于管内流体处于静止状态下该处的静压力。当设置反输流程时，管道任何一处的设计内压力不应小于该处正、反输送条件下最高稳态操作压力的较高值，且不应小于该处正、反输送条件下静压力的较高值。

2 管道及管道附件应能承受作用在其上的外压、内压、外压与内压之间最大压差。

5.1.3 输油管道的设计温度，当加热输送时应为被输送流体的最高温度；当不加热输送时，应根据环境条件确定最高或最低设计温度。

5.1.4 管道水击和其他因素造成的瞬间最大压力值，在管道系统中的任何一点都不应超过管道设计内压力的1.1倍。

5.2 许用应力

5.2.1 输油管道直管段的许用应力应符合下列规定：

1 线路段管道的许用应力应按下式计算：

$$[\sigma]=K\cdot\phi\cdot\sigma_S \qquad (5.2.1\text{-}1)$$

式中：

$[\sigma]$——许用应力(MPa)；

K——设计系数，输送原油、成品油管道除穿跨越管段应按现行国家标准《油气输送管道穿越工程设计规范》GB 50423、《油气输送管道跨越工程设计规范》GB 50459的规定取值外，输油站外一般地段应取0.72，城镇中心区、市郊居住区、商业区、工业区、规划区等人口稠密地区应取0.6；输油站内与清管器收发筒相连接的干线管道应取0.6；输送液化石油气(LPG)管道设计系数应按本规范附录F的规定取值；

σ_S——钢管的最低屈服强度(MPa)，应按表5.2.1的规定取值；

ϕ——焊缝系数。

表5.2.1 输油管道常用钢管钢级的最低屈服强度、最低抗拉强度和焊缝系数

钢管标准	钢号或钢级	最低屈服强度 σ_S (MPa)	最低抗拉强度 σ_b (MPa)	焊缝系数 ϕ	备注
《输送流体用无缝钢管》GB/T 8163	Q295	295($S\leqslant$16mm) 275(16mm<$S\leqslant$30mm) 255(S>30mm)	390	1.0	S为钢管的公称壁厚
	Q345	345($S\leqslant$16mm) 325(16mm<$S\leqslant$30mm) 295(S>30mm)	470		
	20	245($S\leqslant$16mm) 235(16mm<$S\leqslant$30mm) 225(S>30mm)	410		

表 5.2.1　输油管道常用钢管钢级的最低屈服强度、最低抗拉强度和焊缝系数(续)

钢管标准	钢号或钢级	最低屈服强度 σ_s (MPa)	最低抗拉强度 σ_b (MPa)	焊缝系数 ϕ	备注
《石油天然气工业　管线输送系统用钢管》GB/T 9711 PSL1 钢管	L175　L175P	175	310	1.0	—
	L210	210	335		
	L245	245	415		
	L290	290	415		
	L320	320	435		
	L360	360	460		
	L390	390	490		
	L415	415	520		
	L450	450	535		
	L485	485	570		
《石油天然气工业　管线输送系统用钢管》GB/T 9711 PSL2 钢管	L245R　L245N L245Q　L245M	245	415	1.0	—
	L290R　L290N L290Q　L290M	290	415		
	L320N L320Q　L320M	320	435		
	L360N L360Q　L360M	360	460		
	L390N L390Q　L390M	390	490		
	L415N L415Q　L415M	415	520		
	L450Q　L450M	450	535		
	L485Q　L485M	485	570		
	L555Q　L555M	555	625		
	L625M	625	695		
	L690M	690	760		
	L830M	830	915		

注：1　PSL1 钢管的钢管等级中后缀字母 P 表明该钢中含有规定含量的磷。

2　PSL2 钢管的钢管等级中后缀字母 R、N、Q、M 表示钢管的交货状态：R 为轧制；N 为正火轧制、正火成型、正火或正火加回火；Q 为淬火加回火；M 为热机械轧制。

2　输油站内管道的许用应力应取公式(5.2.1-2)和公式(5.2.1-3)中计算的较小值。

$$[\sigma]_t = \frac{\sigma_b^t}{3.0} \quad \cdots\cdots (5.2.1\text{-}2)$$

$$[\sigma]_t = 0.6\sigma_S^t \quad (5.2.1\text{-}3)$$

式中：

$[\sigma]_t$——设计温度下的许用应力（MPa）；

σ_b^t——材料设计温度下的最低抗拉强度（MPa）；

σ_S^t——材料设计温度下的最低屈服强度（MPa）。

3　旧钢管，如有出厂证明及制造标准资料，经鉴定及试压合格后，可按公式（5.2.1-1、5.2.1-2、5.2.1-3）计算许用应力；

4　对于为了达到规定的最低屈服强度要求而进行过冷加工（控轧、冷扩），并在其后曾经加热至大于或等于300℃（焊接除外）的钢管，其许用应力应按公式（5.2.1-1、5.2.1-2、5.2.1-3）计算值的75%取值；

5　钢管的许用剪应力不应超过其最低屈服强度的45%；支承外载荷作用下的许用应力（端面承压）不应超过其最低屈服强度的90%。

5.2.2　管道结构支承件和约束件所用钢材的许用拉应力和压应力不应超过其最低屈服强度的60%；许用剪应力不应超过其最低屈服强度的45%；支承应力（端面承压）不应超过其最低屈服强度的90%。

5.2.3　管道及管件强度验算的应力限用值应符合下列规定：

1　根据设计内压力计算出的应力值不应超过钢管的许用应力；

2　对于输送加热油品的管道，当管道轴向受约束时，其当量应力不得超过钢管最低屈服强度的90%；当管道轴向不受约束时，热胀当量应力不得超过钢管的许用应力；

3　架空结构构件的强度验算应符合现行国家标准《油气输送管道跨越工程设计规范》GB 50459的有关规定。

5.2.4　管道及管件由于永久载荷、可变载荷所产生的轴向应力之和，不应超过钢管的最低屈服强度的80%，但不应将地震作用和风载荷同时计入。

5.3　材　　料

5.3.1　输油管道所采用的钢管、管道附件的材质选择应根据设计压力、温度和所输介质的物理性质，经技术经济比较后确定。采用的钢管和钢材应具有良好的韧性和可焊性。

5.3.2　输油管道线路用钢管应采用管线钢，钢管应符合现行国家标准《石油天然气工业　管线输送系统用钢管》GB/T 9711 的有关规定；输油站内的工艺管道应优先采用管线钢，也可采用符合现行国家标准《输送流体用无缝钢管》GB/T 8163 规定的钢管。

5.3.3　管道附件和其他钢管材料应采用镇静钢。

5.3.4　当钢管储存、运输、施工的环境温度或运行温度低于0℃时，应对钢管和管道附件材料提出韧性要求。

5.3.5　液化石油气管道及管道附件，应考虑低温下的脆性断裂和运行温度下的塑性止裂性能。

5.3.6　钢制锻造法兰及其他锻件，应符合国家现行标准《承压设备用碳素钢和合金钢锻件》NB/T 47008、《低温承压设备用碳素钢和合金钢锻件》NB/T 47009 和《承压设备用不锈钢和耐热钢锻件》NB/T 47010 的有关规定。

5.4　输油管道管壁厚度计算及管道附件的结构设计

5.4.1　输油管道直管段的钢管管壁厚度应按下式计算：

$$\delta = \frac{PD}{2[\sigma]} \quad (5.4.1)$$

式中：

δ——直管段钢管计算壁厚(mm)；

P——设计内压力(MPa)；

D——钢管外直径(mm)；

$[\sigma]$——钢管许用应力(MPa)，应按本规范第5.2.1条的规定选用。

5.4.2 弯管的壁厚应按下列公式计算：

$$\delta_H \geqslant \delta \quad (5.4.2\text{-}1)$$

$$\delta_i \geqslant \delta \cdot m \quad (5.4.2\text{-}2)$$

$$m=\frac{4R-D}{4R-2D} \quad (5.4.2\text{-}3)$$

式中：

δ_H——弯管的外弧侧壁厚最小值(mm)；

δ_i——弯管的内弧侧壁厚最小值(mm)；

δ——弯管所连接直管段的计算壁厚(mm)；

m——弯管的壁厚增大系数；

R——弯管的曲率半径(mm)；

D——弯管的外径(mm)。

5.4.3 弯管的母管壁厚应按下式计算：

$$\delta_b=\frac{1}{1-c}\delta \quad (5.4.3)$$

式中：

δ_b——弯管母管计算壁厚(mm)；

δ——弯管所连接直管段的计算壁厚(mm)；

c——弯管弯制允许最大壁厚削薄率。

5.4.4 输油站间的管道可按设计内压力分段设计管道的管壁厚度。

5.4.5 钢制管件应符合下列规定：

1 冷弯管、热煨弯管宜采用与直管段相同的钢级材料制作；

2 制作冷弯管的钢管管型宜与两侧连接的直管段相同，热煨弯管不宜采用螺旋焊缝钢管制作；

3 用为了达到规定的最低屈服强度而进行过冷加工(控轧、冷扩)的母管制作的热煨弯管，其许用应力应按本规范第5.2.1条第4款的规定取值。

4 钢制管件的制造、检验、试验、标志和验收应符合国家现行标准《钢制对焊无缝管件》GB 12459、《优质钢制对焊管件规范》SY/T 0609、《钢制对焊管件规范》SY/T 0510和《油气输送用钢制感应加热弯管》SY/T 5257的有关规定。管件与直管段不等壁厚的焊接应符合本规范附录G的规定。

5.4.6 当管道及管件的壁厚极限偏差符合现行国家标准的规定时，在无其他特殊要求情况下，可不再增加管壁的裕量。

5.4.7 管道附件设计应符合下列规定：

1 管道附件应按设计内压力、设计温度和最低环境温度选择和设计，并应按本规范第5.1.2条第2款规定进行核算；

2 管道附件的非金属镶装件、填料、密封件，应选择耐油、耐温的材料。

5.4.8 钢制异径接头的设计应符合现行国家标准《压力容器》GB 150的有关规定。无折边异径接头的半锥角应小于或等于15°，异径接头的材质宜与所连接钢管的材质相同或相近。

5.4.9 钢制平封头或凸封头的设计应符合现行国家标准《压力容器》GB 150的有关规定。

5.4.10 绝缘接头、绝缘法兰的设计应符合现行行业标准《绝缘接头与绝缘法兰技术规范》SY/T 0516的有关规定。公称压力大于5MPa，直径大于300mm的输油管道宜采用绝缘接头。

5.4.11 管道和管道附件的开孔补强应符合下列规定：

1 在主管上直接开孔焊接支管，当支管外径小于0.5倍主管外径时，可采用补强圈进行局部补强，也可增加主管和支管管壁厚度进行整体补强。支管和补强圈的材料，宜与主管材料相同或相近。

2 当相邻两支管中心线的间距小于两支管开孔直径之和，但大于或等于两支管开孔直径之和的2/3时，应进行联合补强或加大主管管壁厚度。当进行联合补强时，支管两中心线之间的补强面积不得小于两开孔所需总补强面积的1/2。当相邻两支管中心线的间距小于两支管开孔直径之和的2/3时，不得开孔。

3 当开孔直径小于或等于50mm时，可不补强。

4 当支管外径大于或等于0.5倍主管外径时，应采用三通或采用全包型补强。

5 三通和主管开孔宜采用等面积补强，等面积补强的有效范围见图5.4.11，等面积补强按照下列公式校核计算：

$$A_1+A_2+A_3 \geqslant A_R \qquad (5.4.11-1)$$

$$A_1=(\delta_H-\delta_h)d \qquad (5.4.11-2)$$

$$A_2=2(\delta_B-\delta_b)L \qquad (5.4.11-3)$$

$$A_R=d\delta_h \qquad (5.4.11-4)$$

式中：

A_R——需要的补强面积（mm^2）；

A_1——主管补强面积（mm^2）；

A_2——支管补强面积（mm^2）；

A_3——补强圈、焊缝等所占补强面积（mm^2），对于拔制三通$A_3=0$；

d——支管内径（mm）；

δ_h——按公式（5.4.1）计算的主管管壁厚度（mm）；

δ_H——主管的公称管壁厚度（mm）；

δ_b——按公式（5.4.1）计算的支管管壁厚度（mm）；

δ_B——支管的公称管壁厚度（mm）；

L——取$2.5\delta_H$或$2.5\delta_B+M$之较小值（mm），对于拔制三通$L=0.7\sqrt{d\cdot\delta_R}$。

M——补强圈厚度（mm）；

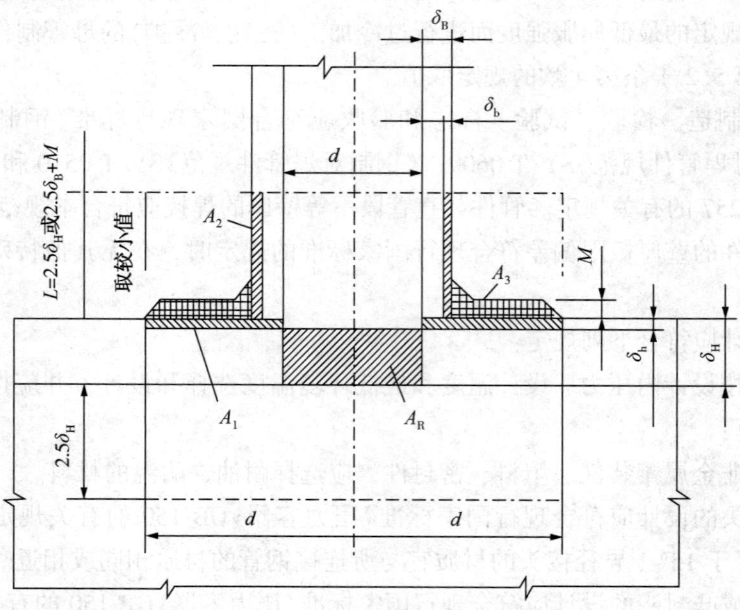

图5.4.11 等面积补强的有效范围

注：图中双点划线框内为可提供补强的范围。

6 开孔边缘距主管焊缝宜大于主管管壁厚的5倍。

5.4.12 当输油管道采用弯头或弯管时，其所能承受的温度和内压力，应不低于相邻直管段所承受的温度和内压力。

5.4.13 冷弯管的任何部位不得出现明显褶皱、裂纹及其他机械损伤，弯管两端的圆度不得大于2%，其他部位不得大于2.5%。

5.4.14 地面管道的管架、支承件和锚固件的设计应符合下列规定：

1 被支承的钢管不应产生过大的局部应力、轴向和侧向摩擦力；

2 管道运行时可能发生振动处，可采用支柱或防振装置，但不应改变设计的管道约束形式；

3 钢管上的支承件，可采用不与钢管焊接成一体的部件的管夹或"U"形管卡；

4 当设计的管道是在其许用应力或接近其许用应力的情况下运行时，焊接在钢管上的连接件应是一个环抱整个钢管的单独的圆筒形加强件。加强件与钢管的焊接应采用连续焊。

5.5 管道的强度校核

5.5.1 输油管道应计算由设计内压力、外部载荷和温度变化所产生的应力，并应使其小于管道、管道附件及所连接设备的安全承受能力。

5.5.2 穿越管段的强度验算应符合现行国家标准《油气输送管道穿越工程设计规范》GB 50423的有关规定。

5.5.3 埋地输油管道的直管段和轴向变形受限制的地上管段的轴向应力应按下列公式计算：

$$\sigma_a = \alpha E(t_1 - t_2) + \mu\sigma_h \quad (5.5.3\text{-}1)$$

$$\sigma_h = \frac{Pd}{2\delta} \quad (5.5.3\text{-}2)$$

式中：

σ_a——由于内压和温度变化产生的轴向应力(MPa)，负值为轴向压应力，正值为轴向拉应力；

E——钢材的弹性模量，可取2.05×10^5MPa；

α——钢材的线膨胀系数，可取1.2×10^{-5}℃$^{-1}$；

t_1——管道安装闭合时的环境温度(℃)；

t_2——管道内被输送介质的温度(℃)；

μ——泊桑比，宜取0.3；

σ_h——由内压产生的环向应力(MPa)；

p——管道的设计内压力(MPa)；

d——管道的内直径(m)；

δ——管道的公称壁厚(m)。

按内压计算的环向应力应小于或等于许用应力[σ]，许用应力[σ]应符合本规范第5.2.1条的规定。

5.5.4 埋地管道的弹性敷设管段和轴向受约束的地上架空管道，在轴向应力中均应计入横向弯曲产生的应力。轴向受约束的地上架空管道横向弯曲引起的轴向应力计算应符合现行国家标准《油气输送管道跨越工程设计规范》GB 50459的相关规定。弹性敷设管段的弯曲应力应按下式计算：

$$\sigma_d = \pm\frac{ED}{2R} \quad (5.5.4)$$

式中：

σ_d——弹性敷设产生的弯曲应力，负值为轴向压应力，正值为轴向拉应力(MPa)；

D——钢管外直径(m)；

R——弹性敷设曲率半径(m)。

5.5.5 对于受约束管道应按最大剪应力破坏理论计算当量应力，当 σ_a 为压应力（负值）时，应满足下式要求：

$$\sigma_e=\sigma_h-\sigma_a\leqslant 0.9\sigma_S \qquad (5.5.5)$$

式中：

σ_e——当量应力（MPa）；

σ_S——钢管的最低屈服强度（MPa）。

5.5.6 对于轴向不受约束的架空敷设管段、埋地管道出土端未设固定墩的管段，热膨胀当量应力应按下列公式计算，且计算值不应大于钢管的许用应力[σ]。

$$\sigma_t=\sqrt{\sigma_b^2+4\tau^2}\leqslant[\sigma] \qquad (5.5.6\text{-}1)$$

$$\sigma_b=\frac{\sqrt{(i_tM_t)^2+(i_oM_o)^2}}{Z} \qquad (5.5.6\text{-}2)$$

$$\tau=\frac{M_t}{2Z} \qquad (5.5.6\text{-}3)$$

式中：

σ_t——最大运行温差下热膨胀当量应力（MPa）；

σ_b——最大运行温差下热膨胀合成弯曲应力（MPa）；

M_i——构件平面内的弯矩，对于三通，总管和支管部分的力矩应分别考虑（MN·m）；

i_i——构件平面内的应力增强系数，其取值应符合本规范附录 H 的规定；

M_o——构件平面外的弯矩（MN·m）；

i_o——构件平面外的应力增强系数，其取值应符合本规范附录 H 的规定；

τ——扭应力（MPa）；

M_t——扭矩（MN·m）；

Z——钢管截面系数（m^3）。

5.5.7 计算地面管道的热应力时，管道的全补偿值应包括热伸长值、管道端点的附加位移及有效预拉伸。预拉伸的有效系数宜取 0.5。

5.6 管道的刚度和稳定

5.6.1 管道的刚度应满足钢管运输、管道施工和运行时的要求。钢管的外直径与壁厚的比值不宜大于 100。

5.6.2 穿越公路的无套管管段、穿越用的套管，以及埋深较大的管段，均应按无内压状态验算在外力作用下的变形，其水平方向直径的变形量不应大于钢管外径的 3%。变形量应按本规范附录 J 的规定计算确定。

5.6.3 加热输送的埋地管道应验算其轴向稳定性，并应符合下列规定：

1 加热输送的埋地管道轴向力应按下式计算：

$$N=[\alpha E(t_2-t_1)+(0.5-\mu)\sigma_h]A \qquad (5.6.3\text{-}1)$$

式中：

N——由温差和内压力产生的轴向力（MN）；

A——钢管横截面积（m^2）；

E——钢材的弹性模量，可取 2.05×10^5MPa；

σ——钢材的线膨胀系数，可取 1.2×10^{-5}℃$^{-1}$；

t_1——管道安装闭合时的环境温度（℃）；

t_2——管道内被输送介质的温度（℃）；

μ——泊桑比，宜取 0.3；

σ_h——由内压产生的环向应力(MPa)；

2 当 N 为正值时，表示 N 为轴向压缩力，应按下式验算轴向稳定性：

$$N \leqslant \frac{N_{cr}}{n} \quad \cdots\cdots\cdots\cdots\cdots\cdots \quad (5.6.3\text{-}2)$$

式中：

N_{cr}——管道开始失稳时的临界轴向力(MN)，应按本规范附录 K 的规定计算确定；

n——安全系数，公称直径大于 500mm 的钢管宜取 1.33；公称直径小于或等于 500mm 的钢管宜取 1.11。

3 当 N 为负值时，表示 N 为轴向拉力，可不验算轴向稳定性。

5.6.4 地上管道的轴向稳定应符合现行国家标准《油气输送管道跨越工程设计规范》GB 50459 的有关规定。

6 输 油 站

6.1 站场选址和总平面布置

6.1.1 站场选址应符合下列规定：

1 站场选址应合理利用土地，并应结合当地城乡建设规划。

2 站址宜选定在地势平缓、开阔、具有较好的工程、气象、水文、地质条件，且交通、供电、供水、排水及职工生活社会依托均较方便的地方；应保持与附近城镇居民点、工矿企业、铁路、公路等的安全间距要求。

3 站场位置选定应结合管道线路走向，满足工艺设计的要求；站场内应有足够的生产及施工操作场地；并行敷设管道的站场宜合建。

4 站址宜远离海、江、河、湖泊。当确需邻近建设时，应采取防止事故状态下事故液对周边水体污染的相应防护措施。

5 站场位置选定应避开下列场所：

1)存在崩塌、活动断层、滑坡、沼泽、流沙、泥石流、矿山采空区等不良地质的地段。

2)蓄(滞)洪区及有内涝威胁的地段；

3)易受洪水及泥石流影响的地段，窝风地段；

4)在山地、丘陵地区采用开山填沟营造人工场地时，应避开山洪流经过的沟谷；

5)水源保护区、自然保护区、风景名胜区和地下文物遗址。

6 首、末站站址的选定宜与上下游企业联合选址，并应使管道的进出线方便。

7 各类站场的站址选择应符合现行行业标准《石油天然气工程总图设计规范》SY/T 0048 中的相关规定。独立建设或与炼厂、油库、油品码头等石油化工企业毗邻建设的输油站场，与相邻的居民点、企业的安全间距应符合现行国家标准《石油天然气工程设计防火规范》GB 50183 的相关规定。

8 站场与油田的集中处理站、炼厂、油库等石油化工企业合并建设时，各设施与相邻石油化工企业相关设施的安全间距，应按照现行国家标准《石油天然气工程设计防火规范》GB 50183 和相关规范中企业内部各设施之间安全间距要求的较大者确定。

6.1.2 各类站场的总平面布置应符合下列规定：

1 防火间距及防火措施应符合现行国家标准《石油天然气工程设计防火规范》GB 50183 的相关

规定；

2 总平面布置的防爆要求应符合现行行业标准《石油设施电气设备安装区域一级、0 区、1 区和 2 区区域划分推荐作法》SY/T 6671 的相关规定；

3 站场总平面和竖向布置应符合现行行业标准《石油天然气工程总图设计规范》SY/T 0048 的相关规定；

4 各类站场内部设施的总平面布置应根据各类设施的火灾危险性，并结合地形、风向等条件，按功能进行分区布置；

5 各类站场内使用性质相近的建(构)筑物，在符合生产使用和安全防火的要求下，宜合并布置；

6 各类站场应结合当地情况，选取合理的雨水排放和收集方案，避免由于雨水排放造成的水土流失、环境污染等情况的发生；

7 输油站场生产区周围宜设置防止事故状态下事故液漫流的导流和收集设施。

6.2 站场工艺流程

6.2.1 输油首站工艺流程宜具有收油、储存、增压正输(加热)、发送清管器、站内循环、计量的功能。

6.2.2 中间(热)泵站工艺流程应符合下列规定：

1 中间泵站工艺流程宜具有增压正输、压力越站、全越站、接收和发送清管器或清管器越站的功能；

2 中间热泵站工艺流程宜具有增压正输、加热正输、压力越站、热力越站、全越站、接收和发送清管器或清管器越站的功能；

3 中间热站工艺流程宜具有加热正输、热力越站、全越站、接收和发送清管器或清管器越站的功能；

4 设有分输功能的中间(热)泵站工艺流程尚应具有油品分输、调节及计量功能；

5 设有注入功能的中间(热)泵站工艺流程尚应具有收油、调节、计量、注入的功能。

6.2.3 清管站工艺流程应具有接收和发送清管器的功能。

6.2.4 减压站工艺流程应具有减压、接收和发送清管器的功能。设有分输或加热功能的减压站尚应分别具有分输站、热站的功能。

6.2.5 分输站工艺流程宜具有油品分输、调节及计量功能。与清管站合建的分输站尚应具有接收和发送清管器的功能。

6.2.6 注入站工艺流程宜具有收油、调节、计量、注入的功能。与清管站合建的分输站尚应具有接收和发送清管器的功能。

6.2.7 末站工艺流程宜具有收油、储存或不进罐直接计量后去用户、站内循环、接收清管器的功能。

6.2.8 采用反输工艺的输油管道各站场还应具有反输功能。

6.2.9 设有压力泄放系统的各类站场，应具有油品泄压进罐及油品回注或处理功能。

6.3 原油管道站场工艺及设备

6.3.1 原油储罐宜选用浮顶油罐。

6.3.2 输油站储罐设置应满足管道安全运行的需求，储罐设置应符合下列规定：

1 输油首站、注入站及末站设置的储油罐数量每站不宜少于 3 座，储油罐总容量不应小于按下式计算的储罐总容量：

$$V=\frac{G}{350\rho\varepsilon}k \qquad (6.3.2-1)$$

式中：

V——输油站原油储罐总容量(m^3)；

G——输油站原油年总运转量(t)；

ρ——储存温度下原油密度(t/m^3)；

ε——油罐装量系数，宜取0.9；

k——原油储备天数，应按本规范第6.3.4条相关规定选取。

2 具有储存、转运功能的分输站宜设置储油罐，罐容应按本规范公式(6.3.2-1)计算。直接向用户供油的分输站可不设置储油罐。

3 设有反输功能的输油站罐容除应满足正常输送需要外，尚应满足反输工艺对储罐容量的需求。反输罐容应按下式计算：

$$V=\frac{24v}{\varepsilon}k \qquad (6.3.2-2)$$

式中：

V——管道反输运行时，输油站需要的原油储罐总容量(m^3)；

v——管道反输运行的输油量(m^3/h)；

ε——油罐装量系数，宜取0.9；

k——原油反输运行天数。

6.3.3 站场泄压罐设置及容量应根据瞬态水力分析确定，泄压罐宜采用固定顶储罐。

6.3.4 输油站油品储备天数宜符合下列规定：

1 首站、注入站：

1) 油源来自油田、管道时，其储备天数宜为3天~5天；

2) 油源来自铁路卸油时，其储备天数宜为4天~5天；

3) 油源来自内河运输时，其储备天数宜为3天~4天；

4) 油源来自近海运输时，其储备天数宜为5天~7天；

5) 油源来自远洋运输时，其储备天数按委托设计合同确定；油罐总容量应大于油轮一次卸油量。

2 具有储存、转运功能的分输站、末站：

1) 通过铁路发送油品给用户时，油品储备天数宜为4天~5天；

2) 通过内河发送给用户时，油品储备天数宜为3天~4天；

3) 通过近海发送给用户时，油品的储备天数宜为5天~7天；

4) 通过远洋油轮运送给用户时，油品储备天数按委托设计合同确定；油罐总容量应大于油轮一次装油量；

5) 末站为向用户供油的管道转输站时，油品储备天数宜为3天。

3 中间(热)泵站采用旁接油罐输油工艺时，其旁接油罐容量宜按2h的最大管输量计算。

6.3.5 油罐的加热和保温方式应根据储存原油的物理性质和环境条件，通过技术经济比较后确定。原油储存温度宜高于原油凝点3℃~5℃。

6.3.6 铁路装卸设施应符合现行行业标准《石油化工液体物料铁路装卸车设施设计规范》SH/T 3107的相关规定。

6.3.7 码头装卸设施应符合现行行业标准《海港总体设计规范》JTS 165的相关规定。

6.3.8 输油泵的选择应符合下列规定：

1 输油泵泵型应根据所输油品性质合理选择。当在输送温度下油品的动力黏度在100mPa·s以下时，宜选用离心泵。

2 泵机组不应少于 2 台，但不宜多于 5 台，并应至少备用 1 台。

3 输油泵轴功率应按下式计算：

$$P=\frac{q_V \rho H}{102\eta} \qquad (6.3.8)$$

式中：

P——输油泵轴功率(kW)；

q_V——设计温度下泵的排量(m^3/s)；

ρ——设计温度下介质的密度(kg/m^3)；

H——输油泵排量为 q_V 时的扬程(m)；

η——设计温度下泵排量为 q_V 时的输油效率。

注：泵样本上给出的 η、q_V、H 是以输水为基础的数据。泵用于输油时，应根据输油温度下的油品黏度，对泵的 η、q_V、H 进行修正。

6.3.9 输油主泵驱动装置的选择应符合下列规定：

1 电力充足地区应采用电动机，无电或缺电地区宜采用内燃机；

2 经技术经济比较后，可选择调速装置或可调速的驱动装置；

3 驱动泵的电动机功率应按下式计算：

$$N=K\frac{P}{\eta_e} \qquad (6.3.9)$$

式中：

N——输油泵配电机额定功率(kW)；

P——输油泵轴功率(kW)；

η_e——传动系数，取值如下：直接传动，$\eta_e=1.0$；齿轮传动，$\eta_e=0.9\sim0.97$；液力耦合器 $\eta_e=0.97\sim0.98$；

K——电动机额定功率安全系数，取值如下：$3<P\leqslant55kW$，$k=1.15$；$55<P\leqslant75kW$，$k=1.14$；$P>75kW$，$k=1.1$。

6.3.10 加热设备的选择应符合下列规定：

1 加热设备不宜少于 2 台，可不设备用；

2 热负荷应按下式计算：

$$Q=q_m C(t_1-t_2) \qquad (6.3.10)$$

式中：

Q——加热设备热负荷(W)；

q_m——进入加热设备油品流量(kg/s)；

C——加热设备进、出口平均温度下油品的比热容[J/(kg·℃)]；

t_1——加热设备出口油品温度(℃)；

t_2——加热设备进口油品温度(℃)。

6.3.11 减压站内减压系统的设置应符合下列规定：

1 减压系统应能保证油品通过上游高点时不出现汽化现象，并应控制下游管道压力不超压；

2 减压系统应设置备用减压阀，减压阀应选择故障关闭型；

3 减压站不应设置越站管线；

4 减压阀上、下游应设置远控截断阀，阀门的压力等级应和减压阀压力等级保持一致，应能保证在管道停输时完全隔断静压力；

5 减压阀组上游应设置过滤器，过滤网孔径尺寸应根据减压阀结构形式确定；

6 设置伴热保温的减压阀组，每路减压阀组应设置单独的伴热回路；

7 减压站内的进、出站管线上应设超压保护泄放阀。

6.3.12 清管设施的设置应符合下列规定：

1 输油管道应设置清管设施；

2 清管器出站端及进站端管线上应设置清管器通过指示器；设置清管器转发设施的站场，应在清管器转发设施的上游和下游管线上设置清管器通过指示器；

3 清管器接收、发送筒的结构、筒径及长度应能满足通过清管器或检测器的要求；

4 当输油管道直径大于 *DN*500，且清管器总重超过 45kg 时，宜配备清管器提升设施；

5 清管器接收、发送操作场地应根据一次清管作业中使用的清管器(包括检测器)数量及长度确定；

6 清管作业清出的污物应进行集中收集处理。

6.3.13 输油管道用阀门的选择应符合下列规定：

1 安装于通过清管器管道上的阀门应选择全通径型(阀门通道直径与相连接管道的内径相同)；不通清管器的阀门可选用普通型或缩径型；

2 埋地安装的阀门宜采用全焊接阀体结构，并采用焊接连接；

3 当阀门与管道焊接连接时，阀体材料的焊接性能应与所连接的钢管的焊接性能相适应；

4 输油管道不得使用铸铁阀门。

6.3.14 油品交接计量的设置应符合下列规定：

1 输油管道应在油品交接处设置交接计量系统；

2 流量计宜选用容积式、速度式或质量式流量计，准确度不应低于 0.2 级；

3 计量系统应设置备用计量管路，不应设置旁通管路；计量管路多于 4 路时，应设置 2 路备用；

4 流量计下游应设置具有截止和检漏双功能阀门或严密性好的无泄漏阀门；

5 流量计出口应保持足够的背压；

6 计量系统宜设置在线检定装置及配套设施，检定装置应设置清洗流程；

7 流量计前后的排污设施应分别设置，宜设置密闭流程；

8 流量计、体积管可露天安装，水标系统宜室内安装；

9 计量处宜设置取样系统和油品物性化验设施；

10 计量系统及辅助设备的设置，应满足国家现行标准《原油动态计量 一般原则》GB/T 9109.1、《液态烃动态测量 体积计量流量计检定系统》GB/T 17286、《液态烃动态测量 体积计量系统的统计控制》GB/T 17287、《液态烃体积测量 容积式流量计计量系统》GB/T 17288、《液态烃体积测量 涡轮流量计计量系统》GB/T 17289 及《科里奥利质量流量计检定规程》JJG 1038 的有关规定。

6.4 成品油管道站场工艺及设备

6.4.1 储存汽油、石脑油、煤油、溶剂油、航空煤油、喷气燃料油应选用内浮顶罐；闪点低于 45℃的柴油宜选用内浮顶罐，闪点高于 45℃的柴油、重油等可选用固定顶油罐。

6.4.2 顺序输送管道首站、注入站的储罐容量应满足批次输送的罐容要求，储罐设置应符合下列规定：

1 输油首站、注入站满足批次组织要求的储罐容量宜按下列公式计算：

$$V=\frac{K_m m}{\rho \varepsilon N} \quad (6.4.2\text{-}1)$$

$$K_m=\frac{Q_m}{Q_e} \quad (6.4.2\text{-}2)$$

式中：

V——每批次、每种油品或每种牌号油品所需的储罐容量(m^3)；

m——每种油品或每种牌号油品的年输送量(t)；

ρ——储存温度下每种油品或每种牌号油品的密度(t/m^3)；

ε——油罐的装量系数，容量小于 $1000m^3$ 的固定顶罐(含内浮顶)宜取 0.85，容量等于或大于 $1000m^3$ 的固定顶罐(含内浮顶)、浮顶罐宜取 0.9；

N——循环次数(次)；

K_m——月最大不均匀系数；

Q_m——最大月下载或输出量(t)；

Q_e——年平均月下载或输出量(t)。

注：设有水运卸船码头的站场，还应满足一次装船或卸船量要求，取较大值。

2 直接向销售油库供油的分输站或末站可不设置储油罐；具有储存、转运功能的分输站或末站的罐容宜按本规范公式(6.4.2-1)计算，且应满足转运方式的要求。

3 每种油品或每种牌号油品储油罐数量不应少于2座。

6.4.3 成品油管道的首站、注入站和末站宜与沿线炼厂或油库合并设置或相邻设置，分输计量设施宜与沿线分输油库合并设置。

6.4.4 顺序输送成品油管道站场泄压罐设置及容量应根据瞬态水力分析确定，泄压罐宜采用固定顶罐。

6.4.5 有混油切割的站场应在进站管道上设置混油界面检测设施。

6.4.6 需下载混油的站场宜设置混油罐，顺序输送成品油管道站场混油罐数量应按照混油切割和处理工艺确定，混油罐总容量不宜小于2个输送批次混油切割量要求。

6.4.7 成品油管道铁路装卸设施应符合现行行业标准《石油化工液体物料铁路装卸车设施设计规范》SH/T 3107 的相关规定。

6.4.8 成品油管道码头装卸设施应符合现行行业标准《海港总体设计规范》JTS 165 的相关规定。

6.4.9 汽油、石脑油等轻质油品装车总量大于20万吨/年时，宜设置油气回收设施。

6.4.10 输油泵流量选择宜兼顾管道近、远期输量变化要求，扬程选择应满足所输各种油品的需要，并应按本规范第6.3.8条的规定选择泵送设备。

6.4.11 输油泵驱动装置应按本规范第6.3.9条的规定选择。

6.4.12 减压站的设置应符合本规范第6.3.11条的规定。

6.4.13 清管设施设置应符合本规范第6.3.12条的规定。

6.4.14 成品油管道阀门的选择应符合下列规定：

1 成品油管道阀门的选择应符合本规范第6.3.13条的规定；

2 顺序输送成品油管道用于油品切换作业的阀门应为快速开启、关闭、密封性能好的阀门，其开启、关闭的时间不宜超过10s，并应采取防止管道内漏、串油的措施。

6.4.15 油品交接计量应符合本规范第6.3.14条的规定。

6.5 液化石油气管道站场工艺及设备

6.5.1 液化石油气储罐设计应符合下列规定：

1 在常温下，应选用卧式金属储罐或球形储罐；

2 管道首站、注入站、分输站、末站液化石油气储罐总容量应按下式计算：

$$V=\frac{m}{350\rho\varepsilon}k \qquad (6.5.1-1)$$

式中：

V——管道首站、注入站、分输站、末站液化石油气储罐总容量(m^3)；

m——管道首站、注入站、分输站、末站液化石油气年总运转量(t)；

ρ——储罐内最高工作温度时液化石油气的密度(t/m³)；

ε——最高操作温度下储罐装量系数，宜取0.85；

k——液化石油气的储备天数。

3 储罐座数应按下式确定：

$$n=\frac{V}{V_1} \quad (6.5.1-2)$$

式中：

n——储罐座数，首站、注入站、分输站、末站储罐，每站不宜少于3座；

V——液化石油气总储存量(m³)；

V_1——球罐或卧罐单座的容量(m³)。

4 液化石油气储罐的设计应符合国家现行标准《固定式压力容器安全技术监察规程》TSG R0004的相关规定。

5 液化石油气储罐上的附件应按工艺要求设置。储罐上的附件选用、安装、使用要求，应符合国家现行标准《固定式压力容器安全技术监察规程》TSG R0004的相关规定。

6 液化石油气储罐下部应设置排污双阀，在寒冷地区应设防冻设施。

7 液化石油气储罐上应设置安全阀。安全阀入口管道和出口管道上不宜设置切断阀，当工艺有特殊要求必须设置时，应使切断阀在正常工作时保持开启状态并加铅封。与储罐相接的管线上不得安装铸铁阀。

8 容量大于或等于100m³的储罐应设置2个或2个以上安全阀。

6.5.2 首站、注入站、分输站、末站液化石油气的储备天数应符合本规范第6.3.4条的规定。

6.5.3 储罐的冷却与绝热方式应根据所储液化石油气组分和环境条件，经技术经济比较后确定。

6.5.4 液化石油气铁路装卸设施应符合现行行业标准《石油化工液体物料铁路装卸车设施设计规范》SH/T 3107的相关规定。

6.5.5 码头装卸设施应符合现行行业标准《海港总体设计规范》JTS 165的相关规定。

6.5.6 泵送设备除应按本规范第6.3.8条选用外，还应符合下列规定：

1 宜选用液化石油气专用泵。泵的安装高度应保证不使其发生气蚀，并应采取防振动措施。

2 选用泵的外壳应为铸钢，应选用无泄漏型机械密封。

3 入口管段上应设置操作阀、过滤器、放散阀及放散管，放散管应引至安全放空地点。

4 泵出口管段上应设置止回阀、操作阀和液相安全回流阀。

6.5.7 主泵驱动装置的选择除应符合本规范第6.3.9条的规定外，还应满足水联运工况的要求。

6.5.8 压缩机组及附件的设置应符合下列规定：

1 站场内宜设置压缩机，对储罐及装卸设备中的气相液化石油气增压；

2 压缩机进、出口管线上应设置阀门；

3 压缩机进、出口管之间应设置旁通管及旁通阀；

4 压缩机进口管线上应设置过滤器；

5 压缩机出口管线上应设置止回阀和安全阀；

6 当站内无压缩机系统时，罐区内各储罐的气相空间之间，槽车与储罐气体空间应用平衡管连通。

6.5.9 减压站的设置应符合本规范第6.3.11条的规定。

6.5.10 清管设施的设置应符合本规范第6.3.12条的规定。

6.5.11 液化石油气管道用阀门应符合下列规定：

1 阀门及附件的配置应按系统设计压力提高一级；

2 地上管道分段阀之间的管段上应设置安全阀；

3 管道上应设置液化气专用阀门；

4 阀门应按本规范第 6.3.13 条的规定选择。

6.5.12 液化石油气的交接计量应符合本规范第 6.3.14 条的规定。

6.6 站内管道及设备的防腐与保温

6.6.1 站内地面钢质管道和金属设施应采用防腐层进行腐蚀防护。

6.6.2 站内地下钢质管道的防腐层应为加强级或特加强级，也可采取外防腐层和阴极保护联合防护方式。

6.6.3 地面储罐的防腐设计应符合现行国家标准《钢质石油储罐防腐蚀工程技术规范》GB/T 50393 的有关规定。

6.6.4 保温管道的钢管外壁及钢制设备外壁均应进行防腐，保温层外应设防护层。埋地管道及钢制设备的保温设计应符合现行国家标准《埋地钢质管道防腐保温层技术标准》GB/T 50538 的有关规定。地面钢质管道和设备的保温设计应符合现行国家标准《工业设备及管道绝热工程设计规范》GB 50264 的有关规定。

6.7 站场供配电

6.7.1 输油站的电力负荷分级应根据输油管道工艺系统的运行要求来确定，并应符合下列规定：

1 加热输送原油管道的首站、设有反输功能的末站、压力或热力不可越站的中间站应为一级负荷；

2 常温输送管道的首站、压力不可越站的泵站宜为一级负荷；

3 减压站宜为一级负荷；

4 其他各类输油站场应为二级负荷；

5 线路监控阀室、独立阴极保护站可为三级负荷。

6.7.2 一级负荷输油站场应有双重电源供电；当条件受限制时，可由当地公共电网同一变电站电气联系相对较弱的两个不同母线段分别引出一个回路供电，供电电源变电站应具备至少两路电源进线和至少两台主变压器。输油站场每一个电源(回路)的容量应满足输油站的全部计算负荷，非受限制区域两路架空供电线路不应同杆架设。

6.7.3 二级负荷输油站场宜有两回线路供电，两回线路可同杆架设；在负荷较小或地区供电条件困难时，可由一回线路供电，但应设应急电源。

6.7.4 输油站场中站控制系统、通信系统、紧急截断阀应采用不间断电源(UPS)供电，蓄电池组的后备时间应满足站控制系统、通信系统及紧急截断阀的后备时间要求，且不宜少于 2h。

6.7.5 在无电或缺电地区，站内低压负荷可采用燃油发电机组供电，发电机组的选择应符合下列规定：

1 发电机组运行总容量应按全站低压计算负荷的 1.25 倍~1.3 倍选择，并应满足低压电动机的启动条件；备用机组容量可按运行机组容量的 50%~100%选择；

2 发电机组的台数应为 2 台及以上，同一输油站宜选择同型号、同容量的机组；应根据机组的检修周期、是否设值班人员及机组运行台数，合理确定备用机组台数；

3 发电机组应满足并联运行、具有自动-手动并车功能。

6.7.6 在无电或电源不可靠地区，输油管道线路监控阀室、通信站、阴极保护站宜选择太阳能发电、风能发电或小型燃油发电装置供电，应根据负荷容量、气象、地理环境、燃料供应条件合理选择。

6.7.7 变(配)电所的供电电压应符合下列规定：

1 变(配)电所的供电电压应根据用电容量、供电距离、当地公共电网现状合理确定，宜为10(6)kV~110 kV；

2 输油泵、消防泵电动机额定电压应与一级配电电压相匹配。低压配电电压应采用380V/220V。

6.7.8 变(配)电所的主接线和变压器选择应符合下列规定：

1 具有一路电源进线和1台变压器的变电所，可采用线路—变压器组接线；其主变压器的容量宜按全站计算负荷的1.25倍~1.33倍选择，且应满足输油主泵电动机的启动条件。

2 当有两路电源进线时，主变压器应为2台。变电所主接线宜采用单母线分段或桥形接线、二次侧宜采用单母线分段接线。每台主变压器容量应满足全站计算负荷，并应满足输油主泵电动机的启动条件。

3 配电变压器的台数及容量选择宜按主变压器选择原则进行。

6.7.9 变(配)电所的无功补偿应符合下列规定：

1 输油泵配10(6)kV异步电动机台数在5台以下时，宜采用单机无功补偿方式；台数在5台及以上时宜采用集中补偿方式；

2 低压配电侧宜采用集中无功自动补偿方式；

3 当工艺条件适当时，可采用高压同步电动机驱动输油泵。

6.7.10 6kV~110kV变电所应采用变电站综合自动化系统，实现对变配电系统的保护、数据采集与监控，并应同时备有手动操作功能。

6.7.11 变电所的电力调度通信应符合下列规定：

1 应设置输油管道内部通信电话；

2 应设置与地方供电部门电力调度中心的外部电力调度通信，主、备电力调度通信方式应符合当地电网的要求；

3 无人值班变电所，除在变电所装设电力调度电话外，还应在站控制室装设并机电力调度电话。

6.7.12 输油管道输油站场和阀室危险区域的划分应符合现行行业标准《石油设施电气设备安装区域一级、0区、1区和2区区域划分推荐作法》SY/T 6671的相关规定；危险区域内电气装置的选择应符合现行国家标准《爆炸危险环境电力装置设计规范》GB 50058的相关规定。

6.7.13 输油站场和阀室的防雷、防雷击电磁脉冲、防静电设计应符合下列规定：

1 输油站场内的建(构)筑物的防雷设计应符合现行国家标准《建筑物防雷设计规范》GB 50057的相关规定；信息系统设备所在建筑物，应按不低于第三类防雷建筑物进行防直击雷设计；

2 阀室应按照第二类防雷建筑物进行防直击雷设计；

3 输油管道的防雷、防静电设计应符合现行国家标准《石油天然气工程设计防火规范》GB 50183的相关规定；

4 供配电系统和电子信息系统的防雷、防雷击电磁脉冲设计应符合国家现行标准《交流电气装置的过电压保护和绝缘配合》GB/T 50064、《建筑物防雷设计规范》GB 50057和《建筑物电子信息系统防雷技术规范》GB 50343的相关规定。

6.7.14 输油站场的接地设计应符合下列规定：

1 站场内的建(构)筑物的接地系统设计应符合现行国家标准《建筑物防雷设计规范》GB 50057的相关规定；

2 站场中的电气装置或设备，除另有规定外应使用一个总的接地网；

3 同一建筑物或区域内，防雷接地、电气设备接地和信息系统设备接地宜采用共用接地系统，其接地电阻取最小值。

6.7.15 输油站场内用电设备负荷等级的划分应符合表6.7.15的规定。

表 6.7.15 输油站场内用电设备的负荷等级

建(构)筑物、装置名称	用电设备	负荷等级
泵房(棚)	主泵、给油泵	一
	装车(装船)泵	二
加热炉区	直接加热炉或间接加热炉及其配套用电设施	一
消防泵房	冷却水泵、泡沫混合液泵或消防水泵	*
锅炉房	给水泵、补水泵、风机、火嘴、水处理设备	二
阀室	电动阀	三
管道控制中心	SCADA 系统、数据信号传输设备	一
站控制室	工业控制计算机系统、网络设备	一
设备间	通信设备	一
供水设施(深水井、加压泵房、净化设施)	整个设施	二
污水处理场	整个设施	三
计量间	整个设施	二
油罐区	整个设施	二
阴保间	恒电位仪	三
管道电伴热	整个设施	二
生产辅助设施(维修车库、材料和设备仓库、化验室等)	整个设施	三
生活辅助设施(值班宿舍、食堂等)	整个设施	三

注：1 可压力越站的中间泵站，主泵的用电负荷等级降为二级。

2 可热力越站的中间热站，加热炉区用电设备的负荷等级降为二级。

3 计量间内流量计算机系统的负荷等级为一级。

* 消防泵房内用电设备的负荷等级应符合现行国家标准《石油天然气工程设计防火规范》GB 50183 的相关规定。

6.8 站场供、排水及消防

6.8.1 站场水源的选择应符合下列规定：

1 水源应根据站场规模、用水要求、水源条件和水文地质条件等因素综合分析确定，并宜就近选择。

2 生产、生活及消防用水宜采用同一水源。当油罐区、液化石油气罐区、生产区和生活区分散布置，或有其他特殊情况时，经技术经济比较后可分别设置水源。

3 生活用水的水质应符合现行国家标准《生活饮用水卫生标准》GB 5749 的相关规定；生产和消防用水的水质标准，应满足生产和消防工艺要求。

6.8.2 站场及油码头的污水排放应符合下列规定：

1 含油污水应与生活污水和雨水分流排放；

2 生活污水应经处理达标后排放；

3 含油污水应进行处理，宜采用小型装置化处理设备，处理深度应符合现行国家标准《污水综合排放标准》GB 8978 的相关规定和当地环保部门的要求；

4 雨水宜采用地面有组织排水的方式排放；油罐区的雨水排水管道穿越防火堤处，在堤内宜设置截油装置，在堤外应设置截流装置。

6.8.3 站场及油码头的消防设计应符合下列规定：

1 原油、成品油储罐区的消防设计，应符合现行国家标准《石油天然气工程设计防火规范》GB 50183 和《泡沫灭火系统设计规范》GB 50151 的相关规定；

2 液化石油气储罐区的消防设计，应符合现行国家标准《石油天然气工程设计防火规范》GB 50183 和《建筑设计防火规范》GB 50016 的相关规定；

3 装卸原油、成品油码头的消防设计，应符合国家现行标准《固定消防炮灭火系统设计规范》GB 50338 和《装卸油品码头防火设计规范》JTJ 237 的相关规定；

4 站场及油码头的建筑消防设计，应符合现行国家标准《建筑设计防火规范》GB 50016 和《建筑灭火器配置设计规范》GB 50140 的相关规定。

6.9 供热、通风及空气调节

6.9.1 输油站的采暖宜优先利用城镇或临近单位的热源。当无依托热源时，可自建锅炉房。

6.9.2 输油站内各建筑物的采暖通风和空气调节设计应符合国家现行标准《采暖通风与空气调节设计规范》GB 50019 和《石油化工采暖通风与空气调节设计规范》SH/T 3004 的相关规定。

6.9.3 输油站各类房间的冬季采暖室内计算温度，应符合表 6.9.3 的规定。

表 6.9.3 输油站各类房间冬季采暖室内计算温度

序号	房间名称	室内温度(℃)
1	输油泵房的电机间、深井泵房、污水提升泵房、汽车库(不设检修坑)、低压配电间(无人值班)	5
2	消防车库(不设检修坑)、消防泵房	8
3	汽车库(内设检修坑)、消防车库(内设检修坑)	14
4	输油泵房、阀组间、蓄电池室、柴油发电机间	10
5	计量间、维修间、低压配电间(有人值班)、盥洗室、厕所	16
6	站控制室、办公室、化验室、值班室、休息室、食堂、控制室	18
7	淋浴室、更衣室	25

注：加热炉烧火间、高压开关室、电容器室等不采暖。

6.9.4 化验室的通风宜采用局部排风；当采用全面换气时，其通风换气次数不宜小于 5 次/h。排风设备应采用防爆型。

6.9.5 驱动输油泵的电动机，其通风方式应按电动机安装使用要求决定。

6.9.6 输油泵房、计量间、阀组间等放散可燃气体的工作场所，应设置事故通风装置，其通风换气次数不宜小于 12 次/h。

6.9.7 积聚容重大于空气、并具有爆炸危险气体的建(构)筑物，应设置机械排风设施。其排风口的位置应能有效排除室内地坪最低处积聚的可燃或有害气体，其排风量应根据各类建筑物要求的换气次数或根据产生气体的性质和数量经计算确定。

6.9.8 采用热风采暖、空气调节和机械通风装置的场所，其进风口应设置在室外空气清洁区，对有防火防爆要求的通风系统，其进风口应设在不可能有火花溅落的安全地点，排风口应设在室外安全处。

6.9.9 采用全面排风消除余热、余湿或其他有害物质时，应分别从建筑物内温度最高、含湿量或有害物质浓度最大的区域排风。

6.9.10 输油站内控制室、机柜间、化验室、变频间可设置空气调节装置。

6.9.11 当设置较大型集中式空调系统时，应考虑选用风冷式冷却系统。当采用水冷式冷却系统时，应采用循环水式水冷却系统。

6.9.12 输油站内的锅炉房及热力管网设计，应符合现行国家标准《锅炉房设计规范》GB 50041 的相关规定。

6.9.13 通信机房的采暖通风及空气调节设计，应符合现行行业标准《电信专用房屋设计规范》YD/T 5003 的相关规定。

6.9.14 建筑物的采暖通风与空气调节设计的节能措施应符合下列规定：

1 输油站内产生的余热，宜回收利用；

2 晴天日数多、日照时间长的地区，宜优先采用太阳能作热源。

6.10 仪表及控制系统

6.10.1 工艺设备、动力设备及其他辅助设备应满足自动控制系统的功能要求。

6.10.2 输油工艺过程平稳运行及确保安全生产的重要参数，应进行连续监测或记录。

6.10.3 仪表选型应符合下列规定：

1 应选用安全、可靠、技术先进的标准系列产品；

2 检测和控制仪表宜采用电动仪表；

3 仪表输入、输出信号应采用标准信号；

4 直接与介质接触的仪表，应满足管道及设备的设计压力、温度及介质的物性要求；

5 现场应安装供运行人员巡回检查和就地操作的就地显示仪表。

6.10.4 爆炸危险区域内安装的电动仪表、设备，其防爆结构应按表 6.10.4 确定。

表 6.10.4 电动仪表、设备防爆结构选择

分区	0 区	1 区	2 区
防爆型式	本质安全型 ia	本质安全型 ia、ib 隔爆型 d	本质安全型 ia、ib 隔爆型 d、增安型 e

注：分区应符合现行行业标准《石油设施电气设备安装区域一级、0 区、1 区和 2 区区域划分推荐作法》SY/T 6671 的相关规定。

6.10.5 输油站内宜设站控制室。

6.10.6 进出站控制回路设计应符合下列规定：

1 控制方式宜采用节流调节或泵转速调节；

2 调节阀流量特性应选择等百分比或近似等百分比。

6.10.7 站控制系统的监控内容应符合下列规定：

1 应监视、调节正常运行工况下的输油温度、压力；

2 宜对管道输油量进行监控；

3 可对站场能耗进行计量；

4 应能完成报警事件和应急工况的处理；

5 应对混油段进行监视；

6 对需要远程控制的工艺设备、动力设备及其他辅助设备进行远程控制。

6.10.8 仪表及站控制系统的供电设计除应符合本规范第6.7节的规定外，还应符合下列规定：

1 仪表及站控制系统的交流电源应与动力、照明用电分开设置；

2 站控制系统应采用不间断电源供电。

6.10.9 仪表系统的接地宜采用共用接地装置，接地连接电阻不应大于1Ω。

6.10.10 电缆选型及敷设应符合下列规定：

1 仪表信号电缆宜选用屏蔽电缆，电缆直埋敷设时应选用铠装电缆；

2 电缆宜采用电缆沟、直埋、电缆桥架方式敷设。

7 管道监控系统

7.1 一般规定

7.1.1 管道系统的控制水平与控制方式应满足输油工艺过程的安全、操作和运行要求。

7.1.2 输油管道应设置监视、控制和调度管理系统，宜采用监控与数据采集(SCADA)系统。

7.1.3 输油管道的监控与数据采集(SCADA)系统应包括控制中心的计算机系统、输油站站控制系统、远控截断阀的控制系统及数据传输系统。

7.1.4 输油管道的控制方式宜采用控制中心控制、站控制系统控制和设备就地控制。

7.2 控制中心及计算机系统

7.2.1 控制中心宜具有下列功能：

1 监视各站及工艺设备的运行状态；

2 对监控阀室的监视、控制；

3 实时采集和处理主要工艺变量数据；

4 通过站控制系统进行远程控制；

5 水击控制；

6 管道的泄漏检测与定位；

7 全线紧急停运；

8 通信信道监测及自动切换；

9 数据分析及运行管理决策指导；

10 向管理系统和其他应用系统提供数据。

7.2.2 顺序输送多种油品时，控制中心配置的软件可具备状态预测、批次计划、工艺运行优化、界面跟踪、管道存量计算、模拟培训等功能。

7.2.3 控制中心控制室的设计应满足运行操作条件的要求，除应符合现行国家标准《电子信息系统机房设计规定》GB 50174的规定外，尚应满足计算机设备的安装要求。

7.2.4 计算机系统应采用双机热备配置，系统应具备故障自动切换功能。

7.2.5 当设置备用控制中心时，主、备控制中心之间应具备控制权限切换功能。

7.3 站控制系统

7.3.1 站控制系统宜具有下列功能：

1 接受和执行控制中心的控制命令，进行控制和调整设定值，并能独立工作；

2 过程变量的检测和数据处理；

3 向控制中心传送必要的工艺过程数据和报警信息；

4 显示输油站的工艺流程、动态数据的画面；

5 采集并显示设备的运行状态、工艺参数；

6 主要工艺过程参数的控制；

7 故障自诊断，并把信息传送至控制中心；

8 通信信道监测及自动切换；

9 顺序输送多种油品管道的油品切割及混油量控制。

7.3.2 站控制系统配置宜符合下列要求：

1 站控制系统宜由基本过程控制系统、安全仪表系统和消防控制系统组成；

2 站控制系统应选用开放式结构；

3 基本过程控制系统应由过程控制单元、操作员工作站、网络设备和辅助设备组成；

4 基本过程控制单元和消防控制系统的处理器、I/O网络、局域网、通信接口、电源等应按冗余配置；

5 安全仪表系统应由处理器、I/O卡件、网络设备和辅助设备组成，各部分应符合安全完整性等级要求；

6 第三方智能仪表或设备与站控制系统之间宜采用通信接口连接；

7 安全仪表系统的控制信号应采用硬线连接；

8 监控阀室的控制设备应满足所处环境条件。

7.3.3 信号类型及模拟量输入、输出精确度应符合下列规定：

1 信号类型宜采用下列类型：

1）4mADC~20mADC或1VDC~5VDC；

2）热电阻（RTD）；

3）无源接点（24VDC）；

4）脉冲；

5）标准数据通信接口。

2 模件转换精确度应符合下列规定：

1）模/数（A/D）转换器宜大于16位；

2）数/模（D/A）转换器宜大于12位。

7.3.4 安全仪表系统设计应符合下列规定：

1 输油站的安全仪表系统可独立配置，其控制应分为紧急停车和安全保护两个部分，并应进行分级设计。输油站紧急停车系统应设计为故障安全型。

2 输油站紧急停车系统应符合下列规定：

1）应具有就地、站控制室操作的功能；

2）输油站发生火灾时，应能够切断除消防系统和应急电源以外的供电电源或动力；

3）应具有使设备或全站安全停运并与管道隔离的功能；

4）系统应根据故障的性质和输油工艺要求进行分级，高级别的关断应自动触发低级别的关断；

5）应具有触发全线联锁动作的输出信号。

3 输油站的安全保护应根据管道全线及输油站的工艺过程的安全、操作和运行要求设计，在联锁动作前应设置预报警信号。其安全保护应符合下列规定：

1）输油泵站进、出泵应设置超压保护调节功能；

2）出现水击工况，应设置与出站压力控制回路联锁调节功能及输油泵机组顺序停运联锁功能。

7.3.5 消防控制系统设计应符合下列规定：

1 消防控制系统宜由控制单元、可燃（有毒）气体检测系统、火灾自动报警系统和消防泵及相关阀门组成；

2 在有储油罐的站场宜设置独立的消防控制系统；其他的站场宜设置可燃（有毒）气体检测系统和火灾自动报警系统，其报警信号应引入安全仪表系统；

3 在进出站阀组区、泵区、计量区和储罐区宜设置可燃气体检测仪表，泵区和储罐区宜设置火焰检测仪表；

4 在站场的控制室、配电间区域内，宜设置火灾自动报警系统；

5 **储罐区消防控制系统启动报警信号应传送至站控制系统。**

7.3.6 站控制系统的电涌防护应符合本规范第6.7.13条的规定。

8 通　信

8.0.1 输油管道通信传输方式，可根据通信网现状、通信网规划、管道管理运营对通信的业务需求量、对数据传输质量、可靠性、时延等因素的要求，以及所经地区通信公网的条件，经技术经济比较后确定，可选用光纤通信、卫星通信、租用公网等手段。

8.0.2 输油管道通信传输方式选用光纤通信时，其光缆宜与输油管道同沟敷设。光纤容量除应满足实际工程需求外，还应考虑同路由其他油气管道工程的需求以及今后业务发展的需要，应预留适当的容量。光缆的安装敷设应符合现行行业标准《输油（气）管道同沟敷设光缆（硅芯管）设计及施工规范》SY/T 4108的相关规定。

8.0.3 根据生产需求，通信站点的位置宜设在管道各级生产部门、输油站及其他沿管道的站点。

8.0.4 输油管道管理部门宜设具有自交换功能的电话交换设备。输油站可采用电话接入网关或远端用户电话方式。监控阀室宜设置电话单机。

8.0.5 管道通信业务可根据输油工艺、站控制系统与SCADA系统数据传输和生产管理运行需要，设置会议电视、行政电话、工业电视、周界防范、巡线和应急通信、企业办公网络通信等。

8.0.6 输油管道应设调度电话系统。调度电话系统可与行政电话系统、会议电话系统共用一套电话交换系统，也可独立设置。

8.0.7 输油管道管理部门和输油站宜引入当地公网电话。

8.0.8 输油站消防值班室应设火警电话，火警电话宜为公网直拨电话或消防部门专用火警系统电话。

8.0.9 输油站变电所应设置可与上级电力部门联系的电力调度电话，无专用变电所值班室时，应将该调度电话并接到站控制室。

8.0.10 管道巡线、维修和事故抢修部门宜设无线通信设施。

8.0.11 SCADA数据传输信道应符合下列规定：

1 数据信号速率不宜小于9600bps；

2 传输误码率不应大于10^{-6}；

3 时延率应满足SCADA数据传输要求。

8.0.12 输油站与调控中心之间的数据通信宜设置备用通信信道。

8.0.13 通信机房可与自动化、阴极保护设备共用机房，机房内可采用防静电活动地板。

9 管道的焊接、焊接检验与试压

9.1 焊接与检验

9.1.1 设计文件应标明输油管道及管道附件母材及焊接材料的规格、型号和焊缝及接头形式。应对焊接方法、焊接检验和验收合格标准提出明确要求。

9.1.2 施工单位在开工前，应根据设计文件提出的钢管和管件材料等级、焊接方法和材料等进行焊接工艺评定，并应根据焊接工艺评定结果编制焊接工艺规程。焊接工艺规程和焊接工艺评定内容应符合现行行业标准《钢质管道焊接及验收》SY/T 4103 的相关规定。

9.1.3 焊接材料应根据被焊件的工作条件、机械性能、化学成分、接头型式等因素综合考虑确定。

9.1.4 焊接材料应符合现行国家标准《非合金钢及细晶粒钢焊条》GB/T 5117、《热强钢焊条》GB/T 5118、《熔化焊用钢丝》GB/T 14957、《气体保护电弧焊用碳钢、低合金钢焊丝》GB/T 8110、《碳钢药芯焊丝》GB/T 10045、《低合金钢药芯焊丝》GB/T 17493 的有关规定。

当选用未列入标准的焊接材料时，应经焊接工艺试验并经评定合格后方可使用。

9.1.5 焊接接头设计应符合下列规定：

1 对接焊缝坡口型式和尺寸的设计，应按焊接工艺规程执行；

2 对接焊缝接头的外观检查、验收应符合现行行业标准《钢质管道焊接及验收》SY/T 4103 的有关规定；

3 两个壁厚不等的管端接头型式，宜符合本规范附录 G 的规定，或采用长度不小于管子半径的预制过渡短管；过渡短管接头设计宜符合本规范附录 G 的规定。

9.1.6 焊件的预热应根据材料性能、焊件厚度、焊接条件、气候和使用条件确定。当需要预热时，应符合下列规定：

1 当焊接两种具有不同预热要求的材料时，应以预热温度要求较高的材料为准；

2 预热时应使材料受热均匀，在施焊过程中其温降应符合焊接工艺的规定，并应防止预热温度和层间温度过高。

9.1.7 焊缝残余应力的消除应根据结构尺寸、用途、工作条件、材料性能确定。当需要消除焊缝残余应力时，应符合下列规定：

1 壁厚大于 32mm 的焊缝应消除应力。当焊件为壁厚 32mm～38mm 碳钢时，且焊缝所用最低预热温度不低于 95℃时，可不消除应力；

2 当焊接接头所连接的两个部分厚度不同而材质相同时，其焊缝残余应力的消除应依据较厚者确定；对于支管与汇管的连接或平焊法兰与钢管的连接，其应力的消除应分别根据汇管或钢管的壁厚确定；

3 不同材质之间的焊缝，当其中的一种材料要求消除应力时，该焊缝应进行应力消除。

9.1.8 焊接质量的检验应符合下列规定：

1 所有现场环焊缝应采用射线或超声波等方式进行无损检测。在检测之前，应清除渣皮和飞溅物，并达到外观检验合格。

2 采用手工超声波检测时，应对焊工当天所焊焊缝全部进行检查，并应对其中不少于 5%的环焊缝进行全周长射线检测复查，设计可根据工程需要提高射线检测的比例。

3 采用射线检测时，应对焊工当天所焊焊口不少于 15%数量的焊缝全周长进行射线检测，如每天的焊口数量达不到上述抽检比例时，可将不大于 500m 长度内的管道焊口数作为一个检验段进行抽检。

4 输油站场内以及通过居民区、工矿企业段管道和连头焊缝应进行100%射线和手工100%超声波检测。穿跨越段管道无损检测应符合现行国家标准《油气输送管道穿越工程设计规范》GB 50423和《油气输送管道跨越工程设计规范》GB 50459的有关规定。

5 射线检测和手工超声波检测应符合现行行业标准《石油天然气钢质管道无损检测》SY/T 4109的有关规定，合格等级应为Ⅱ级或以上等级。

9.1.9 管道采用全自动焊时，宜采用全自动超声波检测仪对全部焊缝进行检测。全自动超声波检测应符合现行国家标准《石油天然气管道工程全自动超声波检测技术规范》GB/T 50818的有关规定。

9.1.10 液化石油气管道的焊接与检验应符合现行国家标准《输气管道工程设计规范》GB 50251的有关规定。

9.2 试　　压

9.2.1 **输油管道必须进行强度试压和严密性试压。**

9.2.2 线路段管道在试压前应设临时清管设施进行清管，不得使用站内清管设施。

9.2.3 穿跨越管段试压应符合现行国家标准《油气输送管道穿越工程设计规范》GB 50423和《油气输送管道跨越工程设计规范》GB 50459的有关规定，应合格后再同相邻管段连接。

9.2.4 壁厚不同的管段宜分别试压；在不同壁厚相连的管段中，当薄管壁管段上的任意点在试压中的环向应力均不超过0.9倍最小屈服强度时，可与厚壁段管道一同试压。

9.2.5 用于更换现有管道或改线的管段，在同原有管道连接前应单独试压，试验压力不应小于原管道的试验压力。同原管道连接的焊缝，应按本规范第9.1.8条的规定进行100%射线探伤检验和100%超声波探伤检验。

9.2.6 输油站内的工艺设备和管线应单独进行试压，不同压力等级的管道系统应分别试压。

9.2.7 试压介质应采用无腐蚀性的清洁水。

9.2.8 原油、成品油管道和输油站强度试压和严密性试压应符合下列规定：

1 输油管道一般地段的强度试验压力不应小于管道设计内压力的1.25倍，通过人口稠密区的管道强度试验压力不应小于管道设计内压力的1.5倍；管道严密性试验压力不应小于管道设计内压力。强度试验持续稳压时间不应小于4h；当无泄漏时，可降低压力进行严密性试验，持续稳压时间不应小于24h。

2 输油站内管道及设备的强度试验压力不应小于管道设计内压力的1.5倍，严密性试验压力不应小于管道设计内压力。强度试验持续稳压时间不应小于4h；当无泄漏时，可降低压力进行严密性试验，持续稳压时间不应小于24h。

3 强度试压时，管线任一点的试验压力与静水压力之和所产生的环向应力不应大于钢管的最低屈服强度的90%。

9.2.9 分段试压合格的管段相互连接的碰死口焊缝，应按本规范第9.1.8条的规定进行100%射线探伤检验和100%超声波探伤检验。全线接通后可不再进行试压。

9.2.10 液化石油气管道的试压应符合现行国家标准《输气管道工程设计规范》GB 50251的相关规定。

附录 A　输油管道工程与上下游相关企业及设施的界面划分

A. 0. 1　输油管道工程与上下游相关企业及设施的界面划分如图 A. 0. 1 所示。

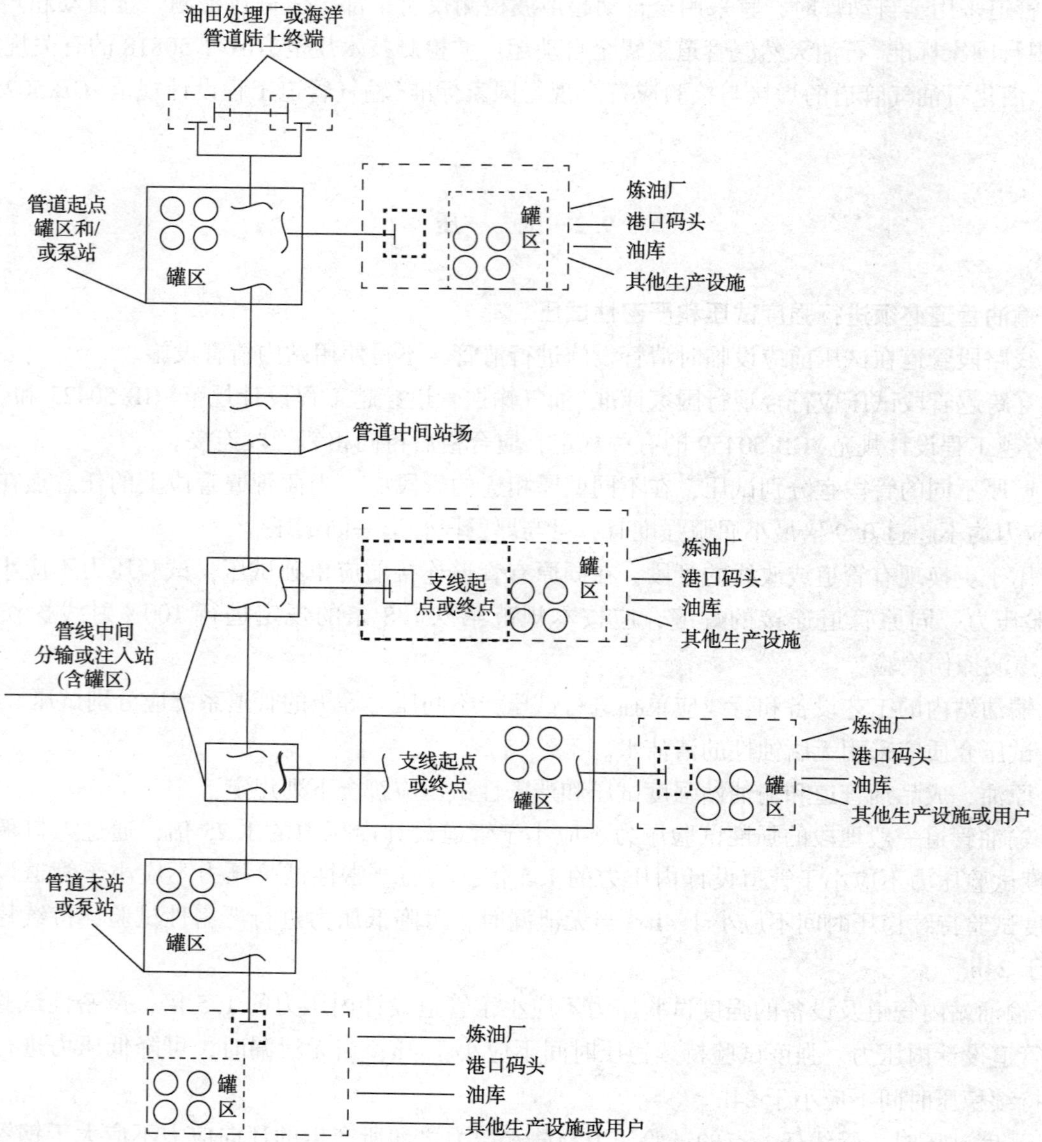

图 A. 0. 1　输油管道工程与上下游相关企业及设施的界面划分

——　本规范范围内的管道；

—⌠　本规范范围内的管道连续区或延长区；

—┼┤　本规范范围内的管道起点或终点；

······　油田处理厂、海洋管道陆上终端、炼油厂、油库、港口码头、其他生产设施或用户与管道工程相关联的设施场地范围；

▪▪▪▪▪　管道工程建设在依托的炼油厂、油库、港口码头、其他生产设施或用户场区内的设施场地边界；

- - - -　油田处理厂、海洋管道陆上终端、炼油厂、油库、港口码头、其他生产设施或用户的场区边界；

注：线路与站场边界为围墙外 2m。

附录B 原油一般物理性质测定项目

B.0.1 原油一般物理性质测定项目如表B.0.1所示。

表B.0.1 原油一般物理性质测定项目

序号	测定项目	序号	测定项目
1	相对密度 d_4^{20}	8	胶质(%)
2	倾点、凝点(℃)	9	含硫量(%)
3	初馏点(℃)	10	含盐量(mg/L)
4	闪点(闭口)(℃)	11	动力黏度(mPa·s)
5	蒸汽压(kPa)	12	含水率(%)
6	含蜡量(%)	13	比热容[J/(kg·℃)](温度间隔为2℃)
7	沥青质(%)		

注：1 原油作为内燃机燃料时，应化验残炭和微量金属钠、钾、钙、铅、钒的含量。

2 石蜡基原油黏度、倾点及凝点按本表测定，其他原油应在倾点、凝点和初馏点之间，每间隔5℃测定不同温度点的黏度。

附录C 原油流变性测定项目

C.0.1 原油流变性测定项目如表C.0.1所示。

表C.0.1 原油流变性测定项目

序号	测定项目	要求
1	析蜡点(℃)	
2	反常点(℃)	
3	动力黏度(mPa·s)	在反常点和初馏点之间测定，温度间隔为5℃
4	流变指数	在反常点和倾点、凝点之间测定，温度间隔为2℃，对含蜡原油应按不同热处理温度测定倾点、凝点；对于输送加剂原油还应检验剪切影响
5	稠度系数(Pa·s^n)	
6	表观黏度(mPa·s)	
7	屈服值(Pa)	

附录 D　水力摩阻系数 λ 计算

D. 0. 1　水力摩阻系数 λ 应按表 D. 0. 1 中的雷诺数 Re 划分流态范围，选择相应公式计算。

表 D. 0. 1　雷诺数 Re 划分范围及水力摩阻系数 λ 计算

流态		划分范围	$\lambda=f\left(Re,\ \frac{2e}{d}\right)$
层流		$Re<2000$	$\lambda=\frac{64}{Re}$
紊流	水力光滑区	$3000<Re\leqslant Re_1=\frac{59.7}{\left(\frac{2e}{d}\right)^{8/7}}$	$\frac{1}{\sqrt{\lambda}}=1.8\lg Re-1.53$
			$Re<10^5$ 时　$\lambda=\frac{0.3164}{Re^{0.25}}$
	混合摩擦区	$Re_1<Re\leqslant Re_2=\frac{665-765\lg\left(\frac{2e}{d}\right)}{\frac{2e}{d}}$	$\frac{1}{\sqrt{\lambda}}=-2\lg\left(\frac{e}{3.7d}+\frac{2.51}{Re\sqrt{\lambda}}\right)$ $\lambda=0.11\left(\frac{e}{d}+\frac{68}{Re}\right)^{0.25}$
	粗糙区	$Re>Re_2$	$\lambda=\frac{1}{\left(1.74-2\lg\frac{2e}{d}\right)^2}$

注：1　当 $2000<Re<3000$ 时，可按水力光滑区计算；

2　Re_1——由水力光滑区向混合摩擦区过渡的临界雷诺数；

3　Re_2——由混合摩擦区向粗糙区过渡的临界雷诺数；

4　e——管内壁绝对(当量)粗糙度，直缝钢管，e 取 0. 054mm；无缝钢管；e 取 0. 06mm；螺旋缝钢管，$DN250\sim DN350$，e 取 0. 125mm，$DN400$ 以上，e 取 0. 10mm。

D. 0. 2　输油平均温度下管内输送牛顿流体时的雷诺数 Re 应按下式计算：

$$Re=\frac{4q_V}{\pi d\nu} \tag{D. 0. 2}$$

式中：

q_V——输油平均温度下的体积流量(m^3/s)；

ν——输油平均温度下的运动黏度(m^2/s)；

d——输油管道的内直径(m)。

附录 E 幂律流体管段沿程摩阻计算

E.0.1 幂律流体的雷诺数应按下式计算：

$$Re_{\mathrm{MR}}=\frac{d^{n}V^{2-n}\rho}{\frac{K_{\mathrm{m}}}{8}\left(\frac{6n+2}{n}\right)^{n}} \qquad \text{(E.0.1)}$$

式中：

Re_{MR}——幂律流体管段流动的雷诺数；

n——幂律流体的流变指数；

K_{m}——幂律流体的稠度系数（$\mathrm{Pa}\cdot\mathrm{s}^{n}$）；

ρ——输油平均温度下的幂律流体密度（$\mathrm{kg/m^3}$）；

V——幂律流体管段管内的流速（m/s）。

E.0.2 当幂律流体的雷诺数 $Re_{\mathrm{MR}}\leqslant 2000$ 时，幂律流体处于层流状态，管段的沿程摩阻 h_{τ} 应按下式计算：

$$h_{\tau}=\frac{4K_{\mathrm{m}}L}{\rho d}\left(\frac{32q_{\mathrm{V}}}{\pi d^{3}}\right)^{n}\left(\frac{3n+1}{4n}\right)n \qquad \text{(E.0.2)}$$

式中：

h_{τ}——幂律流体管段的沿程水力摩阻，油柱（m）；

d——输油管道的内直径（m）；

L——计算管段长度（m）。

E.0.3 当幂律流体的雷诺数 $Re_{\mathrm{MR}}>2000$ 时，幂律流体处于紊流状态，管段的沿程摩阻 h_{τ} 应按下列公式计算：

$$h_{\tau}=0.0826\lambda_{\tau}\frac{q_{\mathrm{V}}^{2}}{d^{5}}L \qquad \text{(E.0.3-1)}$$

$$\lambda_{\tau}=4f \qquad \text{(E.0.3-2)}$$

$$\frac{1}{\sqrt{f}}=\frac{4.0}{n^{0.25}}\lg\left(Re_{\mathrm{MR}}\cdot f^{1-\frac{n}{2}}\right)-\frac{0.4}{n^{1.2}} \qquad \text{(E.0.3-3)}$$

式中：

q_{V}——流体平均温度下的体积流量（$\mathrm{m^3/s}$）；

λ_{τ}——幂律流体管段的水力摩阻系数；

f——范宁（fanning）摩阻系数。

附录 F 液化石油气(LPG)管道强度设计系数

F.0.1 液化石油气(LPG)管道通过地区等级划分及强度设计系数应符合表F.0.1的规定。

地区等级划分为沿管道中心线两侧各200m范围内，任意划分成长度为2km并能包括最大聚居户数的若干地段，按划定地段内的户数划分为四个等级。在农村人口聚集的村庄、大院、住宅楼，应以每一独立户作为一个供人居住的建筑物计算。

表F.0.1 地区等级及强度设计系数*K*

地区等级	说明	强度设计系数*K*
一级地区	户数在15户或以下的区段	0.72
二级地区	户数在15户以上、100户以下的区段	0.6
三级地区	户数在100户或以上的区段，包括市郊、商业区、工业区、不够四级的人口稠密区	0.5
四级地区	地面四层及四层以上楼房普遍集中、交通频繁、地下设施多的区段	0.4

F.0.2 液化石油气(LPG)穿越铁路、公路和人群聚集场所的管段以及管道站内管段的强度设计系数应符合表F.0.2的规定。

表F.0.2 穿越铁路、公路、人群聚集场所及LPG站内的管段强度设计系数

管道及管段	设计系数*K*			
	一级地区	二级地区	三级地区	四级地区
有套管穿越Ⅲ、Ⅳ级公路的管段	0.72	0.6	0.5	0.4
无套管穿越Ⅲ、Ⅳ级公路的管段	0.6	0.5	0.5	0.4
有套管或涵洞穿越Ⅰ、Ⅱ级公路、高速公路、铁路的管段	0.6	0.6	0.5	0.4
LPG站内管道及其上下游各200m管段、人群聚集场所的管段	0.4	0.4	0.4	0.4

附录G　两个壁厚不等管端的对焊接头

G.1　一般规定

G.1.1　当对焊的两个管端壁厚不等和(或)材料的最低屈服强度不等时，坡口应按图G.1.1的形式设计。

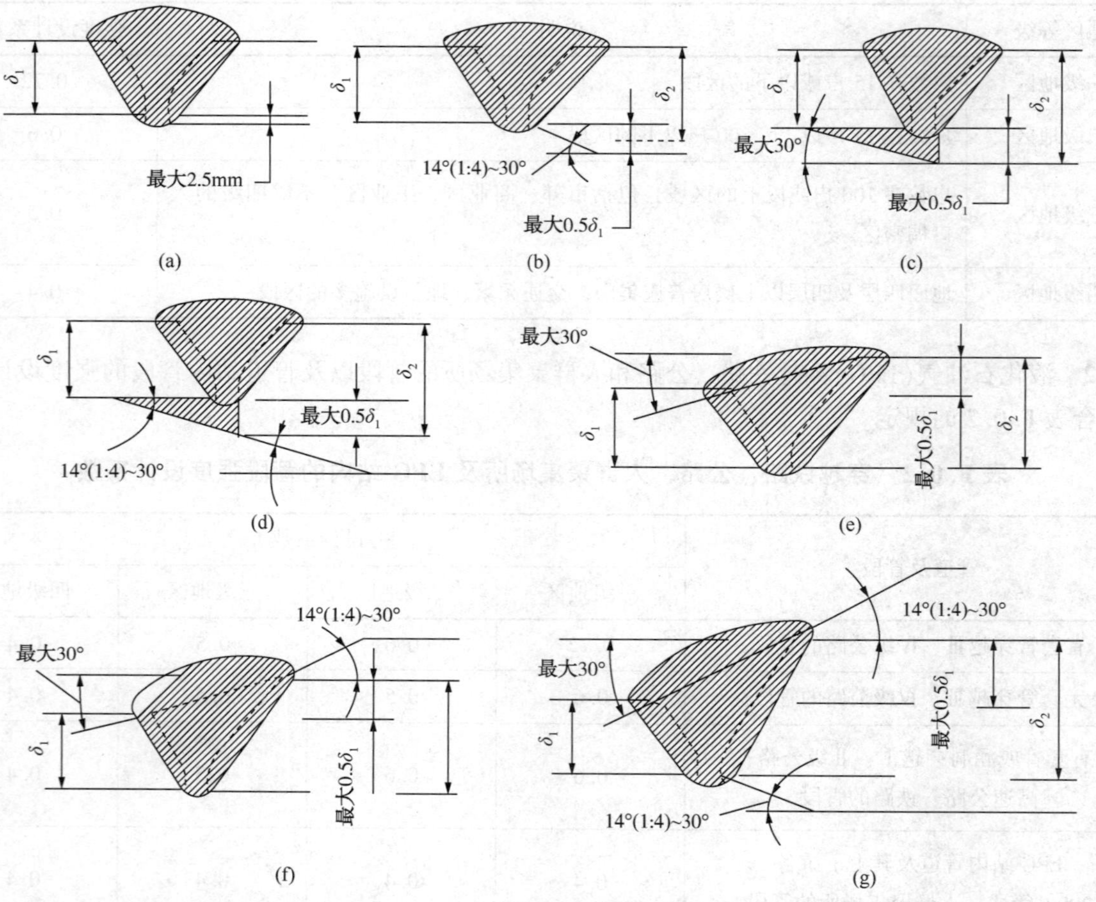

图G.1.1　两个壁厚不等和(或)材料的最低屈服强度不等时管端的对焊接头形式

G.1.2　当相接钢管的最低屈服强度不等时，设计用最大壁厚δ_2不应大于1.5δ_1，且应使$\delta_2\sigma_{S2}\geqslant\delta_1\sigma_{S1}$($\sigma_{S1}$为薄壁端材料屈服强度，$\sigma_{S2}$为厚壁端材料屈服强度)。焊缝金属所具有的机械性能，至少应与强度较高的钢管的机械性能相同。

G.1.3　两个壁厚不等的管端之间的过渡，可采用锥面或本规范图G.1.1所示的焊接方法，或采用长度不小于钢管半径的预制过渡短管连接。

G.1.4　斜表面的焊缝边缘应避免出现尖锐的切口或刻槽。

G.1.5　连接两个壁厚不等而最低屈服强度相等的钢管，均应按照以上规定，但对锥面的最小角度可不作限制。

G.1.6　对焊后热处理的要求，应采用有效焊缝高度δ_2值确定。

G.2 内径不等的两根钢管的对焊接头

G.2.1 当两根相接钢管的公称壁厚相差不大于2.5mm时，如本规范图G.1.1(a)所示，可不做特殊处理，但应焊透焊牢。

G.2.2 当内壁偏差大于2.5mm且不能进入管内施焊时，应按照本规范图G.1.1(b)的形式将较厚管端的内侧切成锥面，锥面角度不应大于30°，也不应小于14°。

G.2.3 对于环向应力大于最低屈服强度20%以上的钢管，当内壁偏差大于2.5mm，但不超过较薄钢管壁厚的1/2，且能进入管内进行焊接时，可采用本规范图G.1.1(c)的锥形焊缝形式。较厚钢管上的坡口钝边高度，应等于管壁厚的内偏差加上对接钢管上的坡口钝边高度。

G.2.4 当内壁偏差大于较薄钢管壁厚的1/2，且能进入管内焊接时，可采用本规范图G.1.1(b)的形式将较厚管端的内侧切成锥面；也可采用本规范图G.1.1(d)的组合式锥形焊缝过渡，将相当于较薄钢管壁厚的1/2采用锥形焊缝，并从该点起，将剩余部分切成的锥面。

G.3 外径不等的两根钢管的对焊接头

G.3.1 当外壁偏差不超过较薄钢管壁厚的1/2时，可采用本规范图G.1.1(e)的焊接形式完成过渡，但焊缝表面的上升角不应大于30°，且两个对接的坡口边也应焊透焊牢。

G.3.2 当外壁偏差超过较薄钢管壁厚的1/2时，应将该超出部分切成本规范图G.1.1(f)的锥面形式。

G.4 内径及外径均不等的两根钢管的对焊接头

G.4.1 当内外径均有偏差时，应采用本规范图G.1.1(g)的焊接方式进行接头设计，并应使坡口准确就位。

附录 H 挠性系数和应力增强系数

H. 0. 1 构件平面内、平面外的挠性系数和应力增强系数可按表 H. 0. 1 计算得出，也可根据表 H. 0. 1 计算出特征系数 h 后，直接从图 H. 0. 1 查出。

表 H. 0. 1 挠性系数和应力增强系数

名称	特征系数 h	挠性系数 k	应力增强系数 平面外 i_o	应力增强系数 平面内 i_i	示意图
弯头或弯管	$\frac{\delta R}{r^2}$	$\frac{1.65}{h}$	$\frac{0.75}{h^{2/3}}$	$\frac{0.9}{h^{2/3}}$	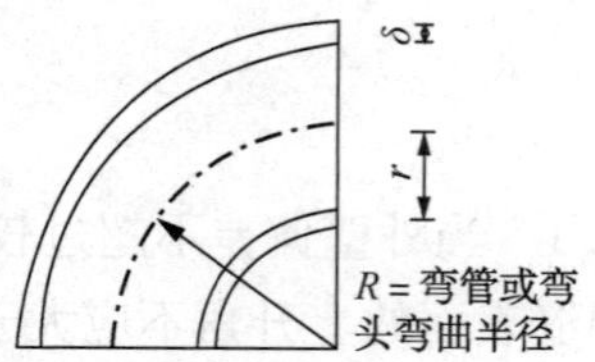
拔制三通	$4.4\frac{\delta}{r}$	1	$\frac{0.9}{h^{2/3}}$	$0.75i_o+0.25$	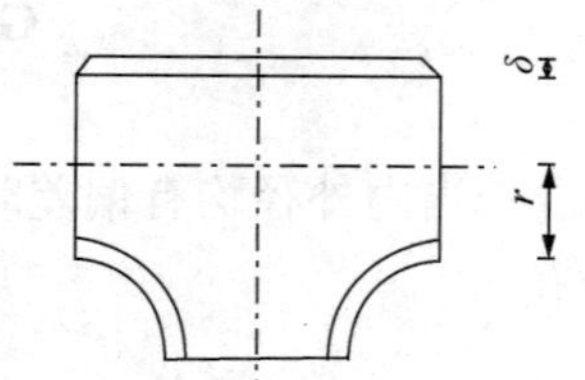
带补强圈的焊接支管	$\frac{\left(\delta+\frac{1}{2}M\right)^{5/2}}{\delta^{3/2}\cdot r}$	1	$\frac{0.9}{h^{2/3}}$	$0.75i_o+0.25$	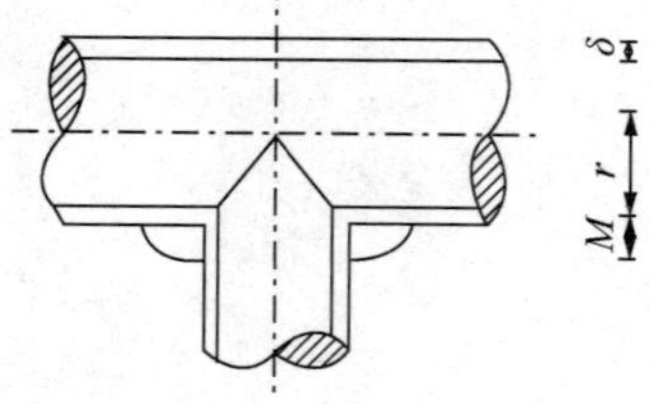
无补强圈的焊制三通	$\frac{\delta}{r}$	1	$\frac{0.9}{h^{2/3}}$	$0.75i_o+0.25$	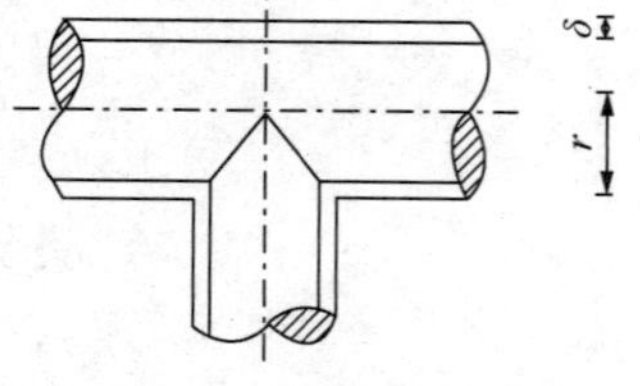

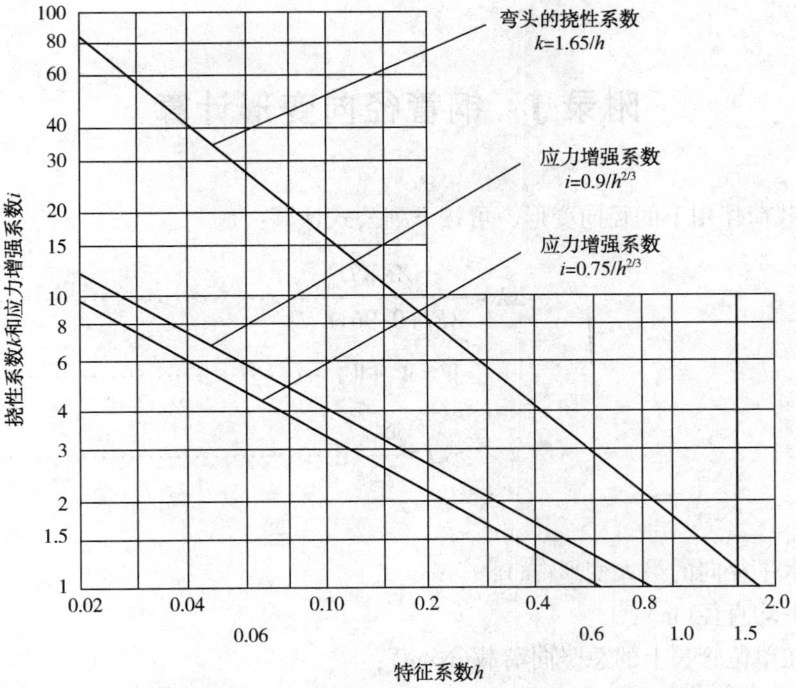

图 H.0.1　特征系数和挠性系数、应力增强系数的关系曲线

注：1　对于管件，表中的挠性系数 k 和应力增强系数 i 适用于任意平面内的弯曲，但其值均不应小于 1.0；对于扭转，则挠性系数 k 和应力增强系数 i 为 1.0，这两个系数适用于弯头、弯管的整个有效弧长(图中以粗黑中心线表示)和三通的交接口上。

2　R——焊接管头和弯管的弯曲半径(mm)。

r——所接钢管的平均半径(mm)。

δ——公称壁厚(mm)。对于弯头、弯管，为其本身的壁厚；对于拔制三通、焊制三通或焊接支管，为所接钢管的壁厚。但当焊制三通主管壁厚大于所接钢管的壁厚，且加厚部分伸出支管外壁的长度大于支管外径 1 倍时，指主管壁厚(mm)；

M——补强圈的厚度(mm)。

H.0.2　当补强圈的厚度 M 大于 1.5δ 时，特征系数 h 应按下式计算：

$$h=4.05\frac{\delta}{r} \tag{H.0.2}$$

H.0.3　对于大口径薄壁弯头和弯管，挠性系数 k 和应力增强系数 i 应分别除以修正系数 a、b，修正系数 a、b 应按下列公式计算：

$$a=1+6\frac{P}{E}\left(\frac{r}{\delta}\right)^{\frac{7}{3}}\left(\frac{R}{r}\right)^{\frac{1}{3}} \tag{H.0.3-1}$$

$$b=1+3.25\frac{P}{E}\left(\frac{r}{\delta}\right)^{\frac{5}{2}}\left(\frac{R}{r}\right)^{\frac{2}{3}} \tag{H.0.3-2}$$

式中：

E——钢材的弹性模量(MPa)；

P——管道附件承受的内压力(MPa)。

附录 J　钢管径向变形计算

J.0.1　钢管在外载荷作用下的径向变形，可按下列公式计算：

$$\Delta X=\frac{ZKWD_{m}^{3}}{8EI+0.061E_{S}D_{m}^{3}} \quad (J.0.1-1)$$

$$W=W_{1}+W_{2} \quad (J.0.1-2)$$

$$I=\frac{\delta_{n}^{3}}{12} \quad (J.0.1-3)$$

式中：

ΔX——钢管水平径向的最大变形(m)；

D_m——钢管平均直径(m)；

W——作用在单位管长上的总竖向荷载(N/m)；

W_1——单位管长上的竖向永久荷载(N/m)；

W_2——地面可变荷载传递到管道上的荷载(N/m)；

Z——钢管变形滞后系数，取 1.5；

K——基床系数，可按表 J.0.1 选取；

E——钢材的弹性模量(N/m^2)；

I——单位管长截面惯性矩(m^4/m)；

δ_n——钢管公称壁厚(m)；

E_S——土壤变形模量(N/m^2)，E_S 值应采用现场实测数。当无实测资料时，可按表 J.0.1 选取。

表 J.0.1　土壤变形模量

铺管条件	E_s(MPa)	基床包角	基床系数 K
管道敷设在未扰动的土上，回填土松散	1.0	30°	0.108
管道敷设在未扰动的土上，管道中线以下的土轻轻压实	2.0	45°	0.105
管道敷设在厚度最少为 10cm 的松土垫层内，管顶以下回填土轻轻压实	2.8	60°	0.103
管道敷设在砂卵石或碎石垫层内，垫层顶面应在管底以上 1/8 管径处，但至少为 10cm，管顶以下回填土夯实，夯实密度约为 80%(标准葡氏密度)	3.5	90°	0.096
管道中线以下安放在压实的团粒材料内，夯实管顶以下回填的团粒材料，夯实密度约为 90%(标准葡氏密度)	4.8	150°	0.085

J.0.2　埋设在管沟内的管道单位长度上的竖向土荷载应按下式计算：

$$W_{e}=\gamma DH \quad (J.0.2)$$

式中：

W_e——单位管长上的竖向土荷载(MN/m)；

γ——土壤容重(MN/m^3)；

D——钢管外直径(m)；

H——管顶回填土高度(m)。

J.0.3 埋设在土堤内的管道单位管长的竖向土荷载应为管顶上土壤单位棱柱体的重量。

J.0.4 隧道内管道覆土埋设并在上方通车时，管道应进行径向变形校核，其地面可变荷载宜按小型越野车的参数考虑。

附录 K　埋地输油管道开始失稳时的临界轴向力和弯曲半径计算

K.1　临界轴向力

K.1.1　埋地直管段开始失稳时的临界轴向力可按下列公式计算：

$$N_{cr}=2\sqrt{K_e DEI} \quad \text{(K.1.1-1)}$$

$$K_e=\frac{0.12E'n_e}{(1-\mu_0^2)\sqrt{jD}}(1-e^{-2h_0/D}) \quad \text{(K.1.1-2)}$$

式中：

N_{cr}——管道开始失稳时的临界轴向力（MN）；

K_e——土壤的法向阻力系数（MPa/m）；

I——钢管横截面惯性矩（m^4）；

E——钢材的弹性模量（N/m^2）；

D——钢管外直径（m）；

E'——回填土的变形模量（MPa）；

n_e——回填土变形模量降低系数，根据土壤中含水量的多少和土壤结构破坏程度取0.3~1.0；

μ_0——土壤的泊桑系数，砂土取0.2~0.25；坚硬的和半坚硬的黏土、亚黏土取0.25~0.30，塑性的取0.30~0.35，流性的取0.35~0.45；

j——管道的单位长度（j=1m）；

h_0——地面（或土堤顶）至管道中心的距离（m）。

K.1.2　埋地向上凸起的弯曲管段开始失稳时的临界轴向力可按下列公式计算：

$$N_{cr}=0.375Q_uR_0 \quad \text{(K.1.2-1)}$$

$$Q_u=q_0+n_0q_1 \quad \text{(K.1.2-2)}$$

$$q_1=\gamma D(h_0-0.39D)+\gamma h_0^2\tan(0.7\phi)+\frac{0.7ch_0}{\cos(0.7\phi)} \quad \text{(K.1.2-3)}$$

式中：

N_{cr}——管道开始失稳时的临界轴向力（MN）；

Q_u——管道向上位移时的极限阻力（MN/m）；当管道有压重物或锚栓锚固时，应计入压重物的重力或锚栓的拉脱力，在水淹地区应计入浮力作用；

R_0——管道的计算弯曲半径（m）；

q_0——单位长度钢管重力和管内、油品重力（MN/m）；

n_0——土壤临界支承能力的折减系数取0.8~1.0；

q_1——管道向上位移时土的临界支承能力（MN/m）；

ϕ——回填土的内摩擦角（°）；

c——回填土的黏聚力（MN/m^2）。

K.1.3　铺设在土堤内的水平弯曲管段开始失稳时的临界轴向力可按下列公式计算：

$$N_{cr}=0.212Q_hR_0 \quad \text{(K.1.3-1)}$$

$$Q_h=q_f+n_0q_2 \quad \text{(K.1.3-2)}$$

$$q_f=q_0\tan\phi \quad \text{(K.1.3-3)}$$

$$q_2=\gamma\tan\phi\left[\frac{Dh_1}{2}+\frac{(b_1+b_2)h_1}{4}-D^2\right]+\frac{c(b_2-D)}{2} \quad \cdots\cdots\cdots\cdots\cdots\cdots \text{(K. 1. 3-4)}$$

$$q_2=\gamma h_0 D\tan^2\left(45°+\frac{\phi}{2}\right)+\frac{2c}{\gamma h_0}\tan\left(45°+\frac{\phi}{2}\right) \quad \cdots\cdots\cdots\cdots\cdots\cdots \text{(K. 1. 3-5)}$$

式中：

Q_h——管道横向位移时的极限阻力(MN/m)；

q_f——单位长度上的管道摩擦力(MN/m)；

q_2——管道横向位移时土的临界支承能力(MN/m)，取按公式(K. 1. 3-4)和(K. 1. 3-5)计算值中的较小者；

h_1——土堤顶至管底的距离(m)；

b_1——土堤顶宽(m)；

b_2——土堤底宽(m)。

K. 2 管道弯曲轴线的计算弯曲半径

K. 2. 1 当埋地输油管道按弹性弯曲铺设时，弹性弯曲的弯曲半径大于钢管的外直径的1000倍，且曲线的弦长大于或等于管道失稳波长时，管道的计算弯曲半径应取管道弹性弯曲的实际弯曲半径。

K. 2. 2 当管道曲线的弦长小于失稳波长，且满足公式(K. 2. 2-1)时，其弯曲半径应按公式(K. 2. 2-2)计算：

$$L+\frac{L_0}{2}\geqslant\frac{L_{cr}}{2} \quad \cdots\cdots\cdots\cdots\cdots\cdots \text{(K. 2. 2-1)}$$

$$R_0=\frac{2L_{cr}^2\cos\frac{\theta}{2}}{\pi^2\left[L_{cr}\sin\frac{\theta}{2}-2R\left(1-\cos\frac{\theta}{2}\right)\right]} \quad \cdots\cdots\cdots\cdots\cdots\cdots \text{(K. 2. 2-2)}$$

当管道向上凸起(拱起)时，管道的失稳波长 L_{cr} 为：

$$L_{cr}=\sqrt{\frac{265EI}{Q_uR_0\left(1+\sqrt{1+\frac{80EIC_p}{Q_u^2R_0^2}}\right)}} \quad \cdots\cdots\cdots\cdots\cdots\cdots \text{(K. 2. 2-3)}$$

当管道在土堤内水平弯曲时，管道的失稳波长 L_{cr} 为：

$$L_{cr}=\sqrt{\frac{93.5EI}{Q_hR_0\left(1+\sqrt{1+\frac{80EIC_p}{Q_h^2R_0^2}}\right)}} \quad \cdots\cdots\cdots\cdots\cdots\cdots \text{(K. 2. 2-4)}$$

$$C_p=q_1/h_1 \quad \cdots\cdots\cdots\cdots\cdots\cdots \text{(K. 2. 2-5)}$$

式中：

L——与弯曲管段两侧连接的每一直管段的长度(m)；

L_0——弯曲管段的弦长(m)；

L_{cr}——管道的失稳波长(m)；

R_0——管道的计算弯曲半径(m)；

R——管道轴线的弯曲半径(m)；

θ——管道的转角(°)；

C_p——土的卸载系数；

q_1——管道向上位移时土的临界支承能力(MN/m)；

h_1——地面(或土堤顶)至管底的距离(m)。

K.2.3 当设计管段由两个冷弯管组成，且弯管之间的直线管段满足公式(K.2.3-1)时，其弯曲半径应按公式(K.2.3-2)计算：

$$R_1\sin\frac{\theta_1}{2}+R_2\sin\frac{\theta_2}{2}+L\leqslant L_{cr} \qquad (K.2.3-1)$$

$$R_0=2L_{cr}/\pi^2\left[L_{cr}\tan\frac{\theta_1+\theta_2}{2}+\left(L+R_1\tan\frac{\theta_1}{2}+R_2\tan\frac{\theta_2}{2}\right)\times\left(\sin\frac{\theta_1-\theta_2}{2}-\tan\frac{\theta_1+\theta_2}{2}\cos\frac{\theta_2-\theta_1}{2}\right)\right] \qquad (K.2.3-2)$$

式中：

R_1、R_2——分别为两个弯管的弯曲半径(m)；

θ_1、θ_2——分别为两个弯管的转角(°)；

L——两个弯管之间的直管段长度(m)。

K.2.4 当设计管段内为一弯曲半径不大于钢管外直径5倍的弯头时，其弯曲半径应按下式计算：

$$R_0=\frac{2L_{cr}}{\pi^2\tan\frac{\theta}{2}} \qquad (K.2.4)$$

引用标准名录

《建筑设计防火规范》GB 50016
《采暖通风与空气调节设计规范》GB 50019
《城镇燃气设计规范》GB 50028
《锅炉房设计规范》GB 50041
《建筑物防雷设计规范》GB 50057
《爆炸危险环境电力装置设计规范》GB 50058
《66kV 及以下架空电力线路设计规范》GB 50061
《交流电气装置的过电压保护和绝缘配合》GB/T 50064
《建筑灭火器配置设计规范》GB 50140
《泡沫灭火系统设计规范》GB 50151
《电子信息系统机房设计规定》GB 50174
《石油天然气工程设计防火规范》GB 50183
《输气管道工程设计规范》GB 50251
《工业设备及管道绝热工程设计规范》GB 50264
《固定消防炮灭火系统设计规范》GB 50338
《建筑物电子信息系统防雷技术规范》GB 50343
《钢质石油储罐防腐蚀工程技术规范》GB/T 50393
《油气输送管道穿越工程设计规范》GB 50423
《油气输送管道跨越工程设计规范》GB 50459
《埋地钢质管道防腐保温层技术标准》GB/T 50538
《110kV～750kV 架空输电线路设计规范》GB 50545
《埋地钢质管道交流干扰防护技术标准》GB/T 50698
《石油天然气管道工程全自动超声波检测技术规范》GB/T 50818
《压力容器》GB 150
《非合金钢及细晶粒钢焊条》GB/T 5117
《热强钢焊条》GB/T 5118
《生活饮用水卫生标准》GB 5749
《气体保护电弧焊用碳钢、低合金钢焊丝》GB/T 8110
《输送流体用无缝钢管》GB/T 8163
《污水综合排放标准》GB 8978
《原油动态计量 一般原则》GB 9109.1
《石油天然气工业 管线输送系统用钢管》GB/T 9711
《碳钢药芯焊丝》GB/T 10045
《液化气体铁道罐车》GB/T 10478
《钢制对焊无缝管件》GB 12459
《熔化焊用钢丝》GB/T 14957
《液态烃动态测量 体积计量流量计检定系统》GB/T 17286
《液态烃动态测量 体积计量系统的统计控制》GB/T 17287
《液态烃体积测量 容积式流量计计量系统》GB/T 17288

《液态烃体积测量 涡轮流量计计量系统》GB/T 17289
《低合金钢药芯焊丝》GB/T 17493
《钢质管道外腐蚀控制规范》GB/T 21447
《埋地钢质管道阴极保护技术规范》GB/T 21448
《科里奥利质量流量计检定规程》JJG 1038
《装卸油品码头防火设计规范》JTJ 237
《海港总体设计规范》JTS 165
《承压设备用碳素钢和合金钢锻件》NB/T 47008
《低温承压设备用碳素钢和合金钢锻件》NB/T 47009
《承压设备用不锈钢和耐热钢锻件》NB/T 47010
《石油化工采暖通风与空气调节设计规范》SH/T 3004
《石油化工液体物料铁路装卸车设施设计规范》SH/T 3107
《埋地钢质管道直流排流保护技术标准》SY/T 0017
《石油天然气工程总图设计规范》SY/T 0048
《钢制对焊管件规范》SY/T 0510
《绝缘接头与绝缘法兰技术规范》SY/T 0516
《优质钢制对焊管件规范》SY/T 0609
《钢质管道焊接及验收》SY/T 4103
《输油(气)管道同沟敷设光缆(硅芯管)设计及施工规范》SY/T 4108
《石油天然气钢质管道无损检测》SY/T 4109
《油气输送用钢制感应加热弯管》SY/T 5257
《管道干线标记设置技术规范》SY/T 6064
《石油设施电气设备安装区域一级、0区、1区和2区区域划分推荐作法》SY/T 6671
《固定式压力容器安全技术监察规程》TSG R0004
《移动式压力容器安全技术监察规程》TSG R0005
《电信专用房屋设计规范》YD/T 5003

UDC

中华人民共和国国家标准

P

GB 50369—2014

油气长输管道工程施工及验收规范

Code for construction and acceptance of oil and gas long-distance transmission pipeline engineering

2014-05-29 发布　　2015-03-01 实施

中华人民共和国住房和城乡建设部
中华人民共和国国家质量监督检验检疫总局　联合发布

前　言

根据住房城乡建设部《关于印发〈2012 年工程建设标准规范制订修订计划〉的通知》(建标〔2012〕5 号)的要求，规范编制组经广泛调查研究，认真总结实践经验，参考有关国际标准和国外先进标准，并在广泛征求意见的基础上，修订了本规范。

本规范共分 17 章和 1 个附录。主要内容有：总则，术语，施工准备，材料及设备检验，交接桩及测量放线，施工作业带清理及施工便道修筑，材料、防腐管的装卸、运输及保管，管沟开挖，布管及现场坡口加工，管口组对、焊接及验收，管道防腐及保温工程，管道下沟及回填，管道穿越、跨越工程，管道清管测径、试压及干燥，管道连头，管道附属工程，工程交工等。

本规范修订的主要技术内容有：

1. 增加了技术文件的编制符合现行行业标准《石油天然气建设工程交工技术文件编制规范》SY/T 6882 的要求；
2. 增加了钢管表面划痕深度在不同损伤情况下的处理规定；
3. 增加了管端椭圆度超标时，低温条件下的矫正方法及机具选择要求；
4. 增加了防腐管运抵施工现场后露天存放的时间及保护要求；
5. 增加了对冻土开挖管沟的边坡坡度规定；
6. 增加了不等壁厚对焊管端应采取加过渡管或坡口过渡处理措施的规定；
7. 修改了焊缝返修及处理的规定；
8. 修改了石方段管沟在沟底垫细土的厚度及细土最大粒径的规定；
9. 修改了下沟管道的端部管段暂不回填的长度；
10. 增加了管道稳管设施的安装要求；
11. 增加了管道试压装置的检验、检测要求。

本规范中以黑体字标志的条文为强制性条文，必须严格执行。

本规范由住房城乡建设部负责管理和对强制性条文的解释，由石油工程建设专业标准化委员会负责日常管理，由中国石油天然气管道局负责具体技术内容的解释。执行过程中如有意见或建议，请寄送至中国石油天然气管道局质量部(地址：河北省廊坊市广阳道 87 号管道大厦，邮政编码：065000)。

本规范主编单位、参编单位和主要起草人、主要审查人：

主 编 单 位：中国石油天然气管道局

参 编 单 位：中国石油天然气管道局第三工程分公司
中国石油天然气管道局第四工程分公司
廊坊中油朗威工程项目管理有限公司
长庆石油勘探局油田建设工程公司
克拉玛依油田永升建设集团
中建七局安装工程有限公司

主要起草人：魏国昌　王鲁君　王明宇　张永立　李金祥
王　炜　安金平　韩建成　郭泽浩　吴建忠
周　燕　徐　雷　廖　强　胡成洲　任　涛
高建国　陈连山　李龙波　王衡越　葛业武
尹辉庆　郭凤军　王五奇　王　宏　张炳杰
王乐生　李添添　陈　辉

主要审查人：李献军　郑玉刚　徐　进　隋永莉　杨俊明
张　今　倪洪源　何　睿　李仁科　王　勇
梁桂海　韩建成　王平国　魏忠林　郭　超
李　强　马兰平　李艳华　徐大伟

目　次

Contents

1 总 则

1.0.1 为提高油气长输管道工程施工水平，确保管道工程质量，制定本规范。

1.0.2 本规范适用于新建或改建、扩建的陆地长距离输送油气管道、煤(层)气管道、成品油管道线路工程的施工及验收，不适用于油气场站内部的工艺管道、油气田集输管道、工业企业内部的油气管道的施工及验收。

1.0.3 油气长输管道工程施工及验收除应符合本规范规定外，尚应符合国家现行有关标准的规定。

2 术 语

2.0.1 长输管道 long-distance transmission pipeline

指产地、储存库、用户间的用于输送油、气介质的管道。

2.0.2 弹性敷设 elastic pipe laying

管道在外力或自重作用下产生弹性弯曲变形，利用这种变形进行管道敷设的一种方式。

2.0.3 管件 fittings

与管子一起构成管道系统本身的零部件的总称，包括弯头、弯管、三通和管封头等。

2.0.4 水露点 water dew point

气体在一定压力下析出第一滴水时的温度。

2.0.5 冷弯管 cold bends

在不加热条件下，用模具(或夹具)将钢管弯制成需要角度的弯管。

2.0.6 热煨弯管 hot bends

在加热条件下，在夹具上将钢管弯曲成需要角度的弯管。

3 施工准备

3.0.1 技术准备应包括下列内容：

1 进行图纸会审、设计交底及技术交底工作；

2 进行施工组织设计、施工方案及质量、健康、安全、环境措施的编审工作。

3.0.2 人力资源准备应包括下列内容：

1 建立项目组织机构；

2 配置满足工程需要的施工人员；

3 组织主要工种的人员培训、考试取证。

3.0.3 机具设备准备应包括下列内容：

1 完成施工机具设备配置；

2 完成施工机具设备的检修维护；

3 完成具体工程的专用施工机具制作。

3.0.4 物资准备应包括下列内容：

1 施工主要材料的储存应能满足连续作业要求；

2 做好物资采购、验证、运输、保管工作。

3.0.5 施工现场准备应包括下列内容：

1 办理施工相关手续；

2 施工用地应满足作业要求；

3 完成施工现场水、路、电、通信、场地平整及施工临设工作。

3.0.6 在开工前，应以文件的形式明确交工技术文件和记录，技术文件的编制宜符合现行行业标准《石油天然气建设工程交工技术文件编制规范》SY/T 6882 的有关规定。

4 材料及设备检验

4.1 一 般 规 定

4.1.1 工程所用材料及设备的材质、规格和型号应符合设计要求，其质量应符合国家现行有关标准的规定，且应具有出厂合格证、质量证明书以及材质证明书。

4.1.2 管道线路的热煨弯管、冷弯管应符合表 4.1.2 的规定。

表 4.1.2 管道线路的热煨弯管、冷弯管的规定

种　　类		曲率半径	外观和主要尺寸	其他规定
热煨弯管		≥4*D*	无褶皱、裂纹、重皮，机械损伤；两端椭圆度小于或等于 1.0%，其他部位的椭圆度不应大于 2.5%	应满足清管器和探测仪器顺利通过。端部直管段保留长度：*DN* ≤ 500mm 时，不小于 250mm；*DN* > 500mm 时，不小于 500mm
冷弯管 *DN*(mm)	≤300	≥18*D*	无褶皱、裂纹、机械损伤；弯管椭圆度弯管部分小于或等于 2.5%，直管部分小于或等于 1.0%	端部直管段长度不小于 2m
	350	≥21*D*		
	400	≥24*D*		
	450	≥27*D*		
	500	≥30*D*		
	≥600	≥40*D*		

注：*D* 为管道外径，*DN* 为公称直径。

4.2 检验及处理

4.2.1 施工前，应对工程所用材料及设备的出厂合格证、质量证明书以及材质证明书进行检查，当对其质量有疑问时应进行复验。

4.2.2 钢管应按制造标准检查其外径、壁厚、椭圆度等尺寸偏差，且表面不得有裂纹、结疤、褶皱以及其他深度超过公称壁厚偏差的缺陷。

4.2.3 钢管如有划痕、凹坑、电弧烧痕、椭圆度超标、变形或压扁等缺陷时，应进行检查、分类及处理，并应符合下列要求：

1 钢管表面划痕的检查、分类及处理应符合下列要求：

1) 钢管表面划痕深度小于或等于公称壁厚的 5%，且不影响最小公称壁厚的缺陷，可进行修磨处理；

2) 钢管表面划痕深度大于公称壁厚的 5%，且不影响到最小公称壁厚的缺陷，应进行修磨处理，修磨后应进行壁厚确认。对于修磨后钢管表面划痕深度影响到最小公称壁厚的缺陷，输油管道可选用焊接方式补焊修复，输气管道应将带有缺陷的管段切除。

2 钢管表面凹坑的检查、分类及处理应符合下列要求：

1) 凹坑处有尖点或凹坑位于焊缝处应将该处管段切除；

2) 凹坑深度超过管道公称直径 2%的管段应切除。

3 输油管道的电弧烧痕可用砂轮修磨或焊接方式修复，修复后的厚度不得小于材料标准允许的最小厚度。

4　管端椭圆度超标时，应用适宜的方法及机具进行矫正。当环境气温为零度以下矫正时，宜对钢管进行局部加热至50℃～100℃。

5　钢管出现变形或压扁时不应使用。

4.2.4　绝缘接头(法兰)安装前，应进行水压试验。试验压力应为设计压力的1.5倍，稳压时间应为5min，无泄漏为合格。试压后应清除残余水，应使用500V兆欧表进行电绝缘检测，绝缘电阻应大于2MΩ。

4.2.5　线路阀门安装前，应进行外观检查、阀门启闭检查及水压试验，其检验要求应符合表4.2.5的规定。

表4.2.5　线路阀门安装前的检查、试验规定

项目		检查、试验内容	检验标准
外观检查		外表	不应有裂纹、砂眼、机械损伤、锈蚀等缺陷和缺件、铭牌脱落及色标不符等现象
		阀体内	应无积水、锈蚀、脏污和损伤等缺陷
		法兰密封面	不应有径向沟槽及其他影响密封性能的损伤
启闭检查		启闭	灵活
		启闭指示器	准确
水压试验	壳体试验	1.5倍管道设计压力，持续时间5min	壳体表面、阀体与阀盖连接处无渗漏或潮湿现象为合格。带袖管阀门的现场试验压力应为袖管的试验压力
	密封试验	1.0倍管道设计压力，持续时间15min	密封面无渗漏为合格

5　交接桩及测量放线

5.1　一般规定

5.1.1　设计单位与施工单位在现场进行控制(转角)桩、沿线路设置的临时性、永久性水准点的交接后，施工单位应进行测量放线，将桩移到施工作业带的边缘。

5.2　交桩、移桩

5.2.1　设计代表在现场向施工单位交接设计控制(转角)桩时，应核对桩号、里程、高程、转角角度。交桩后，施工单位应采取措施，保护控制(转角)桩，对已经丢失的桩应复测补桩。

5.2.2　平原地区宜采用与管道轴线等距平行移动的方法移桩(图5.2.2)，移桩位置应在管道组装焊接一侧，且宜在施工带边界线内1m的位置，转角桩应按转角的角平分线方向移动，平移后的桩可称为原桩的副桩。山区移桩困难时可采用引导法定位，即在控制(转角)桩四周植上4个引导桩，4个引导桩构成的四边形对角线的交点为原控制(转角)桩的位置。

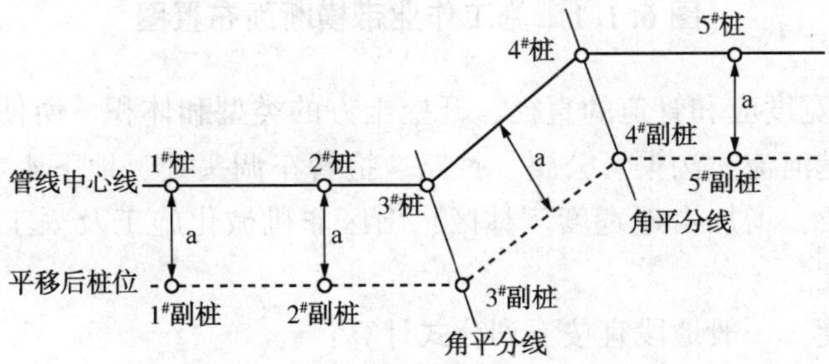

图5.2.2　平行移桩方法

5.3 测量放线

5.3.1 测量放线应根据设计控制(转角)桩或其副桩进行。需要更改线路位置时，应经设计代表的书面同意后，方可更改。

5.3.2 管道测量放线应放出线路轴线(或管沟开挖边线)和施工作业带边界线。在线路轴线(或管沟开挖边线)和施工作业带边界线上应加设百米桩，桩间应做标记，且施工期间标记应保持完好状态。

5.3.3 管道水平转角较大时，应增设加密桩。弹性敷设管段或冷弯管管段，其水平转角应根据切线长度、外矢矩等参数在地面上放出曲线。采用预制弯管的管段，应根据曲率半径和角度放出曲线。弹性敷设可通过“工兵法”、“坐标法”或“总偏角法”等方法进行测量放样，做法应符合本规范附录 A 的规定。

5.3.4 地形起伏较大地段的纵向转角变坡点应根据施工图或管道施工测量成果表所标明的变坡点位置、角度、曲率半径等参数放线。

5.3.5 弹性敷设曲率半径不得小于钢管外直径的 1000 倍。垂直面弹性敷设管道的曲率半径应大于管子在自重作用下产生的挠度曲线的曲率半径，其曲率半径应按下式计算：

$$R \geqslant 3600\left\{\left[1-\cos(\alpha/2)\right]D^2/\alpha^4\right\}^{1/3} \tag{5.3.5}$$

式中：R——管道弹性弯曲曲率半径(m)；

D——钢管的外径(cm)；

α——管道的转角(°)。

5.3.6 在河流、沟渠、公路、铁路穿跨越段的两端，地下管道、电缆、光缆穿越段的两端，线路阀室两端及管线直径、壁厚、材质、防腐层变化分界处应设置临时标志桩，其设置位置应在管道组装焊接一侧，施工作业带边界线以内 1m 处。

6 施工作业带清理及施工便道修筑

6.1 施工作业带清理

6.1.1 施工作业带清理前应对施工作业带横断面布置(图 6.1.1)进行设计。

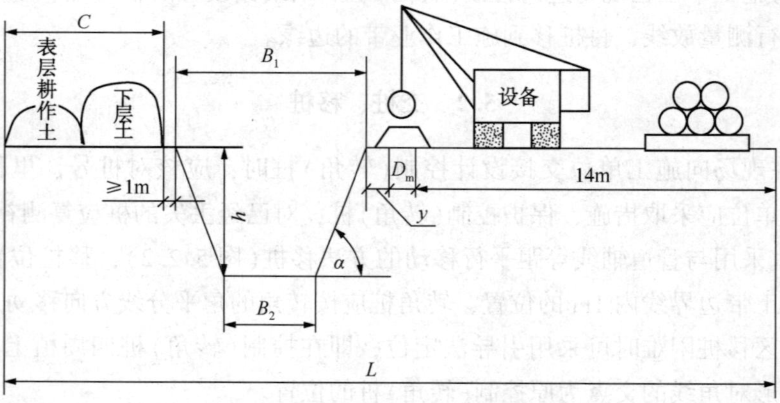

图 6.1.1 施工作业带横断面布置图

6.1.2 施工作业带占地宽度应和管道的直径、开挖土方的类型和体积、所使用的机械以及管道安装方法相适应。穿越、跨越河流、沟渠、公路、铁路、拖管车调头处、地下水丰富及管沟挖深超过 5m 的地段，应根据实际需要，增加占地宽度。林区、山区非机械化施工及人工凿岩地段根据地形、地貌条件，可减少占地宽度。

施工作业带占地宽度，一般地段宜按下列公式计算：

$$L=C+B_1+y+D_m+Z+1 \tag{6.1.2-1}$$

$$C=B_1 \cdot h \cdot A \tag{6.1.2-2}$$

$$B_1=B_2+2h/i \tag{6.1.2-3}$$

$$B_2=D_m+K \tag{6.1.2-4}$$

式中：L——施工作业带占地宽度（m）；

C——土堆宽度（m）；

B_1——管沟上口宽（m）；

B_2——管沟底宽（m）；

A——土质调节系数，根据现场土质情况一般取 1.5~2；

h——管沟深度（m）；

i——坡度，$i=\tan\alpha$；

α——管沟开挖放坡角度（°）；

D_m——钢管的结构外径（包括防腐、保温层的厚度）（m）；

K——沟底加宽余量；

y——安全距离（m），应按本规范表 9.1.6 取值；

Z——施工作业侧宽度（m），根据管径大小及作业方式等因素，取值范围为 8m~14m。

6.1.3 在施工作业带范围内，对于影响施工机具通行或施工作业的石块、树木等地上障碍物应清理干净，沟、坎应予平整，有积水的低洼地段应排水。施工作业带清理时，应减少或防止水土流失。

6.1.4 清理和平整施工作业带时，应保护标志桩，损坏时应及时恢复。

6.2 施工便道修筑

6.2.1 施工便道应平坦，应具有足够的承载能力，应能保证施工车辆和设备的行驶安全。施工便道路面宽度宜大于 4m，并与公路平缓接通，每 2km 宜设置 1 个会车处，弯道和会车处的路面宽度宜大于 10m，弯道的转弯半径宜大于 18m。

6.2.2 施工便道经过河流、沟渠时，可采取修筑临时性桥涵或加固原桥涵等措施，桥涵承载能力应满足运管及设备搬迁的要求。

6.2.3 在沼泽、水田、沙漠等地区修筑施工便道时，应采取加强路基的措施。

6.2.4 施工便道经过地下管道、线缆、沟渠等地下构筑物或设施时，应采取保护措施。

6.2.5 陡坡地带施工便道修筑宜采取降坡或修绕行路等措施。

7 材料、防腐管的装卸、运输及保管

7.1 装 卸

7.1.1 防腐管装卸不得损伤防腐层，应使用不损伤管口的专用吊具，弯管应采取吊管带装卸。

7.1.2 所有施工机具和设备在行车、吊装、装卸过程中，其任何部位与架空电力线路的安全距离应符合表 7.1.2 的规定。

表 7.1.2 施工机具和设备与架空电力线路的安全距离

电力线路电压（kV）	<1	1~35	60	110	220	330	n
安全距离（m）	>1.5	>3	>5.1	>5.6	>6.7	>7.8	$>0.01(n-50)+5$

7.2 运 输

7.2.1 防腐管的运输应符合交通部门的有关规定，拖车与驾驶室之间应设置止推挡板，立柱应牢固。

7.2.2 装车前，应核对防腐管的防腐等级、材质、壁厚，不宜将不同防腐等级、材质、壁厚的防腐管混装。

7.2.3 运输防腐管时，捆扎牢固，对防腐层采取保护措施。防腐管与车架或立柱之间、防腐管之间、防腐管与捆扎绳之间应设置橡皮板或其他软质材料衬垫，捆扎绳应套橡胶管或其他软质管套。弯管运输应采取保护措施，保温管的运输应使用配备装有柔性垫板的运管车。

7.2.4 阀门宜原包装运输，应固定牢固。

7.2.5 运至现场的防腐管，应逐根检查验收，办理交接手续。

7.3 保　　管

7.3.1 材料应按产品说明书的要求妥善保管。存储过程中应进行巡查。

7.3.2 材料存放场地应平整、无石块，地面不应积水。存放场地应保持1%～2%的坡度，并应设有排水沟。应在存放场地内修筑汽车与吊车进出场的道路，场地上方应无架空电力线。

7.3.3 成品管的存放和堆置高度应保证管子不会发生损伤和永久变形，采取防止滚落的措施。不同规格、材质的防腐钢管应分开堆放。每层防腐管之间应垫放软垫，最下层的管子下宜铺垫两排枕木或砂袋，管子距地面的距离宜大于200mm。

7.3.4 阀门宜原包装存放，存放时应采取防水措施。

7.3.5 焊材、防腐补口材料等应存放在库房中，其中防腐补口材料应存放在通风干燥的库房，焊条长期存放时的相对湿度不宜超过60%。

7.3.6 易燃、易爆物品的库房应按相关标准配备消防灭火器材。

7.3.7 防腐管运抵施工现场后，露天存放时间超过3个月时应采取防护措施。

8 管沟开挖

8.1 管沟的几何尺寸

8.1.1 管沟的开挖深度应符合设计要求。侧向斜坡地段的管沟深度，应按管沟横断面的低侧深度计算。

8.1.2 管沟边坡坡度应根据土壤类别、力学性能和管沟开挖深度确定，深度在5m以内管沟的最陡边坡坡度应按表8.1.2确定。

表8.1.2 深度在5m以内管沟的最陡边坡坡度

土壤类别	最陡边坡坡比 i		
	坡顶无载荷	坡顶有静载荷	坡顶有动载荷
中密的砂土	1∶1.00	1∶1.25	1∶1.50
中密的碎石类土（填充物为砂土）	1∶0.75	1∶1.00	1∶1.25
硬塑的粉土	1∶0.67	1∶0.75	1∶1.00
中密的碎石类土（填充物为黏性土）	1∶0.50	1∶0.67	1∶0.75
硬塑的粉质黏土、黏土	1∶0.33	1∶0.50	1∶0.67
老黄土	1∶0.10	1∶0.25	1∶0.33
软土（经井点降水）	1∶1.00	—	—
硬质岩	1∶0	1∶0	1∶0
冻土	1∶0	1∶0	1∶0

注：当冻土发生融化时，应进行现场试验确定其坡度。

8.1.3 深度超过5m的管沟边坡开挖时，应根据实际情况，采取放缓边坡、支撑或阶梯式开挖措施。

8.1.4 管沟沟底宽度应根据管道外径、开挖方式、组装焊接工艺及工程地质等因素确定。深度在5m以内管沟沟底宽度应按下式确定：

$$B=D_m+K \tag{8.1.4}$$

式中：B——沟底宽度(m)；

D_m——钢管的结构外径(包括防腐、保温层的厚度)(m)；

K——沟底加宽余量(m)，应按表8.1.4取值。

表8.1.4 沟底加宽余量 K 值(m)

条件因素		沟上焊接				沟下焊条电弧焊接			沟下半自动焊接处管沟	沟下焊接弯头、弯管及连头处管沟
		土质管沟		岩石爆破管沟	弯头、冷弯管处管沟	土质管沟		岩石爆破管沟		
		沟中有水	沟中无水			沟中有水	沟中无水			
K 值	沟深3m以内	0.7	0.5	0.9	1.5	1.0	0.8	0.9	1.6	2.0
	沟深3m~5m	0.9	0.7	1.1	1.5	1.2	1.0	1.1	1.6	2.0

注：当采用机械开挖管沟时，计算的沟底宽度小于挖斗宽度时，沟底宽度按挖斗宽度计算。

8.1.5 深度超过5m的管沟，沟底宽度应根据工程地质情况进行处理。

8.2 管沟开挖

8.2.1 开挖管沟前，应向施工人员说明地下设施的分布情况。在地下设施两侧5m范围内，应采用人工开挖，并应对挖出的地下设施采取保护措施。对于重要地下设施，开挖前应征得其管理部门同意，必要时应在其监督下开挖。

8.2.2 一般地段管沟开挖时，宜将挖出的土石方堆放到焊接施工对面一侧，堆土距沟边不应小于1m。

8.2.3 在耕作区开挖管沟时，应将表层耕作土与下层土分别堆放，下层土应放置在靠近管沟一侧。

8.2.4 爆破开挖管沟宜在布管前完成。爆破作业应由有爆破资质的单位承担。爆破作业应制定安全措施，规定爆破安全距离，不应威胁到附近居民、行人，以及地上、地下设施的安全。对于可能受到影响的重要设施，应事前通知有关部门和人员，采取安全保护措施后方可爆破。

8.2.5 开挖管沟时，应保护地下文物，当发现文物时应保护现场，并向当地主管部门报告。

8.2.6 在穿越道路、河流、居民密集区等地段进行管沟开挖时，应采取适当的安全措施，设置警告牌、信号灯、警示物等。

8.3 管沟验收

8.3.1 直线段管沟应顺直，曲线段管沟应圆滑过渡，曲率半径应满足设计要求。

8.3.2 管沟中心线、沟底标高、沟底宽度、变坡点位移的允许偏差应符合表8.3.2的规定。

表8.3.2 管沟中心线、沟底标高、沟底宽度、变坡点位移的允许偏差

项　目	允许偏差(mm)
管沟中心线偏移	<150
沟底标高	+50 −100
沟底宽度	−100
变坡点位移	<1000

8.3.3 石方段管沟沟壁不得有欲坠的石头，沟底不应有石块。

8.3.4 开挖后应及时检查验收，不符合要求时应及时修整。

9 布管及现场坡口加工

9.1 布 管

9.1.1 应按设计图纸规定的钢管材质、规格和防腐层等级布管。布管前宜测量管口周长、直径，进行匹配组对。

9.1.2 堆管场地应平坦，无石块、积水和坚硬根茎等损伤防腐层的物体。防腐管下宜设置两条土埂或土袋。

9.1.3 堆管的位置应靠近管线，且应远离架空电力线。管堆之间的距离不宜超过500m。

9.1.4 沟上布管前每根管子应设置管墩，平原地区管墩的高度宜为0.4m~0.5m，山区应根据地形变化设置，管墩宜用袋装软质材料。

9.1.5 沟上布管时，管与管首尾相接处宜错开一个管径。吊管机布管吊运时，宜单根管吊运。进行双根或多根管吊运时，应采取有效的防护措施。

9.1.6 沟上布管及组装焊接时，应符合下列要求：

1 管道的边缘至管沟边缘应保持足够的安全距离，其值应符合表9.1.6的规定。

表9.1.6 管道边缘与管沟边缘的安全距离

土壤类别	干燥硬实土	潮湿软土
安全距离(m)	≥1.0	≥1.5

2 管墩中心(组装管道中心)至管沟中心(线路中心)的距离应按下式计算：

$$S \geqslant D_m + K/2 + a + y \quad (9.1.6\text{-}1)$$

$$a = h/i \quad (9.1.6\text{-}2)$$

式中：S——管墩(组装管线)中心至管沟(线路)中心的距离(m)；

D_m——钢管的结构外径(m)；

K——沟底加宽余量(m)，应按本规范表8.1.4取值；

a——管沟边坡的水平投影距(m)；

h——沟深(m)；

i——边坡坡度，应按本规范表8.1.2取值；

y——安全距离(m)，应按表9.1.6取值。

9.1.7 沟下布管时，防腐管首尾应错开摆放，错开距离宜为100mm。

9.1.8 坡地布管时，应采取防止滚管、滑管的措施。

9.1.9 吊装和布管作业时，采用的吊装设备能力应满足作业要求，且吊具应为起重专用吊具。

9.2 现场坡口加工

9.2.1 管端坡口应根据焊接工艺规程加工、检查。

9.2.2 复合型坡口宜在施工现场进行加工。坡口加工应采用坡口机，刀具应采用一次成型的复合刀具。

9.2.3 管端坡口如有机械加工形成的内卷边，应用锉刀或电动砂轮机清除整平。

10 管口组对、焊接及验收

10.1 一般规定

10.1.1 管道焊接设备的性能应满足焊接工艺要求，并应具有良好的工作状态和安全性能。

10.1.2 焊接施工前，应制定焊接工艺预规程，进行焊接工艺评定。焊接工艺评定应符合现行行业标准《钢质管道焊接及验收》SY/T 4103 的有关规定，并应根据合格的焊接工艺评定报告编制焊接工艺规程。

10.1.3 焊工应具有国家有关部门颁发的相应资格证书。

10.1.4 在下列任何一种环境中，如未采取有效防护措施不得进行焊接：

1 雨雪天气；

2 大气相对湿度大于 90%；

3 低氢型焊条电弧焊，风速大于 5m/s；

5 自保护药芯焊丝半自动焊，风速大于 8m/s；

6 气体保护焊，风速大于 2m/s；

7 环境温度低于焊接工艺规程中规定的温度。

10.2 管口组对与焊接

10.2.1 管口组对的坡口型式应符合焊接工艺规程的规定。

10.2.2 不等壁厚对焊管端宜采用加过渡管或坡口过渡处理措施。壁厚差小于或等于 2mm 时可直接焊接，大于 2mm 时，应采用内削边处理，内坡角度宜为 14°~30°。

10.2.3 使用对口器应符合下列要求：

1 应优先选用内对口器，不具备使用内对口器条件时可选用外对口器；

2 使用内对口器时，应在根焊完成后拆卸和移动对口器，移动对口器时，管子应保持平衡；

3 使用外对口器时，应在根焊完成不少于管周长 50%后方可拆卸，所完成的根焊应分为多段，且应均匀分布。

10.2.4 管道组对应符合表 10.2.4 的规定。

表 10.2.4 管道组对规定

序号	检查项目	规定要求
1	管内清扫	无污物
2	管口清理(10mm 范围内)和修口	管口完好无损，无铁锈、油污、油漆、毛刺
3	管端螺旋焊缝或直缝余高打磨	端部 10mm 范围内余高打磨掉，并平缓过渡；采用自动超声波检测时，端部不少于 150mm 范围内余高应打磨掉
4	两管口螺旋焊缝或直缝间距	错开间距大于或等于 100mm
5	错边和错边校正要求	小于等于壁厚的八分之一，且连续 50mm 范围内局部最大不应大于 3mm，错边沿周长应均匀分布
6	钢管短节长度	不应小于管子外径值且不应小于 0.5m
7	钢管对接角度偏差	不得大于 3°

10.2.5 焊接材料应符合下列要求：

1 焊条应无破损、发霉、油污、锈蚀，焊丝应无锈蚀和折弯，焊剂应无变质现象，保护气体的纯度和干燥度应满足焊接工艺规程的要求；

2 低氢型焊条焊前应按产品说明书要求进行烘干、保存及使用；当天未用完的焊条应回收存放，重新烘干后首先使用，重新烘干的次数不得超过2次；

3 自保护药芯焊丝不应烘干，纤维素焊条不宜烘干；

4 焊丝应在焊接前打开包装；当日未用完的焊丝应妥善保管，防止污染；

5 应采用有效手段确保焊接气体的纯度、配比和含水量等指标符合要求；

6 在焊接过程中，如出现焊条药皮发红、燃烧或严重偏弧时，应立即更换焊条。

10.2.6 焊接过程中，对于管材和防腐层保护应符合下列要求：

1 施焊时不应在坡口以外的管壁上引弧；

2 焊机地线与管子连接应采用专用卡具，防止地线与管壁产生电弧而烧伤管材；

3 对于防腐管，焊前应在焊缝两端的管口缠绕一周宽度为0.5m的保护层。

10.2.7 焊前预热应符合下列规定：

1 预热应符合焊接工艺规程的规定；

2 当焊接两种具有不同预热要求的材料时，应以预热温度要求较高的材料为准；

3 预热宽度不应小于坡口两侧各50mm，应使用测温蜡笔、红外线测温仪等测温工具测量；

4 管口应均匀加热；

5 当环境温度低于-5℃时，宜采用电加热进行预热。

10.2.8 管道焊接应符合下列规定：

1 管道焊接应符合焊接工艺规程的要求；

2 根焊完成后，应立即进行热焊；

3 焊道接头应进行打磨，相邻两层的接头不得重叠，应错开30mm以上；

4 各焊道宜连续焊接，焊接过程中，应控制道间温度；

5 焊道上的焊渣，在下一道焊接前应清除干净；

6 焊口宜当日焊完，当日不能完成的应至少完成管壁厚的50%，且不应少于3层；

7 在焊接作业中，焊工应对自己所焊的焊道进行自检和修补工作，每处修补长度不应小于50mm。

10.2.9 焊口焊完后应清除表面焊渣和飞溅。

10.2.10 对需要后热或热处理的焊缝，应按焊接工艺规程的规定进行处理。

10.2.11 每日作业结束后应将管线端部管口临时封堵。遇水及沟下焊管线应采取防水措施。

10.2.12 焊口应有标志，焊口标志应包括工程名称缩写、标段号、桩位号、流水号，标志可用记号笔写在距焊口(油、气流动方向下游)1m处防腐层表面，并应同时做好焊接记录。

10.2.13 焊缝返修及处理应符合下列规定：

1 所有带裂纹的焊缝应从管线上切除，焊道出现的非裂纹性缺陷，可直接返修；

2 焊缝返修应使用评定合格的返修焊接工艺规程。焊缝在同一部位的返修不应超过2次，根部只应返修1次。返修后，宜按原标准检测。

10.3 焊缝的检验与验收

10.3.1 焊缝经外观检查合格后方可进行无损检测。焊缝外观检查应符合下列规定：

1 焊缝外观成型应均匀一致，焊缝及其热影响区表面上不得有裂纹、未熔合、气孔、夹渣、飞溅、弧坑等缺陷；

2 焊缝表面不应低于母材表面，焊缝余高应在0~3mm范围内，向母材的过渡应平滑；

3 焊缝表面每侧宽度宜比坡口表面宽1mm~2mm；

4 咬边的最大尺寸应符合表10.3.1中的规定。

表 10.3.1 咬边的最大尺寸

深 度	长 度
小于或等于 0.4mm，小于或等于管壁厚的 6%，取二者中的较小值	任何长度均为合格
大于 0.4mm 小于或等于 0.8mm，大于管壁厚的 6% 小于或等于 12.5%，取二者中的较小值	在焊缝任何 300mm 连续长度上不超过 50mm，或焊缝长度的 1/6，取二者中的较小值
大于 0.8mm，大于管壁厚的 12.5%，取二者中的较小值	任何长度均不合格

10.3.2 无损检测应符合国家现行标准《石油天然气管道工程全自动超声波检测技术规范》GB/T 50818 和《石油天然气钢质管道无损检测》SY/T 4109 的规定，射线检测及超声检测的合格等级均应为Ⅱ级。

10.3.3 输油管道的无损检测方法及比例应符合下列规定：

1 采用射线检测检验时，应对焊工当日所焊不少于 30%的焊缝全周长进行射线检测；

2 采用超声检测时，应对焊工当日所焊焊缝的全部进行检查，并对其中 10%环焊缝的全周长用射线检测复验；

3 对通过居民区、工矿企业和穿越、跨越大中型水域、一二级公路、铁路、隧道的管道环焊缝，以及所有碰死口焊缝，应进行 100%超声检测和射线检测。

10.3.4 输气管道的检测方法及比例应符合下列规定：

1 所有焊接接头应进行全周长 100%无损检测，无损检测方法应选用射线检测和超声检测。焊缝表面缺陷应选用磁粉或液体渗透检测。

2 当采用超声检测对焊缝进行无损检测时，应按下列比例采用射线检测对每个焊工或流水作业焊工组当天完成的全部焊缝进行复验：一级地区中焊缝的 5%，二级地区中焊缝的 10%，三级地区中焊缝的 15%，四级地区中焊缝的 20%。

3 穿越、跨越水域、公路、铁路的管道焊缝，弯头与直管段焊缝及未经试压的管道碰死口焊缝，均应进行 100%超声检测和射线检测。

10.3.5 射线检测复验、抽查中，有一个焊口不合格，应对该焊工或流水作业焊工组在该日或该检查段中焊接的焊口加倍检查，如仍有不合格的焊口，应对其余的焊口逐个进行射线检测。

10.3.6 管道采用全自动焊时，宜采用全自动超声检测，检测比例应为 100%，并应进行射线检测复验。全自动超声检测应符合现行国家标准《石油天然气管道工程全自动超声波检测技术规范》GB/T 50818 的规定。

11 管道防腐及保温工程

11.0.1 管道无损检测合格后，应及时进行防腐补口。

11.0.2 钢管、弯管、弯头的防腐和保温，现场防腐补口、补伤施工应符合设计要求和现行有关标准的规定。管道常用的内外壁防腐层应符合下列规定：

1 石油沥青防腐层应符合现行行业标准《埋地钢质管道石油沥青防腐层技术标准》SY/T 0420 的规定；

2 硬质聚氨酯泡沫塑料防腐保温层应符合现行行业标准《埋地钢质管道硬质聚氨酯泡沫塑料防腐保温层技术标准》SY/T 0415 的规定；

3 环氧煤沥青防腐层应符合现行行业标准《埋地钢质管道环氧煤沥青防腐层技术标准》SY/T 0447 的规定；

4 聚乙烯防腐层应符合现行国家标准《埋地钢质管道聚乙烯防腐层》GB/T 23257 的规定；

5 聚乙烯胶粘带防腐层应符合现行行业标准《钢质管道聚乙烯胶粘带防腐层技术标准》SY/T 0414 的规定；

6 熔结环氧粉末外涂层应符合现行行业标准《钢质管道熔结环氧粉末外涂层技术规范》SY/T 0315 的规定；

7 熔结环氧粉末内防腐层应符合现行行业标准《钢质管道熔结环氧粉末内防腐层技术标准》SY/T 0442 的规定；

8 液体环氧涂料内涂层应符合现行行业标准《钢质管道液体环氧涂料内防腐层技术标准》SY/T 0457 的规定；

9 管口预处理应符合现行行业标准《涂装前钢材表面处理规范》SY/T 0407 的规定；

10 高温直埋管道保温应符合现行行业标准《直埋式钢质高温管道保温预制施工及验收规范》SY/T 0324 的规定。

11.0.3 防腐层的外表面应平整，无漏涂、褶皱、流淌、气泡和针孔等缺陷；防腐层应能有效地附着在金属表面；聚乙烯热收缩套(带)、聚乙烯冷缠粘胶带，以及双组分环氧粉末补伤液、补伤热熔棒等补口、补伤材料应按其生产厂家使用说明的要求施工。

11.0.4 管道锚固墩、穿越段管道、阴极保护测试线焊接处的防腐，检查合格后方可进行下一道工序。阴极保护测试线焊接处的防腐材料应与管道防腐层相匹配并与测试线外皮粘接良好。

11.0.5 管道出、入土的防腐层应高出地面 100mm 以上，应在地面交界处的管外采取包覆热收缩套或其他防护性措施。热收缩套搭接处应平缓，无破损和漏点。

12 管道下沟及回填

12.1 管道下沟

12.1.1 管线的焊接、无损检测、补口完成后，应及时下沟。不能及时下沟时，应采取措施防止滚管。一个作业(机组)施工段，沟上放置管道的连续长度不宜超过 10km。

12.1.2 下沟前，应复查管沟深度，清除沟内塌方、石块、积水、冰雪等异物。石方或戈壁段管沟，应预先在沟底垫 300mm 厚细土，细土的最大粒径不得大于 20mm。

12.1.3 管道应使用吊管机等起重设备进行下沟，不得使用推土机或撬杠等非起重机具。吊具应使用尼龙吊带或橡胶辐轮吊篮，不得直接使用钢丝绳。当采用吊篮下沟时，应使用吊管机下沟，起吊高度以 1m 为宜，吊管机使用数量不宜少于 3 台。管道下沟吊点间距应符合表 12.1.3 的规定。

表 12.1.3 管道下沟吊点间距

钢管公称直径(mm)	100	150	200	250	300	350	400	450	500	600	700	800	900	1000	1200
允许最大间距(m)	6	9	12	13	15	16	17	18	19	21	23	24	25	26	28

12.1.4 管道下沟时，应由专人统一指挥作业，应采取切实有效的措施防止管道滚沟。

12.1.5 管道下沟过程中，应使用电火花检漏仪检查管道防腐层，检测电压应符合设计及现行有关标准的规定，如有破损或针孔应及时修补。

12.1.6 管道下沟时，应注意避免与沟壁挂碰，以防止擦伤防腐层。管道应放置到管沟中心位置，距沟中心线的偏差应小于 150mm。管道壁和管沟壁之间的间隙不应小于 150mm。管道应与沟底充分结合，局部悬空应用细土填塞密实。

12.1.7 管道下沟后应对管顶标高进行测量，直线段应每 100m 测一点，曲线段可对曲线的始点、中点和终点进行测量。

12.2 管沟回填

12.2.1 一般地段管道下沟后应及时回填，回填前应排除沟内积水，山区易冲刷地段、高水位地段、人口稠密区及雨季施工等应立即回填。

12.2.2 耕作土地段的管沟应分层回填，应将表面耕作土置于最上层。

12.2.3 管沟回填前宜完成阴极保护测试引线焊接，并引出地面。

12.2.4 管道下沟后，回填应符合下列要求：

1 回填土应平整密实；

2 石方、戈壁或冻土段管沟应先回填细土至管顶上方300mm，后回填原土石方。细土的最大粒径不应大于20mm，原土石方最大粒径不得大于250mm；

3 黄土塬地段管沟回填应按设计要求做好垫层及夯实；

4 陡坡地段管沟回填宜采取袋装土分段回填。

12.2.5 下沟管道的端部，应预留出50倍管径且不小于30m管段暂不回填。

12.2.6 管沟回填土宜高出地面0.3m以上，覆土应与管沟中心线一致，其宽度为管沟上开口宽度，并应做成有规则的外形。管道最小覆土层厚度应符合设计要求。

12.2.7 沿线施工时破坏的挡水墙、田埂、排水沟、便道等地面设施应及时恢复。

12.2.8 设计上有特殊要求的地貌应根据设计要求恢复。

12.2.9 浅挖深埋土堤敷设时应根据设计要求施工。

12.2.10 对于回填后可能遭受洪水冲刷或浸泡的管沟，应采取压实管沟、引流或压砂袋等防冲刷、防管道漂浮的措施。

12.2.11 管沟回填土自然沉降密实后，应对管道防腐层进行地面检漏，且应符合设计规定。一般地段自然沉降宜为30天，沼泽地段及地下水位高的地段自然沉降宜为7天。

12.2.12 管道稳管设施的安装应符合设计要求。

13 管道穿越、跨越工程

13.1 管道穿越、跨越工程

13.1.1 管道穿越、跨越工程的施工应分别符合现行国家标准《油气输送管道穿越工程施工规范》GB 50424和《油气输送管道跨越工程施工规范》GB 50460的有关规定。

13.1.2 采用套管穿越的管道，当设计要求安装牺牲阳极时，应在穿入套管前完成，安装后应测量管道电位是否达到保护电位要求。输送管的绝缘支撑架应安装牢固，绝缘垫位置正确。绝缘支撑架不得与阳极相连。

13.1.3 输送管穿入套管前，应进行隐蔽工程检查，套管内的污物应清扫干净。输送管防腐层检漏合格后方可穿入套管内，穿入后应用500V兆欧表检测套管与输送管之间的绝缘电阻，其值应大于2MΩ。检测合格后应按设计要求封堵套管的两端口。

13.2 穿越地下设施、管道、线缆

13.2.1 管道穿越其他埋地管道、线缆时，应按国家有关规定及设计要求实施。

14 管道清管测径、试压及干燥

14.1 一般规定

14.1.1 石油天然气长输管道在下沟回填后应清管、测径及试压，清管、测径及试压应分段进行。

14.1.2 河流大中型穿跨越和铁路、高速公路、二级及以上公路穿越的管段应单独进行试压。

14.1.3 分段试压合格后，连接各管段的连头焊缝应进行100%超声检测和射线检测，不再进行试压，预制件及连头管段应在安装之前预先试压。经单独试压的线路截断阀及其他设备可不与管线一同试压。

14.1.4 试压中如有泄漏，应泄压后修补，修补合格后应重新试压。

14.1.5 管道清管、测径及试压施工前，应编制施工方案，制定安全措施，考虑施工人员及附近公众与设施安全。清管、测径及试压作业应统一指挥，并配备必要的交通工具、通信及医疗救护设备。

14.1.6 试压介质的选用应符合下列规定：

1 输油管道试压介质应采用水，在高寒、陡坡等特殊地段，经设计校核可采用空气作为试压介质，但管材必须满足止裂要求。试压时必须采取防爆安全措施。

2 输气管道位于一、二级地区的管段宜用水作试压介质，在高寒、陡坡等特殊地段可采用空气作试压介质。

3 输气管道位于三、四级地区的管段应采用水作试压介质。

4 管道试压水质应使用洁净水。

14.1.7 试压装置，包括阀门和管道应经试压检验合格后方能使用。现场开孔和焊接应符合压力管道安装有关标准的规定。试压装置与主管连接口应进行全周长射线检测，合格级别应与主管线相同。

14.2 清管、测径

14.2.1 分段试压前，应采用清管球(器)进行清管，清管介质应用空气。清管次数不应少于2次，以开口端不再排出杂物为合格。

14.2.2 分段清管应设临时清管器收发装置，清管器接收装置应选择在地势较高且50m内没有建筑物和人口的区域内，并应设置警示标志。

14.2.3 线路截断阀不应参加清管。

14.2.4 清管宜选用复合式清管器，管径较小时也可选用清管球。清管球充水后直径过盈量应为管内径的5%~8%。

14.2.5 清管时的最大压力不得超过管材最小屈服强度的30%。

14.2.6 清管器应适用于管线弯管的曲率半径。

14.2.7 清管合格后应在试压前后分别进行测径。测径宜采用铝质测径板，直径为试压段中最大壁厚钢管或者弯头内径的90%，当测径板通过管段后，无变形、褶皱可判为合格。

14.3 水压试验

14.3.1 水压试验应符合现行国家标准《液体石油管道压力试验》GB/T 16805的有关规定。

14.3.2 分段水压试验的管段长度不宜超过35km，应根据该段的纵断面图，计算管道低点的静水压力，核算管道低点试压时所承受的环向应力，其值不应大于管材最低屈服强度的0.9倍，对特殊地段经设计允许，其值最大不得大于0.95倍。试验压力值的测量应以管道最高点测出的压力值为准，管道最低点的压力值应为试验压力与管道液位高差静压之和。

14.3.3 试压充水宜加入隔离球，并应在充水时采取背压措施，以防止空气存于管内，隔离球可在试压后取出。应避免在管线高点开孔排气。压力试验宜在24小时后进行，以缩小温度差异。

14.3.4 输油管道分段水压试验时的压力值、稳压时间及合格标准应符合表14.3.4的规定。

表14.3.4 输油管道分段水压试验时的压力值、稳压时间及合格标准

分类		强度试验	严密性试验
输油管道一般地段	压力值(MPa)	1.25倍设计压力	设计压力
	稳压时间(h)	4	24

表 14.3.4(续)

分类		强度试验	严密性试验
输油管道大中型穿越、跨越及管道通过人口稠密区	压力值(MPa)	1.5 倍设计压力	设计压力
	稳压时间(h)	4	24
合格标准		无变形、无泄漏	压降不大于 1%试验压力值，且不大于 0.1MPa

14.3.5 输气管道分段水压试验时的压力值、稳压时间及合格标准应符合表 14.3.5 的规定

表 14.3.5 输气管道分段水压试验时的压力值、稳压时间及合格标准

分类		强度试验	严密性试验
一级地区输气管道	压力值(MPa)	1.1 倍设计压力	设计压力
	稳压时间(h)	4	24
二级地区输气管道	压力值(MPa)	1.25 倍设计压力	设计压力
	稳压时间(h)	4	24
三级地区输气管道	压力值(MPa)	1.4 倍设计压力	设计压力
	稳压时间(h)	4	24
四级地区输气管道	压力值(MPa)	1.5 倍设计压力	设计压力
	稳压时间(h)	4	24
合格标准		无变形、无泄漏	压降不大于 1%试验压力值，且不大于 0.1MPa

14.3.6 架空输气管道采用水压试验前，应核算管道及其支撑结构的强度，必要时应临时加固，防止管道及支撑结构受力变形。

14.3.7 试压宜在环境温度 5℃以上进行，当不能满足时，应采取防冻措施。

14.3.8 试压合格后，应将管段内积水清扫干净，山区清扫时应采取背压等措施，清扫出的污物应排放到规定区域，清扫应以不再排出游离水为合格。

14.4 气压试验

14.4.1 分段气压试验的管段长度不宜超过 18km。

14.4.2 试压用的压力表应经过校验，并应在有效期内。压力表精度不应低于 1.6 级，量程应为被测最大压力的 1.5 倍~2 倍，表盘直径不应小于 150mm，最小刻度应能显示 0.05MPa。试压时的压力表不应少于 2 块，并应分别安装在试压管段的两端。稳压时间应在管段两端压力平衡后开始计算。试压管段的两端应各安装 1 支温度计，且应避免阳光直射，温度计的最小刻度应小于或等于 1℃。

14.4.3 试压时的升压速度不宜过快，压力应缓慢上升，每小时升压不得超过 1MPa。当压力升至 0.3 倍和 0.6 倍强度试验压力时，应分别停止升压，稳压 30min，并应检查系统有无异常情况，如无异常情况可继续升压。

14.4.4 检漏人员在现场查漏时，管道的环向应力不应超过钢材规定的最低屈服强度的 20%；在管道的环向应力首次开始从钢材规定的最低屈服强度的 50%提升到最高试验压力，直到又降至设计压力为止的时间内，试压区域内严禁有非试压人员，试压巡检人员应与管线保持 6m 以上的距离。试压设备和试压段管线 50m 以内为试压区域。

14.4.5 油、气管道分段气压试验的压力值、稳压时间及合格标准应符合表 14.4.5 的规定：

表 14.4.5 油、气管道分段气压试验的压力值、稳压时间及合格标准

分类		强度试验	严密性试验
输油管道	压力值(MPa)	1.1 倍设计压力	设计压力
	稳压时间(h)	4	24
一级地区输气管道	压力值(MPa)	1.1 倍设计压力	设计压力
	稳压时间(h)	4	24
二级地区输气管道	压力值(MPa)	1.25 倍设计压力	设计压力
	稳压时间(h)	4	24
合格标准		不破裂、无泄漏	压降不大于 1%试验压力值，且不大于 0.1MPa

14.4.6 气体排放口不得设在人口居住稠密区、公共设施集中区。

14.5 输气管道干燥

14.5.1 输气管道试压、清管结束后应进行管道干燥。

14.5.2 输气管道干燥应符合现行行业标准《天然气输送管道干燥施工技术规范》SY/T 4114 的有关规定。

15 管道连头

15.0.1 管道连头所用钢管、弯管等材料的材质、壁厚应符合设计要求。不参与试压的连头管段安装前应进行试压。

15.0.2 连头处宜设置在地形、地质条件较好的地段。连头处应设人行安全通道。作业面应平整、清洁、无积水，沟底比设计深度加深 500mm~800mm。

15.0.3 现场切割防腐管时，宜采用机械方法，也可采用火焰或等离子弧方法。

15.0.4 吊装时，吊具应固定牢靠，设专人指挥、监护。

15.0.5 连头时应采用外对口器，不应强力组对。

15.0.6 连头处的管道焊接应严格执行连头焊接工艺规程，应在焊接完成后进行 100%超声检测和 100%射线检测。

15.0.7 裂纹缺陷不应返修，其他缺陷只应返修 1 次。

15.0.8 检测完成后，应按要求进行防腐补口、补伤，经业主(或监理)确认合格后，应及时进行管沟回填。

16 管道附属工程

16.1 截断阀室及阀门安装

16.1.1 截断阀室的土建工程应符合国家现行相关标准的规定。

16.1.2 阀室工艺管道安装应符合现行国家标准《石油天然气站内工艺管道工程施工规范》GB 50540 的有关规定。

16.1.3 阀门安装前应熟悉阀门安装说明书，应按相关标准及制造厂家的说明书检查、安装阀门。

16.1.4 阀室内埋地管道和阀门应在回填土前进行电火花检漏，防腐绝缘合格后方可回填。

16.1.5 管道穿越阀室墙体或基础的缝隙应按设计要求封堵严密。

16.1.6 埋地管道和阀门周围应用细土回填，并分层夯实。

16.1.7 施工结束前应恢复地貌和清理现场。

16.1.8 阀室安装后应单独进行吹扫、试压。

16.2 阴极保护工程

16.2.1 线路阴极保护工程施工及验收应符合现行国家标准《埋地钢质管道阴极保护技术规范》GB/T 21448 的有关规定。

16.2.2 牺牲阳极的安装应符合下列要求：

1 袋装牺牲阳极使用时应确保回填材料密实。当阳极和填包料分开供应时，阳极埋设应置于填包料的中心位置，导线应留有充分的余量。操作中不应损伤导线和接头。

2 带状牺牲阳极埋设应符合设计要求。

3 临时保护用的带状牺牲阳极应通过测试桩与管道连接，投产前应与管道断开。

16.2.3 强制电流系统的安装应符合下列要求：

1 整流器外壳应接地可靠。

2 辅助阳极应按设计要求埋设，回填料应保证阳极周围均匀且没有空隙，回填时应避免损伤阳极和电缆。

3 电缆与整流器的连接应牢固并导电良好。

4 主电缆与阳极引线之间的连接应牢固且导电良好，连接点应进行防水密封。

5 直埋式阳极电缆应防止电缆外皮的绝缘损伤；所有电缆应留有足够的松弛余量，并应按设计要求回填。

16.2.4 阴极保护测试桩的连接和跨接应符合下列要求：

1 管道和测试导线的连接处应干燥、清洁，测试导线与管道的连接应牢固且导电良好。

2 与其他构筑物跨接或跨接绝缘接头的电缆连接应牢固，导电良好，并应按设计要求进行防腐绝缘。跨接连接应便于进行测试。

3 绝缘接头安装前应进行绝缘电阻测试，安装后应检测其电绝缘的有效性。

16.2.5 阴极保护投入运行前，应做好自然电位测试；运行后应做好保护电位和保护电流测试。测试记录应完整。

16.3 里程桩、转角桩、标志桩、锚固墩、警示牌安装及警示带敷设

16.3.1 里程桩、转角桩、标志桩应进行检查验收，表面应光滑平整，无缺棱掉角，尺寸允许偏差应为±10mm，混凝土强度应达到设计要求。油漆涂刷应均匀一致。埋设位置和深度应符合设计要求。

16.3.2 里程桩、转角桩、标志桩的设置以及标记内容与格式应符合设计要求和现行行业标准《管道干线标记设置技术规定》SY/T 6064 的有关规定。

16.3.3 锚固墩预制件的尺寸、规格、材质应符合设计要求。焊接时不得损伤管道母材，焊后应打磨棱角、毛刺，清除焊渣和表面锈蚀，除锈等级应符合现行行业标准《涂装前钢材表面处理规范》SY/T 0407 中规定的 Sa1 级，并应按设计要求防腐绝缘。锚固墩及其以外 2m 范围内的管道防腐层经电火花检漏合格后方可浇筑混凝土，混凝土应加强养护。

16.3.4 警示牌应采用反光涂料涂刷。

16.3.5 警示带敷设应符合下列规定：

1 敷设警示带使用的材料、规格、颜色、用语、字体等应符合设计要求；

2 警示带应平整的敷设在管道的正上方，距管顶的距离宜为 0.5m，敷设时字面应向上；

3 警示带的敷设应连续，不应出现漏接。

16.4 线路保护构筑物

16.4.1 线路保护构筑物应在管道下沟后及时进行施工，并宜在雨季(洪水)到来之前完成。对于影

响施工安全的地方应预先施工。

16.4.2 线路保护构筑物施工应符合现行行业标准《油气输送管道线路工程水工保护施工规范》SY/T 4126 的有关规定。

17 工程交工

17.0.1 施工单位完成合同规定范围内全部工程项目，并经验收合格后，应及时与建设单位办理交工手续。

17.0.2 工程交工验收前，施工单位应按照规定向建设单位提交技术文件。

附录A　埋地管道弹性敷设的现场放线方法

A.1　纵向弹性曲线放线

A.1.1　纵向弹性曲线放线应按下列步骤执行：

1　按设计的纵断面图，在实地根据断面地形特点和里程，找到曲线上的起点M、中点O和末点N及其他控制点的实地位置(图A.1.1)；

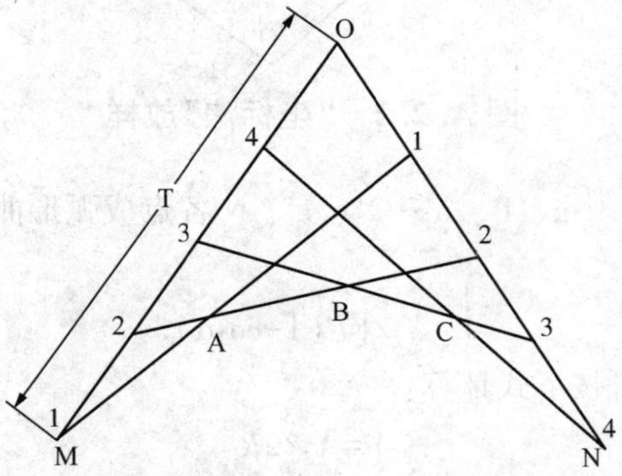

图A.1.1　纵向弹性曲线的纵断面示意图

2　这些点位上应打好桩，各桩上应注明标高、挖深；

3　管沟开挖；

4　成沟后应将沟底修成平缓圆弧段。

A.2　水平弹性敷设放线

A.2.1　“工兵法”放样(图A.2.1)应按下列步骤执行：

1　在实地应确定切线T的端点M、O、N的位置；

2　将切线T等分若干段，每段宜为10m或20m，依次编分点号1、2、3、4；

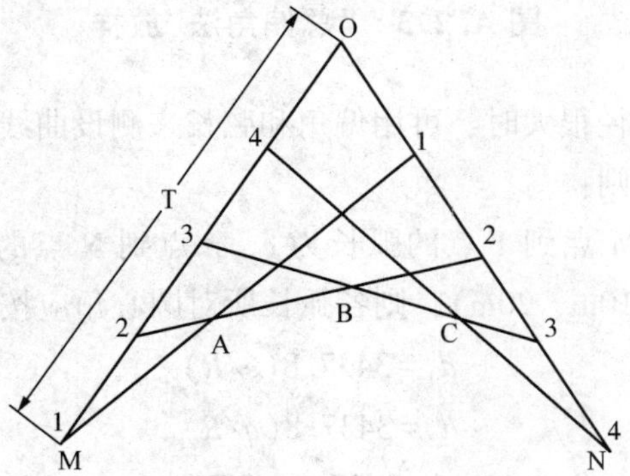

图A.2.1　“工兵法”放样

3　用4根花杆找出各相邻直线(如1-1、2-2)的交点(如A点)；

4　宜用绳索经过M、A、B、C、N连成圆弧曲线。

A.2.2　“坐标法”放样(图A.2.2)应按下列步骤执行：

1　利用曲线的X、Y坐标值放样，适用于地形开阔平坦的地区；

2　把切线T=MO或T=NO作为X轴，过M点或N点的曲线半径R=MO′或R=NO′作为Y轴，计算出1、2、3…n各点的直角坐标(X_i、Y_i)值，在现场用钢尺从切线起点M或N沿MO或NO方向量出各点的间距X_i(一般取整数，如10m、20m)，插测钎做标记，再过此点做垂线量出Y_i值，直到P

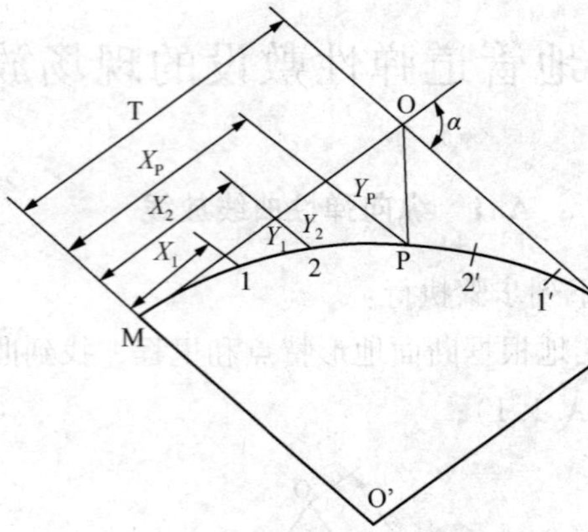

图 A. 2. 2 “坐标法”放样

点，然后用绳索连接 M、1、2、…n、P、n′…2′、1′、N 各点成弧形曲线；

纵坐标值可按下式计算：

$$Y=X_2/[R(1+\cos\alpha)] \tag{A. 2. 2-1}$$

当 α 较小时，纵坐标值也可按下式计算：

$$Y=X_2/2R \tag{A. 2. 2-2}$$

A. 2. 3 “总偏角法”放样(图 A. 2. 3)应按下列步骤执行：

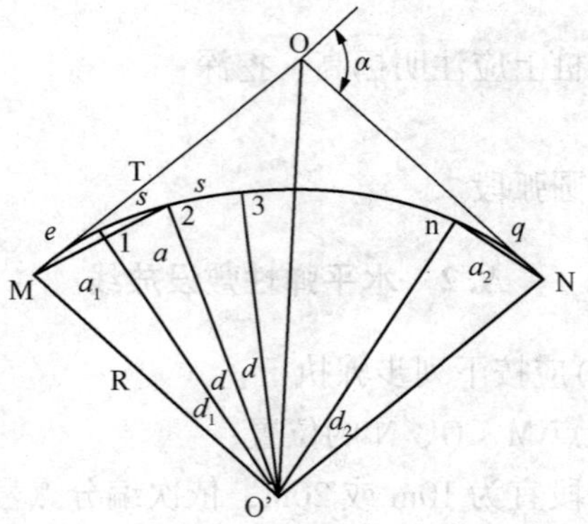

图 A. 2. 3 “总偏角法”放样

1 地势不太开阔或曲线半径很大时，可用偏角和弦长来测设曲线；

2 理论计算应符合下列原则：

1) 计算偏角和弦长。设 M 点到 1 点的弧长为 e，n 点到 N 点的弧长为 q，其他各点间弧长为 S(一般取一整数，如 10m、20m)，则各弧长所对圆心角应按下列公式计算：

$$d_1=3437.8(e/R) \tag{A. 2. 3-1}$$

$$d_2=3437.8(q/R) \tag{A. 2. 3-2}$$

$$d=3437.8(S/R) \tag{A. 2. 3-3}$$

相应于弧长 e、q、S 的弦长应按下列公式计算：

$$a_1=2R\sin(d_1/2) \tag{A. 2. 3-4}$$

$$a_2=2R\sin(d_2/2) \tag{A. 2. 3-5}$$

$$a=2R\sin(d/2) \tag{A. 2. 3-6}$$

2) 曲线上各点的总偏角。因半径 R 很大，弧长 d 同所对应的弦长 a 可以看作相等。切线和弦的夹角等于弦所对圆心角的一半，可以从图中得出曲线上各点的总偏角为：

$\angle OM1=d_1/2$

$\angle OM2=d_1/2+d/2$

$\angle OM3 = d_1/2 + d$

…

$\angle OMN = d_1/2 + d/2 + d/2 + \cdots\cdots + d/2 + d_2/2 = \alpha/2$

有了各点的总偏角和各点间的弦长，弦长可用弧长代替，可在实地测设。

3 实地测设方法应按下列步骤执行：

1) 将仪器安置在 M 点，使游标读数为 0°00′后视 O 点，然后松开上盘使游标读数为 $d_1/2$，并沿 M1 方向在地面上量出一段相应于 e 弧的弦长 a_1 得 1 点位置；

2) 再松开上盘，使游标读数为 $d_1/2+d/2$，同时把尺子零点对准 1 点，以 1 点为圆心，以相应于弧长 S 的弦长 a 为半径摆动钢尺，它与视线相交的点即为 2 点的位置；

3) 用同样方法定出地面上其他各点，最后定出 N 点，看其是否与原有 N 点相符，不相符时，应重新测设。若 N 点与原有 N 点相符，连接 M、1、2、……n、N 各点可为管道的弹性敷设曲线。

A.3 管道弹性敷设

A.3.1 管道弹性敷设应符合下列规定：

1 水平角与纵向角宜用圆形曲线(即同一曲率半径)控制。叠加曲线，应首先控制水平角的曲线，再控制纵向角的曲线，水平与纵向的两曲线应相叠加，确定叠加曲线。

2 应保证管道弹性敷设贴沟底，严格按照设计要求放线，管沟深度应符合设计要求。

3 弹性敷设段管段应独立下沟，严禁组焊成一条“长龙”下沟。

引用标准名录

《油气输送管道穿越工程施工规范》GB 50424
《油气输送管道跨越工程施工规范》GB 50460
《石油天然气站内工艺管道工程施工规范》GB 50540
《石油天然气管道工程全自动超声波检测技术规范》GB/T 50818
《液体石油管道压力试验》GB/T 16805
《埋地钢质管道阴极保护技术规范》GB/T 21448
《埋地钢质管道聚乙烯防腐层》GB/T 23257
《钢质管道熔结环氧粉末外涂层技术规范》SY/T 0315
《直埋式钢质高温管道保温预制施工及验收规范》SY/T 0324
《涂装前钢材表面处理规范》SY/T 0407
《钢质管道聚乙烯胶粘带防腐层技术标准》SY/T 0414
《埋地钢质管道硬质聚氨酯泡沫塑料防腐保温层技术标准》SY/T 0415
《埋地钢质管道石油沥青防腐层技术标准》SY/T 0420
《钢质管道熔结环氧粉末内防腐层技术标准》SY/T 0442
《埋地钢质管道环氧煤沥青防腐层技术标准》SY/T 0447
《钢质管道液体环氧涂料内防腐层技术标准》SY/T 0457
《钢质管道焊接及验收》SY/T 4103
《石油天然气钢质管道无损检测》SY/T 4109
《天然气输送管道干燥施工技术规范》SY/T 4114
《油气输送管道线路工程水工保护施工规范》SY/T 4126
《管道干线标记设置技术规定》SY/T 6064
《石油天然气建设工程交工技术文件编制规范》SY/T 6882

UDC

中华人民共和国国家标准

P

GB 50423—2013

油气输送管道穿越工程设计规范

Code for design of oil and gas transportation pipeline crossing engineering

2013-12-19 发布 2014-07-01 实施

中华人民共和国住房和城乡建设部
中华人民共和国国家质量监督检验检疫总局 联合发布

前　言

根据住房和城乡建设部《关于印发2011年工程建设标准规范制订、修订计划的通知》(建标〔2011〕17号)的要求，本规范由石油工程建设专业标准化委员会组织中国石油天然气管道工程有限公司会同有关单位在国家标准《油气输送管道穿越工程设计规范》GB 50423—2007的基础上进行修订而成。

修订过程中规范编制组结合近年来油气管道穿越工程的建设实践，经广泛调查研究，认真总结工程实践经验，参考有关国际标准和国内先进标准，并在广泛征求意见的基础上，修订本规范。

本规范共分8章和7个附录，主要技术内容为：总则，术语，基本规定，挖沟法穿越设计，水平定向钻法穿越设计，隧道法穿越设计，公路、铁路穿越设计，焊接、试压及防腐等。

本规范修订的主要技术内容是：1)在"3　基本规定"中，删除了原规范的"3.5　铁路(公路)穿越"、"3.6　隧道穿越位置的选择"两节，将其内容纳入相关章节中；2)在3.2.2条中增加了冲沟穿越的设计系数，在山岭隧道内敷设的管道按照隧道不同分级采用了不同的设计系数；3)在"4　挖沟法穿越设计"中，取消了"裸管敷设"的要求与计算内容；对河床采砂、采矿人为活动对管道的影响提出了要求；4)在"5　定向钻法穿越设计"中，对回拖力计算公式进行了修正；5)在"6　隧道法穿越设计"中，对盾构、顶管隧道埋深根据国内外有关规范作了修订，补充规定了隧道防水等级要求，对钻爆法的隧道衬砌参数根据工程实践经验、结合管道隧道自身特点进行了修订，增加了盾构隧道结构计算要求，对顶管顶力公式进行了修订，对中继站的布置提出了具体要求；6)在"8　焊接、试压及防腐"中，增加8.2.8条，对定向钻法穿越工程管道回拖前后测径和严密性试压提出了具体要求。

本规范中以黑体字标志的条文为强制性条文，必须严格执行。

本规范由住房和城乡建设部负责管理和对强制性条文的解释，由石油工程建设专业标准化委员会负责日常管理，由中国石油天然气管道工程有限公司负责具体技术内容的解释。执行过程中如有意见或建议，请寄送中国石油天然气管道工程有限公司(地址：河北省廊坊市和平路146号，邮政编码：065000)。

本规范主编单位、参编单位、主要起草人和主要审查人：

主编单位：中国石油天然气管道工程有限公司

参编单位：胜利油田胜利勘察设计研究院有限公司
铁道第三勘察设计院集团有限公司
中国石油集团工程设计有限责任公司西南分公司

主要起草人：史　航　程梦鹏　张文伟　简朝明　李国辉
蒲高军　刘建武　张邕生　闫庆华　安玉红
孟庆余　甘继国　王晓峰　李　强　马晓成
许　杰　向　波　陈文备　詹胜文　马红昕
高　红　王　鸿　陆　江　张志广　刘其民
李志勇　陈　杰　王贵涛　刘艳东　唐培连
杨　威　左雷彬　铁明亮　马志富　任启瑞

主要审查人：王树宽　赵炳刚　张怀法　刘嵬辉　梁羽腾
谭明星　尹刚乾　王小林　廖德义　庞鑫峰
李晓曦　胡银学　于景龙　樊黑钦

目 次

1 总 则

1.0.1 为了在油气输送管道穿越工程(以下简称穿越工程)设计中贯彻国家有关法规政策，确保工程质量、安全、环保、经济合理，制定本规范。

1.0.2 本规范适用于油气输送管道在陆上穿越天然或人工障碍的新建和扩建工程设计。

1.0.3 穿越工程设计除应符合本规范外，尚应符合国家现行有关标准的规定。

2 术 语

2.0.1 管道穿越工程 pipeline crossing engineering

管道从天然或人工障碍物下部通过的建设工程。

2.0.2 穿越管段 crossing section

穿过天然或人工障碍物地段的管道，其长度包括穿越障碍物的长度和两侧连接段的长度。

2.0.3 水域 water areas

天然形成或人工建造的河流、湖泊、水库、沼泽、水塘、养殖塘、水渠区域。

2.0.4 设计洪水 designing flood

与工程等级所规定的设计洪水频率相对应的洪水数据，包括设计洪水流量、设计洪水水位、设计洪水流速。

2.0.5 冲沟 gully

水流冲刷形成的沟堑。

2.0.6 水下管道稳定 underwater section pipeline stabilization

水下管段不产生漂浮或移位的条件。

2.0.7 水平定向钻穿越 crossing by horizontal directional drilling

用水平定向钻机敷设穿越管段。

2.0.8 隧道穿越 pipeline crossing in tunnel

在隧道中敷设穿越管段。

2.0.9 钻爆法隧道 tunnel by digging

采用爆破开挖地下坑道方法修筑的隧道。

2.0.10 盾构隧道 tunnel by shield digging

用盾构机掘进建造的隧道。

2.0.11 顶管法隧道 tunnel by pipe jacking

用顶管机掘进建造的隧道。

2.0.12 斜巷 incline, inclined shaft

纵向坡度大于10°的倾斜隧道，通常指管道陆上隧道或水域穿越隧道平巷两侧的斜隧道。

2.0.13 竖井 shaft

为满足隧道施工、运营管理而修建的地下直立井筒状的构筑物。

2.0.14 沉井 sinking well

竖井的一种，在地面上分段预制竖井并通过挖土分段沉入到地下一定深度后形成的地下构筑物。

2.0.15 地下连续墙 underground diaphragm wall

采用专用挖掘机械在地层中成槽或成孔并用泥浆充填护壁后，浇注钢筋混凝土或插入预制混凝土构件所形成的地下连续墙体结构。

2.0.16 钻孔咬合桩 drilling bitten pile

平面布置的相邻桩圆周相嵌、相互咬合而形成的混凝土“桩墙”。

2.0.17 型钢水泥土搅拌墙 section steel and cement soil mixed wall

在连续套接的三轴水泥土搅拌桩内插入型钢形成的复合挡土止水围护结构。

2.0.18 三轴水泥土搅拌桩 soil-cement pile mixed by three shafts

以水泥作为主固化剂，通过三轴搅拌机将固化剂和地基土强制搅拌，使地基土硬化成具有连续性、抗渗性和一定强度的桩体。

2.0.19 作用 action

施加在结构上的集中力或分布荷载和引起结构外加变形或约束变形的间接作用。

3 基本规定

3.1 基础资料

3.1.1 穿越工程设计前，应取得所输介质物性资料及输送工艺参数。介质物性资料及输送工艺参数的要求应符合现行国家标准《输油管道工程设计规范》GB 50253 和《输气管道工程设计规范》GB 50251 的有关规定。

3.1.2 穿越工程设计应符合管道工程专项评价的结论及批复意见。

3.1.3 选定穿越位置后，根据设计阶段的要求，按照现行国家标准《油气输送管道工程测量规范》GB/T 50539 和《油气田及管道岩土工程勘察规范》GB 50568 的有关规定，应取得下列资料：

1 工程测量资料，包括 1：200~1：2000 平面地形图与断面图；

2 工程地质报告，包括 1：200~1：2000 地质剖面图、柱状图、岩土成分及物理力学指标、地震、水文地质及工程地质勘察的结论意见。

3.1.4 水域穿越勘察钻孔布置应符合下列要求：

1 挖沟埋设穿越管段，应布置在穿越中线上。

2 水平定向钻、隧道敷设穿越管段，应交叉布置在穿越中线两侧各距 15m~30m 处，交叉勘探点间距宜为 50m~100m。在岩性变化复杂时，局部钻孔间距可为 15m~30m。

3.1.5 位于设计地震动峰值加速度 $a \geqslant 0.1g$ 地区的河流大中型穿越工程，应查清下列四种情况，并取得量化指标：

1 有无断层，断层活动性质，断层一次性最大可能错动量；

2 地震时两岸或河床出现开裂或错动的情况；

3 地震时地基土液化的资料；

4 地震时两岸滑坡或崩塌的可能性及参数。

3.1.6 穿越管道及隧道抗震设防应按照现行国家标准《油气输送管道线路工程抗震技术规范》GB 50470的有关要求设计。

3.1.7 穿越管段应根据现行国家标准《钢质管道外腐蚀控制规程》GB/T 21447 的有关规定，取得防腐蚀控制设计所需的相关环境资料。

3.2 管道材料与计算

3.2.1 穿越工程用于输送油、气的钢管，应符合现行国家标准《石油天然气工业管线输送用钢管》GB/T 9711 的有关规定，并应根据所输介质性质、钢管规格、钢材等级、使用条件补充有关技术条件要求。对于管径小于 *DN*300，设计压力小于 6.3MPa 的输油钢管或设计压力小于 4.0MPa 的输气钢管，可采用符合现行国家标准《输送流体用无缝钢管》GB/T 8163、《高压化肥设备用无缝钢管》GB 6479、《高压锅炉用无缝钢管》GB 5310 要求的无缝钢管。

3.2.2 符合本规范第 3.2.1 条的钢管，其许用应力应按下列公式计算。

输油

$$[\sigma]=F\Phi\sigma_{s} \tag{3.2.2-1}$$

输气 $$[\sigma]=F\Phi t\sigma_s \quad (3.2.2\text{-}2)$$

式中：$[\sigma]$——输送油气钢管的许用应力（MPa）；

σ_s——钢管的规定最小屈服强度（MPa）；

Φ——钢管焊缝系数，符合本规范 3.2.1 条要求标准的钢管，Φ 取 1.0；

t——温度折减系数，当设计温度小于 120℃时，t 值取 1.0；

F——强度设计系数，按表 3.2.2 取值。

表 3.2.2 强度设计系数

穿越管段类型	输气管道地区等级				输油管道
	一	二	三	四	
Ⅲ、Ⅳ级公路有套管穿越	0.72	0.60	0.50	0.40	0.72
Ⅲ、Ⅳ级公路无套管穿越	0.60	0.50	0.50	0.40	
Ⅰ、Ⅱ级公路、高速公路、铁路有套管或涵洞穿越	0.60	0.60	0.50	0.40	0.60
长、中长山岭隧道、多管敷设的短山岭隧道	0.60	0.50	0.50	0.40	
水域小型穿越、短山岭隧道	0.72	0.60	0.50	0.40	0.72
水域大、中型穿越	0.60	0.50	0.40	0.40	0.50
冲沟穿越	0.60	0.50	0.50	0.40	0.60

注：1 穿越渡槽、桥梁、古迹可视其重要性按水域穿越取用设计系数。

2 输气管道地区等级划分应符合现行国家标准《输气管道工程设计规范》GB 50251 的有关规定。

3.2.3 穿越段钢管的直径与壁厚之比应小于 100，并应满足各种穿越条件下的管道径向稳定要求，壁厚应按下式计算。

$$\delta=\frac{PD}{2[\sigma]} \quad (3.2.3)$$

式中：δ——钢管计算壁厚（mm）；

P——输送介质设计内压力（MPa）；

D——钢管外直径（mm）；

$[\sigma]$——输送钢管许用应力（MPa）。

3.3 水域穿越

3.3.1 穿越工程应获得设计所必需的水文资料；穿越水域上、下游建有对工程有影响的水库时，应取得通过水库防洪调度后的设防洪水及冲淤资料；位于库区的工程，还应取得库岸再造影响范围资料。

3.3.2 选择的穿越位置应符合线路总体走向，应避开一级水源保护区。对于大、中型穿越工程，线路局部走向应按所选穿越位置进行调整，并应符合下列要求：

1 穿越位置宜选在岸坡稳定地段。若需在岸坡不稳定地段穿越，则应对岸坡作护岸、护坡整治加固工程。

2 穿越位置不宜选择在全新世活动断裂带及影响范围内。

3 穿越宜与水域轴线正交通过。若需斜交时，交角不宜小于 60°，采用定向钻穿越时，不宜小于 30°。

3.3.3 水域穿越工程应按表 3.3.3 划分工程等级，并应采用与工程等级相应的设计洪水频率。桥梁上游 300m 范围内的穿越工程，设计洪水频率不应低于该桥梁的设计洪水频率。

表 3.3.3 水域穿越工程等级与设计洪水频率

工程等级	穿越水域的水文特征		设计洪水频率
	多年平均水位的水面宽度(m)	相应水深(m)	
大型	≥200	不计水深	1%(100 年一遇)
	≥100~<200	≥5	
中型	≥100~<200	<5	2%(50 年一遇)
	≥40~<100	不计水深	
小型	<40	不计水深	2%(50 年一遇)

3.3.4 对于季节性河流或无资料的河流，水面宽度可按不含滩地的主河槽宽度选取；对于游荡性河流，水面宽度应按深泓线摆动范围选取，若无资料，宜按两岸大堤间宽度选取；若采用挖沟法穿越，当施工期水流流速大于 2m/s 时，中小型工程等级可提高一级；有特殊要求的工程，可提高工程等级。

3.3.5 穿越管段可采用挖沟法埋设、水平定向钻法敷设、隧道法敷设形式。大中型穿越工程应作方案比选。

3.3.6 穿越长度和埋深应符合下列要求：

1 穿越长度宜涵盖设计洪水淹没范围。主河道的穿越长度应包括两岸防洪堤，并满足堤防保护的距离要求。当两岸无防洪堤时，主河道的穿越长度应根据管道使用期间可能的河床摆动范围确定。

2 当两岸设有防洪堤坝及规划防洪堤坝时，穿越的起始位置及堤下埋深应满足水利主管部门规定。

3 当工程建在水库泄洪影响范围内时，穿越管段埋深应综合泄洪时的局部冲刷及常规泄水的清水冲刷深度确定。

4 新建或规划库区内的穿越工程，穿越长度和埋深应满足库岸再造作用后的稳定性要求。

3.3.7 穿越管段与公路桥梁、铁路桥梁、水下隧道并行敷设的最小距离应根据穿越形式确定，并应符合下列要求：

1 当采用开挖管沟埋设时，管道中线距离特大桥、大桥、中桥、水下隧道最近边缘不应小于 100m；距离小桥最近边缘不应小于 50m。

2 当采用水平定向钻穿越时，穿越管段距离桥梁墩台冲刷坑外边缘不宜小于 10m，且不应影响桥梁墩台安全；距离水下隧道的净距不应小于 30m。

3 当采用隧道穿越时，隧道的埋深及边缘至墩台的距离不应影响桥梁墩台的安全；管道隧道与公路隧道、铁路隧道净距不宜小于 30m。

4 当不能满足上述要求时，应协商确定。

3.3.8 水域穿越管段与港口、码头、水下建筑物之间的距离，当采用大开挖穿越时不宜小于 200m，当采用定向钻穿越、隧道穿越时不宜小于 100m。

3.3.9 当采用水平定向钻或隧道穿越河流堤坝时，应根据不同的地质条件采取措施控制堤坝和地面的沉陷，防止穿越管道处发生管涌，不应危及堤坝的安全。水平定向钻入土点、出土点及隧道竖井边缘距大堤坡脚的距离不宜小于 50m。

3.3.10 穿越通航的水域，管段的埋深应避免船锚或疏浚机具对管道的损伤。两岸应按现行国家标准《内河交通安全标志》GB 13851 的有关规定设置标志。

3.3.11 当穿越管段区域河道内有对河床的形态及地质条件产生影响的挖砂、采矿活动时，管道的穿越长度、埋设深度应位于影响范围以外，并应采取必要的防护措施。

3.3.12 通过饮用水源二级保护区的水域大型穿越工程，输油管道在两岸应设置截断阀室。截断阀室应设置在便于接近、不被设计洪水淹没处。输气管道在两岸可不设截断阀室。

3.3.13 挖沟法穿越管段，不应在设计洪水位浸淹范围内设置锚固墩。

3.3.14 地震时易发生土壤液化的开挖法穿越管段，不宜将穿越管段沟埋在液化层内。确需埋入液化地层内时，应采取换土、软体排、土工布袋压载措施，不应采用混凝土马鞍型压重块稳管。

3.3.15 穿越沼泽地区，应根据不同的沼泽类别采用支架法、换土法、砂桩加固法、填石法、预压法或筑堤法敷设穿越管段。

3.4 山岭、冲沟穿越

3.4.1 山岭隧道与铁路隧道、公路隧道交叉时，竖向净间距不宜小于30m。

3.4.2 山岭隧道的高程应满足输送工艺要求。

3.4.3 管道穿越泥石流沟时，管道应在泥石流堆积区稳定层内深埋，管顶埋深不应小于1.0m，并在管道上方设置排洪构筑物。

3.4.4 选择冲沟穿越位置时，应避开可能发生滑坡、崩塌的地段。

3.4.5 穿越湿陷性黄土冲沟，应综合设计沟顶的截水、排水、导水工程、坡面的防护工程、沟底的稳管及防冲蚀工程，导水沟宜将水导入天然泄水沟中。采用开挖斜巷方式穿越高陡边坡时，洞身应进行回填，洞口应做防水处理。

3.4.6 开挖穿越深而陡的黄土冲沟，应结合边坡不可恢复原状的特点，对所形成的新断面做水工保护及水土保持工程设计。

3.4.7 管道不宜从土层未固结稳定的淤土坝上游穿越，当确需穿越时，应对土层厚度、固结程度、地质条件作岩土评价，并应采取安全措施。

3.4.8 符合工程条件的山岭、冲沟可采用定向钻法或顶管法隧道方式穿越。

3.4.9 管道不宜在狭窄冲沟内顺沟敷设。如受条件限制难以避开时，应进行专项水文调查研究，查明设计冲刷深度及冲沟稳定性，作为穿越工程设计的依据。

4 挖沟法穿越设计

4.1 埋设要求

4.1.1 挖沟法穿越水域的位置，除结合线路走向外，应选择岸坡稳定、水流冲淤变化幅度不大、不影响有关水域的规划实施、地震断裂活动影响较小且施工条件较好的地段。

4.1.2 挖沟法穿越管段的最小埋深，应根据工程等级与相应设计洪水冲刷深度或疏浚深度要求确定，并应符合表4.1.2的规定。当河流深泓线反复摆动时，穿越管段在深泓线摆动范围内埋深均应满足设计冲刷深度或疏浚深度要求。

表4.1.2 挖沟法穿越管段的最小埋深(m)

水域情况	大型	中型	小型
有冲刷或疏浚的水域，应在设计洪水冲刷线下或设计疏浚线下，取其深者	≥1.5	≥1.2	≥1.0
无冲刷或疏浚的水域，应埋在水床底面以下	≥1.5	≥1.3	≥1.0
河床为基岩，并在设计洪水下不被冲刷时，管段应嵌入基岩深度	≥0.8	≥0.6	≥0.5

注：1 当水域有抛锚或疏浚作业时，管顶埋深应达到防腐层不受机械损伤的要求；
2 以下切为主的河流上游，埋深应从累积冲刷线算起；
3 基岩段所挖沟槽应用满槽混凝土覆盖封顶，应达到基岩标高；
4 当管道有配重或稳管结构物时，埋深应从结构物顶面算起；
5 基岩内管道埋深尚应根据岩性，风化程度确定，强风化岩、软岩埋深应加大。

4.1.3 采用围堰导流或降水措施开挖的管沟，其断面尺寸应按照地质条件、水文条件、开挖深度和底宽、施工季节、排水设施设计确定。

4.1.4 水下挖沟时，应根据机具试挖成沟情况确定管沟尺寸。若无此资料，宜按表4.1.4试挖管沟。

表4.1.4 水下开挖管沟推荐尺寸

土壤类别	沟底最小宽度（m）	管沟边坡	
		沟深≤2.5m	沟深>2.5m
淤泥、粉细砂	D_0+2.5	1∶3.5	1∶5.0
中粗砂、卵砾石	D_0+4.0	1∶2.5	1∶3.0
砂土	D_0+3.0	1∶2.5	1∶4.0
黏土	D_0+3.0	1∶2.0	1∶2.5
岩石	D_0+2.0	1∶0.5	1∶1.0

注：1 沟底最小宽度指管道敷设所需最小净宽，不包括回淤；

2 在深水区管沟底宽应增加潜水员潜水检查操作的宽度；

3 若遇流沙，沟底宽度和边坡由试挖确定；

4 D_0为管身结构的外径，当多条管道并行穿越敷设时，D_0为管道外径之和及管道间隔的总宽度。

4.1.5 当水下穿越管段采用稳管措施时，稳管配重物不应损伤管道防腐涂层。

4.1.6 岩石管沟挖深除应满足本规范第4.1.2条设计埋深要求外，还应超挖200mm；管道入沟前，沟底应先铺设压实后厚度为200mm的砂类土、细土或混凝土垫层。

4.1.7 穿越区域的地下水或岩土层具有腐蚀性时，除管段自身防腐满足要求外，稳管措施所用材料应有抗腐蚀的性能。

4.2 水下管段稳定

4.2.1 水下穿越管段沟埋敷设后，不应发生管段漂浮和移位。

4.2.2 当水下穿越管段埋深不符合本规范第4.1.2条要求时，抗漂浮应按下列公式计算：

$$W \geqslant K(F_s + F_{dy}) \tag{4.2.2-1}$$

$$W \geqslant K\frac{F_{dx}}{f} + F_s + F_{dy} \tag{4.2.2-2}$$

$$F_{dx} = C_x \gamma_w D_0 v^2/(2g) \tag{4.2.2-3}$$

$$F_{dy} = C_y \gamma_w D_0 v^2/(2g) \tag{4.2.2-4}$$

$$F_s = \pi \gamma_w D_0^2/4 \tag{4.2.2-5}$$

式中：W——单位长度管段总重力（包括管身结构自重、配重层重；不含管内介质重量）（N/m）；

K——稳定安全系数，大、中型穿越工程取1.30，小型穿越工程取1.20；

F_s——单位长度管段静水浮力（N/m）；

F_{dy}——单位长度管段动水上举力（N/m）；

F_{dx}——单位长度管段动水推力（N/m）；

f——管段与河床的滑动摩擦系数。根据试验或工程经验确定；无试验时，采用三层PE、环氧粉末涂层的管段与河床摩擦系数可取0.25；采用其他涂层或加配重层的管段，可取0.30；

C_y——浮力系数，取0.60；

C_x——推力系数，取1.20；

D_0——管身结构（含防护、配重层）的外径（m）；

γ_W——所穿水域水的重度(N/m^3)；

υ——管段处设计洪水水流速度(m/s)；

g——重力加速度，取 $9.80m/s^2$。

竖向弹性敷设穿越管段，管段总重力 W 还应减去管段向上的弹性抗力。其单位长度的弹性抗力应按下列公式计算：

$$q=\frac{384E_s If_c}{3L^4}-0.0246615(D-\delta)\delta \quad (4.2.2\text{-}6)$$

$$I=\frac{\pi D^4}{64}\left[1-\left(\frac{d}{D}\right)^4\right] \quad (4.2.2\text{-}7)$$

$$f_c=R-\sqrt{R^2-\frac{L^4}{4}} \quad (4.2.2\text{-}8)$$

$$R\geqslant 3600\sqrt[3]{\frac{1-\cos\frac{\alpha}{2}}{\alpha^4}D^2} \quad (4.2.2\text{-}9)$$

式中：q——弹性敷设管段单位长度抗力(N/m)；

E_s——钢管弹性模量，取 2.1×10^{11}(N/m^2)；

I——钢管截面惯性矩(m^4)；

D——钢管的外径(m)；

d——钢管的内径(m)；

δ——钢管的壁厚(m)；

f_c——弹性敷设的矢高(m)；

L——弹性敷设起终点间的水平长度(m)；

R——弹性敷设设计曲率半径(m)，不应小于 $1000D$；

α——管段弹性敷设转角(°)，宜小于 5°。

4.2.3 当水下穿越管段埋深符合本规范第 4.1.2 条要求时，不需作抗移位验算，但应按下式进行抗漂浮核算：

$$W_1\geqslant KF_s \quad (4.2.3)$$

式中：W_1——单位长度管段的总重力(包括管身结构自重、配重层重、设计洪水冲刷线至管顶的岩土层重；不含管内介质重量)(N/m)；

K——稳定安全系数，大、中型穿越工程取 1.2，小型穿越工程取 1.1；

F_s——单位长度管段静水浮力，按本规范式(4.2.2-5)计算。

在竖向弹性敷设穿越管段时，W_1 应减去按本规范式(4.2.2-6)计算的弹性抗力。

4.2.4 水下管道应根据具体的工程地质、水文条件确定稳管形式。

4.3 作用与组合

4.3.1 水下穿越管段的作用计算应包括永久作用、可变作用和偶然作用，并应按下列要求计算：

1 永久作用应包括输送介质的内压力、管段自重、输送介质重、管周土压力、静水压力、动水压力、温度变化产生的温度应力、强制弹性变形产生的变形应力；

2 可变作用应包括试运行或试压时管内的水重与内压力、清管作用、施工拖管或吊管外力作用；

3 偶然作用应包括地震影响、落石冲击力、沉船、抛锚或河道疏浚产生的撞击力作用。穿越管段位于设计地震动峰值加速度 $a\geqslant0.1g$ 的地区，应计算地震造成的土压力、地基土液化作用；有活动断层时的断层位移作用。

4.3.2 穿越管段结构计算时，应根据敷设形式、所处环境、运行条件及可能发生的工作状况进行作用组合。主要组合应为永久作用；附加组合应为永久作用与可能发生的可变作用之和；特殊组合应为永久作用与偶然作用之和。

4.3.3 穿越管段的钢管许用应力，应按本规范第 3.2.4 条的许用应力乘以不同的作用组合提高系数，许用应力提高系数应按表 4.3.3 确定。

表 4.3.3 许用应力提高系数

荷载组合	提高系数
主要组合	1.0
附加组合	1.3
特殊组合	1.5

4.4 管段计算

4.4.1 穿越管段应根据设计选用壁厚和管材等级，核算强度、刚度及稳定性。

4.4.2 核算穿越管段的强度应分别计算轴向应力、环向应力和弯曲应力，根据作用组合计算出的各单项应力之和均应小于或等于相应的钢管许用应力。

1 内压产生的环向应力应按下式计算：

$$\sigma_h = \frac{pd_s}{2\delta} \tag{4.4.2-1}$$

2 内压与温度变化产生的轴向应力应分别按式(4.4.2-2)与式(4.4.2-3)计算：

1) 当管段轴向变形不受约束时：

$$\sigma_a = \frac{pd}{4\delta} \tag{4.4.2-2}$$

2) 当管段轴向变形受约束时：

$$\sigma_a = E_s\alpha(t_1 - t_2) + \mu\sigma_h \tag{4.4.2-3}$$

3 弹性敷设产生的弯曲应力应按下式计算；

$$\sigma_b = \pm\frac{E_s D}{2R} \tag{4.4.2-4}$$

式中：σ_h——管段钢管的环向应力(MPa)；

σ_a——管段钢管的轴向应力(MPa)；

σ_b——管段钢管的弯曲应力(MPa)；

p——管道设计压力(MPa)；

d——钢管内径(mm)；

D——钢管外径(mm)；

δ——钢管壁厚(mm)；

E_s——钢材的弹性模量，取 2.1×10^5(MPa)；

μ——钢材的泊桑比，取 0.3；

α——钢材的线膨胀系数，取 1.2×10^{-5}[m/(m·℃)]；

t_1——管道安装闭合时的环境温度(℃)；

t_2——管道输送介质在穿越处的温度(℃)；

R——管段弹性敷设曲率半径(mm)。

4 其他作用引起的环向应力、轴向应力和弯曲应力，应根据实际可能发生的情况进行计算。

5 各单项应力叠加后应按下列公式核算：

$$\sum \sigma_a \leqslant [\sigma] \tag{4.4.2-5}$$

$$\sum \sigma_h \leqslant [\sigma] \tag{4.4.2-6}$$

许用应力$[\sigma]$应按不同组合按表 4.3.3 取用；当温度应力按式(4.4.2-3)算出为负值时，应力叠加应保留“-”号；弯曲应力的“+”或“-”选取应按最不利条件确定。

4.4.3 穿越管段计算各单项应力后，应按下式核算当量应力。

$$\sigma_e = \sum \sigma_h - \sum \sigma_a \leqslant 0.9\sigma_s \tag{4.4.3}$$

式中：σ_e——穿越管段钢管的当量应力(MPa)，

$\sum\sigma_h$——各作用产生的环向应力代数和(MPa)；

$\sum\sigma_a$——各作用产生的轴向应力代数和(MPa)；

σ_s——穿越用钢管的规定最小屈服强度(MPa)。

4.4.4 当按本规范第 4.4.2 条式(4.4.2-3)计算出穿越管段承受轴向压应力时，应按下列公式核算管段的轴向稳定。

$$N \leqslant nN_{cr} \tag{4.4.4-1}$$

$$N = [E_s\alpha(t_1 - t_2) + (0.5 - \mu)\sigma_h]A \tag{4.4.4-2}$$

式中：N——由温度和内压产生的轴向压力(MN)；

N_{cr}——管段开始失稳时的临界轴向力(MN)，按现行国家标准《输油管道工程设计规范》GB 50253附录 K 的规定计算；

n——安全系数，对于大型穿越工程，$n=0.7$；中型穿越工程；$n=0.8$；小型穿越工程，$n=0.9$；

α——钢材的线膨胀系数，取 1.2×10^{-5}[m/(m·℃)]；

μ——钢材的泊桑比，取 0.3；

A——穿越管段钢管管壁的截面积(m^2)。

4.5 防护工程设计

4.5.1 防护设计应根据水域特性、水文参数、水域及周边地貌、地质情况，结合防护位置，采用适宜的护岸、护底、护脚、稳管和地表排水防护措施。

4.5.2 在河流上设置导流构筑物时，应根据河道的河势、地质、水文参数、河道演变规律和防护要求规划治导线，并应避免冲刷农田、村庄、道路和管道。

4.5.3 防护工程采用的建筑材料，应符合相关材料标准的规定；填筑材料宜就地取材。不应采用重黏土、粉砂、淤泥、盐渍土或有机质土壤填筑。填筑物应分层夯实或压实，达到规定的密实度要求。

4.5.4 防护工程的设计洪水频率宜与穿越工程设计洪水频率相同，护岸顶应高出包括浪高和壅水在内的设计洪水位 0.5m。若堤岸顶低于设计洪水位，护岸宜作至堤顶。

4.5.5 护岸工程基础基底埋深宜在水床面下不小于 1m 处，同时宜满足设计冲刷线下 1m 和冰冻线下 0.3m 的要求。在护岸工程基础埋深无法满足上述条件的情况下，可采取抛石、石笼、混凝土柔性板措施护脚。护脚于垂直水流方向的防护长度不应小于设计洪水冲刷深度的 1.5 倍。

4.5.6 护岸工程顺水流方向的长度，应根据实地水流形态、岸坡地质条件及施工扰动岸坡情况确定，应大于施工开挖的岸坡宽度。

4.5.7 浆砌石、混凝土或钢筋混凝土板护坡面下方，应有 100mm~200mm 厚的级配良好的砂砾石垫层。

4.5.8 浆砌石、混凝土或钢筋混凝土板的护坡，每隔 10m~20m 应设置伸缩缝，在对应的基础上应设置沉降缝，缝宽 20mm~30mm，以沥青麻筋或沥青板条填塞。

4.5.9 浆砌石护岸工程应设置排水孔，并在排水孔处设置反滤层。排水孔应设于常水位 0.3m 以上。

4.5.10 护岸工程与调治构筑物均应核算坡面滑动、沿弧面或不均匀土体的折线面滑动的抗滑稳定性。抗滑稳定安全系数可取 1.15~1.30。

4.5.11 浆砌石护坡厚度可按下列公式计算：

$$T=\frac{p_{sj}}{(\gamma_s-\gamma_o)\cos\alpha} \tag{4.5.11-1}$$

$$P_{sj}=P_{sj1}+P_{sj2} \tag{4.5.11-2}$$

$$P_{sj1}=\eta\mu\gamma_0\bar{v}^2/2g \tag{4.5.11-3}$$

$$P_{sj2}=\xi\gamma_0\bar{v}^2/2g \tag{4.5.11-4}$$

式中：T——浆砌片石（浆砌混凝土块）护坡厚度（m）；

α——护面斜坡与坡脚水平线的夹角；

P_{sj}——动水作用于护坡的上举力（N/m^2），浆砌护坡只计算静上举力 P_{sj1}，干砌护坡还应计算脉动上举力 P_{sj2}；

P_{sj1}——动水作用于护坡的静上举力（N/m^2）；

P_{sj2}——动水作用于干砌护坡上的脉动上举力（N/m^2）；

η——与护面结构有关的系数，浆砌护面取 1.1~1.2，干砌护面取 1.5~1.6；

μ——与护面透水性有关的系数，浆砌护面取 0.3，干砌护面取 0.1；

ξ——脉动压力系数，可按现场的实测值取用，或按水利部门护坦脉动压力试验所得最大值 0.4 取用；

$\bar{v}$——河水的平均流速（m/s）；

g——重力加速度，取 9.8m/s^2；

γ_s——砌石的密度（N/m^3）；

γ_0——河水的密度（N/m^3）。

4.5.12 采用石笼护基或护底时，石笼基底应铺 0.2m~0.4m 的平整垫层；若地基为基岩，可将石笼用钢筋锚固在基岩上。根据需要可对石笼进行灌浆处理。

4.5.13 护底石笼的顺水流平铺段长度应大于自石笼顶面至设计洪水冲刷线深度的 1.5 倍。

4.5.14 当冲刷深度较大或常水位水深较大时，宜采用混凝土板之间铰连接的柔性混凝土防护板，铺设于护坡基础处或作护底用。混凝土板的厚度可按本规范 4.5.11 规定计算，γ_s 为混凝土板的重度，μ 值取 0.3。

4.5.15 柔性混凝土板的护底垂直河流的平铺长度可按下式计算，并应符合本规范 4.5.5、4.5.13 的要求。

$$L=\sqrt{1+m^2}\cdot h_{\Delta z}+B_1 \tag{4.5.15}$$

式中：L——平铺长度（m）；

m——边坡系数，按 1.0~0.5 取用；

$h_{\Delta z}$——防护深度（m），根据冲刷确定；

B_1——安全长度（m），可取 2.0m。

5 水平定向钻法穿越设计

5.1 敷设要求

5.1.1 穿越断面应选择在水域形态稳定的地段，两侧场地应满足布设钻机、泥浆池、材料堆放和管道组焊的要求。

5.1.2 采用弹性敷设时，穿越管段曲率半径不宜小于 1500 倍钢管外径；且不应小于 1200 倍钢管外径。

5.1.3 水平定向钻敷设穿越管段的入土角宜为 6°~20°，出土角宜为 4°~12°，应根据地质条件、穿越管径、穿越长度、管段埋深和弹性敷设条件确定。

5.1.4 穿越深度应符合下列规定：

1 水域穿越管段管顶埋深不宜小于设计洪水冲刷线或疏浚深度线以下6m；

2 穿越铁路、公路、堤防建(构)筑物时，穿越深度应符合有关技术规定；

3 穿越管段埋设深度应避开挖砂、采石、抛锚作业的影响。

5.1.5 穿越管段应根据地基上层的稳定性和密实性，采取防止地表塌陷的措施。

5.1.6 在水平定向钻穿越的管段上，除管端封头外不应有任何附件焊接或附加于管体上。若需在水域两侧设止水环，可在回拖完成后在穿越管段两端设置，并应保持防腐涂层的完整。

5.1.7 定向钻不宜在卵石层、松散状砂土或粗砂层、砾石层与破碎岩石层中穿越。当出入土管段穿过一定厚度的卵石、砾石层时，宜选择采取套管隔离、注浆固结、开挖换填措施处理。

5.1.8 管道回拖经计算需要采取降浮措施时，宜内设充水管配重。

5.1.9 定向钻穿越施工应采用环保型泥浆，并应循环使用。

5.1.10 一次穿越距离过长或穿越出入土点两侧均有套管时，宜采用导向孔对穿工艺施工。

5.1.11 岩石层、卵砾石层等对管道存在划伤可能地段的定向钻穿越管道回拖时，应采取措施保护管道不受损伤，其防腐层或外层保护层应耐划伤。

5.2 管段计算

5.2.1 水域穿越管段埋深符合本规范第5.1.4条要求时，可不核算水平定向钻穿越管段的水下稳定性。

5.2.2 管段承受的作用与组合宜按本规范第4.3节的规定，根据实际发生的条件选取。

5.2.3 穿越管段回拖时，钻机最大回拖力可按下式计算值的1.5倍~3.0倍选取。

$$F_L=L\cdot f\left|\frac{\pi\cdot D^2}{4}\gamma_m-\pi\cdot\delta\cdot D\cdot\gamma_s-W_f\right|+K\cdot\pi\cdot D\cdot L \tag{5.2.3}$$

式中：F_L——计算的拉力(kN)；

L——穿越管段的长度(m)；

f——摩擦系数，取0.3；

D——钢管的外径(m)；

γ_m——泥浆重度(kN/m³)，可取10.5~12.0；

γ_s——钢管重度(kN/m³)，取78.5；

δ——钢管壁厚(m)；

W_f——回拖管道单位长度配重(kN/m)；

K——黏滞系数(kN/m²)，取0.18。

5.2.4 穿越管段在扩孔回拖时，应按下列公式核算空管在泥浆压力作用下的径向屈曲失稳。

$$P_s\leqslant F_d\cdot P_{yp} \tag{5.2.4-1}$$

$$P_{yp}^2-\left[\frac{\sigma_s}{m}+(1+6mn)P_{cr}\right]P_{yp}+\frac{\sigma_s P_{cr}}{m}=0 \tag{5.2.4-2}$$

$$m=\frac{D}{2\delta} \tag{5.2.4-3}$$

$$n=\frac{f_0}{2} \tag{5.2.4-4}$$

$$P_{cr}=\frac{2E_s\left(\dfrac{\delta}{D}\right)^3}{1-\mu^2} \tag{5.2.4-5}$$

式中：P_s——泥浆压力(MPa)，可按1.5倍泥浆静压力或回拖时泥浆的实际动压力选取；

σ_s——钢管屈服强度(MPa)；

F_d——穿越管段强度设计系数；

P_{yp}——穿越管段所能承受的极限外压力(MPa)；

P_{cr}——钢管弹性变形临界压力(MPa)；

E_s——钢管弹性模量(MPa)，取 2.1×10^5；

δ——钢管壁厚(mm)；

D——钢管外径(mm)；

μ——泊桑比，取0.3；

f_0——钢管椭圆度(%)；

γ——泥浆重度(kN/m^3)。

6 隧道法穿越设计

6.1 一般规定

6.1.1 隧道位置的选择应符合下列要求：

1 隧道穿越位置应符合管道线路总体走向，线路局部走向宜根据穿越点位置进行调整。

2 隧道位置的选定应根据洞口地形、地质、交通、弃渣场地、施工条件、周围环境条件及要求确定。

3 隧道穿越方案，应通过区域工程地质调查、测绘、结合管道线路以及隧道施工、使用条件进行多方案技术经济比选确定。

4 水域隧道工程不应影响堤防及附近建(构)筑物的安全，并应根据已规划尚未建设的建(构)筑物对隧道结构的影响确定。

5 对需设置辅助坑道和使用通风设施的隧道，应分析设置条件和要求。

6 水域隧道竖井宜选择在50m范围内无永久性架空输电线路，30m范围内无永久性建(构)筑物的地方。

6.1.2 隧道轴线应选择在稳定的地层中，不宜穿越工程地质及水文地质极为复杂地段，宜避开溶洞、暗河、采空区。

6.1.3 隧道结构的设计应以地质勘察资料为依据，地质勘察应符合现行国家标准《油气田及管道岩土工程勘察规范》GB 50568的有关规定，按不同设计阶段及施工方法，确定隧道工程勘察的内容和范围。对于长隧道或地质条件复杂的中长隧道，亦可按照工程要求提前相应的勘察阶段。隧道施工中应通过对地层的观察和监测反馈进行验证，并修正结构设计。

6.1.4 隧道结构的设计，应减少施工中和建成后对环境造成的不利影响；同时分析因隧道建设造成周围环境的改变对结构的作用。

6.1.5 隧道结构的净空尺寸应满足隧道施工、管道安装、运营管理的要求，并应分析施工误差、结构变形和位移的影响。

6.1.6 水域盾构、顶管法隧道上部所需覆土层的最小厚度，应根据工程地质、水文地质条件、设备类型因素决定，应大于2.0倍隧道外径，且低于设计冲刷线以下1.5倍隧道外径，并应满足隧道抗漂浮要求。对于冲淤变化大、砂土液化、挖砂取石、船舶抛锚水域的隧道，应增大埋深。

6.1.7 隧道结构应按施工和正常使用阶段进行强度、刚度和稳定性计算。对于混凝土结构，应进行抗裂验算或裂缝宽度验算。当计入地震作用或其他偶然作用因素时，可不验算结构的裂缝宽度。

6.1.8 隧道弃渣设计时，应合理选择弃渣场地，支挡构筑物结构设计应满足设计洪水下的安全要求，渣场综合布置与植被恢复应符合环保及水土保持要求。

6.1.9 隧道设计、施工应贯彻环境保护的原则，采用环保型泥浆并循环使用，废弃泥浆处理应达标并定点排放。

6.1.10 隧道防水应按现行国家标准《地下工程防水技术规范》GB 50108 的有关要求分级，隧道防水等级应符合表 6.1.10 的要求。

表 6.1.10 隧道防水等级

隧道方式	防水等级
山岭钻爆法隧道	四级
水域钻爆法隧道	四级
水域盾构法隧道	二级
水域顶管法隧道	三级

6.1.11 隧道施工时应进行围岩及衬砌结构变形监测和施工环境监测。

6.1.12 隧道分级应符合表 6.1.12 的要求。

表 6.1.12 隧道分级

分级	重要性系数	性质
1	1.1	全国性输油(气)干线、支干线
2	1.0	省、区、油(气)田输油(气)干线隧道和支线隧道

6.1.13 隧道分类应符合表 6.1.13 的要求。

表 6.1.13 隧道分类

隧道类型	长隧道(m)	中长隧道(m)	短隧道(m)
山岭钻爆法隧道	$L \geqslant 1500$	$1500>L>500$	$L \leqslant 500$
水域钻爆法隧道	$L \geqslant 1000$	$1000>L>500$	$L \leqslant 500$
水域盾构法隧道	$L \geqslant 1200$	$1200>L>800$	$L \leqslant 800$
顶管法隧道	$L \geqslant 400$	$400>L>200$	$L \leqslant 200$

6.2 作 用

6.2.1 隧道结构上的作用分类宜按表 6.2.1 进行。在确定作用的数值时，应综合施工和使用年限内发生的变化情况，符合现行国家标准《建筑结构荷载规范》GB 50009 的有关规定。

表 6.2.1 隧道结构上的作用分类

作用分类	作用名称
永久作用	结构自重
	围岩变形压力
	土压力
	结构上部或破坏棱体范围的设施及建筑物压力
	水压力及浮力
	预加应力
	混凝土收缩及徐变影响
	地基下沉影响
	包括管身结构自重、配重层重、保温层重、输送介质自重的自重作用

表 6.2.1 隧道结构上的作用分类(续)

作用分类	作用名称
可变作用	地面活载
	地面活载引起的土压力
	包括千斤顶顶力、注浆压力的施工作用
	温度变化的影响
	试运行时的水重与内压力
偶然作用	落石冲击力
	地震影响
	沉船、抛锚或河道疏浚产生的撞击力作用

注：1 盾构、顶管隧道结构设计计算时，应验算施工状态下千斤顶额定顶力及其偏心弯矩对盾构管片或顶进管道的影响，偏心量可按 20mm 验算；

2 盾构环片拼装起吊作用可按 2.50 倍最大管片的重量产生的拉力来核算抗拔阻力；

3 注浆压力根据隧道工法不同，可选用不同的注浆压力，通常比施工时水头压力高 0.05MPa～0.10MPa，并根据实际情况调整。

6.2.2 作用在结构上的水压力，应根据施工阶段和长期使用过程中地下水位的变化幅度，区分不同的围岩条件，按静水压力或把水作为土的一部分计入土压力。

6.2.3 作用于山岭隧道衬砌上的偏压压力，应根据地形、地质条件、围岩分级以及外侧围岩的覆上厚度、地面坡度确定。

6.3 作用组合与作用计算

6.3.1 当采用概率极限状态法设计隧道结构时，结构的作用设计值应按下式计算：

$$F_d = \gamma_f F_k \tag{6.3.1}$$

式中：γ_f——作用分项系数；

F_k——作用标准值。

6.3.2 隧道结构的作用应根据不同的极限状态和设计状态进行组合。宜按作用结构自重加围岩压力或土压力的基本组合进行设计，基本组合中各作用分项系数取 1.10；按基本组合加偶然负载的偶然组合核算时，各作用分项系数取 1.0。

6.3.3 结构自重标准值宜按结构设计尺寸及材料标准重度计算确定。

6.3.4 钻爆法深埋隧道结构衬砌计算时，对于不存在显著偏压及膨胀力的围岩，垂直及水平均布压力的作用标准值可按下列规定确定：

1 围岩垂直均布压力宜按下列公式计算确定：

$$q = \gamma h \tag{6.3.4-1}$$

$$h = 0.41 \times 1.79^{s} \tag{6.3.4-2}$$

式中：q——围岩垂直均布压力(kPa)；

γ——围岩重度(kN/m^3)；

h——围岩压力计算高度(m)；

s——围岩级别。

2 围岩水平均布压力可按表 6.3.4 确定。

表 6.3.4 围岩水平均布压力

围岩级别	Ⅰ～Ⅱ	Ⅲ	Ⅳ	Ⅴ	Ⅵ
水平匀布压力	0	$<0.15q$	$(0.15\sim0.30)q$	$(0.30\sim0.50)q$	$(0.50\sim1.00)q$

6.3.5 隧道偏压衬砌计算时，围岩压力宜按本规范附录A的要求计算确定。

6.3.6 浅埋隧道的作用宜按本规范附录B的要求计算确定。

6.3.7 盾构隧道、顶管隧道的作用宜按本规范附录C的要求计算。

6.3.8 对稳定性有严格要求的钢拱架和截面厚度大、变形受约束的结构，均应计算温度变化和混凝土收缩徐变的影响。

6.3.9 结构构件就地建造或安装时，作用在构件上的施工作用，应根据施工阶段、施工方法和施工条件确定。

6.3.10 在最冷月平均气温低于-15℃地区和受冻害影响的隧道，宜根据当地的自然条件、围岩冬季含水量资料通过计算确定冻胀力。

6.3.11 结构计算时灌浆压力应按灌浆机械可能使用的最大作用力计算确定。

6.4 钻爆法隧道衬砌设计

6.4.1 钻爆法隧道分为山岭钻爆法隧道和水域钻爆法隧道。对于水域和山体相连的地形条件需要采用隧道穿越时，宜连续穿越。

Ⅰ 山岭钻爆法隧道

6.4.2 隧道平面设计宜采用直线型，根据管线路由、管道补偿要求和进洞口、出洞口的位置，也可采用折线型，折线处转角、曲率半径应满足施工布管要求。隧道纵断面设计根据进洞口、出洞口高程差和工程地质条件，可采用单一坡，人字坡和折线坡，纵向坡度不宜大于15%，不应小于0.3%，折线段坡度不宜大于25%。

6.4.3 隧道洞口位置应符合下列要求：

1 隧道洞口位置应根据地形、地质、水文条件，同时结合环境保护、洞外管道工程及施工条件、使用要求，通过综合分析比较确定。

2 隧道应早进洞，晚出洞；隧道洞口宜选择在坡面稳定、地质条件好、无不良地质现象、便于管道衔接、出渣方便处，并少占农田。

3 隧道进出口应高于山沟设计泄洪水位。在泥石流发育段应防止其堵塞隧道进出口。

4 隧道进出口高程应满足管道输送工艺系统的要求；高程差大的隧道，应提出长、陡坡度段隧道施工和管道安装的要求。

6.4.4 隧道洞口工程的设计应符合下列要求：

1 洞口宜与坡面正交；当采取斜交时，洞口覆盖层厚度不宜小于5m，其边、仰坡宜采取喷锚加固、网锚加固或其他加固措施。

2 当洞口处有坍方、落石、泥石流时，应采取清刷、延伸洞口、设置明洞或支挡构筑物措施。

3 隧道洞口边坡、仰坡根据洞门结构形式设计，采取加固防护措施，宜采用绿化护坡。

4 隧道洞口应设洞门封堵。

6.4.5 隧道设计下列情况宜设明洞：

1 洞顶覆盖层薄，难以采用暗挖法施工的；

2 隧道洞口存在边坡坍方、岩堆、落石、泥石流不良地质的危害的；

3 为了保护洞口的自然景观不改变自然边坡的；

4 有检修车辆通行要求的；

5 管道敷设有特殊要求的。

6.4.6 隧道应设衬砌。对于净宽度不大于5m的隧道，Ⅵ级、地下水发育的Ⅴ级、Ⅳ级围岩段应采用模筑混凝土复合式衬砌，地下水不发育的Ⅴ级、Ⅳ级围岩段隧道可采用喷锚衬砌或复合式衬砌，Ⅰ、Ⅱ、Ⅲ级围岩段隧道宜采用喷锚衬砌。

6.4.7 衬砌结构应根据围岩级别、水文地质条件、埋置深度、结构工作特点，结合施工条件，通过工程类比和结构计算确定，必要时，还应经过试验验证。隧道衬砌设计应符合下列规定：

1 宽度不大于5m的隧道宜采用直墙式衬砌，宽度5m及以上的隧道可根据围岩类别计算采用直墙圆拱或曲墙型式。

2 因地形或地质构造引起有明显偏压的地段，应采用偏压衬砌；Ⅴ、Ⅵ级围岩的偏压衬砌应采用钢筋混凝土结构；Ⅳ级围岩的偏压衬砌宜采用钢筋混凝土结构。

3 隧道洞口段衬砌应加强，加强长度应根据地质、地形条件确定，隧道洞口加强衬砌长度应不小于5.0m；当洞口段围岩级别已经进行了浅埋地表影响修正时，应按降低后的围岩级别设计衬砌，不需另行加强。

4 围岩较差地段的衬砌应向围岩较好地段延伸，延伸长度宜为5m~10m。

5 偏压衬砌段应延伸至一般衬砌段内5m以上。

6 硬软地层分界处及对衬砌受力有不良影响处，应设置变形缝。

6.4.8 复合式衬砌设计应符合下列规定：

1 衬砌设计应包括围岩在内的支护结构、断面形状、开挖方法、施工顺序和开挖后支护与衬砌的断面闭合时间因素，充分发挥围岩的自承能力。

2 衬砌的初期支护宜采用喷锚支护，二次衬砌可采用模筑混凝土或湿喷混凝土，等厚截面，连接圆顺。

3 衬砌的设计参数宜采用工程类比法确定，并通过理论分析进行验算。当无类比资料，二次衬砌采用模筑混凝土时，可按表6.4.8的设计参数选用，并根据现场围岩量测信息对支护参数进行调整。

表6.4.8 复合式衬砌的设计参数

围岩级别	初期支护							二次衬砌厚度(mm)	
	喷射混凝土厚度(mm)		锚杆			钢筋网(mm)	钢架间距(m)	拱、墙	底板或仰拱
	拱、墙	仰拱	位置	长度(m)	间距(m)				
Ⅲ	50~80	—	局部设置	1.5~2.0	1.2~1.5	必要时设置@250×250	不设	200	
Ⅳ	80~100		拱、墙	2.0~2.5	1.0~1.2	必要时设置@250×250	不设	200~250	200
Ⅴ	100~120	100~150	拱、墙	2.5~3.0	0.8~1.0	@200×200	0.8~1.0	250~300	250~300
Ⅵ	通过试验确定								

注：1 衬砌参数根据隧道净宽确定、大于3m的取上限，小于或等于3m的取下限；

2 隧道衬砌钢结构混凝土保护层厚度不应小于30mm。

6.4.9 喷锚衬砌设计应符合下列规定：

1 喷锚衬砌内部轮廓应预留50mm~100mm作为必要时补强用。

2 喷锚衬砌应采用无碱湿喷混凝土工艺；上层喷锚工序与初期支护喷锚工序应跟进及时。

3 遇下列情况不宜采用喷锚衬砌：

1)地下水发育或大面积淋水地段；

2)能造成衬砌腐蚀或膨胀性围岩的地段；

3)最冷月平均气温低于-15℃的地区的隧道洞口段；

4)有其他特殊要求的隧道。

4 喷锚衬砌的设计参数应经计算确定，Ⅰ~Ⅲ围岩段可按表6.4.9选用；Ⅳ级、Ⅴ级段围岩需进行单独设计。

表 6.4.9 喷锚衬砌的设计参数

围岩级别	Ⅰ~Ⅱ	Ⅲ
设计参数	喷射混凝土厚度 50mm~80mm	喷射混凝土厚度 80mm~100mm，拱部设置锚杆和钢筋网，锚杆长 1.5m~2.0m，间距 1.2m~1.5m

注：钢筋网保护层厚度不应小于 30mm。

6.4.10 根据围岩条件情况隧道可采用整体式衬砌，设计应符合下列规定：

1 隧道洞口段，当线路中线与地形等高线斜交，围岩为Ⅰ~Ⅲ级时，宜采用斜交衬砌。

2 最冷月平均气温低于-15℃的地区的洞口段应设置变形缝。

3 围岩地段拱部衬砌背后应压注不低于 M20 的水泥砂浆。

6.4.11 初期支护的组成应根据围岩的性质及状态、地下水情况、隧道断面尺寸及其埋置深度条件确定。

1 系统锚杆应沿隧道周边在岩面上按梅花形均匀布置，其方向应接近于径向或垂直岩层，并应根据使用目的和围岩性质及状态确定锚杆的类型、锚固方式、长度，对自稳时间短、初期变形大的软弱围岩地层，应采用长锚杆或自钻式锚杆注浆加固围岩。

2 对 1 款的软弱围岩地层，或当对地面下沉量有严格限制时，加强初期支护的刚度应采用钢架。根据围岩条件的不同，宜选择仅在隧道拱部设置的钢架或在拱部及墙部设置的开口式钢架。在软弱围岩中应采用封闭式钢架。格栅钢架主筋的直径不宜小于 18mm，各排钢架间应设置钢拉杆，其直径宜为 20mm~22mm。

3 松散、破碎或膨胀性围岩中宜采用钢筋网喷射混凝土作初期支护，其厚度不宜小于 100mm，钢筋网应以直径 6mm~8mm 的钢筋焊接而成，网格间距宜为 150mm~250mm，钢筋网搭接长度不应小于 1 个网孔。

6.4.12 衬砌仰拱应具有与其使用目的相适应的强度、刚度和耐久性。仰拱厚度宜与拱、墙厚度相同。仰拱的初期支护宜采用钢筋网喷射混凝土，必要时宜加设锚杆、钢架或采用早强喷射混凝土。在软弱围岩有水地段或最冷月平均气温低于-15℃地区的洞口段，仰拱应加强。

6.4.13 隧道设计应根据不同的地质、水文条件，提出具体的施工勘察和监测要求，并根据施工勘察及监测的实际情况，现场修正相关设计参数。

6.4.14 隧道底板应按下列要求设计：

1 Ⅰ~Ⅱ级围岩隧道可不设底板；

2 Ⅲ~Ⅳ级围岩隧道的底板可采用素混凝土结构；

3 Ⅴ级围岩隧道的底板宜采用钢筋混凝土结构；

4 Ⅵ级围岩隧道的底板应采用钢筋混凝土仰拱结构，其钢筋应与隧道主体钢筋相连；

5 隧道底板厚度应通过结构计算确定，不宜小于 200mm；

6 底板水沟断面尺寸应根据隧道出水量、坡度计算确定，应满足排水要求。

Ⅱ 水域钻爆法隧道

6.4.15 符合下列条件的水域穿越可采用钻爆法隧道设计方案：

1 地表下岩层分布较浅；

2 穿越岩石 RQD 值不宜小于 50；

3 节理裂隙不发育、断层破碎带较少；

4 水下段主体围岩分级为Ⅰ~Ⅳ级。

6.4.16 根据两岸洞口处地形、地质条件，隧道纵断面设计可采用竖井与平巷结合、斜巷与平巷结合及单侧竖井、单侧斜巷与平巷相结合的不同型式；平巷段宜采用人字坡，坡比不宜小于 0.5%；斜巷与平巷结合段应设马头门，马头门尺寸应满足管道施工要求。

6.4.17 隧道埋设深度应根据穿越地段工程地质和水文地质条件通过多方案比选后确定，宜在中、微风化岩层中通过，并应避开岩溶发育地层。

6.4.18 隧道衬砌可按本规范第 6.4.7 条～第 6.4.15 条的要求设计，应采用防水混凝土，抗渗等级不应低于 P6；现浇混凝土衬砌及底板厚度不应小于 250mm。

6.4.19 隧道设计应采取下列施工防水、防坍塌措施：

1 留设隔水岩柱；

2 超前探水；

3 超前地质预报；

4 注浆堵水。

6.5 盾构法隧道设计

6.5.1 盾构法隧道设计应依据工程地质、水文、环境、穿越工程条件进行，并应与其他可能的穿越方式做技术、经济比较。地质条件复杂、地下水发育的山岭长隧道，亦可采用盾构法隧道方式。

6.5.2 盾构隧道纵断面布置应符合下列要求：

1 隧道的坡度不宜超过 5%，且不应小于 0.3%；曲线顶进曲率半径不应小于 1000 倍输送管道外径，且不应小于 1000m。

2 防洪堤脚下部隧道埋深不宜小于 3 倍隧道外径，并应避开堤防基础及其他构筑物及其影响，按要求对大堤进行沉降观测并控制沉降量。

3 盾构机进洞、出洞宜避开强透水层，当不能避开时，应做地层改良或其他防涌水措施。

4 隧道穿越宜避开软、硬频繁变化的地层交界层位。

5 隧道不宜长距离在卵石地层中穿越，并应避开岩溶发育地层。

6.5.3 盾构机选型应根据工程地质、水文地质条件，经工程经济、技术比选后确定，水域穿越宜优先采用泥水平衡式盾构机。

6.5.4 盾构法施工的隧道衬砌设计应符合下列要求：

1 在满足工程使用、结构受力的前提下，宜选用装配式单层衬砌；

2 宜采用圆形结构；

3 装配式衬砌接头应是具有一定刚度的柔性结构，应限制作用下变形和接头张开量，满足受力和防水要求。

6.5.5 隧道结构的计算模式应根据地层情况、衬砌构造特点及施工工艺确定。在岩石中应结合衬砌与围岩共同作用及装配式衬砌接头影响确定计算模式；在软土地层中宜采用错缝拼装，衬砌结构应计算环间剪力传递的影响。

6.5.6 惯用法管片截面内力可按本规范附录 D 的规定计算。

6.5.7 隧道应进行抗漂浮稳定性及地基承载力验算，并应符合下列要求：

1 隧道抗漂浮系数不应小于 1.15。

2 地基承载力验算包括：

1) 施工时盾构机底部地基承载力验算；

2) 管道试压、运营时隧道结构地基承载力验算，应以处于最不利条件的单环进行验算。

6.5.8 隧道装配式衬砌的构造应满足下列要求：

1 隧道衬砌宜采用块与块、环与环间用螺栓连接的环片。

2 衬砌环宽宜采用 1000mm～1500mm，可能情况下宜选用较大的宽度。

3 衬砌厚度应根据隧道直径、埋深、工程地质及水文地质条件，使用阶段及施工阶段的作用情况计算确定，宜为隧道外直径的 0.05 倍～0.06 倍。

4 衬砌环的分块数量与拼接形式，应根据盾构设备性能、隧道直径和受力要求确定。

6.5.9 衬砌制作和拼装精度，应根据设备的性能及防水要求，达到能够正确拼装、整体结构受力基本均匀的要求。

6.5.10 管片应进行抗渗试验、预埋螺栓孔应进行抗拔性能试验，试验标准应符合现行国家标准《预制混凝土衬砌管片》GB/T 22082 有关要求。

6.5.11 管片壁后注浆应根据工程地质条件、地表沉降状态、环境要求及设备情况选择注浆方式及注浆参数，每环管片的注浆量可按下式计算：

$$Q=\pi \cdot D \cdot B \cdot t \cdot k \tag{6.5.11}$$

式中：Q——每环注浆量(m^3)；

D——盾构管片外径(m)；

B——盾构管片长度(m)；

t——设备外径与盾构管片外径的差值，无设备外径值时可取 0.1m；

K——填充系数，可取 1.5~2.5，根据掘进地层情况确定。

6.6 顶管法隧道设计

6.6.1 顶管法隧道顶进工艺的选择，应根据穿越层位岩土性质、顶进管管径和材质、地下水位、周边地上与地下建筑物、构筑物和各种设施因素，经技术经济比较后确定，并应符合下列规定：

1 在黏性土层中需要控制地面隆陷时，可采用土压平衡顶管法。

2 在粉砂土层中需要控制地面隆陷时，可采用加泥式土压平衡法或泥水平衡顶管法。

3 在卵砾石、节理裂隙及地下水发育的破碎岩石中顶进时，应采用泥水平衡顶管法。泥水平衡式顶管机在岩石中或在含有卵石、碎石的地层中顶进时，应配置能够更换刀具的密封舱，并具有大块岩石二次破碎功能。

4 采用气压平衡法顶进时，穿越岩土渗透性系数不应大于 10^{-4}m/s。

5 在全断面岩层顶管中，应采用封闭式岩盘顶管机。

6.6.2 隧道纵断面布置应符合下列要求：

1 隧道的坡度根据顶管机的性能确定，且不应小于 0.3%，宜从低端始发。

2 隧道曲线顶进曲率半径不应小于 1000 倍油气管道外径，且不应小于 300m。

3 防洪堤脚下隧道埋深不宜小于 3 倍隧道外径，并应避开堤防基础及其他构筑物及其影响，按要求对大堤进行沉降观测并控制沉降量。

4 隧道进、出洞应避开强透水层，当不能避开时，应作地层改良。

5 隧道穿越地层宜避开软、硬频繁变化的地层交界层位。

6 隧道不宜长距离在卵、砾石地层穿越，应避开岩溶发育地层。

6.6.3 顶管隧道设计计算应按下列要求进行：

1 应按本规范表 6.2.1 要求的作用组合计算，验算顶力作用，并作为后背和顶进设施设计的依据。设计时应满足顶进过程中承受上部可变作用时的安全要求。

2 顶进工作管的允许顶力、结构的强度、顶进管道的稳定性计算应按本规范附录 E 规定。

6.6.4 掘进工作管的总顶力可按下式估算：

$$F_0=\pi D_1 L f_k+N_F \tag{6.6.4}$$

式中：D_1——顶进工作管外径(m)；

f_k——触变泥浆减阻管壁与岩土的平均摩阻力(kN/m^2)，可按表 6.6.4-1 选用；

L——顶管设计长度(m)；

N_F——顶管机的迎面阻力，可按表 6.6.4-2 选用。

表 6.6.4-1 触变泥浆减阻管壁与土的平均摩阻力(kN/m^2)

土的种类		软黏土	粉性土	粉细土	中粗砂
触变泥浆	混凝土管	3.0~5.0	3.0~8.0	8.0~11.0	11.0~16.0
	钢管	3.0~4.0	4.0~7.0	7.0~10.0	10.0~13.0

表 6.6.4-2 顶管机的迎面阻力计算公式

顶管机端面	常用机型	迎面阻力 N_F(kN)	式中符号
网格加气压	气压平衡式	$N_F=\frac{\pi}{4}D_g^2(\alpha R+P_n)$	α—网格截面系数，可取0.6~1.0 P_n—气床(kN/m^2)
大刀盘切削	土压平衡式 泥水平衡式	$N_F=\frac{\pi}{4}D_g^2 r_s H_s$	r_s—土的重度(kN/m^3) H_s—覆盖层厚度(m)

注：1 D_g—顶管机外径(m)；

2 R—挤压阻力(kN/m^2)，土层可取 $R=300\sim500$；岩石可取 $R=1000\sim1500$。

6.6.5 顶进长度大于100m的顶管法隧道，宜加设中继站。中继站的设置应符合下列要求：

1 应根据估算总顶力、管材允许顶力、工作井允许顶力和主顶千斤顶的顶力四者比较确定，应取最小值作为控制顶力。

2 当顶进钢筋混凝土管时，第一道中继站离顶管机机头的距离不宜大于30m。

3 中继站顶力裕量，宜大于分段总顶力的50%。

6.6.6 水域穿越顶进钢筋混凝土管结构抗渗等级、接口形式及质量要求应符合现行行业标准《顶进施工法用钢筋混凝土排水管》JC/T 640中Ⅲ级管的有关要求。

6.7 竖井工程

6.7.1 本节适用于下列竖井结构：放坡开挖或护壁施工的明挖结构、用沉井法施工的结构、用钻爆法施工的暗挖结构、以地下连续墙构成的竖井结构、钢板桩竖井结构。

6.7.2 井筒断面的结构形式应根据地质条件、隧道施工设备尺寸、竖井深度、管道安装和施工因素确定，宜选用圆形钢筋混凝土结构，当隧道施工设备及施工条件有其他要求时，亦可选用矩形或多边形断面。

6.7.3 竖井与钻爆法隧道连接处，若采用马头门结构，其衬砌结构应加强。

Ⅰ 沉井法施工的结构

6.7.4 沉井深度不宜大于50m。

6.7.5 沉井下沉自重扣除水浮力作用后，应大于下沉时土对井壁的摩阻力，当刃脚需嵌入岩石层时应采取辅助开挖的措施。

6.7.6 沉井底节可采用钢筋混凝土结构、钢结构。

6.7.7 沉井刃脚应按下列情况验算：

1 沉井下沉过程中，应根据沉井接高的具体情况，取最不利位置，按刃脚切入土中1m，验算刃脚向外弯曲强度。作用在井壁上的土压力和水压力根据下沉时的具体情况确定，作用在井壁外侧的计算摩擦力不应大于0.5倍井壁外侧的主动土压力。

2 当沉井沉至设计高程，刃脚下的土已掏空时，应验算刃脚向内弯曲强度。此时作用在井壁上的水压力，按设计和施工中的最不利水压力计算，土压力按主动土压力计算。

6.7.8 井壁应按竖直方向和水平方向分别进行验算，并应符合下列规定：

1 在竖直方向上，应按沉井外侧四周作用由摩阻力把沉井箍住，刃脚下土已挖空进行井壁垂直拉应力验算，混凝土沉井接缝处拉应力由接缝钢筋承受，并验算钢筋的锚固长度。

2 在水平方向上，应按本规范第6.2.1条的水平作用，将沉井作为水平框架进行验算。在验算刃脚斜面以上高度等于该处壁厚的一段井壁时，除承受该段井壁范围内的水平作用外，还应承受由刃脚悬臂传来的水平力。

6.7.9 沉井的平面尺寸应根据隧道施工设备，管道施工要求和地基容许承载力确定，并应符合阻力较小、受力合理、简单对称和施工方便的要求。棱角处宜用圆角或钝角。沉井外壁可做成竖直的或台阶形，台阶的宽度宜为 100mm~200mm。

6.7.10 沉井井壁变截面台阶宽度可采用 100mm~200mm。沉井最下部台阶宜设在底板以上，距底板面不宜小于 1 倍凹槽处壁厚。

6.7.11 沉井刃脚根据地质情况，可采用尖刀或带踏面的刃脚，刃脚的踏面底宽宜为 50mm~400mm，刃脚斜面与水平面夹角宜为 45°~60°。刃脚的竖向钢筋应设置在水平钢筋的外侧，并应锚入刃脚根部以上。

Ⅱ 钻爆法施工的暗挖结构

6.7.12 钻爆法施工的竖井结构设计，初期支护及二次衬砌的设计参数，可采用工程类比法确定，并通过理论分析进行验算。

6.7.13 复合式衬砌设计应包括围岩在内的支护结构、开挖方法、施工顺序因素，应充分发挥围岩的自承能力。

6.7.14 复合式衬砌的初期支护，宜采用喷射混凝土、格栅钢架或锚杆为主要支护手段；二次衬砌宜采用模筑混凝土。

6.7.15 喷锚支护参数，应根据围岩级别、竖井断面尺寸等因素，通过计算或采用工程类比法确定。

6.7.16 松散堆积层、含水砂层及软弱围岩的竖井设计应遵守下列规定：

1 衬砌应采用钢筋混凝土结构。

2 通过松散堆积层或含水层时，施工时宜从地表或沿竖井周边向围岩注浆进行预加固；施工中宜采用超前小导管注浆或管棚超前支护措施。

3 应根据具体情况对地表水和地下水做出妥善处理。

Ⅲ 放坡开挖或护壁施工的明挖结构

6.7.17 明挖结构应根据工程地质、水文地质、开挖深度、施工方法条件来进行设计，并应进行抗浮、整体滑移及地基稳定性验算。

6.7.18 明挖结构的围护结构宜采用地下连续墙、钻孔咬合桩、型钢水泥土搅拌墙以及高压旋喷桩。

6.7.19 明挖结构的衬砌应符合下列规定：

1 宜采用整体式钢筋混凝土衬砌或装配式钢筋混凝土构件。

2 地下连续墙、钻孔咬合桩、型钢水泥土搅拌墙以及高压旋喷桩支护宜作为主体结构侧墙的一部分与内衬墙共同受力。墙体的结合方式根据使用、受力及防水要求，宜选用叠合式或复合式构造。当满足耐久性要求时，宜将地下连续墙作为主体结构的单一侧墙。

6.7.20 明挖法围护结构应符合下列规定：

1 根据工程特点、工程地质、水文地质条件和环境保护要求确定其安全等级及地面允许最大沉降量和围护墙的水平位移控制要求，选择支护形式、地下水处理方法和基坑保护措施。

2 桩、墙式围护结构的设计应根据设定的开挖工况和施工顺序按竖向弹性地基梁模型逐阶段计算其内力及变形。当计入支撑作用时，应计入每层支撑设置时墙体已有的位移和支撑的弹性变形。

3 围护结构的设计，在确定计算土压力时，应综合围护墙的平面形状、支撑方式、受力条件及基坑变形控制要求因素，结构宜按墙背土压力随开挖过程变化的方法分析。

4 桩、墙式围护结构的设计，在软土地层中，水平基床系数的取值宜根据挖土方式、时限、支撑架设顺序及时间影响确定。

5 竖井基坑应进行抗滑移和倾覆的整体稳定性、基坑底部土体抗隆起和抗渗流稳定性以及抗坑底以下承压水的稳定性验算。

6.7.21 地下连续墙应符合下列规定：

1 地下连续墙单元槽段的长度和深度，应根据竖井结构的使用要求和结构特点、工程地质和水文地质条件、施工条件和施工环境因素以及类似工程的实际经验确定，必要时应进行现场成槽试验。

2 地下连续墙相邻墙段之间宜采用不传力的接缝方式，当有特殊要求时，接缝构造应满足传力和防水要求。接缝位置应与竖井内部结构相接处错开。

3 当地下连续墙与主体结构连接时，预埋在墙内的受力钢筋、钢筋连接器或连接板锚筋，均应满足受力和防水要求，其锚固长度应符合构造规定。钢筋连接器的性能应符合现行行业标准《钢筋机械连接技术规程》JGJ 107 的有关规定。

4 地下连续墙的墙面倾斜度不宜大于1/300，局部突出不宜大于100mm。

5 地下连续墙应进行纵向、横向内力计算及抗隆起稳定性验算。

6 现浇地下连续墙的混凝土强度等级不应低于C25。

6.7.22 当采用钻孔咬合桩、型钢水泥土搅拌墙、高压旋喷桩作为竖井外围结构时，宜按照上述三种方式地基处理的有关规范执行。

6.7.23 型钢水泥土搅拌墙应符合下列规定：

1 型钢水泥土搅拌墙适用于填土、淤泥质土、黏性土、粉土、砂性土、饱和黄土地层。对淤泥、泥炭土、有机质土以及地下水具有腐蚀性和无工程经验的地区，应通过现场试验确定其适用性。

2 型钢水泥土搅拌墙中三轴水泥土搅拌桩的直径宜采用650mm，850mm，1000mm；内插型钢宜采用H型钢。

3 型钢水泥土搅拌墙的选型应根据竖井开挖深度、周边的环境条件、场地工程地质和水文地质条件、竖井形状与规模、支撑或锚杆体系的设置情况综合确定。

4 型钢水泥土搅拌墙的计算变形容许值应根据周边环境条件和竖井开挖深度综合确定。

5 型钢水泥土搅拌墙的墙体计算抗弯刚度，只应计算内插型钢的截面刚度。在进行支护结构内力和变形计算以及竖井抗隆起、抗倾覆、整体稳定性各项稳定性分析时，支护结构的深度应取型钢的插入深度，不应计入型钢端部以下水泥土搅拌桩的作用。

6 水泥土搅拌桩的入土深度，除应满足型钢插入要求外，尚应满足竖井抗渗流稳定性的要求。

6.8 斜巷工程

6.8.1 斜巷口应高出所在位置设计洪水水位以上0.5m；当不满足要求时，应采取防洪措施。

6.8.2 斜巷设计坡度应根据提升量、斜巷长度、坡度及洞口地形确定，并应符合下列规定：

1 采用箕斗提升，不应大于35°；

2 采用串车提升，不应大于25°；

3 采用胶带输送机提升，不应大于15°。

6.8.3 斜巷应设置宽度不小于0.7m的人行道；当斜巷长度每超过50m时，应设置躲避洞，躲避洞的净空尺寸宽、深、高分别不宜小于1.5m、1.0m、1.8m；当斜巷坡度大于15°时，应设置台阶及扶手。

6.8.4 斜巷底部的马头门应能满足隧道内所需的材料和设备通过的要求。

6.8.5 斜巷出口段和地质较差的地段，宜采用复合式衬砌或整体衬砌；马头门应根据围岩类别作衬砌；井口段、通过地质较差的井身段及马头门的上方宜设壁座。

6.8.6 斜巷底部应根据设计涌水量选择集、排水方式和相应的设施。

6.8.7 斜巷施工运输应采取下列安全措施。

1 运输轨道应设防爬措施，每根钢轨应装两组以上防爬设备。

2 提升机应设置深度指示器自动示警，并应有防卷装置。

3 运输斗车之间、斗车与钢丝绳之间应有可靠的连接装置，并应加装保险绳。

4 井口应设置挡车器，并应经常关闭；有车辆行驶打开时，人员不得通行。

5 每隔100m应在轨道上设防跑车装置一处，接近井底时应再设一处。

6 提升机房、井口、井底均应有联系信号，并有专人值守。

6.9 工程材料

6.9.1 隧道结构的工程材料应根据结构类型、受力条件、使用要求和所处环境因素选用，并应符合可靠性、耐久性和经济性要求。工程所用的建筑材料，均应符合国家现行有关标准。

6.9.2 混凝土的原材料和配比、最低强度等级、最大水灰比和单方混凝土的胶凝材料最小用量应符合耐久性要求，满足抗裂、抗渗、抗冻和抗侵蚀的需要。隧道结构设计混凝土的最低设计强度等级应符合表6.9.2的规定。

表6.9.2 隧道设计混凝土的最低设计强度等级

钻爆法	喷锚衬砌/喷锚支护	C20/C25
	混凝土/钢筋混凝土衬砌	C25/C30
盾构法	装配式钢筋混凝土管片	C50
顶管法	钢筋混凝土顶管	C50

6.9.3 工程所用钢材应符合国家现行有关标准的规定，其许用拉应力和许用压应力不应超过其规定最低屈服强度的60%，许用剪应力不应超过其规定最低屈服强度的45%，支承应力不应超过其规定最低屈服强度的90%。

6.9.4 普通混凝土和喷锚支护结构中的钢筋及预应力混凝土结构中的非预应力钢筋宜采用HRB400. HRB335或HRB300级钢筋；预应力混凝土结构中的预应力钢筋，宜采用预应力钢绞线、钢丝，或采用热处理钢筋。

6.9.5 钢筋混凝土管片间的螺纹紧固件的连接形式及其机械性能等级应满足构造和结构受力要求，表面应进行防腐蚀处理。

6.9.6 喷锚支护喷射混凝土应采用湿喷；速凝剂宜采用无碱系列环保型产品，水泥强度不宜低于42.5级。

6.9.7 初期支护的钢架宜采用型钢、钢筋或钢管制成，钢管和型钢以及锚杆垫板材质宜为Q235A。

6.10 防水与排水

6.10.1 隧道防水与排水应符合下列规定：

1 应采取可靠的设计、施工措施，保障结构物和设备的正常使用。对地表水和地下水应作妥善处理，洞内外应形成一个完整的防排水系统。

2 隧道防水应满足：衬砌不漏水，安装设备的孔眼不渗水；隧道排水通畅。不浸水；在有冻害地段的隧道，衬砌背后不积水，凝冻季节洞口应封闭，排水沟不冻结。

3 隧道修建及运营中的排水有可能影响周围环境的，应采取防止水土流失、保证水系正常流动的措施。

6.10.2 钻爆法隧道应采取以下防水措施：

1 隧道衬砌防水应充分利用混凝土结构的自防水能力，其抗渗等级不应低于P6，根据需要和埋置深度采用的抗渗等级不应低于P8。在有冻害和最冷月平均气温低于-15℃的地区，防水混凝土的等级应提高。

2 防水混凝土结构的厚度不应小于250mm，裂缝宽度不应大于0.2mm，并不应贯通。当衬砌为钢筋混凝土时，迎水面主筋保护层厚度不应小于50mm。

3 复合衬砌初期支护与二次衬砌之间可铺设防水板或系统盲管、盲沟。

4 围岩破碎、富水、易坍塌地段及地下水、岩溶发育存在突水、突泥可能的特殊地质地段应进行超前地质预报，遇水应注浆堵水或采取其他防水措施。

5 地下水有侵蚀性时，应针对侵蚀类型，压注抗侵蚀浆液，敷设防水、防蚀层，采用抗侵蚀性混凝土措施。

6 最冷月平均气温低于-15℃地区对地下水的处理应以堵为主。

6.10.3 钻爆法隧道洞口防水与排水应符合下列规定：

1 隧道和明洞的洞口应设置截水沟和排水沟。

2 多雨地区，宜采取措施防止洞口仰坡范围内地表水下渗和冲刷。

3 截水沟设置应符合下列要求：

1) 应设置在洞顶边仰坡外不小于5m；

2) 截水沟坡度应根据地形设置，不应小于1%。当纵坡过陡时应设计急流槽或跌水连接，水沟截面尺寸根据流入截水沟的汇水区流量确定。水量大时，应根据地形将水引至沟谷或涵洞处排泄。

6.10.4 盾构法隧道防水应符合下列规定：

1 盾构法隧道结构混凝土抗渗等级不应低于P12。

2 盾构隧道衬砌结构防水措施选择应符合表6.10.4的规定。

表6.10.4 盾构隧道防水措施选择

防水措施	衬砌结构自防水	接缝防水			
		弹性密封垫	嵌缝	注入密封剂	螺孔密封圈
选项	必选	必选	宜选	可选	应选

3 管片接缝应设置密封垫沟槽。防水材料的规格、技术性能和螺孔、嵌缝槽部位的防水措施除应满足设计要求外，应符合现行国家标准《地下工程防水技术规范》GB 50108的有关规定。

4 管片接缝密封垫应满足在设计水压下和接缝最大张开或错位下不渗漏的要求。

6.10.5 顶管法隧道钢筋混凝土套管的防水应符合下列规定：

1 隧道防水应以套管自防水为基础，接缝防水为重点。

2 钢筋混凝土套管钢承插口接头应采用橡胶密封垫填充。

3 弹性密封填料根据周围环境条件可采用丁腈橡胶、氯丁橡胶及三元乙丙橡胶。

6.10.6 盾构及顶管机头设备进出洞防水应根据具体的地质、水文条件进行专项设计，可采用降水、地层改良、加设止水环、止水板一项或多项措施。

6.11 隧道附属设施

6.11.1 需要维修作业或后期有安装工程的水下隧道，应设置抽排水设施。

6.11.2 水封运营隧道的竖井应采用可检查、维修的方式封井。

6.11.3 非水封运营的水下隧道，其竖井或巷道洞口部位应设固定式可燃气体监测仪。

6.11.4 隧道洞门型式应满足管道安装、检修、保护及洞内外管道连接要求。

6.12 隧道内管道空装

6.12.1 山岭隧道的平巷、斜巷内管道宜采用支墩架空敷设或覆土敷设，水域隧道内管道宜采用支墩架空敷设。

6.12.2 隧道内的管道布置应满足安装需要，除顶管隧道外，宜保留人员行走、查看管道的空间。

6.12.3 隧道内的管段应根据管道输送介质压力、管段重力的轴向分力及管段安装温度与运行温度差作用进行轴向稳定性验算。当不满足要求时，宜选择加强支座锚固力、设置补偿器进行变形补偿措施。

6.12.4 水域隧道应对内部管段进行抗漂浮核算，并应采取稳管措施。

6.12.5 当采用支墩架空敷设时，宜采用滑动或滚动支座。管道对接环焊缝不应设置在支座处。支承点间距应满足管段的强度与稳定要求。

6.12.6 隧道内支墩架空安装管道的构件材料可选用普通钢材和不锈钢；当选用普通钢材时，所有钢构件其表面均应采用耐环境腐蚀的防腐层或设置牺牲阳极保护措施。管道连接件应采用同一金属材质。构件设计中宜避免难以检查、清刷的死角和凹槽。

6.12.7 管道和管支座、锚固墩、锚固件之间应有良好的绝缘。

6.12.8 水域隧道宜充水运营；陆上隧道洞门宜按照封闭运营进行设计。

7 公路、铁路穿越设计

7.1 一般规定

7.1.1 油气管道不宜与公路、铁路反复交叉穿越，需要与公路、铁路交叉时，其穿越点宜选在公路、铁路的路堤段和管道的直线段，穿越宜避开高填方区、路堑、路两侧为同坡向的陡坡地段。当条件受限时也可从公路、铁路的桥梁下交叉穿越。

7.1.2 在穿越公路、铁路的套管或涵洞内，输送管道不应设置水平或竖向弯管。

7.1.3 穿越铁路或二级及以上公路时，应采用顶进套管、顶进箱涵或水平定向钻穿越方式，并满足路基稳定性的要求。对三级及三级以下公路穿越，可采用挖沟法埋设。当套管或涵洞内空间充填细土将穿越管段埋入时，可不设检漏管及两端的封堵。

7.1.4 采用钢套管穿越公路的管段，对管道阴极保护形成屏蔽作用时，应增加牺牲阳极保护。

7.1.5 新建公路、铁路与已建管道交叉时，应设置保护管道的涵洞，涵洞尺寸应满足管道运营维护要求。

7.1.6 油气管道与公路、铁路宜垂直交叉。在特殊情况下，交角不宜小于30°。油气管道与公路、铁路桥梁交叉时，在对管道采取防护措施后，交叉角可小于30°，防护长度应满足公路、铁路用地范围以外3m的要求。

7.1.7 油气管道穿越公路、铁路时，其穿越点四周应有足够的空间，满足管道穿越施工、维护及邻近建(构)筑物和设施安全距离的要求。

7.1.8 油气管道不应利用公路、铁路的排水涵洞进行穿越。

7.1.9 油气管道穿越公路、铁路时，套管顶部最小覆盖层厚度应符合表7.1.9的要求。

表7.1.9 套管顶部最小覆盖层厚度

穿越分类	位　置	最小覆盖层(m)
铁路穿越	铁路路肩以下	1.7
	自然地面或者边沟以下	1.0
公路穿越	公路路面以下	1.2
	公路边沟底面以下	1.0

7.1.10 管道穿越公路、铁路时，输送管道或套管的底部应放置在密实而均匀的地层上。

7.1.11 采用套管穿越公路、铁路时，套管内径应大于输送管道外径300mm以上。套管采用人工顶管施工方法时，套管内直径不宜小于1m。

7.1.12 采用套管穿越公路、铁路时，套管长度宜伸出路堤坡脚、排水沟外边缘不小于2m；当穿过路堑时，应长出路堑顶不小于5m。被穿越的公路、铁路有扩建规划时，应按照扩建后的情况确定套管长度。

7.1.13 采用涵洞穿越铁路时，涵洞净空高度不宜小于1.8m，涵洞内宽度不宜小于输送管道外径加2.5m。

7.1.14 采用直接钻孔法敷设穿越管道或者套管时，其钻孔孔洞直径不应超过输送管道或者套管外直径50mm。

7.2 无套管穿越设计

7.2.1 无套管穿越管段设计应进行强度、疲劳、变形、稳定计算。

7.2.2 无套管穿越管段承受的作用除按本规范第4.3.1条规定的以外，可变作用应包括车辆荷载，偶然作用应包括地基不均匀变形。

7.2.3 无套管穿越管段结构计算，应根据实际可能发生的情况进行作用组合。主要组合应为永久荷载与车辆荷载之和；附加组合应为永久荷载与可能发生的可变荷载之和；特殊组合应为主要荷载与偶然作用荷载之和。主要组合按本规范第7.2.4条~第7.2.7条计算，其他组合根据实际情况进行计算分析。

7.2.4 无套管穿越公路的土压力产生的管道应力计算，应符合本规范附录F的规定。

7.2.5 公路车辆荷载产生的管道循环应力计算，应符合本规范附录G的规定。

7.2.6 管道内部压力产生的管道环向应力应按本规范第4.4.2条第1款规定计算。

7.2.7 穿越公路的管道应按本规范第4.4.2条与第4.4.3条进行强度核算。

7.2.8 无套管穿越公路的管道，应按下列方法进行管道环向焊缝和轴向焊缝疲劳复核。

1 环向焊缝疲劳应按下式进行复核。

$$\sigma_{\mathrm{Lh}} \leqslant \sigma_{\mathrm{FG}} \cdot F \tag{7.2.8-1}$$

式中：σ_{Lh}——车辆荷载产生的管道轴向循环应力(kPa)；

σ_{FG}——钢管环向焊缝耐疲劳极限值(kPa)，按表7.2.8取值；

F——设计系数。按本规范表3.2.2选用。

2 轴向焊缝疲劳应按下式进行复核。

$$\sigma_{\mathrm{Hh}} \leqslant \sigma_{\mathrm{FL}} \cdot F \tag{7.2.8-2}$$

式中：σ_{Hh}——管道环向循环应力(kPa)；

σ_{FL}——管道纵向焊缝耐疲劳极限值(kPa)，按表7.2.8取值。

表7.2.8 钢管环向、纵向焊缝耐疲劳极限值 σ_{FG}、σ_{FL}

钢材等级	最小屈服强度 σ_s(MPa)	最小抗拉强度 (MPa)	σ_{FG}(MPa)	σ_{FL}(MPa)	
			所有类型焊缝	电阻焊	埋弧焊
L175(A25)	175	315	83	145	83
L210(A)	210	335	83	145	83
L245(B)	245	415	83	145	83
L290(X42)	290	415	83	145	83
L320(X46)	320	435	83	145	83
L360(X52)	360	460	83	145	83
L390(X56)	390	490	83	159	83
L415(X60)	415	520	83	159	83
L450(X65)	450	535	83	159	83
L485(X70)	485	570	83	172	90
L555(X80)	555	625	83	186	97

注：根据材料的规定屈服强度选取材料的耐疲劳极限值，材料的规定屈服强度与表中数据不完全相同时，耐疲劳极限值应选用最接近且小于材料的规定屈服强度对应钢材等级的耐疲劳极限值。

7.2.9 采用无套管的开挖穿越管段，距管顶以上500mm处应埋设钢筋混凝土板；混凝土板上方应埋设警示带。

7.2.10 采用无套管挖沟法穿越管段，回填土必须压实或夯实。路面恢复应达到现行行业标准《公路工程质量检验评定标准》JTJF 80/1的要求。

7.2.11 无套管穿越公路的管段，应验算无内压状态下，管段的径向变形。验算方法根据输送介质的类型，应按现行国家标准《输气管道工程设计规范》GB 50251和《输油管道工程设计规范》GB 50253的有关规定进行。

7.3 有套管穿越设计

7.3.1 采用涵洞、套管等保护方法穿越公路、铁路时。宜采用钢筋混凝土涵洞、钢筋混凝土套管或者钢质套管。

7.3.2 钢筋混凝土涵洞、套管的设计应根据穿越公路、铁路的不同要求，分别执行现行行业标准《公路桥涵设计通用规范》JTG D 60、《铁路桥涵设计基本规范》TB 10002.1 的有关规定。

7.3.3 钢质套管设计宜按本规范第 7.2 节中无套管穿越计算，强度设计系数 F 应执行本规范第 3.2.2 条有关规定，套管的外径与壁厚之比不应小于 70，且最小壁厚不应小于 7mm。

7.3.4 套管中的输送管道应设置绝缘支撑，设计中应提出保持管道防腐涂层完整性的技术要求。

7.3.5 当一根套管中设置两根或者两根以上输送管道时，应使不同输送管道之间、输送管道与套管之间互相绝缘。

8 焊接、试压及防腐

8.1 焊接、检验

8.1.1 管道焊接应按现行国家标准《输气管道工程设计规范》GB 50251，《输油管道工程设计规范》GB 50253 与《油气长输管道工程施工及验收规范》GB 50369 的有关规定执行。

8.1.2 水域大、中型穿越管段、山岭长隧道、山岭中长隧道、铁路、二级与二级以上公路的穿越管段，对接接头焊缝均应进行 100%射线探伤检验和 100%超声波探伤检验。

8.1.3 采用射线探伤检验和超声波探伤检验应按现行行业标准《石油天然气钢质管道无损检测》SY/T 4109进行验收，Ⅱ级及以上为合格。

8.2 清管、测径及试压

8.2.1 穿越管段试压前应进行清管，试压后应再进行清管，输气管道应进行干燥处理。

8.2.2 水域大、中型穿越，山岭长隧道、铁路、高速公路、一级公路穿越管段应单独进行试压。水域小型穿越管段、山岭中长隧道、山岭短隧道、二级及以下的公路穿越管段，在试压条件许可的前提下可与所在线路段合并进行试压。

8.2.3 单独进行试压的穿越管段试压前应进行清管、测径。

8.2.4 穿越管段应分强度试压与严密性试压两阶段进行，严密性试压应在强度试压合格后进行。在稳压时间内压降不大于试验压力的 1%为合格。

8.2.5 穿越管段应采用无腐蚀性洁净水作为试压介质。试压时环境温度不宜低于 5℃；若环境温度在 5℃以下试压，应采取防冻措施。

8.2.6 单独试压的穿越管段，强度试验压力不应小于该处设计内压力的 1.5 倍，强度试压稳压时间不应少于 4h；试压时的环向应力不宜大于钢管的屈服强度的 90%。穿越管段的严密性试验的压力不应低于该处设计内压力、稳压时间不应少于 24h。

8.2.7 重要的水域水平定向钻穿越管段，除应在回拖前按照本规范第 8.2.3 条~第 8.2.6 条进行清管、测径、试压以外，回拖后宜进行第二次严密性试压，第二次严密性试压的压力为设计压力，稳压时间不应小于 4h。

8.2.8 穿越管段与两端线路管段连接处的焊口不应强力组装，不应出现使连接管段发生强制变形的连接。

8.3 防　　腐

8.3.1 穿越管段应按现行国家标准《钢质管道外腐蚀控制规程》GB/T 21447 进行腐蚀控制设计。

8.3.2 穿越管段应根据穿越工程需要选取适宜的防腐涂层。当所选防腐涂层种类与线路段相同时，应比相邻线路管段提高一个等级，或采用该种涂层标准中的最高级。防腐涂层的防腐、补口及补伤，应按管段所用防腐涂层的相关标准要求执行。

8.3.3 水平定向钻穿越段位于岩石、卵石、砾石段地层时，宜选择耐磨、耐划伤的管道防腐涂层；或在防腐层外侧施加保护层。

8.3.4 管道支撑件、护管或稳管构筑物处于腐蚀性环境中时，应采用相应的防腐蚀措施。

8.3.5 水域大中型穿越管段的一端应设置阴极保护的测试点，小型穿越管段可与一般线路段结合不单独设阴极保护测试点。

8.3.6 大型水域穿越管段若有接地或独立采用牺牲阳极保护，管段两端宜设置绝缘接头。

8.3.7 穿越管段的稳管构筑物、隧道中的支护管段构筑物或构件，应与管段绝缘，但不应对管段产生电屏蔽。

8.3.8 穿越管段的补口和补伤，应按照管段所用防腐涂层的相关标准要求执行，并应按照管道施工安装、运营环境条件提出相应的技术要求。

8.3.9 穿越管段敷设时应达到所选用涂层等级的漏电检测要求；安装时不应损伤防腐涂层的完整性，安装完毕后，应再对管段进行检漏，应达到所选用涂层等级的漏电检测要求。

附录 A 偏压隧道衬砌作用计算方法

A.0.1 偏压隧道设计时，在假定偏压分布图形与地面坡度一致(图 A.0，1)作用下，其垂直压力宜按下列公式计算：

$$Q=\frac{\gamma}{2}[(h+h')B-(\lambda h^2+\lambda' h'^2)\tan\theta] \tag{A.0.1-1}$$

$$\lambda=\frac{1}{\tan\beta-\tan\alpha}\times\frac{\tan\beta-\tan\varphi_c}{1+\tan\beta(\tan\varphi_c-\tan\theta)+\tan\varphi_c\tan\theta} \tag{A.0.1-2}$$

$$\lambda'=\frac{1}{\tan\beta'-\tan\alpha}\times\frac{\tan\beta'-\tan\varphi_c}{1+\tan\beta'(\tan\varphi_c-\tan\theta)+\tan\varphi_c\tan\theta} \tag{A.0.1-3}$$

$$\tan\beta=\tan\varphi_c+\sqrt{\frac{(\tan^2\varphi_c+1)(\tan\varphi_c-\tan\alpha)}{\tan\varphi_c-\tan\theta}} \tag{A.0.1-4}$$

$$\tan\beta'=\tan\varphi_c+\sqrt{\frac{(\tan^2\varphi_c+1)(\tan\varphi_c+\tan\alpha)}{\tan\varphi_c-\tan\theta}} \tag{A.0.1-5}$$

式中：h——内侧由拱顶水平至地面的高度(m)；

h'——外侧由拱顶水平至地面的高度(m)；

B——隧道宽度(m)；

γ——围岩重度(kN/m^3)；

θ——顶板土柱两侧摩擦角(°)；当无实测资料时，宜按表 A.0.1 选取；

λ——内侧的侧压力系数；

λ'——外侧的侧压力系数；

α——地面坡度角(°)；

φ_c——围岩计算摩擦角(°)；

β——内侧产生最大推力时的破裂角(°)；

β'——外侧产生最大推力时的破裂角(°)；

表 A.0.1 顶板土桩两侧摩擦角 θ 取值

围岩等级	Ⅰ~Ⅲ	Ⅳ	Ⅴ	Ⅵ
θ 值	$0.9\varphi_c$	$(0.7\sim0.9)\varphi_c$	$(0.5\sim0.7)\varphi_c$	$(0.3\sim0.5)\varphi_c$

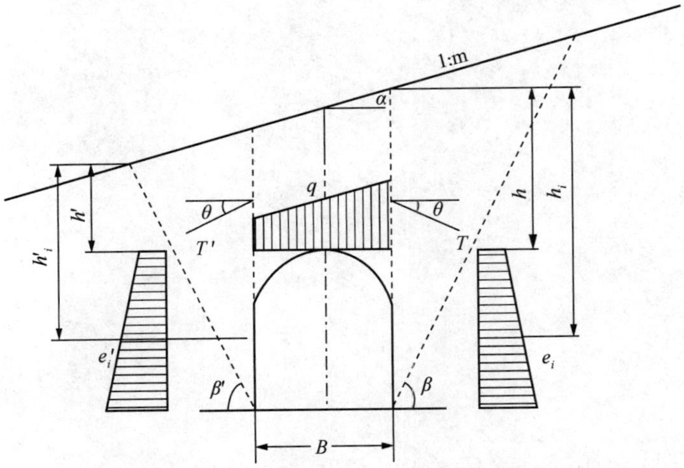

图 A.0.1 偏压隧道衬砌作用(荷载)计算图式

A. 0. 2 在荷载作用下的水平侧压力宜按下列公式计算：

内侧：

$$e_i = \gamma h_i \lambda \quad (A.0.2-1)$$

外侧：

$$e_i = \gamma h'_i \lambda'' \quad (A.0.2-2)$$

式中：h_i——内侧任一点 i 至地面的距离(m)；

h'_i——外侧任一点 i 至地面的距离(m)。

附录 B　浅埋隧道衬砌作用计算方法

B. 0. 1　地面基本水平的浅埋隧道，所受作用具有对称性(图 B. 0. 1)。计算应符合下列规定：

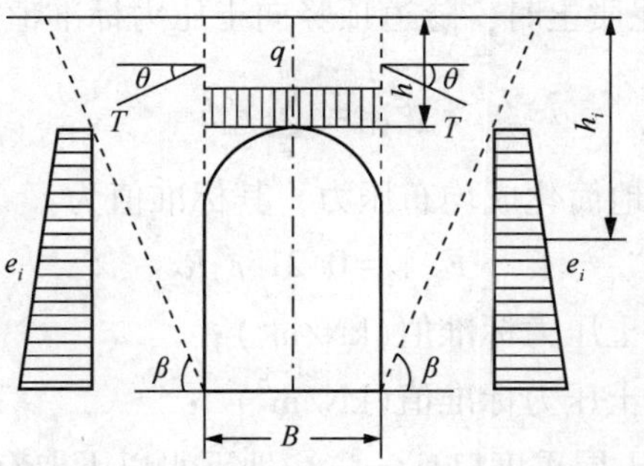

图 B. 0. 1　地面基本水平线浅埋隧道作用计算

1　垂直压力应按下列公式计算：

$$q=\gamma h\left(1-\frac{\lambda h\tan\theta}{B}\right) \tag{B. 0. 1-1}$$

$$\lambda=\frac{\tan\beta-\tan\varphi_c}{\tan\beta[1+\tan\beta(\tan\varphi_c-\tan\theta)+\tan\varphi_c\tan\theta]} \tag{B. 0. 1-2}$$

$$\tan\beta=\tan\varphi_c+\sqrt{\frac{(\tan^2\varphi_c+1)\tan\varphi_c}{\tan\varphi_c-\tan\theta}} \tag{B. 0. 1-3}$$

式中：B——隧道宽度(m)；

γ——围岩重度(kN/m^3)；

h——洞顶至地面高度(m)；

θ——顶板土柱两侧摩擦角(°)，为经验数值；

λ——侧压力系数；

φ_c——围岩计算摩擦角(°)；

β——产生最大推力时的破裂角(°)。

2　水平压力应按下式计算：

$$e_i=\gamma h_i\lambda \tag{B. 0. 1-4}$$

式中：h_i——内外侧任意点至地面的距离(m)。

B. 0. 2　当洞顶至地面高度 h 小于深埋隧道垂直作用计算高度 h_a 时，取 $\theta=0$，应属超浅埋隧道。

B. 0. 3　当洞顶至地面高度 h 大于等于 2.5 倍深埋隧道垂直作用计算高度 h_a 时，式(B. 0. 1-1)不适用，应按深埋隧道计算。

附录C 盾构隧道、顶管隧道作用计算

C.0.1 作用在结构上的竖向土压力，其标准值应按覆盖土层厚度及其物理力学指标确定。

1 当结构顶覆盖土层为淤泥质土时，隧道顶竖向土压力标准值应按下式计算：

$$F_{sv,k1}=\sum_{i=1}^{n}r_{si}h_i \tag{C.0.1-1}$$

隧道拱背部的竖向土压力可近似地简化成均布压力，其标准值为：

$$F_{sv,k2}=0.215r_{si}R_2 \tag{C.0.1-2}$$

式中：$F_{sv,k1}$——隧道顶上部竖向土压力标准值（kN/m²）；

$F_{sv,k2}$——隧道拱背部竖向土压力标准值（kN/m²）

r_{si}——隧道上部第 i 层土层重度（kN/m³），地下水以下取有效重度；

h_i——隧道上部第 i 层土层厚度（m）；

R_2——隧道外半径（m）。

2 隧道顶覆土层不属上述情况时，隧道顶竖向土压力标准值应按下列公式计算：

$$F_{sv,k3}=C_j(r_{si}B_t-2C) \tag{C.0.1-3}$$

$$B_t=D_1\left[1+\tan\left(45°-\frac{\varphi}{2}\right)\right] \tag{C.0.1-4}$$

$$C_j=\frac{1-e^{2K_a\mu\frac{H_s}{B_1}}}{2K_a\mu} \tag{C.0.1-5}$$

式中：$F_{sv,k3}$——隧道顶上部竖向土压力标准值（kN/m²）；

C_j——隧道竖向土压力系数；

B_t——隧道上部土层压力传递到管顶处的影响宽度（m）；

D_1——隧道外径（m）；

φ——隧道顶土体的内摩擦角（°）；

C——土体的黏聚力（kN/m²）；

H_s——隧道顶至原状地面埋置深度（m）；

$K_a\mu$——原状土的主动土压力系数和内摩擦系数的乘积，黏性土可取0.13，饱和黏土可取0.110，砂和砾石可取0.165。

3 当盾构、顶管隧道穿越岩层时，隧道顶部竖向岩石应按下式对水、土压力分算：

$$F_{sv,k4}=r_sH_s+\alpha rH_w \tag{C.0.1-6}$$

式中：$F_{sv,k4}$——隧道顶上部竖向土压力标准值（kN/m²）；

r_s——穿越围岩容重；

H_s——隧道围岩松动影响高度（m），一般取1倍~2倍隧道外径；

α——水压影响系数，一般取0.2~0.8；穿越围岩节理、裂隙发育，渗透系数不小于 10^{-3} cm/s且其上没有隔水土层时，取0.8，穿越围岩微、弱透水或围岩上有较厚隔水层时，取0.2；

H_w——隧道顶至设计洪水位高差（m）。

C.0.2 作用在隧道上的侧向土压力，采用水土分算，土的侧压力为主动土压力，地下水压力按静水压力计算，水的重度可取10kN/m³。主动土压力可按下列公式计算：

$$F_{h,k}=\left(F_{sv,ki}+\frac{r_{si}D_1}{2}\right)K_a-2C\sqrt{K_a} \tag{C.0.2-1}$$

$$K_a=\tan^2\left(45°-\frac{\varphi}{2}\right) \tag{C.0.2-2}$$

式中：$F_{h,k}$——隧道侧向土压力标准值(kN/m^2)，作用在隧道中心；

K_a——主动土压力系数；

φ——隧道顶土体的内摩擦角(°)。

C.0.3 温度作用标准值，其准永久作用系数可取1.0。

附录D 盾构管片内力计算

D.1 隧道截面内力计算的基本原则

D.1.1 隧道的结构计算，应根据施工过程中的每个阶段和竣工后的状态下的作用分别进行计算。

D.1.2 隧道横截面的设计作用，应以作为设计对象的隧道区间内最不利的条件为基础进行确定。

D.1.3 钢筋混凝土管片的非静定力或弹性变形计算，可不计算钢筋影响，将混凝土全截面视为有效截面进行计算。

D.1.4 管片截面内力计算可采用惯用计算法、修正惯用计算法、梁弹簧模型法。

D.2 隧道截面内力惯用法与修正惯用法计算

D.2.1 隧道管片结构受力计算可按图D.2.1进行。

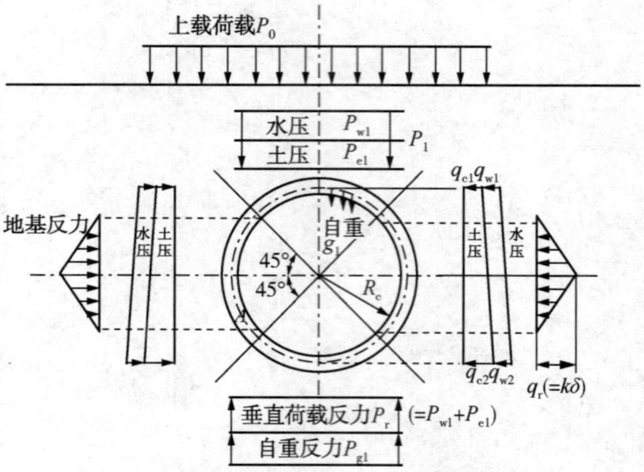

图D.2.1 隧道管片结构受力计算图

D.2.2 惯用计算法和修正惯用计算法的隧道管片截面内力计算公式可按表D.2.2。

表D.2.2 惯用计算法和修正惯用计算法的隧道管片截面内力计算公式

作用	弯矩	轴向力	剪力
垂直作用 $(P_{e1}+P_{w1})$	$M=\frac{1}{4}(1-2\sin^2\theta)\times(P_{e1}+P_{w1})R_c^2$	$N=(P_{e1}+P_{w1})R_c\sin^2\theta$	$Q=-(P_{e1}+P_{w1})R_c\sin\theta\cos\theta$
水平作用 $(q_{e1}+q_{w1})$	$M=\frac{1}{4}(1-2\cos^2\theta)\times(q_{e1}+q_{w1})R_c^2$	$N=(q_{e1}+q_{w1})R_c\cos^2\theta$	$Q=(q_{e1}+q_{w1})R_c\sin\theta\cos\theta$
水平三角形作用 $(q_{e2}+q_{w2}-q_{e1}-q_{w1})$	$M=\frac{1}{48}(6-3\cos\theta-12\cos^2\theta+4\cos^3\theta)(q_{e2}+q_{w2}-q_{e1}-q_{w1})R_c^2$	$N=\frac{1}{16}(\cos\theta+8\cos^2\theta-4\cos^3\theta)(q_{e2}+q_{w2}-q_{e1}-q_{w1})R_c$	$N=\frac{1}{16}(\sin\theta+8\sin\theta\cos\theta-4\sin\theta\cos^2\theta)(q_{e2}+q_{w2}-q_{e1}-q_{w1})R_c$
水平地基反力 $(q_r=k\delta)$	当$0\leqslant\theta<\frac{\pi}{4}$时 $M=(0.2346-0.3536\cos\theta)k\delta R_c^2$ 当$\frac{\pi}{4}\leqslant\theta\leqslant\frac{\pi}{2}$时 $M=(-0.3487+0.5\sin^2\theta+0.2357\cos^3\theta)k\delta R_c^2$	当$0\leqslant\theta<\frac{\pi}{4}$时 $N=0.3536k\delta R_c\cos\theta$ 当$\frac{\pi}{4}\leqslant\theta\leqslant\frac{\pi}{2}$时 $N=(-0.7071\cos\theta+\cos^2\theta+0.7071\sin^2\theta\cos\theta)\times k\delta R_c$	当$0\leqslant\theta<\frac{\pi}{4}$时 $Q=0.3536k\delta R_c\sin\theta$ 当$\frac{\pi}{4}\leqslant\theta\leqslant\frac{\pi}{2}$时 $Q=(\sin\theta\cos\theta-0.7071\cos^2\theta\sin\theta)k\delta R_c$

表 D. 2. 2(续)

作用	弯矩	轴向力	剪力
自重 （$P_{g1}=\pi g_1$）	当$0\leqslant\theta\leqslant\frac{\pi}{2}$时 $M=\left(\frac{3}{8}\pi-\theta\sin\theta-\frac{5}{6}\cos\pi\right)gR_c^1$ 当$\frac{\pi}{2}\leqslant 0\leqslant\pi$ 时 $M=\left[-\frac{1}{8}\pi+(\pi-\theta)\sin\theta-\frac{5}{6}\cos\theta-\frac{1}{2}\pi\sin^2\theta\right]gR_c^2$	当$0\leqslant\theta\leqslant\frac{\pi}{2}$时 $N=\left(\theta\sin\theta-\frac{1}{6}\cos\theta\right)gR_c$ 当$\frac{\pi}{2}\leqslant 0\leqslant\pi$ 时 $N=\left(-\pi\sin\theta+\theta\sin\theta+\pi\sin^2\theta-\frac{1}{6}\cos\theta\right)gR_c$	当$0\leqslant\theta\leqslant\frac{\pi}{2}$时 $Q=-\left(\theta\cos\theta+\frac{1}{6}\sin\theta\right)gR_c$ 当$\frac{\pi}{2}\leqslant 0\leqslant\pi$ 时 $Q=\left[(\pi-\theta)\cos\theta-\pi\sin\theta\cos\theta-\frac{1}{6}\sin\theta\right]gR_c$
管片环水平直径点的水平方向变位(δ)	不计算衬砌自重引起的地基抗力 $\delta=\frac{[2(p_{e1}+p_{w1})-(q_{e1}+q_{w1})-(q_{e2}+q_{w2})]R_c^4}{24(\eta EI+0.0454kR_c^4)}$ 计算了衬砌自重引起的地基抗力 $\delta=\frac{[2(p_{e1}+p_{w1})-(q_{e1}+q_{w1})-(q_{e2}+q_{w2})+\pi g]R_c^4}{24(\eta EI+0.0454kR_c^4)}$ EI 为单位宽度弯曲刚度		

D. 2. 3 当利用惯用计算法、修正惯用计算法时，混凝土管片主体、管片接头的弯矩设计值应分别按下列公式计算；

$$M_z=(1+\zeta)M_g \tag{D. 2. 3-1}$$

$$M_t=(1-\zeta)M_g \tag{D. 2. 3-2}$$

式中：M_c——管片主体弯矩设计值(N·m)；

M_t——管片接头弯矩设计值(N·m)；

M_g——惯用计算法弯矩计算值(N·m)；

ζ——弯矩增减系数(0~1.0)，地基反力大的坚硬地基取低值，地基反力小的软弱地基取高值。

D. 2. 4 管片主体的剪力设计值取主体最大计算剪力值，同时应对斜向受拉钢筋进行应力校核。

D. 2. 5 管片接头的剪力设计值取主体最大计算剪力值，应对每处接头的全部螺栓进行应力校核。

D. 2. 6 当利用惯用计算法、修正惯用计算法时，不能计算环间设计剪力值，但可由垂直水、土压力及自重求解每一环的剪力值。

附录E 顶管法隧道结构计算

E.1 管道允许顶力计算

E.1.1 钢管顶管传力面允许最大顶力可按下式计算：

$$F_{ds}=\frac{\varphi_1\varphi_3\varphi_4}{r_{Qd}}f_s A_p \tag{E.1.1}$$

式中：F_{ds}——钢管管道允许顶力设计值(N)；

φ_1——钢管受压强度折减系数，可取1.00；

φ_3——钢管脆性系数，可取1.00；

φ_4——钢管顶管稳定系数，可取0.36；当顶进长度小于300m且穿越土层均匀时，可取0.45；

f_s——钢管受压强度设计值(N/mm^2)；

A_p——管道的最小有效传力面积(mm^2)；

γ_{Qd}——顶力分项系数，可取1.30。

E.1.2 钢筋混凝土管顶管传力面允许最大顶力可按下式计算：

$$F_{dc}=0.5\times\frac{\varphi_1\varphi_2\varphi_3}{r_{Qd}\varphi_5}f_c A_p \tag{E.1.2}$$

式中：F_{dc}——混凝土管道允许顶力设计值(N)；

φ_1——混凝土材料受压强度折减系数，可取0.90；

φ_2——偏心受压强度提高系数，可取1.05；

φ_3——材料脆性系数，可取0.85；

φ_5——混凝土强度标准调整系数，可取0.79；

f_c——混凝土受压强度设计值(N/mm^2)

E.2 套管强度验算

E.2.1 钢套管管壁截面的最大组合折算应力应满足下列公式：

$$\eta\sigma_\theta\leqslant f \tag{E.2.1-1}$$

$$\eta\sigma_x\leqslant f \tag{E.2.1-2}$$

$$r_0\sigma\leqslant f \tag{E.2.1-3}$$

$$\sigma=\eta\sqrt{\sigma_\theta^2+\sigma_x^2-\sigma_\theta\sigma_x} \tag{E.2.1-4}$$

$$\sigma_\theta=\frac{N}{b_0t_0}+\frac{6M}{b_0t_0^2} \tag{E.2.1-5}$$

$$N=\varphi_c\gamma_Q F_{wd,k}r_0b_0 \tag{E.2.1-6}$$

$$M=\varphi\frac{(\gamma_{G1}k_{gm}G_{1k}+\gamma_{G,SV}\kappa_{vm}F_{sv,k}D_1+\gamma_{GW}\kappa_{wm}G_{wk}+\gamma_Q\varphi_c\kappa_{vm}+Q_{ik}D_1)r_0b_0}{1+0.732\dfrac{E_d}{E_p}\left(\dfrac{r_0}{t_0}\right)^3} \tag{E.2.1-7}$$

$$\sigma_x=\nu_p\sigma_\theta\pm\varphi_c\gamma_Q\alpha E_p\Delta T\pm\frac{0.5E_pD_0}{R_1} \tag{E.2.1-8}$$

$$R_1=\frac{f_1^2+\left(\dfrac{L_1}{2}\right)^2}{2f_1} \tag{E.2.1-9}$$

式中： σ_0——钢管管壁横截面最大环向应力(N/mm^2)；

σ_x——钢管管壁横截面最大纵向应力(N/mm²)；

σ——钢管管壁的最大组合折算应力(N/mm²)；

η——应力折算系数，取0.9；

f——钢材的强度设计值(N/mm²)；

b_0——管壁计算宽度(mm)，取1000mm；

φ——弯矩折算系数，有水内压时取0.7，无内水压时取1.0；

φ_c——可变作用组合系数，取0.9；

t_0——管壁计算厚(mm)，使用期间试算时设计壁厚应扣除2mm，施工期间不扣除；

r_0——管的计算半径(mm)；

M——在作用组合作用下钢管管壁截面上的最大环向弯矩设计值(N·mm)；

N——在作用组合作用下钢管管壁截面上的最大环向轴力设计值(N)；

E_d——钢管管侧原状土的变形模量(N/mm²)；

E_p——钢管管材的弹性模量(N/mm²)；

K_{gm}、K_{vm}、K_{wm}——分别为钢管管道自重、竖向土压力和管内水重作用下管壁截面的最大弯矩系数，分别取0.083、0.138、0.083；

D_1——管道外直径(mm)；

Q_{ik}——地面堆载或车载传递至管道顶压力的较大标准值；

ν_p——钢管管材泊松比，可取0.3；

α——钢管管材线膨胀系数；

ΔT——钢管的计算温差；

R_1——钢管顶进施工变形形成的曲率半径(mm)；

f_1——顶进管道直线顶进允许偏差(mm)，可按表E.2.1确定；

L_1——出现偏差的最小间距(mm)，视顶管直径和土质决定，一般可取50m。

表E.2.1 顶管管道直线顶进允许偏差(mm)

项目				允许偏差	
				钢筋混凝土管	钢管
1	直线顶管水平轴线	顶进长度 L<400m		50	130
		400m≤顶进长度 L<1000m		100	200
		顶进长度 L≥1000m		L/10	100+L/10
2	直线顶管内底高程	顶进长度 L <300m	D_1<1500	+30，-40	+60，-60
			D_1≥1500	+40，-50	+90，-90
		300m≤顶进长度 L<1000m		+60，-90	+100，-100
		顶进长度 L≥1000m		+90，-100	+150，-100，-L/10

E.2.2 钢筋混凝土顶管管道在组合作用下，管道横截面的环向内力可按下列公式计算；

$$M = r_0 \sum_{i=1}^{n} K_{mi} P_i \tag{E.2.2-1}$$

$$N = \sum_{i=1}^{n} K_{ni} P_i \tag{E.2.2-2}$$

式中：M——管道横截面上的最大弯矩设计值(N·mm/m)；

r_0——圆管的计算半径(mm)，即自圆管中心至管壁中心的距离；

N——管道横截面上的轴力设计值(N/m)，

P_i——作用在隧道上的第 i 项作用设计系数；

K_{mi}——弯矩系数，应根据作用类别取土的支撑角为120°，可按表 E. 2. 2 选用；

K_{ni}——弯矩系数，应根据作用类别取土的支撑角为120°，可按表 E. 2. 2 选用。

表 E. 2. 2　圆形刚性管弯矩系数

作用类型	内力系数					
	K_{mA}	K_{mB}	K_{mE}	K_{nA}	K_{nB}	K_{nE}
垂直均布作用	0. 154	0. 136	−0. 138	0. 209	−0. 021	0. 500
结构自重	0. 100	0. 066	−0. 076	0. 236	−0. 048	0. 250
隧道上部土重	0. 131	0. 072	−0. 111	0. 258	−0. 070	0. 500
管内充水及其他结构重量	0. 100	0. 066	−0. 076	0. 240	−0. 208	−0. 069
侧向主动土压力	−0. 125	−0. 125	0. 125	0. 500	0. 500	0

注：A——隧道底部；B——隧道顶部；E——隧道中部两侧。

E. 3　套管稳定性验算

E. 3. 1　钢管管壁截面的临界压力应按下式计算：

$$F_{cr,k}=\frac{2E_p(n^2-1)}{3(1-\nu_p^2)}\left(\frac{t}{D_0}\right)^3+\frac{E_d}{2(n^2-1)(1+\nu_s)} \tag{E. 3. 1}$$

式中：n——管壁失稳时的褶皱波数，其取值应使临界压力最小并不小于2；

ν_s——管两侧土体的泊松比，应根据土工实验确定，一般对砂性土可取 0. 30，黏性土可取 0. 40；

ν_p——钢材的泊松比，取 0. 30；

D_0——管壁中心直径(mm)；

E_p——管材弹性模量(N/mm^2)；

E_d——管侧土的变形模量(N/mn^2)。

E. 3. 2　钢管管道在土压力和地面作用下产生的最大竖向变形应按下式计算：

$$\omega_{c,max}=\frac{k_b r_0^3(F_{sv,k}+\psi_q Q_{ik})D_l}{E_p I_p+0.061E_d r_0^3} \tag{E. 3. 2}$$

式中：k_b——竖向压力作用下管道竖向变形系数，取 0. 089；

ψ_q——地面作用传递至管顶压力的准永久作用系数；

I_p——钢管截面模量(mm^4/m)；

r_0——圆管的计算半径(mm)，即自圆管中心至管壁中心的距离。

附录 F　无套管穿越公路土压力产生的管道应力计算

F.0.1　土压力产生的管道环向应力 σ_{He} 可按下式计算：

$$\sigma_{He}=K_{Hc}B_cE_c\gamma D \tag{F.0.1}$$

式中：σ_{He}——土压力产生的管道环向应力（kPa）；

K_{Hc}——钻孔方式土压力产生管道环向应力的刚度系数；

B_c——上压力埋深影响系数；

E_c——上压力挖掘系数；

γ——土壤的容重（kN/m^3），如果有岩土试验取实际试验值，一般可取 $15.9kN/m^3$；

D——穿越管道外直径（m）。

F.0.2　土压力产生管道环向应力的刚度系数 K_{He}，可根据土壤反作用模量 E' 和管道的壁厚与外直径的比值 δ/D，按表 F.0.2-1 取值，当不能从表中直接获取数据时，应按图 F.0.2 确定；采用钻孔施工方法的土壤反作用模量 E'，可按表 F.0.2-2 取值。在无勘察资料的情况下，E' 一般可取 3.4MPa。采用开挖夯实管沟回填方法，E' 应高于钻孔施工方法；

表 F.0.2-1　钻孔方式土压力产生管道环向应力的刚度系数 K_{He}

δ/D	E'（MPa）			
	1.4	3.4	6.9	13.8
0.01	8500	6500	4600	3350
0.02	3100	2800	2400	2000
0.03	1400	1320	1260	1200
0.04	750	750	750	750
0.05	650	650	650	650
0.06	450	450	450	450
0.07	350	350	350	350
0.08	200	200	200	200

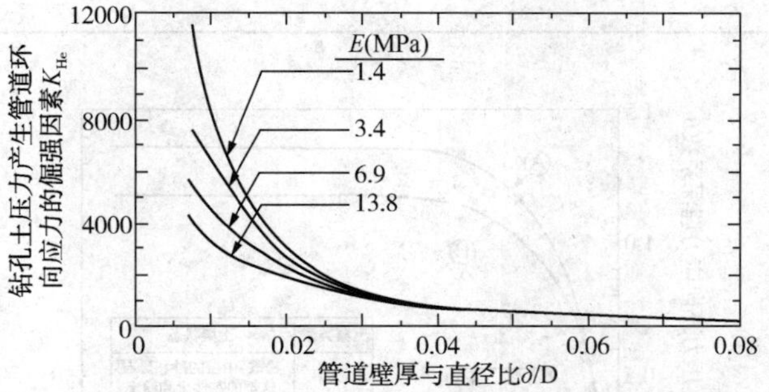

图 F.0.2　钻孔方式土压力产生管道环向应力的刚度系数 K_{Hc}

表 F.0.2-2　采用钻孔施工方法的土壤反作用模量 E'

土壤状态	E'（MPa）
高塑性的软塑~可塑黏性土和粉土	1.4
低~中塑性的软塑~可塑黏性土和粉土、松散砂和砾石	3.4
硬塑~坚硬的黏性土和粉土、中密的砂和砾石	6.9
密实~很密实的砂和砾石	13.8

F.0.3 钻孔方式土压力产生管道环向应力的埋深影响系数 B_e，应根据土壤分类和管线埋深与钻孔直径的比值 H/B_d，按表 F.0.3 取值，当不能从表中直接获取数据时，应按图 F.0.3-1 确定；在不能确定钻孔直径 B_d 的情况下，宜取 $B_d=D+50$mm；对于开挖施工方法，宜取 $B_d=$D。

表 F.0.3 钻孔方式土压力产生管道环向应力的埋深影响系数 B_e

H/B_d	土壤类型	
	A	B
2	0.64	0.64
4	0.99	0.77
6	1.17	0.99
8	1.27	1.10
10	1.35	1.15
12	1.36	1.17
14	1.36	1.17
16	1.36	1.17
18	1.36	1.17
20	1.36	1.17
22	1.36	1.17
24	1.36	1.17
26	1.36	1.17
28	1.36	1.17
30	1.36	1.17

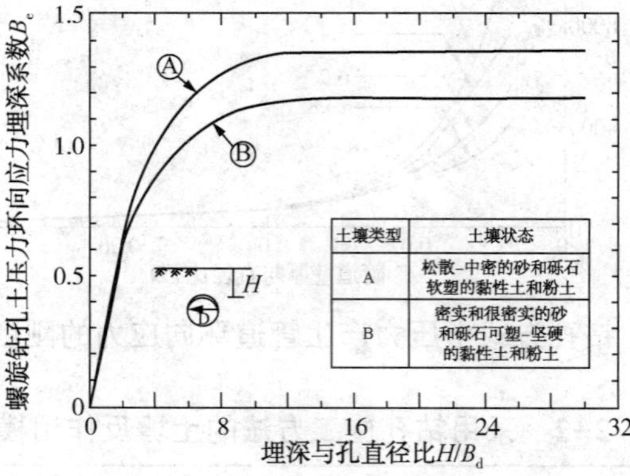

图 F.0.3 钻孔方式土压力产生管道环向应力的埋深影响系数 B_e

F.0.4 钻孔方式土压力产生管道环向应力挖掘系数 E_e，应根据钻孔直径与管线直径比值 B_d/D，按表 F.0.4 取值，当不能从表中直接获取数据时，应按图 F.0.4 确定；在不能确定钻孔直径时，宜取 $E_e=1.0$；对于开挖敷管施工方法，宜取 $E_e=1.0$。

表 F.0.4 钻孔方式土压力产生管道环向应力的挖掘系数 E_e

B_d/D	E_e
1.00	0.83
1.05	0.91
1.10	0.95
1.15	1.08
1.20	1.18
1.25	1.29
1.30	1.40

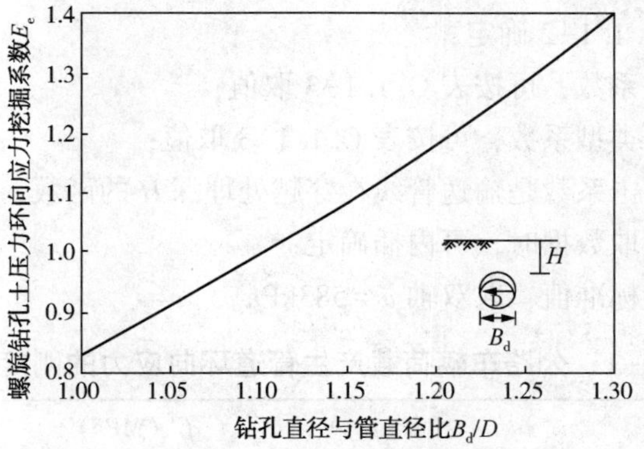

图 F.0.4 钻孔方式土压力产生管道环向应力的挖掘系数 E_e

附录 G 无套管穿越公路车辆荷载产生的管道循环应力计算

G.1 车辆荷载产生的管道环向循环应力计算

G.1.1 车辆荷载产生的管道环向循环应力 σ_{Hh} 应按下式计算：

$$\sigma_{Hh}=K_{Hh}G_{Hh}RLF_i w \tag{G.1.1}$$

式中：σ_{Hh}——车辆荷载产生的管道环向循环应力(kPa)；

K_{Hh}——公路车辆荷载产生环向循环应力的刚度系数，可按表 G.1.1-1 取值，当不能从表中直接获取数据时，应按图 G.1.1-1 确定；

G_{Hh}——公路环向循环应力的几何因素，可按表 G.1.1-2 取值，当不能从表中直接获取数据时，应按图 G.1.1-2 确定；

R——公路路面类型系数，可按表 G.1.1-3 取值；

L——公路车辆车轴类型系数，可按表 G.1.1-3 取值；

F_i——冲击系数。冲击系数是输送管线在穿越处埋深 H 的函数，按表 G.1.1-4 取值，当不能从表中直接获取数据时，可内插确定；

w——车轮均布荷载标准值，取双轴 w=583kPa。

表 G.1.1-1 公路车辆荷载产生管道环向应力的刚度系数 K_{Hh}

δ/D	E'_r(MPa)		
	34.00	69.00	138.00
0.01	19.50	13.00	6.50
0.02	19.00	14.00	9.50
0.03	13.50	11.00	8.50
0.04	8.70	8.00	6.00
0.05	6.50	6.00	4.50
0.06	4.50	4.00	3.50
0.07	2.65	2.60	2.00
0.08	1.35	1.30	1.25

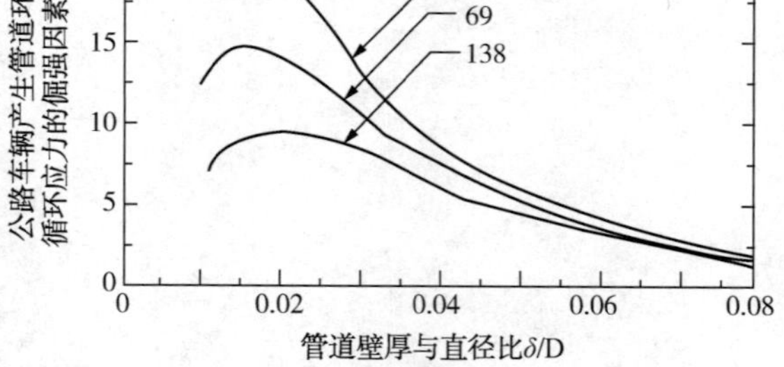

图 G.1.1-1 公路车辆荷载产生管道环向应力的刚度系数 K_{Hh}

表 G.1.1-2 公路环向循环应力的几何因素 G_{Hh}

D(mm)	H(m)			
	0.90~1.20	1.80	2.40	3.00
100	1.45	1.35	0.85	0.65
200	1.40	1.34	0.84	0.64
300	1.30	1.05	0.83	0.63
400	1.20	0.95	0.82	0.62
500	1.15	0.90	0.76	0.60
600	1.13	0.87	0.72	0.58
700	1.10	0.85	0.67	0.57
800	1.00	0.80	0.65	0.55
900	0.99	0.79	0.63	0.50
1000	0.95	0.74	0.62	0.45

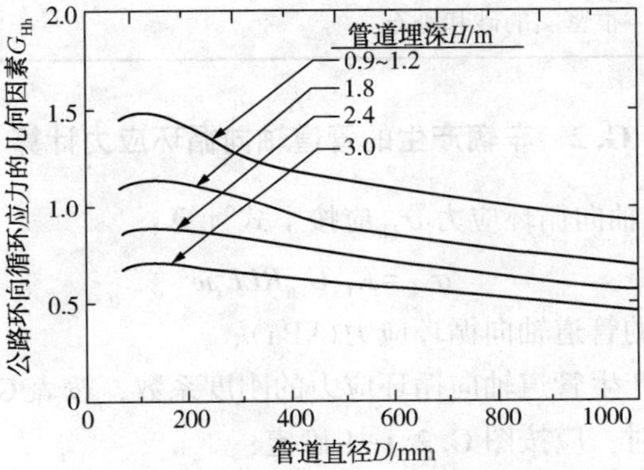

图 G.1-1-2 公路环向循环应力的几何因素 G_{Hh}

表 G.1.1-3 公路路面类型系数 R 和车轮车轴类型系数 L

管道埋深 H<1.2m、直径 D≤305mm			
路面类型	车轴类型	R	L
刚性路面	双轴	0.90	0.65
弹性路面	双轴	1.00	0.75
无路面	双轴	1.20	0.80
管道埋深 H<1.2m、直径 D>305mm；埋深 H≥1.2m 的各种管径			
路面类型	车轴类型	R	L
刚性路面	双轴	0.90	0.65
弹性路面	双轴	1.00	0.65
无路面	双轴	1.10	0.65

表 G. 1. 1-4　公路车辆荷载冲击系数 F_i

H(m)	F_i
1	1. 50
2	1. 45
3	1. 35
4	1. 26
5	1. 18
6	1. 10

公路车辆荷载产生环向循环应力的刚度系数 K_{Hh}，应根据土壤弹性模量 E_r 和管道的壁厚与直径的比值 δ/D 确定。其中，土壤弹性模量 E_r，应按表 G. 1. 1-5 取值。

表 G. 1. 1-5　土壤弹性模量 E_r

土 壤 状 态	E_r(MPa)
软塑～可塑黏性土和粉土	34
硬塑～坚硬的黏性土和粉土、中密的砂和砾石	69
密实～很密实的砂和砾石	138

G. 2　车辆产生的管道轴向循环应力计算

G. 2. 1　车辆荷载产生的管道轴向循环应力 σ_{Lh} 应按下式计算：

$$\sigma_{Lh} = K_{Lh} G_{Lh} RLF_i w \quad (G. 2. 1)$$

式中：σ_{Lh}——车辆荷载产生的管道轴向循环应力(kPa)；

K_{Lh}——公路车辆荷载产生管道轴向循环应力的刚度系数，按表 G. 2. 1-1 取值，当不能从表中直接获取数据时，应按图 G. 2. 1-1 确定；

G_{Lh}——公路轴向循环应力的几何因素，按表 G. 2. 1-2 取值，当不能从表中直接获取数据时，应按图 G. 2. 1-2 确定。

表 G. 2. 1-1　公路车辆荷载产生管道轴向应力的刚度系数 K_{Lh}

δ/D	E'_r(MPa)		
	34	69	138
0. 01	14. 50	9. 50	6. 00
0. 02	14. 00	9. 50	7. 00
0. 03	12. 00	8. 50	6. 00
0. 04	9. 50	7. 00	4. 50
0. 05	8. 50	6. 50	4. 20
0. 06	7. 60	5. 10	3. 20
0. 07	7. 40	4. 90	3. 00
0. 08	7. 20	4. 80	3. 00

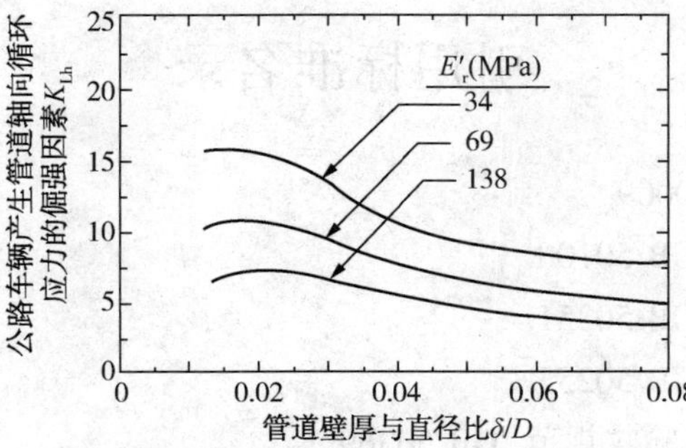

图 G.2.1 公路车辆荷载产生管道轴向应力的刚度系数 K_{Lh}

表 G.2.1-2 公路轴向循环应力的几何因素 G_{Lh}

D(mm)	H(m)			
	0.90~1.20	1.80	2.40	3.00
100	1.85	1.74	1.72	1.65
200	1.35	1.25	1.15	1.10
300	1.20	1.05	0.90	0.85
400	1.17	0.95	0.85	0.75
500	1.10	0.90	0.82	0.70
600	1.05	0.87	0.75	0.65
700	0.95	0.85	0.73	0.63
800	0.90	0.84	0.70	0.60
900	0.87	0.75	0.65	0.55
1000	0.85	0.65	0.62	0.50

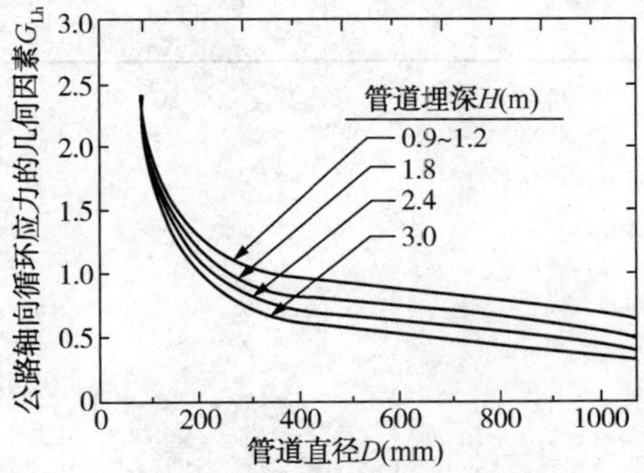

图 G.2.1-2 公路轴向循环应力的几何因素 G_{Lh}

引用标准名录

《建筑结构荷载规范》GB 50009
《地下工程防水技术规范》GB 50108
《输气管道工程设计规范》GB 50251
《输油管道工程设计规范》GB 50253
《油气长输管道工程施工及验收规范》GB 50369
《油气输送管道线路工程抗震技术规范》GB 50470
《油气田及管道岩土工程勘察规范》GB 50568
《高压锅炉用无缝钢管》GB 5310
《高压化肥设备用无缝钢管》GB 6479
《内河交通安全标志》GB 13851
《油气输送管道工程测量规范》GB/T 50539
《输送流体用无缝钢管》GB/T 8163
《石油天然气工业管线输送用钢管》GB/T 9711
《钢质管道外腐蚀控制规程》GB/T 21447
《预制混凝土衬砌管片》GB/T 22082
《顶进施工法用钢筋混凝土排水管》JC/T 640
《钢筋机械连接技术规程》JGJ 107
《公路桥涵设计通用规范》JTGD 60
《公路工程质量检验评定标准》JTJF 80/1
《石油天然气钢质管道无损检测》SY/T 4109
《铁路桥涵设计基本规范》TB 10002.1

UDC

中华人民共和国国家标准

P　　　　GB 50424—2015

油气输送管道穿越工程施工规范

Code for construction of oil and gas transmission pipeline crossing engineering

2015-06-26 发布　　　　2016-03-01 实施

中华人民共和国住房和城乡建设部
中华人民共和国国家质量监督检验检疫总局　联合发布

前　言

本规范是根据住房和城乡建设部《关于印发2013年工程建设标准规范制订修订计划的通知》(建标〔2013〕6号)的要求，由中国石油天然气管道局会同有关单位在原国家标准《油气输送管道穿越工程施工规范》GB 50424—2007的基础上修订而成。

本规范在修订过程中，规范编制组经广泛调查研究，认真总结实践经验，参考有关国内标准和国外先进标准，并广泛征求意见，最后经审查定稿。

本规范共分14章和1个附录，主要技术内容包括总则，术语，施工准备，材料，管道安装，定向钻法穿越施工，竖井施工，顶管法穿越施工，盾构法穿越施工，开挖法穿越施工，矿山法隧道穿越施工，管道清管、试压，健康、安全与环境，工程交工验收等。

本规范修订的主要技术内容是：

1　总则：删除验收内容符合本规范的表述；

2　取消了原规范第三章基本规定；

3　施工准备：细化了开工准备内容，并增加了施工企业在技术交底后应该做好的工作，包括进行施工组织设计等内容；

4　材料：删除了具体所用的材料；

5　管道安装：对施工流程进行了简要概述，删除了一般管道安装的技术要求；增加了穿越管道安装的相关技术要求；

6　定向钻法穿越施工；增加了不良地质的处理、对穿工艺、泥浆处理、管道外护层施工和馈电法检验的相关技术要求；

7　竖井施工：本章为新增内容，内容包括沉井和地下连续墙施工等相关要求；

8　顶管法穿越施工：增加了顶管力计算、中继间及岩石微爆施工等相关技术要求，修订了竖井施工的相关要求；

9　盾构法穿越施工：增加了不良地质的处理、背填注浆、出进洞密封和开舱处理的技术要求；

10　开挖法穿越施工：增加了预制配重层管中漂管牵引的技术要求；

11　管道清管、试压；增加了单独试压的选取原则；

12　工程交工验收：修订了相应验收内容。

本规范中以黑体字标志的条文为强制性条文，必须严格执行。

本规范由住房和城乡建设部负责管理和对强制性条文的解释，由石油工程建设专业标准化委员会负责日常管理，由中国石油天然气管道局负责具体技术内容的解释。本规范在执行过程中如有意见或建议，请寄送至中国石油天然气管道局(地址：河北廊坊市广阳道87号，邮政编码：065000)，以便今后修订时参考。

本规范主编单位、参编单位、主要起草人和主要审查人：

主 编 单 位：中国石油天然气管道局

参 编 单 位：中国石油天然气管道科学研究院
中国石油天然气管道工程有限公司
中国石油天然气管道局第四工程分公司
中国石油天然气管道局穿越分公司
中国石油天然气管道局第三工程公司

主要起草人：续　理　焦如义　李胜新　刘厚平　魏国昌
郭泽浩　赵忠刚　曹云清　詹胜文　李建忠
曹晓燕　古　桢　石　忠　郑玉刚　常　亮
吴江桥　贾　承　唐　昊　田凤霞

主要审查人：李献军　马　骅　王　劲　周剑琴　马保松
　　　　　　刘嵬辉　史　航　高剑峰　宋华奇　尹刚乾
　　　　　　梁桂海　严红江　姜俊荣　关利章　王平国
　　　　　　李艳华

目 次

Contents

1 总　　则

1.0.1 为有效控制油气输送管道穿越工程(以下简称穿越工程)施工质量，做到安全、环保、适用，制定本规范。

1.0.2 本规范适用于新建或改、扩建的输送原油、天然气、煤气、成品油等管道穿越障碍物工程的施工。

1.0.3 穿越工程施工方法宜采用定向钻法穿越施工、顶管法穿越施工、盾构法穿越施工、开挖穿越施工、矿山法隧道穿越施工。

1.0.4 油气输送管道穿越工程施工除应符合本规范外，尚应符合国家现行有关标准的规定。

2 术　　语

2.0.1 油气输送管道　oil and gas transmission pipeline

用于输送油气介质的管道。

2.0.2 障碍物　obstructions

管道敷设时所遇到的天然或人工障碍。

2.0.3 定向钻法穿越　crossing by horizontal directional drilling

采用水平定向钻机将穿越管段按照设计轨迹通过障碍物的一种非开挖管道安装施工方法。

2.0.4 套管　casings

水平定向钻穿越过程中出、入土点两侧采用夯进、顶进或开挖方式隔离不良地层而设置的隔离管。

2.0.5 地质改良　geological treatment

通过换填、深层搅拌、高压旋喷、冷冻等方法改善地层条件的施工措施。

2.0.6 钻机地锚　rig anchor

埋于地下用以固定定向钻钻机，提供钻机反作用力的锚固设施。

2.0.7 泥浆　slurry

由膨润土、水和少量添加剂组成的混合物。

2.0.8 马氏漏斗黏度　funnel viscosity

946mL 的泥浆从马氏漏斗黏度计中流出所需时间(s)。

2.0.9 导向孔　pilot hole

利用水平定向钻机，沿设计曲线完成的初始钻孔。

2.0.10 控向系统　direction control system

提供方位角、倾斜角及其工作状态等参数的系统。

2.0.11 入土角、出土角　entry/exit angle

水平定向钻施工时，钻杆入土时钻杆中心线与水平面的夹角称入土角；钻杆出土时，钻杆中心线与水平面的夹角称出土角。

2.0.12 对穿工艺　intersection technology

采用两台定向钻钻机分别从障碍物两侧对钻导向孔，通过对接钻孔完成导向孔施工过程的一种水平定向钻施工方法。

2.0.13 扩孔　reaming hole

为达到与穿越管段相适应的孔径，用扩孔器扩大导向孔孔径的施工过程。

2.0.14 防护层　armoring coating

包覆在定向钻穿越管段防腐层外表面的保护性材料或强度较高的涂层。

2.0.15 回拖 back pulling

将穿越管段从钻杆出土点一侧，沿扩孔后的孔洞，拖至钻杆入土点一侧的施工过程。

2.0.16 浮力控制 buoyancy control

在大直径管道回拖过程中，改变穿越管道单位重量以获得所需浮力的方法。

2.0.17 竖井 shaft

施工时，为满足隧道设备组装解体、材料运输、人员进出、供电、通风、给排水等作业，管道安装、运行而修建的临时的或永久的竖向构筑物。根据其作用和目的，竖井可分为出发井(中间井、转向井)和接收井。

2.0.18 地下连续墙 diaphragm wall

用机械方法成槽或成孔后浇灌钢筋混凝土或插入混凝土构件支撑的地下连续钢筋混凝土结构。

2.0.19 顶管作业坑 working pit of pipe jacking

顶管穿越施工时，安放顶管设备或接收穿越管段的作业坑。

2.0.20 顶管靠背墙 reaction wall of pipe jacking

顶管作业坑内、承受顶管设备反作用力的墙体。

2.0.21 盾构法隧道穿越 crossing by shield tunneling

采用盾构法建造隧道，并在隧道内敷设穿越管道的一种非开挖穿越方式，简称“盾构穿越”。

2.0.22 盾构机 shield tunneling machine

盾构掘进机的简称，是在钢壳体保护下完成隧道掘进、拼装成型隧道施工机械，由主机和后配套组成的机电一体化设备。

2.0.23 泥水平衡式施工法 slurry shield tunneling method

通过直接或间接地对泥水舱压力进行控制，达到与掘进面土压、水压的平衡，以保持掘削面稳定的一种施工方法。

2.0.24 土压平衡式施工法 earth pressure balance shield method

通过控制使掘进面土层的地下水压力和土压力处于一种平衡状态，掘进机的推进与排土量所占的体积平衡，以保持掘削面稳定的一种施工方法。

2.0.25 管片 segment

用于盾构隧道拼装成型钢筋混凝土环的基本单元。

2.0.26 壁后注浆 wall grouting

用浆液填充隧道衬砌环与地层之间空隙的同步注浆、二次注浆或多次注浆的施工工艺。

2.0.27 负环管片 temporary segment

为盾构始发掘进传递推力的临时管片。

2.0.28 防水密封条 sealing gasket

用于管片接缝处的防水材料。

2.0.29 带压进仓作业 operating under air pressure

特指在泥水平衡的盾构、顶管施工中，采用增加刀盘仓的气体压力平衡操作面的压力，使工作人员能进入刀盘舱内更换刀具、清理掘进面障碍物或检查工作。

2.0.30 双液浆(AB双组分浆) dual-elements slurry

为了缩短壁后注浆或止水注浆的初凝时间提高止水效果，在普通注入浆液中添加水玻璃，又称泡花碱(sodium silicate)。

2.0.31 开挖穿越 open-cut crossing

将公路或河渠的管道穿越段等全部挖开，待将穿越管段敷设完成后，再恢复原地貌的一种施工方法。

2.0.32 围岩 surrounding rock

隧道工程影响范围内的岩土体。

2.0.33 微差爆破　short-delay blasting

在爆破施工中采用一种特制的毫秒延期雷管，以毫秒级时差顺序起爆各个(组)药包的爆破技术。其原理是把普通齐发爆破的总炸药能量分割为多数较小的能量，采取合理的装药结构，最佳的微差间隔时间和起爆顺序，为每个药包创造多面临空条件，将齐发大量药包产生的地震波变成一长串小幅值的地震波，同时各药包产生的地震波相互干涉，从而降低地震效应，把爆破振动幅度控制在给定水平之下，也称微差控制爆破。

2.0.34 光面爆破(预裂爆破)　presplitting blasting

光面爆破是在开挖轮廓线上布设比普通爆破较为密集的炮眼，并采用装少量炸药的特殊装药结构，使周边眼在主体爆破后最后同时起爆。与光面爆破相比，预裂爆破的炮眼要更密，装药量也更多，使爆破从开挖断面轮廓线开始，其起爆顺序正好和光面爆破相反。

2.0.35 锚喷支护　shotcrete, anchor rod and mesh reinforcement support

由喷射混凝土、锚杆和(或)钢筋网等组合而成的支护结构。

2.0.36 钢架支护　steel frame or beam support

用钢筋或型钢、钢管、钢轨、钢板等制成的钢骨架支护结构。

2.0.37 超前支护　pre-supporting

在钻爆隧道开挖前，对开挖工作面前方的围岩进行预加固的支护方法。

2.0.38 管棚支护　pipe-roof protection

在隧道开挖前，沿开挖工作面的拱部外周插入钢管，压注砂浆，开挖时用钢架支承此种钢管所进行的支护方法。

2.0.39 超前锚杆　advance roofbolt

在隧道开挖前，沿隧道拱部按一定角度设置的起着预加固围岩作用的锚杆。

2.0.40 预注浆　pregrouting

在隧道开挖前，为固结围岩、填充空隙或堵水而沿着开挖面或拱部进行注浆的施工方法。

2.0.41 回填注浆　back-filling grouting

在衬砌完成后，为填充衬砌与围岩之间的空隙而进行注浆的施工方法。

3　施工准备

3.0.1 开工前应进行现场调查，编制并报批施工组织设计、施工方案或作业规程，并应配备施工装备。

3.0.2 开工前应做好下列工作：

1 预测地表和地下障碍物对穿越施工的影响，当勘探结果不满足施工需要时，应加密勘探；

2 确定交通运输方案；

3 了解施工场地与相邻工程、农田水利等的关系；

4 了解建筑物、构筑物、道路、水利、电讯和电力线等设施的拆迁情况和数量；

5 调查水源、检测水质，拟定施工供水方案；

6 调查可利用的电源、动力、通信、消防、劳动力、生活供应及医疗卫生条件；

7 调查施工中对自然环境、生活环境的影响及需要采取的措施。

3.0.3 施工前，设计单位应进行现场交底，施工单位应全面熟悉设计文件，并应做好下列工作：

1 掌握工程的重点和难点，了解穿越方案；

2 复查对穿越施工和环境保护影响较大的地形、工程地质、水文地质和气象条件，以及其他限制条件和要求，制定相应的技术和保护措施；

3 核对设计文件；

4 会同设计单位现场交接和复查测量控制点、施工测量用的基准点及水准点，按施工方法的要求进行复查。

3.0.4 施工组织设计至少应包括施工方法、场地布置、进度计划、质量计划、工程数量、人员配备、主要材料、机械设备、电力、运输、健康安全环保和社会影响等主要措施内容。

3.0.5 施工单位应根据地质条件，结合穿越长度、结构类型、工期要求、交通条件、施工技术力量、安全生产、机械设备、材料、劳动力组合等情况确定施工方法。

3.0.6 施工前应结合工程特点，对员工进行质量、健康、安全和环保教育及技术交底和培训。

4 材　　料

4.0.1 工程材料、管道附件的材质、规格和型号必须符合设计要求，其质量应符合国家或行业有关标准的规定，并应具有出厂合格证、质量证明文件以及材质证明书或使用说明书。

4.0.2 施工单位应按工程设计要求和施工技术标准对工程材料、管道附件的出厂合格证、质量证明文件以及材质证明书进行检查，当对其质量(或性能)有疑问时应进行复验，不合格者严禁使用。材料有抽检规定的，应按要求进行抽样检验。

5 管道安装

5.1 管道主体安装

5.1.1 穿越管道安装的类型可分为竖井管道安装、套管内管道安装、隧道内管道安装、开挖法的管道安装。

5.1.2 应依据不同的穿越型式采用适用的管道组装方法。

5.1.3 穿越管道的组对焊接应符合现行国家标准《油气长输管道工程施工规范》GB 50369 的有关规定。

5.1.4 应依据不同的穿越方法采取适用的设备，除采用常规的施工机械及安装设备外，还应采用卷扬机、辊道、轨道小车、龙门架、穿心千斤顶等相应的辅助机械。

5.2 焊缝的无损检测

5.2.1 穿越管段无损检测除穿越三级及三级以下公路外，应符合下列规定：

1 应进行100%超声波检测、100%射线检测；

2 焊缝合格级别均应为Ⅱ级及以上。

5.2.2 从事无损检测工作的技术人员应具备相应的资格。

5.3 管道外涂层、补口

5.3.1 管道现场防腐补口、补伤施工应符合设计要求和国家现行有关标准的规定。

5.3.2 防腐层的外表面应平整，无漏涂、褶皱、流淌、气泡和针孔等缺陷；防腐层应有效地附着在金属表面；聚乙烯热收缩套(带)、聚乙烯冷缠粘胶带，以及双组分环氧粉末补伤液、补伤热熔棒等补口、补伤材料应按其生产厂家使用说明进行施工。

6 定向钻法穿越施工

6.1 一般规定

6.1.1 穿越深度应符合下列规定；

1 穿越河流等水域时，穿越管段管顶最小埋深不宜小于设计洪水冲刷线和规划疏浚线以下6m，管顶距河床底部的最小距离不宜小于穿越管径的10倍；

2 穿越铁路、公路、堤防建(构)筑物时，穿越管段管顶埋深应符合铁路、公路、水利等相关部门的规定。

6.1.2 穿越施工时入土角、出土角，应根据地质、地形条件和穿越管段材质、管径来确定。入土角宜为6°~20°，出土角宜为4°~12°。

6.1.3 定向钻穿越的曲率半径应符合设计要求。曲率半径不宜小于1500D，且不应小于1200D。

6.1.4 在管道入土端和出土端外侧各预留不宜少于10m的直管段。

6.1.5 地质材料准备应符合下列规定：

1 施工前，建设方应向施工单位提供穿越工程的岩土工程详细勘察报告。报告内容应符合现行国家标准《油气田及管道岩土工程勘察规范》GB 50568的有关规定，且应包括下列内容：

1) 文字部分包括：工程概况，勘察方法和勘察工作布置，场地地形地貌、地层、地质构造、岩土性质及其均匀性，各项岩土性质指标，岩土的强度参数、变形参数、地基承载力的建议，地下水埋藏情况、类型、水位及其变化，土和水对建筑材料的腐蚀，可能影响施工的不良地质作用以及地下建(构)筑物对工程影响程度的评价，穿越场地稳定性和适宜性的评价；

2) 图表部分包括：勘探点平面布置图、工程地质柱状图、工程地质剖面图、原位测试成果图表和室内土工试验成果图表等。

2 施工方应复核详勘报告内容，当不满足施工需要时，可向建设方提出补充勘察或施工勘察申请。

6.1.6 对出土点或入土点侧含有卵砾石等不适合水平定向钻施工的地质条件时，宜采取套管隔离、注浆加固或开挖换填等措施进行地质改良，并应符合下列规定：

1 采用套管隔离不利地层时，钢套管内径宜大于最后一级扩孔直径300mm，壁厚选取宜按下式进行初选，并应根据强度要求进一步确定壁厚。套管切削刃应加强；

$$t_{ca}=\frac{F_0}{\phi_1 \pi D_{ca}\sigma_s} \tag{6.1.6}$$

式中：t_{ca}——套管初选壁厚(m)；

F_0——夯管锤能够提供的最大夯进力(N)；

ϕ_1——套管稳定系数，宜取0.36，当套管经过地层均匀时，可取0.45；

D_{ca}——套管直径(m)。

σ_s——套管规定屈服强度(Pa)；

2 采用开挖方法处理不利地层时，开挖完成后宜换填或设置隔离套管，设置隔离套管应符合钻进轨迹曲线要求；

3 采用注浆加固处理不利地层时，加固应沿设计轨迹曲线进行，加固断面不宜小于7m×7m，轴向加固长度宜伸入较好地层。

6.1.7 管道穿越曲线(图6.1.7)，导向孔穿越长度应按下列公式计算：

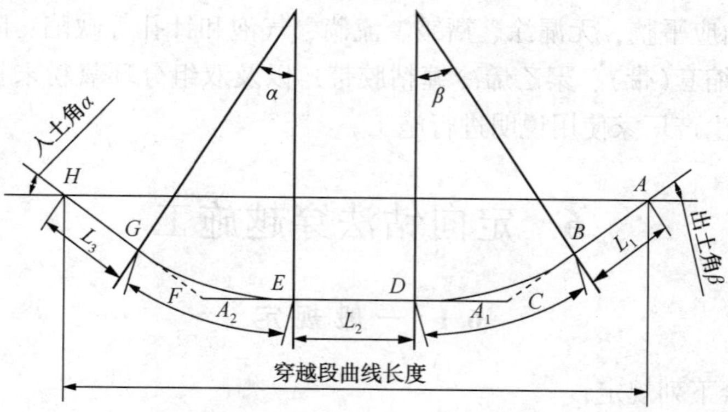

图6.1.7 管道穿越段曲线示意图

A、B、D、E、G、H—各节点；C、F—曲线段两端切线交点。

$$L = L_1 + A_1 + L_2 + A_2 + L_3 \quad (6.1.7\text{-}1)$$

$$A_1 = \pi \times R \times \beta / 180 \quad (6.1.7\text{-}2)$$

$$A_2 = \pi \times R \times \alpha / 180 \quad (6.1.7\text{-}3)$$

式中：L——穿越管段曲线长度（m）；

L_1——出土端直线段长度（m）；

R——曲率半径（m）；

β——出土角（°）；

A_1——出土端曲线段长度（m）；

L_2——底部直线段的长度（m）；

α——入土角（°）；

A_2——入土端曲线段的长度（m）；

L_3——入土端直线段的长度（m）。

6.1.8 穿越管段回拖力的计算和钻机的选择应符合下列规定：

1 穿越管段回拖时的拉力宜按下式计算：

$$F_p = L \cdot f \cdot \left| \pi \frac{D^2}{4} \gamma_m - \pi \frac{\delta_1}{4} \cdot (2D - \delta_1) \lambda_s - W_b \right| + k_v \cdot \pi \cdot D \cdot L \quad (6.1.8)$$

式中：F_p——计算拉力（kN）；

L——穿越管段曲线长度（m）；

f——摩擦系数，取 0.3；

D——管子直径（m）；

γ_m——泥浆重度，取 11.5（kN/m^3）；

δ_1——管子壁厚（m）；

λ_s——钢材重度，取 78.5（kN/m^3）；

W_b——定向钻回拖过程中单位长度配重（kN/m）；

k_v——粘滞系数，取 0.175（$kN \cdot s/m^2$）。

2 水平定向钻机回拖力宜按式（6.1.8）计算值的 1.5 倍~3 倍选择。

6.1.9 应根据泥浆泵排量确定切割刀、扩孔器的泥浆喷射孔的个数，其中泥浆喷射孔的个数应按下式计算：

$$N = \frac{Q}{\pi r^2 V} \quad (6.1.9)$$

式中：N——泥浆喷射孔的个数（个）；

V——要求泥浆的喷射速度（m/min）；

Q——泥浆泵的正常排量（m^3/min）；

r——喷射孔的半径（m）。

6.1.10 水平定向钻穿越施工前，建设单位应提供完整的施工图，且施工图应包括下列内容：

1 设计说明书、管道穿越施工平面图、管道穿越断面图；

2 出、入土角度，出、入土点的位置；

3 在穿越区域内有地下建（构）筑物时，应在施工图上标注位置、埋深。

6.1.11 施工便道及场地应符合下列规定：

1 施工便道应具有足够的承载能力，宽度应大于 4m，弯道的转弯半径应大于 18m，并应与公路平缓接通；

2 施工用水应符合配制泥浆的要求；

3 施工场地应能满足施工作业的要求。

6.1.12 穿越管段的预制、补口和试压应在最后一级扩孔前完成。

6.1.13 钻机安装调试应符合下列规定：

1 应根据施工场地规划，设备依次进场就位；

2 钻机宜安装在穿越中心线上。锚固件应安装牢固，地锚抗拉能力应满足钻机最大拉力要求；

3 有线控向系统的调校地点应选在不受磁场干扰的区域。调校时探头在同一位置宜多次测量，并应取多次测量值的算术平均值作为方位角基准值；

4 设备安装完成后应进行整体试运转；

5 在条件具备的情况下，应使用人工磁场。

6.1.14 钻机场地应符合下列规定：

1 小型水平定向钻机的安装场地可为40m×40m，大型水平定向钻机的安装场地可为60m×60m。安装场地应根据钻机及附属设备的要求，并应结合现场条件进行布置；

2 钻机场地内应设泥浆池，其大小应根据泥浆用量确定。泥浆池不宜放在穿越中心线上。

6.1.15 管段预制场地应符合下列规定：

1 穿越管段预制场地宜设在出土点附近，在出土点宜设一个30m×30m的钻具操作场地；

2 管段预制场地宜与入土点、出土点成一直线。穿越管段的预制场地的长度宜为设计水平长度加20m，宽度应符合现行国家标准《油气长输管道工程施工规范》GB 50369有关规定；

3 若因场地限制预制管段不能直线布置，应在出土点保持不少于100m的直管段，方可采取弹性敷设。

6.1.16 定向钻穿越段施工过程中应采取试回拖、洗孔、浮力控制等适当措施避免外涂层的损伤。

6.1.17 定向钻穿越段应根据下列地质条件确定外涂层的类型：

1 除碎石土层、砾砂层外的土层或饱和单轴抗压强度小于或等于15MPa软岩层穿越时，宜与线路管道主体防腐层类型保持一致，并宜采用相应的加强级防腐层；

2 碎石土层、砾砂层、破碎岩层、砾岩层、饱和单轴抗压强度大于15MPa岩层以及其他易于磨损和刮伤防腐层的地层穿越时，宜采取耐磨、耐划伤涂层或增加防护层。

6.1.18 定向钻穿越段管道应实施阴极保护并在两端应设置必要的阴极保护检测设施。阴极保护宜纳入干线阴极保护系统中。定向钻穿越管段在纳入永久阴极保护系统之前应采取临时阴极保护措施。

6.2 施工测量

6.2.1 测量放线前，应根据设计给出的控制桩位、设备情况、工程情况、地形地貌等编制施工场地平面布置图。

6.2.2 应用测量仪器放出穿越中心线，并应确定穿越入土点、出土点。

6.2.3 应根据穿越入土点、出土点及穿越中心线，确定钻机安装场地、管线侧施工场地、泥浆池以及穿越管段预制场地的边界线，并应撒上灰线。

6.3 穿越施工

6.3.1 钻导向孔应符合下列规定：

1 控向操作应由经过培训合格的人员操作，控向系统的功能应满足工程的需要；

2 导向孔应根据设计曲线钻进，钻杆折角宜符合表6.3.1-1的规定；

3 每钻进一根钻杆宜至少采集一次控向数据，并应根据采集的控向数据及时调整；

4 穿越长度大于2000m时，宜采用对穿工艺钻导向孔；穿越两端使用套管隔离，应采用对穿工艺钻导向孔；

表 6.3.1-1 钻杆折角

穿越管径(mm)	每根钻杆最大折角(°)	4 根钻杆累加折角(°)
ϕ325 以下	2.1	6.0
ϕ377	1.7	5.7
ϕ406	1.6	5.4
ϕ508	1.4	4.3
ϕ610	1.2	3.6
ϕ711	1.1	3.0
ϕ813	1.0	2.6
ϕ914	0.9	2.4
ϕ1016 以上	0.8	2.2

5 导向孔实际曲线与设计穿越曲线的偏差不应大于 1%，且偏差应符合表 6.3.1-2 的规定。

表 6.3.1-2 导向孔允许偏差(m)

导向孔曲线		出土点	
横向偏差	上下偏差	横向误差	纵向偏差
±3	+1 −2	±3	+9 −3

6.3.2 定向钻导向孔对接穿越施工应符合下列规定：

1 对接穿越施工准备应符合下列规定：

1) 施工前应进行现场调查，了解穿越段的地质资料及地下构筑物情况；

2) 施工前应详细了解穿越段施工的技术要求与所执行的规范及质量标准；

3) 施工钻机及配套设备宜提前进行维修保养，施工机具配置应齐全；

4) 测量放线应根据设计交底(桩)与施工图纸放出钻机场地控制线及设备摆放位置线，并应确保钻机钻杆中心线与入土点、出土点成一条直线；

5) 施工场地应进行平整铺垫，主钻机施工场地面积宜为 3600m^2，辅助钻机施工场地面积宜为 1600m^2。

2 安装主施工钻机应符合下列规定：

1) 应将钻机及配套设备就位。将施工钻机就位在穿越中心线位置上，主钻机应就位于设计入土侧，钻机就位完成后，应进行系统连接、试运转；

2) 应按操作规程标定控向参数，宜在穿越轴线的不同位置测取，且每个位置应至少测四次，取其有效值的平均值作为控向基准方位角值；

3) 开钻前应做好钻机的安装和调试等准备工作，应试钻 1 根~2 根钻杆，确定系统运转正常方可正常钻进。

3 安装人工交流磁场应在穿越中心线上布置交流线圈，线圈宽度宜大于 3 倍穿越深度；

4 主钻机可先进行导向孔钻进，辅助钻机可推迟时间开钻，但应保证两台钻机同时到达对接区域；

5 两台钻机应分别就位于导向孔的入土点和出土点位置，进行导向孔穿越施工。如使用轴向磁铁，两钻头相交时两侧钻头的横向偏差和上下偏差均应小于 2m；如使用旋转磁铁，两钻头相交时两侧钻头的横向偏差和上下偏差均应小于 5m(图 6.3.2-1)；

6 主、辅钻机钻头相距在 5m 内后，主钻机应根据计算机显示探头与旋转磁铁的相对位置调整钻头方向，并应控制主钻机钻头进入辅助钻机钻头的孔内，同时应完成辅助钻机回抽钻杆、主钻机钻头跟进至完成导向孔施工(图 6.3.2-2)；

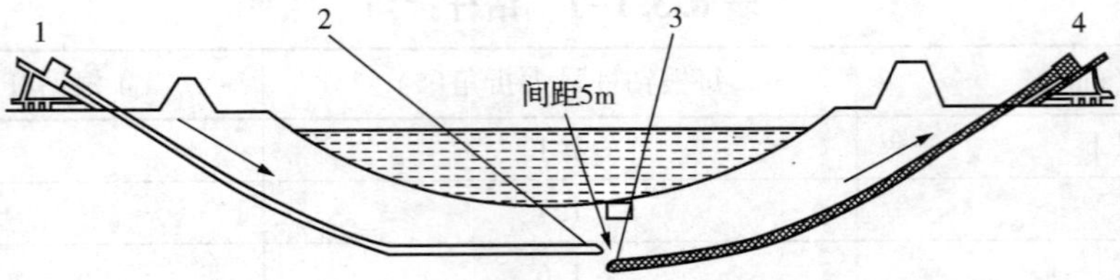

图 6.3.2-1　初控示意图

1—主施工钻机；2—安装探头；3—安装目标磁铁；4—辅助施工钻机

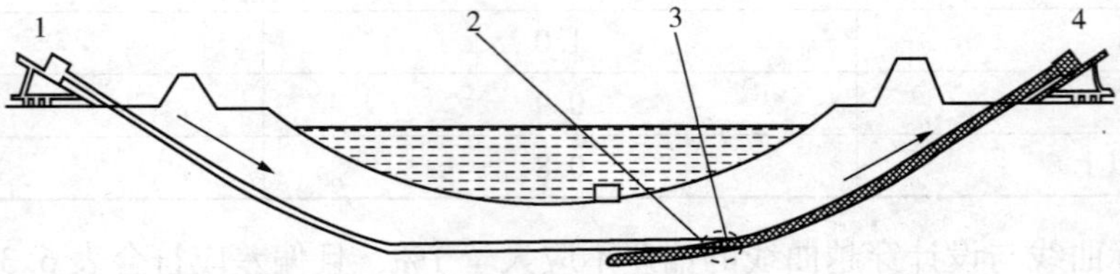

图 6.3.2-2　精控示意图

1—主施工钻机；2—安装探头；3—安装磁铁；4—辅助施工钻机

7　每根钻杆的折角应符合本规范表 6.3.1-1 的规定；

8　对接作业完成后，辅助钻机应继续后退钻头，主钻机钻头应随后钻进，直至主钻机钻头从出土侧出土。

6.3.3　扩孔应符合下列规定：

1　最终扩孔直径应根据管径、穿越长度、地质条件和钻机能力确定。一般情况下，最小扩孔直径与穿越管径的关系应符合表 6.3.3 的规定；

表 6.3.3　最小扩孔直径与穿越管径关系表

穿越管段的直径(mm)	最小扩孔直径
<219	管径+100mm
219~610	1.5 倍管径
>610	管径+300mm

注：管径小于 400mm 的管线，在钻机能力许可的情况下，可宜接扩孔回拖。

2　扩孔宜采取分级、多次扩孔的方式进行；在地层条件及辅助设备允许的情况下，可减少扩孔级次；

3　扩孔过程中，如发现扭矩、拉力较大，可采取洗孔作业；应在洗孔结束后，再继续进行扩孔；扩孔结束后，如发现扭矩、拉力仍较大，可再进行洗孔作业。

6.3.4　回拖应符合下列规定：

1　回拖前应符合下列规定：

1) 连接前应用泥浆冲洗钻杆，确保钻杆内无异物；

2) 连接后应进行试喷，确保水嘴畅通无阻；

3) 旋转接头内应注满油，旋转应良好；

4) 回拖前应对钻机、泥浆泵等设备进行保养和小修；

5) 应进行防腐层外观及漏点检测。

2　管段回拖时，如管径大于 1016mm 宜采用浮力控制措施。

3　回拖宜符合下列规定：

1) 当采用发送沟方式时，在回拖前应将穿越管段放入发送沟。发送沟应根据地形、出土角确定开挖深度和宽度。一般情况下，发送沟的下底宽度宜比穿越管径大 500mm；管道发送沟内应注水，管沟内最小注水深度宜超过穿越管径的1/3；应采取支架或吊起等措施，使管道入土角与实际钻杆出土角一致；

2）当采用发送道或托管架方式时，应根据穿越管段的长度和重量确定托管架的跨度和数目；托管架的高度、强度、刚度和稳定性应满足要求。

4 回拖钻具连接的顺序宜为：

钻机→钻杆→扩孔器→旋转接头→U型环→拖拉头→穿越管段。

5 回拖时宜连续作业。特殊情况下，停止回拖时间不宜超过4h。

6.3.5 定向钻穿越施工完毕后宜符合本规范附录A的规定，并应对穿越段外涂层电导率进行测试；测试宜在穿越完成15d后且穿越段管线与主管线连接前进行。

6.3.6 定向钻穿越段外涂层电导率检测结果应按表6.3.6的规定进行评价。新建管线穿越段防腐层标称电导率λ（即土壤电阻率为1000Ω·cm时的防腐层电导率）不应大于200μS/m^2或防腐层绝缘电阻R不应小于5000Ω·m^2，当测试结果λ大于200μS/m^2或R小于5000Ω·m^2时，应对穿越段管道附加阴极保护措施。

表6.3.6 防腐层标称电导率λ与防腐层质量比照表

标称电导率（μS/m^2）	防腐层绝缘电阻R（Ω·m^2）	防腐层质量评价
$\lambda\leqslant100$	$R\geqslant10000$	优
$100<\lambda\leqslant200$	$10000>R\geqslant5000$	良
$200<\lambda\leqslant1000$	$5000>R\geqslant1000$	一般
$\lambda>1000$	$R<1000$	差

6.3.7 施工完毕后，应清理场地，并应恢复地貌。

6.3.8 泥浆应符合下列规定：

1 泥浆配方应根据地质条件，在泥浆实验室试配并确定；

2 应根据地质情况和钻进工艺，调整泥浆配方和泥浆性能；

3 在整个施工过程中，泥浆宜回收、处理和循环使用；

4 泥浆性能可按表6.3.8的规定选择。

表6.3.8 泥浆性能

泥浆性能	地层类型				
	松散粉砂、细砂及粉土层	密实粉砂、细砂层和砂岩、泥页岩层	花岗岩等坚硬岩石层	中砂、粗砂、卵砾石及砾岩、破碎岩层	黏性土和活性软泥岩层
马氏漏斗黏度（s）	60~90	40~60	40~80	80~120	35~50
塑性黏度PV（MPa·s）	12~15	8~12	8~12	15~25	6~12
动切力YP（Pa）	>10	5~10	5~8	>10	3~6
表观黏度AV（MPa·s）	15~25	12~20	8~25	20~40	6~12
静切力G_{10s}/G_{10min}（Pa）	5~10/15~20	3~8/6~12	2~6/5~10	5~10/15~20	2~5/3~8
滤失量（mL）	8~12	8~12	10~20	8~12	8~12
pH	9.5~11.5	9.5~11.5	9~11	9.5~11.5	9~11

7 竖井施工

7.1 一般规定

7.1.1 竖井施工可分为沉井法、钻爆法、沉井法与钻爆法相结合以及利用地下连续墙加支护结构等。

7.1.2 竖井施工前应具备地质勘察资料、水文资料，并应根据设计文件和现场情况对竖井进行施工计算。

7.1.3 竖井防洪井圈应满足防洪与设计规定及施工安全的要求，并应高出地面1.2m以上，同时应采用钢筋混凝土梁、盖板和防水层封闭井口。

7.1.4 施工前应完成下列准备工作：

1 已复核测量基准线、水位基点、周围建筑物和地下管线、光电缆等采取的有效保护措施；

2 “三通一平”工作已完毕并满足施工要求，供水、排水、泥浆循环等设施已安装完毕；

3 排渣场地已落实；

4 专项施工方案已获得批复并向施工人员进行交底；

5 施工设备及吊具已按有关规定检查合格；

6 施工道路已满足施工设备对承载力的要求；

7 地下连续墙施工前的不良地质已完成地质改良；

8 临近水边的地下连续墙已考虑地下水位变化对槽壁稳定性的影响；

9 已根据地下连续墙的厚度、深度、成槽宽度和地质条件选择适宜的成槽设备。

7.1.5 竖井施工应符合下列规定：

1 井壁预留洞门直径应符合下列规定：

1) 始发井预留洞门直径与盾构机外径之间的半径差不宜大于100mm；

2) 接收井预留洞门直径与盾构机外径之间的半径差不宜大于150mm；

3) 始发和接收洞门在井壁浇筑过程前宜采用预埋钢筒结构，钢筒长度不宜小于500mm，钢筒应与井壁内钢筋焊接固定并与井壁洞门平齐，且应与隧道轴线同心；

2 竖井应设置积水坑满足隧道施工排水的要求；

3 始发井壁应设置盾构机和顶管机始发反力墙，可采取二次浇筑施工，反力墙应与隧道轴线垂直，并应承受推进顶力；

4 竖井施工中应按设计要求、使用功能和施工要求设置预埋件；

5 盾构、顶管机出、进洞前，应根据洞门周围地层、水土压力情况，在出、进洞门隧道中心线适当范围内对地层进行地质改良，并应对出、进洞门进行探水检查；

6 竖井的混凝土强度、抗渗、施工技术、质量控制等，除应满足设计与本规定的要求外，还应符合现行国家标准《建筑地基基础工程施工质量验收规范》GB 50202的有关规定。

7.2 施工测量

7.2.1 施工测量应按设计施工图提供的坐标与隧道穿越轴线测量定位，并应依据勘测成果控制网坐标和高程系统和精度等状况，制定竖井的施工控制测量方案。

7.2.2 平面控制网宜分为2个等级，一等控制网宜采用GPS网，二等控制网宜采用导线网，在满足精度要求的情况下可采用其他布网方法。高程控制网可采用水准测量方法一次布网。

7.2.3 在盾构与顶管的始发和接收井之间应建立统一的施工控制测量系统，每个井口布设不应少于3个控制点。

7.2.4 当穿越轴线穿越水域时，应进行跨水域水准测量。跨水域水准测量可采用光学测微法、倾斜螺旋法、经纬仪倾角法和测距三角高程法等，并应符合现行国家标准《国家一、二等水准测量规范》GB 12897 的有关规定。当视线距离小于 100m 时，可采用一般方法进行水准测量。

7.2.5 施工测量应包括下列内容：

1 建立地面上平面控制网和高程控制网；

2 地面沉降测量；

3 竣工测量。

7.2.6 地面控制网建立应符合下列规定：

1 按照国家四等水准要求，应用管道线路上控制点或设计坐标点建立首级控制网，并应用该区域内相应等级的国家点进行测量复核；

2 当采用三角网作为场区控制网时，边长宜为 0.2km~0.4km；测角中误差不应超过 8″；最弱边边长相对中误差不应大于 1/20000；

3 当采用小三边网作为场区控制网时，边长宜为 0.2km~0.6km；测边相对中误差不应大于 1/40000；

4 纵横坐标闭合差不应大于 35mm。

5 施工过程中应对测量基准线、水位基点、周围建筑物和地下管线、光电缆等进行监测。

7.3 沉井法施工

7.3.1 沉井施工的地基处理应符合下列规定：

1 承载力较低的地层宜采取砂换填表层土，并应分层洒水压实提高承载力，同时宜采用挖掘机和平板振动器进行分层碾压夯实，且应符合下列规定：

1) 采用环刀法进行干容重测定，不应小于 15.5kN/m^3；

2) 采用钎探法，应选用长度为 1960mm、直径为 16mm 的圆钢在距砂面 500mm 的垂直高度上自由下落，钢钎头部沉入砂垫层深度不应大于 70mm；

2 松散、软弱表土层换填前，应先开挖排水沟，并应与基坑外侧积水坑联通，沟内回填可采用碎石压实；

3 宜在砂垫层上浇筑 C20 素混凝土垫层，垫层的厚度和宽度应满足地基承载力的要求；

4 竖井刃脚内侧斜面可采用砖胎模或钢结构方法进行支撑。

7.3.2 采用人工筑岛法进行沉井施工时，人工筑岛的基本构造应符合下列规定：

1 岛面标高应比施工期最高水位高 500mm 以上；

2 岛面的平面尺寸应等于沉井平面尺寸加施工护道宽度，护道宽度不宜小于 2m；

3 筑岛材料宜为当地的沙质土或黏性土。

7.3.3 沉井刃脚可用混凝土和钢板制作，其制作与施工应符合下列规定：

1 刃脚的锋角及台阶的高度、宽度与结构强度应符合设计要求。刃脚的中心线应与其刃尖平面垂直，底面应平整，其误差不应大于 5mm；

2 刃脚的高度不应小于 500mm，钢靴应设加强部件；

3 刃脚在固定时其中心线与沉井井筒设计中心线偏差不应大于 10mm，刃脚尖的平面应垂直于井筒设计中心线。

7.3.4 井筒制作应符合下列规定；

1 沉井制作应采取分段整体浇筑，节高不宜大于沉井直径或方形竖井宽度，其重量应小于基础承载力的 80%，并应对下卧层作稳定复核计算；井壁表面应平整光滑，内外圆的半径不应大于设计规定 30mm，且不应小于设计规定；

2 管道预留洞和预埋件的位置应符合本规范第 7.1.4 条的规定；

3 模板安装固定应采用对拉螺栓，两端应加扣件使内外模板的外侧横、立杆构件连成整体。对拉螺栓安装时应采取防渗漏措施，模板安装完成后应检查相对位置尺寸、标高、垂直度等指标。

7.3.5 护壁泥浆应符合下列规定：

1 护壁泥浆的配制应按本规范第7.4.2条的规定执行；

2 壁后环形空间的泥浆面应高于地下最高静水位1m~2m。

7.3.6 下沉应符合下列规定：

1 当刃脚处的混凝土强度达到设计强度的100%、上部混凝土强度达到70%时，可开始沉井作业。第一节井壁下沉起动时应按十字对称法清除刃脚砖砌模和钢结构，并应在连续测量的过程中进行。当发现偏沉时应及时采取纠偏措施，并应达到初始起沉的垂直度。

2 沉井施工当穿过流砂、淤泥和卵砾石等松软不稳定地层时，宜采用不排水沉井法。

3 施工前应进行沉井的抗浮稳定验算，并应根据可能出现的最高水位进行计算，其抗浮安全系数宜为1.10~1.25。

4 当地层为淤泥质黏土、黏土、粉质黏土、黏质粉土时宜选用排水沉井法。

5 施工前应验算预期的下沉深度。沉井下沉时，由沉井自重和壁厚环形空间泥浆重量所组成的主要下沉力应大于侧面阻力、正面阻力与水的浮力总和。沉井的下沉系数宜为1.05~1.15。

6 沉井下沉前，刃脚内侧、凹槽及地梁和隔墙两侧均应打毛，打毛范围不应小于封底混凝土和底板混凝土的接触面。

7 采用不排水沉井时井筒内的水位应高于井外地下水位1m~2m。

8 当排水下沉时，井内可采用挖掘机或人工方式开挖，每次取土深度宜为300mm~400mm，应自井中部向四边对称取土，刃脚前的超挖距离不应大于2m；当不排水下沉时，可采用抓斗或吸泥机取土，并应配合潜水员水下冲泥、清基，配合下沉。

9 沉井下沉时纠偏应符合下列规定：

1)沉井井壁内侧四周应设测点，及时监测沉井偏斜；

2)沉井周围应设永久水准点，距井口中心不应小于50m，并应进行保护；

3)沉井下沉前在套井内应设导向装置和纠偏设施，沉井的允许偏斜率不应大于50‰。

10 当设计有地质改良时，应在完成沉井施工后再进行地质改良。

7.3.7 封底应符合下列规定：

1 沉井下沉到设计深度后，应先封底、固井；

2 当沉井采用排水封底时，终沉后，井内不应发生管涌、涌土现象；如不能保证应采用终沉后的水下封底。水下封底前沉井沉降速度不应大于10mm/8h；

3 当采用不排水沉井封底时，井内水位应高于地下水位，封底施工完成后，应先采取排水试验；当采取降水干封底时，应待封底混凝土强度达到设计要求后方可停止降水；

4 沉井井壁和底板钢筋连接，宜选用锥螺纹或直螺纹的螺栓接驳器，接驳器的力学性能应进行检测并符合设计要求。

7.3.8 壁后的填充、固井应符合下列规定：

1 井壁后的注浆应由下至上进行，再由上至下的复注，水泥浆的水灰比不应大于0.8；

2 套井与沉井之间应灌注混凝土。

7.4 地下连续墙法施工

7.4.1 导墙施工应符合下列规定：

1 槽段放线后，应沿地下连续墙轴线或水平中心线两侧构筑导墙，其结构形式应根据地质条件和施工荷载情况确定，宜为“L”型和“I”型。导墙宜由钢筋混凝土现浇而成；

2 导墙顶宜高出地面100mm，且应高于地下水位0.5m以上；

3 导墙应设置在较密实的土层上，其墙底应进入原土200mm以上，导墙外侧应用黏性土填实。导墙混凝土应对称浇筑。强度达到70%后方可拆模，拆模后的导墙应立即在墙间每隔1.0m~1.5m加设临时内支撑，并应避免重型设备在导墙附近行驶；

4 当遇有杂填土等不良地质条件时，可进行土体加固或采用深导墙；

5 导墙的允许偏差应符合表 7.4.1 的规定；

表 7.4.1 导墙的允许偏差(mm)

项　目	允许偏差
顶面高程	±10
导墙面与纵轴线距离	±10
两导墙墙面的净距	±10
导墙面的平整度	10
导墙面的重直度	<H/50

6 导墙内墙面间的净距离应根据地下连续墙墙体设计厚度确定，并宜留有 40mm ~ 60mm 的余量。

7.4.2 泥浆使用应符合下列规定：

1 泥浆宜用膨润土或高分子聚合物配制，现场应设置泥浆池或泥浆箱；

2 泥浆的储存量宜为日计划最大成槽量的 2 倍以上；

3 新配制的泥浆应贮存 24h 以上，充分水化后方可使用；

4 在泥浆容易渗漏的土中成槽时，应提高泥浆的黏度并增加泥浆的储备量；

5 泥浆配合比应按土层情况试配确定，泥浆配合比可按表 7.4.2-1 的规定选用，遇土层极松散颗粒粒径较大时，含盐或受化学污染时应配置专用泥浆；

表 7.4.2-1 泥浆配合比

土层类型	膨润土(%)	增黏剂 cm(%)	纯碱 Na_2CO_3(%)
黏性土	8~10	0~0.02	0~0.5
砂性土	10~12	0~0.05	0~0.5

6 施工中，循环泥浆应进行沉淀或除砂处理符合要求后方可使用；

7 废弃的泥浆和渣土处理应符合环保要求；

8 在软土中成槽时，泥浆的性能指标应符合表 7.4.2-2 的规定；

表 7.4.2-2 泥浆性能指标

序　号	项　目	指　标
1	重度(kN/m^3)	10.5~12.0
2	黏度(S)	18~25
3	失水量(mg/30min)	<30
4	泥度厚度(mm/30min)	1~3
5	稳定值(g/m^3)	<0.02
6	pH 值	7~9

9 在软土中成槽，循环泥浆的指标应符合表 7.4.2-3 的规定；

表 7.4.2-3 循环泥浆指标

序　号	项　目	指　标
1	重度(kN/m^3)	<12.5
2	黏度(S)	19~25
3	失水量(mg/30min)	<20
4	pH 值	<11

10 当施工过程中出现漏浆或泥浆性能下降时，应及时补充或更换，并应根据泥浆的使用状态及时进行泥浆指标的检验。在施工期间槽内泥浆面应高于地下水位，不宜低于导墙面 0.5m。

7.4.3 地下连续墙成槽应符合下列规定：

1 成槽机械应根据地质条件、墙体尺寸和施工环境等选用；

2 成槽时宜按单元槽段逐段开挖，单元槽段的长度应按设计要求划分。当设计无要求时，单元槽段的划分应根据现场地质条件、地面荷载、混凝土的供应能力、吊机的起重能力、作业场地和道路交通等因素确定，单元槽段长度宜为 4m～8m；

3 地下连续墙施工前宜选一槽段进行试挖槽，并应对地质资料复核；

4 槽段开挖过程中应观测地面沉降、槽壁变形、垂直度、泥浆液面高度，并应控制抓斗与冲击钻上下运行速度与切入深度，同时应防止快速下放与冲击切入土体；

5 清底后的槽底泥浆比重不应大于 1.15，沉淀物淤积厚度不应大于 100mm；

6 成槽完成后应采用抽吸法及时清槽和泥浆置换，并应符合下列规定：

1) 槽底沉积物厚度不应大于 200mm；

2) 泥浆置换结束 1h 后槽底以上 200mm 处泥浆重度不应大于 12kN/m^3。

7 成槽完成后应对槽段进行测量，测量内容应包括垂直度、沉渣厚度、槽壁坍塌、二期槽段接头状况等指标，开挖成槽允许偏差应符合表 7.4.3 的规定。

表 7.4.3 开挖成槽允许偏差

序号	项目	允许偏差(mm)
1	轴线位置	±50
2	深度	+200 −0
3	宽(厚)度	+50 −0
4	相邻槽段错位	30
5	垂直度	1/150

7.4.4 连续墙接头施工应符合下列规定：

1 接头不应妨碍已完成的槽段和影响后期槽段的施工；

2 连续墙接头，宜选用焊接工字钢接头、锁口管接头、V 型钢板接头，接头安装应符合下列规定：

1) 当采用锁口管接头时，应在浇筑混凝土进入初凝期进行松动起拔 150mm～300mm，初期开始应每间隔 20min 起拔一次，每次起拔 150mm～300mm，以后拔管可根据起拔力与混凝土凝结情况提高拔管速度；

2) 当采用工字钢、V 型钢板接头时，可采用柔性管或由 PVC、纤维面料缝制的直桶管安装固定在工字钢、V 型钢板的外侧，钢筋笼入槽到位后应向软管内充填米石子、砂或黏土团，并应计算充填体积。

3 连续墙接头清理应根据冲击下冲受力、钢丝绳偏摆情况，及时调整冲击速度或检查冲击钻头磨损情况。

7.4.5 钢筋笼的制作与吊放应符合下列规定：

1 钢筋笼尺寸应依据施工图纸、单元槽长度、接头形式及现场起重能力确定，其制作应在平台上进行，并应预留插放导管的位置；

2 在内外纵向配筋之间应设置 W 结构加固筋；

3 钢筋笼水平筋与桁架筋交叉点、吊点 2m 范围、钢筋笼口处应 100%焊接；

4 钢筋笼应做成整体，如需分节制作，应将第一节钢筋笼入槽固定并保持其垂直度，第二节钢筋笼对接时应保持其垂直和平面对齐，纵向搭接长度与焊接应符合设计规定；

5 钢筋笼的起吊桁架应依据钢筋笼起吊过程中刚度和整体稳定性的计算结果确定；

6 钢筋笼吊放应在清底合格后进行，吊放时应对准槽段中心线缓放入，不应强行入槽，吊放过程中不应使钢筋笼产生不可恢复的变形；

7 起吊时应采用主辅双机吊装(图 7.4.5)，当钢筋笼平行吊起离地面 0.5m～1.0m 时，主吊应缓慢提升，副吊应缓慢下放，并应在钢筋笼转动至垂直时解除副吊绳索；

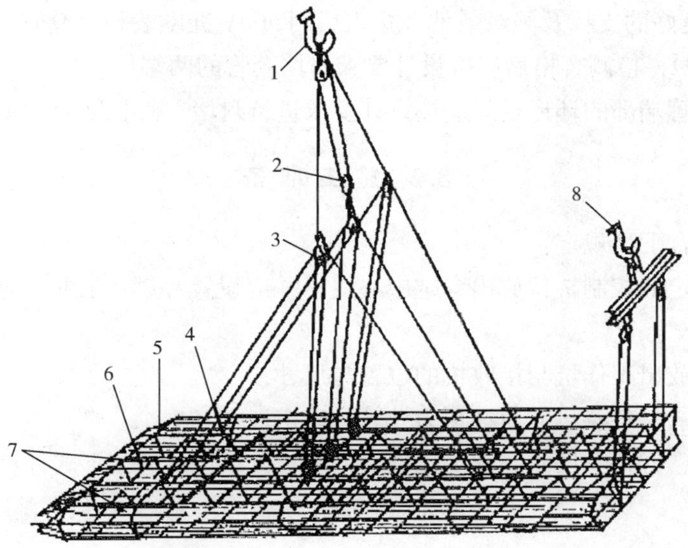

图 7.4.5 双机抬吊钢筋笼图

1—吊钩 A；2—单门葫芦；3—双门葫芦；4—卸甲；5—端部倒角；
6—抗弯 W 型钢筋片；7—横向架立筋片；8—吊钩 B

8 钢筋笼入槽后，应固定在导墙上，并应使钢筋笼顶端高程符合设计要求，在混凝土灌注过程中钢筋笼不应上浮。

7.4.6 混凝土灌注应符合下列规定；

1 混凝土配比应按设计要求通过实验确定，并应具有良好的和易性，初凝时间应满足灌注要求；

2 混凝土的灌注宜采用导管法，导管直径宜为 200mm～300mm 的多节钢管，管节连接应密封牢固；

3 导管的水平距离不应大于 3m，距槽段两侧端部不应大于 1.5m，导管下端距槽底宜为 300mm～500mm，导管内应放置隔水栓；

4 混凝土灌注宜在钢筋笼吊放就位后 4h 内进行，同一槽段的混凝土应连续浇注，间隔时间不宜超过 30min，首批灌入的混凝土数量应满足导管埋入深度和填充导管底部的需要；

5 灌注过程中导管埋入混凝土中的深度宜为 2m～4m，混凝土顶面的上升速度不应小于 2m/h；

6 灌注过程中应随时检查混凝土的灌注量上升高度和导管下口埋入混凝土中的深度；

7 混凝土灌注高度宜高出设计高度 0.5m～0.8m，凿出浮浆后的墙顶标高和墙体混凝土的强度应满足设计要求；

8 地下连续墙应留抗压强度标准试件，试件留置数量每 $100m^3$ 不应少于 1 组，每一槽段不应少于 1 组。

8 顶管法穿越施工

8.1 一 般 规 定

8.1.1 带套管穿越公路时，套管长度伸出路基坡脚外宜大于2m。

8.1.2 顶管距离大于150m的顶管宜增设中继站助推。

8.1.3 穿越管段穿入套管前，套管内不应有污物，穿越管段应在防腐层检漏合格后穿入套管内，输送管段应与套管保持良好的支撑及绝缘条件，穿入后用500V兆欧表检测套管与穿越管段之间的绝缘电阻，其值应大于2MΩ，检测合格后应按设计要求封堵套管的两端口。

8.1.4 穿越管段与套管端部的环形空间应按设计要求进行封堵，其长度应大于200mm。

8.2 施 工 准 备

8.2.1 测量放线应符合下列规定：

1 应根据设计给定的控制桩位放出穿越中心线，并应设置穿越中心桩、施工带边线桩，且应做出明显标志；

2 放线时应同时放出工作坑与接收坑的位置与尺寸；

3 后背墙的结构、材料及尺寸应在顶力计算后确定。

8.2.2 后背墙的结构、材料及尺寸应满足顶进力的要求，顶进力应按下式计算：

$$F=\pi D_0 L f_k+N_F \tag{8.2.2}$$

式中：F——总顶进力(kN)；

D_0——管道外径(m)；

L——管道设计顶进长度(m)；

f_k——管道外壁与土的单位面积平均摩阻力(kN/m^2)，采用触变泥浆减阻技术时，管外壁单位面积平均摩阻力可按表8.2.2-1的规定选取；

N_F——顶管机的迎面阻力(kN)，不同类型的顶管机迎面阻力宜按表8.2.2-2的规定选择计算。

表8.2.2-1 采用触变泥浆减阻技术时的管外壁单位面积平均摩阻力 f_k(kN/m^2)

管材 \ 土类	黏性土	粉土	粉、细砂土	中、粗砂土
钢筋混凝土管	3.0~5.0	5.0~8.0	8.0~11.0	11.0~16.0
钢管	3.0~4.0	4.0~7.0	7.0~10.0	10.0~13.0

注：当采用成熟可靠的触变泥浆技术时，管外壁能够形成和保持稳定、连续的泥浆套，f_k 可直接取3.0kN/m^2~5.0kN/m^2。

表8.2.2-2 顶管机的迎面阻力 N_F 的计算公式

顶进方式	迎面阻力(kN)	式中符号
敞开式	$N_F=\pi(D-t)tR$	t——工具管刃脚厚度(m)
挤压式	$N_F=\frac{\pi}{4}D^2(1-e)R$	e——开口率
网格挤压	$N_F=\frac{\pi}{4}D^2 aR$	a——网格截面参数，取 $a=0.6\sim1.0$
气压平衡式	$N_F=\frac{\pi}{4}D^2(aR+P_n)$	P_n——气压(kN/m^2)
土压平衡式泥水平衡式	$N_F=\frac{\pi}{4}D^2 P$	P——控制土压力

注：D—顶管机外径(m)；R—挤压阻力(kN/m^2)，取 $R=300$kN/m^2~500kN/m^2。

8.3 螺旋钻机顶管穿越施工

8.3.1 作业坑的开挖应符合下列规定：

1 作业坑尺寸和坑深应根据施工机具、施工方法和管道埋深确定。作业坑开挖应根据土壤性质设边坡，当开挖深度超过5m时，开挖应采取复式断面，中间应设0.5m~1.0m宽平台；

2 作业坑坑底应平整夯实。坑底基面应采取垫枕木、做混凝土基面等处理方式。用仪器测量中心线及基底高程，其允许偏差均不应大于20mm；

3 作业坑开挖时应同时挖安全通道，通道坡比不应大于1∶1；

4 当地下水位高的地段开挖作业坑时，应采用降、排水措施；

5 作业坑的开挖和支撑设置应按设计要求执行。

8.3.2 钻机的安装应符合下列规定：

1 承受顶进反作用力的作业坑靠背墙应与水平面垂直，其允许偏差应为±5°；承力板面积不应小于1.5m×1.5m；

2 当作业坑靠背墙土壤性能较差时，应采取适当的加固措施；

3 基坑底面上应铺设导轨，地下水位高的地段应采用相应的排水设施；

4 钻机中心线允许偏差应为±10mm；

5 安装钻机时，钻头、钻杆与套管中心线允许偏差应为±5mm。

8.3.3 钻进施工应符合下列规定：

1 穿越钻孔时，应依据土壤情况选择钻头直径，其直径应比管外径大，但不宜超过50mm；

2 钻孔顶进的套管每根长度应与每节钻杆的长度一致。第一节套管的入土点和安装角度应准确。钻进2m后应检查钻进角度，当发生偏钻时，应重新调整钻机；第一节套管钻完时应进行测量，钻杆位置允许偏差应为±30mm；

3 钻进过程中，应随时观察分析返出钻屑的硬度、塑性、含水量等，并应根据返出钻屑的情况及时调整钻速；

4 顶管钻进前，钻机推盘应垂直、平整；

5 在软地层区域施工，当安装第一根钻杆时，套管头部可抬高1mm~5mm；当钻第一根套管时，应用支撑架支撑套管头部，套管入土2m~3m后，方可拆除支撑架；

6 当在硬地层钻孔时，钻头可伸出套管200mm~500mm；当在松软地层时，钻头可缩至套管内200mm~400mm；

7 每顶进一根套管应测量中心线方向偏移。当方向发生偏斜时，应纠偏；

8 施工作业开始后应连续作业；

9 在施工过程中，应实时检查坑壁。

8.3.4 套管安装质量应符合下列规定：

1 套管安装完毕后，应对入土点、出土点、标高、顶进中心线和套管长度进行测量，并应填写记录；

2 套管钻进允许偏差应符合下列规定：

1) 顶进长度在30m以内的套管，上下偏差不宜大于100mm；顶进长度在30m~42m的套管，上下偏差不宜大于150mm；顶进长度在42m以上的套管，上下偏差不宜大于200mm；

2) 水平偏差不宜大于套管长度的1%。

8.3.5 穿越管段的安装应符合下列规定：

1 预制穿越管段长度应大于套管长度4m以上；

2 穿越管段的组对、焊接、补口及检验应符合本规范第6章的规定；

3 穿越管段穿越前应安装绝缘支撑和牺牲阳极。

8.3.6 应将发送坑和接收坑内穿越管段下部的回填土回填并夯实。管周围300mm内应回填细土保护，作业坑应回填并夯实。

8.4 千斤顶顶管穿越施工

8.4.1 顶管作业坑应选在地面高程较低的一侧，作业坑应有足够的长度和宽度，其深度应根据穿越管段埋设深度确定。作业坑底部应铺设枕木和导轨。承受顶进反力的作业坑后背墙的结构、材料及尺寸应在顶力计算后确定。

8.4.2 在地下水位高的地段，应采取降、排水措施。

8.4.3 在地质情况复杂、易塌方的地段，开挖作业坑应采取开挖梯台、板桩等措施，并应设置安全通道。

8.4.4 顶管作业坑的开挖不应影响路基稳定，作业坑的底部应平整、结实。

8.4.5 顶管用千斤顶应根据计算顶力选择，不宜小于计算顶力的 2.0 倍。

8.4.6 应用仪器对中心线方向进行测量控制。

8.4.7 顶管前，应将顶管设备就位且试运行良好，其穿越中心线与管道设计中心线应一致。顶管时，顶铁中心线应与穿越中心线平行、对称。套管进入土层后，应采用人工自上而下开挖取土。在管道下时钟的 4 点~8 点位置不宜超挖，管顶部超挖量不应大于 15mm。顶进作业时，宜在套管外壁涂润滑剂。

8.4.8 顶管时，应采用测量仪器控制中心线和高程，且应以施工放线时布置的中心桩为基准导向监控。第一根套管顶进中心线偏差不应超过管长的 3‰。初始顶进中，每顶进 300mm 应检查一次；正常顶进后，每顶进 1m 应至少检查一次。

8.4.9 当顶进纠偏时，每次纠偏角度不宜过大，可根据管径、顶进长度和土质情况确定，宜为 5′~20′。

8.4.10 采用轴向液压千斤顶配以液压站法施工时，应严格控制油泵的压力，使油泵压力平稳上升。

8.4.11 顶管作业宜连续进行，不宜中途停止，套管全部顶进以后，可将套管内用砂浆适当找平。

8.5 岩石爆破施工

8.5.1 岩石地段顶管施工宜采用微差爆破技术，主要作业内容应包括钻孔、装药、爆破、碎石运输、测量纠偏及修整等。

8.5.2 钻孔作业应符合下列规定：

1 应根据顶管隧道穿越的纵断面尺寸、围岩级别和一次爆破的岩石量确定设计炸药的消耗量，并应针对性选择钻机、钎子、钻头等钻孔机具进行钻孔；

2 宜采用中间掏槽、周边光面爆破的方案，并应采用毫秒差雷管爆破技术。中间掏槽宜为正三角形垂直钻孔或以三角锥形式，底部不应连通，钻孔间距宜为 400mm~500mm。掏槽深度宜为 1.65m~1.70m。周边孔的每个炮眼孔深度宜为 1.2m~1.5m，孔径宜为 38mm~42mm，孔宜外斜，角度宜为 8°，分布应均匀，并应保证炮眼孔底落在同一平面上。

8.5.3 孔数、药量计算应符合下列规定：

1 炮眼孔的孔数应按下式计算：

$$N = qS/\alpha\gamma \tag{8.5.3-1}$$

式中：N——炮眼数量（个）；

q——单位炸药消耗量（kg/m^3），宜取 1.2kg/m^3~2.4kg/m^3；

S——隧道断面积（m^2）；

α——装药长度与炮眼孔全长的比值，掏槽眼为 0.7，周边眼为 0.5；

γ——药卷重量，取药卷直径 35mm，重量为 0.96kg/m。

2 装药量应按下式计算：

$$Q = qV \tag{8.5.3-2}$$

式中：Q——装药量(kg)；

V——被爆破石方体积(m^3)。

8.5.4 爆破作业宜采用微差起爆方式，每次爆破完成后，应利用鼓风机对爆破处进行通风，1h～2h后爆破专业人员应进入隧道检查是否有未起爆雷管、盲炮等现象，并应在确定所填炸药均已爆炸后，再应进行下一道工序。

8.5.5 每次爆破完成并确认无危险后，施工人员应对爆破碎石进行清理运输。

8.5.6 套管顶进中心线偏差不应大于套管长度的5%。

8.5.7 作业坑回填应按本规范第8.3.6条的规定执行。

8.6 平衡法顶管穿越施工

8.6.1 施工准备应符合下列规定：

1 当采用平衡法顶管穿越时，可选择泥水平衡或土压平衡顶管机。当遇有地下水比较丰富、地层松软等宜坍塌地段时，宜选择泥水平衡顶管，其他水文地质条件宜选择土压平衡顶管。应根据顶管管段的直径选择合适外径的顶管机械。刀头直径宜比套管外径大40mm～60mm；

2 应对竖井的几何尺寸、强度、洞口中心线进行交接验收，合格后，应办理交接手续；

3 在工作井内安装顶管机轨道、后座顶板、后座千斤顶、顶管机及配套设施，应牢固稳定，且应进行顶管机试运行。

8.6.2 测量放样应符合下列规定：

1 根据设计给定的测量成果书，应将地面坐标高程及方向传递到工作井中；

2 应用测量仪器测出顶管设计中心线，并应进行顶管轨道的调整和固定。调整时应使顶管设备中心线与顶管设计中心线保持一致。

8.6.3 顶管始发应符合下列规定：

1 始发时，可采取橡胶法兰止水。当土质较软或有流沙时，应在管子顶进方向距离工作井边一定范围内，对土体进行改良或加固，且地下水和泥砂不应流入井内；

2 当顶管机准备始发时，应先破除封门并将杂物清理干净后将顶管机刃进工作井井壁中；

3 当机头始发推进时，应调整主顶油缸编组，不应使机头始发入土后下沉；

4 第一节顶管的中心线偏差值应控制在5mm以内。

8.6.4 管道顶进应符合下列规定：

1 顶进控制应符合下列规定：

1) 应选用适宜的注浆润滑材料、制浆工艺、压注方法等降低顶进滞阻力；

2) 注浆润滑材料宜由膨润土、羧甲基纤维素、烧碱、纯碱和水按一定比例组成。不同的土质，应采用不同的配方。

2 顶管方向控制应符合下列规定：

1) 顶管过程中应及时纠偏；

2) 应根据机头的折角、倾斜仪基数和走动趋势、前后尺读数比较等进行方向纠偏。不宜采用大于30′的折角纠偏，必要时，应在土壤条件适宜的地段进行纠偏作业；

3) 纠偏动作无效时，应立即停顶，并应检查和排除故障。

3 顶管施工应选用合适的密封材料和密封结构进行顶管过程中密封；

4 顶管穿越的沉降控制应符合下列规定：

1) 应进行地面检测，优化顶管机参数；

2) 应将泥浆套随机头向前移动，形成连续的环状浆套；

3) 应控制纠偏角度；

4) 必要时，施工完毕后可对套管外环形空间加注水泥砂浆。

5 顶管质量应符合表8.6.4的规定。

表 8.6.4 顶管质量

序　号	项　目	允许偏差(mm)
1	横向贯通偏差	±100
2	高程贯通偏差	±50
3	地面隆起最大极限	+30
4	地面沉降最大极限	−30

8.6.5 顶管进洞前，应做好各项准备工作。进洞后应将与机头连接的管子分离，且应将机头吊离井外后，方可对井内泥浆进行处理和进行洞口封门止水。

8.6.6 顶管施工测量应符合下列规定：

1 顶管施工控制测量应符合下列规定：

1) 顶管施工测量应确定顶管方位与高程，并应正确标定顶管中心线；

2) 应建立地面平面控制网和高程控制网，并应将地面坐标、方位和高程准确传递到地下；

3) 顶进施工中应针对管道不断运动的特点，合理进行误差分配。

2 竖井联系测量应符合下列规定：

1) 联系测量工作应包括方向传递、坐标传递及高程传递。应通过竖井将方位、坐标及高程从地面上的控制点传递到地下导线点和地下水准点，并应以此作为地下控制测量的起始点；

2) 地面坐标及方向传递应用仪器配合，可采用极坐标法，将地面坐标及方向传递到出发井中；并应采用仪器测出井下三角形边角并应与理论值计算比较后，方可确定顶管设计中心线；

3) 高程传递应采用检定合格后的钢尺、持重锤，应用两台水准仪在井上下同步观测，并应将高程传至井下固定点。高差中误差限差应小于±1mm；顶管过程中，高程传递应至少进行3次。

3 井下控制测量应符合下列规定；

1) 方位测量应以竖井联系测量的井下起始边为支导线的起始边，并应沿顶管设计方向布设控制中线，每9m应做1个标志点，顶管每顶进100m时，应用陀螺仪定向校核1次中线定向精度；当顶管顶进时，应随时调整钢管周边压浆压力和压浆量；

2) 高程控制测量应以竖井传递的水准点为基点，每100m应设1个固定水准点，每次停止顶进后应沿顶管直线往返测量标高；测量精度应满足国家三等水准测量规范施测要求。

4 顶管顶进测量应符合下列规定：

1) 顶管姿态测量应包括仰角、滚动角、水平角和高程偏差值；

2) 应采用姿态测量仪器进行姿态测量；

3) 在顶管内应按可接受激光束的光靶传感器校正顶进姿态；

4) 根据顶进姿态测量数据，应及时调整顶管机顶进方向。

8.6.7 套管安装应符合下列规定：

1 混凝土套管安装应符合下列规定：

1) 混凝土管安装时，凹凸口应对中，环向间隙应均匀；

2) 插入安装前，管头部位应均匀涂刷润滑材料；

3) 承插时外力应均匀，橡胶圈应固定、不翻转、不露出管外；

4) 相邻管节错口应小于15mm，且应无碎裂，接口抗渗试验应符合设计要求。

2 钢套管安装应符合设计要求。

9 盾构法穿越施工

9.1 一 般 规 定

9.1.1 采用盾构法隧道穿越水域时，宜使用泥水平衡式盾构掘进机。

9.1.2 盾构始发井施工场地应能满足竖井施工、吊装作业、管片存放、泥水处理、渣土临时堆放场地、材料加工与存放、充电间、供电站等施工作业与办公、生活设施临时用地面积的要求。

9.2 施 工 准 备

9.2.1 始发和接收井场地应符合下列规定：

1 应根据隧道长度确定施工场地面积，当隧道长度小于1500m时，始发井施工场地面积不宜小于8000m^2；当隧道长度大于1500m时，始发井施工场地面积不宜小于10000m^2。接收井施工场地面积不宜小于4000m^2。始发与接收井应设置永久弃渣场，面积应满足项目建设全部渣土存放的要求；

2 始发与接收井场地应能满足盾构设备组装、拆除、吊装入井和出井的要求；

3 进出场道路应满足盾构机设备和材料进出场运输的要求；

4 生活和机械用水应符合健康和设备冷却规定的要求；

5 通信应满足施工联络与文件传送的要求；

6 施工用电应满足施工所需的用电量、用电等级的要求；

7 竖井中心40m范围内不应有永久架空高压线路。

9.2.2 盾构机选型及配套设备准备应符合下列规定：

1 应根据隧道功能、外径、长度、埋深等参数，工程地质和水文地质条件、沿线地形、建(构)筑物、地下管线等环境条件以及对地层变形的控制要求，结合开挖、衬砌、施工安全、经济和工期等因素综合分析确定；

2 穿越水域盾构隧道，盾构设备应满足设计规定隧道尺寸的要求。当水压小于0.2MPa时，可选用泥水加压平衡式盾构掘进机对砂层、卵砾石、砾石、软硬交错复合等地层进行穿越；当水压大于或等于0.2MPa时，宜选用泥水加压气压平衡式盾构掘进机，并应具备气压作业工作舱室，且应配备用于安装超前钻孔与超前注浆设备的功能与装置；

3 盾构机及其配套设备，在使用前应进行单机、联机总装调试，检测试验性能、安全保护、润滑、刀具配置等应能满足完成盾构隧道掘进施工的要求；

4 配备的备用发电机、空气压缩机和照明设备的功率及水泵的总排量均应满足施工要求；

5 应配备泥浆(水)分离、脱水处理设备和单、双液移动式注浆泵，并应符合环境保护要求；

6 应选用安全可靠的吊装与隧道内运输设备；

7 泥水处理装置处理能力应满足渣土与泥浆(水)分离和脱水处理要求，且不应小于350m^3/h；

8 盾构法隧道应优选采用通用型管片结构，不宜采用标准环、异型环管片和调整垫，并应保证管片拼装防水效果符合设计规定。

9.3 施 工 测 量

9.3.1 隧道施工测量应按设计施工图提供的坐标与穿越轴线测量定位，并应依据勘测成果控制网坐标和高程系统和精度等状况，制定盾构施工控制测量方案。

9.3.2 在盾构始发和接收井之间应建立统一的施工控制测量系统，每个井口布设不应少于3个控制点。

9.3.3 地面控制网的建立应符合本规范第7.2.6条的规定。

9.3.4 盾构法隧道施工测量应包括下列内容：

1 将地面上的坐标、高程准确地传到地下合适的位置；

2 在地下进行平面控制测量和高程控制测量；

3 地面沉降测量；

4 隧道贯通测量；

5 竣工测量。

9.3.5 隧道工程贯通前应根据设计轴线复核测量。

9.3.6 竣工测量应符合下列规定：

1 隧道竣工测量主要内容应包括竖井中心坐标、隧道轴线平面偏差、高程偏差、衬砌环椭圆度以及隧道纵、横断面测量等；

2 当进行隧道竣工测量时，直线段每30m、曲线段每10m应测量1处横断面，断面上的测点位置应包括高程和横断面各一点；

3 横断面测量宜采用全站仪极坐标法，测量误差应为±10mm；

4 竣工测量成果应按建设单位规定要求进行归档。

9.4 出、进洞密封

9.4.1 出进洞位置防水密封装置应根据地质条件、设备规格、施工情况、环境条件等确定。

9.4.2 出进洞密封安装应符合下列规定：

1 在盾构出洞和进洞之前，应预先安装出进洞密封；

2 出进洞密封中心应与盾构隧道中心线一致，误差不应大于10mm；

3 安装出进洞密封应进行技术交底；

4 出洞密封选用与安装，应根据盾构机进入密封圈内相对位置与角度，对翻板进行调整并应扭紧螺栓。

9.4.3 当砂土、卵砾石地层盾构始发段地下水压力小于0.2MPa时，可采用单层橡胶袜套密封；当地下水压力大于0.2MPa时，应采用钢筒复合防水密封圈，注水加压不应小于井筒外侧地下水位压力；当加压时，应检查各部密封效果和盾构机支撑、推垫的稳固状况。

9.4.4 当在砂层与卵砾石地层地段施工，盾构贯通接收段地下水压力大于0.1MPa时，宜采用水下贯通法，盾构机贯通进洞后，应通过管片与井壁预埋注浆孔进行反复交替压注双液浆，并应通过预留注浆孔进行探水检查，止水后应排除井内泥水。

9.4.5 出进洞密封拆除应符合下列规定：

1 出洞密封的拆除应在盾构法隧道掘进80m后，并应在洞门管片隧道与井壁空隙间进行注浆止水工作后，同时应使盾构掘进推力的承载能力满足隧道稳定的条件下，方可进行出洞门密封的拆除。洞门拆除后应按设计规定完成结构处理；

2 进洞密封拆除前应对洞门管片隧道与井壁空隙注浆的止水效果进行评估，合格后方可拆除。洞门拆除后应按设计要求完成结构处理并应支模浇筑混凝土。

9.5 管片制作

9.5.1 混凝土管片的混凝土强度等级不宜低于C50，受力钢筋的混凝土保护层厚度不应小于30mm。

9.5.2 管片拼装应使用质量合格的管片、螺栓和防水密封材料，施工时管片及防水密封材料不应损坏。

9.5.3 每块管片中心部位应设置1个注浆孔，注浆孔内径宜为50mm，注浆孔中宜设置逆止阀。

9.5.4 管片的质量应符合下列规定：

1 应按设计要求进行结构性能检验，检验结果应符合设计要求；

2 管片强度和抗渗等级应符合设计要求；

3 吊装预埋件首次使用前应进行抗拉拔试验，试验结果应符合设计要求；

4 混凝土管片外观质量应符合表9.5.4-1的规定：

表9.5.4-1 混凝土管片外观质量要求

序号	项 目	质量要求
1	贯穿裂缝	不允许
2	非贯穿裂缝	内表面不允许，外表面裂缝宽度不大于0.20mm
3	拼接面裂缝	拼接面方向长度不超过密封槽，裂缝宽度不大于0.20mm
4	内、外表面露筋	不允许
5	疏松、夹渣	不允许
6	麻面、粘皮	表面麻面、粘皮总面积不大于表面积的5%，允许修补
7	缺棱掉角、飞边	允许修补
8	环、纵向螺栓孔	畅通、内圆面平整，不应有塌孔

5 每天或每15环应随机抽取1块管片进行检验，允许偏差和检验方法应符合表9.5.4-2的规定。首次试使用的模具检测，应检测合格后投入生产作用，并应对首次生产管片进行100%检验。

表9.5.4-2 管片允许偏差和检验方法

项目	允许偏差(mm)	检验工具	检验数量
宽度	±1	卡尺	3点
弧、弦长	±1	样板、塞尺	3点
厚度	+3 −1	钢卷尺	3点

9.5.5 试生产前3环应进行水平拼装检验，正常生产过程中每生产300环管片应进行水平拼装检验1次，水平拼装允许偏差和检验方法应符合表9.5.5的规定。

表9.5.5 混凝土管片制作、拼装允许偏差和检验方法

序号	项 目		允许偏差(mm)	检验方法
1	水平拼装	环向缝间距	≤3	塞尺
2		纵向缝间距	≤3	塞尺
3		成环后内径	±5	钢卷尺
4		成环后外径	+6 −2	钢卷尺

9.5.6 管片生产标识应包括管片型号、管片编号、模具编号、生产日期等。

9.5.7 管片贮存与运输应符合下列规定：

1 管片贮存场地应满足管片存贮与装卸的作用要求；

2 管片宜采用内弧面向上或单片侧立的方式码放，每层管片之间应设置垫木，场地内码放不宜超过一环高度；

3 管片运输应采取适当的防护措施。

9.6 隧道掘进

9.6.1 盾构机始发准备应符合下列规定：

1 施工配套设备应能满足施工进度的要求，应与工程规模和施工方法相适应，运行安全应可靠，并应符合环境和保护的要求；

2 盾构法施工宜采用独立专线(用)电源，供电质量应达到国家二级供电网标准；配备的自备发电机功率应满足通风、排水、照明、通信、办公与生活保障等要求；外供与自备应急两路电源应能自动或手动切换；

3 应在作业场所和通道安装照明设备，隧道、地面应安装防雨型照明灯具；

4 施工主要岗位应配备内部通信设备；

5 给、排水设备应能保障充足的供水和排水能力，在施工期间应定期保养维修并应保证设备完好，对意外的涌水应有备用设备；

6 盾构机吊装下井应编制专项施工方案，并应包括地面承载能力、吊装机械选择、吊索具、吊装前的安全检测等，同时应由持有特种作业证的专业起重工指挥，并应采取相应的防护措施。

9.6.2 盾构机下井前应符合下列规定：

1 应进行地面控制、联系、地下控制测量，测量结果应符合设计规定，并应满足施工要求；

2 检测始发轨道、洞门与隧道中心线应一致，并应满足设计要求；

3 检查各电线(缆)、配电柜、排水泵、照明等用电设备应满足建筑施工企业安全用电管理制度规定的要求；

4 测量始发轨道、洞门密封安装、井壁洞门中心线应一致，并应满足设计要求；

5 完成盾构机组装后，对盾构机体姿态与隧道设计穿越始发轴线应复核测量，并应完成对盾构掘进测量系统参数的修正与设置。

9.6.3 盾构机始发符合下列规定：

1 盾构机组装、调试应按设备组装先后顺序、次数进行，应采取单机、系统、联机的方式分步、分项进行试运；

2 盾构机头推入井壁洞门密封过程，应将盾构机刀盘边延突出的刀具采取防护措施或拆除；

3 应根据始发掘进出洞段周围地层情况合理设置泥水压力；

4 井壁洞口破除宜采取较低的推力与低转速掘进，洞门井壁破除过程应随时观测泥水压力变化情况，并应及时调整供排泥水流量。

9.6.4 盾构掘进应符合下列规定：

1 盾构起始段施工应根据隧道穿越的地质条件、地表环境情况，通过试掘进确定合理的掘进参数和背注浆量，并应保持掘进面土体稳定。应控制掘进方向沿着隧道设定轴线掘进，并应符合设计和本规范要求；

2 盾构掘进速度应与进排浆流量、开挖面泥水压力、进排泥水、出土量保持平衡，并应与同步注浆速度相协调；

3 盾构掘进中应严格控制隧道轴线偏差，根据盾构姿态与偏离方向应逐步纠正，使偏离量控制在允许值范围内。隧道中心线平面位置允许偏差应为±150mm，隧道中心线高程允许偏差应为±150mm，并应满足管道安装弹性敷设的要求；

4 在岩石层掘进时应全面了解岩石层特性，遇有岩爆、岩胀、断裂破碎带岩层时，应保持均衡掘进减少停机时间，并应严格控制纠偏调整量，且应经常检查径向刀具的磨损量并及时更换；

5 盾构掘进期间遇有设备故障、意外的地质变化、掘进面发生坍塌或遇有障碍、盾构自转角度过大、盾构位置偏离过大、盾构机刀盘掘进扭矩发生较大波动时，应立即暂停掘进，查明原因经处理后方可继续施工；

6 在松散软弱地层掘进时，宜启用盾构机的辅助气压平衡功能，应实时监控开挖面泥水压力与供排泥水、开挖出渣量，并应保持开挖面稳定；

7 当盾构掘进至距离接收洞门80m~100m时，应进行隧道轴线贯通前的方向传递测量；当掘进至距离接收洞口5m~8m时，应减小盾构推进速度、推力；当破除洞门井壁时，应将盾构掘进速度与推力调整最低；

8 在盾构掘进过程中，应对空气质量、可燃气体、有害气体进行检测。当不满足下列指标之一时，应采取通风措施处理：

1）空气中氧气含量应大于20%；

2）瓦斯浓度应小于0.75%；

3）一氧化碳应小于30mg/m³；

4）二氧化碳应小于0.5%（按体积计）；

5）氮氧化物换算成二氧化氮不应超过5mg/m³。

9.6.5 管片拼装应符合下列规定：

1 盾构机推进后的姿态应符合隧道轴线控制的要求，管片拼装前应对前一环管片端面进行清理，并应在拼装前确认管片、防水密封性能完好，如存在损坏应采取修补或更换措施；

2 管片拼装作业人员，应经过操作培训并考核合格，拼装机作业应由专人负责操作指挥；

3 管片拼装区域，在拼装机抓举、水平、旋转运动未到位时，拼装机下方不得有人员进入；

4 管片拼装应按设计轴线选用管片；

5 在拼装中应随时观察液压推进油缸与顶块位置，出现管片位置偏离应及时修正；

6 每环完成封顶块管片拼装后，应检测其各项指标，按测得指标值应作圆环校正，并应拧紧所有纵向、环向连接固定螺栓。

9.6.6 管片拼装偏差应符合表9.6.6的规定：

表9.6.6 管片拼装偏差

序　　号	项　　目	允许偏差
1	环向相邻管片平整度错台	≤8mm
2	纵向相邻管片错台	≤9mm
3	衬砌圆环直径椭圆度允许偏差	≤±8‰D
4	管片拼装缝间隙允许偏差	±2mm

注：D为隧道外直径（mm）。

9.6.7 管片拼装检查时，其密封材料应无损伤。

9.7 不良地质段施工

9.7.1 盾构不良地质段分类应包括富含水、软弱松散地层、砂土、卵砾石地段、断裂带、岩胀地段、溶洞地段、软硬不均交互地段、可燃气体和有害气体地段。

9.7.2 不良地质段施工应符合下列规定：

1 富含水、软弱松散地层施工应符合下列规定：

1）应选用带有辅助气压平衡功能的泥水平衡盾构掘进机，盾构掘进机应配置气压工作舱并应满足人员带压更换刀具与清障的要求；

2）应根据地层特征、地质变化、水土压力、建（构）筑物，合理设定掘进控制参数；

3）应优化调整循环泥浆比重、黏度、供排泥水压力与流量等主要参数，并应保持掘进面稳定；

4）应根据地层变化及时调整同步注浆量、注压力、浆液性能参数，必要时应进行多次补注浆；

5）应根据盾构掘进里程、地质条件计算盾尾密封刷的磨损，并应制定更换密封专项方案；

6）应加强对隧道轴线两侧30m范围内水利设施、堤防、地上与地下建（构）筑物、管道的地表沉降观测，并应根据观测结果及时调整掘进参数与注浆量。

2 砂土、卵砾石层地质段施工应符合下列规定：

1）应选用带有辅助气压平衡功能的泥水平衡盾构掘进机，盾构掘进机应配置气压工作舱满足人员带压更换刀具与清障的要求；

2）应合理配置选用刀具、数量、分布，选择适宜的刀盘开孔率；

3）应配备具有满足卵砾石和掘进速度相适应的破碎结构；

4) 应优化调整循环泥浆比重、黏度、供排泥水压力与流量等主要参数，并应保持掘进面稳定；

5) 应加强地表沉降观测，并应根据观测结果调整掘进参数，同时应加强同步注浆和多次补注浆控制；

6) 应选择适宜的地点及时更换刀具。

3 断裂带、岩胀地段施工应符合下列规定：

1) 根据岩石抗压强度、岩爆、岩胀的情况，应合理设定刀盘转速、推力、掘进贯入量、纠偏调整量的参数；

2) 应加强同步注浆和多次补注浆；

3) 根据泥水含渣量与比重，应采用清水掘进及时调整或更换循环水。

4 溶洞地段施工应符合下列规定：

1) 盾构掘进机内应具备安装超前钻机的结构、超前水平钻探与注浆的功能，并应配置气压工作舱；

2) 应详细查明溶洞分布、数量、大小，并应采取注浆充填措施；

3) 应根据溶洞的具体情况采取合理、有效的预处理措施。

5 软硬不均交互地段施工应符合下列规定：

1) 应配置气压工作舱满足人员带压更换刀具与清障的要求；

2) 应根据岩石层的性能，配置刀盘刀具性能、种类、数量和分布；

3) 应合理设定刀盘转速、推力；

4) 应加强导向测量人工复测。

6 可燃气体和有害气体地段施工应符合下列规定：

1) 在隧道和盾构机内部，应安装气体检测仪，对隧道和盾构机内部空气状况应实时不间断监测。当有害气体含量超标时，应采取有效措施处置合格后方可继续掘进；

2) 应加强隧道和盾构机内部通风；

3) 应配置开挖面和舱内的可燃、有害气体有效排放转换管道。

9.7.3 出进洞地段不良地质段施工应符合下列规定：

1 宜根据地层状况、隧道上方土层厚度、水土压力、环境条件等合理选择地质改良和井点降水施工工艺和方法；

2 在砂土层、淤泥地层始发段，宜根据地下水压力、周围环境等影响因素，采取井点降水或深层搅拌桩或高压旋喷桩或多种工法组合进行地质改良；

3 卵砾石层、中粗砂层、地质改良宜选用高压旋喷桩；

4 深度小于20m的砂土层、地质改良宜选用搅拌桩或高压旋喷桩；地质改良深度超过20m，宜选用高压旋喷桩；

5 淤泥层地质改良宜选用搅拌桩或高压旋喷桩；

6 砂土与卵砾石地层盾构出洞始发段地质改良范围不应小于5m长，横向截面不宜小于盾构机外径3*D*；

7 砂土与卵砾石地层盾构进洞接收段地层，地质改良范围不应小于盾构机体长度的1.2倍；

8 地质改良完成后，应进行钻孔取芯试验。

9.8 壁后注浆

9.8.1 壁后注浆应符合下列规定：

1 注浆准备应符合下列规定：

1) 应根据工程地质条件、设备状况、施工情况等条件选择注浆材料，注浆前应进行注浆材料的试验；

2) 应根据工程地质条件、隧道状况、环境要求等合理选用单液注浆或双液注浆材料；

3) 注浆前应按施工要求准备制浆、储浆、注浆设备，并应进行设备试运转。

2 应根据工程地质、隧道沉降及地表沉降的控制要求进行同步注浆和二次注浆，二次注浆应一次或多次注入，注浆充填系数宜按 1.3~2.5 选择；

3 注浆压力与速度应根据掘进面地质、水土压力的变化，及时调整修正注浆压力。注浆压力不宜超过被注浆部位水土压力 0.15MPa，并应确保隧道管片不产生位移和损坏；

4 注浆量应按下式计算：

$$V=k\pi L(D^2-d^2)/4 \tag{9.8.1}$$

式中：V——每环的注浆量(m^3)；

D——盾构机掘进切削外径(m)；

d——管片拼装成型外径(m)；

L——推进一环的距离(m)；

k——注浆量调整系数，应按地质、水土压力变化和沉降控制要求确定，系数宜为 1.3~2.5。

5 应按制定的配比拌制注浆用浆液。注浆设备及注浆器具应满足持续泵送浆液作业的能力要求；

6 注浆设备及管路，应在停注后立即用清水冲洗干净，注浆设备应配备有压力自动控制或压力控制调节溢流阀；

7 注浆作业应与盾构掘进施工同步，单位时间注入量应与掘进速度相匹配，并应记录注浆施工情况；

8 壁后注浆材料应满足强度、流动性、可填充性、凝结时间、收缩率、环保等要求，并宜按地质特征合理选用，壁后注浆抗压强度宜为 1MPa~5MPa，松散软弱地层宜为 1MPa~2MPa，岩石层不宜超过 5MPa。

9.8.2 地面沉降控制应符合下列规定：

1 公路、大堤的沉降量应控制在-30mm~10mm；

2 其他地段地表沉降量应控制在-50mm 以内；

3 应符合地方相关规定。

9.9 隧道防水

9.9.1 隧道防水应符合下列规定：

1 盾构隧道防水、接缝防水密封橡胶条的构造形式、密封材料的性能与截面尺寸应符合设计要求；

2 拼装前发现防水密封损坏，应进行修补或更换；

3 管片拼装缝渗漏水时，应采用二次注浆。

9.9.2 盾构隧道防水等级不应低于三级防水，充水隧道防水等级应为三级。

9.9.3 盾构隧道应在最低部位设置排水设施，且应满足施工与运行过程排水的要求。

9.10 带压进舱作业

9.10.1 带压进舱主要作业应包括刀具更换、清障等，进舱前准备应符合下列规定：

1 进舱前应了解掌握掘进面地层条件、水土压力、可燃与有害气体、从事作业内容等情况，并应制定进舱作业专项方案；

2 进舱前应根据专项作业方案，完成各种资源准备，且应包括人员组织、材料、工夹具、机具设备等；

3 进舱前应制定应急预案；

4 进舱前应对操作内容、技术、风险与应急措施方案进行全面交底。

9.10.2 带压进舱前应完成检查和准备工作，并应符合下列规定：

1 人员进舱前应通过观测管口，检查掘进面泥渗漏水量与水土压力、可燃或有害气体情况；

2 应全面检查带压进舱作业设备与应急设备，并应进行试运；

3 应采用两套气压控制装置；

4 带压作业区域内严禁采用明火。当使用电焊、气割时，应对所用设备加强检查，并应加强通风置换和增加消防设备；

5 应对进舱作业人员进行身体检查，24h 内应无饮用碳酸与酒精饮料。

9.10.3 进舱作业应符合下列规定：

1 作业全过程中应安排专人在舱外监管与值守；

2 应按照进舱作业专项方案和操作规程作业；

3 应连续不间断进行可燃气体和有害气体检测；

4 在不稳定地层进舱时，应采取地层加固或气体加压方法等措施；

5 应密切观测作业面地层渗漏水量与掘进面土体稳定情况，发现异常操作人员应立即撤离。

9.10.4 应根据作业前实测泥水压力与渗漏水量，并应通过计算和试验确定合理的气压，同时应保持开挖面稳定和防止地下水渗漏。

9.10.5 掘进面地层和气压舱应满足气密性要求。

9.10.6 刀盘舱和气压舱内空气质量应满足作业人员安全要求。

9.10.7 作业人员进舱工作 24h 内不应超过 1 次，进舱 1 次停留时间最长不应超过 6h，压力不宜超过 0.30MPa。当超过 0.30MPa 时，应采用相应的措施。

9.10.8 应对进舱人员、携带品、工具、材料、机具、工作内容与时间、物料消耗、人员加压与减压时间和工作压力等做好完整详实记录。

10 开挖法穿越施工

10.1 一般规定

10.1.1 河流、冲沟开挖穿越施工宜选择在枯水季节。雨季施工时应采取相应的安全措施。

10.1.2 有航运的河流或水域应设标志牌，并应标明禁止抛锚、挖砂；无航运的水域也应设置标志牌，并应标明禁止挖砂。

10.1.3 应根据施工图测量管沟中心线、管沟底标高和管沟上口边线，测量结果应符合设计要求。

10.1.4 应确定导流沟、截水坝、发送道、牵引道的几何尺寸，并应进行施工场地平面布置。

10.2 不带水开挖穿越施工

10.2.1 围堰和导流应符合下列规定：

1 导流沟底应低于入口处河流水面，且沟底沿水流方向应有一定的坡度。导流沟宽度应根据河水流量的大小确定；

2 河流上下游两截水坝之间的距离应能满足施工作业要求。坝顶应高出施工期水面 1.0m～1.5m，且不应超过河岸最低点；断面应为梯形，其边坡比宜为 1∶1～1∶2，坝顶的宽度应根据河水的深度确定，宜为 2m～5m；

3 当采用柔性止水帷幕技术时，宜将具有良好防渗性的彩条布以人工方式缝制在一起，沿基坑迎水面铺设止水帷幕，并宜抛洒中粗砂使止水帷幕与基坑迎水面紧密结合。

10.2.2 管沟开挖应符合下列规定：

1 采用围堰的方法开挖管沟，应根据穿越地段的岩土性质、施工方法、施工机具情况确定降水方法。当开挖地段为砂土、黏土时，可采用明沟排水等方法；当为淤泥、流砂、粉砂和细砂时，可采用井点降水等方法；

2 堰内管沟开挖应采用机械、人工或爆破方法。爆破成沟应符合本规范第10.4.1条~第10.4.6条的规定。

10.2.3 河底管沟几何尺寸和质量应符合下列规定：

1 河底管沟的沟底宽度和边坡尺寸应根据土石性质、水流速度、开挖深度和施工方法或试挖资料确定。当无试验条件和资料时，可按表10.2.3确定沟底宽度和边坡数据；

表10.2.3 不带水开发时沟底宽度和边坡数据

土石名称	沟底最小宽度(m)	管沟边坡	
		沟深≤2.5m	沟深>2.5m
淤泥、粉细砂	D+4(8)	1∶3.5	1∶5
中粗砂、卵砾	D+3(6)	1∶3	1∶4
砂土	D+2(5)	1∶2.5	1∶3
黏土	D+2(5)	1∶2	1∶2
岩土	D+2(5)	1∶0.5	1∶1

注：1 如遇流砂、沟底宽度和边坡数据，应根据施工方案另行确定；
2 当用围堰方法挖沟，在沟下焊接时，沟底宽度应为8m~12m；
3 D为管子外径(包括防腐层或保温层厚度)；
4 ( )内为采用沟下组焊规定值。

2 河底管沟应平直，不应有土坎，中心线偏移不应超过200mm，管沟深度应符合设计要求，其允许偏差应为±200mm。

10.2.4 管道敷设除应符合现行国家标准《油气长输管道工程施工及验收规范》GB 50369的有关规定外，还应符合下列规定：

1 管道敷设的任何工序均应对管道防腐层进行保护，不应损坏防腐层。管道下沟前应进行电火花检漏，发现漏点应及时补伤，合格后方可下沟；

2 管道就位前，应对管沟的标高、中心线位置和几何尺寸进行复测，且应符合设计要求；

3 管道敷设宜在堰内进行管道安装、下沟、回填；

4 管道敷设宜采用底拖法、漂浮法施工。

10.2.5 管道压载及回填应符合下列规定：

1 应对下沟管道进行标高测量和管道中心线测量，合格后方可进行管沟压载和回填；

2 应按设计要求安装加重块、装配块、马鞍块、压载袋、地锚，并应对连续混凝土进行覆盖后实施回填；

3 回填后应对管道的中心线、标高进行复测并应符合设计要求。

10.2.6 地貌恢复应符合下列规定：

1 施工期间应保持施工现场周围的生态环境，工程完毕后，应立即拆除截水坝、导流沟等临时设施，并应恢复地貌；

2 应按设计要求及时完成护岸和护坡的砌筑工程。

10.3 带水开挖穿越施工

10.3.1 水下开挖管沟应符合下列规定：

1 对河床土层松软、水流速度小、回淤量小的河流，宜采用绞吸式或吸扬式挖泥船开挖管沟。当河床土层为硬土层或卵石层时，可采用抓斗挖泥船或轮斗挖泥船开挖管沟；

2 当河床地层为砂土、黏土或夹卵石时，可用拉铲配合其他方法开挖管沟；

3 当河床地层为岩石时，可采用爆破成沟，爆破成沟应符合本规范第11.2条的规定。

10.3.2 河底管沟几何尺寸和质量应符合下列规定；

1 河底管沟的沟底宽度和边坡尺寸应根据土壤性质、水流速度、开挖深度和施工方法或试挖资料确定。当无试验条件和资料的情况时，可按表 10.3.2 确定沟底宽度和边坡数据；

表 10.3.2 带水开挖时沟底宽度和边坡数据

土石名称	沟底最小宽度(m)	管沟边坡	
		沟深<2.5m	沟深>2.5m
淤泥、粉细砂	D+5	1：4	1：6
中粗砂、卵砾石	D+4	1：3.5	1：5
砂土	D+3	1：2.5	1：4
黏土	D+3	1：2	1：3
岩石	D+2	1：0.5	1：1

注：当遇流砂时，沟底宽度和边坡数据应根据施工方案另行确定。

2 河底管沟应平直，不应有土坎，中心线偏移不应超过 500mm，管沟深度应符合设计要求，其允许偏差应为±300mm。

10.3.3 管道牵引就位应符合下列规定：

1 牵引前应将发送沟、发送架、牵引场地、牵引设备等准备完毕；

2 管道牵引就位前，应对管沟的沟底宽、标高、中心线位置和几何尺寸进行复测，确认符合设计和本规范规定后，方可牵引；

3 当穿越管道未采用预制配重层管时，可采用充水配重底拖法或漂管法。当采用预制配重层管时，宜采用漂管法牵引就位；

4 沿河底拖管就位应符合下列规定：

1) 在牵引过程中，管道应有一定的重量，管道在水中的重量 G、水中的管道负浮力 F 和待牵引管道外廓的排水体积 V 应按下列公式计算：

$$G=(G_1+G_2+G_3+G_4)L \tag{10.3.3-1}$$

$$F=(G-\gamma V)L \tag{10.3.3-2}$$

$$V=V_1+V_2+V_3 \tag{10.3.3-3}$$

式中：G——待牵引管道的重量总和(kg)；

G_1——每米管道的重量(kg)；

G_2——每米管道上附加的橡胶板重量(kg)；

G_3——每米管道上附加的混凝土压重块的重量(kg)；

G_4——每米管道上的防腐层的重量(kg)；

L——管道长度(m)；

F——待牵引管道在全部入水中时的负浮力(kg)；

V——每米待牵引管道外廓的排水体积(m^3)；

V_1——每米带防腐层管道排水体积(m^3)；

V_2——每米橡胶板排水体积(m^3)；

V_3——每米配重块排水体积(m^3)；

γ——穿越水域中水的密度(kg/m^3)。

沿河底拖管所需牵引力 N_2，应与发送道起动时的牵引力进行对比 N_1，并应取二者中的最大值。发送道起动时的牵引力 N_1 和沿河底拖管所需牵引力 N_2 应按下列公式计算：

$$N_1=g(\alpha_1 Gf_1+T) \tag{10.3.3-4}$$

$$N_2=g(\alpha_2 Ff_2+T) \tag{10.3.3-5}$$

式中；N_1——发送道起动时的牵引力(N)；

N_2——沿河底拖管所需的牵引力(N)；

α_1——起动系数，宜取2；

α_2——起动系数，宜取2，当不存在停止再启动时，可取1；

f_1——管道与牵引道的摩擦系数；

f_2——管道与河底的摩擦系数；

T——钢丝绳重量(kg)；

g——重力加速度(N/kg)。

2)牵引设备的选用，应根据最大牵引力的大小和施工单位现有装备情况确定，牵引设备能力不应低于最大牵引力的1.2倍；

3)钢丝绳的选用，应按最大牵引力选择钢丝绳，钢丝绳的安全系数应大于或等于3.5；管道牵引应使用预拉后的钢丝绳，预拉力应为钢丝绳许用拉力的15%~20%；

4)拖管应采用发送装置。发送方式应根据穿越工程的具体情况和施工单位现有的装备能力来确定；

5)大型河流穿越，应修筑牵引道。牵引道与管道施工作业带宽度相同，长度应满足牵引作业正常进行。

5 漂管过河应符合下列规定：

1)当管道穿越湖泊水库及水流速度在0.2m/s以下的河流时，可采用漂管过河；

2)漂管过河可根据施工现场条件选择直线漂管过河或旋转漂管过河的方式；

3)当管道重量等于或大于浮力时，可采用加浮筒的方法进行浮拖。

10.3.4 稳管应符合下列规定：

1 水下穿越管段应稳定在所要求的位置上，并应按设计要求进行稳管；

2 当穿越管段安放配重块、石笼、浇筑混凝土连续覆盖层时，不应损坏管道的防腐层；

3 当采用加重层稳管方法时，稳管用材料、稳管结构应符合设计要求，加重层的厚度偏差、强度、外观质量应符合现行国家标准《混凝土结构工程施工质量验收规范》GB 50204的有关规定。加重层管子的吊装应采用专用吊装设备，其吊装能力及方式应满足相应要求；

4 当采用复壁管稳管方法时，复壁管环行空间注水泥浆前，内管应充满水且保持一定的压力。注浆时应在排放口取样，测定水泥浆的相对密度，应达到设计相对密度时注浆。水泥浆性能应符合表10.3.4的规定。当凝结时间不满足要求时，可向水泥浆内加缓凝剂。当水泥浆密度较大时，可加重晶石粉。

表10.3.4 水泥浆性能

项目 指标	流动度	初凝时间	终凝时间	密度
不低于	160mm	8h~10h	18h~24h	1800kg/m^3

10.3.5 地貌恢复和护岸应符合下列规定：

1 管道牵引就位后，应按设计要求回填；

2 施工期间应保持施工现场周围的生态环境，工程完毕后，应恢复地貌；

3 应按设计要求及时完成护岸和护坡的砌筑工程。

10.4 爆破成沟

10.4.1 应根据河床水文、地质条件和穿越工程的技术要求，选择植桩爆破法、埋入爆破法和裸露爆破法等爆破施工方法。

10.4.2 土石爆破炸药量的计算应符合下列规定：

1 当最小抵抗线 $h<3\text{m}$ 时，集团装药量应按下式计算：

$$Q=Abh^3 \tag{10.4.2-1}$$

2 当最小抵抗线 $h\geqslant 3\text{m}$ 时，集团装药量应按下式计算：

$$Q=Kh^3(0.4+0.6n^3) \tag{10.4.2-2}$$

式中：Q——集团装药量(中级炸药)(kg)；

A——介质(土石)抗力系数，应符合表 10.4.2-1 的规定；

b——爆破作用指数的系数，应符合表 10.4.2-2 的规定；

h——最小抵抗线(h 等于穿越深度)(m)；

K——爆破每立方米土石所需药量，应符合表 10.4.2-3 的规定；

n——爆破作用指数，宜取 1.0~1.5。

表 10.4.2-1 介质(土石)抗力系数

土石名称	a
有砂和碎石的土壤	0.51
生长植物的土壤	0.57
湿砂	0.85
夹砂地	0.66
砂质黏土及坚硬表黏土	0.70
多石土壤	0.77
红黏土	0.98
石灰岩	1.11
花岗岩	1.34
新积土地带	0.26

注：1 使用低级炸药时，系数 A 值与中级炸药相同，爆破坚硬的岩石如用低级炸药，应比公式算出的炸药量增加 0.2~0.5 倍；

2 当土石为冻土时，系数应增加 0.5 倍；

3 当土石为分层土石时，A 值取最坚硬一层的数值；

4 当坚硬岩石有缝隙时，系数值应缩小 1/2；

5 当有条件时，应用标准装药实验验证系数 A。

表 10.4.2-2 爆破作用指数的系数

装药种类			爆破作用指数 $n=r/h$	爆破作用指数的系数 b	漏斗半径(破坏半径) r	可见深度(爆破深度) p	最小抵抗线 $h=r/n$
压缩爆破	减量漏斗	微量装药	—	0.35	$r=0.57h$	—	$h>r$
松散爆破		震荡装药	—	0.70	$r=0.7h$	—	
飞散爆破 过量爆破 抛掷爆破	标准漏斗	寻常装药	1.00	1.70	$r=h$	$P=0.5h$	$h=r$
	过量爆破	1.25 倍过量装药	1.25	3.12	$r=1.25h$	$P=0.75h$	$h<r$
		1.5 倍过量装药	1.5	5.06	$r=1.5h$	$P=h$	
		1.75 倍过量装药	1.75	8.29	$r=1.75h$	$P=1.25h$	
		2.0 倍过量装药	2.00	13.2	$r=2.0h$	$P=1.4h$	

表 10.4.2-3　爆破每立方米土石所需药量（K 值）

土石名称	土石等级	K
密实砂或湿砂	1、2	1.4~2.0
砂黏土	3	1.2~1.35
坚实黏土	4	1.2~1.5
亚黏土（黄土）	4~5	1.1~1.5
白垩土	5	0.9~1.1
硬石膏、泥灰石、蛋白石	5~6	1.2~1.5
裂缝喷出岩、重负浮石	6	1.5~1.8
贝壳石灰岩	6~7	1.8~2.1
砾石和钙质砾石	6~7	1.35~1.65
砂石、层状砂岩、泥灰岩	7~8	1.35~1.65
钙质砂石、白云岩、镁质岩	8~10	1.5~1.95
砂岩、石灰岩	8~12	1.5~2.4
花岗岩	9~15	1.8~2.25
玄武岩、山岩	12~16	2.1~2.7
石英岩	14	1.6~2.1
斑岩	14~15	2.4~2.55

注：1　表中列 K 值均以硝铵炸药为准；

2　必要时可用标准岩药（$K=Q/h$）试爆校正，但 h 不应小于 L（药桩长度）。

10.4.3　当采用植桩爆破施工时，应符合下列规定：

1　应根据穿越工程设计要求，确定钢管药桩规格；

2　药桩长度 L、药桩入土深度 d 及爆破成沟深度 p 应按下列公式计算：

$$L=H+H_{上}+H_{土} \tag{10.4.3-1}$$

$$d=p-p_{下} \tag{10.4.3-2}$$

$$p=F+S \tag{10.4.3-3}$$

式中：L——药桩长度（m）；

H——水深（m）；

$H_{上}$——水面以上药桩长度（m）；

$H_{土}$——药桩入土深度（m）；

p——爆破成沟深度（可见深度）（m）；

$p_{下}$——爆破下座深度，取 0.3~0.5（m）；

F——管线设计深度（m）；

S——回淤深度，宜取 1~2（m）。

3　单个药桩炸药量应按下式计算：

$$Q=Ab(H^{0.3}+H_{土0.7})^{2.2} \tag{10.4.3-4}$$

式中：Q——单个药桩炸药量（kg）；

A——介质抗力系数，取 0.9；

b——爆破作用指数的系数，取 14.9。

4 当制作钢管药桩时，应将钢管加工成一端为锥形、另一端为敞口的钢管桩；

5 当确定桩位时，应沿穿越中心线每隔 5m ~ 6m 设一个药桩，药桩间距应与排距相等。应根据管沟深度确定植单排或双排药桩，当沟深小于或等于 5m 时，应植单排桩；当沟深大于 5m 时，应植双排桩；

6 应采用打桩机植桩。已植完的药桩在装药前应将药桩上口封口处理；

7 植桩完毕后应进行装药和联接起爆线路，装药完毕后药桩应用干土填好并夯实，桩口上端应密封，并应做好防水处理。

10.4.4 采用埋入爆破法施工，应按爆破施工方案确定炸药包埋放位置，并应将包扎好的炸药包植入药坑。当坑里有水时，应做好配重和防水处理，并应在确认后进行回填。

10.4.5 采用裸露爆破法施工，应做好炸药包配重和防水处理，联接起爆线后，应按设计规定的药包间距投在穿越河床中心线上，偏差不应超过 0.5m。

10.4.6 爆破器材性能和质量应符合现行国家标准《土方与爆破工程施工及验收规范》GB 50201 的有关规定。

10.5 道路开挖穿越施工

10.5.1 当管道穿越三级及以下公路、乡间土路以及其他不适宜用钻孔法、顶管法等施工公路时，可采用开挖法施工。

10.5.2 当采用开挖法施工时，可采用全开挖、半幅开挖等方法，当采用全开挖时，宜修建绕行道路。

10.5.3 采用开挖法穿越公路时，应根据安全规定设置路障、栅栏、警示标志，并应设专人指挥交通维护安全。

10.5.4 道路开挖应符合下列规定：

1 测量放线应标出管道中心线、开挖边线、施工作业边线。放线时应标出地下管道、电缆等构筑物的位置；

2 穿越地段有地下构筑物时应采用人工开挖；当地下无构筑物时，可用机械开挖，开挖深度应按线路纵断面图的要求，边坡不宜大于 1∶0.5。用机械开挖时沟底应留出 0.2m 用人工修整；

3 对岩石地层应采用分层松动爆破的办法施工，每层最大厚度不应超过 0.5m，爆破时应在其表面铺设炮被。爆破后应立即清渣，并应在清渣后进行下层爆破直到规定深度。爆破宜在夜间进行，爆破期间禁止车辆通行，并应设置明显的夜间警示红灯；

4 管沟长度应为套管长度加 4m ~ 6m。管沟几何尺寸应经过测量核对；

5 开挖公路与管道组装宜连续施工。

10.5.5 套管与主管安装就位应符合下列规定：

1 当公路穿越采用钢套管时，可采用主管、套管穿在一起就位或先套管就位，回填后应穿越主管；当公路穿越采用混凝土套管时，应先套管就位，回填后应穿越主管；

2 主管与套管穿在一起时，宜用卡具固定之后一起吊装下沟；

3 套管封堵应在管道就位之后安装，其他附件安装宜在公路回填之后进行。

10.5.6 道路恢复应符合下列规定：

1 管道安装后，应立即进行穿越管段管沟回填；

2 路面回填恢复应符合原公路设计要求。新筑路面与原路面应有良好搭接，恢复路面长度应每侧宽于管沟 0.5m；

3 公路路基边坡应稳定，必要时可采用砌石护坡；

4 公路回填完毕应经公路主管部门认可；

5 施工完成后应撤掉标志，恢复路面交通。

11 矿山法隧道穿越施工

11.1 一般规定

11.1.1 隧道施工前，应核对隧道平面、纵断面设计图以及洞外排水系统和设施的布置是否与地形、地貌相适应。

11.1.2 隧道开工前应编制施工场地总平面布置图。

11.1.3 弃碴场应选在地质条件稳定，容量足够，且出碴运输方便的场地，且不应占用其他工程场地和影响附近各种设施的安全，同时应考虑弃碴的利用。弃碴场地应建立挡碴墙、排水设施，弃碴后应进行水土保持的治理。

11.1.4 临时设施不应布置在受泥石流、坍塌、滑坡、洪水等自然灾害威胁的地段。

11.1.5 涉及洞口安全并有可能发生滑坡、危石、崩塌和雪崩的区域，应先行处理。

11.1.6 隧道施工前，应完成洞口周围的排水系统。

11.1.7 运输便道应引至洞口，满足使用期运输量和行车安全要求。

11.1.8 风、水、电等临时设施的安装应满足施工和安全要求。

11.1.9 爆破材料储存使用、施工应符合现行国家标准《爆破安全规程》GB 6722 的有关规定。

11.2 施工测量

11.2.1 隧道长度大于或等于 500m 或双向掘进的隧道，应按本规范第 7.2 条的规定设置精密的平面控制网和高程控制网，并应定期对其基准点进行校核。

11.2.2 洞外水准点和中线点应根据隧道平面图、纵断面图和隧道长度等定期进行复核；洞内控制点应根据施工进度进行设定。

11.2.3 地面控制网应符合本规范第 7.2.6 条的规定。

11.2.4 隧道长度不小于 500m 及直线隧道宜用激光设备导向。

11.2.5 斜井中线的方向应由斜井口外直线引伸。斜井量距应丈量斜距，并应将斜距换算成水平距离。

11.2.6 隧道竣工后，应在直线地段每 50m、曲线地段每 10m 测绘以路线中线为准的隧道实际净空，并应在竣工资料上标出拱顶高程、起拱线宽度及底板水平宽度。

11.3 洞口施工

11.3.1 洞口工程施工应符合下列规定：

1 开挖土石方不应采用深眼大爆破开挖，并应按设计要求进行洞口边坡、仰坡放线，应采用自上而下方式开挖；

2 洞口排水系统应在施工期的雨季前完成；

3 石质地层开挖后，应及时清除松动石块；土质地层开挖后应夯实整平边(仰)坡，做好洞口支护加固工程；

4 洞口施工宜避开降雨期和降雪期。严寒地区施工，应按冬季施工有关规定实施；

5 开挖的土石方不应弃在危害边坡及其他建筑物稳定的地点，并不应影响运输安全；

6 洞口掘进施工应根据洞口地质条件，采取支护措施。当洞口有可能出现地层滑坡、坍塌、偏压时，应采取预防措施。

11.3.2 洞门施工应符合下列规定：

1 基础应置于稳固的地基上，虚碴、杂物、积水等应清除干净；

2 洞门拱墙应与洞内相邻的拱墙同时施工，并应采用同等级混凝土；

3 洞门端墙的砌筑与回填应两侧对称进行，不应对衬砌产生偏压；

4 洞口挡土墙、翼墙施工程序应符合设计要求；

5 洞门完成后，其上方仰坡坡脚受破坏时，应及时处理，加固时宜采用浆砌片石。

11.3.3 洞口段施工，应根据地质条件和保障施工安全等因素，选择开挖方法和支护方式，并应符合下列规定：

1 不良地质地段应在进洞前对地表、仰坡进行防护，并应采用超前支护；

2 洞口邻近建(构)筑物时，应采取微爆技术，并对建(构)筑物下沉、倾斜、裂缝以及振动等情况作监测；

3 洞口段开挖应加强支护，开挖后应及时安装锚杆、喷射混凝土、敷设钢筋网或钢支撑等，并应尽早施工衬砌；

4 应增加地表下沉、拱顶下沉的监控频率。

11.4 明洞施工

11.4.1 明洞施工根据地形、地质条件及其结构类型，应按下列规定采用施工方法：

1 当施工边坡能暂时稳定时，可采用先墙后拱法；

2 当施工边坡稳定性差，但拱脚承载力较好能保证拱圈稳定时，应采用先拱后墙法；

3 当采用半路堑式明洞施工时，应先施工外侧边墙，再施工拱圈，最后施工内侧边墙；

4 当采用路堑式明洞施工时，如拱脚地层松软，不能采用先拱后墙法施工时，可在起拱线以上部分开挖后，采用跳槽挖井法先灌筑两侧部分边墙，再施工拱圈，最后施工其余边墙。

11.4.2 明洞地段的土石方开挖应符合下列规定：

1 开挖方式、边坡和仰坡的坡度应根据地形、地质条件、边仰坡稳定程度和采用的施工方法确定；

2 石质地段开挖时，应防止爆破影响边坡和仰坡的稳定；

3 松软地层开挖时，宜边支护边开挖。

11.4.3 明洞衬砌应符合下列规定：

1 拱圈应按断面要求制作定型挡头板、外模和骨架，并应防止走模；

2 明洞衬砌浇筑混凝土前应复测中线和高程，衬砌不应侵入设计轮廓线；浇筑拱圈混凝土达到设计强度70%以上时，方可拆除内外支模骨架；

3 采用跳槽挖井法灌筑拱圈时，应保证拱脚稳定；

4 先做一侧边墙随即灌筑拱圈时，应防止另一侧拱脚沉落；

5 先拱后墙法施工的拱圈，在起拱线以上1m范围内应紧贴崖壁灌筑，并应同时做好纵向或竖向排水设施。

11.4.4 明洞衬砌完成后，应及时回填，并应符合下列规定：

1 当明洞墙背垂直开挖超挖数量较小时，应采用与边墙相同的材料同时灌筑，超挖数量较大时，应用浆砌片石回填；

2 明洞拱圈灌筑完成，在外模拆除后应做防水层和回填拱背；

3 拱圈混凝土达到设计强度70%且拱顶回填高度达到0.7m以上时，方可拆除拱架；

4 拱背回填应对称分层夯实，每层厚度不宜大于0.3m，其两侧回填的土面高差不应大于0.5m。回填至拱顶后应分层填筑。

11.5 隧道掘进

11.5.1 钻爆施工应符合下列规定：

1 隧道开挖前，应根据工程地质条件、开挖断面、开挖方法、掘进循环进尺、钻眼机具和爆破材料等进行钻爆设计，并应根据爆破效果及时修正有关参数；

2 隧道施工时，应先进行地质雷达、红外线探水、超前水平探孔等超前地质预报；

3 岩石隧道开挖应采用光面爆破或预裂爆破。光面爆破和预裂爆破参数应通过试验确定。当无试验条件时，有关参数可按表 11.5.1-1 及表 11.5.1-2 选用；

表 11.5.1-1 光面爆破参数

岩石类别	周边眼间距 E(mm)	周边眼抵抗线 W(mm)	相对距离 E/W	装药集中度 q(kg/m)
极硬岩	550~700	600~800	0.7~1.0	0.30~0.35
硬岩	450~650	600~800	0.7~1.0	0.20~0.30
软质岩	350~500	450~600	0.5~0.8	0.07~0.12

注：1 当断面较小或围岩软弱、破碎或对曲线、折线开挖成形要求较高时，周边眼间距 E 应取较小值；

2 周边眼抵抗线 W 值在一段情况下均应大于周边眼间距 E 值。软岩在取较小 E 值时，W 值应适当增大；

3 E/W：软岩应取小值，硬岩及断面小时应取大值；

4 装药集中度 q 为 2 号岩石硝铵炸药，选用其他类型炸药时，应修正。

表 11.5.1-2 预裂爆破参数

岩石类别	周边眼间距 E(mm)	至内排崩落眼间距(mm)	装药集中度 q(kg/m)
极硬岩	400~500	400	0.30~0.40
硬岩	400~450	400	0.20~0.25
软质岩	350~400	350	0.07~0.12

注：1 表 11.5.1-1~表 11.5.1-2 所列参数适用于炮眼深度 1.0m~3.5m，炮眼直径 40mm~50mm，药卷直径 20mm~25mm；

2 当断面较小或围岩软弱、破碎或对曲线、折线开挖成形要求较高时，周边眼间距 E 应取较小值；

3 周边眼抵抗线 W 值在一般情况下均应大于周边眼间距 E 值。软岩在取较小 E 值时，W 值应适当增大；

4 E/W：软岩应取小值，硬岩及断面小时应取大值；

5 表列装药集中度 q 为 2 号岩石硝铵炸药，选用其他类型炸药时，应修正。

4 隧道爆破应选用适当的炸药品种和型号，并应采用导爆管或电力起爆，不应采用火花起爆。

11.5.2 炮眼布置应符合下列规定：

1 钻爆作业应按钻爆设计进行钻眼、装药、接线和起爆；

2 钻眼前应画出开挖断面中线、水平和断面轮廓，并应根据钻爆设计图标出炮眼位置，经检查符合设计要求后方可钻眼；

3 炮眼深度和角度应符合设计，掏槽眼眼口间距误差和眼底间距误差不应大于 50mm；辅助眼眼口排距、行距误差均不应大于 100mm，周边眼眼口位置误差不应大于 50mm，眼底不应超过开挖轮廓线 150mm；

4 当开挖面凸凹较大时，应按实际情况调整炮眼深度；

5 钻眼完毕，应按炮眼布置图进行检查并做好记录，对不符合要求的炮眼应重钻，经检查合格后方可装药；

6 掏槽炮眼宜采用直眼掏槽或斜眼掏槽；

7 周边眼应沿隧道开挖轮廓线布置，并应保证开挖断面符合设计要求；

8 辅助炮眼应交错均匀布置在周边眼与掏槽眼之间；

9 周边炮眼与辅助炮眼的眼底应在同一垂直面上，掏槽炮眼应加深 100mm。

11.5.3 爆破施工应严格控制超欠挖，并应符合下列规定：

1 允许超挖值应符合表 11.5.3 的规定；

表 11.5.3　隧道开挖允许超挖值(mm)

项　次	项　目		允许偏差
1	拱部	Ⅰ级围岩	平均 100，最大 200
		Ⅱ-Ⅳ级围岩	平均 150，最大 250
		Ⅴ-Ⅵ级围岩	平均 100，最大 150
	边墙、仰拱、隧道底		平均 100
2	土质和不需爆破岩层拱部、边墙、仰拱、隧道底		平均 100，最大 150

2　当超挖或小规模塌方处理时，应采用耐腐蚀材料回填，并应做好回填注浆；

3　开挖轮廓应圆顺，开挖面应平整；

4　爆破进尺应达到设计要求，爆破石块大小应满足装碴要求；

5　炮眼痕迹保存率应按下式计算，硬岩不应小于 80%，中硬岩不应小于 60%，并应在开挖轮廓面上均匀分布；

$$炮眼痕迹保存率=\frac{残留有痕迹的炮眼数}{周边眼总数}\times 100\% \quad (11.5.3)$$

6　两次爆破的衔接台阶尺寸不应大于 150mm。

11.5.4　岩爆防治应符合下列规定：

1　开挖面在施工过程中，应按设计要求加强超前地质勘探，可采用超前钻探、声反射和地温探测方法，对岩爆发生的可能性及地应力的状态进行预报；

2　当开挖面在爆破施工时，应采用“短进尺、多循环”的施工方法，并应用光面爆破技术控制装药量。在岩爆地段作业，进尺应控制在 2.5m 以内；

3　应用超前探孔和超前探孔内松动爆破的方法，使作业面的围岩应力降低，超前探孔的布置形式及参数应与地质探孔的形式一致，探孔深度宜为 15m~20m。也可采取在岩壁切槽的方法降低岩爆的强度；

4　对围岩进行加强支护和超前支护加固，可采用锚杆和超前锚杆支护、锚喷混凝土支护、钢纤维喷混凝土支护、钢支撑支护和二次衬砌等多种支护方法的组合；

5　衬砌作业应与开挖工序紧密衔接，并应均衡施工。在衬砌过程中应准备好临时钢木排架，当听到爆裂响声时，应进行支护；

6　岩爆地段应对设备和人员做好防护。

11.5.5　隧道开挖应符合下列规定；

1　隧道开挖宜采用全断面法施工，Ⅳ级及Ⅳ级以下的围岩宜采用台阶法施工。台阶长度宜为隧道开挖宽度的 1 倍~2 倍；

2　隧道在稳定岩体中宜先开挖后支护，初期支护结构距开挖面宜为 5m~10m；当开挖面稳定时间不满足初期支护施工时，应采取超前支护或注浆加固措施；

3　隧道开挖循环进尺，在土层和不稳定岩体中宜为 0.5m~1.2m；在稳定岩体中宜为 1.0m~1.5m；

4　隧道应按设计要求严格控制开挖断面，不应欠挖，其允许超挖值应符合本规范表 11.5.3 的规定；

5　同一条隧道相对开挖，当两工作面相距 20m 时，应停挖一端，另一端继续开挖，并应做好测量工作，及时纠偏。线贯通平面位置允许偏差应为±50mm，高程允许偏差应为±30mm。

11.6　支　护

11.6.1　支护应符合下列规定；

1　隧道施工，应配合开挖及时支护；

2　隧道支护应采用喷锚支护，并应根据围岩特点、断面大小和使用条件等选择喷混凝土、锚杆、钢筋网和钢架等单一或组合的支护形式；

3 当开挖工作面不能自稳时，应根据具体地质条件进行超前支护和预加固处理；

4 喷锚支护施工中，应做好下列工作：

1) 填写喷锚支护施工记录；

2) 提供喷混凝土的强度、厚度、外观尺寸等项检查和试验报告；

3) 填写监控量测记录；

4) 在地质条件复杂地段，应提供地质素描资料。

11.6.2 喷射混凝土施工应符合下列规定：

1 喷射混凝土应在开挖后及时进行；

2 喷射混凝土宜采用湿喷工艺；

3 喷射混凝土的施工配合比应通过试验确定，并应满足混凝土强度和喷射工艺的要求；

4 喷射机应具有良好的密封性能，输料连续、均匀，附属机具的技术条件应满足喷射作业需要；

5 喷射混凝土前应做好下列准备工作：

1) 检查开挖断面净空尺寸，清除松动岩块和拱、墙脚处的岩屑等杂物；

2) 用高压水冲洗受喷面，当受喷岩面遇水容易潮解、泥化时，采用高压风吹净岩面；

3) 设置控制喷射混凝土厚度的标志；

4) 检查机具通风设备和风、水、电等管线，并试运；

5) 当受喷面有滴水、淋水、集中出水点时，应进行处理。

6 喷射混凝土作业应符合下列规定：

1) 喷射作业应分段、分片、分层，由下至上顺序进行，当岩面有较大凹洼时，应先填平；

2) 当分层喷射时，一次喷射厚度可根据喷射部位和设计厚度确定；

3) 应紧跟开挖工作面及时喷射混凝土，在喷射结束后4h内不应进行下一循环的爆破作业；

4) 混合料应随拌随喷，不掺速凝剂的干混合料，存放时间不应大于2h；掺有速凝剂的干混合料，存放时间不应大于20min；

5) 速凝剂掺量应准确，并应添加均匀，不应随意增加或减少；

6) 外加剂的选用应符合现行国家标准《混凝土外加剂应用技术规范》GB 50119的有关规定，外加剂应对混凝土和钢材无腐蚀作用，且不应影响混凝土和钢材的使用性能；

7) 喷嘴应与岩面垂直，同时应保持适当的距离和喷射压力；

8) 喷射后应进行养护和保护。

11.6.3 锚杆施工应符合下列规定：

1 锚杆类型应根据地质条件、使用要求及锚固特性进行选择，可选用中空注浆锚杆、树脂锚杆、自钻式锚杆、砂浆锚杆和摩擦型锚杆等；

2 锚杆安装前应进行抗拔力试验，锚杆杆体的抗拉力不应小于150kN，锚杆直径宜为20mm~22mm；

3 锚杆用的水泥砂浆，其强度不应低于M20；

4 锚杆施工应及时进行；

5 锚杆钻孔应符合下列规定：

1) 钻孔机具应根据锚杆类型、规格及围岩情况选择；

2) 应按设计要求确定孔位，孔位允许偏差应为±150mm；

3) 应保护直线，并宜与其所在部位的岩层主要结构面垂直；

4) 深度及直径应与杆体相匹配。

6 锚杆安装应符合下列规定：

1) 杆体插入锚杆孔时，应保持位置居中，插入深度应满足设计要求，当插入困难时，可采用自钻式锚杆；

2) 有水地段应先引出孔内的水或在附近另行钻孔，再安装锚杆；

3) 砂浆锚杆孔内灌注砂浆应饱满密实；

4) 早强药包锚杆、树脂锚杆应先检查药包和树脂卷质量，受潮或变质者不应使用；

5) 锚杆应安装垫板，垫板应与喷混凝土面密贴。

11.6.4 钢筋网铺设应符合下列规定：

1 除在砂土地层中开挖隧道外，钢筋网宜在喷一层混凝土后铺挂；

2 砂层地段应先铺挂钢筋网，并应沿环向压紧后再喷混凝土；

3 采用双层钢筋网时，第二层钢筋网应在第一层钢筋网被混凝土覆盖后铺设，其覆盖厚度不应小于 30mm；

4 钢筋网应与锚杆或其他固定装置连接牢固；

5 开始喷射时，应减少喷头至受喷面的距离，并应调整喷射角度，钢筋保护层厚度不应小于 30mm；

6 喷射中如有脱落石块或混凝土块被钢筋网卡住时，应及时清除。

11.6.5 钢架施工应符合下列规定：

1 钢架宜选用钢筋、型钢等制成，格栅钢架的主筋直径不宜小于 18mm；

2 钢架应在开挖或喷混凝土后及时架设；

3 钢架安装应符合下列规定：

1) 安装前应清除底脚下的虚碴及杂物，钢架安装横向和高程允许偏差应为±50mm，垂直度允许偏差应为±2°；

2) 钢架安装可在开挖面以人工进行，各节钢架间宜以螺栓连接；

3) 沿钢架外缘每隔 2m 应用钢楔或混凝土预制块楔紧。

4 钢架应与喷混凝土形成一体，钢架与围岩间的间隙应用喷混凝土充填密实；钢架应全部被喷射混凝土覆盖，保护层厚度不应小于 40mm。

11.6.6 超前支护和预加固处理应符合下列规定：

1 隧道在开挖后自稳时间小于完成支护时间的地段，应根据围岩情况、开挖方式、进度要求、机械配套情况，选择下列一种或几种措施进行超前支护和预加固处理：

1) 喷射混凝土封闭开挖工作面；

2) 超前锚杆或超前小导管支护；

3) 管棚超前支护；

4) 设置临时仰拱；

5) 地表锚杆或地表注浆加固；

6) 小导管周边注浆和围岩深孔注浆。

2 喷射混凝土封闭开挖面时，应采用早强混凝土，喷射厚度宜为 50mm～100mm；

3 超前锚杆、小导管支护应符合下列规定：

1) 宜和格栅架配合使用；

2) 长度宜为 3.0m～3.5m，并应大于循环进尺的 2 倍；

3) 超前锚杆外插角宜为 10°～20°，小导管外插角宜小于 10°。

4 管棚超前支护应符合下列规定：

1) 管棚用钢管直径宜为 76mm～127mm，钢管中心间距宜为管径的 2 倍～3 倍；

2) 管棚长度应根据地层情况选用，不宜小于 10m；

3) 纵向两组管棚的搭接长度应大于 3m。

5 临时仰拱应根据围岩情况及量测数据确定设置区段，可采用型钢或喷射混凝土等修筑；

6 当在软弱围岩及富水地层中施工时，可采用注浆法加固地层，并应根据地质情况、隧道断面形状、施工机具等条件，选用小导管周边预注浆、深孔注浆或地表注浆。

11.7 斜巷施工

11.7.1 斜巷的掘进与支护除应符合本规范第11.5条和第11.6条的规定外，还应符合下列规定：

1 钻眼方向宜与斜巷的倾角一致，眼底应比巷底高程略低；

2 每个循环进尺均应检测其高程并应控制巷身的斜度，每隔20m~30m应测量中心线和高程；

3 斜巷施工需要支护的地段，应采用喷锚支护。巷口和地质不良地段、巷底调车场和作业洞室应加强支护，并应做二次衬砌。

11.7.2 斜巷运输装置应符合下列规定：

1 无轨运输不应大于10°，胶带运输机不应大于15°，串车提升不应大于25°，箕斗提升不应大于35°；

2 运输轨道与两侧管道、电力线之间的安全距离（有人行道者另计），不应小于200mm，当采用胶带运输机时，不应小于400mm；

3 运输设备升降的最大速度除不应大于设计规定外，还应符合下列规定：

1）提升绞车应设置深度指示器自动示警，并应有防过卷装置；

2）钢丝绳应定期检查，并应上油保养；

3）运输斗车之间、斗车与钢丝绳之间应有可靠的连接装置，并应加装保险绳；

4）井口应设置挡车器并经常关闭，放车时方可打开。车辆行驶时，井内不应有人员通过；

5）斜巷每隔100m应在轨道上设防跑车装置1处，并应在接近井底时设1处；

6）绞车和井口、井底均应有联系信号，并应由专人值守；

7）当运输钢轨和其他长杆件材料时，应有长杆件材料装卸及进出斜井的安全措施。

11.7.3 人员不应乘坐斗车上下。

11.7.4 当斜巷斜度大于15°时，应设置人行台阶，并应增设扶手。每隔20m~40m应设1个躲避洞；巷内运输轨道应有防爬措施，每根钢轨应装两组防爬设备。

11.8 监控量测

11.8.1 监控量测工作应紧接开挖、支护作业，应按设计要求进行布点和监测，并应根据现场情况及时进行调整或增加量测的项目和内容。量测数据应及时分析处理并反馈。

11.8.2 隧道监控量测项目可分为必测项目和选测项目两类，必测项目在采用喷锚构筑法施工时应按表11.8.2-1的规定进行，选测项目应按表11.8.2-2的规定选择进行。

表11.8.2-1 监控量测必测项目

序号	监测项目	量测方式和工具	量测精度	备注
1	洞内、外观察	现场观察、地质罗盘	—	—
2	净空变化	隧道净空变化测定仪（收敛计）	0.1mm	一般进行水平收敛量测
3	拱顶下沉	水准测量的方法，水准仪、钢尺	1mm	—
4	地表下沉	水准测量的方法，水准仪、双面水准尺	1mm	浅埋隧道必测（$H_0 \leqslant 2b$）

注：H_0—隧道埋深；b—隧道最大开挖宽度。

表11.8.2-2 监控量测选测项目

序号	监测项目	测试方法和仪表	测试精度	备注
1	地表下沉	水准测量的方法、水准仪、塔尺	1mm	$H_0>2b$ 时
2	隧底隆起	水准测量的方法、水准仪、塔尺	1mm	—
3	围岩内部位移	多点位移计	0.1mm	—

续表 11.8.2-2

序号	监测项目	测试方法和仪表	测试精度	备注
4	围岩压力	压力盒	0.001MPa	—
5	二次衬砌接触压力	压力盒	0.001MPa	—
6	钢架受力	钢筋计	0.1MPa	—
7	喷混凝土受力	混凝土应变计	10με	—
8	锚杆杆体应力	钢筋计	0.1MPa	—
9	二次衬砌内应力	混凝土应变计	0.1MPa	—
10	爆破振动观察	爆破振动记录仪	—	临近建筑物
11	围岩弹性波速度	弹性波测试仪	—	—

注：H_0—隧道埋深；b—隧道最大开挖宽度。

11.8.3 隧道施工过程中应进行洞内、外观察，洞内观察可分开挖工作面观察和已施工地段观察两部分。开挖工作面观察应在每天开挖后进行，已施工地段的观察每天应至少1次，应主要观察喷射混凝土、锚杆和钢架等的工作状态；洞外观察重点应在洞口段和洞身埋置深度较浅地段，其观察内容应包括地表开裂、地表沉陷、边坡、仰坡稳定状态、地表水渗透情况等。

11.8.4 净空变化、拱顶下沉和浅埋地段地表下沉等必测项目应设置在同一断面，其量测断面间距及测点数量应根据围岩级别、隧道埋深、开挖方法等按表11.8.4的规定执行。选测项目量测断面的数量，宜在每级围岩内选有代表性的1个~2个。

表 11.8.4 必测项目量测面间距和每断面测点数量

围岩级别	断面间距(m)	每断面测数量	
		净空变化	拱顶下沉
Ⅵ~Ⅴ	5~10	1条~2条基线	1点~3点
Ⅳ	10~30	1条基线	1点
Ⅲ	30~50	1条基线	1点

注：洞口及浅埋地段断面间距取小值。

11.8.5 净空变化、拱顶下沉量测宜在每次开挖后12h内取得初读数，最迟不应大于24h，且应在下一循环开挖前完成，并应符合下列规定：

1 测点应牢固可靠，易于识别、保护；

2 拱顶下沉和地表下沉量测基点应与洞内、外水准基点建立联系。

11.8.6 隧道浅埋地段地表下沉的量测宜与洞内净空变化和拱顶下沉量测在同一横断面内。当地表有建筑物时，应在建筑物周围增设地表下沉观测点，其设置应符合下列规定：

1 横断面方向宜在隧道中心及两侧间距2m~5m处设地表下沉测点，每个断面应设7点~11点，监测范围应在隧道开挖影响范围以外；

2 地表下沉量测应在开挖工作面前方，隧道埋深与隧道开挖高度之和处开始，直到衬砌结构封闭、下沉基本停止时为止；

3 地表下沉量测频率应与拱顶下沉和净空变化的量测频率相同。

11.8.7 量测项目量测频率应根据位移速度和量测断面距开挖面距离，并应分别按表11.8.7-1和表11.8.7-2的规定确定。当按表11.8.7-1和表11.8.7-2选择量测频率出现较大差异时，宜取量测频率较高的作为实施的量测频率。

表 11.8.7-1 按位移速度的量测频率

位移速度(mm/d)	量测频率
0~1	2次/d
1~2	1次/d
2~5	1次/(2d~3d)
1~5	1次/3d
<2	1次/7d

表 11.8.7-2 按距开挖面距离的量测频率

量测断面距开挖面距离(m)	量测频率
(0~1)b	2次/d
(1~2)b	1次/d
(2~5)b	1次/(2d~3d)
>5b	1次/7d

注：b 为隧道开挖宽度。

11.8.8 量测作业均应持续到变形基本稳定后2周~3周结束。对于膨胀性和挤压性围岩，当位移长期没有减缓趋势时，应适当延长量测时间。

11.8.9 量测数据整理、分析与反馈应符合下列规定：

1 每次量测后应及时进行数据整理，并应绘制量测数据时态曲线和距开挖面关系图；

2 对初期的时态曲线应进行回归分析，预测可能出现的最大值和变化速度；

3 数据异常时，应根据具体情况及时采取加厚喷层、加密或加长锚杆、增加钢架等加固措施。

11.8.10 围岩稳定性的综合判别，应根据量测结果按下列规定指标进行：

1 隧道初期支护极限相对位移不应大于表11.8.10-1所列指标，变形管理等级应按表11.8.10-2的规定指导施工；

表 11.8.10-1 隧道初期支护极限相对位移(%)

围岩级别	埋深(m)		
	<50	50~300	300~500
拱脚水平相对净空变化值			
Ⅴ	0.30~1.00	0.80~3.50	3.00~5.00
Ⅳ	0.20~0.70	0.50~2.60	2.40~3.50
Ⅲ	0.10~0.50	0.40~0.70	0.60~1.50
Ⅱ	—	—	0.20~0.60
拱顶相对下沉			
Ⅴ	0.06~0.12	0.10~0.60	0.50~1.20
Ⅳ	0.03~0.07	0.06~0.15	0.10~0.60
Ⅲ	0.01~0.04	0.03~0.11	0.10~1.25
Ⅱ	—	0.01~0.05	0.04~0.08

注：1 硬岩取下限，软岩取上限；

2 拱脚水平相对净空变化指两测点间净空水平变化值与其距离之比，拱顶相对下沉指拱顶下沉值减去隧道下沉值后与原拱顶至隧底高度之比；

3 墙腰水平相对净空变化极限可按拱脚水平相对净空变化值乘以1.2~1.3后采用。

表 11.8.10-2 变形管理等级

管理等级	管理位移(mm)	施工状态
Ⅲ	$U<U_0/3$	可正常施工
Ⅱ	$U_0/3\leqslant U\leqslant 2U_0/3$	应加强支护
Ⅰ	$U>(2U_0/3)$	应采取特殊措施

注：U 为实测位移值；U_0 为最大允许位移值。

2 应根据下列规定判别位移变化速度：

1) 当净空变化速度持续大于 1.0mm/d 时，围岩处于急剧变形状态，应加强初期支护系统；

2) 当净空变化速度小于 2.0mm/d 时，围岩应达到基本稳定；

3) 在浅埋特别是特浅埋地段，以及膨胀性和挤压性围岩等情况下，应采用其他指标判定。

3 应根据下列规定判别位移时态曲线的形态：

1) 当围岩位移速率不断下降时($du^2/d^2t<0$)，围岩应趋于稳定状态；

2) 当围岩位移速率保持不变时($du^2/d^2t=0$)，围岩不稳定，应加强支护；

3) 当围岩位移速率不断上升时($du^2/d^2t>0$)，围岩进入危险状态，应立即停止掘进，加强支护。

注：u 为变形值(mm)。

11.9 衬　　砌

11.9.1 衬砌应符合下列规定：

1 隧道衬砌施工时，其中线、水平、断面和净空尺寸应符合设计要求；

2 衬砌施工时，应与设计单位密切配合，对衬砌完成的地段，应继续观察和监测隧道的稳定状态，以及衬砌的变形、开裂、侵入净空等。

11.9.2 复合式衬砌应符合下列规定：

1 复合式衬砌采用仰拱超前时，应根据对围岩和支护量测的变形规律，确定二次衬砌的施工时间；

2 若采用防水层时，应采用无钉铺设，并应在二次衬砌灌筑前进行；

3 二次衬砌应在围岩和初期支护变形基本稳定后施工。拱脚水平相对净空变化速度应小于 0.2mm/d，拱顶相对下沉速度应小于 0.15mm/d；

4 在松散堆积体、浅埋地段等特殊条件下修建隧道，应及时施工二次衬砌；

5 二次衬砌宜采用全断面一次或先墙后拱法灌筑混凝土。施工时应符合下列规定：

1) 应按封顶工艺施工，确保拱顶混凝土密实；

2) 灌筑前，应除去喷层或防水层表面灰粉并应洒水润湿；

3) 灌筑混凝土应振捣密实，振捣时不应破坏防水层；

4) 二次衬砌拆模时，混凝土强度应达到 2.5MPa。

11.9.3 整体式衬砌应符合下列规定：

1 边墙施工应符合下列规定：

1) 墙基虚碴、污泥、积水应清除干净；

2) 灌筑中边墙应稳定，超挖部位的回填应符合设计规定；

3) 边墙基础的扩大部分及仰拱的拱座应结合边墙施工一次完成。

2 拱部施工应符合下列规定；

1) 拱圈环节长度应根据围岩稳定情况和施工方法确定；

2) 灌筑顺序应从两侧拱脚向拱顶对称进行，间歇及封顶的层面应成辐射状；

3) 分段施工的拱圈合龙宜选在围岩较好处；

4) 拱部应预留灌浆孔，对空洞进行回填灌浆。

3 衬砌的拆模时间应符合下列规定：

1) 不承受外荷载的拱墙，混凝土强度不应低于 2.5MPa；

2) 承受围岩压力较大的拱墙，封顶和封口混凝土强度应达到设计强度 100%；

3) 承受围岩压力较小的拱墙，封顶和封口混凝土强度应达到设计强度 70%。

4 在衬砌灌筑结束后应进行衬砌混凝土养护，养护时间宜为 7d~14d。

11.9.4 喷锚衬砌应符合下列规定：

1 喷锚衬砌施工前，应按下列规定做好准备工作：

1) 开挖断面尺寸应符合设计规定；

2) 应清除松动岩块，冲洗受喷面；

3) 岩面如有渗漏水应予妥善处理；

4) 应检查喷射混凝土设备，风、水、电等管线应完好，并应试运转。

2 锚杆施工应符合下列规定：

1) 应按设计要求布置孔位，做出标记，并应垂直岩面钻孔。孔位允许偏差应为±150mm；

2) 灌浆前应将孔眼吹净，灌浆应饱满；

3) 锚杆安装前应对锚杆除锈和矫直，锚杆插入深度不应小于设计长度的 95%；

4) 锚杆应安装垫板，垫板宜采用 150mm×150mm×6mm 的钢板制作，安装应紧密、牢固。

3 钢筋网的铺设，应在岩面喷射一层混凝土后进行，铺设应符合下列规定：

1) 钢筋网应随受喷面的起伏铺设，与受喷面间隙宜为 30mm，钢筋网保护层厚度不应小于 20mm；

2) 钢筋网应固定并应连接牢固。

4 喷射混凝土施工应符合下列规定：

1) 喷射混凝土作业应分段、分片、分层、由下而上交错进行；

2) 喷射混凝土应采用湿喷工艺；

3) 拱部一次喷射混凝土厚度不应大于 80mm，墙部一次喷射混凝土厚度不应大于 100mm，且后一层喷射应在前一层混凝土终凝后进行。

11.9.5 钢筋混凝土衬砌应符合下列规定：

1 钢筋在加工弯制前应调直，并应符合下列规定：

1) 钢筋表面的油渍、水泥浆和浮皮铁锈等均应清除干净；

2) 加工后的钢筋表面不应有削弱钢筋截面的伤痕；

3) 当利用冷拉方法矫直钢筋时，Ⅰ级钢筋矫直伸长率不应超过 2%，Ⅱ级钢筋矫直伸长率不应超过 1%。

2 安装钢筋时，钢筋的位置和混凝土保护层厚度应符合设计要求。当设计未注明时，受力钢筋保护层厚度不应小于 30mm；

3 灌筑混凝土时应分层进行，并应边灌筑边振捣。振捣时，不应碰撞模板、钢筋和预埋件；

4 混凝土灌筑后的养护和拆模应符合下列规定：

1) 混凝土灌筑应根据气候条件，12h 内应进行养护，养护时间应满足混凝土强度要求；当气温过低时不应进行洒水养护；

2) 混凝土拆模的强度应符合设计要求。

5 仰拱施工应符合下列规定：

1) 仰拱施工前应将隧底虚碴、杂物、积水等清除干净，超挖应采用同级混凝土回填；

2) 仰拱宜超前拱墙二次衬砌，其超前距离宜保持 3 倍以上衬砌循环作业长度；

3) 仰拱施工应优先选择各段一次成型；

4) 仰拱施工缝和变形缝处应作防水处理。

6 底板施工应符合下列规定：

1) 底板施工前应将隧底虚碴、杂物、积水等清除干净；

2) 底板坡面应平顺。

11.9.6 隧道结构交工后混凝土抗压强度和抗渗等级应符合设计要求，且应无露筋、振漏、露石，隧道二次衬砌结构允许偏差应符合表11.9.6的规定。

表11.9.6 隧道二次衬砌结构允许偏差

项目	允许偏差值				
	内墙	拱部	变形缝	预埋件	预留孔洞
平面位置(mm)	±10	—	±20	±20	±20
垂直度(%)	0.2	—	—	—	—
高程(mm)	—	+30 −10	—	—	—
直顺度(mm)	—	—	5	—	—
平整度(mm)	15	15	—	—	—

注：1 本表不包括特殊要求项目的偏差标准；

2 平面位置以隧道线路中线为准进行测量。

11.10 防水与排水施工

11.10.1 隧道施工防排水应与运营防排水工程相结合。

11.10.2 施工前应制定防排水方案；施工中应对洞内的出水部位、水量大小、涌水情况、变化规律、补给来源及水质成分等做好观察和记录，并应不断改善防排水措施。

11.10.3 隧道进洞前应先做好洞顶、洞口的地面排水系统。

11.10.4 隧道施工中排水应采取环境防治措施。

11.10.5 当防排水设计不符合实际情况或设计中有遗漏或施工中有增减时，施工单位应及时提请变更设计。

11.10.6 隧道覆盖层较薄和渗透性较强的地层，应及时对积水进行处理。

11.10.7 当在含水丰富的地层施工时，应进行超前探水。采用超前钻孔时，应对工程地质和水文地质作详细的调查分析，并应采取防止涌水的措施。

11.10.8 施工中，应根据工程地质、水文地质等地质资料，采取防水或加固等措施。隧道开挖后，如出现较大的渗水，应采取超前注浆堵水措施。

11.11 隧道内运输、通风、照明

11.11.1 隧道内运输方式应根据开挖断面、运量和挖运机械设备等确定。

11.11.2 无轨运输作业应符合下列规定：

1 运输道路应平整、坚实；

2 柴油内燃机械宜采用尾气净化装置并加强通风，汽油机车不应进洞；

3 施工作业地段的行车速度应小于15km/h，其中施工作业面区应小于10km/h；

4 应在每间隔300m~500m处设一个会车点。

11.11.3 隧道内通风与照明应符合下列规定：

1 当隧道较长、自然通风不好或存在有害气体时，隧道施工应采取强制通风；

2 隧道内施工照明应采用36V电压等级的照明设备。

12 管道清管、试压

12.0.1 穿越大中型河流、铁路、二级及以上公路、高速公路、隧道的管段应单独进行试压，试验压力、稳压时间及试压程序应按设计文件执行，单独试压管段的选取，应便于和两侧线路管段连头，不应位于弯管连接处。

12.0.2 管道清管、测径、试压施工前，应编制施工方案，制定安全措施，并应充分考虑施工人员及附近公众与设施安全。清管、测径、试压作业应统一指挥，并应配备必要的交通工具、通信及医疗救护设备。

12.0.3 试压作业应符合现行国家标准《油气长输管道工程施工及验收规范》GB 50369 的有关规定。

12.0.4 定向钻法穿越施工的管段回拖前应进行清管、测径、试压，回拖后应进行测径及严密性试验。

12.0.5 水域的大、中型穿越采用开挖法施工的管段隐蔽前应进行清管、测径、试压，隐蔽后应进行测径及严密性试验。

13 健康、安全与环境

13.0.1 油气管道穿越工程施工应遵循国家和行业有关健康、安全与环境的法律、法规及相关规定。

13.0.2 管道穿越工程施工应制订可行的施工作业安全措施和应急预案，应配备足够的应急资源并进行应急演练。同时应确保通讯畅通、指挥到位、步调一致，并应重点做好受限空间紧急疏散、水上溺水救助、触电等应急管理工作。

13.0.3 施工中泥浆、水、气体的排放和弃碴应符合环保要求。施工中应采取措施，减少施工噪声、振动。

13.0.4 隧道及竖井施工中应设安全巡视员。竖井口应设置防洪墙和安全护栏。

13.0.5 隧道施工时，应设双回路电源，并应有可靠的切断装置，保证足够的照明。交通要道、工作面和设备集中处应设置安全照明。

13.0.6 **隧道施工时，应配备通风设备，并应对气体进行安全监测，当可燃、有害气体浓度超过安全允许值时，严禁施工，并应采取应急措施进行处理。**

13.0.7 施工中配电箱应放置在避水、干燥的地方，且应接地良好，并应密封，同时应设专人管理并应定期检查、维修和保养，不应私自乱接电源。

13.0.8 当采用矿山法施工时，开挖面及其周边出现坍塌、滑坡、涌水趋势等异常情况，应立即停工，并应在采取相应安全措施后继续施工。有轨车辆严禁载人。

13.0.9 爆破器具、材料的运输、装卸、保管、领用等应符合相应国家法律、法规及标准的要求。起爆线路设计和施工，爆破安全措施，应按国家现行标准《爆破作业人员安全技术考核标准》GA 53、《土方与爆破工程施工及验收规范》GB 50201、《爆破安全规程》GB 6722 的有关规定执行。

13.0.10 穿越施工作业区应设置安全警戒区。

14 工程交工验收

14.0.1 当施工单位按合同规定的范围完成穿越工程项目后，应及时办理交工手续。

14.0.2 工程交工验收前，施工单位应提交下列技术文件：

1 工程测量定位记录；

2 图纸会审记录、设计交底记录或洽商记录；

3 隐蔽工程验收记录；

4 冬季施工热工计算及施工记录；
5 基础、结构工程验收记录；
6 监控量测记录；
7 开、竣工报告；
8 竣工图；
9 设计变更通知单、材料代用单、施工联络单；
10 质量验收记录；
11 材料、管件、设备出厂质量证明书、合格证，以及设备(图纸)说明书；
12 管道焊接记录；
13 防腐保温工程检验报告；
14 无损检测报告；
15 管道清管测径报告；
16 管道试压报告；
17 阴极保护装置验收报告；
18 穿越工程验收报告；
19 三桩埋设统计表；
20 管道竣工测量表；
21 顶管工程还应提供下列资料：
1) 钢筋接头试验报告；
2) 混凝土配合比试验报告；
3) 混凝土试块试验报告。
22 定向钻工程还应提供下列资料：
1) 穿越控向测量记录；
2) 实际穿越曲线图。
23 盾构穿越工程还应提供下列资料：
1) 钢筋混凝土管片结构抗压强度、抗渗等级、试验报告；
2) 隧道防水施工、防水效果报告；
3) 竣工后隧道轴线测量成果。
24 矿山法穿越工程还应提供下列资料：
1) 隧道防水施工、防水效果报告；
2) 混凝土强度、抗渗等级、试验报告；
3) 锚杆抗拔力试验报告；
4) 竣工后隧道轴线测量成果。

附录 A 防腐层电导率测试方法

A.0.1 对防腐层电导率进行测试，应采用下列仪器设备：

1 万用表 3 块：直流电压量程为 0V~2V，直流电流最小量程为 0μA~200μA；

2 中断器 1 台：中断频率为 1s 断/3s 通或 3s 断/12s 通；

3 滑动变阻器：0Ω~99999Ω；

4 便携式铜/硫酸铜参比电极 2 支；

5 连接导线和鳄鱼夹若干；

6 钢钎接地电极若干支；

7 ZC-8 土壤电阻率测量仪 1 套；

8 恒电位仪或 12V 铅酸蓄电池 2 块；

9 对讲机 2 台。

A.0.2 对防腐层电导率进行测试，应按下列步骤进行测量：

1 宜采用 ZC-8 土壤电阻率测量仪四电极法测量穿越段两端土壤电阻率；

2 应连接临时阴极保护装置(图 A.0.2)，临时阳极地床距管道距离不应小于 100m，应使恒电位仪或蓄电池的正极接地床，负极接管道；当采用蓄电池时，应将滑动变阻器串联接入蓄电池正极与临时阳极地床电路中；

3 应将电流中断器和电流表分别串联接入恒电位或蓄电池负极与管道连接的电路中；

4 在穿越段两端应分别连接电压表正极，并应使硫酸铜参比电极连接电压表负极和接地，同时应测量和记录两端的管地自然电位。

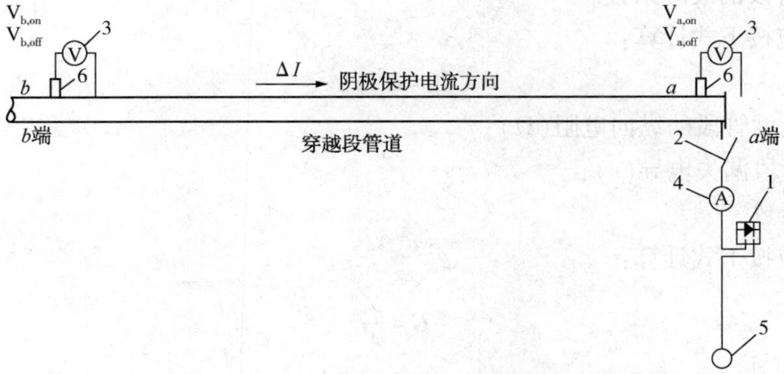

图 A.0.2 防腐层电导率测试接线图

1—恒电位仪；2—电流中断器；3—直流电压表；4—直流电流表；5—临时阳极地床；6—硫酸铜参比电极

5 应接通临时阴极保护电源，并应测量和记录穿越段两端通路(U_{on})和断路(U_{off})电位，同时应调整电流输出，两端断路电位(U_{off})应控制为-850mV~-1050mV，并应记录对应的输出电流；

6 应按本本规范第 A.0.2 条第 5 款的方法重复测量 3 次。

A.0.3 防腐层电导率计算应按下列步骤进行：

1 测试点 a 和 b 的电位变化应按下列公式计算：

$$\Delta U_a = U_{a,on} - U_{a,off} \tag{A.0.3-1}$$

$$\Delta U_b = U_{b,on} - U_{b,off} \tag{A.0.3-2}$$

式中：ΔU_a——a 点电位变化(V)；

ΔU_b——b 点电位变化(V)；

$U_{a,on}$——a 点通路电位(V)；

$U_{b,on}$——b 点通路电位(V)；

$U_{a,off}$——a 点断路电位（V）；

$U_{b,off}$——b 点断路电位（V）。

2 电位变化比应按下式计算：

$$r=\frac{\Delta U_a}{\Delta U_b} \tag{A.0.3-3}$$

式中：r——电位变化比。

1) 当电位变化比在0.625~1.6之间时，宜采用通用法进行计算评价。

可将两端电位变化的算术平均值认为是管道穿越段的平均电位变化，其平均电位应按下式计算：

$$\Delta U_{(平均)}=\frac{\Delta U_a+\Delta U_b}{2} \tag{A.0.3-4}$$

式中：$\Delta U_{(平均)}$——a、b 点电位的平均值（V）。

管道穿越段的电导应按下式计算：

$$g=\frac{\Delta I}{\Delta U_{(平均)}} \tag{A.0.3-5}$$

式中：g——电导（s）；

ΔI——电流变化（A）。

2) 当电位变化比不在0.625~1.6之间时，可采用电位或者电流衰减方法评价，电位衰减法和电流衰减法应按下式计算：

$$电位衰减法：\alpha=\ln(\Delta U_a/\Delta U_b)/L \tag{A.0.3-6}$$

$$电流衰减法：\alpha=\ln(\Delta I_a/\Delta I_b)/L \tag{A.0.3-7}$$

式中：L——测点 a 与 b 之间的距离（m）；

α——所测管段的衰减系数。

3 管段电导应按下式计算：

$$g=\alpha^2/r \tag{A.0.3-8}$$

式中：r——单位长度管段的纵向电阻（Ω）；

g——所测管段漏失电导（s）；

α——衰减系数。

4 平均电导应按下式计算：

$$G=\frac{g}{A} \tag{A.0.3-9}$$

式中：G——穿越段管道涂层的平均电导（s）；

A——穿越段管道的表面积为 πdL，d 为管道外径（m），L 为管道穿越长度（m）。

5 穿越段管底深度的平均土壤电阻率应按下式计算：

$$\rho_{(平均)}=\frac{\rho_a+\rho_b}{2} \tag{A.0.3-10}$$

式中：ρ——管底深度的平均土壤电阻率（Ω·m）；

ρ_a——管底深度 a 点的土壤电阻率（Ω·m）；

ρ_b——管底深度 b 点的土壤电阻率（Ω·m）。

当计算1000Ω·cm特定土壤电阻率中的涂层标称电导率时，应按下式进行：

$$G_n=\frac{G\times\rho_{(平均)}}{1000\Omega\cdot cm} \tag{A.0.3-11}$$

式中：G_n——在电阻率为1000Ω·cm土壤中，标称电导率；

G——穿越段管道涂层的比平均电导（Ω·m）。

A.0.4 标准管道数据表可按表A.0.4的规定确定。

表 A.0.4 标准管道数据表

管道外径		管道壁厚		重度		电阻率		电导率		单位表面积			
mm	in.	mm	in.	kg/m	lb/ft	μΩ/m	μΩ/ft	A/mv/m	A/mv/m	m^2/m	ft^2/ft	m^2/km	ft^2/mil
63.50	2.500	5.232	0.206	8.616	5.790	122.281	37.271	8.178	26.830	0.199	0.65	199.5	3.456
73.03	2.875	7.010	0.276	11.399	7.660	92.492	28.172	10.819	35.496	0.229	0.75	229.4	3.974
88.90	3.500	5.486	0.216	11.280	7.580	93.404	28.470	10.706	35.125	0.279	0.92	279.3	4.838
114.30	4.500	6.020	0.237	16.057	10.790	65.617	20.000	15.240	50.000	0.359	1.18	359.1	6.220
		8.560	0.337	22.293	14.980	47.263	14.406	21.158	69.416				
		7.938	0.313	33.841	22.740	31.135	9.490	32.118	105.375				
		8.179	0.322	42.487	28.560	24.799	7.559	40.325	132.298				
		9.525	0.375	19.169	33.040	21.429	6.531	46.666	153.105				
168.28	6.625	5.563	0.219	22.278	14.970	47.295	14.415	21.144	69.370	0.529	1.73	528.7	9.158
		7.112	0.280	28.230	18.970	37.332	11.376	26.794	87.905				
		7.925	0.312	31.355	21.070	33.603	10.242	29.760	97.637				
		9.525	0.375	37.249	25.030	28.286	8.622	35.353	115.987				
		10.973	0.432	42.532	28.580	24.773	7.551	40.367	132.437				
219.08	8.625	6.350	0.250	33.275	22.360	31.664	9.651	31.582	103.614	0.688	2.26	688.2	11.920
		7.938	0.313	33.841	22.740	31.135	9.490	32.118	105.375				
		8.179	0.322	42.487	28.560	24.799	7.559	40.325	132.298				
		9.525	0.375	19.169	33.040	21.429	6.531	46.666	153.105				
273.05	10.750	6.350	0.250	33.275	22.360	31.664	9.651	31.582	103.614	0.858	2.81	857.8	11920
		9.271	0.365	60.241	40.480	17.490	5.331	57.175	187.581				
		9.525	0.375	61.833	41.550	17.040	5.194	58.686	192.539				
		11.125	0.438	71.714	48.190	14.692	4.478	68.064	223.309				
		12.700	0.500	81.462	54.740	12.934	3.942	77.316	253.661				
323.85	12.750	6.350	0.250	49.675	33.380	21.210	6.465	47.147	154.680	1.017	3.34	1017	17620
		7.137	0.281	55.731	37.450	18.905	5.762	52.895	173.540				
		7.938	0.313	61.773	41.510	17.056	5.199	58.630	192.354				
		9.525	0.375	73.753	49.560	14.286	4.354	69.999	229.657				
		12.700	0.500	97.355	65.420	10.822	3.299	92.400	303.151				
355.60	14.000	6.350	0.250	54.630	36.710	25.650	7.804	39.055	128.133	1.117	3.67	1117	19350
		7.925	0.312	67.979	45.680	20.577	6.272	48.598	159.442				
		9.525	0.375	81.209	54.570	17.225	5.250	58.056	190.471				
406.40	16.000	6.350	0.250	62.577	42.050	22.353	6.813	44.736	146.771	1.277	4.19	1277	22120
		7.925	0.312	77.920	52.360	17.952	5.472	55.704	182.757				
		9.525	0.375	93.129	62.580	15.020	4.578	66.577	218.429				
		16.662	0.656	159.977	107.500	8.744	2.665	114.366	375.218				
457.20	18.000	6.350	0.250	70.524	47.390	19.835	6.046	50.417	165.410	1.436	4.71	1436	24880

表 A.0.4(续)

管道外径		管道壁厚		重度		电阻率		电导率		单位表面积			
mm	in.	mm	in.	kg/m	lb/ft	μΩ/m	μΩ/ft	A/mv/m	A/mv/m	m^2/m	ft^2/ft	m^2/km	ft^2/mil
508.00	20.000	6.350	0.250	78.470	52.730	17.826	5.433	56.098	184.049	1.596	5.24	1596	27650
		7.137	0.281	88.143	59.230	15.870	4.837	63.013	206.736				
		7.925	0.312	84.393	56.710	16.575	5.052	60.332	197.941				
		9.525	0.375	116.969	78.600	11.959	3.645	83.621	274.346				
558.80	22.000	6.350	0.250	86.417	58.070	16.187	4.934	61.779	202.688	1.756	5.76	1756	30410
593.73	23.375	9.525	0.375	137.193	92.190	10.196	3.108	98.079	321.780	1.865	6.12	1865	32310
		11.913	0.469	170.751	114.740	8.192	2.497	122.069	400.489				
609.60	24.000	7.137	0.281	106.031	71.250	13.192	4.021	75.801	248.691	1.915	6.28	1915	33180
		7.925	0.312	117.654	79.060	11.889	3.624	84.110	275.951				
		8.738	0.344	129.246	86.850	10.823	3.299	92.397	303.141				
		10.312	0.406	152.343	102.370	9.182	2.799	108.909	357.312				
		11.913	0.469	175.320	117.810	7.979	2.432	125.335	411.204				
		12.700	0.500	186.749	125.490	7.490	2.283	133.506	438.010				
		15.875	0.625	232.227	156.050	6.023	1.836	166.081	544.677				
660.40	26.000	7.239	0.285	116.523	78.300	12.005	3.659	83.301	273.298	2.075	6.81	2075	35940
		7.925	0.312	142.461	95.730	9.819	2.993	101.845	334.136				
		8.255	0.325	132.624	89.120	10.547	3.215	94.812	311.065				
		9.525	0.375	152.729	102.630	9.159	2.792	109.185	358.220				
		12.700	0.500	202.642	136.170	6.903	2.104	144.868	475.288				
762	30.000	7.925	0.312	147.447	99.080	9.478	2.892	105.409	345.829	2.394	7.85	2394	41470
		8.255	0.325	153.116	102.809	9.136	2.785	109.462	359.127				
		8.738	0.344	162.030	108.880	8.633	2.631	115.835	380.035				
		9.144	0.360	169.590	113.960	8.248	2.514	121.239	397.766				
		9.525	0.375	176.570	118.650	7.922	2.415	126.229	414.136				
		10.312	0.406	191.079	128.400	7.321	2.231	136.601	448.168				
		11.125	0.438	205.559	138.130	6.805	2.074	146.953	482.129				
		12.700	0.500	234.429	157.530	5.967	1.819	167.592	549.843				
914.4	36.000	8.738	0.344	194.800	130.900	7.181	2.189	139.261	456.894	2.873	9.42	2873	49760
		9.525	0.375	212.330	142.680	6.588	2.008	151.794	498.010				
		10.312	0.406	229.816	154.430	6.087	1.855	164.294	539.023				
		11.913	0.469	264.713	177.880	5.284	1.611	189.242	620.873				
		12.700	0.500	282.110	189.570	4.958	1.511	201.679	661.675				
		14.275	0.562	316.814	212.890	4.415	1.346	226.488	743.072				
		15.875	0.625	351.398	236.130	3.981	1.213	251.213	824.188				
		17.450	0.687	385.849	259.280	3.625	1.105	275.841	904.991				

表 A. 0. 4(续)

管道外径		管道壁厚		重度		电阻率		电导率		单位表面积			
mm	in.	mm	in.	kg/m	lb/ft	μΩ/m	μΩ/ft	A/mv/m	A/mv/m	m^2/m	ft^2/ft	m^2/km	ft^2/mil
1066. 8	42. 000	9. 525	0. 375	248. 120	166. 730	5. 638	1. 718	177. 380	581. 955	3. 351	11. 00	3352	58060
		9. 906	0. 390	257. 912	173. 310	5. 424	1. 653	184. 380	604. 921				
		11. 125	0. 438	289. 298	194. 400	4. 835	1. 474	206. 817	678. 534				
		12. 700	0. 500	329. 835	221. 640	4. 241	1. 293	235. 797	773. 613				
		14. 275	0. 562	370. 104	248. 700	3. 779	1. 152	264. 586	868. 063				
		15. 875	0. 625	411. 058	276. 220	3. 403	1. 037	293. 863	964. 119				
1219. 2	48. 000	12. 700	0. 500	377. 515	253. 680	3. 705	1. 129	269. 884	885. 445	3. 830	12. 57	3830	66350
		15. 875	0. 625	470. 659	316. 270	2. 972	0. 906	336. 472	1103. 909				
		19. 050	0. 750	563. 297	378. 520	2. 483	0. 757	402. 698	1321. 187				

引用标准名录

《混凝土外加剂应用技术规范》GB 50119
《土方与爆破工程施工及验收规范》GB 50201
《建筑地基基础工程施工质量验收规范》GB 50202
《混凝土结构工程施工质量验收规范》GB 50204
《油气长输管道工程施工及验收规范》GB 50369
《油气田及管道岩土工程勘察规范》GB 50568
《爆破安全规程》GB 6722
《国家一、二等水准测量规范》GB 12897
《爆破作业人员安全技术考核标准》GA 53

UDC

中华人民共和国国家标准

P

GB/T 50459—2017

油气输送管道跨越工程设计标准

Standard for design of oil and gas transportation pipeline aerial crossing engineering

2017-10-25 发布　　　　2018-05-01 实施

中华人民共和国住房和城乡建设部
中华人民共和国国家质量监督检验检疫总局
联合发布

前　言

本标准是根据住房城乡建设部《关于印发〈2015 年工程建设标准规范制订、修订计划〉的通知》(建标〔2014〕189 号)的要求，由中国石油工程建设有限公司西南分公司会同有关单位编制而成的。

本标准在编制过程中，编制组总结了多年来油气管道跨越工程建设、生产、科研和管理方面的经验，借鉴了国内外的相关标准，吸收了近年来国内油气管道跨越工程的科研成果和生产管理经验，广泛征求了全国各相关单位的意见，经多次研究、讨论，最后经审查定稿。

本标准共分 13 章，主要内容包括：总则，术语，基本规定，测量与勘察，材料，结构分析，作用分类和作用组合，结构设计，桥墩设计，构造要求，抗震设计，跨越管段焊接、试压及防腐，施工监控与健康监测。

本标准修订的主要技术内容是：

1. 增加术语缆索、缆索索体、锚具、补偿器；
2. 增加油气输送管道跨越设计的有关规定；
3. 增加作用和作用组合的计算方法；
4. 增加混凝土桥塔设计的有关规定；
5. 修改了锚具及连接件的设计要求；
6. 增加检修平台的设置要求；
7. 增加第 13 章“施工监控与健康监测”。

本标准由住房城乡建设部负责管理，由石油工程建设专业标准化委员会负责日常管理，由中国石油工程建设有限公司西南分公司负责具体技术内容的解释。本标准在执行过程中，如发现需要修改和补充之处，请将意见和建议反馈给中国石油工程建设有限公司西南分公司(地址：四川省成都市高新区天府三街升华路 6 号，邮政编码：610051)，以供今后修订时参考。

本标准主编单位、参编单位、主要起草人和主要审查人：

主 编 单 位：中国石油工程建设有限公司西南分公司

参 编 单 位：中国石油天然气管道工程有限公司
华东管道设计研究院
上海浦江缆索股份有限公司
柳州欧维姆机械股份有限公司

主要起草人：胡道华　杨晓秋　谢　健　严　鹏　陈　旭
詹胜文　唐　昕　朱晓峰　张海亮　彭春阳
吴克信　李　鹏　郑　会　付开伟　杨成刚
雒定明　王晓峰　吴　淅　李如海　夏成宓
马红昕　李国辉　马晓成　左雷彬　明士涛
吴志勇

主要审查人：廖柯喜　闫庆华　杨申武　邓　文　于跃洋
庞鑫峰　曹　力　张文红　彭守文　王亚林
吴　刚　刘晓莲　张新敏　王小林

目　次

Contents

1 总　　则

1.0.1 为在油气输送管道跨越工程设计中贯彻执行国家的技术经济政策，做到技术先进、安全适用、质量可靠、经济合理，制定本标准。

1.0.2 本标准适用于基本地震动峰值加速度值小于或等于 0.40*g* 地区油气输送管道跨越工程的设计。

1.0.3 当基本地震动峰值加速度大于 0.40*g* 时，应进行专题设计。

1.0.4 管道跨越工程设计除应符合本标准外，尚应符合国家现行有关标准的规定。

2 术　　语

2.0.1 管道跨越工程　pipeline aerial crossing engineering

输送管道从天然或人工障碍物上部架空通过的建设工程。

2.0.2 梁式直跨　girder pipeline aerial crossing

用输送管道或套管作为梁的跨越结构型式。

2.0.3 桁架式跨越　truss type pipeline aerial crossing

桁架作为管道承重结构的跨越结构型式。

2.0.4 悬索跨越　suspension cable type pipeline aerial crossing

输送管道结构吊挂在承重主索上的跨越结构型式。

2.0.5 斜拉索跨越　obliquely-cable stayed type pipeline aerial crossing

输送管道结构用多根斜向张拉钢索连结于塔架上的跨越结构型式。

2.0.6 单管拱跨越　single-line arch type pipeline crossing

用单根输送管道做成拱形的跨越结构型式。

2.0.7 组合管拱跨越　pipe-build up arch type pipeline-aerial crossing

用输送管道及其他构件组成拱形的跨越结构型式。

2.0.8 轻型托架跨越　light truss type pipeline aerial crossing

用管道作为上弦杆，与钢索或型钢构成的下撑式组合梁的跨越结构型式。

2.0.9 “Π”形刚架跨越　“Π”type frame pipeline aerial crossing

用输送管道构成“Π”形刚架的跨越结构型式。

2.0.10 悬缆跨越　suspended cable type pipeline aerial crossing

输送管道以悬垂形状吊挂在承重主索上的跨越结构型式。

2.0.11 主跨　main span

跨越工程中跨距最大的桥段。

2.0.12 缆索　cable

跨越工程中承受拉力或连接主梁(桥面结构)的构件，包括缆索索体和锚具。

2.0.13 缆索索体　wire cable

由多根高强钢丝、钢丝绳等组成的丝股，是缆索的主要组成部分。

2.0.14 锚具　anchorage

缆索索体两端与连接件的连接部件，缆索索体张力通过其传递给连接件。

2.0.15 连接件　coupler

缆索与结构间或缆索间的连接部件，包括连接螺杆、索夹、散索鞍、索鞍等。

2.0.16 锚碇　anchor block

锚固缆索，承受缆索拉力，支承于地基上或嵌固于岩体中的结构。

2.0.17 补偿器 temperature compensator

具有温度补偿能力的管段或装置。

3 基本规定

3.0.1 管道跨越工程应划分为甲类和乙类。甲类应为通航河流、电气化铁路和高速公路跨越；乙类应为非通航河流及其他障碍跨越。

3.0.2 管道跨越工程等级应按表3.0.2划分。

表3.0.2 管道跨越工程等级

工程等级	总跨长度 L_1(m)	主跨长度 L_2(m)
大型	≥300	≥150
中型	$100 \leq L_1 < 300$	$50 \leq L_2 < 150$
小型	<100	<50

3.0.3 跨越管道强度设计系数应符合表3.0.3的规定。

表3.0.3 跨越管道强度设计系数

工程分类	工程等级	输气管道				输油管道
		一级地区	二级地区	三级地区	四级地区	
甲类	大型	0.40	0.40	0.40	0.40	0.40
	中型	0.45	0.45	0.45	0.40	0.50
	小型	0.50	0.50	0.50	0.40	0.55
乙类	大型	0.50	0.50	0.50	0.40	0.50
	中型	0.55	0.55	0.50	0.40	0.60
	小型	0.60	0.60	0.50	0.40	0.65

3.0.4 在管道跨越工程设计文件中，应注明结构工程的设计使用年限，并应说明结构工程钢结构的焊缝形式、焊缝质量等级与焊缝检测标准。

3.0.5 永久性跨越主体结构的设计使用年限不应低于50年，可更换构件的设计使用年限不宜低于25年。

3.0.6 跨越主体结构的设计安全等级不应低于现行国家标准《建筑结构可靠度设计统一标准》GB 50068规定的二级。

3.0.7 管道跨越位置的选择应符合下列规定：

1 应处理好与油气输送管道线路工程的衔接，以及与铁路、公路、河流、电力、城市及水利规划等的相互关系。

2 应符合线路总体走向，线路局部走向可根据跨越位置进行调整。

3 应避开地面或地下已有重要设施的地段。

4 宜避开环境敏感区、文物保护区、机场净空区。

5 宜避开冲沟沟头发育地段、活动地震断裂带、滑坡、泥石流、岩溶，以及其他不良地质发育的地段。

6 宜避开河道经常疏浚加深、岸蚀严重或侵滩冲淤变化强烈地段。

7 宜选择在河流较窄、两岸有山嘴或高地、侧向冲刷及侵蚀较小并有良好稳定地层的地段。当河流有弯道时，宜选择在弯道的上游平直河段。

8 宜选在闸坝上游或其他水工构筑物影响区之外。

9 附近宜具有一定的施工安装场地及较方便的交通运输条件。

10 跨越位置和方案应满足管道工程的相关评估报告的要求。

3.0.8 跨越管段与埋地管道相连接时，应符合下列规定：

1 跨越管段的管径应与埋地管道的管径匹配，所用弯管的曲率半径应符合清管设备通过的要求。

2 大型管道跨越工程宜在两端设置截断阀。

3 跨越管段与埋地管道在入土连接点处加绝缘接头时，应符合现行行业标准《阴极保护管道的电绝缘标准》SY/T 0086 的有关规定。

4 跨越管道与线路段管道连接点宜在跨越管道入土点的支墩或者锚固墩外 10m 处。

5 应采取防止埋地管道和跨越管道间相互影响的措施。

3.0.9 跨越工程的设计洪水频率(重现周期)应根据不同跨越工程等级按表 3.0.9 选用，并应结合当地水文资料确定设计洪水位。

表 3.0.9 设计洪水频率

跨越工程等级	大型	中型	小型
设计洪水频率	1%(100 年一遇)	2%(50 年一遇)	2%(50 年一遇)

3.0.10 在通航河流上跨越时，跨越净空尺度应满足通航影响评价的要求。管道架空结构的最下缘净空高度应符合现行国家标准《内河通航标准》GB 50139 的有关规定。

3.0.11 在无通航、无流筏的河流上跨越时，管道架空结构的最下缘，大型跨越工程应高于设计洪水位 3m，中小型跨越工程应高于设计洪水位 2m。当无准确的水文资料时，宜加大架空高度，并应满足相关部门对净空的要求。

3.0.12 当跨越铁路或道路时，架空结构的最下缘净空高度不应低于表 3.0.12 的规定。跨越工程两侧应设置限高标志，宜设置限高构筑物。

表 3.0.12 跨越铁路或道路净空高度

类 型	净空高度(m)
人行道路	3.5
等级公路与城市道路	5.5
铁路	12.5
电气化铁路接触网的带电体	4.0

3.0.13 跨越管道与桥梁之间的最小距离应符合表 3.0.13 的规定。

表 3.0.13 跨越管道与桥梁之间的最小距离(m)

管道类型	特大桥		大桥		中桥		小桥	
	铁路	公路	铁路	公路	铁路	公路	铁路	公路
输油管道	100	100	100	100	80	50	40	10
输气管道	100	100	100	100	100	100	50	50

注：1 特大桥、大桥、中桥和小桥的判别应分别按现行行业标准《公路桥涵设计通用规范》JTG D60 和《铁路桥涵设计基本规范》TB 10002.1 的规定执行。

2 当位置受限时，在采取一定的保护措施，并征得相关部门的同意后，可适当减小距离。

3.0.14 跨越管道与架空电力线路之间的最小距离应符合现行国家标准《输气管道工程设计规范》GB 50251 和《输油管道工程设计规范》GB 50253 的有关规定。

3.0.15 通航河流上的管道跨越工程应按现行国家标准《内河交通安全标志》GB 13851 的有关规定设置标志。

3.0.16 管道跨越的安全防范应符合现行行业标准《石油、天然气管道系统风险等级和安全防范要求》GA 1166 的有关规定。

3.0.17 管道跨越应根据相关评估和岩土工程勘察报告进行水工保护，并应符合现行行业标准《油气输送管道线路工程水工保护设计规范》SY/T 6793 的有关规定。

3.0.18 跨越工程应定期进行检查及维护。

4 测量与勘察

4.1 测 量

4.1.1 跨越工程的平面控制测量等级和高程控制测量等级应符合现行国家标准《油气输送管道工程测量规范》GB/T 50539 的有关规定。

4.1.2 跨越位置地形图可根据设计阶段、工程性质及地形等具体情况按 1∶200~1∶2000 的比例进行地形图测量。所测范围应满足设计布置和施工场地的要求，跨越工程需要在水中设立桥墩和进行水文计算时，还应测上下游适当范围内的水下地形。

4.1.3 纵断面图的水平比例尺应与地形图一致，纵、横比例尺宜相同。

4.1.4 桥墩间距测量精度应小于跨越主跨跨度的 1/10000。

4.1.5 管道跨越工程测量应统一采用国家坐标高程系统，并应与线路段相同。

4.1.6 测量成果应包括下列内容：

1 技术说明；

2 跨越位置控制点成果；

3 跨越位置地形图；

4 跨越位置纵断面图。

4.2 勘 察

4.2.1 跨越工程应符合现行国家标准《油气田及管道岩土工程勘察规范》GB 50568 的有关规定。

4.2.2 跨越位置的水文地质评价应包括下列内容：

1 地层含水情况及地下水位变化情况，地下水质分析，渗透系数和涌水量；

2 上下游有无水工设施或规划，储水能力，最高水位及坝顶标高等及对拟建工程的影响；

3 设计洪水频率下最高洪水位、流速、流量及枯水期水位标高；

4 跨越河流的冰凌资料；

5 设计洪水频率下的一般冲刷深度和局部冲刷深度。

4.2.3 跨越岩土工程勘察报告应包括下列内容：

1 当地极端最高气温、最低气温、最高月平均气温、最低月平均气温、标准冻深、最大风速、基本风压、积雪厚度和覆冰厚度等；

2 河流的类型、特征、河流两岸河漫滩及河床断面特征，一般和局部的冲淤程度，河道变迁情况，相应设计洪水频率的洪水位标高和最大流速，河流通航等级；

3 桥墩和锚固墩区地层岩性、地质构造、不良地质作用与地质灾害的分布和工程地质特性；

4 跨越位置岩土的物理力学特性，水和土的腐蚀性评价，提供地基基础和桩基设计参数；

5 边坡及地基的稳定性、不良地质的危害程度和地下水对基础的影响程度；

6 应对跨越工程的地基基础及锚固方案提出建议。

4.2.4 勘察资料应提供地震设计参数、场地类别等，并应查明有无不良地震地质情况。

4.2.5 地质复杂的地基或大型跨越的基础，宜进行施工地质勘察。

5 材 料

5.1 一般规定

5.1.1 输送钢管选择应符合现行国家标准《输气管道工程设计规范》GB 50251 和《输油管道工程设计规范》GB 50253 的有关规定。

5.1.2 钢材和混凝土应符合现行国家标准《钢结构设计规范》GB 50017 和《混凝土结构设计规范》GB 50010 的有关规定。

5.1.3 钢丝绳应符合现行国家标准《重要用途钢丝绳》GB 8918 的有关规定，密闭钢丝绳还应符合现行行业标准《密封钢丝绳》YB/T 5295 的有关规定；钢丝拉索应符合现行国家标准《斜拉桥热挤聚乙烯高强钢丝拉索技术条件》GB/T 18365 的有关规定；主缆采用预制平行钢丝索股应符合现行行业标准《悬索桥预制主缆丝股技术条件》JT/T 395 的有关规定；钢绞线应符合现行国家标准《单丝涂覆环氧涂层预应力钢绞线》GB/T 25823 或《预应力混凝土用钢绞线》GB/T 5224 的有关规定，钢绞线拉索应符合现行国家标准《斜拉桥钢绞线拉索技术条件》GB/T 30826 的有关规定。

5.1.4 预制平行钢丝索股和热挤聚乙烯高强钢丝拉索采用的钢丝各项性能应符合现行国家标准《桥梁缆索用热镀锌钢丝》GB/T 17101 的规定。环氧钢丝应符合现行国家标准《缆索用环氧涂层钢丝》GB/T 25835 的有关规定。

5.1.5 高密度聚乙烯护套料的各项性能指标应符合现行行业标准《桥梁缆索用高密度聚乙烯护套料》CJ/T 297 的规定。

5.1.6 跨越工程中承重结构采用的钢材应具有抗拉强度、伸长率、屈服强度和硫、磷含量的合格证明，对焊接结构尚应具有碳含量的合格证明及冷弯试验合格证明。

5.1.7 锚具及连接件的选材应符合下列规定：

1 锚具及连接件的选材应根据结构的重要性、荷载特征、结构形式、应力状态、连接方法、钢材厚度和工作环境等因素确定。

2 锚具及连接件的原材料应采用优质碳素结构钢或合金结构钢，应符合现行国家标准《优质碳素结构钢》GB/T 699 和《合金结构钢》GB/T 3077 的规定，对于需要进行疲劳验算部件的原材料还应按标准规定的高级优质钢要求进行低倍组织和非金属夹杂物检测。

3 锚具及连接件宜采用钢锻件。当采用钢锻件时，应符合现行行业标准《大型碳素结构钢锻件技术条件》JB/T 6397 和《大型合金结构钢锻件　技术条件》JB/T 6396 的规定，对需要进行疲劳验算和不能更换的锚具和连接件，锻件组别应为标准规定的Ⅳ级及以上，并在设计温度下进行夏比 V 形缺口冲击试验，冲击值应满足相应标准的要求；当采用铸钢件时，宜采用 ZG20Mn 或 ZG35Cr1Mo 铸钢件，应符合现行行业标准《大型低合金钢铸件》JB/T 6402 的规定。

4 锚具及连接件用钢锻件应按现行行业标准《承压设备无损检测　第 3 部分：超声检测》NB/T 47013.3 和《承压设备无损检测　第 4 部分：磁粉检测》NB/T 47013.4 的规定进行超声检测和磁粉检测，超声检测合格等级不应低于Ⅱ级，磁粉检测合格等级不应低于Ⅰ级。锚具及连接件用铸钢件应按现行国家标准《铸钢件　超声检测　第 1 部分：一般用途铸钢件》GB/T 7233.1 的规定进行超声波探伤，合格指标不应低于 2 级；应按现行国家标准《铸钢件磁粉检测》GB/T 9444 的规定进行磁粉探伤，合格指标不应低于 2 级。

5.1.8 管道用锚固法兰宜采用碳素钢和合金钢锻件，并应符合现行行业标准《承压设备用碳素钢和合金钢锻件》NB/T 47008 的有关规定。

5.1.9 钢结构焊接材料应根据被焊材料的机械性能、化学成分及焊接工艺要求等因素选择，并应符合现行国家标准《钢结构焊接规范》GB 50661 的有关规定。

5.2 耐 久 性

5.2.1 管道跨越工程混凝土基础、混凝土塔架应符合现行国家标准《混凝土结构耐久性设计规范》

GB/T 50476 的有关规定。

5.2.2 管道跨越工程钢结构部分应采用耐环境腐蚀、耐日晒、耐寒的防腐涂层。

5.3 设计指标

5.3.1 管道跨越工程采用的输送钢管材质应与线路采用的钢管相同，常用输送钢管的主要力学性能指标应按表 5.3.1 采用。

表 5.3.1 常用输送钢管的主要力学性能指标

钢级		管体(无缝和焊接钢管)	
国家标准	API 标准	屈服强度 $R_{t0.5}$(MPa)	抗拉强度 R_m(MPa)
L245	B	245	415
L290	X42	290	415
L360	X52	360	460
L415	X60	415	520
L450	X65	450	535
L485	X70	485	570
L555	X80	555	625

5.3.2 钢芯钢丝绳的最小破断拉力应符合现行国家标准《重要用途钢丝绳》GB 8918 的有关规定，钢丝绳弹性模量不宜小于 1.1×10^5N/mm²；密闭钢丝绳的最小破断拉力应符合现行行业标准《密封钢丝绳》YB/T 5295 的有关规定，钢丝绳弹性模量不宜小于 1.6×10^5N/mm²；钢丝拉索的公称破断索力应符合现行国家标准《斜拉桥热挤聚乙烯高强钢丝拉索技术条件》GB/T 18365 的有关规定，成品拉索的弹性模量不应小于 1.9×10^5N/mm²；钢绞线的最大力应符合现行国家标准《预应力混凝土用钢绞线》GB/T 5224 的有关规定，弹性模量宜取为 1.85×10^5N/mm² ~ 2.05×10^5N/mm²。

5.3.3 钢丝绳的表面状态、公称抗拉强度及强度允差应符合现行国家标准《重要用途钢丝绳》GB 8918 和《粗直径钢丝绳》GB/T 20067 的有关规定，密封钢丝绳还应符合现行行业标准《密封钢丝绳》YB/T 5295 的有关规定。

5.3.4 钢丝拉索采用的钢丝物理力学性能指标应符合现行国家标准《桥梁缆索用热镀锌钢丝》GB/T 17101 的有关规定，环氧钢丝应符合现行国家标准《缆索用环氧涂层钢丝》GB/T 25835 的有关规定。钢绞线拉索采用的钢绞线的物理力学性能指标应符合现行国家标准《预应力混凝土用钢绞线》GB/T 5224 或《单丝涂覆环氧涂层预应力钢绞线》GB/T 25823 的有关规定。

5.3.5 当斜拉索结构的成品拉索长度小于或等于 100m 时，误差应小于或等于 20mm；当成品拉索长度大于 100m 时，误差应小于或等于 1/5000 成品拉索长度。

5.3.6 悬索结构的成品主缆索股测长精度应在 1/12000 以上。

5.3.7 钢材的物理性能指标应按表 5.3.7 采用。

表 5.3.7 钢材的物理性能指标

弹性模量 E(N/mm²)	剪变模量 G(N/mm²)	线膨胀系数 α(1/℃)	质量密度 ρ(kg/m³)
206×10^3	79×10^3	12×10^{-6}	7850

6 结构分析

6.1 一般规定

6.1.1 跨越结构在不同阶段的多种受力状况应分别进行跨越结构分析，并应确定跨越结构最不利的作用效应组合。

6.1.2 跨越结构分析所需的各种几何尺寸，以及所采用的计算简图、边界条件、作用的取值与组合、材料性能的计算指标、初始应力和变形状况等，应符合跨越结构的实际工作状况，并应具有相应的构造保证措施。

6.1.3 跨越结构分析应符合下列规定：

1 应符合力学平衡条件；

2 应符合变形协调条件；

3 应采用合理的材料或构件单元的本构关系。

6.1.4 跨越结构分析时，线弹性分析方法与非线弹性分析方法宜根据跨越结构类型、构件位置、材料性能和受力特点等选择。刚性跨越宜采用线弹性分析方法，柔性跨越宜采用非线弹性分析方法。

6.1.5 跨越结构分析软件的技术条件应符合本标准和国家现行有关标准的规定，大型跨越结构宜采用两个以上软件进行分析计算，比对计算结果。计算的结果应经判断和校核，并应在确定计算结果合理有效后用于工程设计。

6.2 设 计 方 法

6.2.1 桥面结构、桥塔及桥墩应按下列承载能力极限状态和正常使用极限状态进行设计：

1 承载能力极限状态应包括下列计算：

1) 构件和连接应进行承载力计算；

2) 有抗震设防要求时，应进行抗震计算；

3) 应进行结构的倾覆、滑移验算。

2 正常使用极限状态应包括下列计算：

1) 对需要控制变形的构件及基础，应进行变形计算；

2) 对不允许出现裂缝的混凝土构件，应进行混凝土拉应力计算；

3) 允许出现裂缝的混凝土构件，应进行受力裂缝宽度验算。

6.2.2 管道、缆索、锚具及连接件应按容许应力法进行强度计算。

6.3 线弹性分析法

6.3.1 线弹性分析方法可用于刚性跨越结构在各种荷载作用下的效应分析。

6.3.2 杆系结构宜按空间体系进行跨越结构整体分析，并宜分析杆件的弯曲、轴向、剪切和扭转变形对跨越结构内力的影响。跨越结构或杆件的变形对其内力的二阶效应影响较明显时，应分析二阶效应的影响。

6.3.3 杆系结构的计算模型应按下列方法确定：

1 杆件的轴线宜取截面几何中心的连线；

2 杆件之间的连接应根据构造要求简化成刚接或铰接；

3 杆件的计算跨度或计算高度宜按杆件两端支承点的中心距或净距确定，并应根据支承节点的连接刚度或支承反力的位置加以修正。

6.3.4 杆系结构宜采用解析法、有限元法等进行计算，对体形规则的跨越结构，可根据其受力特点和作用的种类采用简化分析方法。

6.4 非线弹性分析法

6.4.1 非线弹性分析方法可用于柔性跨越结构在各种荷载作用下的效应分析。

6.4.2 柔性跨越结构应分析几何非线弹性对结构的不利影响。

6.5 结构动力响应分析

6.5.1 大型柔性跨越结构应进行结构动力分析，分析内容应包括结构抗风分析、地震分析及清管振动分析。

6.5.2 结构的自振频率及相应的振型分析宜采用有限元方法进行计算。

6.5.3 采用有限元法建模时，结构模型中平动质量可采用集中质量或分布质量方式，转动惯量可根据模型自动生成或按照实际截面的质量分布情况计算后输入。

6.5.4 在进行风荷载结构动力响应分析时，跨越钢结构的阻尼比不宜大于 0.005。

6.5.5 主跨 300m 及以上的柔性跨越宜进行风洞试验，风洞试验应符合下列规定：

1 模型风洞试验宜在模拟大气边界层的风洞中进行，模拟的大气边界层应反映桥址处的平均风速剖面、紊流强度剖面及脉动风功率谱；

2 模型应模拟跨越结构构件的外部轮廓，模型的频率和阻尼比应模拟实际跨越结构的主要模态频率和阻尼比；

3 风洞试验宜考虑紊流特征和风攻角的影响，所考虑的紊流特征以及风攻角应同桥址处的风环境相适宜；

4 风洞试验应根据设计需要，提供体形系数、动力特性等设计参数。

6.5.6 地震作用下结构动力响应分析宜采用时程分析法，动力时程分析采用的地震波应由地震评价单位提供。应根据地震安全性评价结果选择地震加速度记录。

6.5.7 跨越结构的地震作用应按沿跨越管道横向、竖向以及纵向三个方向分别计算地震作用。

6.5.8 清管作用下的结构动力响应分析宜将清管荷载作为移动荷载。

6.5.9 清管设备的速度和质量应根据管道直径和清管工艺确定。

6.5.10 当有多条管道共用跨越结构时，应按最不利工况进行分析。

7 作用分类和作用组合

7.1 作用分类、代表值和作用效应

7.1.1 跨越工程设计采用的作用可分为永久作用、可变作用、地震作用和偶然作用，作用的分类及分项系数应符合表 7.1.1-1 及表 7.1.1-2 的规定。

表 7.1.1-1 桥面结构部分的作用分类及其分项系数

编号	作用分类	作用名称	分项系数	
			对结构承载力不利时	对结构承载力有利时
1	永久作用	管道及钢结构自重	1.1	1.0
2		混凝土结构自重	1.2	1.0
3		管道内输送介质自重	1.1	1.0
4		预加力	1.2	1.0
5	可变作用	风荷载	1.4(见注)	0
6		雪荷载	1.4	0
7		覆冰荷载	1.4	0
8		清管荷载	1.1	0
9		检修荷载	1.3	0
10		充水试压荷载	1.1	0
11		温度作用	1.4	1.0
12	地震作用	地震作用	1.3	0

注：当风荷载计入瞬时风压的影响，且作为非主导荷载时，其分项系数取 1.1。

表 7.1.1-2　桥墩部分的作用分类及其分项系数

编号	作用分类	作用名称	分项系数	
			对结构承载力不利时	对结构承载力有利时
1	永久作用	结构自重	1.2(1.35)	1.0
2		预加力	1.2	1.0
3		土的重力	1.2	1.0
4		土的侧压力	1.2	1.0
5		水的浮力	1.4	1.0
6	可变作用	风荷载	1.4	0
7		水流压力	1.4	0
8		冰压力	1.4	0
9	地震作用	地震作用	1.3	0
10	偶然作用	船舶或漂流物的撞击作用	1.0	0

注：1　验算抗倾覆、滑动稳定时，分项系数应符合各有关章节的规定。

2　括号内的数据用于由永久作用控制的组合。

3　桥面结构传至桥墩部分的作用未在本表表示。

7.1.2　跨越结构工程设计时，对不同的作用应采用不同的代表值，应符合现行行业标准《公路桥涵设计通用规范》JTG D60 的规定。

7.1.3　跨越结构工程设计应按承载能力极限状态和正常使用极限状态进行作用效应组合，取最不利效应组合进行设计：

1　当结构或结构构件需做不同方向的验算时，应以不同方向的最不利的作用组合效应进行计算。

2　当可变作用的出现对结构或结构构件产生有利影响时，该作用不应参与组合。同时参与组合概率很小的作用，不考虑其作用效应的组合。桥面结构部分的可变荷载参与作用组合的方式及组合值系数见表 7.1.3-1。桥墩结构部分的可变荷载参与作用组合的方式及组合值系数见表 7.1.3-2。

表 7.1.3-1　桥面结构部分可变作用组合及组合值系数

非主导作用 主导作用	风荷载	雪荷载	覆冰荷载	清管荷载/充水试压荷载	检修荷载	温度作用
风荷载		0.7	0.7	—	—	0.6
雪荷载	0.6		1.0	—	—	0.6
覆冰荷载	0.6	0.7		1.0	—	—
清管荷载/充水试压荷载	0.6	0.7	0.7		—	0.6
检修荷载	0.6	0.7	0.7	—		0.6
温度作用	0.6	0.7	—	1.0	0.7	

注：1　清管荷载与充水试压荷载不同时组合。

2　在大风、大雪等极端天气下不应进行清管及充水试压。

3　走道板位于两管道中间时，当风荷载为主导作用时，雪荷载的组合系数取 0.8。

4　多管道敷设的充水试压荷载应根据实际情况取用。

表 7.1.3-2 桥墩结构部分可变作用组合及组合值系数

非主导作用 / 主导作用	风 荷 载	流水压力/冰压力
风荷载		1.0
流水压力/冰压力	1.0	

注：流水压力与冰压力不同时组合。

3 应进行施工阶段作用效应的验算。

4 偶然作用与地震作用不同时参与组合。

7.1.4 跨越工程结构的承载能力极限状态下的设计，应采用基本组合或偶然组合，并应符合现行国家标准《建筑结构荷载规范》GB 50009 的规定，作用的分项系数、组合值系数应分别按本标准表 7.1.1 及表 7.1.3 取值，可变作用的频遇值系数、准永久值系数应按表 7.1.4 取值。

表 7.1.4 常用可变作用的频遇值系数、准永久值系数

作用名称	频遇值系数 ψ_f	准永久值系数 ψ_q
风荷载	0.4	0
雪荷载	0.6	0.5/0.2/0
覆冰荷载	0.6	0.2
检修荷载	0.5	0
温度作用	0.5	0.4
流水压力	0.4	0.2/0

注：1 雪荷载准永久值系数 0.5/0.2/0 分别为雪荷载分区Ⅰ、Ⅱ、Ⅲ的数值，雪荷载分区见现行国家标准《建筑结构荷载规范》GB 50009.

2 流水压力准永久值系数 0.2/0 分别为非季节性河流、季节性河流的数值。

3 正常使用极限状态下，不考虑充水试压荷载和清管荷载。

7.1.5 当有地震作用时应采用地震作用组合，桥面地震作用效应和其他荷载效应组合的设计值应符合现行国家标准《油气输送管道线路工程抗震技术规范》GB/T 50470 的有关规定，其中承载力抗震调整系数 γ_{RE} 应符合下列规定：

1 油气输送管道、缆索应取 0.75；

2 其余构件应符合现行国家标准《建筑抗震设计规范》GB 50011 的有关规定；

3 当仅计算竖向地震作用时，各类结构构件抗力抗震调整系数均应采用 1.0。

7.1.6 桥墩地震作用效应和其他荷载效应组合的设计值应按下式计算：

$$S=S_{GE}+\psi_{LK}S_{LK}+\psi_{VK}S_{VK}+\psi_{PK}S_{PK}+\psi_{W}S_{WK}+\psi_{p}S_{pK} \tag{7.1.6}$$

式中：S——桥墩内力组合的设计值，包括组合的弯矩、轴向力和剪力设计值；

S_{GE}——重力荷载代表值的效应，取结构、配件以及输送介质标准值和可变荷载(包括雪荷载、覆冰荷载等)组合值之和，此时，可变荷载组合值系数取 0.5；

ψ_{LK}——横向地震作用组合值系数，见表 7.1.6；

S_{LK}——横向地震作用标准值的效应；

ψ_{VK}——竖向地震作用组合值系数，见表 7.1.6；

S_{VK}——竖向地震作用标准值的效应；

ψ_{PK}——纵向地震作用组合值系数，见表 7.1.6；

S_{PK}——纵向地震作用标准值的效应；

ψ_W——风荷载组合值系数，一般取0.0，风荷载起控制作用的大型跨越结构采用0.2；

S_{WK}——风荷载标准值的效应；

ψ_p——水流压力或冰压力作用组合值系数，取1.0；

S_{pK}——水流压力或冰压力作用标准值的效应。

表7.1.6　地震作用组合值系数

地震作用工况	ψ_{LK}	ψ_{VK}	ψ_{PK}
仅计算横向地震作用	1.3	0.0	0.0
仅计算竖向地震作用	0.0	1.3	0.0
仅计算纵向地震作用	0.0	0.0	1.3
同时计算横向与竖向地震作用(横向为主)	1.3	0.5	0.0
同时计算横向与竖向地震作用(竖向为主)	0.5	1.3	0.0
同时计算横、竖、纵向地震作用	1.3	0.5	0.5

7.1.7　跨越工程按正常使用极限状态设计时，应采用作用效应的标准组合、频遇组合和准永久组合，并应符合现行国家标准《建筑结构荷载规范》GB 50009的有关规定。

7.1.8　当缆索和油气输送管道采用容许应力法设计时，应根据缆索和油气输送管道上可能发生的工作状况，按主要组合、附加组合、特殊组合进行运营、施二各阶段不同设计工况的作用组合，取最不利工况组合进行设计，并应符合下列规定：

1　主要组合应为运营阶段永久作用与可能发生的可变作用的组合，其作用组合的效应应按下式确定：

$$S_k = \sum_{i=1}^{m} S_{Gik} + S_{Q1k} + \sum_{j=2}^{n} \psi_{cj} S_{Qjk} \tag{7.1.8-1}$$

式中：S_k——作用组合的效应；

S_{Gik}——永久作用标准值G_{ik}的效应；

S_{Qjk}——可变作用标准值Q_{jk}的效应，其中S_{Q1k}为诸可变作用效应中起控制作用者，当S_{Q1k}无法明显判断时，轮次以各可变作用效应为S_{Q1k}，选其中最不利作用组合的效应设计值；

ψ_{cj}——可变作用Q_j的组合值系数，应按表7.1.3-1、表7.1.3-2采用。

2　附加组合应为施工阶段永久作用与可能发生的可变作用的组合，其作用组合的效应应按下式确定：

$$S_k = \sum_{i=1}^{m} S_{Gik} + S_{Qck} + \sum_{j=2}^{n} \psi_{cj} S_{Qjk} \tag{7.1.8-2}$$

式中：S_{Qck}——施工荷载(试压充水荷载、充水压力或清管水重、清管设备重等)的效应。

3　特殊组合应为运营阶段永久作用与地震作用及可能发生的可变作用的组合，应符合现行国家标准《油气输送管道线路工程抗震技术规范》GB/T 50470的有关规定。

7.1.9　油气输送管道按容许应力法设计，强度验算应符合下式规定：

$$\sigma \leqslant \eta F \sigma_S \tag{7.1.9}$$

式中：σ——当量应力(MPa)；

η——缆索的许用拉力和钢管的许用拉应力提高系数，应按表7.1.9选取；

F——强度设计系数，油气输送管道按表3.0.3采用；

σ_S——钢管的屈服强度(MPa)。

表 7.1.9 许用拉应力(拉力)提高系数 η

作用组合	许用拉应力(拉力)提高系数 η		
	钢丝绳缆索	高强钢丝缆索	跨越管道
主要组合	1.0	1.0	1.0
附加组合	1.1	1.25	1.4
特殊组合	1.15	1.3	1.5

7.2 永久作用

7.2.1 管道、管道内输送介质及桥面结构的自重应为材料的重力密度与体积的乘积。

7.2.2 缆索预加力应通过对结构的应力及变形分析确定。

7.2.3 土的重力、土的侧压力及水的浮力宜按现行行业标准《公路桥涵设计通用规范》JTG D60 的有关规定进行计算。

7.3 可变作用

7.3.1 跨越上部结构应计算横向风荷载，宜计算竖向风荷载。

7.3.2 垂直于跨越结构表面上的风荷载标准值应按下式计算：

$$\omega_k = \beta_z \mu_s \mu_z \omega_0 \tag{7.3.2}$$

式中：ω_k——跨越结构表面单位投影面积上的风荷载标准值(kN/m^2)；

β_z——高度 z 处的风振系数；

μ_s——风荷载体型系数；

μ_z——风压高度变化系数；

ω_0——基本风压(kN/m^2)。

7.3.3 基本风压应符合现行国家标准《建筑结构荷载规范》GB 50009 的有关规定，基本风压的重现期应为50年。对于刚性跨越，风压不应小于0.30kN/m^2；对于柔性跨越，风压不应小于0.35kN/m^2。

7.3.4 全国各城市的基本风压值应按现行国家标准《建筑结构荷载规范》GB 50009 重现期为50年的值采用。当建设地点的基本风压值在现行国家标准《建筑结构荷载规范》GB 50009 中没有给出时，或者当地没有风速资料时，应按现行国家标准《建筑结构荷载规范》GB 50009 的计算公式确定。

7.3.5 跨越工程各构件风压计算高度可按表 7.3.5 取用。

表 7.3.5 风压计算高度(m)

结　构	计算高度
主梁	主跨桥面距水面或地表面或海面的最大高度(河流以枯水位为基准面)
吊杆、索、缆	跨中主梁底面到塔顶的平均高度处
桥塔	水面或地面以上塔高65%高度处

7.3.6 对于平坦或稍有起伏的地形，风压高度变化系数应根据地面粗糙度类别按现行国家标准《建筑结构荷载规范》GB 50009 确定。

7.3.7 对于山区的跨越工程，风压高度变化系数应根据地形条件进行修正，采用的修正系数应符合下列规定：

1 对于山间盆地、谷地等闭塞地形，应取0.75~0.85；

2 对于与风向一致的谷口、山口，应取1.20~1.50。

7.3.8 当跨越结构的基本自振周期大于或等于0.25s 时，应考虑脉动风引起的风振影响。跨越结构构件在风压计算高度 z 处的风振系数应符合下列规定：

1 对于桥面结构、缆索和管道，风压计算高度 z 处的风振系数可取化 $\beta_z=2.0$。

2 对于桥塔，可仅考虑结构第一振型的影响。桥塔高度 z 处的风振系数 β_z 可按下式计算：

$$\beta_z=1+2gI_{10}B_z\sqrt{1+R^2} \tag{7.3.8}$$

式中：g——峰值因子，可取 2.5；

I_{10}——10m 高度名义湍流强度，对应 A、B、C 和 D 类地面粗糙度，可分别取 0.12、0.14、0.23 和 0.39；

β_z——脉动风荷载的背景分量因子，应按现行国家标准《建筑结构荷载规范》GB 50009 取值；

R——脉动风荷载的共振分量因子，应按现行国家标准《建筑结构荷载规范》GB 50009 取值。

3 对于栏杆、附属设施，高度 z 处的风振系数 β_z 可按现行国家标准《建筑结构荷载规范》GB 50009 取值。

7.3.9 桥面结构的风荷载体型系数 μ_s 可按表 7.3.9 采用。

表 7.3.9 风荷载体型系数 μ_s

项次	类别	体型及体型系数 μ_s	备注
1	桥面结构各种截面的杆件	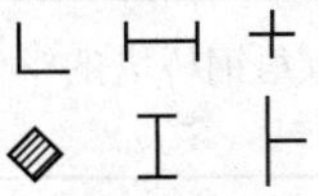 $\mu_s=+1.3$	适用于平面桁架桥面结构
2	桥面结构桁架	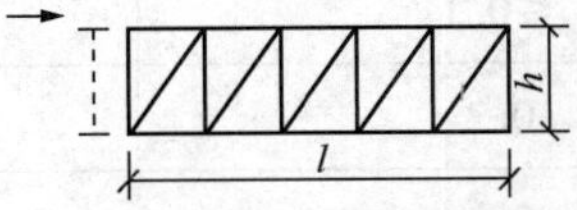 (a)单榀桁架的体型系数 $\mu_{st}=\phi\mu_s$ 式中：μ_s 为桁架构件的体型系数，对型钢杆件按第 1 项采用，对圆管杆件按第 3 项采用； $\phi=A_n/A$ 为桁架的挡风系数； A_n 为桁架杆件和节点挡风的净投影面积； $A=hl$ 为桁架的轮廓面积。 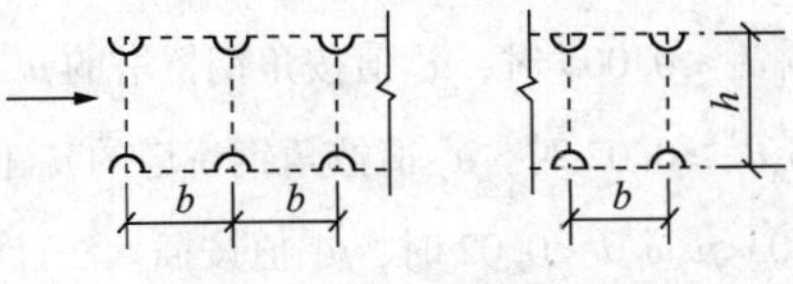 (b)n榀平行桁架的整体体型系数 $\mu_{stw}=\mu_{st}\frac{1-\eta^n}{1-\eta}$ 式中：μ_{st} 为单榀桁架的体型系数； η 按下表采用。	适用于空间桁架桥面结构

ϕ \ b/h	≤1	2	4	6
≤0.1	1.00	1.00	1.00	1.00
0.2	0.85	0.90	0.93	0.97
0.3	0.66	0.75	0.80	0.85
0.4	0.50	0.60	0.67	0.73
0.5	0.33	0.45	0.53	0.62
0.6	0.15	0.30	0.40	0.50

续表 7.3.9

<table>
<tr><th>项次</th><th>类别</th><th>体型及体型系数μ_s</th><th>备注</th></tr>
<tr><td>3</td><td>桥面结构
圆截面的
杆件</td><td>

整体计算时的体型系数

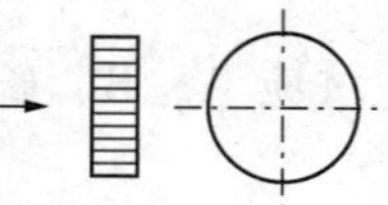

<table>
<tr><th>$\mu_z\omega_0 d^2$</th><th>$H/d\geqslant25$</th><th>$H/d=7$</th><th>$H/d=1$</th></tr>
<tr><td>≥0.015</td><td>0.6</td><td>0.5</td><td>0.5</td></tr>
<tr><td>≤0.002</td><td>1.2</td><td>0.8</td><td>0.7</td></tr>
</table>

注：1　中间值按线性插值法计算。
2　H为杆件长度，d为杆件直径。

</td><td>适用于单根
钢管桥面
结构</td></tr>
<tr><td>4</td><td>钢结构桥塔</td><td>

(a)角钢桥塔的整体体型系数μ_s值：

<table>
<tr><th>ϕ</th><th>方形</th></tr>
<tr><td>≤0.1</td><td>2.6</td></tr>
<tr><td>0.2</td><td>2.4</td></tr>
<tr><td>0.3</td><td>2.2</td></tr>
<tr><td>0.4</td><td>2.0</td></tr>
<tr><td>0.5</td><td>1.9</td></tr>
</table>

注：挡风系数$\phi=\frac{\text{迎风面杆件和节点净投影面积}}{\text{迎风面轮廓面积}}$，均按桥塔迎风面的一个塔面计算。

(b)管子及圆钢桥塔的整体体型系数μ_s值：
当$\mu_z\omega_0 d^2\leqslant0.003$时，$\mu_s$值按角钢桥塔的$\mu_s$值乘以0.8采用；
当$\mu_z\omega_0 d^2\geqslant0.02$时，$\mu_s$值按角钢桥塔的$\mu_s$值乘以0.6采用；
当$0.003<\mu_z\omega_0 d^2<0.02$时，$\mu_s$值按插入法计算。
当桥塔结构由不同类型截面组合而成时，应按不同类型杆件迎风面积加权平均选用μ_s值。

</td><td>—</td></tr>
<tr><td>5</td><td>混凝土
桥塔</td><td>

整体计算时的体型系数μ_s值：

<table>
<tr><th rowspan="2">截面</th><th rowspan="2">风向</th><th colspan="3">H/d</th></tr>
<tr><th>25</th><th>7</th><th>1</th></tr>
<tr><td>正方形</td><td>垂直于一边</td><td>2</td><td>1.4</td><td>1.3</td></tr>
</table>

注：H为塔柱高度，d为塔柱宽度。

</td><td>—</td></tr>
<tr><td>6</td><td>缆索</td><td>

当$\mu_z\omega_0 d^2\leqslant0.003$时，$\mu_s=1.2$；
当$\mu_z\omega_0 d^2\geqslant0.02$时，$\mu_s=0.7$；
当$0.003<\mu_z\omega_0 d^2<0.02$，$\mu_s$按插入法计算。

</td><td>—</td></tr>
</table>

续表 7.3.9

<table>
<tr><th>项次</th><th>类别</th><th>体型及体型系数 μ_s</th><th>备注</th></tr>
<tr><td>7</td><td>单根
管道</td><td>
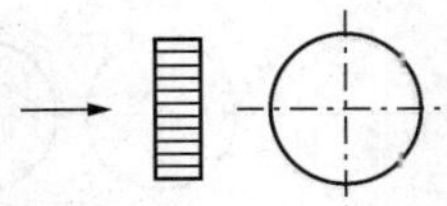
<table>
<tr><td>$\mu_z\omega_0 d^2$</td><td>$L/d \geqslant 25$</td><td>$L/d=7$</td><td>$L/d=1$</td></tr>
<tr><td>$\geqslant 0.015$</td><td>0.6</td><td>0.5</td><td>0.5</td></tr>
<tr><td>$\leqslant 0.002$</td><td>1.2</td><td>0.8</td><td>0.7</td></tr>
</table>
注：表中的中间值按线性插值法计算。L 为管道长度，d 为管道直径。
</td><td>—</td></tr>
<tr><td>8</td><td>上下
双管</td><td>
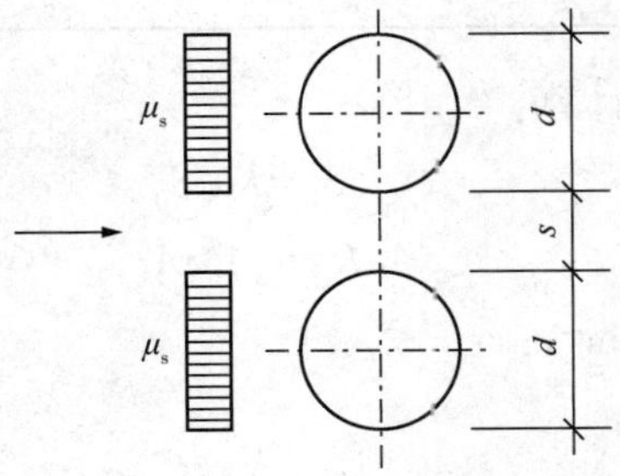

<table>
<tr><td>s/d</td><td>$\leqslant 0.25$</td><td>0.5</td><td>0.75</td><td>1.0</td><td>1.5</td><td>2.0</td><td>$\geqslant 3.0$</td></tr>
<tr><td>μ_s</td><td>+1.20</td><td>+0.90</td><td>+0.75</td><td>+0.70</td><td>+0.65</td><td>+0.63</td><td>+0.60</td></tr>
</table>
注：1 本表适用于 $\mu_z\omega_0 d^2 \geqslant 0.015$ 的情况；当 $\mu_z\omega_0 d^2 \leqslant 0.002$ 时，$\mu_s=1.7$；
当 $0.002<\mu_z\omega_0 d^2 \leqslant 0.015$ 时，采用内插法计算。
2 当上下双管中的管径不一致时，以最大管径计算体型系数。
</td><td>—</td></tr>
<tr><td>9</td><td>前后双管</td><td>
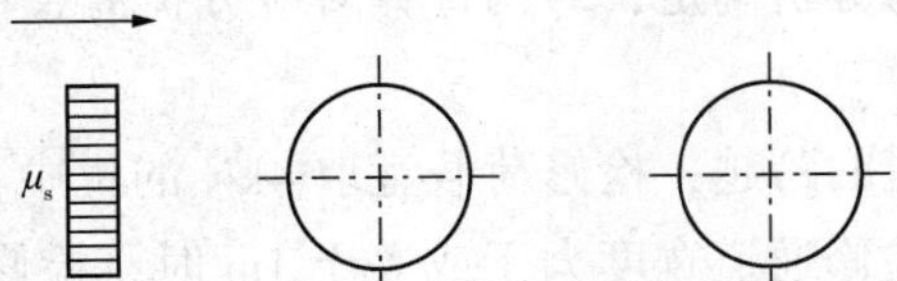

<table>
<tr><td>s/d</td><td>$\leqslant 0.25$</td><td>0.5</td><td>1.5</td><td>3.0</td><td>4.0</td><td>6.0</td><td>8.0</td><td>$\geqslant 10.0$</td></tr>
<tr><td>μ_s</td><td>+0.68</td><td>+0.86</td><td>+0.94</td><td>+0.99</td><td>+1.08</td><td>+1.11</td><td>+1.14</td><td>+1.20</td></tr>
</table>
注：1 本表适用于 $\mu_z\omega_0 d^2 \geqslant 0.015$ 的情况；当 $\mu_z\omega_0 d^2 \leqslant 0.002$ 时，$\mu_s=1.7$；
当 $0.002<\mu_z\omega_0 d^2 \leqslant 0.015$ 时，采用内插法计算。
2 前面双管的 μ_s 值为前后两管之和，其中前管为 0.6。
3 当前后双管中的管径不一致时，以最小管径计算体型系数。
</td><td>—</td></tr>
</table>

续表 7.3.9

项次	类别	体型及体型系数 μ_s	备注
10	密排多管	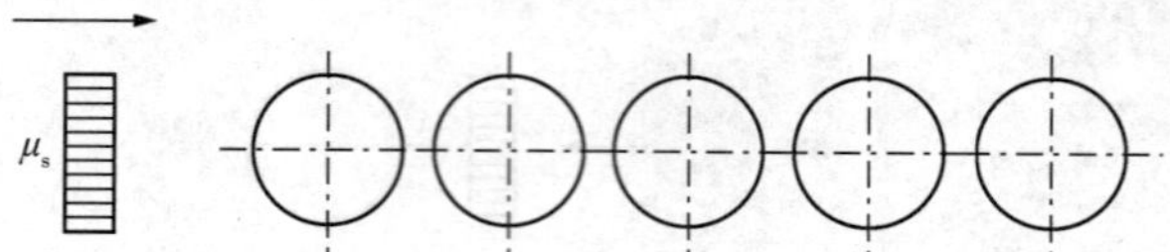 $\mu_s=+1.4$ 注：1　本图适用于 $\mu_z\omega_0d^2\geqslant 0.015$ 的情况；当 $\mu_z\omega_0d^2\leqslant 0.002$ 时，$\mu_s=1.7$； 当 $0.002<\mu_z\omega_0d^2\leqslant 0.015$ 时，采用内插法计算。 2　密排多管的 μ_s 值为各管的总和。	—
11	栏杆	同项次 2	—
12	附属设施	1.3~2.0	—

7.3.10　雪荷载标准值应按下式计算：

$$S_k=K\mu_rS_0 \tag{7.3.10-1}$$

$$K=\gamma_aA_b/A_1 \tag{7.3.10-2}$$

式中：S_k——雪荷载标准值（kN/m^2）；

K——桥面的镂空系数；

μ_r——积雪分布系数，取 1.0；

S_0——基本雪压（kN/m^2），应按现行国家标准《建筑结构荷载规范》GB 50009 重现期 R 为 50 年的值采用，当无实测资料时，山区按当地临近空旷平坦地面的雪荷载值乘以系数 1.2 取用；

γ_a——镂空折减系数，当管道投影面积 $A_b\leqslant 0.8$ 时，γ_a 取 0.9，双层桥的下层桥面 γ_a 取 0.5，走道板位于两管道之间时，取 $\gamma_a=1$；

A_b——型钢、管道及走道板在计算桥面的投影面积；

A_1——计算桥面轮廓总面积。

7.3.11　覆冰荷载宜符合现行国家标准《高耸结构设计规范》GB 50135 的有关规定。

7.3.12　清管荷载应根据动力分析确定，结构计算时应分析清管作用对桥面和缆索的整体及局部的影响。

7.3.13　对于不设置检修通道的跨越，检修荷载宜取 4kN 的集中荷载布置在桥面的最不利位置；对于设置检修通道的跨越，当检修通道宽度大于或等于 1m 时，检修荷载宜取 $0.8kN/m^2$，当检修通道宽度小于 1m 时，检修荷载宜取 $1.0kN/m^2$。均布荷载的分布长度宜为 20m~30m，分布在桥面的最不利位置。

7.3.14　对于有多条检修通道的情况，最多可同时考虑两条检修通道的检修荷载。

7.3.15　对于运营期间管道换管或更换吊索等工况，施工荷载应单独计算。

7.3.16　温度作用应按现行国家标准《建筑结构荷载规范》GB 50009 的有关规定计算。

7.3.17　流水压力应按本标准第 9.2.8 条执行。

7.3.18　冰压力应按本标准第 9.2.9 条执行。

7.4　偶然作用和地震作用

7.4.1　船只、漂流物的撞击作用标准值应符合现行行业标准《公路桥涵设计通用规范》JTG D60 的有关规定。

7.4.2 地震作用标准值应符合现行国家标准《油气输送管道线路工程抗震技术规范》GB/T 50470 和《建筑抗震设计规范》GB 50011 的有关规定。

8 结构设计

8.1 一般规定

8.1.1 结构形式及跨度布置应根据受力条件、基础形式、水文特征和地质条件等，进行技术经济比较确定。

8.1.2 跨度确定应符合下列规定：

1 跨度应符合防洪、泄洪、通航及疏浚整治规划规定，并应考虑跨越上下游已建或拟建建(构)筑物对河床的影响；

2 对于通航河流，跨度应符合现行国家标准《内河通航标准》GB 50139 的有关规定。

8.1.3 跨越结构传力途径应简洁、明确，并宜采用对称结构。

8.1.4 河床中设计洪水位以下的支承结构宜采用钢筋混凝土结构。

8.1.5 大型跨越的锚固墩宜采用重力式混凝土或钢筋混凝土结构，可同时辅以锚杆等措施。

8.2 结构变形

8.2.1 在永久作用和可变作用标准值作用下，刚性跨越主梁跨中挠度不应大于受弯构件的跨度的 1/400。

8.2.2 在永久作用和可变作用标准值作用下，管道跨越工程中固定钢塔架、桅杆式钢塔架平面外方向的最大水平位移不应大于塔架高度的 1/200。

8.2.3 在永久作用和可变作用标准值作用下，管道跨越工程中钢筋混凝土塔架最大水平位移不应大于塔架高度的 1/200。

8.3 管道强度及稳定性计算

8.3.1 管道输送介质内压引起的环向应力应按下式计算：

$$\sigma_h = \frac{Pd}{2\delta} \tag{8.3.1}$$

式中：σ_h——管道输送介质内压引起的环向应力(MPa)；

P——管道输送介质内压(MPa)；

d——管道内径(mm)；

δ——管道壁厚(mm)。

8.3.2 管道的轴向应力应符合下列规定：

1 管道输送介质内压引起的轴向应力应按下式计算：

$$\sigma_{a1} = 0.5\sigma_h \tag{8.3.2-1}$$

式中：σ_{a1}——管道输送介质内压引起的轴向应力(MPa)。

2 桥面荷载效应组合引起的弯曲应力应按下式计算：

$$\sigma_{a2} = \frac{M}{W} \tag{8.3.2-2}$$

式中：σ_{a2}——桥面荷载效应组合引起的弯曲应力(MPa)；

M——桥面荷载效应组合产生的弯矩(N·mm)；

W——管道净截面抵抗矩(mm^3)。

3 管道弯曲引起的轴向应力应按下式计算：

$$\sigma_{a3}=\frac{4EDf}{L^2+4f^2} \tag{8.3.2-3}$$

式中：σ_{a3}——管道悬垂引起的轴向应力(MPa)；

E——钢材弹性模量(N/mm^2)；

D——管道外径(mm)；

f——矢高(mm)；

L——跨度水平长度(mm)。

4　跨越结构应进行温度补偿，补偿后的温度应力应按下式计算：

$$\sigma_{at}=\frac{F_t}{A} \tag{8.3.2-4}$$

式中：σ_{at}——温度变化引起的轴向应力(MPa)；

F_t——温度变化引起的弹性力(N)；

A——管道截面面积(mm^2)。

5　两端固定管道的温度应力应按下式计算：

$$\sigma_{at}=\alpha E\Delta t \tag{8.3.2-5}$$

式中：σ_{at}——温度变化引起的轴向应力(MPa)；

α——钢管线膨胀系数(1/℃)，可按表5.3.7采用；

E——钢材弹性模量(N/mm^2)；

Δt——温差(℃)。

8.3.3　管道最大剪应力应按下式计算：

$$\tau_{max}=\frac{2V}{A} \tag{8.3.3}$$

式中：τ_{max}——管道剪切引起的最大剪应力(MPa)；

V——管道剪力(N)；

A——管道截面面积(mm^2)

8.3.4　当量应力应按下式计算：

$$\sigma=\sqrt{\sigma_x^2+\sigma_y^2-\sigma_x\sigma_y+3\tau_{xy}^2} \tag{8.3.4}$$

式中：σ——当量应力(MPa)；

σ_x、σ_y——x、y方向的应力(MPa)；

τ_{xy}——xy平面上的剪应力(MPa)。

8.3.5　强度验算应符合本标准第7.1.9条的规定。

8.4　温度补偿及桥面设施

8.4.1　管道跨越应进行温度补偿设计，管段宜利用自身补偿能力；当不能满足热变形要求时，应采用补偿器，补偿器宜水平设置，并应满足清管设备及检测仪器能顺利通过的要求。

8.4.2　补偿器与直管段连接最后一个焊口时，应选择在当地最佳温差条件下焊接，当不能满足最佳温差条件下焊接时，应进行补偿器的预拉伸(压缩)。

8.4.3　补偿器弯管宜采用热煨弯管，弯管的曲率半径应大于或等于管道外径的5倍。

8.4.4　补偿器采用弯管组焊时，两弯管之间应采用直管段连接，直管段长度不得小于管道外径的1.5倍，且不得小于500mm。

8.4.5　管道热伸长量计算应按下式计算：

$$\Delta L=L\alpha(t_2-t_1) \tag{8.4.5}$$

式中：ΔL——管道热伸长量(m)；

L——计算管长(m)；

α——管道的线膨胀系数(1/℃)，应按表5.3.7采用；

t_2——管道内介质温度(℃)；

t_1——管道设计安装温度(℃)。

8.4.6 补偿器应力计算应综合分析温度变化和管道内压的共同作用。

8.4.7 通航河流上的跨越工程应设置警示装置，配电电缆应选用加强绝缘型，照明灯具应选用防爆防水型，有条件的地区宜采用太阳能灯具。

8.4.8 跨越工程防雷接地应符合现行国家标准《建筑物防雷设计规范》GB 50057的有关规定。

8.4.9 大中型跨越工程宜设置人行检修通道，通道应设置栏杆，栏杆高度不应小于1200mm，横杆与上下构件的间距不应大于380mm。通道应设置阻断设施，并应设置警示标志。桥面宽度应符合管道和检修通道布置的要求。多层的桥面结构，检修通道的净空高度不宜小于1900mm。

8.4.10 跨越管段支承点宜做成滑动支座或弹性支座。管道两端预埋入两岸锚固墩时，在锚固墩与管道交接处应采取加强措施。

8.5 缆　　索

8.5.1 管道跨越工程采用的钢丝绳应在施工前进行消除非弹性变形的预张拉，预张拉应符合现行行业标准《公路悬索桥吊索》JT/T 449的有关规定，预张拉荷载应为钢丝绳公称破断荷载的55%，持荷时间不应小于60min，预张拉次数不应少于三次，应以消除非弹性变形为准。判别非弹性变形的标准是最后两次预张拉的非弹性变形量之差不应小于预张拉长度的0.15‰。

8.5.2 跨越工程中采用的钢丝绳索应在设计拉力状态下进行标记，下料宜在工厂进行。

8.5.3 缆索强度验算应符合下式规定：

$$P \leqslant [P] \tag{8.5.3}$$

式中：P——缆索设计拉力(kN)；

$[P]$——缆索许用拉力(kN)。

8.5.4 缆索许用拉力应按下式计算：

$$[P] = \eta F P_b \tag{8.5.4}$$

式中：η——缆索的许用拉力提高系数，应根据不同的作用组合按本标准表7.1.9采用；

F——缆索强度设计系数，采用0.40~0.45；

P_b——缆索的公称破断拉力(kN)。

8.6 锚具及连接件

8.6.1 锚具及连接件应进行强度设计及疲劳分析设计，并应符合现行行业标准《公路悬索桥设计规范 JTG/T D65-05和《钢制压力容器分析设计标准》JB 4732的有关规定。

8.6.2 锚具及连接件计算采用的安全系数不应低于相连缆索的安全系数。

8.6.3 螺纹连接部件应符合现行国家标准《普通螺纹收尾、肩距、退刀槽和倒角》GB/T 3或《梯形和锯齿形螺纹收尾、肩距、退刀槽和倒角》GB/T 32537的有关规定；螺纹表面应按现行行业标准《承压设备无损检测　第4部分：磁粉检测》NB/T 47013.4的规定进行磁粉检测，Ⅰ级合格。

8.6.4 锚具和缆索索体应进行型式检验，型式检验的项目、检验方法和判定规则应符合现行行业标准《大跨度斜拉桥平行钢丝拉索》JT/T 775、《悬索桥预制主缆丝股技术条件》JT/T 395和《公路悬索桥吊索》JT/T 449的有关规定。

8.6.5 锚具及连接件的制造和检验应符合下列规定：

1 锚具及连接件的制造和检验应在具备相应资质证书和类似产品生产经验的制造厂进行；

2 锚具及连接件采用的材料应提供材质证明书；

3 制造厂应按设计文件和相关标准要求对材料进行复验，复验项目应至少包括材料的化学成分、力学性能和无损检测。

8.7 钢塔架和钢桁架

8.7.1 跨越工程的塔架结构形式和高度应根据场地的地形地貌、工程地质、水文地质、通航条件、支承结构本身的高度、受力特征及施工条件确定。

8.7.2 钢塔架和钢桁架的设计应符合现行国家标准《钢结构设计规范》GB 50017 的有关规定。

8.7.3 钢塔架宜采用矩形钢塔架或锥形钢塔架。

8.7.4 钢塔架高度与底部宽度之比宜为 5~7。

8.7.5 钢塔架宜采用"K"形或再分式腹杆体系，在主水平腹杆处应设置横隔。

8.7.6 钢塔架的立柱、塔顶水平腹杆宜采用钢管，其他杆件可采用型钢。

8.7.7 在计算塔架的自振周期时，应分析桥面结构在正常使用状态下垂直荷载的影响。

8.7.8 焊缝连接应符合现行国家标准《钢结构工程施工质量验收规范》GB 50205 的有关规定。

8.7.9 桅杆式钢塔架的设计与施工应考虑桥面永久作用下的位移量。

8.8 混凝土塔架

8.8.1 混凝土塔架结构形式宜选用门式结构。

8.8.2 混凝土塔架应对施工阶段、运营阶段的裸塔状态、成桥状态分别进行纵、横两个方向的结构内力和变形计算。施工阶段的各荷载组合工况应与施工流程的划分一致，并应考虑施工过程中不平衡荷载的作用。

8.8.3 混凝土塔架的计算模型应符合下列规定：

1 裸塔状态宜简化为下端固接、顶端自由的悬臂结构；

2 成桥状态宜采用有限元进行全桥整体分析。

8.8.4 混凝土塔架的截面设计和构造要求应符合现行国家标准《混凝土结构设计规范》GB 50010 的有关规定。

8.8.5 钢筋混凝土塔架的混凝土强度等级不宜低于 C30，且应符合现行国家标准《混凝土结构耐久性设计规范》GB/T 50476 的有关规定。

8.8.6 桥塔塔柱竖向受力钢筋和箍筋应符合下列规定：

1 竖向受力钢筋的直径不宜小于 25mm，钢筋接头宜采用机械接头；

2 竖向受力钢筋的截面积不应小于混凝土截面积的 1%；

3 箍筋直径不应小于 16mm，间距不应大于 200mm。

8.9 锚 碇 设 计

8.9.1 锚碇根据场地地形、地质条件可采用重力式锚碇、隧道式锚碇或岩锚。

8.9.2 重力式锚碇设计应符合下列规定：

1 锚碇应进行下列计算：

1) 地基承载力计算，应符合现行国家标准《建筑地基基础设计规范》GB 50007 的有关规定，且锚碇基底前后端不应出现拉应力；

2) 整体抗倾覆和抗滑稳定性计算，应按本标准第 9.2.4 条的规定进行；

3) 锚碇抗剪承载力计算应符合现行国家标准《混凝土结构设计规范》GB 50010 的有关规定；

4) 锚面混凝土局部承压承载力计算，应符合现行国家标准《混凝土结构设计规范》GB 50010 的有关规定。

2 锚碇基础设计应符合现行国家标准《建筑地基基础设计规范》GB 50007 的有关规定。

3 锚碇大体积混凝土应符合现行国家标准《大体积混凝土施工规范》GB 50496 的有关规定。

8.9.3 隧道式锚碇设计应符合下列规定：

1 锚塞体宜设计成前小后大的楔形体的形状，横断面顶部可采用圆弧形，侧壁和底部可采用直线形；

2 锚塞体截面尺寸应根据锚固系统类型和索股锚固构造布置确定，锚塞体长度应根据断面尺寸、索股拉力、锚塞体倾角、围岩受力等因素综合确定；

3 锚塞体应进行抗拔稳定性计算，洞壁应进行混凝土抗压承载力计算；

4 锚塞体宜采用微膨胀抗渗混凝土，混凝土抗渗等级不宜低于 P8；

5 隧道洞室的支护、衬砌、洞门设计应符合现行国家标准《油气输送管道穿越工程设计规范》GB 50423 的有关规定。

8.9.4 岩锚设计应符合下列规定：

1 岩孔宜设置为斜孔，孔长应根据索股拉力和孔壁围岩体强度计算确定；

2 当岩锚钢绞线直接穿在岩孔内时，应从结构和防护体系两方面采取措施满足耐久性要求。

8.9.5 锚碇设计应符合下列构造要求：

1 锚碇设计应符合现行国家标准《混凝土结构耐久性设计规范》GB/T 50476 规定的耐久性设计要求，锚固系统应采取有效的防腐措施；

2 锚面尺寸应根据锚固系统类型和索股锚固构造布置确定，锚面上的锚固点间距应满足千斤顶布置及操作空间的需要；

3 锚室的大小应满足施工安装及养护维修空间的要求；

4 锚室的防水等级应为一级，防水设计应符合现行国家标准《地下工程防水技术规范》GB 50108 的有关规定；

5 锚室洞门外应布设有效的防、排水系统。

9 桥墩设计

9.1 一般规定

9.1.1 桥墩应根据工程地质、水文地质、管道跨越结构形式和施工条件等因素确定，宜采用扩展基础桥墩、重力式桥墩以及柱式桥墩。

9.1.2 跨越结构的桥墩基础均应进行强度计算，必要时还应进行抗拔、抗滑移和抗倾覆的验算，同时进行地基承载力验算。

9.1.3 桥墩基础位于地质情况复杂、土质不均匀及承载力较差的地基上时，应进行地基沉降计算。

9.1.4 基础的变形允许值应符合下列规定：

1 桥塔基础的倾斜值不应大于 0.004；

2 基础的沉降差值应满足上部结构受力的要求。

9.1.5 管道跨越工程的基础埋深应符合下列规定：

1 基础的基底应置于冰冻线以下，且不应小于 0.3m；

2 除岩石地基外，基底埋置应在设计冲刷线以下，大型跨越工程不应小于 2m，中型跨越工程不应小于 1.5m，小型跨越工程不应小于 1m；

3 当为岩石地基时，基础宜嵌入稳定岩层；

4 当基础置于季节性冻胀土层中时，基础的最小埋置深度应按现行行业标准《冻土地区建筑地基基础设计规范》JGJ 118 的规定进行计算。

9.1.6 在同一桥墩基础中，不宜同时采用摩擦桩和端承桩，不宜采用直径不同、材料不同和桩端深度相差过大的桩。

9.1.7 桩基承台的底面标高应符合下列规定：

1 冻胀土地区，承台底面在土中时，埋置深度应符合本标准第 9.1.6 条的有关规定；

2　有流冰的河流，标高应在最低冰层底面以下不小于0.25m；

3　当有流筏、其他漂流物或船舶撞击时，承台底面标高应保证桩不受直接撞击损伤。

9.2　桥墩地基基础设计

9.2.1　盖梁的设计应按现行行业标准《公路钢筋混凝土及预应力混凝土桥涵设计规范》JTG D62 的规定进行设计计算。

9.2.2　柱式桥墩的柱身设计应按现行国家标准《混凝土结构设计规范》GB 50010 或《钢结构设计规范》GB 50017 的规定进行设计计算。

9.2.3　除桩基础外，管道跨越工程各类桥墩地基承载力、基础底面压力及基础沉降量应按现行国家标准《建筑地基基础设计规范》GB 50007 的规定进行计算。

9.2.4　基础的稳定性计算应符合下列规定：

1　基础的抗倾覆稳定应按下列公式计算：

$$k_0=\frac{s}{e_0} \tag{9.2.4-1}$$

$$e_0\ \frac{\sum P_i e_i+\sum H_i h_i}{\sum P_i} \tag{9.2.4-2}$$

式中：k_0——基础抗倾覆稳定性系数，当采用容许应力法设计时，主要组合作用下 $k_0 \geqslant 1.5$，附加组合作用下 $k_0 \geqslant 1.35$，特殊组合作用下 $k_0 \geqslant 1.2$，当采用极限状态设计法时 $k_0 \geqslant 1.5$；

s——在界面重心至合力作用点的延长线上，自截面重心至验算倾覆轴的距离(m)；

e_0——所有外力的合力在验算截面的作用点对基底重心轴的偏心距；

P_i——当采用容许应力法设计时，分别对应于 k_0 的主要组合效应值、附加组合效应值和特殊组合效应值的竖向力，当采用极限状态设计法时为不考虑其分项系数和组合系数的作用标准值组合或偶然组合(地震除外)标准值组合引起的竖向力(kN)；

e_i——竖向力 P_i 对验算截面重心的力臂(m)；

H_i——当采用容许应力法设计时，分别对应于 k_0 的主要组合效应值、附加组合效应值和特殊组合下效应值的水平力，当采用极限状态设计法时为不考虑其分项系数和组合系数的作用标准值组合或偶然组合(地震除外)标准值组合引起的水平力(kN)；

h_i——水平力对验算截面的力臂(m)。

2　基础的抗滑稳定性系数应按下式计算：

$$k_c=\frac{\mu\sum P_i+\sum H_{ip}}{\sum H_{ia}} \tag{9.2.4-3}$$

式中：k_c——基础的抗滑动稳定性系数，当采用容许应力法设计时，主要组合作用下 $k_0 \geqslant 1.3$，附加组合作用下 $k_0 \geqslant 1.2$，特殊组合作用下 $k_0 \geqslant 1.15$，当采用极限状态设计法时 $k_0 \geqslant 1.3$；

μ——基础底面与地基土之间的摩擦系数，通过试验确定；

$\sum P_i$——当采用容许应力法设计时，分别对应于 k_c 的主要组合效应值、附加组合效应值和特殊组合效应值的竖向力总和，当采用极限状态设计法时为不考虑其分项系数和组合系数的作用标准值组合或偶然组合(地震除外)标准值组合引起的竖向力总和(kN)；

$\sum H_{ip}$——抗滑稳定水平力总和；

$\sum H_{ia}$——滑动水平力总和。

注：$\sum H_{ip}$ 和 $\sum H_{ia}$ 分别为两个相对方向的各自水平力总和，绝对值较大者为滑动水平为 $\sum H_{ia}$，另一为抗滑稳定力 $\sum H_{ip}$，$\mu\sum P_i$ 为抗滑动稳定力。当采用容许应力法设计时，分别对应于 k_c 的

主要组合效应值、附加组合效应值和特殊组合下效应值的水平力总和。当采用极限状态设计法时为不考虑其分项系数和组合系数的作用标准组合或偶然组合(地震除外)标准值组合引起的水平力总和(kN)。

9.2.5 基础底面在标准组合下不应出现零应力区。

9.2.6 桩基应根据具体情况进行承载能力计算和稳定性验算，必要时应进行沉降计算、水平位移计算及抗裂验算，应符合现行行业标准《建筑桩基技术规范》JGJ 94 的有关规定。

9.2.7 处于河中的桥墩，除应分析恒荷载、活荷载、风荷载和地震效应之外，还应分析流水压力、冰压力、船只或漂流物的撞击作用。在工程设计时，冰压力、船舶或漂流物的撞击作用不应同时计算。

9.2.8 作用在桥墩上的流水压力标准值可按下式计算，流水压力合力的着力点假定在设计水位线以下0.3倍水深处。

$$F_w = KA\frac{\gamma v^2}{2g} \tag{9.2.8}$$

式中：F_w——流水压力标准值(kN)；

K——桥墩形状系数，可按表9.2.8采用；

A——桥墩的阻水面积(m^2)，计算至一般冲刷线处；

γ——水的重力密度(kN/m^3)；

v——设计流速(m/s)；

g——重力加速度，取9.81m/s^2。

表9.2.8 桥墩形状系数

桥墩形状	桥墩形状系数
方形桥墩	1.5
矩形桥墩(长边与水流平行)	1.3
圆形桥墩	0.8
尖端形桥墩	0.7
圆端形桥墩	0.6

9.2.9 具有竖向前棱的桥墩，冰压力应符合下列规定：

1 冰对桩或墩产生的冰压力标准值可按下式计算：

$$F_i = mC_t btR_{ik} \tag{9.2.9-1}$$

式中：F_i——冰压力标准值(kN)；

m——桩或墩迎冰面形状系数，可按表9.2.9-1采用；

C_t——冰温系数，可按表9.2.9-2采用；

b——桩或墩迎冰面投影宽度(m)；

t——计算冰厚(m)，可取实际调查的最大冰厚；

R_{ik}——冰的抗压强度标准值(kN/m^2)，可取当地冰温0℃时的冰抗压强度，当缺乏实测资料时，海冰可取750kN/m^2，河冰在流冰开始时可取750kN/m^2，在最高流冰水位时可取450kN/m^2。

表9.2.9-1 桩或墩迎冰面形状系数

迎冰面 / 形状	平面	圆弧形	尖角形的迎冰面角度				
			45°	60°	75°	90°	120°
桩或墩迎冰面形状系数	1.00	0.90	0.54	0.59	0.64	0.69	0.77

表 9.2.9-2 冰温系数

冰温(℃)	0	−10 及以下
冰温系数	1.0	2.0

注：1 表中冰温系数可直线内插。
2 对海冰，冰温应取结冰期最低冰温；对河冰，冰温应取解冻期最低冰温。

1) 当冰块流向桥轴线的角度 $\varphi \leqslant 80°$ 时，桥墩竖向边缘的冰荷载应乘以 $\sin\varphi$ 予以折减；

2) 冰压力合力应作用在计算结冰水位以下 0.3 倍冰厚处。

2 当流冰范围内桥墩有倾斜表面时，冰压力应分解为水平分力和竖向分力，且应按下列公式计算：

$$水平分力\ F_{xi} = m_0 C_t R_{bk} t^2 \tan\beta \tag{9.2.9-2}$$

$$竖向分力\ F_{zi} = F_{xi}/\tan\beta \tag{9.2.9-3}$$

式中：F_{xi}——冰压力的水平分力(kN)；

F_{zi}——冰压力的垂直分力(kN)；

m_0——系数，可取 $0.2b/t$，但不应小于 1.0；

R_{bk}——冰的抗弯强度标准值(kN/m²)，可取 $0.7R_{ik}$；

β——桥墩倾斜的棱边与水平线的夹角(°)。

3 桥墩受冰作用的部位宜采用实体结构。对于有强烈流冰的河流中的桥墩、柱，其迎冰面宜做成圆弧形、多边形或尖角，并应做 3∶1~10∶1(竖∶横)的斜度，在受冰作用的部位宜缩小其迎冰面投影宽度。

4 对流冰期的设计高水位以上 0.5m 到设计低水位以下 1.0m 的部位宜采取抗冻性混凝土或花岗岩镶面或包钢板等防护措施。同时，对桥墩附近的冰体宜采取使冰体减小对结构物作用力的措施。

9.2.10 通航水域中的桥墩，设计时应考虑船舶的撞击作用，其撞击作用设计值可按下列规定采用：

1 船舶的撞击作用设计值宜按专题研究确定。

2 四至七级内河航道，当缺乏实际调查资料时，船舶撞击作用的设计值可按表 9.2.10-1 取值，航道内的钢筋混凝土桩墩，顺桥向撞击作用可按表 9.2.10-1 所列数值的 50%取值。

表 9.2.10-1 内河船舶撞击作用设计值

内河航道等级	船舶吨级 DWT(t)	横桥向撞击作用(kN)	顺桥向撞击作用(kN)
四	500	550	450
五	300	400	350
六	100	250	200
七	50	150	125

3 当缺乏实际调查资料时，海轮撞击作用的设计值可按表 9.2.10-2 取值。

表 9.2.10-2 海轮撞击作用设计值

船舶吨级 DWT(t)	3000	5000	7500	10000	20000	30000	40000	50000
横桥向撞击作用(kN)	19600	25400	31000	35800	50700	62100	71700	80200
顺桥向撞击作用(kN)	9800	12700	15500	17900	25350	31050	35850	40100

4 规划航道内可能遭受大型船舶撞击作用的桥墩，应根据桥墩的自身抗撞击能力、桥墩的位置

和外形、水流流速、水位变化、通航船舶类型和碰撞速度等因素做桥墩防撞设施的设计。当设有与墩台分开的防撞击的防护结构时，桥墩可不计船舶的撞击作用。

5 内河船舶的撞击作用点，可假定为计算通航水位线以上2m的桥墩宽度或长度的中点。海轮船舶撞击作用点应视实际情况而定。

6 有漂流物的水域中的桥墩，设计时应考虑漂流物的撞击作用，其横桥向撞击力设计值可按下式计算，漂流物的撞击作用点假定在计算通航水位线上桥墩宽度的中点：

$$F=\frac{Wv}{gT} \tag{9.2.10}$$

式中：F——漂浮物撞击力(kN)；

W——漂流物重力(kN)，应根据河流中漂流物的情况，按实际调查确定；

v——水流速度(m/s)；

g——重力加速度，取9.81m/s^2；

T——撞击时间(s)，应根据实际资料估计，在无实际资料时，可取1s。

9.3 桥墩基础构造要求

9.3.1 重力式桥墩的构造应符合现行行业标准《公路圬工桥涵设计规范》JTG D61的有关规定。

9.3.2 除桩基础外，桥墩基础的构造应符合现行国家标准《建筑地基基础设计规范》GB 50007的有关规定。

9.3.3 桥墩的柱身构造应符合现行国家标准《混凝土结构设计规范》GB 50010的有关规定。

9.3.4 桩基础桥墩的桩基础及承台的构造应符合现行行业标准《建筑桩基技术规范》JGJ 94的有关规定。

10 构造要求

10.1 一般规定

10.1.1 跨越管段在入土点有水流冲击可能的位置，宜采取保护管段的措施。

10.1.2 跨越的桥面构造应能适应各种工况下结构变形的影响。

10.1.3 桥面结构端部应设置竖向支座、横向支座以及纵向限位支座，支座应符合桥面结构纵向水平位移、竖直平面转角及横向水平面转角的变形等要求。

10.2 结构防护

10.2.1 钢塔架的顶部及跨越管道补偿器处宜设置检修平台。检修平台之间的高差大于20m时，应增设休息平台，休息平台间距不宜大于20m。

10.2.2 同桥敷设的管道，管道外防腐层之间的距离不宜小于500mm，且应满足管道安装与检修要求。当油管道和气管道同桥敷设时，油管道与气管道的外防腐层之间的距离不宜小于500mm。

10.3 缆索、锚具及连接件

10.3.1 主缆预制平行钢丝索股构造应符合现行行业标准《悬索桥预制主缆丝股技术条件》JT/T 395的有关规定。

10.3.2 钢丝拉索构造应符合现行国家标准《斜拉桥热挤聚乙烯高强钢丝拉索技术条件》GB/T 18365的有关规定。

10.3.3 钢丝和钢丝绳吊索构造应符合现行行业标准《公路悬索桥吊索》JT/T 449的有关规定。

10.3.4 挤压锚固钢绞线拉索构造应符合现行行业标准《挤压锚固钢绞线拉索》JT/T 850的有关规定。

10.3.5 钢绞线斜拉索构造应符合现行国家标准《斜拉桥钢绞线拉索技术条件》GB/T 30826 的有关规定。

10.3.6 规格相同的锚具及连接件，应具有互换性。

10.3.7 主缆在安装连接件的位置需要剥除防护层时，应在连接件两端与防护层之间的缝隙采取密封措施。

10.3.8 全桥索夹宜采用相同的对合结构形式。

10.4 结构防腐

10.4.1 跨越工程采用的钢构件表面应采用耐环境腐蚀、耐日晒、耐寒、抗紫外线作用的防腐涂层。构件设计中应避免难以检查、清刷，积留湿气或灰尘死角和凹槽。

10.4.2 跨越工程采用的钢丝绳需现场保护时，钢丝绳表面油膜及污泥应清理干净，并应在钢丝绳及锚具表面包扎或热涂防腐保护层，采用的防腐材料应为不含酸、碱的中性材料，与钢丝绳粘结性能应良好，在当地最高温度条件下不应流淌，最低温度条件下不应龟裂。

10.4.3 在缆索体系设计中，应对缆索进行合理的防腐保护，满足缆索整体的设计使用年限要求。

10.4.4 锚具应具有保证锚具内部钢丝或钢绞线不受有害物质侵入的良好密封性能。

10.4.5 成品缆索宜采用热挤聚乙烯防腐，材料及施工方法应符合现行国家标准《斜拉桥热挤聚乙烯高强钢丝拉索技术条件》GB/T 18365 的规定。

10.4.6 螺纹调整式锚具应采用热镀锌或电镀锌防腐，热镀锌锌层厚度应为 90μm～120μm，电镀锌锌层厚度应为 20μm～40μm，电镀锌件在镀后应做脱氢处理。

10.4.7 锚具、连接件、管道锚固法兰等结构构件应进行防锈处理，在运输和储存中应避免锈蚀、污染和机械损伤。

10.4.8 锚具和连接件在施工完成后应进行防腐处理。

11 抗震设计

11.0.1 管道跨越工程的抗震计算、构造措施和材料要求，应符合现行国家标准《建筑抗震设计规范》GB 50011、《构筑物抗震设计规范》GB 50191 和《油气输送管道线路工程抗震技术规范》GB/T 50470 的有关规定。

11.0.2 跨越结构应按场地地震动参数进行抗震设计，其中大型跨越结构应按 1.3 倍的场地地震动峰值加速度计算地震作用。跨越主体结构应按高于本地区场地地震动参数一级的要求采取抗震措施，当位于基本地震动峰值加速度 0.4g 的地段时，应按比 0.4g 地段更高的要求采取抗震措施。

11.0.3 当场地地震动峰值加速度等于 0.05g 时，可不进行抗震作用计算，但应采取抗震措施；当场地地震动峰值加速度为 0.1g～0.4g 时，应进行抗震作用计算和采取抗震措施。

11.0.4 大型管道跨越工程应按地震安全评价报告提供的地震动参数进行计算。

11.0.5 有液化土层的建设场地不宜建设管道跨越工程，无法避开液化土层时，应将基础置于液化土层以下或进行地基处理。

11.0.6 当管道跨越断层时，桥墩基础不应设置在严重破碎带上。

11.0.7 桥面结构端部宜设置纵向限位防撞装置，有条件时，可设置液压缓冲系统或粘滞阻尼器。

11.0.8 质量和刚度分布比较均匀的刚性跨越，可采用单质点简化方法进行抗震计算。

11.0.9 跨越结构宜采用振型分解反应谱法进行抗震计算。

11.0.10 受力复杂的跨越结构宜采用时程分析法进行抗震计算，设计依据可取多条时程曲线计算结果的平均值与振型分解反应谱法计算结果的较大值。

11.0.11 对柔性跨越结构进行抗震计算时，应采用几何非线弹性的分析模型。

11.0.12 在抗震计算中，应分析非结构构件、介质的附加质量对跨越结构抗震性能的影响。

12 跨越管段焊接、试压及防腐

12.1 焊接、检验

12.1.1 管道焊接应符合现行国家标准《输油管道工程设计规范》GB 50253、《输气管道工程设计规范》GB 50251、《油气长输管道工程施工及验收规范》GB 50369 和《油气田集输管道施工规范》GB 50819的有关规定。

12.1.2 跨越管道的对接接头焊缝应进行 100%射线探伤检验和 100%超声波探伤检验。

12.1.3 采用射线探伤检验和超声波探伤检验应按现行行业标准《石油天然气钢质管道无损检测》SY/T 4109进行验收，Ⅱ级及以上为合格。

12.2 清管、测径和试压

12.2.1 跨越管道试压前应进行清管。用水清管时，水的流速不得小于 1m/s～1.5m/s，用空气清管时，出口处空气流速不得小于 20m/s。

12.2.2 大、中型跨越工程的跨越管道应单独进行试压，单独进行试压的跨越管段试压前应进行清管、测径。

12.2.3 试压介质应用洁净水。试验压力、稳压时间及合格标准应符合表 12.2.3 的规定。

表 12.2.3 试验压力、稳压时间及合格标准

项　　目	跨越管道试压	
	强度试验	严密性试验
介质	洁净水	
试验压力	1.5 倍设计压力	设计压力
稳压时间	4h	24h
合格标准	无异常变形、无渗漏	压降不大于 1%试验压力值，且不大于 0.1MPa

12.2.4 严密性试验应在强度试验合格后，将管内压力降到设计压力，并应待管内介质温度和管道周围大气温度均衡后，按表 12.2.3 的规定进行严密性检查。

12.2.5 线路管道内的脏物和积水不得在大、中型跨越管道内通过。

12.2.6 输送热油的管道跨越工程，在通油前应进行热水试验，并应经检查各节点变位正常后通油输送。

12.2.7 跨越管段试压合格后，与两端线路管段连接时，不应出现使跨越管段发生强制变形的连接。

12.3 防腐和保温

12.3.1 跨越管道采用的防腐涂层应符合相应国家现行标准的规定。跨越管道的补口及补伤，应按管道所用防腐涂层的相应国家现行标准执行。

12.3.2 跨越管道的防腐等级不应低于线路管道的防腐等级，并应符合下列规定：

1 不保温跨越管道应采用耐环境腐蚀、耐日晒、耐寒、抗紫外线作用的防腐涂层，可选用高氯化聚乙烯、聚氨酯、氟碳类涂料或环氧涂料、环氧粉末涂层外加铝箔胶带；

2 保温跨越管道的防腐层可选用环氧类涂料、聚乙烯胶粘带、聚乙烯防腐层或环氧粉末防腐层；

3 当采用环氧类涂料时，厚度不应小于 200μm；

4 当采用聚乙烯胶粘带、聚乙烯防腐层或环氧粉末防腐层时，结构及厚度应符合国家现行标准的有关规定。

12.3.3 埋地管道设有阴极保护时，大型跨越管道两端宜设置绝缘接头，绝缘接头处宜设置防电涌冲击的火花间隙类保护设施；中、小型跨越管道两端可不设置绝缘接头，管道与管托或其他钢结构应绝缘，跨越管道两端可用电缆跨接。

12.3.4 跨越管道邻近电气化铁路时，应分析电气化铁路对管道阴极保护的影响，并采取相应的防护措施。

12.3.5 输送工艺要求保温时，跨越管道应选用保温性能良好、重量轻的保温材料。防腐保温层应由防腐层、保温层、防水层、防护层组成。

12.3.6 保温层可选用聚氨酯泡沫塑料、玻璃丝棉、岩棉等，厚度应经过技术经济计算，并结合输送工艺要求确定，且不应小于25mm。保温层两端的封口应密实、无漏缝。

12.3.7 防水层可选用聚氨酯防水涂料或高性能冷胶防水涂料。

12.3.8 防护层可选用金属薄板或玻璃钢。

12.3.9 管件的防腐等级宜与主管道一致。

12.3.10 跨越管道的防腐与保温设计除应符合本标准外，尚应符合现行国家标准《钢质管道外腐蚀控制规范》GB/T 21447、《输油管道工程设计规范》GB 50253、《输气管道工程设计规范》GB 50251、《油田油气集输设计规范》GB 50350 及《气田集输设计规范》GB 50349 等的有关规定。

13 施工监控与健康监测

13.1 施 工 监 控

13.1.1 对于主缆现场合股的大型悬索跨越，应进行施工监控。

13.1.2 施工监控应对整个施工过程中塔柱线形及应力、缆索系统线形及应力、成桥理论状态线形、变形及应力状态进行监控。

13.2 健 康 监 测

13.2.1 健康监测方案宜与施工图设计同步进行。

13.2.2 健康监测系统应满足跨越运营期间的安全状况评估和预警，并为修正理论计算模型提供依据。

13.2.3 健康监测预警设计宜采用三级预警设计，其中三级预警为结构响应超过设计值5%，二级预警为结构响应超过设计值20%，一级预警为主要构件应力达到设计材料强度的95%。

13.2.4 跨越健康监测系统应包括传感器子系统、数据采集与传输子系统、数据存储与管理子系统以及数据分析软件和客户端。

13.2.5 跨越健康监测项目应包括外部荷载监测和结构响应监测，其中外部荷载监测应包括风荷载和温度，结构响应应包括结构振动、索系索力、主梁和桥塔位移等。

13.2.6 传感器的数量和布置位置应根据跨越特点、结构计算结果和危险性分析结果确定。

引用标准名录

《建筑地基基础设计规范》GB 50007
《建筑结构荷载规范》GB 50009
《混凝土结构设计规范》GB 50010
《建筑抗震设计规范》GB 50011
《钢结构设计规范》GB 50017
《建筑物防雷设计规范》GB 50057
《建筑结构可靠度设计统一标准》GB 50068
《地下工程防水技术规范》GB 50108
《高耸结构设计规范》GB 50135
《内河通航标准》GB 50139
《构筑物抗震设计规范》GB 50191
《钢结构工程施工质量验收规范》GB 50205
《输气管道工程设计规范》GB 50251
《输油管道工程设计规范》GB 50253
《气田集输设计规范》GB 50349
《油田油气集输设计规范》GB 50350
《油气长输管道工程施工及验收规范》GB 50369
《油气输送管道穿越工程设计规范》GB 50423
《油气输送管道线路工程抗震技术规范》GB/T 50470
《混凝土结构耐久性设计规范》GB/T 50476
《大体积混凝土施工规范》GB 50496
《油气输送管道工程测量规范》GB/T 50539
《油气田及管道岩土工程勘察规范》GB 50568
《钢结构焊接规范》GB 50661
《油气田集输管道施工规范》GB 50819
《普通螺纹收尾、肩距、退刀槽和倒角》GB/T 3
《优质碳素结构钢》GB/T 699
《合金结构钢》GB/T 3077
《预应力混凝土用钢绞线》GB/T 5224
《铸钢件　超声检测　第1部分：一般用途铸钢件》GB/T 7233.1
《重要用途钢丝绳》GB 8918
《铸钢件磁粉检测》GB/T 9444
《内河交通安全标志》GB 13851
《桥梁缆索用热镀锌钢丝》GB/T 17101
《斜拉桥热挤聚乙烯高强钢丝拉索技术条件》GB/T 18365
《粗直径钢丝绳》GB/T 20067
《钢质管道外腐蚀控制规范》GB/T 21447
《单丝涂覆环氧涂层预应力钢绞线》GB/T 25823
《缆索用环氧涂层钢丝》GB/T 25835
《斜拉桥钢绞线拉索技术条件》GB/T 30826
《梯形和锯齿形螺纹收尾、肩距、退刀槽和倒角》GB/T 32537

《建筑桩基技术规范》JGJ 94
《冻土地区建筑地基基础设计规范》JGJ 118
《桥梁缆索用高密度聚乙烯护套料》CJ/T 297
《石油、天然气管道系统风险等级和安全防范要求》GA 1166
《钢制压力容器分析设计标准》JB 4732
《大型合金结构钢锻件　技术条件》JB/T 6396
《大型碳素结构钢锻件　技术条件》JB/T 6397
《大型低合金钢铸件》JB/T 6402
《悬索桥预制主缆丝股技术条件》JT/T 395
《公路悬索桥吊索》JT/T 449
《大跨度斜拉桥平行钢丝拉索》JT/T 775
《挤压锚固钢绞线拉索》JT/T 850
《公路桥涵设计通用规范》JTG D60
《公路圬工桥涵设计规范》JTG D61
《公路钢筋混凝土及预应力混凝土桥涵设计规范》JTG D62
《公路悬索桥设计规范》JTG/T D65-05
《承压设备用碳素钢和合金钢锻件》NB/T 47008
《承压设备无损检测　第 3 部分：超声检测》NB/T 47013. 3
《承压设备无损检测　第 4 部分：磁粉检测》NB/T 47013. 4
《石油天然气钢质管道无损检测》SY/T 4109
《油气输送管道线路工程水工保护设计规范》SY/T 6793
《阴极保护管道的电绝缘标准》SY/T 0086
《铁路桥涵设计基本规范》TB 10002. 1
《密封钢丝绳》YB/T 5295

UDC

中华人民共和国国家标准

P GB 50460—2015

油气输送管道跨越工程施工规范

Code for construction of oil and gas transmission pipeline aerial crossing engineering

2015-11-12 发布 2016-06-01 实施

中华人民共和国住房和城乡建设部
中华人民共和国国家质量监督检验检疫总局 联合发布

前　言

根据住房城乡建设部《关于印发2014年工程建设标准规范制定修订计划的通知》(建标〔2013〕169号)的要求，由四川石油天然气建设工程有限责任公司会同有关单位在原《油气输送管道跨越工程施工规范》GB 50460—2008的基础上修订而成。

本规范在修订过程中，编制组总结了多年油气输送管道跨越工程的施工经验，借鉴了国内已有的标准和国外发达工业国家的相关标准，吸收了近年来国内油气管道跨越工程的科研成果和生产管理经验，广泛征求了全国各相关单位、专家的意见，经反复研究、讨论和修改，最后经审查定稿。

本规范共分17章和2个附录，主要内容包括：总则，术语，基本规定，施工准备，材料和配件检验，测量与放线，基础施工，塔架施工，悬索式跨越施工，斜拉索式跨越施工，桁架式跨越施工，其他型式跨越施工，跨越管道的安装就位、焊接及检验，管道清管和试压，防腐和保温，健康、安全与环境，工程交工等。

本规范修订的主要技术内容是：

1. 增加了对承担工程施工企业应具有《压力管道安装许可规则》TSG D3001资质的要求；
2. 增加了混凝土材料、钢筋、焊接材料、钢材等材料复验的要求；
3. 增加了关于卫星定位测设的要求；
4. 增加了基坑开挖的季节施工和降水排水的要求；
5. 增加了对锚固墩施工的相关要求；
6. 增加了对钢箱塔架的制作安装技术要求；
7. 增加了高强螺栓连接的技术要求；
8. 对钢筋混凝土塔架施工精度要求作了修改；
9. 增加了主索采用多股平行钢丝成品索股组成时索鞍施工的要求；
10. 增加了主索采用多股平行钢丝成品索股组成时的施工要求；
11. 增加了桥面钢结构高强螺栓施工的有关要求；
12. 增加了桁架安装应保证吊装结构的稳定性和防止永久变形的要求；
13. 增加了托架制作规定和托架安装规定；
14. 增加了悬缆跨越的施工要求；
15. 修订了焊接工艺评定和焊接工艺规程的要求；
16. 增加了焊缝外观检查的要求；
17. 增加了管道发送时桥面结构受力平衡措施的要求；
18. 增加了线路清管杂物不应从跨越管道中通过的要求；
19. 修订了跨越工程钢结构的防腐、管道的防腐要求；
20. 增加了缆索采用钢丝和成品缆索的防腐要求；
21. 增加了预制平行索股法进行主缆安装的主缆防护涂装的要求；
22. 增加了长输、集输管道的保温施工要求；
23. 增加了执行国家和行业有关健康、安全与环境管理的法律、法规的要求；
24. 增加了地貌恢复及水工保护等环境保护工作应符合的设计要求。

本规范中以黑体字标志的条文为强制性条文，必须严格执行。

本规范由住房城乡建设部负责管理和对强制性条文的解释，由石油工程建设专业标准化委员会负责日常管理，由四川石油天然气建设工程有限责任公司负责具体技术内容的解释。本规范在执行过程中如有意见或建议，请寄送四川石油天然气建设工程有限责任公司工程质量控制部(地址：四川省成都市高新区升华路6号，邮政编码：610041)。

本规范主编单位、参编单位、主要起草人和主要审查人：

主 编 单 位： 四川石油天然气建设工程有限责任公司
参 编 单 位： 中国石油天然气股份有限公司管道建设项目经理部
中国石油集团工程设计有限责任公司西南分公司
主要起草人： 张　杰　王学军　罗子波　何静云　朱莉渊
吴克信　胡道华　吴　刚　姚红艳　黄　冬
主要审查人： 周剑琴　秦延龙　郑玉刚　梁桂海　魏家勇
刘　欢　杨胜金　吴建中　赵洪元　詹胜文
钱　洪　亓志宏

目 次

Contents

1 总 则

1.0.1 为提高油气输送管道跨越施工水平，保证施工质量，使建设工程达到技术先进、经济合理、安全可靠，制定本规范。

1.0.2 本规范适用于新建或改、扩建的油气输送管道跨越人工或天然障碍物工程的施工。不适用于沿既有桥梁敷设管道。

1.0.3 工程施工过程中的职业健康与安全、环境保护、文物保护等方面的要求应符合国家、地方法规的规定。

1.0.4 油气输送管道跨越工程施工除应执行本规范外，尚应符合国家现行有关标准的规定。

2 术 语

2.0.1 管道跨越工程 pipeline aerial crossing engineering

管道从天然或人工障碍物上部架空通过的建设工程。

2.0.2 斜拉索式跨越 obliquely-cable stayed type pipeline aerial crossing

输送管道结构用多根斜向张拉钢索联结于塔架上的跨越结构型式。

2.0.3 悬索式跨越 suspension cable type pipeline aerial crossing

输送管道吊挂在承重主索上的跨越结构型式。

2.0.4 桁架式跨越 truss type pipeline aerial crossing

用桁架作为管道承重结构的跨越结构型式。

2.0.5 轻型托架跨越 light truss type pipeline aerial crossing

以管道作为上弦，与钢索或型钢构成的下撑式组合梁的跨越结构型式。

2.0.6 梁式直跨 girder pipeline aerial crossing

用输送管道或套管作为梁的跨越结构型式。

2.0.7 锚固墩 anchor block

用于承受钢索的拉力并锚固钢索或固定管道的钢筋混凝土结构。

2.0.8 大体积混凝土 mass concrete

混凝土结构物实体最小几何尺寸不小于1m的大体量混凝土，或预计会因混凝土中胶凝材料水化引起的温度变化和收缩而导致有害裂缝产生的混凝土。

2.0.9 猫道 catwalk

为悬索结构上部结构施工需要而架设的，一般由施工缆索支承的空中施工通道。

2.0.10 预制平行索股法 prefabricated parallel wire strands

将工厂化预制的平行高强钢丝组成的索股，并将其从一端锚体向另一端锚体牵引就位锚固而形成主索的架设方法。

2.0.11 成品拉索 finished cable

拉索两端锚具及防腐外护套已经在厂内安装完毕的拉索。

2.0.12 抗风索 wind resistance cable

为提高跨越结构的侧向刚度，保证跨越结构在风振作用下的稳定而在桥面两侧设置的索系结构。

2.0.13 索夹 cable clamp

悬索跨越索系间联结的夹箍式构件。

2.0.14 隧道式锚碇 tunnel anchorage

用隧道的方式将主缆张力通过锚碇体传递给周围的岩体从而满足锚固要求的锚碇。

3 基本规定

3.0.1 跨越工程等级划分应符合表3.0.1的规定。

表3.0.1 跨越工程等级划分要求

工程等级	总跨长度(m)	单跨最大长度(m)
大型	≥300	≥150
中型	100~300	50~150
小型	<100	<50

注：划分跨越工程等级时，以满足总跨长度或单跨最大长度条件之一确定。

3.0.2 承担管道跨越工程施工的企业，应具有相应的工程施工总承包资质及压力管道安装许可证。

3.0.3 施工单位应具有质量、职业健康安全和环境管理体系，并应取得相应的体系认证证书。

3.0.4 特种施工作业人员应具有相应资格证，施工中应严格执行安全操作规程。

3.0.5 用于施工的计量、试验器具应检定合格且在有效期内使用。

4 施工准备

4.0.1 跨越工程开工前，应调查施工区域内建(构)筑物、管道、水利、通信及电力等设施的影响及拆迁数量；施工场地布置与相邻工程、农田水利、道路交通、征地等的关系；施工的自然气候条件，雨季和洪水对施工的影响；洪水位及凌汛等情况。

4.0.2 施工单位应编制并报批施工组织设计或施工方案，完成技术交底。

4.0.3 施工单位应配备相应资格的人员，并对人员进行岗前培训。

4.0.4 施工单位应设置现场物资临时储存库房，并做好物资采购、验证、现场保管工作。

4.0.5 施工单位应配备满足施工需要的完好的机具、设备，并对自制的施工机具进行检验。

4.0.6 施工单位应按施工组织设计完成现场水、电、讯、路等临时设施和场地平整，做好施工总平面布置。

5 材料和配件检验

5.1 一般规定

5.1.1 用于跨越工程的材料、管件和配件必须符合设计要求，产品质量应符合国家现行有关标准的规定，并应具有出厂合格证、质量证明文件以及材质证明书或使用说明书。

5.1.2 用于跨越工程的弯头、热煨弯管技术指标应符合表5.1.2的规定。

表5.1.2 弯头、热煨弯管要求

种类	曲率半径	外观和主要尺寸	其他规定
弯头	$<4D$	不应有褶皱、裂纹、重皮、机械损伤；两端椭圆度应小于或等于1.0%，其他部位的椭圆度不应大于2.5%	—
热煨弯管	$\geq 4D$	不应有褶皱、裂纹、重皮、机械损伤；两端椭圆度应小于或等于1.0%，其他部位的椭圆度不应大于2.5%	应满足清管器和探测仪器顺利通过；端部直管段保留长度：$DN\leq 500$mm时，不小于250mm；$DN>500$mm时，不小于500mm

注：D为管道外径；DN为公称直径。

5.2 管道元件检验

5.2.1 钢管的外径、壁厚、椭圆度等钢管尺寸偏差，应按钢管制造标准检验。钢管表面不应有裂纹、结疤、折叠以及其他深度超过公称壁厚偏差的缺陷。变形的管段超过钢管制造标准时不应使用。

5.2.2 弯头或弯管端部应标注弯曲角度、钢管外径、壁厚、曲率半径及材质型号等参数。凡标注不明或不符合设计要求的不得使用。

5.3 混凝土材料

5.3.1 水泥进场时应对其品种、级别、包装或散装仓号、出厂日期等进行检查，并应对其强度、安定性及其他必要的性能指标进行复验，其质量应符合现行国家标准《通用硅酸盐水泥》GB 175 的有关规定。

5.3.2 钢筋混凝土结构、预应力混凝土结构中严禁使用含氯化物的水泥。

5.3.3 混凝土中掺用外加剂的质量及应用技术应符合现行国家标准《混凝土外加剂》GB 8076、《混凝土外加剂应用技术规范》GB 50119 等和有关环境保护的规定。

5.3.4 预应力混凝土结构中，严禁使用含氯化物的外加剂。钢筋混凝土结构中，当使用含氯化物的外加剂时，混凝土中氯化物的总含量应符合现行国家标准《混凝土质量控制标准》GB 50164 的有关规定。

5.3.5 混凝土中氯化物和碱的总含量，应符合现行国家标准《混凝土结构设计规范》GB 50010 和设计的要求。

5.3.6 混凝土中掺用矿物掺合料的质量，应符合现行国家标准《用于水泥和混凝土中的粉煤灰》GB/T 1596 等的规定。矿物掺合料的掺量应通过试验确定。

5.3.7 普通混凝土所用的粗、细骨料的质量，应符合现行行业标准《普通混凝土用砂、石质量及检验方法标准》JGJ 52 的有关规定。

5.3.8 拌制混凝土宜采用饮用水，当采用其他水源时，水质应符合现行行业标准《混凝土用水标准》JGJ 63 的有关规定。

5.3.9 预拌混凝土的质量验收应符合现行国家标准《预拌混凝土》GB 14902 的有关规定。

5.3.10 混凝土的施工应符合现行国家标准《混凝土结构工程施工质量验收规范》GB 50204 的有关规定。

5.4 钢　筋

5.4.1 钢筋混凝土中的钢筋应符合现行国家标准《钢筋混凝土用钢　第 1 部分：热轧光圆钢筋》GB 1499.1、《钢筋混凝土用钢　第 2 部分：热轧带肋钢筋》GB 1499.2、《冷轧带肋钢筋》GB 13788 的有关规定。

5.4.2 对有抗震设防要求的结构，其纵向受力钢筋的强度除应满足设计要求外，还应符合现行国家标准《混凝土结构工程施工质量验收规范》GB 50204 的有关规定。

5.4.3 当发现钢筋脆断、焊接性能不良或力学性能显著不正常等现象时，应对该批钢筋进行化学成分检验或其他专项检验。

5.4.4 钢筋应平直、无损伤，表面不得有裂纹、油污、颗粒状或片状老锈。

5.5 焊接材料

5.5.1 焊接材料的品种和型号应符合焊接工艺规程的要求，焊材包装应完好，标识应清晰。

5.5.2 焊条应无破损、霉变、油污、锈蚀；焊丝应无锈蚀和折弯；焊剂应无变质现象；保护气体的纯度和干燥度应满足焊接工艺规程的要求。未受潮情况下，纤维素焊条不宜烘干。受潮后，纤维素焊条烘干温度应为 80℃～100℃，烘干时间应为 0.5h～1.0h。

5.5.3 焊接材料的储存应按生产厂家产品说明书的要求执行，避免受潮。在运输和搬运时，应避免损害填充金属及其包装。

5.5.4 焊接材料的发放应有专人负责，每天按用量发放，并填写好发放记录。

5.6 钢材、缆索、钢丝绳、锚具、夹具

5.6.1 钢材、钢铸件的品种、规格、性能等应符合现行国家产品标准和设计要求。

5.6.2 成品拉索及其附件应符合设计规定，平行钢丝拉索应符合现行国家标准《斜拉桥热挤聚乙烯高强钢丝拉索技术条件》GB/T 18365 的有关规定。

5.6.3 预制主索索股的技术要求、试验方法、检验规则、标记、包装、储存及运输均应符合现行行业标准《悬索桥预制主缆丝股技术条件》JT/T 395 的有关规定。

5.6.4 缠丝用钢丝的技术要求应符合设计要求及现行国家标准《桥梁主缆缠绕用低碳热镀锌圆钢丝》GB/T 24215 的有关规定。

5.6.5 钢丝绳的技术要求、试验方法、检验规则、标记、包装、储存及运输应符合现行国家标准《重要用途钢丝绳》GB 8918 的有关规定。

5.6.6 锚具、夹具应按设计规定采用，其性能和质量应符合现行国家标准《预应力筋用锚具、夹具和连接器》GB/T 14370 的有关规定。

5.7 高强螺栓

5.7.1 高强度大六角头螺栓连接副应进行扭矩系数、螺栓楔负载、螺母保证载荷检验，其检验方法和结果应符合现行国家标准《钢结构用高强度大六角头螺栓、大六角螺母、垫圈技术条件》GB/T 1231 的有关规定。

5.7.2 扭剪型高强螺栓连接副应进行紧固轴力、螺栓楔负载、螺母保证载荷检验，检验方法和结果应符合现行国家标准《钢结构用扭剪型高强度螺栓连接副》GB/T 3632 的有关规定。

5.8 材料复验

5.8.1 对属于下列情况之一的钢材，应进行抽样复验，其复验结果应符合国家现行产品标准和设计要求。

1 钢材混批；

2 中型及以上跨越的大跨度钢结构中主要受力构件所采用的钢材；

3 设计要求复验的材料和配件；

4 对质量有疑义的材料；

5 其他现行国家标准规定需要复验的材料。

5.8.2 混凝土材料、钢筋、预应力材料的复验应符合现行国家标准《混凝土结构工程施工质量验收规范》GB 50204 的有关规定。

5.8.3 钢结构所用焊材使用前应对不同批号的焊接材料进行复检。

5.8.4 预应力锚具、夹具的复验应符合现行国家标准《预应力筋用锚具、夹具和连接器》GB 14370 的有关规定。

5.8.5 高强螺栓的复验应符合现行国家标准《钢结构工程施工规范》GB 50755 的有关规定。

6 测量与放线

6.1 一般规定

6.1.1 施工测量除应符合本规范规定外，尚应符合现行国家标准《工程测量规范》GB 50026 的有关规定。

6.1.2 对设计或建设单位交付的跨越中线桩、控制网基点桩、水准桩应进行复测，并应对复测资料与设计图进行核对。

6.1.3 测量应以中误差作为衡量测量精度的标准，以两倍中误差作为极限误差。

6.1.4 对中型及以上跨越应建立施工测量平面控制网和高程控制网。

6.1.5 控制点选点应符合相应精度等级对观测的要求。控制桩宜埋设水泥标桩，并应采取保护控制桩的措施。

6.2 平面控制

6.2.1 平面控制网的建立，可采用三角形网、导线网和卫星定位测量控制网等形式。

6.2.2 平面控制网的控制等级划分，应符合下列规定：

1 三角网、三边网应采用四等和一、二级小三角、小三边；

2 导线网应采用四等和一、二、三级导线；

3 卫星定位测量应采用四等和一、二级。

6.2.3 平面控制网应利用现有控制点建立，坐标系统应采用设计选用的坐标系。大型跨越的首级控制网精度不应低于一级，中型及以下跨越的首级控制网精度不应低于二级。

6.2.4 当利用已有控制点构成施工控制网起始边，其相对中误差不能满足相应等级控制网对起始边的要求时，可采用一个控制点作为基点、另一控制点作为起始方向的独立网。

6.2.5 当采用三角测量网作首级控制网时，宜布设为近似等边三角形网。其三角形的内角不宜小于30°。三角测量的主要技术要求应符合表6.2.5的规定。

表6.2.5 三角测量的主要技术要求

等级		平均边长(km)	测角中误差(″)	起始边边长相对中误差	最弱边边长相对中误差	三角形最大闭合差(″)
四等	首级	2	2.5	≤1/100000	≤1/40000	9
	加密			≤1/70000		
一级小三角		1	5	≤1/40000	≤1/20000	15
二级小三角		0.5	10	≤1/20000	≤1/10000	30

6.2.6 当导线网用作首级控制时，应布设成环形网。相邻边边长宜近似相等，其长度之比不宜小于1∶3。

6.2.7 导线测量的主要技术要求应符合表6.2.7的规定。

表6.2.7 导线测量的主要技术要求

等级	导线长度(km)	平均边长(km)	测角中误差(″)	测距中误差(mm)	测距相对中误差	方位角闭合差(″)	相对闭合差
四等	9	1.5	2.5	18	≤1/80000	$5\sqrt{n}$	≤1/35000
一级	4	0.5	5	15	≤1/30000	$10\sqrt{n}$	≤1/15000
二级	2.4	0.25	8	15	≤1/14000	$16\sqrt{n}$	≤1/10000
三级	1.2	0.1	12	15	≤1/7000	$24\sqrt{n}$	≤1/5000

注：n为测站数。

6.2.8 采用三边测量控制网时，各等级三边网的起始边至最远边之间的三角形个数不宜多于10个。各等级三边网的边长宜近似相等，其组成的各内角宜为30°~100°。距离测量应采用对向观测。

6.2.9 三边测量的主要技术要求应符合表6.2.9的规定。

表 6.2.9 三边测量的主要技术要求

等 级	平均边长(km)	测距中误差(mm)	测距相对中误差
四等	2	15	≤1/100000
一级小三边	1	20	≤1/40000
二级小三边	0.5	20	≤1/20000

6.2.10 当观测数据超限时，应重测整个测回。当观测数据出现分群时，应分析原因，并应采取相应措施重新观测。

6.2.11 各等级卫星定位测量控制网的主要技术指标，应符合表 6.2.11 的规定。

表 6.2.11 卫星定位测量控制网的主要技术要求

等 级	平均边长（km）	固定误差 A（mm）	比例误差系 B（mm/km）	约束点间的边长相对中误差	约束平差后最弱边相对中误差
四 等	2	10	10	≤1/100000	≤1/40000
一 级	1	10	20	≤1/40000	≤1/20000
二 级	0.5	10	40	≤1/20000	≤1/10000

6.2.12 卫星定位测量控制网应由一个或若干个独立观测环构成。宜采用三角形或大地四边形网。

6.3 高程控制

6.3.1 施工高程系统应与设计高程系统一致。

6.3.2 高程控制测量，可采用水准测量或光电测距三角高程测量。

6.3.3 高程控制测量等级应依次划分为三、四、五等。大型跨越的首级高程控制不应低于四等，中型跨越不应低于五等。

6.3.4 水准测量的主要技术要求应符合表 6.3.4 的规定。

表 6.3.4 水准观测的主要技术要求

等级	水准仪型号	视线长度（m）	前后视较差（m）	前后视累积差(m)	视线最低高度(m)	黑红面读数较差(mm)	往返较差、附合或闭合差	观测次数
三等	DS1	100	3	6	0.3	1.0	$4\sqrt{L}$	往一次
	DS3	75				2.0	$12\sqrt{L}$	往返各一次
四等	DS3	100	5	10	0.2	3.0	$20\sqrt{L}$	往一次
五等	DS3	100	大致相等	—	—	—	$30\sqrt{L}$	往一次

注：L 为水准线路长度(m)。

6.3.5 光电测距三角高程测量的主要技术要求应符合表 6.3.5 的规定。

表 6.3.5 光电测距三角高程测量的主要技术要求

等级	仪器	测回数		指标差较差（″）	垂直角较差（″）	对向观测高差较差（mm）	附合或环形闭合差（mm）
		三丝法	中丝法				
四等	DJ2	2	3	≤7	≤7	$40\sqrt{D}$	$20\sqrt{\Sigma D}$
五等	DJ2	1	2	≤10	≤10	$60\sqrt{D}$	$30\sqrt{\Sigma D}$

注：D 为电磁波测距边长度(mm)。

6.3.6 光电测距三角高程测量的仪器高度、反射镜高度或觇牌高度，应在观测前后量测，四等量测值应精确至 1mm，当较差不大于 2mm 时，应取用平均值；五等量测值应精确至 1mm，当较差不大于 4mm 时，应取用平均值。

6.3.7 当三角高程测距边边长大于 1km 时，应计算地球曲率和折光差的影响。

6.4 施工测量放线

6.4.1 应测定跨越基础和锚固墩中心位置，并应根据设计要求和地质情况放出基坑开挖线。

6.4.2 跨越基础和锚固墩的定位可采用前方交会法、后方交会法、光电测距极坐标法、卫星定位法等。小型跨越也可采用导线定位法。

6.4.3 跨越基础和锚固墩中心定位测量，应符合下列要求：

1 中型及以上跨越桥墩和锚固墩中心点应由不少于 3 个控制点按三角法交会测设，或由不少于 2 个控制点按光电测距极坐标法测设，或采用卫星定位法测设，小型跨越可采用导线法测设；

2 交会法测设桥墩中心点时，当一个方向为跨越轴线，误差三角形的最大边长或两交会方向与跨越轴线交会点间长度不大于 15mm 时，应以交会点投影至跨越轴线的交点作为桥墩中心点；当各方向均不包括跨越轴线时，应以交会的误差三角形的重心作为桥墩中心；

3 极坐标法测设桥墩中心点时，如两测设点间误差大于 3mm，应增加测量测设点，并应按交会法的误差三角形方法确定桥墩中心点；

4 卫星定位法测设桥墩中心点时，每岸不应少于 1 个控制点参与测设，并应选择在天空环境影响较小的不同时段进行测量、复核，复核精度应满足本规范第 6.2.11 条的要求。

6.4.4 钢桩测量应符合下列要求：

1 桩位应按跨越桥墩中心十字线与桩的相对位置测设，测设限差应不大于 20mm；斜桩应按设计倾斜度推算至地面高程后再测设；

2 钢桩打入过程中应随时检查倾斜度，每根桩打入一半桩长和接桩时应测量一次，直桩倾斜度不得超过桩长 1%，斜桩不得超过 15%$\tan\theta$(θ 为设计桩纵轴线与垂直线间夹角)；

3 每根桩打完后应测定桩顶高程。

6.4.5 挖(钻)孔灌注桩测量应符合下列要求：

1 桩位应按设计桩位与跨越桥墩中心十字线与桩的相对位置测设，平面位置测设限差不应大于 10mm；

2 挖(钻)孔内混凝土灌注完毕，导管提出混凝土面后，应测量混凝土面高程，混凝土凝固后应再复测桩顶面高程；

3 灌注混凝土后应测定桩中心位置。

6.4.6 基础及锚固墩、钢塔架安装或钢筋混凝土塔架浇注施工完毕后，应复测塔架安装中心距，以及基顶标高、锚固点标高、塔架安装中心至锚固点的距离，并应按设计单位的要求反馈复测结果。

6.4.7 跨越塔架安装中心及锚固点的复测应符合下列要求：

1 基础浇注养护完毕后，应在基础顶部测设跨越中心点和纵横轴线；

2 中心点的测设应符合本规范第 6.4.3 条的要求；

3 中心点定位完成后应复测跨越中心距，测量宜采用对向观测。测量的相对中误差不应低于 1/10000，与设计中心点长度较差不应大于 1/10000，且不应大于 20mm。

7 基础施工

7.1 基坑开挖

7.1.1 跨越工程的基础和锚固墩基坑开挖，应根据工程地质、施工季节、机具设备能力、工期和设计要求进行施工，宜采取明挖法施工，并应符合现行国家标准《建筑地基基础工程施工质量验收规范》GB 50202 的有关规定。

7.1.2 基坑开挖应符合开槽支撑，先撑后挖，分层开挖，严禁超挖的原则。

7.1.3 基坑施工时应对边坡稳定性、支护结构、周围环境、岩溶等特殊地质进行观察和监测，并应符合设计要求及现行国家标准《建筑地基基础工程施工质量验收规范》GB 50202 的有关规定。如出现异常情况应采取临时措施确保施工安全。

7.1.4 基坑挖至设计标高后，应对坑底进行保护，验收合格后及时进行垫层施工。

7.1.5 基坑开挖遇岩石时，可采用机械、人工凿石或边线控制爆破的方法进行施工，爆破施工应按照现行国家标准《爆破安全规程》GB 6722 的有关规定执行。

7.1.6 基坑开挖宜安排在枯水或少雨季节进行，开挖过程中遇水应立即采取排水措施，降水与排水方法应按现行国家标准《建筑地基基础工程施工质量验收规范》GB 50202 的有关规定执行。

7.1.7 基坑开挖尺寸应满足基础施工的要求，锚固墩开挖尺寸应按设计要求进行，其他基础的开挖尺寸宜比设计基础的平面尺寸各边增宽 0.5m～1.0m，对有渗水的基坑坑底的开挖尺寸，可根据基坑排水的需要适当加宽。

7.1.8 基坑坑壁坡度，应结合工程地质和水文条件、基坑深度和载荷情况确定，并应符合下列规定：

1 基坑深度在 5m 以内、基坑底在地下水位以上、基壁地质构造均匀、不加支撑时，基坑坑壁最陡边坡坡度值应按表 7.1.8 的规定执行；

表 7.1.8 基坑坑壁最陡边坡坡度值

土质类别	最陡边坡坡度		
	基坡顶缘无荷载	基坡顶缘有静载	基坡顶缘有动载
中密沙土	1：1	1：1.25	1：1.5
中密碎、卵石类土(填充物为沙土)	1：0.75	1：1	1：1.25
硬塑的粉土	1：0.67	1：0.75	1：1
中密碎、卵石类土(填充物为黏性土)	1：0.5	1：0.67	1：0.75
硬塑粉质黏土、黏土	1：0.33	1：0.5	1：0.67
老黄土	1：0.1	1：0.25	1：0.33
软土(经井点降水)	1：1	—	—
极软岩	1：0.25	1：0.33	1：0.67
软质岩	1：0	1：0.1	1：0.25
硬质岩	1：0	1：0	1：0

2 基坑深度大于 5m 时，应将坑壁坡度适当放缓，并应加支撑或采取阶梯式开挖措施，其台阶设置高度不宜大于 3m；

3 地下水位在基坑底以上时，地下水位以上部分可放坡开挖；地下水位以下部分，可采用集水坑或降水法排水进行施工。

7.1.9 基坑开挖完成后，应对基坑平面尺寸、标高、轴线、基底平整度等进行检查，检查结果应符合下列要求：

1 基坑底的地质情况应符合设计要求，并应形成验收记录；

2 基坑平面尺寸、标高、轴线允许偏差应符合表 7.1.9 的规定。

表 7.1.9 基坑平面尺寸、标高、轴线允许偏差

项　目	允许偏差(mm)
基坑底平整度	≤50
轴线偏移	≤50
基底平面标高	−50
长度、宽度	+200，−50

7.2 钢筋混凝土基础施工

7.2.1 钢筋混凝土基础施工应符合设计要求，并应符合现行国家标准《混凝土结构工程施工质量验收规范》GB 50204 的有关规定。

7.2.2 用于钢筋混凝土基础的钢筋品种、级别、规格和数量，必须符合设计要求。

7.2.3 钢筋施工应符合下列要求：

1 钢筋调直宜采用机械方法，也可采用冷拉方法；

2 钢筋的布置、连接方式、接头分布、弯钩形式等若无设计要求时，应符合现行国家标准《混凝土结构工程施工质量验收规范》GB 50204 的有关规定；

3 钢筋安装位置的允许偏差应符合表 7.2.3 的规定。

表 7.2.3 钢筋安装位置的允许偏差

项　目		允许偏差(mm)
绑扎钢筋网	长、宽	±10
	网眼尺寸	±20
绑扎钢筋骨架	长	±10
	宽、高	±5
受力钢筋	间距	±10
	排距	±5
	保护层厚度	±10
预埋件	中心线位置	5
	水平高差	+3 0

注：检查预埋件中心线位置时，应沿纵、横两个方向量测，并取其较大值。

7.2.4 模板及支架施工应符合下列要求：

1 结构和构件各部分形状尺寸和相互位置应正确；

2 构造应简单，装拆应简便，模板的刚度和稳定性应能承受浇筑混凝土的重量、侧压力以及施工荷载；应便于钢筋的绑扎、安装；应满足混凝土的浇筑、养护等要求；

3 应严密堵塞模板的缝隙和孔洞；

4 塔架基础、锚固墩出土部分的模板应采取加固措施；

5 模板与混凝土的接触面应清理干净并涂刷不影响结构性能的隔离剂；木模板在浇筑混凝土前应浇水湿润，板内不应有积水；

6 对清水混凝土工程，应按设计要求选用模板；

7 模板安装的允许偏差应符合表 7.2.4 的规定。

表 7.2.4 模板安装的允许偏差

项目		允许偏差(mm)
轴线位置		5
垫层上表面标高		±5
基础截面		±10
垂直度	不大于 5m	6
	大于 5m	8
表面平整度		3

注：轴线位置偏差值是指沿纵、横两个方向量测，取其中的较大值。

7.2.5 无模板基坑混凝土浇筑前应将坑壁周围清理干净，不得有松动岩石、浮土等杂物；有模板基础浇筑混凝土前，应清理干净模板内的杂物。

7.2.6 混凝土强度等级应满足设计要求，并应按现行国家标准《混凝土强度检验评定标准》GB/T 50107 的有关规定分批检验评定。当混凝土中掺用其他矿物掺合料时，其混凝土强度龄期的确定可按现行国家标准《混凝土结构工程施工质量验收规范》GB 50204 的有关规定执行。

7.2.7 塔架基础的位置、外形尺寸及预埋件允许偏差应符合表 7.2.7 的规定。

表 7.2.7 塔架基础位置、外形尺寸及预埋件允许偏差

序号	项目		承台	塔基础
1	断面尺寸(mm)		±20	±20
2	垂直或倾斜度(mm)		—	$H/1500$ 且≤30
3	顶面标高(mm)		±15	±10
4	轴线偏移(mm)		15	10
5	预埋螺栓位置(mm)		—	±2
6	塔基础螺栓位置(mm)		—	±2
7	跨度(mm)	中、小型	—	±20
		大型	—	$\pm L/10000$ 且≤20

注：L 为设计跨度，H 为结构高度。

7.2.8 基础的预埋件、预留孔和预留洞均不得遗漏，且位置应正确，安装应牢固。

7.2.9 塔架基础为大体积混凝土，施工时应采取降低水化热的措施，并应按本规范附录 A 的要求控制混凝土内外温度差在 25℃以内。

7.2.10 施工缝的位置和处理应符合设计要求，当设计无要求时，应符合下列规定：

1 处理层混凝土表面的松弱层应予以凿除。对处理层混凝土的强度，采用水冲洗凿毛时，应达到 0.5MPa；人工凿毛时，应达到 2.5MPa；采用风动机凿毛时，应达到 10.0MPa；

2 经凿毛处理后的混凝土面，应采用洁净水冲洗干净；

3 重要部位及有抗震要求的混凝土结构或钢筋稀疏的钢筋混凝土结构，宜在施工缝处预留锚固钢筋；有抗渗要求的混凝土，其施工缝宜做成凹形、凸形或设置止水带；施工缝为斜面时宜浇筑或凿成台阶状。

7.2.11 混凝土浇筑完毕后，应根据环境条件制定并采取养护措施。

7.2.12 当室外日平均环境温度连续 5d 稳定低于 5℃时，应采取冬期施工措施。混凝土的冬期施工应符合现行行业标准《建筑工程冬期施工规程》JGJ104 的有关规定。

7.3 钢桩基础施工

7.3.1 钢桩施工时除应执行本规范的规定外，尚应符合国家现行标准《建筑地基基础工程施工质量

验收规范》GB 50202 和《建筑桩基技术规范》JGJ 94 的有关规定。

7.3.2 施工前应检查进入现场的成品钢桩，成品钢桩的质量检验标准应符合表 7.3.2 的规定，设计有防腐要求的，应按设计要求做防腐处理。

表 7.3.2 成品钢桩质量检验标准

序 号	检查项目		允许偏差或允许值(mm)
1	桩外径或断面尺寸	桩端	±0.5%d
		桩身	±1%d
2	弯曲矢量		≤L/1000
3	长度		+10
4	端部平整度		≤2
5	端部平面与桩中心线的倾斜值		≤2

注：d 为外径或边长，L 为桩长。

7.3.3 打桩施工工艺和设备应根据施工地质条件选择。打桩可选择锤击法或振动法等。

7.3.4 锤击打桩时，应由第一锤开始至预定深度或规定锤击贯入量为止，不宜中途停止。若因故中途停止，再恢复打桩时，应至少先打入 300mm 深度后，方可恢复贯入量纪录。

7.3.5 锤击打桩的停止锤击要求应符合设计要求。对停止锤击要求可采用打入地层最后 300mm 之锤击数或最后 10 锤之平均贯入量确定。

7.3.6 钢桩桩位的允许偏差应符合表 7.3.6 的规定。

表 7.3.6 钢桩桩位的允许偏差

序号	项目		允许偏差
1	桩中轴线偏斜率	竖直桩	L/100
		斜桩倾斜度	15tanθ/100
2	承台底群桩平面位置(mm)	边桩	0.25d
		中间桩	0.5d
3	帽梁底排架桩平面位置(mm)	沿帽梁轴线	50
		垂直帽梁轴线	40
4	承台边缘至边桩净距(mm)	桩径小于或等于 1m	≥0.5d 且≥250
		桩径大于 1m	≥0.3d 且≥500
5	桩顶标高(mm)	—	50

注：d 为桩的直径或短边尺寸；θ 为桩纵轴线与垂直线间夹角；L 为桩长。

7.3.7 钢桩接长时应清除端部的浮锈、油污等脏物，并应保持干燥；经锤击后桩顶的变形部分应割除；上下节桩组对时应校正垂直度，组对间隙宜为 2mm~3mm。接长组对允许偏差应符合表 7.3.7 的要求。

表 7.3.7 接长组对允许偏差

序号	项 目		允许偏差(mm)
1	错边	桩外径大于或等于 700mm	≤3
		桩外径小于 700mm	≤2
2	接点弯曲矢量		<L/1000

注：L 为桩长。

7.3.8 钢桩的接长可采用焊接方式连接。采用焊接时，焊缝质量应符合表 7.3.8 的要求。

表 7.3.8 焊缝质量要求

序号	项目	允许偏差或允许值(mm)
1	咬边深度	≤0.5
2	加强层高度	2
3	加强层宽度	2
4	焊缝外观	焊缝饱满，无气孔、夹渣、焊瘤、裂纹

7.3.9 焊缝检测应采用超声波，检测比例应为20%，合格等级应为现行国家标准《焊缝无损检测 超声检测技术、检测等级和评定》GB/T 11345 的Ⅱ级。

7.3.10 焊接接桩完毕后至少应停歇 10min 方可进行打桩作业。

7.3.11 钢管桩内混凝土的浇注宜采用直伸导管法。浇注前应将钢管内部清理干净。

7.3.12 施工结束后应做承载力检验。若设计无要求时，可根据工程具体情况采用静压试验方法进行检验。承载力试验应符合现行行业标准《建筑基桩检测技术规范》JGJ 106 的有关规定。

7.4 灌注桩基础施工

7.4.1 灌注桩施工时除应执行本规范的规定外，尚应符合国家现行标准《建筑地基基础工程施工质量验收规范》GB 50202 和《建筑桩基技术规范》JGJ 94 的有关规定。

7.4.2 设计有试桩的，试桩施工应符合现行行业标准《建筑桩基技术规范》JGJ 94 的有关规定。

7.4.3 成孔施工工艺和设备应根据施工地质和水文条件选择。成孔可采用钻孔或人工挖孔法，施工工艺可选择干作业成孔、泥浆护壁成孔、套管成孔或人工挖孔等工艺。

7.4.4 人工挖孔过程中，应检查桩的孔径、平面位置和竖轴线倾斜情况，对出现的偏差应及时纠正。挖孔达到设计深度后，应进行孔底处理，孔底表面不得有松渣、沉淀土。

7.4.5 人工挖孔桩终孔时，应检查桩端持力层岩性特征。当岩性特征与设计不一致时，应由勘察单位重新补勘地质资料。

7.4.6 泥浆护壁成孔施工时所使用的泥浆应根据施工方法配置。

7.4.7 泥浆护壁成孔法若需设置护筒时，护筒中心竖直线应与孔中心线重合，护筒埋置深度应根据设计要求或桩位的水文地质情况确定。

7.4.8 钻孔深度达到设计标高后，应对成孔质量进行检查，符合要求后方可清孔。

7.4.9 成孔孔径和垂直度允许偏差应符合表 7.4.9 的要求。

表 7.4.9 成孔孔径和垂直度允许偏差

序号	成孔工艺		孔径允许偏差(mm)	垂直度允许偏差(%)
1	泥浆护壁	$D \leqslant 1000$mm	≤50	1
		$D > 1000$mm	−50	
2	套管成孔灌注桩	$D \leqslant 500$mm	−20	1
		$D > 500$mm		
3	干成孔灌注桩		−20	1
4	人工挖孔桩	混凝土护壁	+50	0.5
		钢套管护壁	+50	1

注：1 D 为孔径；

2 孔径允许偏差的负值指个别断面；

3 采用复打、反插法施工的桩，其孔径允许偏差不受本表限制。

7.4.10 成孔质量应符合表7.4.10的规定。

表7.4.10 成孔质量

序号	项　目	质量要求
1	孔的中心位置(mm)	群桩：100；单排桩：50
2	孔径(mm)	应符合本规范第7.4.9条的规定
3	垂直度	应符合本规范第7.4.9条的规定
4	孔深	摩擦桩：不应小于设计规定；端承桩：应比设计深度超深大于或等于50mm
5	沉淀厚度(mm)	摩擦桩：应符合设计要求，当设计无要求时，对于直径小于或等于1.5m的桩，沉淀厚度应小于或等于300mm对桩径大于1.5m或桩长大于40m或土质较差的桩，沉淀厚度应小于或等于500mm。端承桩；不应大于设计规定
6	清孔后泥浆指标	相对密度：1.03~1.10；黏度：17Pa·s~20Pa·s；含砂率：<2%；胶体率：>98%

注：清孔后的泥浆指标是从桩孔的顶、中、底部分别取样检验的平均值。本项指标的测定，限指大直径桩或有特定要求的钻孔桩。

7.4.11 清孔方法应根据设计要求、钻孔方法、机具设备条件和地层情况决定。在清孔排渣时，应保持孔内水头的高度不变。

7.4.12 清孔后应从孔底提出泥浆试样进行性能指标试验，试验结果应符合表7.4.10的规定。

7.4.13 钢筋骨架的制作、运输及吊装就位应符合下列要求：

1 钢筋骨架的制作应符合设计要求和本规范第7.2节的有关规定；

2 长桩骨架宜分段制作，分段长度应根据吊装条件确定，不应变形，接头应错开。

7.4.14 混凝土灌注桩钢筋骨架的制作和吊放允许偏差，应符合表7.4.14的要求：

表7.4.14 混凝土灌注桩钢筋骨架的制作和吊放允许偏差

序号	项　目	允许偏差
1	主筋间距(mm)	±10
2	箍筋间距(mm)	±20
3	骨架外径(mm)	±20
4	骨架倾斜度(%)	±0.5
5	骨架保护层厚度(mm)	±20
6	骨架中心平面位置(mm)	20
7	骨架顶端高程(mm)	±20
8	骨架底面高程(mm)	±50

7.4.15 在吊入钢筋骨架后，灌注混凝土前，应再次检查孔内泥浆性能指标和孔底沉淀厚度，如超过本规范表7.4.10的规定，宜进行第二次清孔。

7.4.16 混凝土灌注桩宜采用泵送混凝土连续灌注。水下混凝土应采用钢导管灌注，导管内径应根据桩径大小确定。

7.4.17 首批灌注混凝土的数量应能满足导管首次埋置深度和填充导管底部的需要，导管首次埋置深度不宜小于1.0m。在灌注过程中，导管的埋置深度宜为2m~6m，应经常测探井孔内混凝土面层的位置。

7.4.18 灌注桩的浇注高度宜高出设计标高 0.5m~1.0m。

7.4.19 混凝土灌注桩的桩位允许偏差应符合表 7.4.19 的要求。

表 7.4.19 混凝土灌注桩桩位允许偏差

序号	项目		允许偏差
1	中心位置(mm)	群桩	≤100
		单排桩	≤50
2	倾斜度(%)	直桩	<1
		斜桩	<±2.5 设计倾斜度

7.4.20 桩基施工完毕并具备检测条件后应进行检验。桩基的检验应符合设计要求，设计无要求时，应符合现行行业标准《建筑桩基技术规范》JGJ 94 的有关规定。

7.5 锚固墩施工

7.5.1 重力式锚固墩的基坑开挖和基础施工应符合下列规定：

1 重力式锚固墩的基坑开挖、模板、钢筋、混凝土和预埋件等施工中的相关部分应按本规范第 7 章有关规定执行。

2 重力式锚固墩的锚固体系应符合下列规定：

1） 所有钢构件安装应按本规范第 8 章的要求执行；

2） 锚杆安装前应对其连接进行试安装，试安装应包括锚杆与固定板、锚杆与支架。

3 锚件安装时应采取控制固定板、支架和锚杆的中心位置及锚杆的角度的措施，锚杆、固定板及支架安装的允许误差应符合表 7.5.1 的规定。

表 7.5.1 锚杆、固定板及支架安装允许偏差

序号	项目		规定值或允许偏差（mm）
1	固定板、支架	中心线偏差	±5
		中心点位置	±5
		水平高差	−2，+5
2	锚杆端点坐标	X	±10
		Y	±5
		Z	±5
3	锚杆之间	中心偏差	2

7.5.2 隧道式锚碇洞室开挖和岩锚施工应符合下列规定：

1 洞室开挖除应符合现行行业标准《公路隧道施工技术规范》JTG F60 的有关规定外，采用矿山法开挖的宜进行爆破监控试验，对爆破施工方案的各种参数进行试验和修正，据此确定爆破方案。开挖施工应严格控制爆破，减少对围岩的扰动；

2 岩锚施工时的钻孔宜采用破碎法施工，锚索下料时宜采用砂轮机切割，穿束时应设置定位环，保证锚索在孔中位于对中位置，同时应避免锚索扭转，锚索安装完成后应及时对孔道压浆；

3 隧道式锚碇洞室开挖和岩锚施工质量应符合表 7.5.2 的规定。

表 7.5.2　隧道式锚碇允许偏差

<table>
<tr><td colspan="3">项目</td><td>规定值或允许偏差</td></tr>
<tr><td rowspan="5">洞室(mm)</td><td rowspan="3">总体</td><td>偏位</td><td>200</td></tr>
<tr><td>高度</td><td rowspan="2">±100</td></tr>
<tr><td>宽度</td></tr>
<tr><td rowspan="2">允许超挖</td><td>平均</td><td>50</td></tr>
<tr><td>最大</td><td>100</td></tr>
<tr><td rowspan="2">岩锚(mm)</td><td colspan="2">中心线偏位</td><td>100</td></tr>
<tr><td colspan="2">深度</td><td>不小于设计值</td></tr>
</table>

7.5.3　预应力锚固系统的施工应符合设计要求，锚具应安装防护套，并注入保护性油脂，对加工件应进行超声和磁粉检测，预应力锚固系统的制作与安装、张拉、灌浆及封锚应符合现行国家标准《混凝土结构工程施工质量验收规范》GB 50204 的有关规定，施工质量应符合表 7.5.3 的规定。

表 7.5.3　预应力锚固系统的制作与安装、张拉、灌浆及封锚质量要求

项目	拉轩(索)张拉力(kN)	前锚孔道中心线(mm)	前端面孔道角度(°)	拉杆(索)轴线偏位(mm)	连接器轴线(mm)
规定值或允许偏差	符合设计要求	10	±0.2	5	5

7.5.4　锚固墩混凝土施工除应符合本规范第 7.2 节的规定外，尚应符合下列规定：

1　基础和锚体应按大体积混凝土的要求组织施工，施工前应编制专项施工技术方案；

2　隧道式锚碇的混凝土施工时宜采用自密实型微膨胀混凝土，锚体混凝土与岩体结合良好，混凝土与拱顶基岩紧密黏结。浇筑混凝土时洞内应具备排水和通风条件；

3　上部构造施工预埋件的安装质量应符合设计要求；

4　锚固墩允许偏差应符合表 7.5.4 的规定。

表 7.5.4　锚固墩允许偏差

<table>
<tr><td colspan="2">项目</td><td>规定值或允许偏差(mm)</td></tr>
<tr><td colspan="2">轴线偏位</td><td>10</td></tr>
<tr><td colspan="2">断面尺寸</td><td>±30</td></tr>
<tr><td rowspan="2">基础底面高程</td><td>土质</td><td>±50</td></tr>
<tr><td>石质</td><td>+50，-200</td></tr>
<tr><td colspan="2">顶面高程</td><td>±20</td></tr>
<tr><td colspan="2">大面积平整度</td><td>5</td></tr>
<tr><td colspan="2">预埋件位置</td><td>5</td></tr>
</table>

7.5.5　用于固定管道的锚固墩对其固定的管道焊接、防腐应符合现行国家标准《油气长输管道工程施工及验收规范》GB 50369 及《油气田集输管道施工规范》GB 50819 的有关规定。

8　塔架施工

8.1　钢塔架制作

8.1.1　下料前应对变形钢材进行矫正，钢材矫正后的允许偏差应符合现行国家标准《钢结构工程施

工质量验收规范》GB 50205 的有关规定。

8.1.2 塔架各主肢接长的对接焊缝不应在同一截面上，其相互错开间距应大于 300mm。

8.1.3 塔架放样宜采用计算机放样，也可采用放样平台放样。放样平台应稳固、平整，表面不得有妨碍放线的焊瘤、附着物及杂物。放样时应按制造工艺要求预留切割量、加工余量或焊接变形量，放样工作完成后应进行复查。放样样板的允许偏差应符合下列规定：

1 样板的长、宽误差不应大于 0.5mm，对角线长度误差不应大于 1mm，相邻孔中心距误差不应大于 0.5mm；

2 塔架杆件长度误差不应大于 0.5mm，对角线长度误差不应大于 1mm，各节间距不应大于 2mm，杆件汇交点点偏离不应大于 2mm。

8.1.4 钢结构塔架型钢腹杆接长时，接长长度不宜小于 1m。腹杆长度小于 12m 时，接头不宜多于 1 处。

8.1.5 切割后的钢材切割面不应有裂纹和夹渣、分层和大于 1mm 的缺棱，切割后构件长度、宽度尺寸允许偏差应为±1mm。切割后拼装前应对钢管进行管内清理。

8.1.6 用于塔体预拼装的支撑件或平台应测量找平。塔体拼装应采取减小塔体焊接变形的措施，塔架用螺栓连接时，应保证螺栓孔位的准确性，严禁在预制好的联结件上割孔。塔架主肢为钢管时，其对接焊缝应避开节点板，开口处应进行焊接封堵。塔体各面预拼装完毕后，应检查其结构几何尺寸，并应符合下列规定：

1 同平面对角线长度差不应大于长度的 1‰，且不应大于 5mm；

2 空间对角线长度差不应大于长度的 1‰，且不应大于 5mm。

8.1.7 钢塔架的构件安装不得强力组装，安装螺栓孔不得用火焰切割扩孔。

8.1.8 钢塔架焊接前，应依据焊接工艺评定报告编制焊接工艺规程。钢塔架焊接应由具有相应资质的焊工按焊接工艺规程进行施焊。

8.1.9 施焊前焊条应烘干，酸性焊条烘干温度应为 100℃～150℃、低氢型焊条烘干温度应为 350℃～430℃，恒温时间应为 1h～2h，烘干后应在温度不低于 120℃ 条件下保存。焊接时应随用随取，并应放入焊条保温筒内。焊条烘干后在大气中放置时间不应超过 4h。

8.1.10 施焊时应采取对称焊接方式等措施控制钢结构变形，且不得冲击和振动焊缝。

8.1.11 焊接过程中应采取避免风、雨、雪侵袭的措施。在下列任何一种环境中，如未采取防护措施，不得进行焊接：

1 雨雪天气；

2 大气相对湿度大于 90%；

3 低氢型焊条电弧焊，风速大于 5m/s；

4 酸性焊条电弧焊，风速大于 8m/s；

5 自保护药芯焊丝半自动焊，风速大于 8m/s；

6 气体保护焊，风速大于 2m/s；

7 环境温度低于焊接工艺规程中规定的温度；

8 焊接作业条件不符合现行国家标准《焊接与切割安全》GB 9448 的有关规定。

8.1.12 焊接过程中及拆除工卡具时应避免钢材电弧损伤。对钢材电弧损伤应进行打磨，其打磨深度不得大于钢材壁厚允许偏差值的下限。

8.1.13 在跨越塔架的连接板焊接及塔架支座焊接过程中，应采取减小焊接变形的措施。

8.1.14 焊前焊接工艺文件编制要求，焊前预热和道间温度控制、焊后热处理、焊后消应力处理等应按现行国家标准《钢结构焊接规范》GB 50661 的要求执行。

8.1.15 焊缝的尺寸偏差、外观质量和内部质量，应按现行国家标准《钢结构工程施工质量验收规范》GB 50205 和《钢结构焊接规范》GB 50661 的有关规定进行检验。

8.1.16 钢箱塔架及工厂制作塔架的构件制作时应进行试拼装，试拼装合格后方可启运，并应根据不同的运输方式对构件进行必要的临时加固和保护。节段构件安装的吊点、导向件及临时匹配件宜在厂内制作时设置。

8.2 钢塔架安装

8.2.1 柱脚底板及铰支座不应采用二次灌浆的方法进行安装。

8.2.2 塔架吊装前，应由建设或监理单位组织设计、施工单位对基础进行全面检查，达到设计要求后吊装。

8.2.3 吊装作业应根据现场施工条件和机具设备能力确定吊装方法，并应编制吊装方案，方案应对吊点进行强度验算，根据验算结果采取对吊点处进行加固的措施。

8.2.4 用于吊装的夹具和索具应符合现行行业标准《化工工程建设起重规范》HG 20201 的有关要求。

8.2.5 塔架防腐工作宜在地面完成。塔架吊装前应清除塔体表面的油污、疤痕和泥沙等。同时应采取防止吊装过程中防腐层受到破坏的措施，如有损坏应及时修补。

8.2.6 塔架高空焊接时应采取防止焊接飞溅损伤防腐层的措施。

8.2.7 分段式塔架吊装后应按设计要求检验其安装精度，当设计无要求时，塔架安装允许偏差应符合表 8.2.7 的规定。

表 8.2.7 塔架安装允许偏差

序　　号	项　　目	允许偏差(mm)
1	轴线偏移	10
2	横截面对角线差值	15
3	塔身垂直度	$H/1500$ 且<30
4	塔身横向挠曲	$H/1000$ 且≤15
5	塔身高度	±10
6	主索锚固点标高	±10

注：H 为塔架总体高度。

8.2.8 钢塔架与基础的连接采用螺栓锚固时，承压板与混凝土之间应保持密贴，混凝土表面应抛光磨平，并对承压板进行机械加工切削；采用埋入式锚固时，应保证底座的安装精度符合设计要求。

8.2.9 采用高强螺栓连接的塔架，其施工应符合现行行业标准《公路桥涵施工技术规范》JTG/T F50 的要求。

8.2.10 塔架安装后应及时安装临时防雷接地设施。

8.3 钢筋混凝土塔架施工

8.3.1 钢筋混凝土塔架的钢筋及混凝土的施工应符合本规范第 7 章有关规定，且应符合现行国家标准《混凝土结构工程施工质量验收规范》GB 50204 的有关规定。

8.3.2 钢筋混凝土塔架，可采用分段立模浇筑或滑升模板法浇筑。

8.3.3 塔架横梁施工时，模板和支撑系统应根据塔架结构、重量及支撑高度设置。

8.3.4 斜塔柱施工时，横撑应根据施工需要设置。应对各施工阶段塔柱模板及支撑的强度和变形进行计算，并应使斜塔架线形、应力、倾斜度满足设计要求。

8.3.5 塔架混凝土现浇可选用吊斗提送或输送泵输送施工。当采用输送泵施工，且泵口高度超过一台泵的工作高度时，可接力泵送。

8.3.6 钢筋混凝土塔架施工中宜设置劲性固结件。

8.3.7 塔架施工过程中，应加强测量监控，并应采取及时纠偏的措施。

8.3.8 塔架施工的其他要求应按现行行业标准《公路桥涵施工技术规范》JTG/T F50 的要求执行。

8.3.9 钢筋混凝土塔架施工质量应符合表 8.3.9 的要求。

表 8.3.9 钢筋混凝土塔架施工精度

项　目		规定值或允许偏差(mm)
塔柱底偏位		±10
横梁轴线偏位		±10
倾斜度		符合设计规定；设计未规定时按塔高的 H/1500，且不大于 30
塔顶高程		±10
外轮廓尺寸	塔柱	±20
	横梁	±10
拉索锚固点高程		±10
横梁顶面高程		±10
索鞍底板面高程		+10
预埋索管孔道位置		10，且两端同向
预埋螺栓位置		±2

注：H 为塔高。

8.4 索鞍或塔顶连接板安装

8.4.1 索鞍或塔顶连接板宜由工厂制造，制造质量应符合设计要求，当设计无要求时，应按现行行业标准《公路桥涵施工技术规范》JTG/T F50 的有关规定执行。

8.4.2 索鞍或者塔顶连接板宜在塔架吊装前或混凝土塔架上横梁浇筑后进行安装。

8.4.3 索鞍及塔顶连接板安装完毕，经现场监理检查符合设计要求后，应根据安装方法不同进行塔顶加固，加固后可进行施工临时承重工具或索系的安装。

8.4.4 主索采用多股平行钢丝成品索股组成时，根据跨越施工载荷的变化，宜采用反力顶推的方式将索鞍座体顶推至设计要求位置进行固定。索鞍安装宜根据设计要求将索鞍座体安放至预偏位置并临时固定，需进行索鞍顶推施工时应同时预埋索鞍顶推装置。

8.4.5 索鞍或塔顶连接板安装质量应符合表 8.4.5 的规定。

表 8.4.5 索鞍或塔顶连接板安装质量要求

序号	项　目	规定值或允许偏差(mm)
1	纵向最终偏差(相对于塔顶)	符合设计要求或±10
2	横向偏位(相对于塔顶)	10
3	四角高差	2
4	高程	+20，0

9 悬索式跨越施工

9.1 一般规定

9.1.1 通航河流应设置警戒设施。

9.1.2 应编制专项施工技术方案，进行吊装施工受力计算、确定发送道及牵引道的几何尺寸、进行施工场地平面布置，并应经审查批准后方可实施。

9.1.3 施工测量应符合本规范第6章的要求，并应标定跨越中心轴线和跨越点中心位置。

9.1.4 未能一次发送完成，且发送构件的临时停留位置低于设计高度时，应在构件上设置夜间警示灯光。

9.1.5 钢丝绳锚固头和锚固墩的锚固螺栓连接时，应采取措施防止锚固头灌入过程中损坏锚固螺栓的螺纹。

9.1.6 基础施工、锚固墩施工、塔架施工应符合本规范第7章、第8章的相关要求。

9.2 钢丝拉索的制备

9.2.1 中型及以上跨越工程的钢丝绳和钢丝绳锚固件，应在专业生产厂家制备，设计单位、施工单位、建设单位应派专人到厂家检验，用于大型跨越工程的钢丝绳和钢丝绳连接件的制备应派驻监造。

9.2.2 用于跨越工程的钢丝绳，在下料前应按规定程序进行预拉伸，预拉伸宜由生产厂家进行。预拉力不得超过钢丝绳最小破断拉力的45%，施加载荷应分别为钢丝绳最小破断拉力的10%、20%、30%、45%，停留时间应分别为10min、30min、60min、6h。

9.2.3 钢丝绳下料应在设计应力条件下做标记，并应在放松状态下料，且应复核现场温度影响，并应进行温度修正。

9.2.4 工厂制备钢丝绳时，钢丝绳丈量工作不应在烈日下进行，钢丝绳丈量时的温差不宜超过5℃，且每根钢丝绳的丈量次数不应少于2次。

9.2.5 钢丝绳预拉伸及下料切割后应进行标识，并应顺直摆放，不得折曲和扭绞，且应由专业生产厂家在钢丝绳上标记明显的防扭转色线。

9.2.6 钢丝绳上的所有标记材料应牢固可靠、不易脱落，与钢丝绳本色应区别明显。

9.2.7 小型钢丝绳锚固头可在现场制作，应按照设计要求进行钢丝绳张拉及锚固头拉力试验。

9.2.8 吊索应由生产厂家在工厂内进行标识，吊索长度应符合设计要求，可调长度的吊索应在工厂装箱前对螺母位置进行标定并固定螺母。

9.2.9 风索应在生产厂家进行索夹安装位置的标定，并应标记防扭转色线。

9.2.10 平行钢丝束的制备应满足下列要求：

1 平行钢丝束及锚固件应在专业生产厂家制备；

2 热挤聚乙烯高强钢丝拉索及冷铸锚主要技术参数应符合现行国家标准《斜拉桥热挤聚乙烯高强钢丝拉索技术条件》GB/T 18365的要求；

3 钢丝不应有任何型式的接头；

4 钢丝的镀锌层应连续、光滑、均匀、致密，其单位面积镀锌重量应不小于300g/m^2；

5 钢丝的外包装材料宜采用阻燃的或经防火处理的材料；

6 钢丝在运输、贮存和加工期间应防止镀锌层受损；

7 聚乙烯护套料可采用黑色或彩色的高密度聚乙烯护套料，该护套料在直接承受大气环境因素的作用下，应具有较好的抗老化寿命；

8 锚杯和锚圈应逐件进行超声波检测或磁粉检测；

9 超声波检测应按现行国家标准《锻轧钢棒超声检测方法》GB/T 4162的规定执行，磁粉检测按现行行业标准《锻钢件磁粉检测》JB/T 8468的规定执行；

10 成品拉索的外观面应良好完整，不应有深于1mm的划痕；

11 成品拉索两端冷铸锚外表面不应有损伤，螺纹不应有任何碰伤，锚圈和锚杯应能自由旋合；

12 成品拉索的制作长度是指设计温度下零应力时的拉索总长，即为拉索两端冷铸锚尾端之间的直线长度；

13 成品拉索索长测量方法：经超张拉检验后的成品拉索，应在卸载或加载至20%的超张拉力时测量拉索长度；

14 每根成品拉索在出厂之前应进行超张拉检验，检验方法应按现行国家标准《斜拉桥热挤聚乙烯高强钢丝拉索技术条件》GB/T 18365 的规定执行，合格后方能出厂交付使用。

9.2.11 其他类型的钢索制备应符合设计要求或相应的国家现行标准的有关规定。

9.3 主索安装

9.3.1 主索发送、吊装过程中，应采取保护主索钢丝绳以及钢丝绳的防腐层的措施，钢丝绳应保持平顺，无扭转，不鼓丝。

9.3.2 主索发送时，对于通航河段应根据要求采取安全措施。

9.3.3 主索发送宜采用下列方法：

1 对于不通航河流、虽通航但可断航的河流、干枯河流、冰冻河流，宜采用小绳牵大绳方法，直接牵引主索过河，主索不应直接接触地面；

2 当河床地形复杂、流速较大，主索不宜水中拖拉过河时，可利用塔顶预先设置的施工临时承重索，以适宜的间距吊起主索，用小直径钢丝绳作牵引绳牵拉过河；

3 对于不允许封航的河流、深沟、峡谷，可采用火箭引导、飞行器牵引的方式，也可采用小绳牵大绳方法进行牵引。

9.3.4 当主索一端就位后，另外一端就位时应做好防止主索滑脱的防护措施。

9.3.5 主索和塔顶连接板连接时，应根据主索上的防扭转色线确认主索是否在发送过程中出现扭转，如出现扭转应及时修正。

9.3.6 塔架的临时拉索应确保不会对塔架造成损坏或者永久性变形。

9.3.7 主索采用多股平行钢丝成品索股组成时，索股安装宜分别进行牵引系统架设、猫道架设、首索牵引就位、线形调整、索力调整、紧缆，各工序施工应顺序进行，并应符合设计要求及现行行业标准《公路桥涵施工技术规范》JTG/T F50 中的有关规定。

9.3.8 主索采用多股平行钢丝成品索股组成时，宜进行缠丝施工，主索的缠丝工作宜在跨越最大工作荷载条件下进行。缠丝安装应符合下列规定：

1 缠丝的总体方向宜由高处向低处进行，两个索夹之间应自低到高进行；

2 缠丝始端应嵌入索夹内不少于 2 圈或符合设计要求，并宜施加固结焊；

3 钢丝的缠绕应密贴，缠绕张力应符合设计规定，设计未规定时宜为 2kN，缠绕钢丝的接头宜采用钎焊工艺；

4 节间缠丝每间隔 1m~1.5m 宜进行一次并接焊，且接焊部位应在主索上表面 30°圆心角所对应的圆弧范围内。

9.4 索夹及其他索系安装

9.4.1 成品索的索夹安装位置应根据设计要求在工厂内进行标识，在钢丝绳预张拉下料时，应按设计间距标定安装位置，标识位置的标记应在安装索夹过程中便于安装人员查看。

9.4.2 索夹在工厂装箱时应根据所做标识装箱，在运输和安装过程中应防止碰伤表面及损坏索夹。

9.4.3 平行钢丝索股主索的索夹安装前，应测定主缆的空缆线形，并在对设计规定的索夹位置进行确认后，方可在夜间温度稳定时，缆上放样定出各索夹的具体位置并编号。安装前尚应消除索夹内表面及索夹位置处主缆表面的油污及灰尘，涂上防锈漆。

9.4.4 索夹的安装方法应根据索夹结构型式和施工设备确定。紧固同一索夹螺栓时，应对称紧固，并应保证螺栓受力均匀。索夹安装位置的纵向误差不应大于 10mm。有特殊紧固要求时，应按设计或钢丝绳生产厂家的特殊要求进行紧固。

9.4.5 索夹螺栓的紧固宜按安装时、桥面结构吊装后、试压完成后三个载荷阶段分步进行，对每次紧固的数据应进行记录并存档。

9.4.6 吊索在运输安装过程中，应采取确保吊索不受损伤的措施。

9.4.7 风索应对称发送，利用卷扬机等动力设备张拉风索到锚固墩时，上下游风索应同时张拉，张拉力应满足设计要求，张拉过程应平稳。

9.4.8 共轭索的安装要求应符合本规范第 9.4.7 条的规定。

9.4.9 吊索安装前，应根据标定的位置确定吊索安装长度。

9.4.10 桥面结构上同一位置的两根吊索应对称安装。

9.5 桥面结构的制作与安装

9.5.1 跨越的桥面结构安装，应根据跨越工程等级、跨越结构形式及施工现场具体情况选择吊装方法或发送方法。桥面结构宜采用对称吊装，采用非对称吊装应进行结构受力核算。

9.5.2 当在组焊或拼装的桥面结构上设置吊点时，吊点间距应确保桥面结构不产生永久性变形，并应采取防止桥面结构在发送过程中发生扭转的措施。

9.5.3 发送桥面结构的发送道(架)应牢固、可靠，施工临时承重索及锚固件应进行安全计算校核。

9.5.4 桥面结构吊装过程中，应在两岸对桥面结构及塔架进行测量监控，并应采取纠偏措施。

9.5.5 固支塔架的索鞍，应在桥面结构吊装过程中根据设计要求和实测塔顶位移量情况分阶段对索鞍进行顶推。

9.5.6 桥面结构安装时，应预留能调节因温度变化造成位移的间隙。桥面结构吊装就位后，应按设计要求对缆索进行调整。

9.5.7 桥面附属工程的安装顺序及方法，应根据吊装方法及施工工序确定。

9.5.8 桥面结构上如设计有滚筒时，应保证滚筒转动灵活，不应有阻滞现象；位于滚筒处管道防腐层的保护套的安装位置，应以滚筒轴线为中心位置为准；当进行桥面附属结构螺栓安装时，宜使紧固螺母朝上。

9.5.9 与跨越管段连接的构件，宜在跨越管道组焊及试压合格后进行安装，构件安装位置允许偏差应为±2mm；桥面结构的栏杆走道板宜采用标准化、工厂化制造。

9.5.10 当桥面栏杆等构件在管道试压前进行安装时，应根据试压介质和输送介质采取防止桥面结构及附件在管道试压过程中损坏或变形的措施。

9.5.11 桥面钢结构以及桥面附属工程的制作，应符合现行国家标准《钢结构工程施工质量验收规范》GB 50205 的有关规定，桥面结构安装偏差应符合表 9.5.11 的规定。

表 9.5.11 桥面结构安装的允许偏差

序号	项　目	允许偏差(mm)
1	桥面轴线偏移	±20
2	桥面侧向弯曲矢高	$L/1000$，不大于 20
3	桥面预拱度	$F/100$，不大于 15
4	桥面上吊点倒向偏移	±10
5	每一对吊索的相对高差	±20
6	断面尺寸	±20

注：L 为桥面长度；F 为设计预拱度。

9.5.12 桥面钢结构高强螺栓的施工，应符合现行国家标准《钢结构工程施工规范》GB 50755 的有关规定。

9.5.13 钢平台、钢梯和防护栏杆安装，应符合现行国家标准《固定式钢梯及平台安全要求　第 1 部分：钢直梯》GB 4053.1、《固定式钢梯及平台安全要求　第 3 部分：工业防护栏杆及钢平台》GB 4053.3 的有关规定。安装的允许偏差应符合表 9.5.13 的规定。

表 9.5.13 钢平台、钢梯和防护栏杆安装的允许偏差

序号	项 目	允许偏差(mm)
1	平台高度	±15
2	平台梁水平度	$L_1/1000$，不大于 20
3	平台支柱垂直度	$H/1000$，不大于 15
4	承重平台梁侧向弯曲	$L_1/1000$，不大于 10
5	承重平台梁垂直度	$H/250$，不大于 15
6	直梯垂直度	$L_2/1000$，不大于 15
7	栏杆高度	±15
8	栏杆立柱间距	±15

注：L_1 为梁长度；L_2 为直梯长度；H 为栏杆高度。

10 斜拉索式跨越施工

10.1 一般规定

10.1.1 斜拉索式跨越施工的一般规定应符合本规范第 9.1 节的相关要求。

10.1.2 钢丝拉索的制备应符合本规范第 9.2 节的要求。

10.1.3 施工临时承重索的安装应符合本规范第 9.3 节的要求。

10.2 桥面结构的制作与安装

10.2.1 桥面结构的制作应符合本规范第 9.5 节的规定。

10.2.2 桥面结构安装时，宜采用分节吊装，吊装件应为预制构件，且应优先采用螺栓连接或承插连接。

10.2.3 桥面结构的吊装及安装可利用架设的临时平台、施工临时承重索等，但桥面结构在吊装、发送过程中不得产生应力损坏和永久性变形。

10.2.4 在桥面结构吊装及发送、拉索安装过程中，均应采取控制桥面结构线型的措施，并应使桥面结构线型符合设计要求。

10.3 拉索安装

10.3.1 拉索安装可根据塔高、布索方式、索长、索径、索重、索的刚柔程度、起重设施等选择架设方法。拉索的牵引安装可通过架设的临时施工绳等临时吊装结构进行。

10.3.2 施工中不得损伤拉索索体保护层和索端锚头及螺纹，不得堆压弯折索体。

10.3.3 不得采用对拉索产生集中应力的吊具直接挂扣拉索，宜采用带胶垫的夹具、尼龙吊带，也可设置多吊点起吊。

10.3.4 拉索张拉的顺序和级次数应符合设计要求。

10.3.5 塔架顺桥面结构向两侧的拉索(组)和桥面结构横向对称的拉索(组)，应对称同步张拉。

10.3.6 斜拉索挂索施工牵引过程中，应采用措施防止钢丝绳扭曲损伤。

10.4 锚固墩及塔架基础

10.4.1 斜拉索式跨越的锚固墩的施工应符合本规范第 7 章的有关要求。

10.4.2 塔架基础施工应符合本规范第 7 章的有关要求。

11 桁架式跨越施工

11.1 一般规定

11.1.1 桁架跨越施工的一般规定应按本规范第 9.1 节的相关规定执行。

11.1.2 桁架式跨越施工采用缆索发送方式进行的，施工临时索的安装应按本规范第 9.3 节的相关规定执行。

11.2 下料与组装

11.2.1 桁架的放样及下料应符合本规范第 8.1.1 条～第 8.1.5 条的有关规定，弦杆长度误差应为 ±5mm。桁架同一平面 0.5m 范围内，弦杆对接接头根数不得超过 2 根。

11.2.2 桁架的组装均应对称进行，根据设计文件要求预先计算出弦杆的均匀起拱值，并应采取重点控制桁架弦杆的起拱高度的措施。

11.2.3 桁架组装应在组装平台上进行，组装时应采取减小桁架焊接变形的措施。弦杆对接焊缝应避开节点板，开口处应及时进行焊接封堵。

11.2.4 桁架结构组装及安装的允许偏差应符合表 11.2.4 的规定。

表 11.2.4 桁架结构组装及安装的允许偏差

序号	项　目	允许偏差(mm)
1	对口错边	2
2	空间对角线长度差	$L_1/1000$，且≤20
3	节点处杆件轴线错位	4
4	跨中垂直度	15
5	起拱高度	$L_2/5000$，且≤10
6	桁架侧向弯曲矢高	$L_2/1000$，且≤30

注：L_1 为对角线长度；L_2 为桁架长度。

11.2.5 桁架的其他制作要求及高强螺栓施工技术要求应符合本规范第 9.5 节的相关要求。

11.3 桁架的焊接与检验

11.3.1 焊接工艺评定应符合现行国家标准《钢结构焊接规范》GB 50661 的有关规定，并应依据评定合格的焊接工艺编制焊接工艺规程，制定施工技术措施。

11.3.2 焊接及检验应符合本规范第 8.1.15 条的规定，弦杆对接焊缝返修不得超过 2 次。

11.3.3 钢结构焊接时，采用的焊接工艺和焊接顺序应能使最终构件的变形和收缩最小。

11.4 桁架安装

11.4.1 桁架安装应保证吊装结构的稳定性和防止永久性变形。吊装过程中损坏的涂层以及安装连接部位的涂层应及时修补。

11.4.2 桁架组焊完毕后应进行全面检查验收，并应达到下列要求后才能进行吊装施工：

1 桁架吊装前桁架的支座应焊接安装完毕；

2 吊装前应对吊点进行检查，吊点的设置应与报审方案一致；

3 桁架与基础采用螺栓连接时，在桁架吊装前应对桥墩的定位轴线、基础轴线和标高、地脚螺栓位置等进行检查。支承面、地脚螺栓的允许偏差应符合本规范第 7 章的有关规定。

11.4.3 桁架安装时，桁架的弦杆不得下挠，安装允许偏差应符合表 11.4.3 的规定。

表 11.4.3　桁架安装允许偏差

序号	项　目	允许偏差(mm)
1	轴线偏移	10
2	桁架管道支座轴线偏移	10
3	多跨桁架间距	±10
4	桁架及其受压弦杆的侧向弯曲矢高	50

12　其他型式跨越施工

12.1　一般规定

12.1.1　跨越施工的方案编制、基础施工等要求应符合本规范第 9.1 节的相关规定。

12.1.2　跨越施工采用缆索发送方式进行的，施工临时索的安装应按本规范第 9.3 节的相关规定执行。

12.2　制作与安装

12.2.1　单管或多管组合拱式跨越管拱的轴线曲率半径、跨度、两拱脚基础标高应符合设计要求。其允许偏差，当设计有规定时应按设计规定执行；当设计无规定时，应符合表 12.2.1 的规定。

表 12.2.1　管拱安装允许偏差

序　号	项　目	允许偏差(mm)
1	轴线曲率	±20
2	跨度	±20
3	拱脚基础标高	±20

12.2.2　梁式直跨的钢结构施工，应按本规范第 8 章的有关规定执行。

12.2.3　托架制作应符合下列规定：

1　托架制作应按设计要求进行起拱；

2　如下弦采用钢索，则应根据设计要求施加预应力；

3　钢丝绳下料应在预张拉后进行，张拉和下料应符合本规范第 9.2 节的要求，下料长度允许偏差应为±5mm。

12.2.4　托架安装应符合下列规定：

1　托架预制好后应先将托架吊装到位，然后再同两端的线路管道进行连接。如托架上弦没有采用管道，应先安装托架，在托架定位固定后安装管道；

2　安装允许偏差应符合表 12.2.4 的规定。

表 12.2.4　托架安装允许偏差

序　号	项　目	允许偏差(mm)
1	托架跨中高度	±5
2	托架长度偏差	$\pm L/2500$，且±10
3	起拱偏差	设计无要求时：$\pm L/5000$，且$^{+10}_{-5}$

注：L 为托架长度。

12.2.5　小型跨越工程采用砌体基础时，砌体基础施工应符合现行国家标准《砌体结构工程施工质量验收规范》GB 50203 的有关规定。

12.2.6 悬缆跨越的施工应符合本规范第 9 章的有关规定。

13 跨越管道的安装就位、焊接及检验

13.1 管段加工与组装

13.1.1 管段加工前，应对管段的长度、管径和壁厚进行选配，长输管道每根钢管最小长度不宜小于 10m。

13.1.2 管道坡口型式及加工尺寸，应符合设计文件和焊接工艺规程的规定。

13.1.3 坡口宜采用机械加工。当材质允许采用火焰切割时，切割后应除去氧化层、溶渣等。坡口表面不得有裂纹、夹层、气孔等缺陷。

13.1.4 长输管道组对应符合表 13.1.4 的要求。集输管道组对应符合现行国家标准《油气田集输管道施工规范》GB 50819 的有关规定。

表 13.1.4 长输管道组对要求

序号	检查项目	要求
1	管内清扫	无污物
2	管口清理(10mm 范围内)	管口完好无损、无铁锈、油污、油漆、毛刺，打磨出金属光泽
3	管端螺旋焊缝或直缝余高	端部 10mm 范围内余高打磨掉，并平缓过渡。当采用自动超声波检测时，端部不少于 150mm 范围内余高应打磨掉
4	两管口螺旋焊缝或直缝间距	错开间距大于或等于 100mn
5	错边和错边校正要求	错边量应小于或等于壁厚的 1/8，且连续 50mm 范围内局部最大不应大于 3mm，错边沿周长均布
6	钢管短节长度	不应小于管子外径值且不应小于 0.5m

13.1.5 对口器的使用应符合下列要求：

1 使用内对口器时，应在根焊完成后拆卸和移动对口器。移动对口器时，管子应保持平衡；

2 使用外对口器时，应在根焊完成不少于管周长 50%后拆卸，所完成的根焊应分为多段，且应均匀分布。

13.2 管道焊接

13.2.1 管道焊接应符合设计要求。

13.2.2 焊接工艺规程或焊接作业指导书，应根据合格的焊接工艺评定编制。

13.2.3 焊接工艺评定和焊接工艺规程，应符合现行国家标准《油气长输管道工程施工及验收规范》GB 50369 及《油气田集输管道施工规范》GB 50819 的有关规定。

13.2.4 焊接材料应符合焊接工艺规程的要求。

13.2.5 焊工应具有相应的资格证书。

13.2.6 焊接过程中，管材和防腐层保护应符合下列要求：

1 施焊时不应在坡口以外的管壁上引弧；

2 焊机地线与管子连接应采用专用卡具；

3 对于防腐(保温)管，焊前应在焊缝两端的管口各缠绕一周耐热材料保护层。

13.2.7 焊口应有标志，标志可用记号笔等不易褪色材料书写，并应同时做好焊接记录。

13.2.8 焊缝返修应符合下列规定：

1 焊缝返修应使用返修焊接工艺规程；

2 焊缝不得有裂纹，裂纹焊缝应从管线上切除；

3 焊缝在同一部位的返修，不得超过2次。根部只允许返修1次，返修后，应按原标准检测；

4 射线检测复验、抽查中，有1个焊口不合格，应对该焊工或流水作业焊工组在该日或该检查段中焊接的焊口加倍检查，如仍有不合格的焊口，则应对其余的焊口逐个进行射线检测。

13.3 焊缝质量检验

13.3.1 焊缝外观检查应符合现行国家标准《油气长输管道工程施工及验收规范》GB 50369及《油气田集输管道施工规范》GB 50819的有关规定。

13.3.2 外观检查合格后，应进行焊缝无损检测。从事无损检测人员必须持有国家有关部门颁发的并与其工作相适应的资格证书。

13.3.3 焊缝无损检测应符合下列规定：

1 无损检测应符合现行行业标准《石油天然气钢质管道无损检测》SY/T 4109的规定，射线检测及超声检测的合格等级应均为Ⅱ级；

2 跨越管道的环向焊缝应进行全周长100%超声波检测和100%射线检测。

13.4 弯管的锚固

13.4.1 弯管应符合现行行业标准《油气输送用钢制感应加热弯管》SY/T 5257的有关规定。

13.4.2 管段应按设计要求预埋安装，并应采取控制弯管水平、标高、轴向三维方向偏移的措施。

13.4.3 锚固墩混凝土浇筑前和浇筑过程中，预埋的弯管安装位置检验不应少于2次。在浇筑混凝土时，振捣棒不得接触弯管及其固定支撑。

13.4.4 弯管与跨越管段对接时，两管端中心轴线水平误差应小于2mm。

13.5 补偿器制作及安装

13.5.1 用于制作补偿器的弯管应符合现行行业标准《油气输送用钢制感应加热弯管》SY/T 5257的有关规定。

13.5.2 跨越管道补偿器的弯管规格，应符合下列要求：

1 弯管椭圆度不应大于2%；

2 弯管椭圆度应按下式计算：

$$椭圆度=\frac{最大外径-最小外径}{弯管理论外径}\times100\% \qquad (13.5.2)$$

3 弯曲中心角度允许偏差应为±0.5°；

4 弯管曲率半径允许偏差应为曲率半径的±3‰。

13.5.3 补偿器应由弯管和直管段组焊制作，直管段长度不得小于管外径的1.5倍，且不得小于500mm。用于补偿器的弯管和直管段，宜按设计要求进行预制防腐。

13.5.4 补偿器安装前，应按设计要求进行预张拉或预压，其允许偏差应为±10mm。

13.6 跨越管道的发送和就位

13.6.1 跨越管道的发送应根据跨越结构型式和桥面结构型式等选择。管道发送时，桥面结构的受力应平衡，采用单向发送时，宜采用配重方式平衡载荷。

13.6.2 跨越管道发送过程中应采取防止外防腐层被损伤的措施，如有损伤应及时修补。

13.6.3 跨越管道环焊缝与支座的距离宜大于100mm。

14 管道清管和试压

14.1 一般规定

14.1.1 跨越管道试压前应编制试压方案，并应经建设单位或监理单位批准后实施。

14.1.2 大、中型跨越工程在组装、焊接、无损检测合格后，应单独进行一次整体强度、严密性试压。

14.1.3 试压装置应经试压检验后使用。现场开孔和焊接应符合现行国家标准《压力容器》(合订本)GB 150.1~GB 150.4 的有关规定。

14.1.4 试压用的压力表应经检定合格，并应在有效期内使用。压力表精度不应低于 0.4 级，量程应为被测最大压力的 1.5 倍~2.0 倍，表盘直径不应小于 150mm，最小刻度应能显示 0.05MPa. 试压时的压力表不应少于 2 块，应分别安装在试压管段的两端。稳压时间应在管段两端压力平衡后开始计算。试压管段的两端应各安装 1 支温度计，且应避免阳光直射，温度计的最小刻度不应大于 1℃。

14.1.5 排放口不得设在人口居住稠密区和公共设施集中区。

14.1.6 清管和试压过程中应符合下列规定：

1 通信、交通、消防、救护车辆、工具、人员应准备齐全；

2 吹扫清管作业严禁在夜间进行；

3 试压区应设置明显标志，试压区严禁无关人员、车辆及牲畜进入；

4 在通航河流上试压时，应采取保证通行安全的措施；

5 在进行强度和严密性试压过程中，任何人员不得上跨越管桥从事任何作业，且不得带压修理缺陷。

14.2 清管及试压

14.2.1 大、中型跨越管道试压前，应清除管内泥土、铁锈等杂物。线路清管杂物不应从跨越管道中通过。

14.2.2 跨越管段试压介质用水应符合现行国家标准《液体石油管道压力试验》GB/T 16805 的有关规定。

14.2.3 进行水压试验时，应在环境温度 5℃以上进行，否则应采取防冻措施。

14.2.4 试压充水宜加入防止空气存于管内的隔离球，隔离球可在试压后取出。严禁在跨越管段高点开孔排气。

14.2.5 试压充水应缓慢进行，在充水过程中应随时对跨越结构的整体外观和索具的紧固度进行检查，发现异常应立即停止。

14.2.6 油气跨越管道水压试验的压力值、稳压时间及合格标准，应符合表 14.2.6 的规定。

表 14.2.6 水压试验压力值、稳压时间及合格标准

序号	项　目	强度试验	严密性试验
1	压力值	1.5P	1.0P
2	稳压时间	4h	24h
3	合格标准	无变形、无泄漏	压降不大于 1%试验压力值，且不大于 0.1MPa

注：P 为设计压力。

14.2.7 试压时应均匀缓慢升压，当压力升至 0.3 倍和 0.6 倍强度试验压力时，应分别停止升压，并应稳压 30min，同时应检查系统，如无异常情况可继续升压。

14.2.8 试压中如有泄漏，应泄压后修补，修补合格后应重新试压。

14.2.9 强度试验合格后，应将管道内压力降至严密性试验压力，待管道内介质温度与管道周围环境温度均衡后，应按本规范表14.2.6的规定进行严密性试验。

14.2.10 试压合格后，应将管段内积水和污物排出并清扫干净。试压水和污物应排放到规定区域。清扫应以不再排出游离水时为合格。

14.2.11 排水完成后应对跨越结构的整体外观、索系的紧固度进行检查，并应测量记录塔倾斜度、管桥(桁架)挠度、支座高度、中心线偏移、基础标高等。

15 防腐和保温

15.1 防 腐

15.1.1 跨越工程的防腐施工，应符合设计要求，钢结构的防腐应符合现行国家标准《钢结构工程施工规范》GB 50755的规定，长输管道的防腐应符合现行国家标准《油气长输管道工程施工及验收规范》GB 50369的规定，集输管道的防腐应符合现行国家标准《油气田集输管道施工规范》GB 50819的规定。

15.1.2 防腐施工前应清除管道及钢结构单件表面的锈蚀、油污、灰尘、水气等。

15.1.3 防腐施工前，应按产品说明书要求配置防腐材料，底漆、中间漆和面漆应根据设计要求或产品说明书配套使用，并应搅拌均匀，施工应在试涂色标合格后进行。

15.1.4 液态防腐涂料施工宜采用喷涂，涂层应完整、均匀、黏结牢固，不得漏涂、透底、起皮和返锈，且不应有针孔、气泡、皱皮、流坠和裂纹等缺陷。修补或补涂的局部可采用刷涂或滚涂的方式。

15.1.5 分层喷涂的防腐涂料，应在前一遍防腐材料检查合格后，再喷涂下一遍防腐涂料。

15.1.6 钢丝绳在防腐前应进行表面清理，清理时不得损伤钢丝绳表面。钢丝绳防腐应在安装前完成，安装调试后对损伤部位应及时修补。

15.1.7 缆索采用钢丝的，应采用热镀锌处理，性能应满足现行国家标准《桥梁缆索用热镀锌钢丝》GB/T 17101的规定。

15.1.8 成品缆索宜采用热挤聚乙烯防腐，材料及施工方法应满足现行国家标准《斜拉桥热挤聚乙烯高强钢丝拉索技术条件》GB/T 18365的规定。

15.1.9 采用预制平行索股法进行主缆安装的，主缆的防护涂装应符合设计规定，并应满足现行行业标准《悬索桥主缆系统防腐涂装技术条件》JT/T 694的有关规定，且宜在管道试压完成后进行。

15.2 保 温

15.2.1 跨越管道保温施工，应符合设计要求，并应符合下列规定：

1 保温材料及其制品应采取防潮、防水、防雪、防冻、防挤压变形措施；

2 保温施工环境温度应满足相关材料的施工要求，不得在雨雪中施工；

3 硬质聚氨酯泡沫塑料防腐保温层应符合现行行业标准《埋地钢质管道硬质聚氨酯泡沫塑料防腐保温层技术标准》SY/T 0415的规定。

15.2.2 保温施工可采用捆扎法、充填法、粘贴法、浇注法或喷涂法等。

15.2.3 当保温层厚度大于80mm时，应分为两层或多层施工，每层厚度宜接近。采用两层或多层施工时，相邻两层间的纵横缝应错开，不得重缝，其接缝间隙不得大于5mm。

15.2.4 采用硬质无机保温瓦块时，接缝宜采用高弹无机泡沫材料或专用料嵌缝。多层组合时，应分层捆扎，内层宜采用薄胶带固定，外层宜采用镀锌铁丝、包装钢带等绑扎。

15.2.5 无机保温材料结构应黏结可靠、绑扎结实，每块保温材料的绑扎不得少于2道，绑扎间距应符合下列要求：

1 硬质保温材料不应大于400mm；

2 半硬质保温材料不应大于300mm；

3 软质保温材料不应大于200mm；

4 不得采用螺旋式缠绕绑扎。

15.2.6 有机保温结构应孔径均匀、充填密实，不应有孔洞、发酥、发脆和发软以及开裂现象。

15.2.7 采用有机保温材料现场发泡时，施工环境温度和原材料温度宜控制在15℃～30℃，并应有熟化时间。施工前宜在现场同条件进行试验，并应观测发泡速度、孔径大小、颜色变化、裂纹和变形情况等。

15.2.8 防水层施工前应清理保温层的外表面，不得有突角、凹坑及起砂现象，并应保持干燥。

15.2.9 防水层材料配方应按设计文件或产品说明书的规定执行。

15.2.10 采用金属外保护层时，环向活动缝应按设计要求留置，水平施工接缝应搭向低处，垂直施工接缝应上搭下，并应按规定嵌填密封剂或在接缝处包缠密封带。

15.2.11 采用玻璃钢外保护层时，施工环境温度不宜低于18℃，相对湿度不宜大于80%；缠绕时应控制好展带和缠绕速度及搭接间距，并应控制压实度，同时应消除可见气泡，并应按设计要求留置搭接伸缩缝。

15.2.12 毡、箔、布类保护层包缠施工前应对黏结剂做试样检验，包缠搭接缝应粘贴严密，环缝及纵缝搭接尺寸不应小于50mm。

15.2.13 保温层两端的封口应密实、无漏缝。

15.2.14 对已做防腐、保温的管段和构件，应妥善保护，局部磨损处应及时修补。

15.2.15 集输管道的保温施工应符合设计要求，并应满足现行国家标准《油气田集输管道施工规范》GB 50819的有关规定。

16 健康、安全与环境

16.0.1 施工中应执行国家和行业有关健康、安全与环境管理的法律、法规。

16.0.2 管道跨越工程施工前应编制健康、安全与环境管理的作业指导书和作业计划书。

16.0.3 施工中应对影响员工健康的营区建设、身体检查、疾病防治、人身保险与防护等进行管理与控制。

16.0.4 施工前应对员工进行健康、安全与环境管理的专项培训。

16.0.5 对管道跨越工程施工各环节及工序的危害风险应进行分析识别，并应制定预防控制措施及开展应急演练。

16.0.6 基坑作业、塔架施工、吊装作业、防腐保温作业应编制安全预案，爆破、水下等特种作业，应符合国家相关管理规定要求。

16.0.7 高空作业人员应在开工前进行体检。高空作业时，应做好班前安全交底工作；高空作业人员应穿戴好劳保用品、系好安全带，登高防护设施应符合要求。

16.0.8 水上作业人员应进行体检。水上作业时，应做好班前安全交底工作，并应配齐各种防护救护设施，同时应做好应急抢险救援监护工作；应设置明显的施工作业警示带。

16.0.9 管道跨越工程施工时，应采取保护航道安全的措施。

16.0.10 施工中泥浆、水、气体的排放和弃渣应符合环保要求。施工中应采取措施，减少施工噪声、振动。

16.0.11 管道跨越工程地貌恢复及水工保护等环境保护工作应符合设计要求，并应满足现行行业标准《油气输送管道线路工程水工保护施工规范》SY/T 4126的有关规定。

17 工程交工

17.0.1 施工单位按合同规定的内容，完成跨越工程全部项目后，应及时向建设单位或监理单位报送交工报告，并应由建设单位审核、批准，经验收合格后，应及时办理交工手续。

17.0.2 工程交工前，施工单位应组织有关人员按设计和施工规范要求对其施工工程进行全面的检查，如有不符，应进行整改。

17.0.3 工程交工时，施工单位应提供下列资料：

1 跨越工程竣工图、设计修改通知单、材料改代单；

2 开工报告；

3 交工报告；

4 质量验收记录；

5 隐蔽工程验收记录；

6 强度和严密性试验报告；

7 原材料质量证明文件；

8 无损检测综合报告；

9 其他有关资料。

附录A 大体积混凝土控制温度措施

A.1 水泥水化热

A.1.1 混凝土应选用低水化热或中水化热的水泥品种配制。对于普通硅酸盐水泥应经过水化热试验比较后方可使用。

A.1.2 可采用加入缓凝剂减少水化热。采用缓凝剂时，应符合现行国家标准《混凝土外加剂应用技术规范》GB 50119的有关规定，应根据环境温度选择品种并调节掺量，并应再满足工程要求使用。

A.1.3 应利用混凝土的后期强度减少每立方米混凝土中水泥用量。应根据试验每增减10kg水泥，其水化热将使混凝土的温度相应升降1℃。

A.1.4 应使用粗骨料，宜选用粒径较大、级配良好的粗细骨料；应控制砂石含泥量。

A.1.5 可在基础内部预埋冷却水管，根据混凝土发热量计算，应通入循环冷却水。

A.1.6 在厚大无筋或少筋的大体积混凝土中，可掺加总量不超过25%的大石块。石料粒径不得大于250mm，强度不得低于20MPa，且不应有风化和裂隙缺陷。加入的块石应清洁干净。相邻石块间或与模板间的净距不得小于100mm。

A.1.7 在拌和混凝土时，可掺入微膨胀剂或膨胀水泥。

A.1.8 每个浇筑层上下均应有温度筋，温度筋宜分布细密，宜采用双向配筋。

A.1.9 当大体积混凝土平面尺寸过大时，可设置后浇缝。

A.2 混凝土温度差

A.2.1 大体积混凝土应选择较适宜的环境温度浇筑，宜避开炎热天气浇筑。夏季可采用低温水或冰水搅拌混凝土，可对骨料喷冷水雾或冷气进行预冷，或设置遮阳设施避免日光直晒，运输工具如具备条件也应搭设避阳设施，并应降低混凝土拌和物的入模温度。

A.2.2 混凝土搅拌时可掺加相应的缓凝型减水剂。

A.2.3 在混凝土入模时，应采取改善和加强模内通风的措施。

A.3 施工中的温度控制

A.3.1 在混凝土浇筑之后，应做好混凝土的保湿养护。夏季应注意避免曝晒，并应注意保湿；冬期应采取保温覆盖的措施。

A.3.2 大体积混凝土应采取长时间的养护，并应规定合理的拆模时间，同时应延缓降温时间和速度。

A.3.3 混凝土内的温度变化应通过加强测温和温度监测与管理控制，内外温度差应控制在25℃以内，基面温差和基底面温差均应控制在20℃以内。应及时调整保温及养护措施，并应控制有害裂缝的出现。

A.3.4 应控制混凝土在浇筑过程中均匀上升，并应避免混凝土拌和物堆积过大高差。当需保温时，在结构完成后应及时回填土。

A.4 约束条件和温度应力

A.4.1 采取分层或分块浇筑大体积混凝土时，应合理设置水平或垂直施工缝，或在适当的位置设置施工后浇带。

A.4.2 采用分层方法施工时，应根据混凝土浇筑能力和降温措施确定每层混凝土的浇注厚度，每层厚度不应超过1m。

A.5 混凝土的极限拉伸强度

A.5.1 混凝土粗骨料应级配良好，并应控制粗骨料的含泥量。

A.5.2 混凝土浇筑时应加强混凝土的振捣，并应提高混凝土密实度和抗拉强度。

A.5.3 混凝土浇筑应采取二次投料法和二次振捣法，浇筑后应及时排除表面积水，并应加强早期养护，同时应提高混凝土早期或相应龄期的抗拉强度和弹性模量。

A.6 大体积混凝土水化热温度计算

A.6.1 混凝土最大绝热升值可按下式计算：

$$T_r=\frac{WQ}{cp} \tag{A.6.1}$$

式中：T_r——混凝土最大绝热温升值(℃)；

W——每立方米混凝土中的胶凝材料用量(kg/m^3)；

Q——胶凝材料水化热总量，可按现行国家标准《大体积混凝土施工规范》GB 50496 的有关规定进行计算(kJ/kg)；

c——混凝土的比热容，可取 0.92kJ/(kg·K)～1.0kJ/(kg·K)；

p——混凝土的质量密度，可取 2400kg/m^3～2500kg/m^3。

A.6.2 混凝土的出机温度可按下式计算：

$$T_o=\frac{\Sigma c_i W_i Y_i}{\Sigma c_i W_i} \tag{A.6.2}$$

式中：T_o——混凝土的出机温度(C)；

W_i——分别为每立方米混凝土中水泥、各种矿物添加剂、砂、石、水的实际干重量(kg/m^3)；对砂、石应按含水量扣除水进行计算，并将其中所含的水按水的比热进行计算；

Y_i——分别为水泥、各矿物质外加剂、砂、石、水的入罐温度；

c_i——分别为水泥、各矿物质外加剂、砂、石、水的比热容[kJ/(kg·K)]；对水泥、各种矿物外加剂、砂、石可取 0.9kJ/(kg·K)，水的比热容可取 4.2kJ/(kg·K)。

A.6.3 混凝土的浇筑温度可按下式计算：

$$T_j=T_0+T'_0 \tag{A.6.3}$$

式中：T_j——混凝土的浇筑温度(℃)；

T'_0——混凝土运输、泵送、浇筑时段的温度补偿值(℃)；当运输、泵送、浇筑所用全部时间在 1h 以内时，日平均温度低于 15℃取 $T'_0=0$，日平均气温在 15℃～25℃之间取 $T'_0=1$，日平均气温高于 25℃取 $T'_0=2$℃。

A.6.4 混凝土内部最高温度，可按下式估算：

$$T_{max}=T_j+\zeta\cdot T_r \tag{A.6.4}$$

式中：T_{max}——混凝土内部最高温度(℃)；

ζ——与水化热龄期、结构厚度、浇筑温度等有关的系数：混凝土内部温度达到最高值时，可取 $\zeta=0.60$～0.72，结构厚度较小、浇筑温度较低时取小值，结构厚度较大、浇筑温度较高时取最大值。

附录B 猫道施工方法

B.1 猫道设计

B.1.1 猫道应根据跨越的跨径、主缆线型、施工环境条件等因素进行设计，其结构型式及各部尺寸应满足主缆施工的需要。

B.1.2 猫道的线形宜与主缆空载时的线形平行，猫道面层宜由阻风面积小的两层大小方格钢丝网组成，面层顶部与主缆下沿的净距宜为1.3m~1.5m；猫道净宽应按跨越的宽度选择，扶手高宜为1.2m~1.5m；猫道在桥纵向应左右对称于主缆中心线布置。

B.1.3 猫道设计时应充分考虑猫道的恒载和其他荷载，对承重索进行强度计算时，其荷载组合和安全系数应符合表B.1.3的规定，承重索的锚固系统应有足够的调整范围，每端宜设有足够的调节长度。

表B.1.3 猫道承重索强度计算荷载组合与安全系数

荷载组合		安全系数	备注
静力结构强度验算	恒载	≥3.5	—
	恒载+活载	≥3.0	—
	恒载+活载+温度荷载	≥3.0	温度荷载按温降15℃考虑
风荷载组合结构强度验算	恒载+活载+施工阶段风荷载组合	≥3.0	按6级风考虑
	恒载+最大风荷载组合	≥2.5	—

B.1.4 设计时宜根据跨越所处的施工环境条件和当地的气象条件对猫道进行抗风稳定验算，可适当增加猫道间横向联结的措施，增加其抗风稳定性。

B.2 猫道钢构件

B.2.1 猫道钢构件的制作要求可按本规范第8章的相关规定执行，面层和承重索的材料应符合相应产品的质量要求，承重索和抗风缆采用预张拉的钢丝绳，以消除其弹性变形。

B.2.2 承重索端部的锚头应垂直于承重索，并应对锚头部位进行静载试验，符合受力要求后方可使用。

B.3 猫道架设

B.3.1 猫道架设应按照横桥向对称，顺桥向边跨和中跨平衡的原则进行，且应将塔架塔顶的变位及扭转控制在设计允许的范围内，猫道架设施工应符合下列规定。

1 先导索的架设方法宜根据跨径、地形条件综合确定。

2 承重索架设时，在横桥向，两侧应保持基本同步，数量差不超过1根；在顺桥向，边跨与中跨应连续架设，且中跨的承重索宜采用托架法架设。架设后应对其线形进行调整。

3 面层及横向通道宜从塔架塔顶开始，同时向跨中和锚碇方向对称，平衡地进行架设安装，并应设置牵引和反拉系统，控制面层铺设时可能产生的下滑等现象，保证施工安全；中跨、边跨猫道面层的架设进度，应以塔架两侧的水平力差异不超过设计要求为准进行控制。猫道面层在架设过程中应对塔架塔顶的偏移和承重索的垂度进行监测。

B.4 猫道的拆除

B.4.1 主缆的缠丝工程施工完成后可进行猫道的拆除工作。

B. 4. 2 猫道拆除时宜分节段拆除其面层和底梁，拆除宜按中跨从塔顶向跨中方向，边跨从塔顶向锚碇方向的顺序进行。在拆除过程中，应采取适当措施保护主缆、吊索和桁架及管道等已经施工完成的结构。

引用标准名录

《混凝土结构设计规范》GB 50010
《工程测量规范》GB 50026
《混凝土强度检验评定标准》GB/T 50107
《混凝土外加剂应用技术规范》GB 50119
《混凝土质量控制标准》GB 50164
《建筑地基基础工程施工质量验收规范》GB 50202
《砌体结构工程施工质量验收规范》GB 50203
《混凝土结构工程施工质量验收规范》GB 50204
《钢结构工程施工质量验收规范》GB 50205
《油气长输管道工程施工及验收规范》GB 50369
《钢结构焊接规范》GB 50661
《钢结构工程施工规范》GB 50755
《油气田集输管道施工规范》GB 50819
《压力容器》(合订本)GB 150.1～GB 150.4
《通用硅酸盐水泥》GB 175
《钢结构用高强度大六角头螺栓、大六角螺母、垫圈技术条件》GB/T 1231
《钢筋混凝土用钢　第1部分：热轧光圆钢筋》GB 1499.1
《钢筋混凝土用钢　第2部分：热轧带肋钢筋》GB 1499.2
《用于水泥和混凝土中的粉煤灰》GB/T 1596
《钢结构用扭剪型高强度螺栓连接副》GB/T 3632
《固定式钢梯及平台安全要求　第1部分：钢直梯》GB 4053.1
《固定式钢梯及平台安全要求　第3部分：工业防护栏杆及钢平台》GB 4053.3
《爆破安全规程》GB 6722
《混凝土外加剂》GB 8076
《重要用途钢丝绳》GB 8918
《焊接与切割安全》GB 9448
《焊缝无损检测　超声检测　技术、检测等级和评定》GB/T 11345
《冷轧带肋钢筋》GB 13788
《斜拉桥热挤聚乙烯高强钢丝拉索技术条件》GB/T 18365
《锻轧钢棒超声检测方法》GB/T 4162
《预应力筋用锚具、夹具和连接器》GB/T 14370
《预拌混凝土》GB/T 14902
《液体石油管道压力试验》GB/T 16805
《桥梁缆索用热镀锌钢丝》GB/T 17101
《化工工程建设起重规范》HG 20201
《锻钢件磁粉检测》JB/T 8468
《普通混凝土用砂、石质量及检验方法标准》JGJ 52
《混凝土用水标准》JGJ 63
《建筑桩基技术规范》JGJ 94
《建筑工程冬期施工规程》JGJ 104
《建筑基桩检测技术规范》JGJ 106

《悬索桥预制主缆丝股技术条件》JT/T 395
《悬索桥主缆系统防腐涂装技术条件》JT/T 694
《公路桥涵施工技术规范》JTG/T F50
《埋地钢质管道硬质聚氨酯泡沫塑料防腐保温层技术标准》SY/T 0415
《石油天然气金属管道焊接工艺评定》SY/T 0452
《石油天然气钢质管道无损检测》SY/T 4109
《油气输送管道线路工程水工保护施工规范》SY/T 4126
《油气输送用钢制感应加热弯管》SY/T 5257

UDC

中华人民共和国国家标准

P

GB/T 50470—2017

油气输送管道线路工程抗震技术规范

Seismic technical code for oil and gas transmission pipeline engineering

2017-05-27 发布

2018-01-01 实施

中华人民共和国住房和城乡建设部
中华人民共和国国家质量监督检验检疫总局
联合发布

前　言

根据住房城乡建设部《关于印发2015年工程建设标准规范制订、修订计划的通知》(建标[2014]189号)的要求，由中国石油管道局工程有限公司会同设计、勘察、研究和相关院校对《油气输送管道线路工程抗震技术规范》50470—2008进行修订。

在修订过程中，编制组总结了近年来油气输送管道抗震设计、施工和交工的经验，特别是基于应变设计方法的最新成果，借鉴了国内相关的国家标准、行业标准以及国外先进规范，并广泛征求了国内有关单位、专家的意见，反复修改，最后经审查定稿。

本规范共分9章和6个附录，主要内容包括：总则、术语和符号、基本规定、抗震设防要求、工程勘察及场地参数、管道抗震设计、抗震措施、管道抗震施工和管道抗震交工等。

本次修订的主要技术内容是：

1. 增加了抗震设防目标；
2. 取消了原规范适用范围中的设防参数0.05g~0.40g的限制；
3. 修订了抗震设防标准；
4. 细化了管道与活动断层的并行敷设间距的具体要求；
5. 修订了场地类型划分及场地参数调整的规定；
6. 补充、修订了管道抗震校核的规定；
7. 修订了断层位移作用下的管道容许应变的确定方法；
8. 增加了液化区侧向位移作用下的管道校核要求；
9. 增加了管道穿越工程结构抗震设计的相关规定；
10. 修订了管道跨越工程地震组合及承载力抗震调整系数，增加了大型跨越工程结构防倒塌校核要求；
11. 补充、修订了管道抗震措施和抗震施工的相关规定；
12. 删除了原附录B滑坡稳定性校核部分，边坡稳定验算改为执行现行国家标准《建筑边坡工程技术规范》GB 50330；
13. 补充、修订了附录C的管材性能参数。

本规范由住房城乡建设部负责管理，由石油工程建设专业标准化委员会负责日常管理，由中国石油管道局工程有限公司负责具体技术内容的解释。执行过程中如有意见或建议，请寄送中国石油管道局工程有限公司质量管理部(地址：河北省廊坊市广阳道87号，邮政编码：065000，联系电话：0316—2171407，传真：0316—2171407)。

本规范主编单位、参编单位、主要起草人和主要审查人：

主编单位：中国石油管道局工程有限公司

参编单位：中国石油管道局工程有限公司设计分公司
中国石油工程设计有限责任公司西南分公司
中国地震局地球物理研究所
中国地震局工程力学研究所
中国地震局地质研究所
中国海洋大学
中油朗威工程项目管理有限公司

主要起草人：余志峰　史　航　张文伟　许　杰　高剑锋
张振永　詹胜文　佟　雷　胡道华　李国辉
刘爱文　郭恩栋　冉勇康　李　强　续　理
代炳涛　高惠英　刘玉卿

主要审查人：李小军　郑玉刚　孔庆哲　杨铁荣　房茂立
王平化　贾光明　庞鑫峰　童　伟　刘志田
祁　哲

目　次

1 总 则

1.0.1 为保障油气输送管道线路工程地震安全，达到经济、适用的目的，满足使用功能要求，制定本规范。

1.0.2 本规范适用于陆上新建、扩建和改建钢质油气输送管道线路工程的抗震勘察、设计、施工及交工。

1.0.3 管道线路工程的抗震设防目标应符合下列规定：

1 在基本地震动作用下管道主体可继续使用；在罕遇地震动作用下管道主体不破裂。

2 管道通过活动断层及地震时可能发生液化、软土震陷等地质灾害地段，当发生设防位移时，管道主体不破裂。

3 在基本地震动作用下穿跨越结构不发生损坏或经一般性修复可继续使用；在罕遇地震动作用下跨越结构主体不倒塌。

4 对于有特殊要求的线路工程，可采用基于性能的抗震设计。

1.0.4 管道线路工程抗震设计采用的地震动参数应符合现行国家标准《中国地震动参数区划图》GB 18306 的规定，对已开展地震安全性评价的工程应根据评价结果确定地震动参数。

1.0.5 油气输送管道线路工程勘察、设计、施工及交工，除应执行本规范外，尚应符合国家现行有关标准的规定。

2 术语和符号

2.1 术 语

2.1.1 管道场地 pipeline site

管道轴线两侧各 200m 宽的范围。

2.1.2 穿跨越工程结构 structures for pipeline crossing

在穿跨越工程中，用于支撑、保护管道或为管道提供敷设空间的结构。

2.1.3 洞埋式 pipeline laid in structures (such as tunnels, case pipes, etc)

管道在隧道、套管等结构内的架空、地面或覆土敷设方式。

2.1.4 重要区段 important section for pipeline

水域大中型穿跨越段、输气干线管道经过的四级地区以及输油干线管道经过的人口密集区。

2.1.5 一般区段 general section for pipeline

除重要区段以外的油气输送管道区段。

2.1.6 活动断层 active fault

晚第四纪(10 万年)以来有过活动，且经评价在工程使用年限内可能继续活动的断层。

2.1.7 危险地段 dangerous area

活动断层及地震时可能发生地裂、崩塌、滑坡、严重液化、地面塌陷等的地段。

2.1.8 地震动参数 seismic ground motion parameters

表征特定地震引起的地面运动的物理参数，包括峰值加速度、峰值速度、反应谱特征周期、地震动时程曲线等参数。

2.1.9 设计地震动参数 seismic ground motion parameters for design

管道线路工程抗震设计中采用的地震动参数。

2.1.10 基本地震动 basic ground motion

相应于 50 年超越概率 10%的地震动。

2.1.11 罕遇地震动 rare ground motion

相应于50年超越概率2%的地震动。

2.1.12 管道与断层交角 intersection angle between pipeline and fault

管道与断层水平位错方向的夹角。

2.2 符号

A——管道横断面面积；

a——地震动峰值加速度；

a_d——环焊缝表面缺欠高度或内部缺欠高度的一半；

c——土的黏聚力；

c_d——环焊缝缺欠长度的一半；

D——管道外径；

D_L——土弹簧间距；

d——场地覆盖层厚度；

d_0——场地土层计算深度；

d_0^L——液化土特征深度；

d_b——管道底部埋置深度；

d_1——场地土层计算深度范围内第i土层的厚度；

d_i^L——i点所在土层厚度；

d_s——饱和土标准贯入试验点深度；

d_{si}——第i个标准贯入点的深度；

d_u——上覆盖非液化土层厚度；

d_w——地下水位深度；

d_d——环焊缝内部缺欠的缺欠深度；

E——管道材料的弹性模量；

E_1——管道应力-应变简化折线中弹性区的材料模量；

E_2——管道应力-应变简化折线中弹塑性区的材料模量；

F——作用于等效非线性弹簧的外力；

F_a——抗震工况组合的容许应力系数；

F_{LD}——极限压缩应变的调整系数；

F_{DP}——内压调整系数；

F_{YT}——应变强化调整系数；

F_{Gl}——几何尺寸调整系数；

F_{NF}——轴向力调整系数；

f_u——沿管轴方向管土之间的滑动摩擦力；

f_{ak}——地基承载力特征值；

f_s——沿管轴方向土壤与管道外表面之间单位长度上的摩擦力；

f_p——承压系数；

f_{pc}——临界承压系数；

f_g——几何尺寸偏差与壁厚的比率；

f_n——轴向应力与屈服强度的比率；

g——重力加速度；

h_g——钢管表面波浪缺欠的波峰至谷底的高度；

H——管道中心线埋深；

H'——挡土墙或翼墙的高度；

I——管道横断面惯性矩；

I_{IE}——液化指数；

I_P——塑性指数；

K_s——地基反力模量；

k_0——土壤压力系数；

k_s——地基弹簧常数；

L——摩擦力 t_u 作用的有效长度；

L_t——断层一侧的管道滑动长度；

L_y——管道在液化区中的长度；

N_0——液化判别标准贯入锤击数基准值；

$N_{63.5}$——饱和土标准贯入锤击数实测值；

N_c——管道开始失稳时的临界轴向力；

N_{ch}——水平横向考虑土体黏聚力的计算参数；

N_{cr}——液化判别标准贯入锤击数临界值；

N_{cri}——i 点标准贯入锤击数的临界值；

N_{cvd}——垂直向下考虑土体黏聚力的计算参数；

N_{cvu}——垂直向上考虑土体黏聚力的计算参数；

N_i^L——i 点标准贯入锤击数的实测值；

N_q——计算管道法向土壤压力的参数；

N_{qh}——水平横向与土体内摩擦角有关的计算参数；

N_{qvd}——垂直向下与土体内摩擦角有关的计算参数；

N_{qvu}——垂直向上与土体内摩擦角有关的计算参数；

N_r——垂直向下土弹簧的计算参数；

n——场地土层计算深度范围内土层的分层数；

n_1——强化指数，是反映管材强化能力的参数；

n_t——7m 深度范围内每一个钻孔标准贯入试验点的总数；

P——管内压力；

P_u——场地土沿水平横向对管道的压力；

P_u——场地土屈服抗力；

q_u——垂直向上土对管道的压力；

q_{ul}——垂直向下土对管道的压力；

R——结构承载力设计值；

r——弹性敷设的弯曲半径；

S——结构内力组合的设计值，包括组合的弯矩、轴向力和剪力设计值；

S_{Ehk}——水平地震作用标准值的效应；

S_{CE}——重力荷载代表值的效应；

S_{G_ik}——第 i 个永久作用代表值的效应；

S_{LK}——横向地震作用标准值的效应；

S_{PK}——纵向地震作用标准值的效应；

S_{TK}——温度作用标准值的效应；

S_{VK}——竖向地震作用标准值的效应；

S_{WK}——风荷载标准值的效应；

S_{YK}——内压作用标准值的效应；

T_g——地震动反应谱特征周期；
t——剪切波在地面至计算深度之间的传播时间；
t_u——土壤作用在管道单位长度上的摩擦力；
V_s——岩土剪切波速；
V_{se}——土层等效剪切波速；
V_{st}——场地土层计算深度范围内第 i 土层的剪切波速；
v——地震动峰值速度；
w——管道上表面至管沟上表面之间的土壤单位长度上的重力；
W_p——管道和内部介质的自重；
w_i——i 土层考虑单位土层厚度的层位影响权函数；
X_u——水平横向土弹簧的屈服位移；
Y_u——垂直向上土弹簧的屈服位移；
Y_{ul}——垂直向下土弹簧的屈服位移；
y_0——场地震陷量；
y_u——土壤屈服位移；
Z_u——管轴方向土弹簧的屈服位移；
Z_{oi}——第 i 层土中点的深度；
α——管材屈服偏移量；
β——管道与断层交角；
γ_{Eh}——水平地震作用分项系数；
γ_{Gi}——第 i 个永久作用分项系数；
γ_{RE}——承载力抗震调整系数；
χ——试样厚度和韧带的较小值；
η——缺欠高度与壁厚比率；
ξ——缺欠长度与壁厚比率；
δ——管道壁厚；
δ_T——表观韧性；
$\delta_{T_{max}}^{HC}$——标准三点弯曲试验数值中最大有效 CTOD 值；
λ——模量系数；
λ_T——屈强比；
ϕ——土壤的内摩擦角；
$\varphi_{\varepsilon c}$——压缩应变承载系数；
$\varphi_{\varepsilon t}$——拉伸应变承载系数；
μ——土壤与管道外表面之间的摩擦系数；
ρ——输送介质的密度；
ρ_m——管道材料的密度；
ρ_s——回填土的密度；
ρ_{sl}——管道周围场地土的密度；
ρ_c——黏粒含量百分率；
ε——应变；
ε_a——由于内压和温度变化产生的管道轴向应变；
ε_1——管道应力-应变简化折线中弹塑性变形起点处的应变；
ε_2——管道应力-应变简化折线中弹塑性区与塑性区交点处的应变；
ε_{max}^{L}——管道在上浮位移反应最大时的附加应变；

ε_{max}——地震动引起管道的最大轴向拉、压应变；
ε_{new}——管道内的拉伸应变；
ε_{e}——弹性敷设时管道的轴向应变；
ε_{L}——屈服平台结束时的应变；
ε_{m}——弯矩引起的弯管最大弯曲应变；
ε_{n}——轴向力引起的弯管轴向应变；
ε_{u}——钢管的均匀延伸率；
ε_{max}^{S}——管道在场地竖向震陷位移作用下的最大附加弯曲应变；
ε_{max}^{b}——地震动引起的弯管最大轴向应变；
$\varepsilon_{max}^{F_1}$——断层位错引起的管道最大拉伸应变；
$\varepsilon_{max}^{F_c}$——断层位错引起的管道最大压缩应变；
ε_{c}^{crit}——在位移荷载作用下管段的极限压缩应变；
ε_{t}^{crit}——在位移荷载作用下管段的极限拉伸应变；
ε_{r}——极限压缩应变的计算值；
$[\varepsilon_{t}]_{v}$——埋地管道抗震设计轴向容许拉伸应变；
$[\varepsilon_{c}]_{v}$——埋地管道抗震设计轴向容许压缩应变；
$[\varepsilon_{t}]_{F}$——埋地管道抗断的轴向容许拉伸应变；
$[\varepsilon_{c}]_{F}$——埋地管道抗断的轴向容许压缩应变；
σ——应力；
σ_{o}——Ramberg-Osgood 应力-应变曲线中的管材轴向屈服应力；
σ_{1}——管道应力-应变简化折线中弹塑性变形起点处的应力；
σ_{2}——管道应力-应变简化折线中弹塑性区与塑性区交点处的应力；
σ_{a}——由于内压和温度变化产生的管道轴向应力；
σ_{a}^{c}——极限压缩应变计算中的轴向应力；
σ_{a}^{L}——液化上浮校核中，由于内压和温度变化产生的管道初始轴向压应力；
σ_{N}——组合的轴向应力；
σ_{h}——组合的环向应力；
σ_{s}——管道材料的标准屈服强度；
σ_{y}——管道轴向屈服强度；
$[\sigma_{c}]$——管道在地震等组合荷载作用下的容许压应力；
τ——组合的剪应力；
Δ——管道在液化土层中最大上浮位移；
Δ_{L}——在外力作用下等效非线性弹簧的伸长量；
ΔL_{1}——断层位错引起的管道几何伸长；
ΔL_{2}——管道轴向应变引起的物理伸长；
ΔH——水平方向的断层位移；
ΔX——平行于管道轴线方向的断层位移；
ΔY——管道法线方向的断层位移；
ΔZ——垂直方向的断层位移；
ψ——缺欠深度与壁厚的比率；
ψ_{LK}——横向地震作用组合值系数；
ψ_{PK}——纵向地震作用组合值系数；
ψ_{T}——温度作用组合值系数；

ψ_{VK}——竖向地震作用组合值系数；

ψ_{W}——风荷载组合值系数；

ψ_{Y}——内压作用组合值系数。

3 基本规定

3.0.1 油气输送管道线路工程设计文件中，应明确工程抗震设防依据和设防标准。

3.0.2 油气输送管道线路工程抗震设计应采取防止或减少地震次生灾害的措施。

3.0.3 抗震措施应根据管道线路工程的重要性、设计地震动参数、场地类型、工程地质条件以及发生地震灾害的影响程度综合确定。

3.0.4 油气输送管道线路工程勘察时，应掌握沿线地震活动性和地震构造资料，按本规范附录A的规定划分管道场地地段，并给出综合评价。

3.0.5 油气输送管道线路应选择抗震有利场地，宜避让不利和危险地段。对难以绕避的不利或危险地段应按照本规范的规定进行抗震设计并采取相应的抗震措施。

3.0.6 通过活动断层的管道应按本规范的规定进行抗震设计。与活动断层并行的管道，宜将其敷设在活动断层破裂影响范围外。

3.0.7 油气输送管道穿跨越位置应选择在地基良好和稳定地段。当难以避开液化土、震陷软土等不良地基时，宜选择短距离通过。

3.0.8 在油气输送管道线路工程设计文件(图件)中，应明确抗震措施，对抗震专用材料和构件、配件应提出材质、规格、数量及安装要求，对施工工艺应提出相应的要求。

4 抗震设防要求

4.1 抗震设防标准

4.1.1 管道抗震设计和校核应符合下列规定：

1 管道应按基本地震动参数进行抗震设计，其中重要区段内的管道应按1.3倍的基本地震动峰值加速度及速度计算地震作用；

2 管道应采用罕遇地震动参数进行抗震校核。

4.1.2 穿跨越工程结构抗震设计和校核应符合下列规定：

1 穿跨越工程结构应按基本地震动参数进行抗震设计，大型穿跨越工程结构应按1.3倍的基本地震动峰值加速度计算地震作用；

2 穿跨越工程结构主体应按高于本地区基本地震动参数一级的要求采取抗震措施，当位于基本地震动峰值加速度0.40g地段时，应按比0.40g地段更高的要求采取抗震措施；

3 大型跨越工程结构应采用罕遇地震动参数进行防倒塌校核；

4 当基本地震动峰值加速度大于0.40g时，应进行专题设计。

4.1.3 管道穿越或并行活动断层的设防应符合下列规定：

1 当管道通过基本地震动峰值加速度小于或等于0.30g地区的活动断层，且管底至基岩的土层厚度大于或等于60m时，或管道通过基本地震动峰值加速度大于0.30g以上地区的活动断层，且管底至基岩的土层厚度大于或等于90m时，可不分析断层潜在的地表断错影响。

2 对不符合本条第1款规定的穿越活动断层管道，其设防位移应按下列要求选取：

1) 位于重要区段的管道，其设防位移应为预测的最大位移；

2) 位于一般区段的管道，其设防位移应为预测的平均位移。

3 对不符合本条第1款规定的并行活动断层管道，管道与活动断层的并行距离应符合表4.1.3

的规定，否则应采取措施，采取措施后的并行间距不应小于20m。

表 4.1.3　管道与活动断层的并行距离(m)

基本地震动峰值加速度	断层覆盖土层厚度		
	<60	60~90	>90
≤0.30g	≥50	—	—
0.40g	≥100	≥50	—
>0.40g	专项研究确定		

4.1.4　管道通过地震地质灾害导致的地面位移地段，其设防位移应为预测的最大位移。

4.1.5　场地勘察和稳定性评价应采用基本地震动参数。

4.2　地震安全性评价

4.2.1　场地地震安全性评价应包括下列内容：

1　管道沿线场地地震活动性评价；

2　管道沿线近场区主要断层发震能力及其对管道的影响；

3　管道沿线地震动峰值加速度和峰值速度；

4　重要工程场地地震动反应谱和时程曲线；

5　地震地质灾害的类型、程度及其分布。

4.2.2　管道通过活动断层或位于其附近时，应调查活动断层特征，并应给出下列参数：

1　断层的性质和产状、最新活动年代、滑动速率、破裂带的宽度和断层(段)长度；

2　断层与管道交汇的位置和交角，或断层与管道的并行距离；

3　断层覆盖土层厚度，以及断层两侧和破裂带的土体黏聚力、内摩擦角和平均剪切波速；

4　断层在地表引起的最大、平均同震水平和竖向位错量。

5　工程勘察及场地参数

5.1　工程勘察

5.1.1　对于管道线路场地，应在初步勘察和详细勘察阶段开展地震及地震效应、活动断层的勘察评价工作。

5.1.2　对于一般区段中的线路，可利用搜集已有地质资料、踏勘和适当的补充钻探工作，确定岩土的剪切波速和场地类别。

5.1.3　对于重要区段中的线路，初勘阶段可按一般区段的管道场地进行勘察，详勘阶段应结合前期勘察成果布置勘探点，勘探点间距宜为200m~300m，勘探深度不宜小于15m，应查明场地土的工程地质特性，确定场地类别。

5.1.4　对于场地勘察中识别的潜在地震地质灾害应进行包括地震工况在内的稳定性评价，并应明确其对管道的影响。

5.1.5　当场地的基本地震动峰值加速度大于或等于0.10g，且初步判定可能存在液化土层时，应按本规范附录B的规定对液化土层分级，并应评价其对管道的危害。经判定场地为中等或严重液化土层时，应查明液化土层的空间位置以及覆土类型等参数。

5.1.6　对基本地震动峰值加速度大于或等于0.20g的厚层软土分布区，宜判别软土震陷的可能性和估算震陷量，并应评价对管道的危害。

5.1.7　当线路通过或并行活动断层时应对活动断层进行勘察，并应符合下列规定：

1 勘察范围不宜小于拟交叉位置向外半径500m或管道轴线两侧各500m；

2 查明活动断层展布位置、类型、产状、覆盖土层厚度、岩性和沉积相特征，平面误差宜小于10m；

3 查清活动断层的位错性质、破碎带宽度和影响带宽度，当管道线路与活动断层相交时，应明确管道与断层交角，断层未来发生的最大、平均水平和竖向位错量；

4 查清活动断层与管道相交位置及附近场地的地形地貌特征、地质特征、地震特征、场地岩土的剪切波速、黏聚力和内摩擦角；

5 预测断层活动诱发的崩塌、滑坡、地面塌陷、泥石流等地质灾害对管道可能造成的影响。

5.1.8 管道工程的地震及地震效应、活动断层勘察评价，尚应符合现行国家标准《油气田及管道岩土工程勘察规范》GB 50568、《岩土工程勘察规范》GB 50021和《建筑抗震设计规范》GB 50011的相关规定。

5.2 场地类别和地震动参数调整

5.2.1 管道场地类别应根据岩土层剪切波速和覆盖层厚度按表5.2.1的规定划分。

表5.2.1 管道场地类别划分

岩石剪切波速 V_s 或土层等效剪切波速 V_{se}(m/s)	场地类别				
	I_0类	I_1类	Ⅱ类	Ⅲ类	Ⅳ类
$V_s>800$	$d=0$	—	—	—	—
$800\geqslant V_s>500$	—	$d=0$	—	—	—
$500\geqslant V_{se}>250$	—	$d<5$	$d\geqslant5$	—	—
$250\geqslant V_{se}>150$	—	$d<3$	$3\leqslant d\leqslant50$	$d>50$	—
$V_{se}\leqslant150$	—	$d<3$	$3\leqslant d\leqslant15$	$15<d\leqslant80$	$d>80$

注：d为覆盖层厚度(m)。

5.2.2 岩土层剪切波速的测量应符合下列规定：

1 重要区段，每段用于测量岩土层剪切波速的钻孔数量不宜少于2个，数据变化较大时可适量增加；

2 一般区段，当无实测剪切波速时，岩土的类型划分和剪切波速范围可按表5.2.2确定。

表5.2.2 岩土的类型划分和剪切波速范围

岩土的类型	岩土名称和性状	岩土层剪切波速范围(m/s)
岩石	坚硬、较硬且完整的岩石	$V_s>800$
坚硬土或软质岩石	破碎和较破碎的岩石或软和较软的岩石，密实的碎石土	$800\geqslant V_s>500$
中硬土	中密、稍密的碎石土，密实、中密的砾、粗、中砂，$f_{ak}>150$的黏性土和粉土，坚硬黄土	$500\geqslant V_s>250$
中软土	稍密的砾、粗、中砂，除松散外的细、粉砂，$f_{ak}\leqslant150$的黏性土和粉土，$f_{ak}>130$的填土，可塑新黄土	$250\geqslant V_s>150$
软弱土	淤泥和淤泥质土，松散的砂，新近沉积的黏性土和粉土，$f_{ak}\leqslant130$的填土，流塑黄土	$V_s\leqslant150$

注：f_{ak}为由载荷试验等方法得到的地基承载力特征值(kPa)，V_s为岩土层剪切波速(m/s)。

5.2.3 管道场地覆盖层厚度应按下列规定确定：

1 应按地面至剪切波速大于500m/s，且其下卧各层岩土的剪切波速均不小于500m/s的土层顶面的距离确定；

2 当地面5m以下存在剪切波速大于其上部各土层剪切波速2.5倍的土层，且其下卧岩土层的剪切波速均不小于400m/s时，可按地面至该土层顶面的距离确定；

3 剪切波速大于500m/s的孤石、透镜体，应视同周围土层；

4 土层中的火山岩硬夹层应视为刚体，其厚度应从覆盖土层中扣除。

5.2.4 场地土层的等效剪切波速应按下列公式计算：

$$V_{se}=d_0/t \qquad (5.2.4\text{-}1)$$

$$t=\sum_{i=1}^{n}\frac{d_i}{V_{si}} \qquad (5.2.4\text{-}2)$$

式中：V_{se}——场地土层等效剪切波速(m/s)；

d_0——场地土层计算深度(m)，取覆盖层厚度和20m二者的较小值；

t——剪切波在地面至计算深度之间的传播时间(s)；

d_i——场地土层计算深度范围内第i土层的厚度(m)；

V_{si}——场地土层计算深度范围内第i土层的剪切波速(m/s)；

n——场地土层计算深度范围内土层的分层数。

5.2.5 场地的设计地震动参数应根据场地类别，按现行国家标准《中国地震动参数区划图》GB 18306的规定调整。罕遇地震的设计特征周期应大于相应的基本地震动特征周期，其增加值不宜低于0.05s。

6 管道抗震设计

6.1 一般埋地管道抗震设计

6.1.1 对位于基本地震动峰值加速度大于或等于0.20g地区的管道，应进行抗拉伸和抗压缩验算。

6.1.2 地震作用下管道轴向的组合应变应包括地震动引起的管道最大轴向应变和内压、温差等操作荷载引起的轴向应变，并按下列公式进行组合计算：

1 当$\varepsilon_{max}+\varepsilon_a\leqslant 0$时，

$$|\varepsilon_{max}+\varepsilon_a|\leqslant[\varepsilon_c]_V \qquad (6.1.2\text{-}1)$$

2 当$\varepsilon_{max}+\varepsilon_a>0$时，

$$\varepsilon_{max}+\varepsilon_a\leqslant[\varepsilon_t]_V \qquad (6.1.2\text{-}2)$$

$$\varepsilon_a=\frac{\sigma_a}{E} \qquad (6.1.2\text{-}3)$$

式中：ε_{max}——地震动引起管道的最大轴向拉、压应变，按第6.1.4条计算，对于直埋弯管，按式(6.1.5-1)计算；

ε_a——由于内压和温度变化产生的管道轴向应变；

$[\varepsilon_c]_v$——埋地管道抗震设计轴向容许压缩应变，按第6.1.3条计算；

$[\varepsilon_t]_v$——埋地管道抗震设计轴向容许拉伸应变，按第6.1.3条计算；

σ_a——由于内压和温度变化产生的管道轴向应力(Pa)，应按现行国家标准《输油管道工程设计规范》GB 50253或《输气管道工程设计规范》GB 50251的有关规定计算；

E——管道材料的弹性模量(Pa)。

6.1.3 埋地管道轴向容许应变应按下列规定确定。

1 直管段容许拉伸应变可按表6.1.3选取。

表 6.1.3 直管段容许拉伸应变

钢 级	设计容许拉伸应变	校核容许拉伸应变
L450(X65)及以下	0.5%	1.0%
L485(X70)和 L555(X80)		0.9%
L625(X90)		0.8%

2 直管段容许压缩应变可按下列公式计算：

1)设计容许压缩应变：

$$\text{L450(X65)及以下钢级：}[\varepsilon_c]_v = 0.28\times\frac{\delta}{D} \quad (6.1.3\text{-}1)$$

$$\text{L485(X70)、L555(X80)及 L625(X90)：}[\varepsilon_c]_v = 0.26\times\frac{\delta}{D} \quad (6.1.3\text{-}2)$$

2)校核容许压缩应变：

$$\text{L450(X65)及以下钢级：}[\varepsilon_c]_v = 0.35\times\frac{\delta}{D} \quad (6.1.3\text{-}3)$$

$$\text{L485(X70)、L555(X80)及 L625(X90)：}[\varepsilon_c]_v = 0.32\times\frac{\delta}{D} \quad (6.1.3\text{-}4)$$

式中：$[\varepsilon_c]_v$——容许压缩应变；

δ——管道壁厚(m)；

D——管道外径(m)。

3 弯管容许应变应采用直管段的校核容许应变。

6.1.4 埋地直管道在地震动作用下的最大轴向应变可按下列公式计算，并应取较大值。

$$\varepsilon_{max} = \pm\frac{aT_g}{4\pi V_{se}} \quad (6.1.4\text{-}1)$$

$$\varepsilon_{max} = \pm\frac{v}{2V_{se}} \quad (6.1.4\text{-}2)$$

式中：a——地震动峰值加速度(m/s^2)；

T_g——地震动反应谱特征周期(s)；

V_{se}——场地土层等效剪切波速(m/s)，可按表 5.2.2 或实测数据选取；

v——地震动峰值速度(m/s)。

6.1.5 埋地弯管在地震动作用下的最大轴向应变可按下列公式计算：

$$\varepsilon_{max}^{b} = \varepsilon_n + \varepsilon_m \quad (6.1.5\text{-}1)$$

$$\varepsilon_n = \varepsilon_{max} - \frac{t_u L}{AE} \quad (6.1.5\text{-}2)$$

$$\varepsilon_m = \frac{\varepsilon_n AD}{6\lambda I} \quad (6.1.5\text{-}3)$$

$$L = \frac{4AE\lambda}{3K_s}\left(\sqrt{1+\frac{3K_s\varepsilon_{max}}{2t_u\lambda}}-1\right) \quad (6.1.5\text{-}4)$$

$$t_u = \frac{\pi}{2}D\rho_s gH(1+k_0)\tan\phi \quad (6.1.5\text{-}5)$$

$$\lambda = \sqrt[4]{\frac{K_s}{4EI}} \quad (6.1.5\text{-}6)$$

$$K_s=\frac{p_u}{0.15y_u} \qquad (6.1.5\text{-}7)$$

软弱场地：$y_u=0.07\sim0.10(H+D)$ …………………… (6.1.5-8)

中硬、中软场地：$y_u=0.03\sim0.05(H+D)$ …………………… (6.1.5-9)

坚硬场地：$y_u=0.02\sim0.03(H+D)$ …………………… (6.1.5-10)

$$p_u=\rho_s gHN_q D \qquad (6.1.5\text{-}11)$$

$$N_q=0.38\frac{H}{D}+3.68 \qquad (6.1.5\text{-}12)$$

式中：ε^b_{max}——地震动引起的弯管最大轴向应变；

ε_n——轴向力引起的弯管轴向应变；

ε_m——弯矩引起的弯管最大弯曲应变；

t_u——土壤作用在管道单位长度上的摩擦力(N/m)；

L——摩擦力 t_u 作用的有效长度(m)；

A——管道横断面面积(m^2)；

λ——模量系数(m^{-1})；

I——管道横断面惯性矩(m^4)；

K_s——地基反力模量(Pa)；

ρ_s——回填土密度(kg/m^3)；

g——重力加速度，取 $9.8m/s^2$；

H——管道中心线埋深(m)；

k_0——土壤压力系数，一般取0.5；

ϕ——土壤的内摩擦角(°)；

p_u——场地土屈服抗力(N/m)；

y_u——土壤屈服位移(m)；

N_q——计算管道法向土壤压力的参数。

6.2 通过活动断层的埋地管道抗震设计

6.2.1 通过活动断层的埋地管道应采用应变设计方法进行抗拉伸和抗压缩验算。

6.2.2 管道抗震验算应获得下列资料：

1 管道轴向力学性能参数，包括应力-应变曲线，可根据本规范附录C的规定确定；

2 本规范第4.2.2条和第5.1.7条规定的断层、场地等参数；

3 防腐涂层的类型；

4 管道焊接接头参数。

6.2.3 通过活动断层的管道抗震计算应符合下列规定：

1 对通过活动断层的管道，当符合下列情况时应采用有限元方法进行抗震计算：

1) 位于设计地震动峰值加速度大于或等于0.30g地区的管道；

2) 通过重要区段的管道；

3) 在断层错动作用下管道受压缩的情况，包括管道通过逆冲断层和管道与断层交角大于90°两种情况。

2 对不符合本条第1款规定的情况，可按本规范第6.2.5条对通过活动断层的管道进行抗震计算。

6.2.4 管道通过活动断层的容许应变应符合下列规定：

1 管道轴向容许拉伸应变应按下式计算：

$$[\varepsilon_t]_F=\varphi_{\varepsilon t}\varepsilon_t^{crit} \qquad (6.2.4\text{-}1)$$

式中：$[\varepsilon_t]_F$——埋地管道抗断的轴向容许拉伸应变；

$[\varphi_{\varepsilon t}]$——拉伸应变承载系数，当环向应力小于或等于标准屈服强度的40%时，取0.9，当环向应力大于标准屈服强度的40%时，取0.7；

ε_t^{crit}——管段的极限拉伸应变，应根据断裂力学分析和物理试验确定，并应分析裂纹、缺欠、焊缝和热影响区性能，以及温度、应变速率、初始应变、应变时效等因素的影响。当资料缺乏时，可按本规范附录D的公式估算。

2 管道轴向容许压缩应变应按下式计算：

$$[\varepsilon_c]_F=\varphi_{\varepsilon c}\varepsilon_c^{crit} \qquad (6.2.4\text{-}2)$$

式中：$[\varepsilon_c]_F$——埋地管道抗断的轴向容许压缩应变；

$[\varphi_{\varepsilon c}]$——压缩应变承载系数，取0.6；

$[\varepsilon_c^{crit}]$——管段的极限压缩应变，应根据有效的分析方法或物理测试确定，或二者同时采用，当资料缺乏时，可按本规范附录D的公式估算。

6.2.5 满足本规范第6.2.3条第2款条件的管道抗震计算宜按下列步骤进行分析。

1 沿管轴方向土壤与管道外表面之间单位长度上的摩擦力可按下列公式计算：

$$f_s=\mu(2W+W_p) \qquad (6.2.5\text{-}1)$$

$$W=\rho_s DHg \qquad (6.2.5\text{-}2)$$

$$W_P=\left[\pi(D-\delta)\delta\rho_m+\frac{\pi}{4}(D-2\delta)^2\rho\right]g \qquad (6.2.5\text{-}3)$$

式中：f_s——沿管轴方向土壤与管道外表面之间单位长度上的摩擦力(N/m)；

μ——土壤与管道外表面之间的摩擦系数，应按实测值或经验确定；

W——管顶至管沟上表面之间的土壤单位长度上的重力(N/m)；

W_p——管道和内部介质的自重(N/m)；

ρ_m——管道材料的密度(kg/m^3)；

ρ——输送介质的密度(kg/m^3)。

2 由断层错动引起的管道几何伸长ΔL_1，应按下列公式计算：

1) 当$\varepsilon_{naw}\leqslant\varepsilon_1$时，

$$\Delta L_1=\Delta X+\frac{(\Delta Y^2+\Delta Z^2)f_s}{4\pi D\delta E_1\varepsilon_{new}} \qquad (6.2.5\text{-}4)$$

2) 当$\varepsilon_{new}>\varepsilon_1$时，

$$\Delta L_1=\Delta X+\frac{(\Delta Y^2+\Delta Z^2)f_s}{4\pi D\delta[E_1\varepsilon_1+E_2(\varepsilon_{new}-\varepsilon_1)]} \qquad (6.2.5\text{-}5)$$

$$\Delta X=\Delta H\cos\beta \qquad (6.2.5\text{-}6)$$

$$\Delta Y=\Delta H\sin\beta \qquad (6.2.5\text{-}7)$$

式中：ε_{new}——管道内的拉伸应变；

ε_1——管道应力-应变简化折线中弹塑性变形起点处的应变，按本规范附录C选取；

ΔL_1——断层位错引起的管道几何伸长(m)；

ΔX——平行于管道轴线方向的断层位移(m)；

ΔY——管道法线方向的断层位移(m)；

ΔZ——垂直方向的断层位移(m)，应由地震地质工程勘察确定；

E_1——管道应力-应变简化折线中弹性区的材料模量(Pa)，按本规范附录C选取；

E_2——管道应力-应变简化折线中弹塑性区的材料模量(Pa)，按本规范附录C选取；

ΔH——水平方向的断层位移(m)，应由地震地质工程勘察确定；

β——管道与断层交角(°)，应由地震地质工程勘察确定。

3 管道轴向应变引起的物理伸长ΔL_2可按下列公式计算：

1) 当$\varepsilon_{new}\leqslant\varepsilon_1$时，

$$\Delta L_2=\frac{\pi D\delta E_1\varepsilon_{\mathrm{new}}^2}{f_{\mathrm{s}}} \qquad (6.2.5\text{-}8)$$

2） 当 $\varepsilon_{\mathrm{new}}>\varepsilon_1$ 时，

$$\Delta L_2=\frac{\pi D\delta\left[E_1\varepsilon_1^2+E_2\left(\varepsilon_{\mathrm{new}}^2-\varepsilon_1^2\right)\right]}{f_{\mathrm{s}}} \qquad (6.2.5\text{-}9)$$

式中：ΔL_2——管道轴向应变引起的物理伸长(m)。

4 管道拉伸应变可采用迭代法按下式计算：

$$\Delta L_1=\Delta L_2 \qquad (6.2.5\text{-}10)$$

5 由断层位错引起的管道最大拉伸应变应按下式计算：

$$\varepsilon_{\max}^{\mathrm{Ft}}=2\varepsilon_{\mathrm{new}} \qquad (6.2.5\text{-}11)$$

式中：$\varepsilon_{\max}^{\mathrm{Ft}}$——断层位错引起的管道最大拉伸应变。

6 计算的管道最大拉伸应变 $\varepsilon_{\max}^{\mathrm{Ft}}$ 应小于或等于容许拉伸应变 $[\varepsilon_{\mathrm{t}}]_{\mathrm{F}}$，且应明确相应的抗震措施。

6.2.6 当采用有限元方法进行通过活动断层的管道抗震计算时，应符合下列规定：

1 应反映几何大变形和材料非线性。

2 可采用梁单元、管单元、弯管单元或者壳单元建立有限元模型，可能发生大变形的管道部分，管道单元的长度不应大于管道的直径。

3 有限元模型分析管道的长度应满足下列要求：

1） 当采用固定边界时，分析管道的长度应满足管道在两个固定端的应变接近于0；

2） 当采用等效边界时，应对在断层附近发生大变形、长度不小于60倍管径的管段进行有限元分析，可按本规范附录E中的公式建立等效非线性弹簧替代离断层较远的管道变形反应。

4 管土之间的相互作用宜采用管轴方向土弹簧、水平横向土弹簧和垂直方向土弹簧进行模拟。土弹簧的参数宜根据土的力学特性通过现场试验或采用计算方法确定，初步计算时可采用本规范附录E中的公式。当采用其他管土作用模型时，应经过相应的验证。

5 抗震计算应包括无内压和有内压(设计压力)两种工况。

6 有限元分析得到的管道轴向最大拉伸应变 $\varepsilon_{\max}^{\mathrm{Ft}}$ 和最大压缩应变 $\varepsilon_{\max}^{\mathrm{Fc}}$ 应分别小于或等于管道容许拉伸应变 $[\varepsilon_{\mathrm{t}}]_{\mathrm{F}}$ 和容许压缩应变 $[\varepsilon_{\mathrm{c}}]_{\mathrm{F}}$，且应明确相应的抗震措施。

6.3 液化区埋地管道抗震设计

6.3.1 当管道穿越场地在设计地震动参数下具有中等或严重液化趋势时，宜通过计算液化场地中管道的上浮反应及其引起的管道附加应变对管道的抗液化能力进行校核。当液化场地位于坡地时，还应进行侧向位移作用下的管道应变校核。

6.3.2 管道抗液化上浮校核应符合下列规定：

1 当通过液化区的管段长度小于或等于30m时，可不采取措施；当通过液化区的管段长度大于或等于180m时，应采用抗漂浮措施；当通过液化区的管段长度为30m~180m时，应根据第4款和第5款的校核结果，采取相应措施。

2 液化土层中管道的最大上浮位移 Δ 可按下式计算：

$$\Delta=-1.0545+0.0254L_{\mathrm{y}}+0.00327\sigma_{\mathrm{a}}^{\mathrm{L}}+0.13(L_{\mathrm{y}}-85)\tan(10D-4.20) \qquad (6.3.2\text{-}1)$$

式中：Δ——管道在液化土层中最大上浮位移(m)；

L_{y}——管道在液化区中的长度(m)，若管道一端或两端与建(构)筑物相连接，应将实际管道长度[至建(构)筑物外表面]分别乘以修正系数0.9或0.8；

$\sigma_{\mathrm{a}}^{\mathrm{L}}$——管道由压力和温度变化引起的初始轴向压应力(MPa)，应按现行国家标准《输油管道工程设计规范》GB 50253或《输气管道工程设计规范》GB 50251的规定计算，当初始轴向应力为拉应力时，$\sigma_{\mathrm{a}}^{\mathrm{L}}$ 取值为0。

3 液化区管道附加应变应按下式计算：

$$\varepsilon_{\max}^{\mathrm{L}}=[-1422.7+7835.5L_{\mathrm{y}}/(0.167L_{\mathrm{y}}^{2}-8.36L_{\mathrm{y}}+282.4)+1465D+6.16\sigma_{\mathrm{a}}^{\mathrm{L}}]\times10^{-6} \quad \cdots\ (6.3.2\text{-}2)$$

式中：$\varepsilon_{\max}^{\mathrm{L}}$——管道在上浮位移反应最大时的附加应变。

4 将管道附加应变与本规范第 6.1.2 条由地震动、内压和温度变化引起的轴向应变组合后，应按下列公式校核管道的应变状态，当不满足下列公式时，应采取抗震措施：

当 $\varepsilon_{\max}+\varepsilon_{\mathrm{a}}+\varepsilon_{\max}^{\mathrm{L}}\leqslant0$ 时，

$$|\varepsilon_{\max}+\varepsilon_{\mathrm{a}}+\varepsilon_{\mathrm{maw}}^{\mathrm{L}}|\leqslant[\varepsilon_{\mathrm{c}}]_{\mathrm{V}} \quad \cdots\cdots\ (6.3.2\text{-}3)$$

当 $\varepsilon_{\max}+\varepsilon_{\mathrm{a}}+\varepsilon_{\mathrm{maw}}^{\mathrm{L}}>0$ 时，

$$\varepsilon_{\max}+\varepsilon_{\mathrm{a}}+\varepsilon_{\mathrm{maw}}^{\mathrm{L}}\leqslant[\varepsilon_{\mathrm{t}}]_{\mathrm{V}} \quad \cdots\cdots\ (6.3.2\text{-}4)$$

5 管道的上浮反应状态应按下式校核，当不满足下式时应采取抗液化措施：

$$H-D/2-\Delta\geqslant0.5 \quad \cdots\cdots\ (6.3.2\text{-}5)$$

6.3.3 在侧向位移作用下管道的应变应采用有限元方法进行计算，并应符合本规范第 6.2.6 条的规定。

6.4 震陷区埋地管道抗震设计

6.4.1 当管道穿越的场地具有竖向震陷时，应进行震陷位移作用下的最大附加弯曲应变的校核。

6.4.2 管道在场地竖向震陷位移作用下的最大附加弯曲应变 $\varepsilon_{\max}^{\mathrm{S}}$ 可按下式计算：

$$\varepsilon_{\max}^{\mathrm{S}}=0.648y_{0}D\sqrt{k_{\mathrm{s}}D/4E_{1}I} \quad \cdots\cdots\ (6.4.2)$$

式中：$\varepsilon_{\mathrm{maw}}^{\mathrm{S}}$——管道在场地竖向震陷位移作用下的最大附加弯曲应变；

y_0——场地震陷量(m)；

k_{s}——地基弹簧常数(MPa/m)，可通过土样实验确定。

6.4.3 管道的应变状态应按本规范第 6.3.2 条的规定校核，当不满足要求时，应采取抗震陷措施。

6.5 管道穿越工程抗震设计

6.5.1 当水域大中型穿越管道位于基本地震动峰值加速度大于或等于 0.10g 场地，其他穿越管道位于基本地震动峰值加速度大于或等于 0.20g 场地时，应进行抗拉伸、抗压缩验算。

6.5.2 直埋式穿越管道应采用应变准则验算，其应变应按本规范第 6.1.2 条的规定进行组合。对弹性敷设管道，应计入弹性弯曲应变，并应按下式计算：

$$\varepsilon_{\mathrm{e}}=\pm\frac{D}{2r} \quad \cdots\cdots\ (6.5.2)$$

式中：ε_{e}——弹性敷设时管道的轴向应变；

r——弹性敷设的弯曲半径(m)。

6.5.3 直埋式穿越管道的容许应变值应按埋地管道选用，并应符合本规范第 6.1.3 条的规定。

6.5.4 洞埋式穿越中的架空或地面敷设管道应采用应力准则验算，架空时应按跨越梁式管桥进行抗震设计和校核，地面敷设时按连续支撑进行抗震设计和校核，覆土敷设时应按直埋式管道进行抗震设计和校核，穿越套管或箱涵内的管道应按地面敷设进行抗震设计和校核。

6.5.5 洞埋式穿越中的架空和地面敷设管道承受自重、输送介质重量、内压、温差及地震动作用产生的轴向应力、环向应力与剪应力，应分别进行叠加组合计算，组合应力应按下式验算：

$$\sqrt{\sigma_{\mathrm{N}}^{2}+\sigma_{\mathrm{h}}^{2}-\sigma_{\mathrm{N}}\sigma_{\mathrm{h}}+3\tau^{2}}\leqslant F_{\mathrm{a}}\sigma_{\mathrm{s}} \quad \cdots\cdots\ (6.5.5)$$

式中：σ_{N}——组合的轴向应力(MPa)；

σ_{h}——组合的环向应力(MPa)；

τ——组合的剪应力(MPa)；

F_{a}——抗震工况组合的容许应力系数，对于基本地震动引起的应力组合，F_{a} 取 0.8，对于罕遇地震动引起的应力组合，F_{a} 取 1.0；

σ_{s}——管道材料的标准屈服强度(MPa)。

6.5.6 洞埋式穿越管道产生轴向压应力时，轴向压应力应小于容许压应力，容许压应力应按下式计算：

$$[\sigma_c]=\frac{N_c}{A} \quad \cdots\cdots (6.5.6)$$

式中：$[\sigma_c]$——管道在地震等组合荷载作用下的容许压应力（MPa）；

N_c——管道开始失稳时的临界轴向力（MN），应按现行国家标准《输油管道工程设计规范》GB 50253 的规定计算。

6.5.7 管道穿越工程结构应进行抗震设计。水域隧道，当基本地震动峰值加速度大于或等于 0.10g 时，管道穿越工程结构应进行地震作用计算；山岭隧道，当基本地震动峰值加速度大于或等于 0.20g 时，管道穿越工程结构应进行地震作用计算。

6.5.8 管道穿越工程结构的抗震结构体系应符合下列规定：

1 应有明确、可靠的地震能量耗散部位；

2 应有明确、合理的地震作用传递路线；

3 结构构件的截面刚度不应有突变而形成薄弱区域；

4 应通过合理选择截面尺寸、配置钢筋等措施，增加钢筋混凝土构件的延性，防止剪切先于弯曲破坏和钢筋锚固黏结先于构件破坏；

5 应采用有利于提高结构整体性的连接方式，构件连接应合理、可靠，应适应地震作用下结构产生的应力与变形，避免结构产生破坏或大的裂缝。

6.5.9 管道穿越工程结构地震作用计算应符合下列规定：

1 隧道、圆形竖井应计算横截面的水平地震作用，矩形竖井、管道支墩或支架应计算两个主轴水平方向上的地震作用，当地质条件沿隧道轴向变化较大、软硬不均或遇有液化地层时，还应分析地震对隧道轴向的影响，当管道穿越场地基本地震动峰值加速度大于或等于 0.20g 时，宜验算竖井与隧道交界处的变形；

2 地震作用可采用静力法或反应位移法计算；

3 在横向地震作用下，管道与管道支墩或支架之间可视为无滑移，在纵向地震作用下，应依据管箍张紧情况分析管道支墩或支架的地震作用，未箍紧的管道宜考虑在管道支墩或支架上纵向滑移的影响；

4 结构抗震计算软件所采用的模型和计算方法，除应满足本规范规定外，尚应对计算结果进行分析判断，并应确认其合理、有效性后用于工程设计。

6.5.10 管道穿越工程结构抗震设计应符合下列规定：

1 结构承载力抗震验算应符合下列规定：

1） 结构应进行弹性抗震计算，并采取相关抗震措施；

2） 地震作用重要性系数应取 1.0；

3） 结构水平地震作用效应和永久作用效应的基本组合，应包括各种永久效应的最不利组合并按下式计算：

$$S=\sum_{i=1}^{n}\gamma_{G_i}S_{G_i\mathrm{k}}+\gamma_{\mathrm{Eh}}S_{\mathrm{Ehk}} \quad \cdots\cdots (6.5.10\text{-}1)$$

式中：S——结构内力组合的设计值，包括组合的弯矩、轴向力和剪力设计值等；

γ_{G_i}——第 i 个永久作用分项系数，应取 1.2，当永久作用效应对构件承载能力有利时，不应大于 1.0；

$S_{G_i\mathrm{k}}$——第 i 个永久作用代表值的效应；

γ_{Eh}——水平地震作用分项系数，应取 1.3；

S_{Ehk}——水平地震作用标准值的效应。

4） 结构抗震验算应满足下式：

$$S \leqslant R/\gamma_{RE} \qquad (6.5.10\text{-}2)$$

式中：R——结构承载力设计值；

γ_{RE}——承载力抗震调整系数，应按表 6.5.10 采用。

表 6.5.10 承载力抗震调整系数

材料	结构构件	受力状态	γ_{RE}
钢	支架构件、节点板件、螺栓、焊缝	强度	0.75
	支架构件	稳定	0.80
混凝土	支架横梁	受弯	0.75
	支架柱、支墩	偏压	0.80
	隧道结构	偏压	0.85
	各类构件	受剪、偏拉	0.85
—	预埋件锚筋	强度	1.00

2 需要维持检修通道功能的顶管结构、盾构结构应进行抗震变位验算，其验算应按现行国家标准《室外给水排水和燃气热力工程抗震设计规范》GB 50032 的有关规定执行，接头位移量不应超过满足接缝防水材料水密性要求的允许值。

3 地基及基础的抗震验算应按现行国家标准《构筑物抗震设计规范》GB 50191 的有关规定执行，坡体的稳定性应按现行国家标准《建筑边坡工程技术规范》GB 50330 的规定进行验算。

6.6 管道跨越工程抗震设计

6.6.1 跨越工程结构应进行抗震设计，当场地基本地震动峰值加速度大于或等于 0.10g 时，跨越工程结构应进行地震作用计算。

6.6.2 管道跨越工程的结构体系应根据场地的地震动参数等级、场地类别、水文与工程地质条件、跨度、管径、材料和施工条件等因素，经技术经济综合比较后确定。管道跨越工程的抗震结构体系应符合下列规定：

1 结构应有明确的计算简图和合理的地震作用传递途径；

2 宜设置多道抗震防线；

3 应具备必要的强度、良好的变形能力和耗能能力；

4 应具有合理的刚度和强度分布，避免局部产生过大的应力集中或塑性变形集中，对可能出现的薄弱部位，应采取相应措施提高抗震能力。

6.6.3 管道跨越工程抗震计算应符合下列规定：

1 对悬索、斜拉索等柔性跨越结构进行抗震计算时，应采用考虑几何非线性影响的分析模型；

2 在抗震计算中，应考虑非结构构件、介质的附加质量对跨越结构抗震性能的影响；

3 跨越结构的地震作用应按沿跨越管道横向、竖向以及纵向三个方向分别计算，对地震动峰值加速度小于或等于 0.20g 的地区，小型跨越结构可不计算竖向和纵向地震作用；

4 当管道作为跨越结构的受力构件时，在地震作用下，应对跨越结构整体进行内力和位移计算；

5 当跨越结构仅作为管道的支承结构时，管道可视为支承在支座上的多跨连续梁，在横向、竖向地震作用下，管道与支座之间可视为无滑移，在纵向地震作用下，宜考虑管道在支座上纵向滑移的影响；

6 跨越结构抗震计算软件所采用的模型和验算方法除应满足本规范及有关标准的规定外，尚应对计算结果分析判断，确认其合理、有效性后方可用于工程设计。

6.6.4 管道跨越工程的抗震计算可采用下列方法：

1 一般的跨越结构宜采用反应谱振型分解法；

2 小型跨越以及质量和刚度分布比较均匀的中型跨越，可采用单质点简化模型进行计算；

3 复杂的大型跨越结构宜采用时程分析法进行抗震计算，可取多条(至少3组实际地震动加速度记录或人工模拟加速度时程曲线)时程曲线计算结果的平均值与反应谱振型分解法计算结果的较大值作为设计依据，设计时程曲线应基于地震安全性评价结果，并将所选地震加速度记录的峰值调整到与场地设防地震动水准相应的设计加速度峰值。

6.6.5 在计算地震作用时，管道跨越工程的重力荷载代表值应取结构、配件以及输送介质自重标准值和可变荷载组合值之和，可变荷载的组合值系数应按表6.6.5采用。

表6.6.5 组合值系数

可变荷载种类	组合值系数
雪荷载	0.5
裹冰荷载	0.5
温度荷载	0.6

6.6.6 管道跨越工程的地震作用效应和其他荷载效应组合，其设计值应按下式计算：

$$S=S_{GE}+\psi_{LK}S_{LK}+\psi_{VK}S_{VK}+\psi_{PK}S_{PK}+\psi_{W}S_{WK}+\psi_{Y}S_{YK}+\psi_{T}S_{TK} \quad\cdots\cdots\cdots\cdots\cdots (6.6.6)$$

式中：S——管道跨越工程结构内力组合的设计值，包括组合的弯矩、轴向力和剪力设计值；

S_{GE}——重力荷载代表值的效应；

ψ_{LK}——横向地震作用组合值系数，见表6.6.6；

S_{LK}——横向地震作用标准值的效应；

ψ_{VK}——竖向地震作用组合值系数，见表6.6.6；

S_{VK}——竖向地震作用标准值的效应；

ψ_{PK}——纵向地震作用组合值系数，见表6.6.6；

S_{PK}——纵向地震作用标准值的效应；

ψ_{W}——风荷载组合值系数，风荷载起控制作用的大型跨越结构采用0.2，其他取0.0；

S_{WK}——风荷载标准值的效应；

ψ_{Y}——内压作用组合值系数，可取1.0；

S_{YK}——内压作用标准值的效应；

ψ_{T}——温度作用组合值系数，见表6.6.5；

S_{TK}——温度作用标准值的效应。

表6.6.6 不同工况的地震作用组合值系数

地震作用工况	ψ_{LK}	ψ_{VK}	ψ_{PK}
仅计算横向地震作用	1.3(1.0)	0.0	0.0
仅计算竖向地震作用	0.0	1.3(1.0)	0.0
仅计算纵向地震作用	0.0	0.0	1.3(1.0)
同时计算横向与竖向地震作用(横向为主)	1.3(1.0)	0.5	0.0
同时计算横向与竖向地震作用(竖向为主)	0.5	1.3(1.0)	0.0
同时计算横、竖、纵向地震作用	1.3(1.0)	0.5	0.5

注：括号内数值为油气输送管道及缆索抗震计算时选用。

6.6.7 结构抗震验算应符合本规范式(6.5.10-2)的规定，承载力抗震调整系数应按表6.6.7选用。当仅计算竖向地震作用时，各类结构构件承载力抗震调整系数均应采用1.0。

表 6.6.7 承载力抗震调整系数

材料	结构构件	受力状态	γ_{RE}
钢	梁、柱、支撑、节点板件、螺栓、焊缝	强度	0.75
	柱、支撑	稳定	0.80
混凝土	梁	受弯	0.75
	轴压比小于 0.15 的柱	偏压	0.75
	轴压比不小于 0.15 的柱	偏压	0.80
	各类构件	受剪、偏拉	0.85

6.6.8 管道在地震工况下的组合应力(内力)应符合本规范第 6.5.5 条的规定。

6.6.9 下列跨越工程结构应进行罕遇地震作用下的弹塑性变形验算:

1 主跨长度超过 150m 的悬索、斜拉索跨越结构;

2 基本地震动参数为 0.20g 及以上的大型跨越结构。

6.6.10 梁式直跨、桁架式、轻型托架、拱式等刚性跨越结构在罕遇地震作用下的弹塑性变形验算,应按现行国家标准《铁路工程抗震设计规范》GB 50111 的有关规定执行。

6.6.11 悬索、斜拉索、悬缆等柔性跨越结构在罕遇地震作用下的弹塑性变形验算应符合下列规定:

1 墩柱应按现行行业标准《公路工程抗震规范》JTG B02 和《公路桥梁抗震设计细则》JTG/T B02-01 的要求进行塑性变形能力和抗剪验算;

2 索塔截面和桩基础应按现行行业标准《公路悬索桥设计规范》JTG/T D65-05 的要求进行截面弯矩验算,桥面结构、主索、吊索强度应按现行行业标准《公路悬索桥设计规范》JTG/T D65-05 的相关要求进行验算;

3 悬索或斜拉索跨越的风索主索和风索拉索,其验算方法和验算内容与主索及吊索一致。

7 抗震措施

7.1 通用抗震措施

7.1.1 管道抗震措施的选用应与抗震验算相结合,优先采用降低计算应变的措施。当抗震验算不满足要求时,可适当增加钢管壁厚或采用大应变钢管。

7.1.2 在需要设防的地面位移地段不应设置三通、阀门、固定墩等部件。当需要设置热煨弯管时,其曲率半径不应小于 6 倍管道外径。

7.1.3 在管道穿过刚性截水墙或水工保护构筑物基础时,穿管处管道周边应预留不小于 25mm 的空隙,并用柔性减振材料填塞。

7.1.4 管道通过地震动峰值加速度大于或等于 0.40g 区段的大中城市、大型穿跨越工程两侧宜结合线路阀室分布情况设置截断阀。

7.1.5 敷设于地震危险地段的管道宜设置报警系统。

7.2 专项抗震措施

7.2.1 对通过活动断层的管道,应采取下列抗震措施:

1 宜选择断层位移和断裂宽度较小的地段通过。

2 管道与水平走滑为主的断层错动方向的交角宜为 30°~70°。

3 对于以水平走滑为主的断层和正断层,应增大断层及其两侧影响范围内的管沟宽度,管沟宽度宜大于沿管道法线方向的断层水平位移,管沟边坡坡度不宜大于 30°,并应采用疏松材料浅埋。对于逆冲断层应专门研究。

4 三通、旁通、阀门、固定墩等部件与断层的距离应大于1.5倍的同侧管道滑动长度L_t，L_t宜按下式计算，在滑动长度内，宜采用相同直径或壁厚的管道。

$$L_t=\frac{\pi D\delta\sigma_2}{f_s} \quad (7.2.1)$$

式中：L_t——断层一侧的管道滑动长度(m)；

σ_2——管道应力-应变简化折线中弹塑性区与塑性区交点处的应力(Pa)，按本规范附录C选取。

5 通过断层的管道采用埋地敷设不能满足抗震要求时，宜将管道敷设于地面或架空，并采取相应的安全保护措施。

6 通过活动断层段管道的对接焊口应进行100%射线检测和100%超声波检测，并应达到国家现行标准《石油天然气钢质管道无损检测》SY/T 4109规定的Ⅱ级及以上要求，且应符合应变设计的缺欠尺寸限定要求。

7.2.2 埋设于液化区较长的管道，可分段采取抗液化措施。严重液化区的管道可采用换填非液化土、配重、抗浮桩及衬铺压土等措施。

7.2.3 通过震陷区的管道，有条件时可采用地面或地上(跨越)敷设。

7.2.4 确需在难以绕避的滑坡区内敷设的管道，应采取减载、支挡、锚固或排水等措施控制滑坡。

7.2.5 采用直埋式穿越水域或沟壑的管道，其斜坡角不应大于30°，如图7.2.5所示。

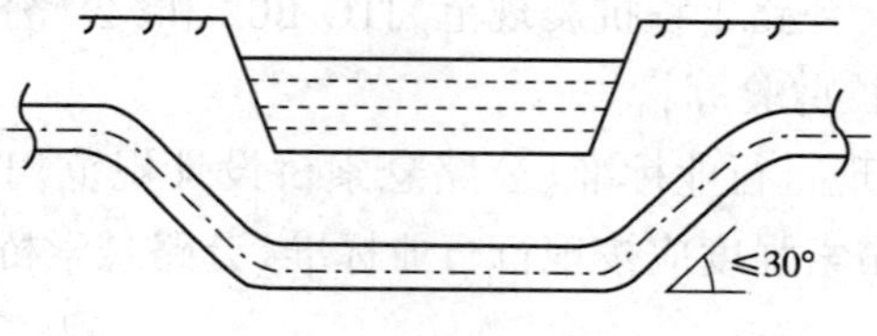

图7.2.5 直埋式穿越管道示意图

7.2.6 洞埋式穿越管道采用支墩方式敷设时，应设置防止管道侧向滑落的管卡。

7.2.7 洞埋式穿越管道地面敷设时，应保证地震发生时管道轴向与横向自由位移，并不得失稳。

7.2.8 管道穿跨越工程结构抗震采用的材料应符合下列规定：

1 混凝土强度等级不应低于C25，且不应高于C60；

2 纵向受力钢筋选用普通钢筋时，钢筋的抗拉强度实测值与屈服强度实测值的比值不应小于1.25，屈服强度实测值与屈服强度标准值的比值不应大于1.3，且钢筋在最大拉力下的总伸长率实测值不应小于9%，宜选用符合上述抗震性能指标的不低于HRB400级的热轧钢筋，也可选用符合上述抗震性能指标的HRB335级的热轧钢筋，箍筋宜选用符合上述抗震性能指标的不低于HRB335级的热轧钢筋，也可选用HPB300级的热轧钢筋；

3 所选用钢材的屈服强度实测值与抗拉强度实测值的比值不应大于0.85，应有明显的屈服台阶且伸长率不应小于20%，应有良好的焊接性和合格的冲击韧性，宜选用Q235等级B、C、D的碳素结构钢及Q345等级B、C、D、E的低合金结构钢，当有可靠依据时，可选用其他钢种和钢号；

4 砌筑砂浆强度等级不应低于M10，片石混凝土的强度等级不应低于C20；

5 管道穿越工程结构的材料种类和强度等级不应低于表7.2.8的要求。

表7.2.8 管道穿越工程的材料种类和最小强度等级

管道穿越工程类别	部 位	基本地震动峰值加速度	
		0.20g、0.30g	0.40g
水下钻爆隧道	Ⅲ、Ⅳ级围岩衬砌	混凝土C25或钢筋混凝土C30	钢筋混凝土C30
	Ⅴ、Ⅵ级围岩衬砌，竖井	钢筋混凝土C30	

表 7.2.8 管道穿越工程的材料种类和最小强度等级(续)

管道穿越工程类别	部 位	基本地震动峰值加速度	
		0.20g、0.30g	0.40g
山岭隧道	洞门墙	混凝土 C25	钢筋混凝土 C30
	洞门挡土墙(翼墙)，$H'\leqslant 10$m	混凝土 C25	混凝土 C25 或钢筋混凝土 C30
	洞门挡土墙(翼墙)，$H'>10$m	钢筋混凝土 C30	
	Ⅲ、Ⅳ级围岩衬砌	混凝土 C25 或钢筋混凝土 C30	钢筋混凝土 C30
	Ⅴ、Ⅵ级围岩衬砌	钢筋混凝土 C30	
	明洞	钢筋混凝土 C30	
管道支墩或支架	主体结构	钢筋混凝土 C25	
锚固墩	主体结构	混凝土 C25	

注：表中 H' 为挡土墙或翼墙的高度。

7.2.9 管道穿跨越工程结构地基的抗震措施应符合下列规定：

1 地基为软土、液化土、新近填土或严重不均匀土时，应考虑地震时不均匀沉降、地基失效或其他不利影响对管道穿越工程可能造成的破坏，并应采取相应措施；

2 液化等级为中等和严重时的古河道、现代河滨、海滨，当存在液化侧向扩展或流滑可能时，在距常水位线 100m 以内修建的管道穿越工程，应进行抗滑动验算，必要时应采取防止滑动的措施。

7.2.10 山岭隧道和水下矿山法施工隧道的抗震措施应符合下列规定：

1 洞口不应设在浅薄山嘴处、防治困难的不良地质处及不稳定的悬崖峭壁下，洞口应采取控制边坡和仰坡的开挖高度及其他防止坍塌震害的措施，位于悬崖峭壁下的洞口，宜采取设置明洞或其他防止崩塌、落石的措施；

2 洞门形式不应采用端墙式，采用翼墙式洞门时，基本地震动峰值加速度大于或等于 0.20g 的地区，洞门端墙与衬砌环框间、端墙与洞口挡土墙或翼墙间的施工接缝处应采取加设短筋或设置榫头等抗震连接措施；

3 隧道洞口、浅埋、偏压地段和断层破碎带地段宜采用带仰拱的曲墙式衬砌断面，设防长度应根据地形、地质条件及抗震情况确定，并不应小于 2.5 倍的结构跨度，基本地震动峰值加速度大于或等于 0.20g 的地区或洞口为Ⅳ~Ⅵ围岩时，设防长度不应小于 15m；

4 衬砌结构的设防范围宜根据地质、抗震设防情况向两端围岩质量较好的地段延伸，延伸长度宜为 5m~10m；

5 明暗洞交界处、软硬岩交界处及断层破碎带地段，宜结合沉降缝、伸缩缝综合设置抗震缝，对于基本地震动峰值加速度为 0.20g~0.40g 的地区，抗震缝的纵向间距可取 10m~15m；

6 衬砌背后严禁存在空洞，衬砌背后的空洞应压注水泥砂浆进行填充。

7.2.11 顶管结构、盾构结构的抗震措施应符合下列规定：

1 接头构造应有利于减小地震时接头的错动和因地震位移引起的破坏；

2 接头的防水应保证地震后接缝防水性能符合设防要求；

3 在软弱地层或地震后易产生液化的地层，接头宜设置凹凸榫槽；

4 基本地震动峰值加速度大于 0.20g 且穿越土层严重不均匀的地区时，可对隧道周围的土层进行注浆处理；

5 盾构管片间的连接螺栓，在满足常规受力要求的前提下，宜采用小的刚度；

6 盾构管片宜采用错缝拼接方式。

7.2.12 管道支墩或支架、锚固墩的抗震措施应符合下列规定：

1 管道支墩、锚固墩周围回填时应回填粗颗粒土并应夯实，当基坑为基岩时，宜采用素混凝土原槽浇注；

2 管道支墩的箍筋间距不应大于100mm，按素混凝土构件设计的锚固墩，其表面应配置构造钢筋；

3 预埋件的锚固破坏不应先于连接件，与非抗震设计时相比，预埋件的直锚钢筋截面面积可增加25%，锚固长度应增加10%；

4 按压杆设计的钢支架长细比，基本地震动峰值加速度小于或等于0.20g时不应大于150，基本地震动峰值加速度大于0.20g时不应大于120；

5 管道支墩或支架顶面的设计应满足管道抗震计算模型，并应采取防止管道滑落的措施。

7.2.13 管道跨越结构的抗震措施应符合下列规定：

1 梁、桁架等位于墩台上的跨越结构应采取限位措施，在跨越结构上应固定或限制管道的相对位置，可采用挡块、钢夹板、U形螺栓等连接件；

2 位于软弱黏性土层、液化土层和严重不均匀地层上的梁、桁架等刚性跨越结构，不宜采用高次超静定结构；

3 在管道或支承结构与支墩之间可设置隔震部件，该部件应提供必要的竖向承载力、侧向刚度和阻尼，并应便于检查和维护，隔震部件可按现行国家标准《建筑抗震设计规范》GB 50011的有关规定进行设计。

7.2.14 对出入锚固墩部位的管道宜局部加强。

8 管道抗震施工

8.1 一般规定

8.1.1 管道抗震施工除应执行本规范的规定外，尚应满足批准后的抗震设计文件要求。施工中如有变更，应征得原抗震设计部门的确认，并应出具设计更改文件。

8.1.2 管道线路工程施工方案中应明确抗震措施的施工要求。

8.1.3 施工准备工作应包括下列内容：

1 在管道线路工程设计交底及图纸会审工作中，应对抗震设计部分进行专项交底，并做好会审记录；

2 承担管道线路抗震施工的单位应对各级施工人员进行专项作业培训。

8.2 材料检查与验收

8.2.1 管道抗震工程施工所采用的管材、管件等材料的材质、规格应符合设计要求，其质量应符合国家现行标准的规定。

8.2.2 管道抗震工程施工所使用的专项材料需代用时，应经原设计部门复核，经复核符合抗震设计要求后，原设计部门应重新出具抗震设计修改文件，并应按修改后的设计文件进行采购、检查和验收。

8.3 管道焊接安装与试压

8.3.1 焊接施工前，应根据管道抗震设计文件提出的钢管等级、壁厚、焊接材料、焊接方法和工艺要求进行焊接工艺评定，制订焊接及返修工艺规程。

8.3.2 在活动断层、液化引起的侧向位移等地表位移地段，应进行现场环焊缝拉伸性能测试，测试结果应符合设计要求。

8.3.3 抗震设防管段施工应减少连头焊口数量，连头短管的长度应大于3倍管道外径且不应小于0.5m。

8.3.4 抗震设防管段的对接焊口应逐一进行外观检查。焊缝外观检查合格后应按设计要求进行射线或超声波检测，并满足验收要求。

8.3.5 同一处的非裂纹缺陷的焊缝返修次数不宜超过1次。存在裂纹缺陷和超过返修次数的焊缝应割口重焊。

8.3.6 重要区段应单独试压，试压介质宜采用洁净水，并应符合现行国家标准《油气长输管道工程施工及验收规范》GB 50369 的规定。

8.4 埋地管道抗震施工

8.4.1 管道下沟时，管底应与沟底贴合，其缝隙应采用砂土回填。

8.4.2 滑坡地段的施工应满足下列要求：

1 应根据设计要求削坡或卸去坡顶部荷载，采取截排水等措施；

2 应按设计要求设置临时或永久观测点进行观测和记录；

3 抗滑挡墙、抗滑桩、锚固设施等固坡构筑物应按设计要求进行施工，基础工程应符合现行国家标准《建筑地基基础工程施工质量验收规范》GB 50202 的相关规定，边坡工程应符合现行国家标准《建筑边坡工程技术规范》GB 50330 的相关规定，锚杆喷射混凝土支护工程应符合现行国家标准《岩土锚杆与喷射混凝土支护工程技术规范》GB 50086 的相关规定，砌体工程应符合现行国家标准《砌体结构工程施工质量验收规范》GB 50203 的相关规定，混凝土结构工程应符合现行国家标准《混凝土结构工程施工质量验收规范》GB 50204 的相关规定。

8.4.3 液化地段的施工应满足下列要求：

1 管沟下部液化层的地质条件应根据设计要求进行改良。

2 对施工过程应严格进行检查，应按设计要求做好规定的试验，宜换填非液化土，并应取土源土样分析检验，同时应达到抗液化要求。

3 挤压桩、更换土、注泥浆施工后应沿管道方向每 100m 做一次随机抽检，不足 100m 时应做一次随机抽检，抽检要求应符合表 8.4.3-1 的规定。

表 8.4.3-1 挤压桩、更换土、注泥浆的检查要求

序 号	检查项目	要 求	说 明
1	挤压砂桩或碎石桩(震动或震冲型)	钻孔取样检验	$N_{63.5}>N_{cr}$
2	更换非液化土	钻孔取样检验	—
3	注入黏土泥浆	粉土的黏粒(小于 0.005mm)含量大于 16%	土样分析

注：$N_{63.5}$为饱和土标准贯入锤击数实测值，N_{cr}为液化判别标准贯入锤击数临界值。

4 当采用配重抗漂浮时，应符合国家现行标准《油气输送管道线路工程水工保护施工规范》SY/T 4126的有关规定。

5 在设置抗浮卡桩时应按设计要求设置锚固桩，并应在桩的上部安装管卡，抗浮卡桩的检查项目应符合表 8.4.3-2 的规定。

表 8.4.3-2 抗浮卡桩的检查项目

序 号	检查项目	要 求	说 明
1	桩顶高度偏差	<0.1m	—
2	桩顶位置偏差	<0.1m	—
3	桩的长度偏差	<1m	—
4	桩的垂直度偏差	<1%	—
5	桩径偏差	<500mm	—
6	管卡焊接安装	符合设计	—
7	管道电火花检查	无漏电	根据防腐等级确定检查电压
8	管卡与管道的绝缘衬垫	符合设计	检查材料厚度和尺寸

6 当采用管堤敷设时，应达到设计要求的高度、宽度和几何形状，以及覆土的密实度。当穿越河流或道路时，应符合现行国家标准《油气输送管道穿越工程施工规范》GB 50424 的有关规定。

8.4.4 通过活动断层的管沟回填宜采用不易固结的疏松材料，当采用疏松砂土回填施工时，应符合下列规定：

1 应对选用的每处土源进行一次实验室检验；

2 疏松砂土的塑性指数应小于或等于 3，且 0.1mm 以下的颗粒不应超过 15%；

3 应在管底下预填 300mm 疏松砂土，二次回填为全部疏松砂土；

4 管顶至地面回填高度应符合设计要求，不应超过 1.1m；

5 回填的沉陷余量应超过自然地面以上 300mm，宽度应超过管沟上开口宽度 300mm。

8.4.5 管道与断层交角应符合设计要求，施工过程应对交角进行测量、记录、复核和认签，与设计图纸规定的角度偏差应小于 3°。

8.4.6 应对管线上安装的弯管、弹性敷设、固定墩、截水墙，以及水工保护构筑物等进行检查，检查内容应按表 8.4.6 执行，并应符合设计规定。

表 8.4.6 安装检查内容

序号	管线设置	检 查 内 容
1	热煨弯管	位置、方向、角度、壁厚
2	冷弯弯管	位置、方向、角度、壁厚
3	弹性敷设	曲率半径
4	固定墩	开槽位置和尺寸 管件组装焊接 防腐和电火花检测 钢筋混凝土隐蔽工程检查 混凝土墩的防腐绝缘
5	刚性截水墙穿管处	穿管处保证 25mm 以上的缝隙，填塞柔性减震材料管线防腐层
6	水工保护构筑物	按现行国家标准《建筑地基基础工程施工质量验收规范》GB 50202、《混凝土结构工程施工质量验收规范》GB 50204、《砌体结构工程施工质量验收规范》GB 50203 等检查

8.5 穿跨越管道抗震施工

8.5.1 穿越段管道抗震工程施工除应符合现行国家标准《油气输送管道穿越工程施工规范》GB 50424 的有关规定外，还应符合下列规定：

1 大开挖管道穿越时，穿越前施工单位应对管沟的成型进行一次自检，沟长、沟直、沟深、沟宽、边坡坡度和曲线变化等情况应符合设计和施工组织设计的有关要求。

2 穿越管线管沟回填前，应对回填土质、深度进行检查，并应符合设计要求。

3 当采用套管穿越时，应检查内管的支撑和防腐绝缘是否完好。若使用钢套管，则应检测内管与套管的电绝缘性能。检查或检测合格后，应按设计要求进行填充或密封套管两端。

4 采用洞埋式穿越时，应确保钢筋混凝土施工质量符合设计要求，管线构件应处于正确装配状态，当采用支墩式敷设时，防滑落管卡等结构的施工及验收应符合现行国家标准《构筑物抗震设计规范》GB 50191 的有关规定。

8.5.2 跨越段管道抗震工程施工除应符合现行国家标准《油气输送管道跨越工程施工规范》GB 50460 的有关规定外，尚应符合下列规定：

1 当跨越管道与支承结构之间采用隔震部件时，设计应提供详细的结构安装图纸。采用的隔震部件应附有竖向承载力、侧向刚度、阻尼系数等技术性能指标说明书。

2 跨越工程所有钢结构的材料选择与焊接应符合现行国家标准《钢结构工程施工质量验收规范》GB 50205 的有关规定，管线构件装配应处于正确状态。

3 跨越工程钢结构焊接应制定专项焊接工艺规程，设计应给定焊缝的检测要求，要求全焊透的一、二级焊缝应采用超声波进行内部缺欠的检验，超声波不能对缺欠进行判断时，应进行射线检验。其内部缺欠分级及探伤方法应符合现行国家标准《焊缝无损检测超声检测技术、检测等级和评定》GB/T 11345 的有关规定，焊缝射线探伤验收标准应符合现行国家标准《金属熔化焊焊接接头射线照相》GB/T 3323 的有关规定，一级二级焊缝的质量等级及缺欠分级应符合表 8.5.2 的规定。对不能采用射线和超声波探伤检验的部位应进行磁粉、渗透检验。一级、二级焊缝探伤比例的计数方法应按下列原则确定：

1) 对工厂制作焊缝应按每条焊缝计算百分比，探伤长度不应小于 200mm，当焊缝长度不足 200mm 时，应对整条焊缝进行探伤；

2) 对现场安装焊缝应按同一类型同一施焊条件的焊缝条数计算百分比，探伤长度不应小于 200mm，并不应少于 1 条焊缝。

表 8.5.2 一级二级焊缝的质量等级及缺欠分级要求

焊缝质量等级		一 级	二 级
超声波探伤	合格等级	Ⅱ	Ⅲ
	探伤比例	100%	20%
射线探伤	合格等级	Ⅱ	Ⅲ
	探伤比例	100%	20%

4 钢结构的 T 形接头、十字接头、角接接头等要求熔透的对接和角对接组合焊缝，其焊脚尺寸不应小于壁厚 δ 的 1/4，如图 8.5.2 所示。

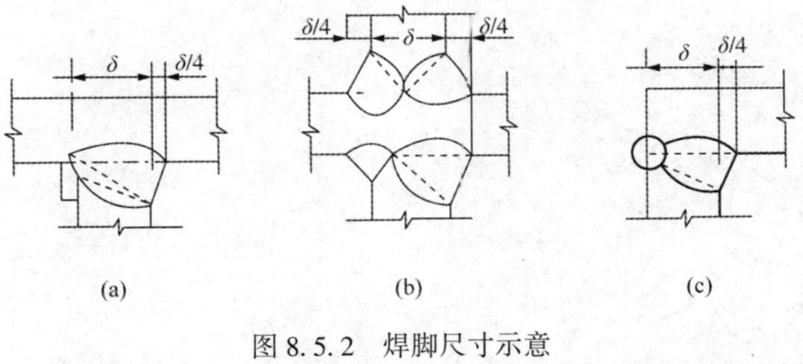

图 8.5.2 焊脚尺寸示意

5 跨越管道用于抗震的柔性连接部件、管道与支承结构之间的隔震部件安装应符合设计和安装技术要求。

6 跨越管线和钢结构的防腐绝缘、管道保温工程应符合现行国家标准《油气输送管道跨越工程设计规范》GB 50459 的相关规定。

9 管道抗震交工

9.0.1 当施工单位按照合同规定的范围完成工程项目后，应由建设单位组织施工单位和设计单位、监理单位共同对管道线路工程进行检查和验收，内容应包括抗震施工验收。

9.0.2 交工技术资料应按现行国家标准《建设工程文件归档规范》GB/T 50328 等的有关规定编制。

9.0.3 管道线路工程场地地震安全性评价的验收资料应包括下列内容：

1 管道沿线地震危险性分析结论；

2 管道沿线主要断层评价结果；

3 非埋地管段的场地地震动反应谱和时程曲线；

4 设计地震动参数对管道沿线分区的结果；

5 管道沿线地震地质灾害预测结果。

9.0.4 工程交工验收除应符合现行国家标准《油气长输管道工程施工及验收规范》GB 50369 的有关规定外，施工单位的资料尚应包括下列内容：

1 图纸会审涉及抗震问题的记录；

2 抗震措施实施项目所涉及材料、构配件等的抗震性能检(试)验结果；

3 防滑坡工程检查报告；

4 更换液化土施工报告；

5 标准贯入试验记录；

6 回填疏松砂土施工报告；

7 管道柔性接头、管道隔震部件安装记录；

8 钢结构和管线构件检查记录；

9 通过活动断层的管道与断层交角记录；

10 管道线路工程抗震施工竣工图；

11 管道线路工程抗震施工检查表，表格样式见本规范附录 F。

附录 A 管道场地地段划分

A.0.1 选择管道场地时，应按表 A.0.1 划分对管道抗震有利、不利和危险的地段。

表 A.0.1 地段的划分

地段划分	地质、地形、地貌
有利地段	一般是指无活动断裂、边坡稳定条件较好、场地属于坚硬场地或密实均匀的中硬场地等地段
不利地段	一般是指地质构造比较复杂，有活动性断裂，场地属于软弱场地、条状突出的山脊、高耸孤立的山丘、非岩质(其中包括胶结不良的第三纪沉积)的陡坡，采空区、河岸和边坡边缘、软硬不均的场地(如故河道、断层破碎带、暗埋的塘浜沟谷及半填半挖地基等)等地段
危险地段	一般是指地质构造复杂，有活动性断裂及地震时可能发生断裂、滑坡、崩塌、地陷、地裂等的地段

附录B 饱和砂土和饱和粉土的地震液化判别

B.0.1 饱和的砂土或粉土，当符合下列条件之一时，可初步判别为不液化或不考虑液化影响：

1 地质年代为第四纪晚更新世(Q_3)及以前时，Ⅶ度、Ⅷ度时可判为不液化土；

2 粉土的黏粒(粒径小于0.005mm的颗粒)含量百分率，Ⅶ度、Ⅷ度和Ⅸ度区分别不小于10%、13%和16%时，可判为不液化土；

注：用于液化判别的黏粒含量应采用六偏磷酸钠作分散剂测定，采用其他方法时应按有关规定换算。

3 当上覆非液化土层厚度和地下水位深度符合下列条件之一时，可不分析液化影响：

$$d_u > d_0^L + d_b - 2 \quad \text{(B.0.1-1)}$$

$$d_w > d_0^L + d_b - 3 \quad \text{(B.0.1-2)}$$

$$d_u + d_w > 1.5d_0^L + 2d_b - 4.5 \quad \text{(B.0.1-3)}$$

式中：d_u——上覆盖非液化土层厚度(m)，计算时宜将淤泥和淤泥质土层扣除；

d_0^L——液化土特征深度(m)，可按表B.0.1采用；

d_b——管道底部埋置深度(m)，不超过2m时应采用2m；

d_w——地下水位深度(m)，宜按设计基准期内年平均最高水位采用，也可按近期年内最高水位采用。

表B.0.1 液化土特征深度(m)

饱和土类别	设防烈度		
	Ⅶ度	Ⅷ度	Ⅸ度
粉土	6	7	8
砂土	7	8	9

B.0.2 当饱和砂土、粉土的初步判别认为需进一步进行液化判别时，应采用标准贯入试验判别法判别地面下7m深度范围内的液化；当饱和土标准贯入锤击数(未经杆长修正)小于液化判别标准贯入锤击数临界值时，应判为液化土。当有成熟经验时，也可采用其他判别方法。

在地面下7m深度范围内，液化判别标准贯入锤击数临界值可按下式计算：

$$N_{cr} = N_0[0.9 + 0.1(d_s - d_w)]\sqrt{\frac{3}{\rho_c}} \quad \text{(B.0.2)}$$

式中：N_{cr}——液化判别标准贯入锤击数临界值；

N_0——液化判别标准贯入锤击数基准值，应按表B.0.2选用；

d_s——饱和土标准贯入试验点深度(m)；

ρ_c——黏粒含量百分率，当小于3或为砂土时，均应采用3。

表B.0.2 液化判别标准贯入锤击数基准值 N_0

设计地震加速度	0.10g	0.15g	0.20g	0.30g	0.40g
标准贯入锤击数基准值	7	10	12	16	19

B.0.3 凡经判定为可液化的土层，应探明各液化土层的深度和厚度，并应按下列公式计算液化指数：

$$I_{lE} = \sum_{i=1}^{n_1}\left(1 - \frac{N_i^L}{N_{cri}}\right) d_i^L \omega_i \quad \text{(B.0.3-1)}$$

$$\omega_i=\begin{cases}10 & d_{si}\leqslant 5\\ 15-Z_{0i} & 5<d_{si}\leqslant 7\end{cases} \qquad \text{(B.0.3-2)}$$

式中：I_{lE}——液化指数；

n_t——7m 深度范围内每一个钻孔标准贯入试验点的总数；

N_i^L——i 点标准贯入锤击数的实测值（当实测值大于临界值时应取临界值的数值）；

N_{cri}——i 点标准贯入锤击数的临界值；

d_i^L——i 点所在土层厚度（m），可采用与该标准贯入试验点相邻的上、下两标准贯入试验点深度差的一半，但上界不小于地下水位深度，下界不大于液化深度，中间的非液化土层应扣除；

ω_i——i 土层考虑单位土层厚度的层位影响权函数（m^{-1}），按式（B.0.3-2）计算；

d_{si}——第 i 个标准贯入点的深度（m）；

Z_{0i}——第 i 层土中点的深度（m）。

B.0.4 存在液化土层的场地，应根据其液化指数按表 B.0.4 划分其液化等级。

表 B.0.4 液化等级划分

液化指数	$0<I_{lE}\leqslant 3.5$	$3.5<I_{lE}\leqslant 10$	$I_{lE}>10$
液化等级	轻微	中等	严重

附录 C 管材性能参数和轴向拉伸曲线

C.0.1 管材性能参数和轴向拉伸曲线宜采用工程用管轴向拉伸试验的实际值确定。在确定轴向设计拉伸曲线时，宜采用下式的 Ramberg-Osgood 方程拟合。

$$\varepsilon=\frac{\sigma}{E}+\alpha\frac{\sigma}{E}\left(\frac{\sigma}{\sigma_0}\right)^{n_1-1} \quad \text{(C.0.1)}$$

式中：ε——应变；

σ——应力(MPa)；

E——钢管弹性模量(MPa)，取 2.1×10^5MPa；

α——屈服偏移量，当无实测数据时，可按表 C.0.1 选取；

σ_0——管材的屈服应力(MPa)，当无实测数据时，可按表 C.0.1 选取；

n_1——强化指数，当无实测数据时，可按表 C.0.1 选取。

表 C.0.1 Ramberg-Osgood 方程参数

序号	钢级	σ_0(MPa)	α	n_1
1	B、X42	350	2.004	17.72
2	X52	389	1.699	14.14
3	X56	417	1.519	17.79
4	X60	437	1.403	15.85
5	X65	459	1.288	19.90
6	X70	470	1.234	14.58
7	X80	530	0.981	20.12

C.0.2 为了简化计算，在初步设计阶段，管材的轴向拉伸曲线可按照本规范第 C.0.3 条或第 C.0.4 条应力-应变简化折线取值；在详细设计阶段，可按照本规范第 C.0.4 条应力-应变简化折线取值。

C.0.3 管材的常用钢级 B、X42、X52、X56、X60、X65、X70 和 X80 的材料性能参数如表 C.0.3 所示。

表 C.0.3 常用钢级的管材的性能参数

序号	钢级	弹性区			弹塑性区		
		应变 ε_1	模量 E_1(MPa)	应力 σ_1(MPa)	应变 ε_2	模量 E_2(MPa)	应力 σ_2(MPa)
1	B、X42	0.0018	2.1×10^5	370	0.069	647	414
2	X52	0.0020	2.1×10^5	419	0.069	954	483
3	X56	0.0021	2.1×10^5	438	0.056	962	490
4	X60	0.0022	2.1×10^5	453	0.040	1611	513
5	X65	0.0023	2.1×10^5	473	0.040	1325	523
6	X70	0.0023	2.1×10^5	480	0.030	2547	550
7	X80	0.0026	2.1×10^5	541	0.030	2061	597

注：ε_1 为管道应力-应变简化折线中塑性变形起点处的应变，如图 C.0.4 所示，ε_2 为管道应力-应变简化折线中弹塑性区与塑性区交点处的应变值。

C.0.4 管材的应力-应变简化折线可由实际的应力-应变曲线等效取得，等效的原则如下：

1 E_1 等于实际应力-应变曲线中弹性阶段模量；

2 在拉伸应变 ε_2 前，实际应力-应变曲线与坐标轴围成的面积等于应力-应变简化折线与坐标轴围成的面积如图 C. 0. 4 所示。

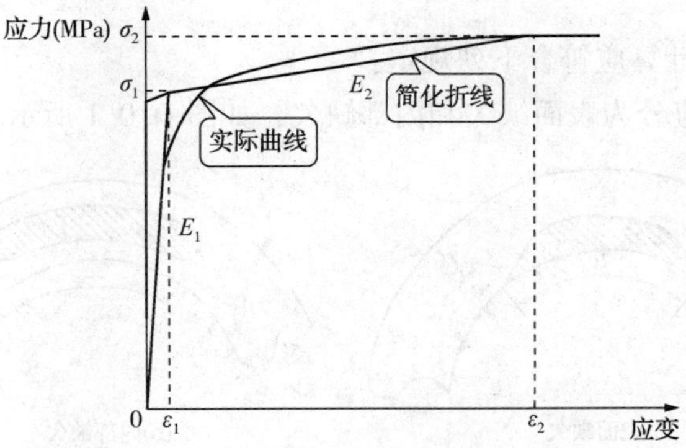

图 C. 0. 4 应力-应变简化折线示意图

C. 0. 5 国标管材与 APIX 级管材对应关系如表 C. 0. 5 所示。

表 C. 0. 5 国标管材与 API5L 级对应关系表

API	A	B	X42	X46	X52	X56	X60	X65	X70	X80
GB/T 9711	L210	L245	L290	L320	L360	L390	L415	L450	L485	L555

附录D　通过活动断层埋地管道极限应变计算

D. 0. 1　管段拉伸极限应变计算应符合下列规定：

1　环焊缝的缺欠类型应分为表面缺欠和内部缺欠，如图D. 0. 1所示。

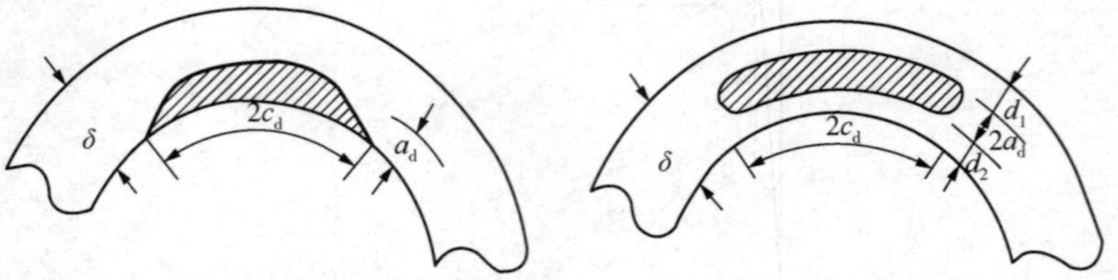

(a)表面缺欠　　(b)内部缺欠

图**D. 0. 1**　环焊缝缺欠类型

a_d—表面缺欠高度(mm)，或内部缺欠高度的一半(缺欠高度等于$2a_d$)；

c_d—缺欠长度的一半(mm)

2　含表面缺欠的管段的极限拉伸应变应按下式计算：

$$\varepsilon_t^{crit}=\delta_T^{(2.36-1.58\lambda_T-0.101\xi\eta)}(1+16.1\lambda_T^{-4.45})(-0.157+0.239\xi^{-0.241}\eta^{0.315}) \quad \cdots\cdots \quad (D.0.1-1)$$

3　含内部缺欠的管段的极限拉伸应变应按下式计算：

$$\varepsilon_t^{crit}=\delta_T^{(1.08-0.612\eta-0.735\xi+0.364\psi)}(12.3-4.65\sqrt{\delta}+0.495\delta)(11.8-10.6\lambda_T)$$
$$(-5.14+\frac{0.992}{\psi}+20.1\psi)(-3.63+11.0\sqrt{\eta}-8.44\eta)$$
$$(-0.836+0.733\eta+0.0483\xi+\frac{3.49-14.6\eta-12.9\psi}{1+\xi^{1.84}}) \quad \cdots\cdots\cdots\cdots\cdots \quad (D.0.1-2)$$

式中：ε_t^{crit}——极限拉伸应变(%)；

δ_T——表观韧性(mm)，$0.1\leqslant\delta_T\leqslant0.3$；

λ_T——屈强比，$0.7\leqslant\lambda_T\leqslant0.9$；

ξ——缺欠长度与壁厚比率($2c_d/\delta$)，$1\leqslant\xi\leqslant10$；

η——缺欠高度与壁厚比率，a_d/δ(表面缺欠时)或$2a_d/\delta$(内部缺欠时)$\eta\leqslant0.5$；

ψ——缺欠深度与壁厚的比率(d_d/δ)，$d_d=\min(d_1, d_2)$；

δ——管道壁厚(mm)$\delta\leqslant D/32$。

4　公式(D. 0. 1-1)、公式(D. 0. 1-2)的应用条件如下：

1)　材料性能参数屈强比和表观韧性的选取状态应与假定材料失效时的材料状态一致，应考虑温度、应变速率和应变失效等影响；

2)　极限拉伸应变不应超过均匀延伸率的1/3；

3)　不应存在焊缝强度低匹配；

4)　最小和平均的夏比冲击功分别不低于30J和45J。

5　采用公式(D. 0. 1-1)、公式(D. 0. 1-2)计算管道的极限拉伸应变能力时，尚应考虑下列影响因素：

1)　对于小缺欠($\eta<0.15$且$\xi<2$)，公式估计的值可能过于保守；

2)　输入缺欠尺寸的精度对结果精度有一定影响；

3)　应确定实际材料的应力-应变曲线，不宜采用规定的拉伸参数；

4)　应进行足够的试验，涵盖材料性能可能的变化；

5)　热影响区软化可能导致应变集中，软化区的强度降低不应超过母管强度的15%，软化区宽度不应超过管道壁厚的15%；

6)　公式中未考虑管道内压的影响，内压的影响可通过调整安全系数来体现；

7） 当轴向应力与横向应力存在差异时，屈强比应采用全壁厚轴向应力计算，在计算屈强比时，应合理确定屈服强度，当管材的应力-应变曲线为无明显平台的曲线时，常规定义的屈服强度 $\sigma_{0.5}$ 可能比实际的屈服强度低，过低的屈强比可能导致偏危险的应变极限估计，合理屈服点对应的斜率（即变形模量）应小于 1×10^4MPa。

6 表观韧性宜通过轴向受拉荷载状态下的低约束试验取得，也可通过标准三点弯曲试验或夏比冲击试验并按下列要求校正后取得：

1） 应在标准三点弯曲试验结果中按式（D.0.1-3）规定的条件选取有效样本，并应确定有效样本的最小值（δ_{min}）和平均值（δ_{avg}），取 $3\delta_{min}$ 和 $2\delta_{avg}$ 中的较小者为表观韧性值。

$$\delta_{T_{max}}^{HC} \leqslant 0.04\chi\left[3.69\left(\frac{1}{n_1}\right)^2-3.19\left(\frac{1}{n_1}\right)+0.882\right] \quad \text{(D.0.1-3)}$$

式中：$\delta_{T_{min}}^{HC}$——标准三点弯曲试验结果中的最大有效裂纹尖端位（CTOD）值（mm）；

χ——试样厚度和韧带的较小值（mm）；

n_1——Ramberg-Osgood 应力-应变关系中的强化指数。

2） 应确定夏比冲击功的最小值（CVN_{min}）和平均值（CVN_{avg}），并取 $\frac{0.2}{30}CVN_{min}$ 和 $\frac{0.2}{45}CVN_{avg}$ 之中的较小值为表观韧性值。

D.0.2 管段的极限压缩应变应按下列公式计算：

$$\varepsilon_c^{crit}=\min(\varepsilon_n,\ F_{LD}\times\varepsilon_r) \quad \text{(D.0.2-1)}$$

当应力-应变曲线有屈服平台时，

$$F_{LD}=1-0.50\times(1-0.75_{\varepsilon_r}{}^{-0.23})\left[1+\tanh(8.0\frac{\varepsilon L}{\varepsilon_r}-8.2)\right] \quad \text{(D.0.2-2)}$$

当应力-应变曲线为圆拱形时，

$$F_{LD}=1 \quad \text{(D.0.2-3)}$$

$$\varepsilon_r=F_{DP}\cdot F_{YT}\cdot F_{GI}\cdot F_{NF} \quad \text{(D.0.2-4)}$$

$$f_{pc}=1.8\times10^{-4}\times\left(\frac{D}{\delta}\right)^{1.6} \quad \text{(D.0.2-5)}$$

$$f_P=\frac{PD}{2\delta\sigma_y} \quad \text{(D.0.2-6)}$$

当 $f_P<f_{pc}$ 时，

$$F_{DP}=980\times\left[0.5\left(\frac{D}{\delta}\right)^{-1.6}+1.9\times10^{-4}\right] \quad \text{(D.0.2-7)}$$

当 $f_P\geqslant f_{pc}$ 时，

$$F_{DP}=980\times(1.06f_p+0.5)\left(\frac{D}{\delta}\right)^{-1.6} \quad \text{(D.0.2-8)}$$

$$F_{YT}=2.7-2.0\lambda_T \quad \text{(D.0.2-9)}$$

$$F_{GI}=1.84-1.6f_g^{0.2} \quad \text{(D.0.2-10)}$$

$$f_g=\frac{h_g}{\delta} \quad \text{(D.0.2-11)}$$

$$f_n=\frac{\sigma_a^c}{\sigma_y} \quad \text{(D.0.2-12)}$$

当 $f_n\geqslant0$ 时，

$$F_{NF}=1.2f_n^2+1 \quad \text{(D.0.2-13)}$$

当 $f_n<0$ 时，

$$F_{NF}=1 \quad \text{(D.0.2-14)}$$

式中：ε_c^{crit}——极限压缩应变(%)；

ε_u——钢管的均匀延伸率(%)；

F_{LD}——极限压缩应变的调整系数；

ε_r——极限压缩应变的计算值(%)；

ε_L——屈服平台结束时的应变(%)，$\varepsilon_L \leqslant 2\%$；

F_{DP}——内压调整系数；

F_{YT}——应变强化调整系数；

F_{GI}——几何尺寸调整系数；

F_{NF}——轴向力调整系数；

f_{pc}——临界承压系数；

D/δ——钢管径厚比，$20 \leqslant D/\delta \leqslant 104$；

f_p——承压系数，$0 \leqslant f_p \leqslant 0.80$；

P——管内压力(MPa)；

σ_y——管道轴向屈服强度(MPa)，当无法获得时，可取为钢管的规定最小屈服强度；

λ_T——屈强比，$0.70 \leqslant \lambda_T \leqslant 0.96$；

f_g——几何尺寸偏差与壁厚比率，$0.01 \leqslant h_g/\delta \leqslant 0.30$；

h_g——钢管表面波浪缺欠的波峰至谷底的高度(mm)，无实测资料时，可取 $0.13\%D$ 和 $8\%\delta$ 二者中的较大值；

f_n——轴向应力与屈服强度的比率，$\sigma_a^c/\sigma_y \leqslant 0.40$；

σ_a^c——轴向应力(MPa)，可通过应力分析获得，当无法获得时，可设置为 0。

附录E 通过活动断层埋地管道有限元方法的弹簧参数

E.0.1 当有限元方法采用等效边界进行分析时，等效非线性弹簧的外力与伸长量关系式可按下式计算：

$$F=\sqrt{2f_sAE\Delta_L} \qquad (E.0.1)$$

式中：F——作用于等效非线性弹簧的外力(N)；

f_s——管轴方向土壤与管道外表面之间单位长度上的摩擦力(N/m)，可按式(6.2.5-1)计算；

A——管道横截面面积(m^2)；

E——管道材料的弹性模量(Pa)，按本规范附录C选取；

Δ_L——在外力作用下等效非线性弹簧的伸长量(m)。

E.0.2 当采用有限元方法进行通过活动断层的管道抗震的初步计算时，土弹簧的设置和模型如图E.0.2-1和图E.0.2-2所示，其参数可按下列公式计算：

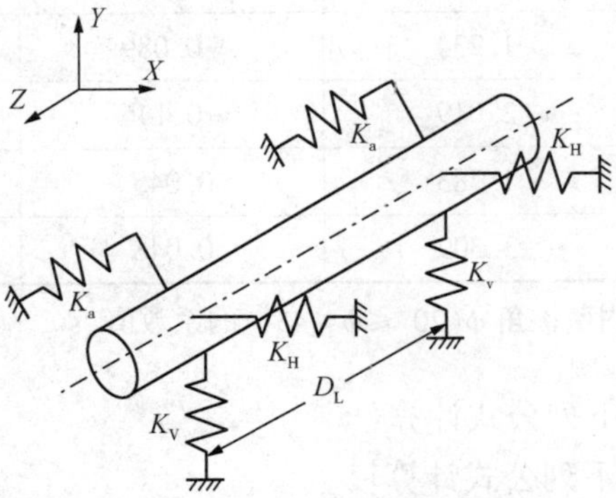

图E.0.2-1 埋地管道的有限元模型

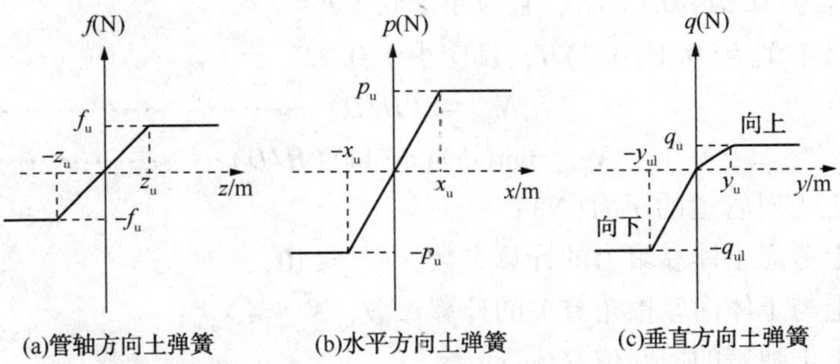

图E.0.2-2 土弹簧的非线性模型(三个方向)

1 管轴方向土弹簧Ka可按下式计算：

$$f_u=f_s\cdot D_L \qquad (E.0.2-1)$$

式中：f_u——沿管轴方向管土之间的滑动摩擦力(N)；

D_L——土弹簧间距(m)。

图E.0.2-2(a)中管轴方向土弹簧的屈服位移Z_u，对于密砂、松砂、硬黏土和软黏土分别取值0.003m. 0.005m. 0.008m和0.01m。

2 水平横向土弹簧K_H可按下列公式计算：

$$P_u=(N_{ch}cD+N_{qh}\rho_{sl}gHD)D_L \qquad (E.0.2-2)$$

$$X_u=0.04(H+D/2)\text{，且应小于}0.10D\sim0.15D \qquad (E.0.2-3)$$

$$N_{ch}=6.752+0.065H/D-\frac{11.063}{(H/D+1)^2}+\frac{7.119}{(H/D+1)^3} \qquad (E.0.2-4)$$

$$N_{qh}=C_0+C_1(H/D)+C_2(H/D)^2+C_3(H/D)^3+G_4(H/D)^4 \qquad (E.0.2-5)$$

式中：P_u——埋设场地土沿水平横向对管道的压力(N)；

N_{ch}——水平横向考虑土体黏聚力的计算参数，且 $N_{ch} \leqslant 9$，当 $c=0$ 时，$N_{ch}=0$；

c——土的黏聚力(kPa)；

D——管道外径(m)；

N_{qh}——水平横向与土体内摩擦角有关的计算参数，系数 $C_0 \sim C_4$ 按表 E.0.2 取值，当 $\phi=0°$时，$N_{qh}=0$，ϕ 为土的内摩擦角(°)；

ρ_{sl}——管道周围场地土的密度(kg/m^3)；

H——管道中心线的埋深(m)；

X_u——水平横向土弹簧的屈服位移(m)。

表 E.0.2　N_{qh}的系数取值表

ϕ	C_0	C_1	C_2	C_3	C_4
20°	2.399	0.439	−0.030	0.001059	−0.0000175
25°	3.332	0.839	−0.090	0.005606	−0.0001319
30°	4.565	1.234	−0.089	0.004275	−0.0000916
35°	6.816	2.019	−0.146	0.007651	−0.0001683
40°	10.959	1.783	0.045	−0.005425	−0.0001153
45°	17.658	3.309	0.048	−0.006443	−0.0001299

注：可以采用插值方法得到其他内摩擦角 ϕ(20°≤ϕ≤45°)的系数值。

3　垂直方向土弹簧 K_v 应按下列公式计算：

1）　垂直向上土弹簧应按下列公式计算：

$$q_u=(N_{cvu}cD+N_{qvu}\rho_{si}gHD)D_L \quad (E.0.2\text{-}6)$$

从密砂到松砂：$Y_u=(0.01\sim0.02)H$，且应小于 0.1D　(E.0.2-7)

从硬黏土到软黏土：$Y_u=(0.1\sim0.2)H$，且应小于 0.2D　(E.0.2-8)

$$N_{cvu}=2(H/D) \quad (E.0.2\text{-}9)$$

$$N_{qvu}=\tan(\phi)(\phi/44)(H/D) \quad (E.0.2\text{-}10)$$

式中：q_u——垂直向上土对管道的压力(N)；

N_{cvu}——垂直向上考虑土体黏聚力的计算参数，$N_{cvu} \leqslant 10$；

N_{qvu}——垂直向上与土体内摩擦角有关的计算参数，$N_{qvu} \leqslant N_{qvd}$；

Y_u——垂直向上土弹簧的屈服位移(m)。

2）　垂直向下土弹簧应按下列公式计算：

$$q_{ul}=(N_{cvd}cD+N_{qvd}\rho_{s1}gHD+N_r\rho_{sl}gD^2/2)D_L \quad (E.0.2\text{-}11)$$

砂土：

$$Y_{ul}=0.1D \quad (E.0.2\text{-}12)$$

黏土：

$$Y_{ul}=0.2D \quad (E.0.2\text{-}13)$$

$$N_{cvd}=[\cot(\phi+0.001)]\left\{e^{\pi\tan(\phi+0.001)}\left[\tan\left(45+\frac{\phi+0.001}{2}\right)\right]^2-1\right\} \quad (E.0.2\text{-}14)$$

$$N_{qvd}=e^{\pi\tan\phi}\left[\tan\left(45+\frac{\phi}{2}\right)\right]^2 \quad (E.0.2\text{-}15)$$

$$N_r=e^{0.18\phi-2.5} \quad (E.0.2\text{-}16)$$

式中：q_{ul}——垂直向下土对管道的压力(N)；

N_{cvd}——垂直向下考虑土体黏聚力的计算参数；

N_{qvd}——垂直向下与土体内摩擦角有关的计算参数；

N_r——垂直向下土弹簧的计算参数；

Y_{ul}——垂直向下土弹簧的屈服位移(m)。

附录 F 管道抗震施工检查报告表

F.0.1 防滑坡工程检查报告(表F.0.1)。

表 F.0.1 防滑坡工程检查报告

<table>
<tr><td colspan="3">资料编号：F.0.1</td><td colspan="3">防滑坡工程检查报告</td><td colspan="3">单位工程名称：
单位工程编号：</td></tr>
<tr><td colspan="3">施工承包商：</td><td colspan="6">分部工程名称和编号：</td></tr>
<tr><td colspan="3">防滑坡地段起止桩号</td><td colspan="6"></td></tr>
<tr><td colspan="2">抗滑坡措施</td><td colspan="7">检查内容</td></tr>
<tr><td>削坡工程</td><td>削坡前坡度</td><td></td><td>削坡后坡度</td><td></td><td>削坡面积</td><td></td><td>削坡土石方量</td><td></td></tr>
<tr><td>护坡工程</td><td>护坡形式</td><td></td><td>砌筑或喷护质量</td><td></td><td>护坡面积</td><td></td><td>砌筑工程量</td><td></td></tr>
<tr><td>抗滑挡墙</td><td>挡墙外型尺寸</td><td></td><td>砌筑或混凝土质量</td><td></td><td>挡墙数量</td><td></td><td>砌筑或混凝土工程量</td><td></td></tr>
<tr><td>抗滑桩</td><td>混凝土质量</td><td></td><td>桩的垂直度</td><td></td><td>桩的尺寸</td><td></td><td>桩的数量</td><td></td></tr>
<tr><td>锚固设施</td><td>锚固结构</td><td></td><td>锚固段尺寸</td><td></td><td>拉索规格</td><td></td><td>锚固设施质量</td><td></td></tr>
<tr><td>排水措施</td><td>排水流畅程度</td><td></td><td>排水沟截面尺寸</td><td></td><td>砌筑质量</td><td></td><td>排水沟长度</td><td></td></tr>
<tr><td>防渗措施</td><td>防渗结构</td><td></td><td>防渗效果</td><td></td><td>砌筑质量</td><td></td><td>防渗面积</td><td></td></tr>
<tr><td>位移观测</td><td>位移观测数量</td><td></td><td>观测点原标高</td><td></td><td colspan="4">施工后观测点原标高：</td></tr>
<tr><td>主要断面示意图</td><td colspan="8"></td></tr>
<tr><td>平面示意图</td><td colspan="8"></td></tr>
<tr><td>质量评价</td><td colspan="8"></td></tr>
<tr><td colspan="4">施工单位</td><td colspan="5">监理单位</td></tr>
<tr><td colspan="4">记录人：
技术员：
技术负责人：
年 月 日</td><td colspan="5">现场代表：
年 月 日</td></tr>
</table>

F.0.2 换填液化土施工报告(表F.0.2)。

表F.0.2 换填液化土施工报告

资料编号：F.0.2	换填液化土施工报告	单位工程名称： 单位工程编号：
施工承包商：	分部工程名称和编号：	
换填液化土起止桩号和长度		
非液化土土源地点		
非液化土土样试验单位		
分散剂名称		
粉土的黏粒(小于0.005mm)含量		
换填土截面尺寸		
换填土数量		
分层夯实状况		
断面示意图		
平面示意图		
质量评价		
施工单位	监理单位	
记录人： 技术员： 技术负责人： 年 月 日	现场代表： 年 月 日	

F.0.3 标准贯入试验记录(表 F.0.3)。

表 F.0.3 标准贯入试验记录

资料编号：F.0.3		标准贯入试验记录		单位工程名称： 单位工程编号：	
施工承包商：			分部工程名称和编号：		
起止桩号和长度					
标准贯入器型号和规格					
测试深度					
贯入点位置	实测锤击数(锤进 30cm)	是否合格	贯入点位置	实测锤击数(锤进 30cm)	是否合格
平面示意图					
质量评价					
施工单位			监理单位		
记录人： 技术员： 技术负责人：　　　　年　月　日			现场代表： 年　月　日		

F.0.4 回填疏松砂土施工报告(表F.0.4)。

表F.0.4 回填疏松砂土施工报告

资料编号：F.0.4	回填疏松砂土施工报告		单位工程名称： 单位工程编号：
施工承包商：	分部工程名称和编号：		
回填疏松砂土起止桩号和长度			
疏松砂土土样试验单位			
疏松砂土土源地点	土的塑性指数(I_P)	0.1mm以下颗粒的含量(%)	是否符合要求
管底疏松砂土回填厚度			
管顶至地面疏松砂土厚度			
地面以上回填宽度和厚度			
管沟断面示意图			
质量评价			
施工单位		监理单位	
记录人： 技术员： 技术负责人： 年 月 日		现场代表： 年 月 日	

F.0.5 管道柔性接头、管道隔震部件安装记录(表 F.0.5)。

表 F.0.5 管道柔性接头、管道隔震部件安装记录

<table>
<tr><td colspan="2">资料编号：F.0.5</td><td colspan="3">管道柔性接头、管道隔震部件安装记录</td><td colspan="2">单位工程名称：
单位工程编号：</td></tr>
<tr><td colspan="3">施工承包商：</td><td colspan="4">分部工程名称和编号；</td></tr>
<tr><td colspan="7">管道柔性接头</td></tr>
<tr><td colspan="2">管道柔性接头生产单位</td><td colspan="5"></td></tr>
<tr><td colspan="2">柔性接头型号和数量</td><td colspan="5"></td></tr>
<tr><td>管道柔性接头编号</td><td>安装位置</td><td>压力等级</td><td>预强度试验压力(MPa)</td><td>预严密试验压力(MPa)</td><td>安装检查结果</td><td>管线试压时的检查结果</td></tr>
<tr><td></td><td></td><td></td><td></td><td></td><td></td><td></td></tr>
<tr><td></td><td></td><td></td><td></td><td></td><td></td><td></td></tr>
<tr><td></td><td></td><td></td><td></td><td></td><td></td><td></td></tr>
<tr><td></td><td></td><td></td><td></td><td></td><td></td><td></td></tr>
<tr><td colspan="7">管道隔震部件</td></tr>
<tr><td colspan="2">管道隔震部件生产单位</td><td colspan="5"></td></tr>
<tr><td colspan="2">隔震部件型号和数量</td><td colspan="5"></td></tr>
<tr><td>管道隔震部件编号</td><td>安装位置</td><td>安装标高偏差(mm)</td><td>安装位置偏差(mm)</td><td>安装角度偏差(mm)</td><td>绝缘检查结果</td><td>机械安装检查结果</td></tr>
<tr><td></td><td></td><td></td><td></td><td></td><td></td><td></td></tr>
<tr><td></td><td></td><td></td><td></td><td></td><td></td><td></td></tr>
<tr><td></td><td></td><td></td><td></td><td></td><td></td><td></td></tr>
<tr><td></td><td></td><td></td><td></td><td></td><td></td><td></td></tr>
<tr><td></td><td></td><td></td><td></td><td></td><td></td><td></td></tr>
<tr><td></td><td></td><td></td><td></td><td></td><td></td><td></td></tr>
<tr><td></td><td></td><td></td><td></td><td></td><td></td><td></td></tr>
<tr><td colspan="2">质量评价</td><td colspan="5"></td></tr>
<tr><td colspan="4">施工单位</td><td colspan="3">监理单位</td></tr>
<tr><td colspan="4">记录人：
技术员：
技术负责人：

年　月　日</td><td colspan="3">现场代表；

年　月　日</td></tr>
</table>

F.0.6 通过活动断层的管道与断层交角记录(表 F.0.6)。

表 F.0.6　通过活动断层的管道与断层交角记录

<table>
<tr><td>资料编号：F.0.6</td><td colspan="4">通过活动断层的管道与断层交角记录</td><td colspan="2">单位工程名称：
单位工程编号：</td></tr>
<tr><td>施工承包商：</td><td colspan="6">分部工程名称和编号：</td></tr>
<tr><td>管道通过活动断层的位置和里程</td><td>断层的名称</td><td>断层两侧的场地类型</td><td>断层周围的地形情况</td><td>断层的方位角</td><td>管道的方位角</td><td>管道与断层交角</td></tr>
<tr><td rowspan="3"></td><td></td><td></td><td></td><td></td><td></td><td></td></tr>
<tr><td>管道的外径和壁厚</td><td>管道的埋设深度</td><td>管沟回填土的土性描述</td><td>管沟底部的宽度</td><td>管沟的深度</td><td>管沟的坡度</td></tr>
<tr><td></td><td></td><td></td><td></td><td></td><td></td></tr>
<tr><td>管沟断面示意图</td><td colspan="6"></td></tr>
<tr><td>管道与断层相交情况示意图</td><td colspan="6"></td></tr>
<tr><td>质量评价</td><td colspan="6"></td></tr>
<tr><td colspan="3">施工单位</td><td colspan="4">监理单位</td></tr>
<tr><td colspan="3">记录人：
技术员：
技术负责人：
年　月　日</td><td colspan="4">现场代表：
年　月　日</td></tr>
</table>

引用标准名录

《建筑抗震设计规范》GB 50011
《岩土工程勘察规范》GB 50021
《室外给水排水和燃气热力工程抗震设计规范》GB 50032
《岩土锚杆与喷射混凝土支护工程技术规范》GB 50086
《铁路工程抗震设计规范》GB 50111
《构筑物抗震设计规范》GB 50191
《建筑地基基础工程施工质量验收规范》GB 50202
《砌体结构工程施工质量验收规范》GB 50203
《混凝土结构工程施工质量验收规范》GB 50204
《钢结构工程施工质量验收规范》GB 50205
《输气管道工程设计规范》GB 50251
《输油管道工程设计规范》GB 50253
《建设工程文件归档规范》GB/T 50328
《建筑边坡工程技术规范》GB 50330
《油气长输管道工程施工及验收规范》GB 50369
《油气输送管道穿越工程施工规范》GB 50424
《油气输送管道跨越工程设计规范》GB 50459
《油气输送管道跨越工程施工规范》GB 50460
《油气田及管道岩土工程勘察规范》GB 50568
《金属熔化焊焊接接头射线照相》GB/T 3323
《石油天然气工业　管线输送系统用钢管》GB/T 9711
《焊缝无损检测　超声检测　技术、检测等级和评定》GB/T 11345
《中国地震动参数区划图》GB 18306
《公路工程抗震规范》JTG B02
《公路桥梁抗震设计细则》JTG/T B02-01
《公路悬索桥设计规范》JTG/T D65—05
《石油天然气钢质管道无损检测》SY/T 4109
《油气输送管道线路工程水工保护施工规范》SY/T 4126

ICS 75.180
E 93
备案号：57585-2017

SY

中华人民共和国石油天然气行业标准

SY/T 0516—2016
代替 SY/T 0516—2008

绝缘接头与绝缘法兰技术规范

Technical code for insulating joint and insulating flange

2016-12-05 发布　　　　2017-05-01 实施

国家能源局　发布

目　　次

前　言

本标准按照 GB/T 1.1—2009《标准化工作导则　第 1 部分：标准的结构和编写》给出的规则起草。

本标准代替 SY/T 0516—2008《绝缘接头与绝缘法兰设计技术规范》。

本标准与 SY/T 0516—2008 相比，主要变化如下：

——标准适用范围扩大到公称直径 DN2000 以下；

——增加绝缘接头的设计要求；

——增加绝缘材料和密封材料的性能指标要求；

——增加绝缘接头检验规则要求；

——增加绝缘接头安装与维护要求。

本标准由石油工程建设专业标准化委员会提出并归口。

本标准起草单位：中国石油集团工程设计有限责任公司西南分公司。

本标准参编单位：西安泵阀总厂有限公司。

本标准主要起草人：雒定明、汤晓勇、李彩虹、刘文广、李强、张玉明、唐昕、焦建国、唐强、谢兵、高建林、夏成宓、古剑飞、施辉明、张平、唐闻、汤智昀、刘兴丁。

本标准代替了 SY/T 0516—2008。

SY/T 0516—2008 的历次版本发布情况为：

——SYJ 16—1985；

——SY/T 0516—1997。

绝缘接头与绝缘法兰技术规范

1 范围

本标准规定了埋地钢质管道工程中电化学保护用绝缘接头、绝缘法兰的选材、设计、制造、检验、安装等基本要求。

本标准适用于介质温度不超过100℃，设计压力不超过32MPa、公称直径不超过DN2000的绝缘接头与设计压力不超过10MPa，公称直径不超过DN600的绝缘法兰。

2 规范性引用文件

下列文件对于本文件的应用是必不可少的。凡是注日期的引用文件，仅注日期的版本适用于本文件。凡是不注日期的引用文件，其最新版本(包括所有的修改单)适用于本文件。

GB/T 97.2　平垫圈　倒角型 A 级
GB 150.2　压力容器　第2部分：材料
GB 150.3　压力容器　第3部分：设计
GB 150.4　压力容器　第4部分：制造、检验和验收
GB/T 901　等长双头螺柱 B 级
GB/T 528　硫化橡胶或热塑性橡胶　拉伸应力应变性能的测定
GB/T 529　硫化橡胶或热塑性橡胶撕裂强度的测定(裤形、直角形和新月形试样)
GB/T 531.1　硫化橡胶或热塑性橡胶　压入硬度试验方法　第1部分：邵氏硬度计法(邵尔硬度)
GB/T 1033.1　塑料　非泡沫塑料密度的测定　第1部分：浸渍法、液体比重瓶法和滴定法
GB/T 1034　塑料　吸水性的测定
GB/T 1040.1　塑料　拉伸性能的测定　第1部分：总则
GB/T 1041　塑料　压缩性能的测定
GB/T 1043.1　塑料　简支梁冲击性能的测定　第1部分：非仪器化冲击试验
GB/T 1047　管道元件 DN(公称尺寸)的定义和选用
GB/T 1408.1　绝缘材料电气强度试验方法　第1部分：工频下试验
GB/T 1303.2　电气用热固性树脂工业硬质层压板　第2部分：试验方法
GB/T 1303.4　电气用热固性树脂工业硬质层压板　第4部分：环氧树脂硬质层压板
GB/T 1682　硫化橡胶　低温脆性的测定　单试样法
GB/T 1804　一般公差　未注公差的线性和角度尺寸的公差
GB/T 3452.1　液压气动用 O 形橡胶密封圈　第1部分：尺寸系列及公差
GB/T 3452.3　液压气动用 O 形橡胶密封圈　第3部分：沟槽尺寸
GB/T 3512　硫化橡胶或热塑性橡胶　热空气加速老化和耐热试验
GB/T 5169.16　电工电子产品着火危险试验　第16部分：试验火焰50W水平与垂直火焰试验方法
GB/T 5210　色漆和清漆拉开法附着力试验
GB/T 6170　I 型六角螺母
GB/T 7759.1　硫化橡胶或热塑性橡胶　压缩永久变形的测定　第1部分：在常温及高温条件下

GB/T 8923.1　涂覆涂料前钢材表面处理　表面清洁度的目视评定　第1部分：未涂覆过的钢材表面和全面清除原有涂层后的钢材表面的锈蚀等级和处理等级

GB/T 9124　钢制管法兰　技术条件

GB/T 9125　管法兰连接用紧固件

GB/T 9341　塑料　弯曲性能的测定

GB/T 11026.1　电气绝缘材料　耐热性　第1部分：老化程序和试验结果的评定

GB/T 10064　测定固体绝缘材料绝缘电阻的试验方法

GB/T 21246　埋地钢质管道阴极保护参数测量方法

GB/T 22209　船用垫片用非石棉纤维增强橡胶板

GB/T 23257　埋地钢质管道聚乙烯防腐层

GB 50251　输气管道工程设计规范

GB 50253　输油管道工程设计规范

HG 2949　电绝缘橡胶板

JB/T 4711　压力容器涂敷与运输包装

JB/T 4732　钢制压力容器　分析设计标准

JB/T 8149.2　酚醛棉布层压板

JB/T 8150　环氧层压玻璃布管

NB/T 47008　承压设备用碳素钢和低合金钢锻件

NB/T 47008　低温承压设备用低合金钢锻件

NB/T 47010　承压设备用不锈钢和耐热钢锻件

NB/T 47013.2　承压设备无损检测　第2部分：射线检测

NB/T 47013.3　承压设备无损检测　第3部分：超声检测

NB/T 47013.4　承压设备无损检测　第4部分：磁粉检测

NB/T 47013.5　承压设备无损检测　第5部分：渗透检测

SY/T 0086　阴极保护管道的电绝缘标准

SY/T 0319　钢制储罐液体涂料内防腐层技术标准

SY/T 0442　钢制管道熔结环氧粉末内防腐层技术标准

SY/T 0457　钢制管道液体环氧涂料内防腐层技术标准

SY/T 0599　天然气地面设施抗硫化物应力开裂和抗应力腐蚀开裂金属材料要求

SY/T 6854　埋地钢质管道液体环氧外防腐层技术标准

TSG 21　固定式压力容器安全技术监察规程

TSG D7002　压力管道元件型式试验规则

3　术语和定义

下列术语和定义适用于本文件。

3.1

绝缘接头　insulating joint

对同时具有埋地钢质管道要求的密封性能和电化学保护工程所要求的电绝缘性能管道接头的统称，包括一对钢质凸缘法兰、固定套、密封件、法兰间的绝缘环及法兰与固定套间的绝缘环、绝缘填料以及与法兰小端分别焊接的一对钢质短管。

3.2

绝缘法兰　insulating flange

对同时具有埋地钢质管道要求的密封性能和电化学保护工程所要求的电绝缘性能的管道法兰的

统称，包括一对钢法兰、两法兰间的绝缘环或绝缘密封件、法兰紧固件和绝缘套管、绝缘垫片以及与两片法兰分别焊接的一对钢质短管。

绝缘法兰按其绝缘密封件结构的不同分为Ⅰ型绝缘法兰（即比压密封型绝缘法兰）和Ⅱ型绝缘法兰（即自紧密封型绝缘法兰）两种。

3.3

Ⅰ型绝缘法兰（比压密封型绝缘法兰） Ⅰ-type insulating flange（specific-pressure seal insulating flange）

靠预紧具有良好回弹性能和电绝缘性能的绝缘密封件到规定的密封比压，来同时实现法兰连接处密封和电绝缘的绝缘法兰。

3.4

Ⅱ型绝缘法兰（自紧密封型绝缘法兰） Ⅱ-type insulating flange （self-tightening seal insulating flange）

由O形橡胶密封圈和绝缘环组成，在法兰密封面间同时实现自紧式密封和电绝缘要求的绝缘法兰。

3.5

绝缘密封件　insulating sealing parts

满足Ⅰ型绝缘法兰连接处电绝缘和密封要求的绝缘密封零件。

3.6

绝缘件　insulating parts

具有规定电绝缘强度要求的绝缘环、绝缘套管和绝缘垫片的统称。

4　基本规定

4.1　绝缘接头、绝缘法兰的设计应由有国家质检总局颁发的相应等级的压力容器设计资质的单位承担。

4.2　绝缘接头、绝缘法兰应具有埋地钢质管道电化学保护工程所要求的电绝缘性能。

4.3　绝缘接头、绝缘法兰应能满足管输工况要求的腐蚀、强度、刚度和密封性能。

4.4　设计压力大于1.0MPa的绝缘接头，应采用各零件之间紧密连接的整体型结构，不允许采用螺纹连接。结构主体宜为整体锻制或锻制本体与钢质短管焊接的连接结构。

4.5　绝缘接头的压力密封宜采用U型、O型的自紧式密封结构，密封件在设计使用年限期内应具有良好的残余弹性以保证绝缘接头密封可靠。

4.6　绝缘接头应采用将绝缘密封件和绝缘填料固定于整体结构内的型式，接头内部所有的空腔和环形空间的外侧应填充能阻止土壤内水汽渗入到绝缘接头内部的绝缘填料。

4.7　绝缘接头、绝缘法兰的内径应与所连接管道的内径一致。

4.8　绝缘接头、绝缘法兰同管线焊接时所产生的热量不应影响接头的密封性能和电绝缘性能。

4.9　绝缘法兰的结构应使绝缘法兰在组装和安装状态下方便拆卸与更换各可拆零件。

4.10　绝缘法兰各易损零件的设计使用年限不应低于5年。

4.11　绝缘接头、绝缘法兰的公称尺寸DN应符合GB/T 1047的规定。

4.12　绝缘接头应能承受弯矩和1.5倍设计压力的液压联合作用，该弯矩值应能使承受相同弯矩的相连管道产生不小于72%管材屈服强度的纵向应力。

4.13　公称尺寸小于或等于DN150的绝缘接头应能承受0.6MPa气压和分别施加相当于50%管材屈服强度的拉应力或压应力的联合作用，且不发生任何金属部件的变形和绝缘材料的损坏。

4.14　公称尺寸小于或等于DN150的绝缘接头应能承受1.5倍设计压力的液压和分别施加相当于50%管材屈服强度的拉应力或压应力的联合作用，且不发生任何金属部件的变形和绝缘材料的损坏。

4.15　绝缘接头、绝缘法兰的产品设计文件有特殊要求时，还应符合设计文件的要求。

5 基本结构与型号

5.1 绝缘接头基本结构与型号

5.1.1 绝缘接头基本结构如图1所示。

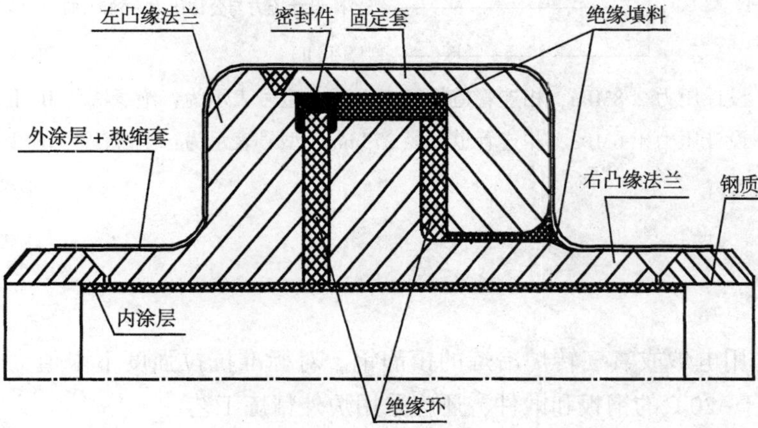

图1 整体型绝缘接头基本结构示意图

5.1.2 绝缘接头型号的表示方法如下：

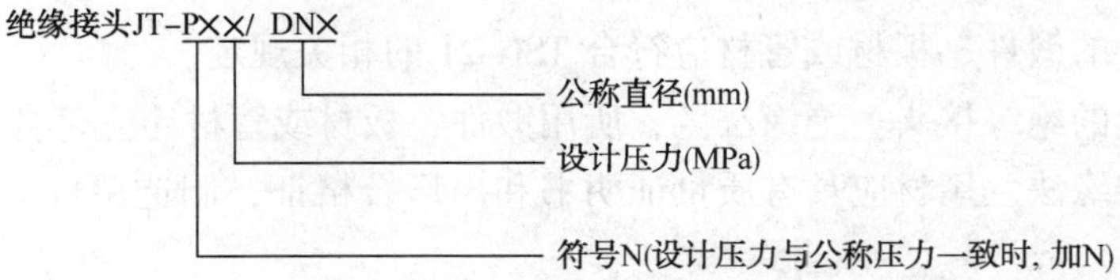

示例1：绝缘接头，设计压力10MPa，相连管道外径610mm，型号表示为：绝缘接头 JT-PN10/DN600。

示例2：绝缘接头，设计压力11.5MPa，相连管道外径1014mm，型号表示为：绝缘接头 JT-P11.5/DN1000。

5.2 绝缘法兰基本结构与型号

5.2.1 Ⅰ型和Ⅱ型绝缘法兰的结构分别如图2和图3所示。

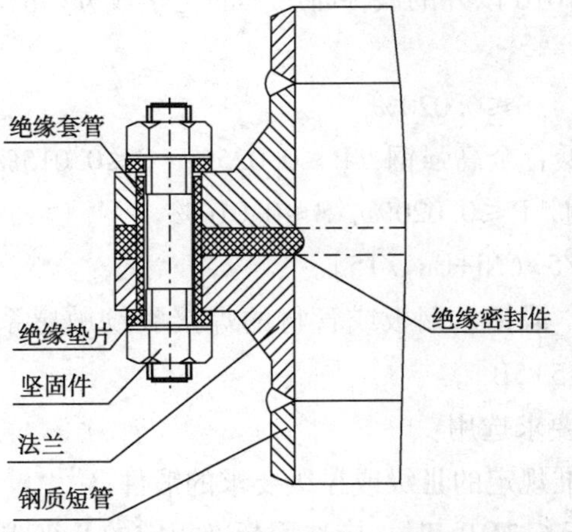

图2 Ⅰ型绝缘法兰基本结构示意图

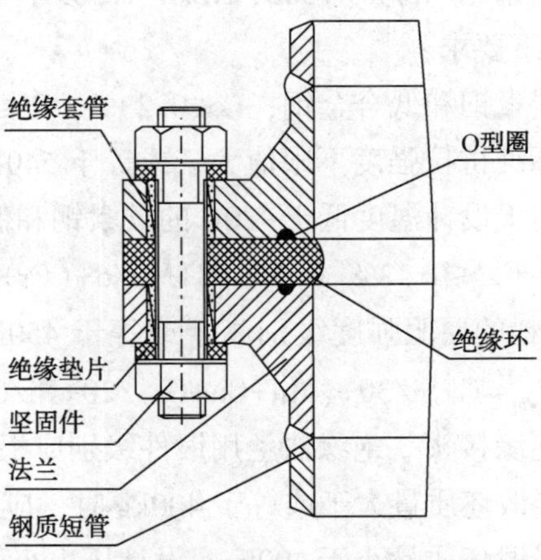

图3 Ⅱ型绝缘法兰基本结构示意图

5.2.2 绝缘法兰型号的表示方法如下：

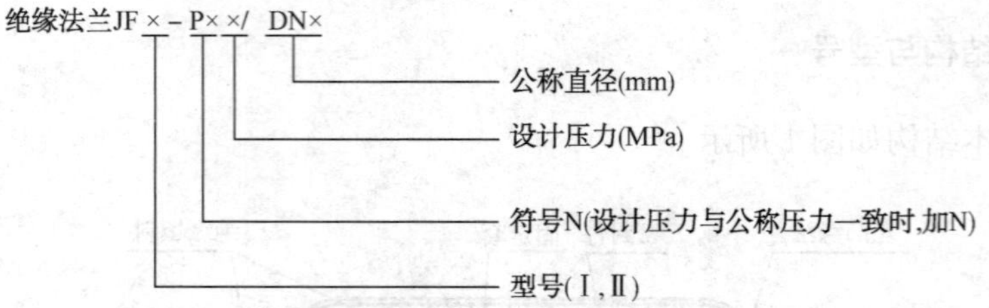

示例1：Ⅱ型绝缘法兰，设计压力2.8MPa，相连管道外径508mm，型号表示为：绝缘法兰 JF Ⅱ-P2.8/DN500。

示例2：Ⅰ型绝缘法兰，设计压力1.6MPa，相连管道外径273mm，型号表示为：绝缘法兰 JF Ⅰ-PN1.6/DN250。

6 材料

6.1 一般规定

6.1.1 金属材料应选用电炉或氧气转炉冶炼的镇静钢。对标准抗拉强度下限值大于或等于540MPa以及用于设计温度低于-20℃的钢板和锻件，还应采用炉外精炼工艺。

6.1.2 绝缘接头、绝缘法兰用锻件、板材或管材应符合GB 150.2，GB 50251和GB 50253规定的相应材料标准要求。

6.1.3 当设计温度低于-20℃时，应按规定要求进行夏比V型缺口冲击试验，冲击值满足相关标准要求。

6.1.4 选用国外牌号的锻件、板材或管材应符合TSG 21的相关规定。

6.1.5 处于含硫工况的绝缘接头、绝缘法兰，所用锻件、板材或管材还应符合SY/T 0599的要求。

6.1.6 绝缘接头、绝缘法兰用材应具有质量证明书和出厂合格证，制造单位应按规定对材料进行验收和复检。

6.2 锻件

6.2.1 锻件的材质应能满足产品的工作条件和机加工要求，并与选定的钢质短管的材质具有良好的可焊性，法兰锻件的标准屈服强度应与相连管道材料标准的屈服强度一致或相近。

6.2.2 锻件材料的化学成分、机械性能和技术要求宜符合NB/T 47008，NB/T 47009和NB/T47010的规定。

6.2.3 当采用NB/T 47008，NB/T 47009和NB/T 47010以外的锻件时，其的化学成分(熔炼分析)还应符合以下要求：

a）碳素钢和低合金钢，C≤0.23%，P≤0.025%，S≤0.020%。

b）标准抗拉强度下限值大于或等于540MPa的低合金高强钢，P≤0.025%，S≤0.015%。

c）用于设计温度低于-20C的碳素钢和低合金钢，P≤0.020%，S≤0.010%。

d）C.E.≤0.42%[C.E.=C+Mn/6+(Cr+Mo+V)/5+(Ni+Cu)/15]。

当材料的屈服强度级别高于或等于450MPa时，锻钢、钢板或管材的焊接裂纹敏感系数P_{cm}≤0.21，[P_{cm}=C+Si/30+(Mn+Cu+Cr)/20+Ni/60+Mo/15+5B]。

6.2.4 绝缘接头、绝缘法兰用锻件级别应根据下列要求选用：

a）当锻坯质量大于或等于400kg时，应选用标准规定的Ⅲ级或Ⅳ级要求的锻件。

b）当锻坯质量小于400kg，设计压力小于或等于6.3MPa时，应选用标准规定的Ⅱ级或Ⅱ级以上的锻件；当设计压力大于6.3MPa时，应选用标准规定的Ⅲ级或Ⅲ级以上的锻件。

c）当公称厚度大于或等于300mm或设计温度低于-20℃时，应选用标准规定的Ⅲ级或Ⅳ级要求的锻件。

6.3 钢质短管

6.3.1 钢质短管的材质应与绝缘接头、绝缘法兰相连接管道的材质相同或相近，并具有良好的可焊性。

6.3.2 当钢质短管的公称直径大于或等于 DN350 时，钢质短管可采用与管道钢管材质相同或相近的钢板卷制，卷制钢质短管的钢板应符合 GB 150.2 的要求。

6.4 绝缘件与绝缘密封件

6.4.1 绝缘件在管输介质中应有足够的化学稳定性和耐蚀性，且不应在制造和设计使用年限内发生可目视的性能变化。

6.4.2 用于加工绝缘环、绝缘垫片的绝缘板材料除应符合 GB/T 1303.4 的规定外，还应符合表 1 的规定。

表 1　绝缘板材主要性能指标

序号	性能		单位	合格指标	试验方法
1	垂直层向弯曲强度(纵向、横向)		MPa	≥450	GB/T 9341
2	垂直层向压缩强度(纵向、横向)		MPa	≥350	GB/T 9341
3	拉伸强度(纵向、横向)		MPa	≥300	GB/T 1040.1
4	平行层向冲击强度		kJ/m²	≥50	GB/T 1043.1
5	垂直层向电气强度壁厚 d，mm	d<1.5	90℃油中 MV/m	≥14	GB/T 1048.1
		1.5≤d<3		≥10	
		3≤d<6		≥8	
		d≥6		≥6	
6	浸水后的绝缘电阻		MΩ	≥5.0×10^4	GB/T 10064
7	吸水率		%	≤0.1	GB/T 1034
8	燃烧性(无卤阻燃)		级	V-0	GB/T 5169.16
9	温度指数 RTI		℃	180	GB/T 11026.1

6.4.3 加工绝缘套管的材料宜用层压棒、聚四氟乙烯棒材、聚乙烯管制作，绝缘套管材料除应符合 JB/T 8150 和 JB/T 8149.2 的规定外，还应符合表 2 的规定。

表 2　绝缘套管主要性能指标

序号	性能		单位	合格指标	试验方法
1	密度		g/cm³	≥1.70	GB/T 1033.1
2	压缩强度(轴向)		MPa	≥138	GB/T 1041
3	垂直层向电气强度壁厚 d，mm	d<1.5	90℃油中 MV/m	≥14	GB/T 1408.1
		1.5≤d<3		≥10	
		3≤d<6		≥8	
		d≥6		≥6	

表 2 绝缘套管主要性能指标(续)

序号	性能	单位	合格指标	试验方法
4	吸水率	%	≤0.1	GB/T 1034
5	平行层向剪切强度	MPa	≥14.7	GB/T 1303.2
6	燃烧性(无卤阻燃)	级	V-0	GB/T 5169.16
7	温度指数 RTI	℃	180	GB/T 11026.1

6.4.4 绝缘环和绝缘密封件的最小厚度应根据绝缘接头、绝缘法兰的工作条件和绝缘密封件材料的强度来确定。公称直径大于或等于 DN100 的绝缘接头、绝缘法兰，所用绝缘环和绝缘密封件厚度不应小于 12mm；公称直径小于 DN100 的绝缘接头、绝缘法兰，所用绝缘环和绝缘密封件厚度不应小于 6mm。

6.4.5 当设计压力大于或等于 6.3MPa 时，宜选用环氧层压玻璃布板制作绝缘环；当设计压力大于或等于 4.0MPa 而又有气密性试验要求，需对绝缘环做增加其内部密实度的处理时，绝缘环的内部密实度处理应沿接触管输介质的已加工表面进行。

6.4.6 绝缘密封件至少应满足以下要求：

a) 绝缘密封件在管输介质中应有足够的化学稳定性和耐蚀性，且不应在设计使用年限内发生可目视的变化。

b) 绝缘密封件应具有一定的强度和良好的回弹性，能满足绝缘法兰在工作条件下的密封要求。

c) 绝缘密封件的电绝缘性能应能满足绝缘法兰的电绝缘要求，且不低于材料出厂的电绝缘性能指标。

d) 绝缘密封件在绝缘工作表面间的电阻值不应小于 500MΩ，宜采用符合 GB/T 22209 要求的非石棉纤维类橡胶板和 HG 2949 要求的电绝缘氯丁橡胶板制作。

6.5 密封件

6.5.1 密封件应根据工作压力、工作温度、密封介质选用合适的材料，且不应在制造和设计使用年限内发生可目视的变化。

6.5.2 密封件宜采用低吸水性、高抗压强度、良好的弹性和电绝缘性能的聚合材料(例如氟橡胶)制作，材料的性能应符合相应材料标准的规定。

6.5.3 氟橡胶密封件的材料性能除应满足相应标准及设计文件规定外，还应满足表 3 的要求。

表 3 氟橡胶主要性能指标

编号	性能	单位	合格指标		测试方法
1	硬度	Shore A	70±5		GB/T 531.1
2	拉伸强度	MPa	≥15		GB/T 528
3	脆性温度	℃	-30		GB/T 1682
4	扯断伸长率	%	≥200		GB/T 528
5	压缩永久变形(180℃×24h)	%	≤25		GB/T 7759.1
6	撕裂强度	kN/m	≥25		GB/T 529
7	绝缘电阻	MΩ[500V(DC)]	$\geq 5\times10^2$		GB/T 10064
8	击穿电压	kV/mm	≥35		GB/T 1408.1
9	老化试验(250℃×70h)	%	硬度(Shore A)变化率	≤+10	GB/T 3512
		%	拉伸强度变化率	≤-25	GB/T 3512
		%	拉断伸长率变化率	≤-25	GB/T 3512

6.5.4 O 型橡胶密封圈的尺寸可按 GB 3452.1 的规定。

6.6 绝缘填料

6.6.1 绝缘填料应为低黏度、热固性树脂，并具有一定的抗压强度和电绝缘性能。绝缘填料宜为 E-44 环氧树脂，相关组成和性能指标应满足 SY/T 0319 的规定。

6.6.2 环氧树脂和固化剂应按产品使用说明书要求混合均匀，固化后的绝缘电阻值不应小于 500MΩ。

6.7 紧固件

6.7.1 绝缘法兰的紧固件应包括螺柱、螺母和垫圈。

6.7.2 螺柱应采用 GB/T 901 或 GB/T 9125 规定的等长双头螺柱。

6.7.3 螺母应采用 GB/T 6170 或 GB/T 9125 规定的六角螺母。

6.7.4 垫圈应采用 GB/T 97.2 规定的平垫圈。但当螺纹公称直径小于 M24 时，应采用非标准的自制加厚垫圈。非标准自制加厚垫圈除厚度均加厚到 4mm 外，其余尺寸和制造要求均与 GB/T 97.2 规定的标准垫圈相同。

6.8 内、外涂层

6.8.1 埋地绝缘接头的内、外表面涂层应采用无溶剂型液体环氧涂料、环氧酚醛涂料或熔结型环氧粉末，且外表面采用辐射交联热收缩套包覆；地上绝缘接头、绝缘法兰的外表面宜采用与地上管道相同的涂敷材料。

6.8.2 无溶剂型液体环氧涂料、环氧酚醛涂料应具有牢固的附着力，并具有一定的电气强度和耐化学介质腐蚀能力；无溶剂型液体环氧涂料宜用于设计温度低于 80℃ 的工况，内外涂层的性能指标应分别符合 SY/T 0457 和 SY/T 6854 的相关规定。环氧酚醛涂料宜用于设计温度高于或等于 80℃ 的工况；性能指标应符合 SY/T 0319 的相关规定。

6.8.3 熔结型环氧粉末涂料涂层应具有牢固的附着力，良好的抗弯矩、抗冲击性能，宜用于设计温度低于 80℃ 的工况，性能指标应符合 SY/T 0442 的相关规定。

6.8.4 辐射交联聚乙烯热收缩套的设计温度不应高于 70℃，并具有良好的抗冲击性能、黏结性能和一定的拉伸强度、电气强度、断裂伸长率和耐化学介质腐蚀能力，性能指标应符合 GB/T 23257 的相关规定；当设计温度高于 70℃ 时，应在设计文件中提出特殊要求。

7 设计

7.1 设计参数确定

7.1.1 设计压力不应小于相连管道的设计压力。

7.1.2 设计温度不应低于元件金属在工作状态可能达到的最高温度。对于 0℃ 以下的金属温度，设计温度应不高于元件金属可能达到的最低温度，宜与相连管道的设计温度一致。

7.1.3 设计时应考虑各种载荷及载荷组合，至少应包括以下载荷：

a） 内压。

b） 液体静压力。

c） 由连接管道的膨胀或收缩所引起的轴向力和弯矩载荷。

7.1.4 许用应力按下列要求确定：

a） 法兰、固定套所用钢材的许用应力取值宜按 GB 150.2 的规定选取。

b） 短管所用钢材的许用应力 $[s]$ 应按下式计算：

$$[s]=F\cdot ReL \tag{1}$$

式中

F——设计系数，同相连管道设计系数一致，输油管道工程设计系数按 GB 50253 的规定，输气管道工程设计系数按 GB 50251 的规定；

ReL——材料标准规定的最小屈服强度，MPa。

7.1.5 绝缘接头、绝缘法兰设计计算时所选取的腐蚀裕量应根据输送介质、设计使用年限等因素综合考虑，不应小于相连管道所取腐蚀裕量。

7.2 结构设计

7.2.1 当设计压力大于或等于 1.0MPa 或输送易燃易爆介质时，绝缘接头应采用图 1 所示的整体式结构，并满足以下要求：

a) 在极限工作条件下，绝缘接头任何金属部件的应力不应超过标准规定的最小屈服强度。

b) U 型或 O 型自紧式密封件应整体模压成型。

c) 钢质短管的长度宜为钢质短管的外径，且不应小于 300mm。

d) 钢质短管的名义厚度不应小于相连管道的名义厚度。

7.2.2 Ⅰ型绝缘法兰和Ⅱ型绝缘法兰的结构设计分别如图 2 和图 3 所示，并应满足以下要求：

a) 绝缘法兰宜采用带锥颈的对焊法兰。

b) 绝缘法兰的密封面应采用光滑平密封面。

c) 当设计压力小于或等于 2.5MPa 且 DN 小于或等于 400mm 时，宜采用图 2 所示的Ⅰ型绝缘法兰。

d) Ⅰ型绝缘法兰的绝缘密封件结构应按图 4 设计。

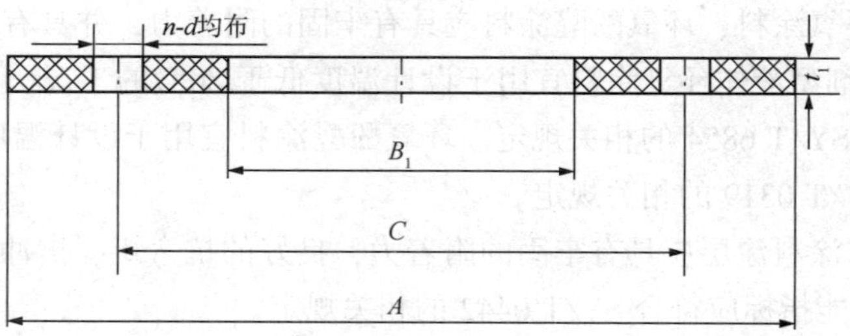

说明：

A——绝缘密封件外径（同法兰外径），mm；

B_1——绝缘密封件内径（比法兰内径大 1mm~3mm），mm；

C——螺栓孔中心圆直径（同法兰螺栓孔中心圆直径），mm；

d——螺栓孔孔径（同法兰螺栓孔孔径），mm；

n——螺栓孔孔数（同法兰螺栓孔孔数）；

t_1——绝缘密封件的厚度，mm。

图 4 Ⅰ型绝缘法兰绝缘密封件

e) Ⅱ型绝缘法兰的绝缘环、绝缘套管和绝缘垫片结构应分别按图 5、图 6、图 7、图 8 设计。

7.3 设计计算

7.3.1 绝缘接头的左凸缘法兰、右凸缘法兰、固定套的强度计算宜按照 GB 150.3—2011 附录 C 的规定进行。

7.3.2 Ⅰ型绝缘法兰的法兰强度计算宜按照 GB 150.3 中的宽面法兰计算，Ⅱ型绝缘法兰的法兰强度计算宜按窄面法兰计算。

7.3.3 钢质短管壁厚宜按 GB 50251 和 GB 50253 中输气管道或输油管道的壁厚计算公式进行计算。

7.3.4 绝缘接头的装配预紧力计算应考虑密封件的密封比压、垫片系数和管道轴向力等因素。

7.3.5 绝缘接头应按 JB/T 4732 的规定进行应力分析计算。

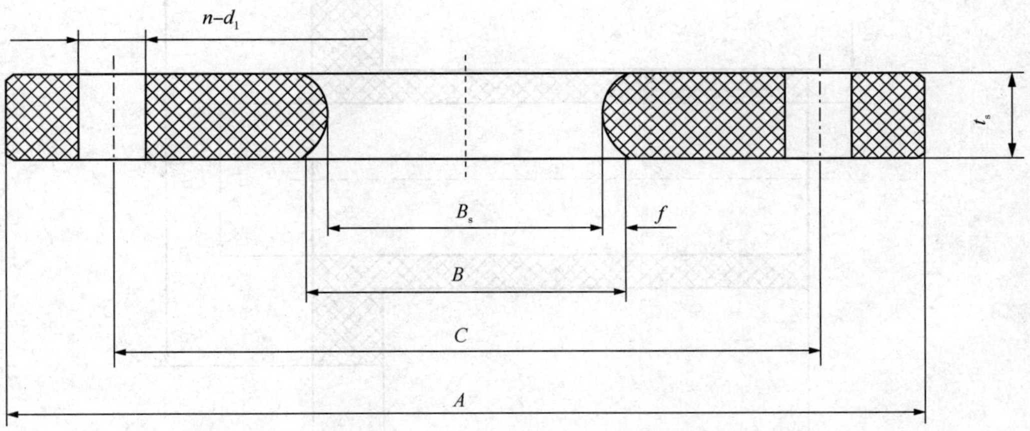

说明：

A——绝缘环外径(同法兰外径)，mm；

B——绝缘环内径(同法兰内径)，mm；

B_s——绝缘环喉部直径，mm；

C——绝缘环螺栓孔中心圆直径(同法兰螺栓孔中心圆直径)，mm；

d_1——绝缘环螺栓孔孔径(同法兰螺栓孔孔径)，mm；

n——绝缘环螺栓孔数目(同法兰螺栓孔孔数)；

t_s——绝缘环厚度，mm；

f——弦高，其值为 0.02B 且不大于 4mm。

图5 Ⅱ型绝缘法兰绝缘环

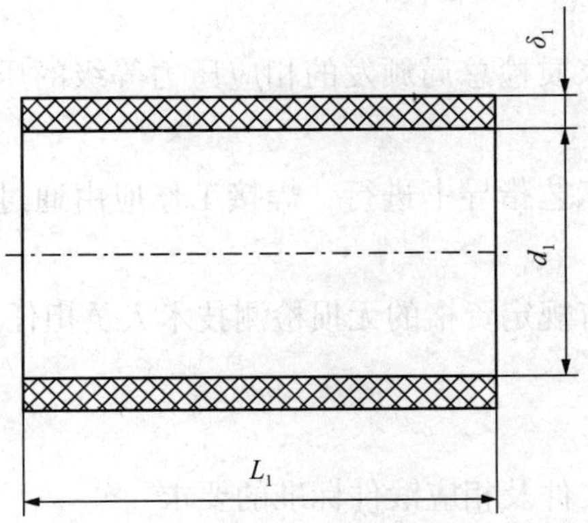

说明：

d_1——绝缘套管的内径，mm；

δ_1——绝缘套管的厚度，mm；

L_1——绝缘套管的长度，mm。

图6 绝缘套管

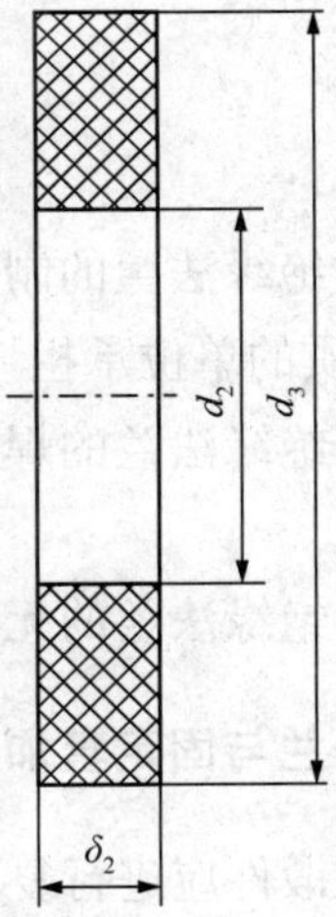

说明：

d_2——绝缘垫片的内径，mm；

d_3——绝缘垫片的外径，mm；

δ_2——绝缘垫片的厚度，mm。

图7 绝缘垫片

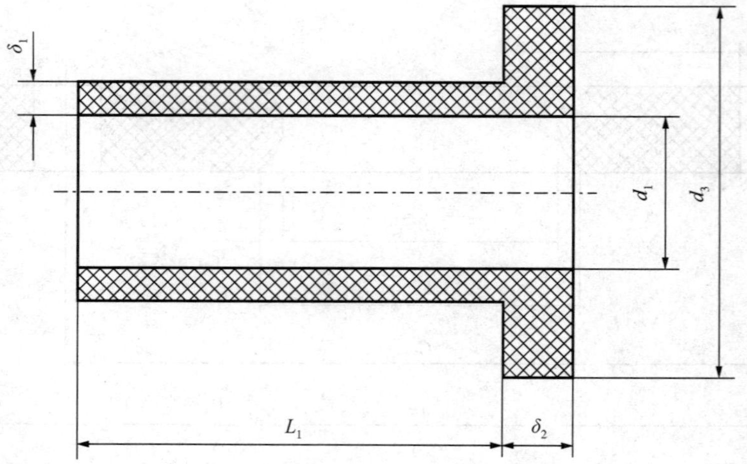

说明：

d_1——绝缘套的内径，mm；

d_3——绝缘套的外径，mm；

δ_1——绝缘套小端的厚度，mm；

δ_2——绝缘套大端的厚度，mm；

L_1——绝缘套小端的长度，mm。

图8　绝缘套

注：绝缘套管和绝缘垫片宜分两件分别制作，但当这两种零件都用符合绝缘垫片要求的同样材料来制作时，也可将这两种零件合为整体式结构——绝缘套，绝缘套的结构如图8所示。

8　制造与组装

8.1　资质规定

8.1.1　绝缘接头、绝缘法兰的制造组装应由取得国家质检总局颁发的相应压力等级的压力容器或压力管道元件制造资质的单位承担。

8.1.2　绝缘接头、绝缘法兰的焊接应按批准的焊接工艺指导书进行，焊接工作应由通过规定考试取得资格的焊工完成。

8.1.3　绝缘接头、绝缘法兰的无损检测工作应由具有规定资格的无损检测技术人员担任。

8.2　法兰、凸缘法兰与固定套加工

8.2.1　Ⅲ级和Ⅳ级锻件应进行复验，符合质量证明文件及相应锻件标准的要求。

8.2.2　Ⅰ型绝缘法兰的法兰密封面机加工后的表面粗糙度 *Ra* 不应低于6.3；绝缘接头、Ⅱ型绝缘法兰的法兰密封面机加工后的表面粗糙度 *Ra* 不应低于1.6。当法兰锻坯采用模锻加工，锻坯各尺寸的尺寸公差和各部位的形位公差应符合GB/T 9124的相关要求。

8.2.3　采用O型自紧式密封结构的绝缘接头、Ⅱ型绝缘法兰，两侧面处密封槽的形状、尺寸和尺寸公差宜按GB/T 3452.1和GB/T 3452.3的规定加工。

8.3　短管加工

8.3.1　钢板卷制短管的纵焊缝宜采用双面焊，保证全焊透。

8.3.2　钢板卷制短管的纵焊缝应进行无损检测。无损检测方式、检测率和质量等级，均按使用绝缘

接头、绝缘法兰相连管道的工作条件及相应管道的设计标准来确定，且不应低于相连管道相同部位的钢管要求，并应标注在绝缘接头、绝缘法兰的设计文件上。

8.3.3 钢质短管与相连管道焊接一端的焊缝坡口型式应遵循 GB 50251 或 GB 50253 中对接接头的有关规定，且与相连管线相匹配，并应在产品制造厂加工完成。

8.3.4 钢质短管与法兰或凸缘法兰组焊后有热处理要求时，应按标准规定进行热处理。

8.4 绝缘环加工

8.4.1 绝缘环加工前其表面应覆盖保护膜，在车削加工过程中完全保留，装配时，再将保护膜去除。

8.4.2 绝缘环加工过程中不应接触水、油等液体物质。

8.4.3 Ⅱ型绝缘法兰绝缘环内表面应做成如图 5 所示的圆弧状，圆弧部分的弧高 $f=0.02B$，但不应大于 4mm。

8.4.4 绝缘环的尺寸公差应符合 GB/T 1804 中 m 级的规定，密封面的表面粗糙度 Ra 宜为 12.5。

8.4.5 Ⅱ型绝缘法兰绝缘件螺栓孔直径 d_1 的基本尺寸可比螺柱直径的基本尺寸大 1.5mm~2mm，各螺栓孔轴线的形状和位置度公差应符合 GB/T 9124 的相关要求。

8.4.6 绝缘环应整体加工成型，不允许拼接。

8.5 绝缘套管、绝缘垫片加工

8.5.1 绝缘套管和绝缘垫片的加工分别按图 6 和图 7 所示的结构进行，宜符合下列要求：

对Ⅰ型绝缘法兰：

$$L_1=2t+t_1-3 \qquad (2)$$

对Ⅱ型绝缘法兰：

$$L_1=t-1 \qquad (3)$$

式中：

t——法兰厚度(对Ⅰ型绝缘法兰包括密封面突出部分高度)，mm；

t_1——绝缘件的厚度，mm。

8.5.2 绝缘套管的内径与螺柱外径间的间隙应力求最小，宜取 0.5mm~1mm。当使用弹性良好的弹性材料制作这种衬套时，宜做成与螺柱外径过盈配合的结构。绝缘套管的厚度，宜取 1.5mm~3mm。

8.5.3 绝缘垫片如图 7 所示，内径 d_2 可与绝缘套管的内径 d_1 相同，但当绝缘套管与螺柱外径成过盈配合的结构时，d_2 仍应比螺柱外径大 0.5mm~1mm。绝缘垫片的外径 d_3 应比 GB/T 97.2 中规定的同规格垫圈大 2mm~3mm。

8.6 无损检测

8.6.1 钢质短管端部坡口应进行磁粉、渗透或超声检测。

8.6.2 对接接头及热影响区的强度、表面硬度和韧性指标，不应低于对锻件和钢质短管母材的要求。

8.6.3 对接接头应进行 100%射线检测，必要时应增加 100%超声检测。不能进行射线和超声检测的焊缝，应进行磁粉、渗透检测。经过强度试验和水压加弯矩试验合格的绝缘接头还应对焊接接头进行 100%的超声检测和表面无损检测。

8.6.4 无损检测应按 NB/T 47013.2~NB/T 47013.2.5 的规定进行，100%射线检测 II 级合格，技术等级不低于 AB 级；100%超声检测 I 级合格，技术等级不低于 B 级，磁粉和渗透检测 I 级合格。

8.7 组装

8.7.1 绝缘接头、绝缘法兰的组装应在能定量控制装配预紧力的专用工作台上进行，所有组装工序均不应对绝缘件和密封件造成任何损伤。

8.7.2 绝缘接头、绝缘法兰组装前，应对法兰、固定套、绝缘件、密封件、绝缘套管和绝缘垫片等逐件进行规格尺寸和外观质量检查，规格尺寸和外观质量不合格的零件不应使用。

8.7.3 绝缘接头、绝缘法兰组装前，宜用丙酮或酒精将零件表面逐一清洗干净，不得有铁屑、油渍、灰尘等污染物。

8.7.4 Ⅰ型绝缘法兰组装时，应使各螺栓均匀预紧到绝缘密封达到要求的密封比压为止。

8.7.5 绝缘接头、Ⅱ型绝缘法兰的O形橡胶密封圈在装入两侧法兰的密封槽前，应将密封槽清理干净并填入适量的润滑脂，再将O形橡胶密封圈平整安放到槽内，不允许扭曲。

8.7.6 Ⅱ型绝缘法兰组装时，应将各螺栓均匀预紧到两法兰端面与绝缘密封件两侧完全贴合，有轻度预紧即可。

8.7.7 绝缘接头的焊接组装应按焊接工艺施焊，严格控制焊接速度和温度，焊接过程中距焊接坡口外圆端面40mm~50mm的金属壁温不超过100℃。

8.7.8 绝缘接头填充绝缘填料时，应按照使用说明书中的配比要求将绝缘填料混合均匀，连续充满固定套与法兰之间所有的环形空间，绝缘填料固化后的绝缘电阻值不应小于20MΩ。

8.7.9 绝缘接头、绝缘法兰组装完毕后，应目视所能检查各绝缘件是否完好，发现有破损或已过度变形的应即时更换，绝缘接头的组装焊缝应打磨圆滑。

8.7.10 绝缘接头内外表面均应进行喷射除锈处理，除锈等级应达到GB/T 8923.1规定的Sa2½级要求。

8.7.11 经过规定的强度试验、严密性试验、水压加弯矩试验、水压循环试验、绝缘电阻测试和电绝缘强度试验合格的绝缘接头，方可进行内、外表面涂层施工。

8.7.12 绝缘接头内、外表面宜涂刷无溶剂液体环氧涂料。距焊接端100mm范围内不涂漆，应进行不影响焊接质量的防锈处理，涂层干膜厚度不应小于300μm。

8.7.13 埋地绝缘接头外表面宜采用辐射交联热收缩套包覆。

9 试验与检测

9.1 强度试验

9.1.1 组装完毕并经无损检测合格的绝缘接头、绝缘法兰，在不低于5℃的环境温度下，应逐台进行强度试验，试验要求宜按GB 150.4的规定。

9.1.2 强度试验压力应为1.5倍设计压力，且至少应比设计压力大0.1MPa。试验介质为洁净水，水压试验的持续时间(稳定后)不应少于30min。水压试验中法兰连接处无泄漏，各绝缘件无损坏，法兰和各紧固件绝缘件无目视可见的残余变形为合格。

9.2 严密性试验

9.2.1 强度试验合格的绝缘接头、绝缘法兰，在不低于5℃的环境温度下，应逐台进行严密性试验，试验要求宜按GB 150.4的规定。

9.2.2 严密性试验压力应在0.6MPa压力时稳压30min，设计压力时稳压60min，试验介质为空气或惰性气体，无泄漏为合格。

9.3 水压加弯矩试验

9.3.1 强度试验和严密性试验合格的绝缘接头，在不低于5℃的环境温度下，应在试验台上进行水压加弯矩试验。

9.3.2 对同种规格的绝缘接头应按5%但不少于1个，进行1.5倍设计压力的水压加弯矩试验，持续时间(稳定后)不应少于30min。在保持试验压力的同时，使用加载设备对产品施加弯矩，该弯矩值应能使承受相同弯矩的相连管道产生不小于72%管材屈服强度的纵向应力。

9.3.3 如果发现任何破坏、泄漏或缺陷，则另需抽查10%但不少于1个的同类产品，若试验仍有不合格的，则该批绝缘接头不合格。

9.4 水压循环试验

9.4.1 强度试验、严密性试验和水压加弯矩试验合格的绝缘接头，在不低于5℃的环境温度下，应在试验台上进行水压循环试验。

9.4.2 对同种规格的绝缘接头应按5%但不少于1个，进行0~1.5倍设计压力下的进行水压循环试验，试验周期不少于20个周期，试验介质为洁净水，无泄漏和异常变形为合格。

9.4.3 如果发现任何破坏、泄漏或缺陷，则另需抽查10%但不少于1个的同类产品，若仍有不合格产品，则该批规格绝缘接头不合格。

9.4.4 输气管道用绝缘接头经水压加弯矩试验或水压循环试验合格的，需重新按9.2进行严密性试验验证。

9.5 绝缘电阻测试

9.5.1 强度试验、严密性试验、水压弯矩试验和液压循环试验合格的绝缘接头、绝缘法兰，应逐个进行绝缘电阻测试。

9.5.2 试验合格的绝缘接头、绝缘法兰，应采用1000V兆欧表按GB/T 21246的要求进行绝缘电阻测试，绝缘接头、绝缘法兰的绝缘电阻值应大于20MΩ。

9.5.3 输油管道用绝缘接头的绝缘电阻值测试合格后，绝缘接头按5%且不少于1个，浸没在浓度为3%的盐水中，保持48h，清洗擦干后，绝缘电阻值应大于5.0MΩ为合格。

9.6 电绝缘强度试验

9.6.1 绝缘电阻测试合格的绝缘接头、绝缘法兰，应逐个进行电绝缘强度试验。

9.6.2 给每个绝缘接头、绝缘法兰加频率50Hz的正弦波交流电3.0kV，电压从初始值不大于1.2kV逐步上升，30s内达到3.0kV，保持60s，在整个测试过程中无绝缘损坏和表面电弧为合格。

9.7 内、外涂层性能和厚度测试

9.7.1 内、外表面包覆完成的绝缘接头，应逐个进行涂层缺陷、附着力和厚度测试。

9.7.2 内、外涂层缺陷检测应在5V/μm，且不低于1.5kV电压下，用电火花检漏仪对每个绝缘接头内外环氧树脂涂层进行缺陷检查。埋地使用的绝缘接头，外部包覆热收缩套后，还应使用15kV的电火花检漏，发现外涂层和内涂层上的缺陷后，应予以修补，对缺陷处进行清理、打磨、涂覆后，应重新测试，直至合格。

9.7.3 内涂层的附着力测试按5%但不少于1个进行，无溶剂型液体环氧涂料和环氧酚醛涂料的附着力应采用GB/T 5210规定的拉开法，不小于10MPa为合格；熔结型环氧粉末涂料的附着力应采用SY/T 0442规定的刀挑法，不低于2级为合格。

9.7.4 内、外涂层干膜厚度检测应采用无损测厚的方法对每一个绝缘接头进行涂层干膜厚度检测，其值应满足规定要求。

9.8 外观质量检测

9.8.1 通过目测，绝缘接头、绝缘法兰的外观应平整美观、无碰伤。

9.8.2 通过尺寸检测，绝缘接头、绝缘法兰的所有尺寸规格应满足设计文件规定。

9.8.3 端部坡口满足规定要求，坡口内侧应与所接管线内侧齐平。

10 检验规则

10.1 绝缘接头、绝缘法兰的检验分型式试验和出厂检验。

10.2 绝缘接头、绝缘法兰型式试验的基本程序和基本要求宜按 TSG D7002 的规定进行，型式试验项目、试验方法和技术要求应按表 4 的规定。

10.3 绝缘接头、绝缘法兰型式试验分生产前型式试验和生产后抽样型式试验。

表 4 检验项目

检验项目	检验类别		检验方法及要求
	出厂检验	型式试验	
材料成分分析	√	√	见第 6 章
材料性能检测	√	√	见 8.2
无损检测[a]	√	√	见 8.6
强度试验	√	√	见 9.1
严密性试验	√	√	见 9.2
水压加弯矩试验	—	√	见 9.3
水压循环试验	—	√	见 9.4
绝缘电阻测试	√	√	见 9.5
浸入电解液后的绝缘电阻测试	—	√	见 9.5
电绝缘强度试验	√	√	见 9.6
内、外涂层缺陷检测	√	√	见 9.7
内、外涂层干膜厚度检测[b]	√	√	见 9.7
内涂层的附着力测试	—	√	见 9.7
外观检测	√	√	见 9.8
尺寸及端部坡口	√	√	见 9.8
标识检查	√	√	见第 12 章

[a] 该项目应在材料进厂、加工过程和出厂前各阶段按标准要求进行。

[b] 对于使用包覆层的厚度，应进行收缩前的厚度测量和包裹后的厚度测量。

10.3.1 经型式试验合格后方可进行批量生产。有下列情况之一的，至少应准备 1～2 台进行生产前型式试验：

a） 首次提供的产品正式生产前。

b） 新产品或老产品转厂生产的试制定型产品。

c） 正式生产后，如结构、材料、工艺有较大改变可能影响产品性能的。

d） 产品长期停产超过 1 年后恢复生产的。

10.3.2 有下列情况之一的，应进行生产后抽样型式试验：

a） 正式生产时，定期或积累一定产量后应周期性进行抽样检验的。

b） 国家质量监督机构提出需进行抽样型式试验的。

c） 用户提出需进行抽样型式试验的。

10.3.3 绝缘接头型式试验抽样除满足 TSG D7002 的规定外，还应满足本标准的规定。抽样可以在生产线的终端在经检验合格的产品中抽取，也可以在产品库中随机抽取，每一规格供抽样的最少基数和抽样数按表 5 的规定。对系列产品进行质量考核时，根据该系列范围大小情况从 2～3 个典型规格进行型式试验。

表 5　最少基数和抽样数

公称通径，mm	供抽样的最少台数	抽样台数
≤200	5	1
>200	3	1

10.4　每台绝缘接头出厂前应进行出厂检验，经出厂检验合格及出厂文件齐备的产品方能出厂。除非设计文件和用户要求另有要求，出厂检验项目和要求应按表 4 的规定。

11　安装与维护

11.1　安装环境要求

11.1.1　埋地的绝缘接头应位于管道的水平或竖直管段上，不应安装在常年积水或管道走向的低洼处。

11.1.2　绝缘接头、绝缘法兰的安装位置应便于检查和维护，绝缘接头、绝缘法兰宜设置在进、出站 ESD 阀组外。

11.1.3　绝缘接头、绝缘法兰与管件之间宜有不少于 6 倍公称直径且不小于 3m 的距离，最终应通过所在管系的应力分析计算确定。

11.1.4　绝缘接头、绝缘法兰安装两端 12m 范围内不宜有待焊接死口。

11.1.5　绝缘接头、绝缘法兰不应作为热应力变形的补偿件。

11.2　安装焊接要求

11.2.1　绝缘接头、绝缘法兰与相连管线焊接前应按规定进行焊接工艺评定。

11.2.2　施焊前，应对绝缘接头、绝缘法兰外观、尺寸和质量证明文件进行检查，合格后方可焊接。

11.2.3　绝缘接头、绝缘法兰与管道组焊前，应将焊接部位打磨干净，确保焊接部位无油、脂或其他影响焊接质量的缺陷。

11.2.4　绝缘接头、绝缘法兰与管道焊接时应保证与管道对齐，且不应强力组对，且应保证焊接处自由伸缩，无阻碍。

11.2.5　现场安装焊接时，绝缘接头中间部位温度不应超过 120℃，必要时应采取冷却措施。

11.2.6　焊接过程中，不应损坏绝缘接头内、外表面防腐层，确保绝缘接头不受到机械损坏、不出现变形。

11.2.7　焊接后的绝缘接头、绝缘法兰头与管线应按管线补口要求进行防腐，防腐作业时绝缘接头的表面温度不应高于 120℃。

11.3　使用维护

11.3.1　绝缘接头、绝缘法兰与管道焊接后，下端应有稳固支撑。

11.3.2　绝缘接头、绝缘法兰的高压电涌保护宜按 SY/T 0086 的规定执行。

11.3.3　埋地的绝缘接头应在系统压力试验和严密性试验合格后经检查无误方可填埋。

11.3.4　地上的绝缘接头、绝缘法兰，外表面应进行防腐防紫外线包覆处理。

12　标识

每一个绝缘接头、绝缘法兰都应进行标识，需要标识的信息至少包含以下内容：

a） 产品型号、订货单号。

b） 产品系列号、制造日期。

c） 供货商名称。

d） 密封结构形式。

e） 绝缘电阻值。

f） 总长度、总质量。

g） 绝缘接头、绝缘法兰焊接端材质。

h） 相接管线规格(外径×壁厚)和材质。

13 包装和运输

13.1 绝缘接头、绝缘法兰验收合格后宜按 JB/T 4711 的规定进行包装、运输。

13.2 包装箱宜采用木箱包装，并用泡沫塑料等将产品固定牢固，防止运输过程中涂层破损等；包装亦应考虑吊装、运输过程中整个产品不应承受导致其变形的外力；且避免大气和雨水及其他介质的腐蚀。

13.3 在包装箱都应在上面或侧面刷上清晰可读的运输防护标志，如防水、防晒、不准倒置等标志，需标示吊装重心。

14 出厂文件

产品出厂时，应按合同规定的份数随箱提供出厂文件。出厂文件至少应包括以下内容：

a）尺寸完整的装配图。

b）各部件材质证明书。

c）完整的制造工艺资料(包括焊接工艺评定等资料)。

d）无损检测报告。

e）各类检查报告、试验报告。

f）安装使用说明书。

g）出厂合格证。

ICS 71.200
P 72
备案号：J3062-2022

SH

中华人民共和国石油化工行业标准

SH/T 3169—2022
代替 SH/T 3169—2012

长输油气管道站场布置规范

Specification for general layout of oil and gas pipeline station

2022-04-08 发布 2022-10-01 实施

中华人民共和国工业和信息化部 发布

目　次

Contents

前　言

根据中华人民共和国工业和信息化部《工业和信息化部办公厅关于印发2017年第三批行业标准制修订计划的通知》（工信厅科〔2017〕106 号）的要求，规范编制组经广泛调查研究，认真总结实践经验，参考有关国际标准和国外先进标准，并在广泛征求意见的基础上，修订本规范。

本规范共分10章和8个附录。

本规范的主要技术内容是：长输油气管道站场布置的基本规定、站址选择与区域布置、平面布置、竖向布置、管线综合、绿化、安全与环境保护等。

本规范是在《长输油气管道站场布置规范》（SH/T 3169—2012）的基础上修订而成，修订的主要技术内容是：

1. 增加了安全与环境保护的相关内容；
2. 调整了站场及阀室选址及平面布置的相关内容；
3. 修订了与其他现行国家标准内容不一致的内容，以及不适应总图设计技术发展的内容；
4. 删除了本规范不适应的术语、条款及附录，调整了部分条款的编排。

本规范由中国石油化工集团有限公司负责管理，由中国石油化工集团有限公司总图设计技术中心站负责日常管理，由中国石油天然气管道工程有限公司负责具体技术内容的解释。执行过程中如有意见和建议，请寄送日常管理单位和主编单位。

本规范日常管理单位：中国石油化工集团有限公司总图设计技术中心站

通讯地址：广州市天河区体育西路191号

邮政编码：510000

电　　话：020-22192982

本规范主编单位：中国石油天然气管道工程有限公司

通讯地址：河北省廊坊市和平路146号

邮政编码：065000

本规范参编单位：国家管网集团工程技术创新有限公司华东设计院

中石化石油工程设计有限公司

中石化洛阳工程有限公司

中国石油集团东北炼化工程有限公司

中石化北京石油分公司

天津中德工程设计有限公司

本规范主要起草人员：陆勇、刘中庆、张建国、于良俊、叶宏跃、游斌、万军、周生旺、王超、张文伟、杨峥、赵子峰、秦宝华、祝威、任奕、单鹏、王晓潞、曲伟、王志勇、金雁飞、张黎明、朱同辉、叶城、谢易良、冯瑞清。

本规范主要审查人员：卢朝辉、葛春玉、郭宝申、孟瑶琳、李锐、王勇文、白亮、李小丽、肖延玺、李元春、汤晓东、孙先锋。

本规范2012年首次发布，2021年第1次修订，本次为第1次修订。

长输油气管道站场布置规范

1 范围

本规范规定了长输油气管道工程中各类站场及阀室布置的基本要求和站址选择与区域布置、平面布置、竖向布置、管线综合、绿化、安全及环境保护要求。

本规范适用于陆上长输油气管道新建、扩建和改建工程站场及阀室的布置。

2 规范性引用文件

下列文件对于本规范的应用是必不可少的。凡是注日期的引用文件，仅注日期的版本适用于本规范。凡是不注日期的引用文件，其最新版本（包括所有的修改单）适用于本规范。

GB 12348 工业企业厂界环境噪声排放标准

GB 50007 建筑地基基础设计规范

GB 50014 室外排水设计标准

GB 50183 石油天然气工程设计防火规范

GB 50201 防洪标准

GB 50251 输气管道工程设计规范

GB 50253 输油管道工程设计规范

GB 50330 建筑边坡工程技术规范

GA 1166 石油天然气管道系统治安风险等级和安全防范要求

SY/T 7038 油气田及管道专用道路设计规范

3 术语和定义

下列术语和定义适用于本规范。

3.1

长输油气管道 long-distance oil & gas pipeline

产地、储存库、使用单位之间的用于输送油气介质的管道，一般具有线路长、管径大、站场及阀室多等特点，并能独立运营管理的运输方式。

3.2

长输油气管道站场 long-distance oil & gas pipeline station

具有输送、存储功能的工艺站场，如首站、末站、中间站等。

3.3

首站 initial station

油气输送管道的起点站。

3.4

末站 terminal station

油气输送管道的终点站。

3.5

中间站　intermediate station

油气输送管道首站、末站之间所有各类站场的总称。

3.6

泵站　pump station

设有加压设施并为管道输送提供动力的输油站场。

3.7

压气站　compressor station

用压缩机对管输气体增压而设置的站场。

3.8

加热站　heating station

具有为输送介质加热功能的输油站场。

3.9

分输站　off-take station

具有分输功能的站场。

3.10

输入站　input station

向管道输入油品的站场。

3.11

清管站　pig station

为清理管道内污物而设置的站场。

3.12

减压站　pressure reducing station

具有减压功能的站场。

3.13

线路截断阀　pipeline block valve

为防止管道事故扩大，减少环境污染与管内油气损失及方便维修而在管道沿线分段安装的阀门。

3.14

线路截断阀室　pipeline block valve station

在油气输送管道沿线设置的用于将管道分段的阀门及其配套设施的总称，也称为阀室。

3.15

站控室　control room

站场中集中安装有控制设备的房间。

3.16

总图及运输　general layout

为保证生产，满足工艺和运输要求，结合场地的自然条件，合理确定拟建建筑物、构筑物、交通运输线路、工程管线、绿化美化等设施的空间位置，使各设施成为统一的有机整体，符合城乡规划和国家交通运输网的要求，使企业的人流、物流和设备、设施在空间上妥善组合，在流程上连接顺畅，在费用上节省、经济，在环境上舒适、安全，以使企业获得长期的经济效益。

3.17

站（场）址选择　site selection

对经过踏勘或勘测的站场位置进行技术、经济、环境等综合比选，加以确定的工作过程。

3.18

区域布置 regional layout

根据石油天然气站场、相邻厂矿企业和设施的特点及火灾危险性，结合其所在周边的地形地貌与风向等因素以及规划要求，对站场进行定位。

3.19

平面布置 plot plan

根据站场生产流程、交通运输、环境保护、防火安全等要求对设备（设施）、建（构）筑物及系统工程等相对关系的协调定位。

3.20

竖向布置 vertical layout

根据站场的生产工艺、交通运输、管线敷设、场地排雨水等要求，结合自然地形对各类场地标高进行设计。

3.21

场地平整 site preparation

根据站场自然地形，结合竖向设计标高选用合适的方案对场地进行处理。

3.22

场地排雨水 rainwater drainage

使站场内雨水能够有效地排放到站场围墙之外的措施和过程。

3.23

管线综合 piping coordination

统筹安排站内各类系统性管线以及在管线上配置的建(构)筑物和附属物在地上和地下的空间位置，综合协调站内管线与管线之间以及管线与其他建（构）筑物、道路、铁路、工艺设备或设施等之间的关系，将地上、地下管线等按照相关规定合理布局。

4 基本规定

4.1 火灾危险性分类

长输油气管道输送介质火灾危险性应按表4.1分类，分类示例见附录A。

表4.1 石油天然气火灾危险性分类

类别		特征
甲	A	37.8℃时的蒸气压力＞200kPa的烃类液体
	B	1.闪点＜28℃的液体（甲A类和液化天然气除外） 2.爆炸下限＜10%（体积分数）的气体
乙	A	1.28℃≤闪点＜45℃的液体 2.爆炸下限≥10%（体积分数）的气体
	B	45℃≤闪点＜60℃的液体
丙	A	60℃≤闪点≤120℃的液体
	B	闪点＞120℃的液体

a） 操作温度超过其闪点的乙类液体应视为甲$_B$类液体；

b） 操作温度超过其闪点的丙类液体应视为乙$_A$类液体；

c） 操作温度超过其闪点的丙 $_B$ 类液体应视为乙 $_B$ 类液体；操作温度超过其沸点的丙 $_B$ 类液体应视为乙 $_A$ 类液体；

d） 在原油储运系统中，闪点等于或大于 60℃且初馏点等于或大于 180℃的原油，宜划为丙类。

4.2 站场等级划分

站场的等级划分应符合 GB 50183《石油天然气工程设计防火规范》的分级规定。

5 站址选择与区域布置

5.1 一般规定

5.1.1 站址选择应符合城乡规划的要求，并按照国家有关法律法规及工程建设前期工作的规定进行。

5.1.2 站址选择应贯彻执行珍惜和合理利用土地的方针，因地制宜，合理布置，节约用地，提高土地利用率。

5.1.3 区域布置应根据站场、相邻企业和设施的特点与火灾危险性，结合地形与风向等因素，合理布置。

5.1.4 站址在满足线路水力和热力条件下，应与线路总体走向保持一致，站址比选宜在线路纵方向上进行。

5.1.5 站址宜选择在道路交通方便，社会依托条件较好，靠近电源、水源的位置。站场与站外道路连接应短捷、方便。

5.1.6 站址宜远离居民区、学校、医疗区、科研机构、各类保护区和军事区等。

5.1.7 站址宜位于城镇和居住区等人员聚集区的全年最小风频的上风侧。在山区或丘陵地区，站址应避免选择在窝风地段。

5.1.8 站址宜具有满足建设工程需要的工程地质条件和水文地质条件。

5.1.9 站址应有满足站场建设所需用地面积，并适当考虑发展用地。

5.1.10 站址宜选在易于场地排雨水的地段。

5.1.11 站址选择还应符合下列规定：

a） 不应选在地震断层和设防烈度高于九度的地震区；

b） 不应选在有山洪、泥石流、滑坡、流沙、溶洞等直接危害的地段；

c） 不应选在采矿陷落（错动）区界限内；

d） 不应选在爆炸危险范围内；

e） 不宜选在Ⅳ级自重湿陷性黄土、新近堆积黄土、Ⅲ级膨胀土等工程地质恶劣地区；

f） 不宜选在低洼地、沼泽和江河的泄洪区等易受洪水和内涝威胁的地带；

g） 不应选在国家法律法规划定的保护区域内；

h） 不应选在尾矿和弃渣等堆场的下游。

5.1.12 站场与周围居住区、交通线、电力线、通信线等的防火间距，应符合 GB 50183《石油天然气工程设计防火规范》的规定。

5.1.13 站场与同类企业毗邻或合并建设时，应符合 GB 50183《石油天然气工程设计防火规范》平面布置防火间距和相关规范的规定。

5.1.14 站场与不同类企业毗邻建设时，应符合 GB 50183《石油天然气工程设计防火规范》中区域布置防火间距的有关规定。

5.1.15 石油天然气站场与本站场生产无关的输油、输气管道的防火间距不宜小于表 5.1.15 的规定。

表 5.1.15 石油天然气站场与本站场生产无关的输油、输气管道的防火间距 单位为 m

管道类别	敷设型式	石油天然气站场设施		
		站场重要设施、辅助生产设施、仓库或堆场	生产设施	围墙
天然气管道	埋地敷设	20	10	5
	地上架空敷设	30	15	5
液化石油气和天然气凝液等甲$_A$类液体管道	埋地敷设	20	15	5
	地上架空敷设	30	20	5
其他易燃和可燃液体管道	埋地敷设	15	10	5
	地上架空敷设	25	15	5

a） 防火间距的起算点应按本规范附录 B 执行；

b） 石油天然气站场的围墙与埋地通信、输电线路的净距不应小于 5m。

5.1.16 站场及阀室的放空立管或火炬与周围居住区、相邻厂矿企业、交通线、电力线、通信线等的防火间距应符合 GB 50183《石油天然气工程设计防火规范》的规定。

5.1.17 站场的放空立管或火炬、排污池（罐）宜位于站场、村庄、相邻工业企业和居住区的全年最小频率风向的上风侧，放空立管或火炬宜布置在地势较高处。

5.1.18 油品站场临江河岸布置时，宜位于邻近江河的重要建（构）筑物、取水口的下游。

5.1.19 站场防洪排涝应符合 GB 50201《防洪标准》的规定。

5.2 输油管道站场

5.2.1 原油输送管道的首站宜与集中处理站、矿场油库、油库等联合选址，宜毗邻布置，其位置应根据原油管网和外输方向等因素合理确定。

5.2.2 原油输送管道的末站宜与炼油厂原油库、铁路转运库、港口原油库等联合选址，且宜毗邻布置。

5.2.3 成品油输送管道首站的选址应与炼油厂、港口仓储区等供应源的油库相结合，且宜毗邻布置。

5.2.4 成品油输送管道的末站、分输站宜与商业油库、港口仓储区、铁路转运站等联合选址，且宜毗邻布置。

5.3 输气管道站场

5.3.1 天然气输送管道的首站宜与液化天然气气化站、天然气净化厂等联合选址，且宜毗邻布置。

5.3.2 天然气输送管道的末站宜与用户的门站联合选址，且宜毗邻布置。

5.3.3 天然气输送管道分输站宜与门站、直接用户等联合选址，且宜毗邻布置。

5.4 线路截断阀室

5.4.1 线路截断阀室的设置应满足线路、工艺等专业要求。

5.4.2 线路截断阀室应选择在地形开阔、地势相对较高的地方，防洪设防标准不应低于重现期 25 年一遇。

5.4.3 线路截断阀室附近应有方便巡检抢修的道路交通。

5.4.4 输气管道线路截断阀室与周边设施间距应符合 GB 50251《输气管道工程设计规范》的相关规定。

5.4.5 输油管道线路截断阀室围墙或围栏外缘与周围设施的区域布置防火间距除应符合表 5.4.5 的规定外，还应满足其他相关规范要求。

表 5.4.5　输油管道线路截断阀室围墙或围栏外缘与周围设施的防火间距　　单位为 m

阀室名称	100 人及以上的居住区（村镇）、重要公共建筑物外缘	100 人以下散居房屋外缘	铁路用地边界线	铁路最近一侧钢轨外缘	公路用地边界线	架空电力线路边导线	架空通信线路中心线
油品管道线路截断阀（室）	40	20	3	25	3	杆（塔）高度再加 3m	
液化石油气、天然气凝液管道线路截断阀（室）	50	25	3	50	3		

6　平面布置

6.1　一般规定

6.1.1　站场内的设备设施宜根据功能特点、相互关系、消防安全等条件分区布置，且应与工艺流程相适应，物料流向合理，生产管理和维护方便。

6.1.2　站场的主要建（构）筑物，宜按表 6.1.2 的功能分区布置；性质相近、功能相似、联系紧密的建（构）筑物，在符合生产使用和安全防火要求的条件下，宜合并建设。

表 6.1.2　站场功能分区及其主要建（构）筑物

序号	功能分区	主要建（构）筑物		
		原油站场	成品油站场	天然气站场
1	生产区	输油泵区、加热炉区、换热器区、储罐区、阀组区、计量区、收发球区等	输油泵区、混油处理设施区、阀组区、计量区、储罐区、收发球区等	压缩机厂房、阀组区、计量区、收发球区、过滤分离器区、排污池（罐）等
2	放空区			放空立管、放空火炬
3	辅助生产区	消防泵房、消防车库、综合设备间、变电所、变配电间、阴保间、机修间、器材库、锅炉房、空压机房、机柜间、化验室、深井泵房、排涝泵房、供注水泵房、循环水处理、给水处理、污水处理设施、危废储存间等		
4	办公区	办公室、站控室、门卫、车库等		

6.1.3　有明确分期建设投产的项目，站场布置应一次规划、分期建设；无明确分期建设要求的项目，总平面设计宜考虑预留发展方向。

6.1.4　平面布置应根据生产工艺特点、火灾危险性等级、功能要求，结合地形、风向等条件，经技术经济比较确定，并宜根据当地气象资料，为建筑物创造良好的自然采光和通风的条件。

6.1.5　可能散发可燃气体的场所和设施宜布置在人员集中场所及明火或散发火花地点的全年最小频率风向的上风侧。储罐区宜布置在整个站场设施的全年最小频率风向的上风侧。

6.1.6　甲、乙类液体储罐，宜布置在站场内地势较低处，不宜临近排洪沟布置。受条件限制或有特殊工艺要求而布置在地势较高处时，应采取有效的防止液体流散的措施。

6.1.7　站场内的锅炉房、35kV 及以上的变配电间、加热炉等有明火或散发火花的地点宜布置在站场或油气生产区的边缘。

6.1.8　空气分离设备，应布置在空气清洁地段并位于散发油气、粉尘等场所全年最小频率风向的下风向。

6.1.9　站场平面布置应紧凑合理，节约用地。站场用地应符合相关建设用地指标要求。

6.1.10 站场总平面布置宜列出下列常用主要技术指标。有关土地利用的计算参见附录C。

a） 站场用地面积；

b） 建筑物、构筑物用地面积；

c） 道路及广场用地面积；

d） 绿化用地面积；

e） 土地利用系数；

f） 绿地率；

g） 容积率。

6.1.11 与站场合建的维（抢）修中心（队）应独立成区，并宜设置单独出入口。

6.1.12 一、二、三级站场的站控室不宜贴近主要油气工艺设备的操作区。

6.1.13 站控室及机柜间朝向工艺设备区不应开设门窗洞口。

6.2 防火间距

6.2.1 各级油气站场内平面布置的防火间距不应小于GB 50183《石油天然气工程设计防火规范》的规定。

6.2.2 站场内地面敷设的油气管道与消防水泵房、消防水罐（池）取水口的防火间距不应小于25m。

6.3 生产设施布置

6.3.1 工艺设备宜棚式或露天布置，受生产工艺或自然条件限制时可布置在建筑物内。工艺设备布置应符合下列要求：

a） 工艺设备区宜靠近站场边缘，方便管线进出站场，保证工艺流程顺畅；

b） 泵房（棚）、压缩机的布置应满足工艺流程要求，宜靠近动力源；

c） 加热炉等有明火或散发火花的地点，宜布置在站场或油气生产区边缘，并应位于散发油气的设备、容器、储罐区的全年最小频率风向的下风侧；

d） 工艺设备区内部设备间距应满足工艺设备的安装、操作及维修要求。

6.3.2 进出站场的主干线紧急截断阀（ESD）应布置在易于接近且便于操作的相对独立位置。

6.3.3 油泵房与其专用变配电间或机柜间相毗邻时，变配电间或机柜间的门、窗应位于爆炸危险区范围之外。

6.3.4 泄压回注泵或转油泵宜棚式或露天布置，且应布置在储罐区防火堤外侧。

6.3.5 燃料油、污油、含油污水、混油、天然气凝液等的装卸设施应布置在场区的边缘和明火或散发火花地点全年最小频率风向的上风侧。

6.3.6 储罐区防火堤的布置应符合GB 50351《储罐区防火堤设计规范》的有关规定。

6.3.7 储罐区泡沫站应布置在罐组防火堤外的非防爆区，与储罐的防火间距不应小于20m。

6.3.8 加热炉或锅炉与其供油设施之间布置应符合下列要求：

a） 燃料油泵不应与加热炉同房间布置。当燃料油泵与加热炉毗邻布置时，应设防火墙；

b） 当燃料油罐总容积不大于20m^{3}时，与加热炉的防火间距不应小于8m；当大于20m^{3}且不大于30m^{3}时，不应小于15m；大于30m^{3}时按照油罐区布置。当燃料油罐埋地敷设时，防火间距可减少50%；

c） 燃料油泵与其供油的燃料油储罐间距不限。

6.3.9 加热炉附属的燃料气分液罐、燃料气加热器与炉体的防火间距不限；燃料气分液包采用开式排放时，排放口距加热炉的防火间距不应小于15m。

6.3.10 收发球筒宜布置在同一区域，且应布置在场区的边缘。收发球筒盲板前方应有操作空间。

6.3.11 计量设备需标定车标定时，应设置有方便标定车进出的停车场地，且不应占用消防通道。

6.3.12 混油处理设备区宜布置在场区的边缘和明火或散发火花地点全年最小频率风向的上风侧。

6.3.13 天然气凝液罐宜布置在站场的边缘地带，远离人员集中的场所和明火或散发火花地点，并应位于上述场所全年最小频率风向的上风侧。

6.3.14 天然气凝液罐不得与常压油品储罐同组布置。

6.4 辅助生产设施布置

6.4.1 变电所应布置在有利于电力线进出的场区边缘，宜靠近负荷中心，应远离散发水雾、蒸汽、粉尘、腐蚀性气体的场所，宜布置在散发油气生产设施的全年最小频率风向的下风侧。

6.4.2 10kV 及以上的露天变配电设备应独立设置。

6.4.3 消防泵房的位置宜设在油罐区全年最小频率风向的下风侧，其地坪宜高于油罐区地坪标高，并应避开油罐破裂可能波及的部位。

6.4.4 消防水泵房宜与消防泡沫泵房、生产用水泵房合建，也可与生活用水的泵房合建。

6.4.5 站场的生产和生活用水水源，宜合并布置。

6.4.6 含油污水处理的调节、隔油过滤等设施宜集中布置。

6.4.7 热动力设施和锅炉房宜靠近负荷中心，且宜布置在场区边缘，位于散发油气生产设施的全年最小频率风向的下风侧。

6.4.8 全厂性发电设施宜靠近总变配电间，独立的发电设施宜靠近负荷中心。

6.4.9 空压机房不应与甲、乙类生产厂房毗邻布置。

6.4.10 通信微波塔应靠近微波机房，并应远离变电所、发电机房、压缩机房、输油泵房等干扰源。

6.4.11 化验室独立设置时，宜远离人员集中的场所和其他全厂性重要设施，并位于其全年最小频率风向的上风侧。

6.4.12 固体废物暂存设施应独立布置，并位于场区边缘。

6.5 泄压和放空设施布置

6.5.1 站场的放空立管或火炬、排污池（罐）应远离站场内的人员集中的场所和全厂性重要设施，且宜布置在其全年最小频率风向的上风侧。

6.5.2 距放空火炬筒 30m 的范围内，严禁有可燃气体排放口。

6.5.3 连续排放的可燃气体排气筒顶或放空管口，应超出其半径 20m 范围内的平台或建筑物顶 2.0m 以上。对位于 20m 以外的平台或建筑物顶，应满足图 6.5.3 的要求，并应高出所在地面至少 5m。

6.5.4 间歇排放的可燃气体排气筒顶或放空管口。应超出其半径 10m 范围内的平台或建筑物顶 2.0m 以上。对位于 10m 以外的平台或建筑物顶，应满足图 6.5.3 的要求，并应高出所在地面至少 5m。

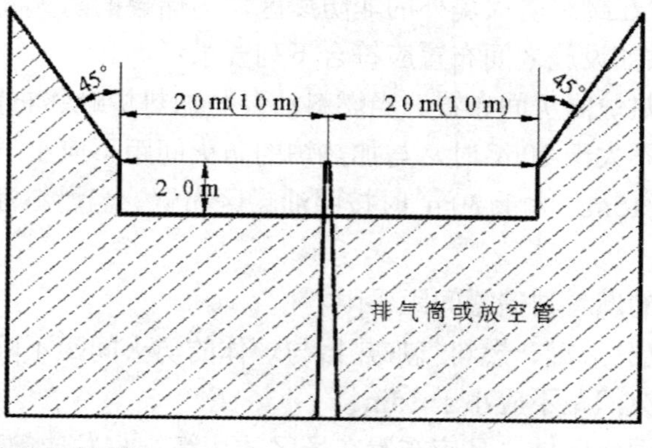

注：阴影部分为平台或建筑物的设置范围。

图 6.5.3 可燃气体排气筒顶或放空管允许最低高度示意

6.5.5 站场排污池（罐）应布置在站场的边缘地带，远离人员集中的场所和明火或散发火花地点，并应位于上述场所全年最小频率风向的上风侧。

6.5.6 站外放空区周边宜设置不低于2.2m的围墙（栏）。

6.6 办公设施布置

6.6.1 办公设施应结合站场规模、性质和使用功能等因素合理布置，为生产人员设置必要的生产管理及配套设施。

6.6.2 办公设施宜远离生产区布置，独立成区。五级油品和天然气站场可设值班休息室。

6.6.3 办公区应布置在场区主要人流出入口处，与外部公路衔接方便。

6.6.4 办公区宜位于场区全年最小频率风向的下风侧，且环境洁净的地段。

6.6.5 办公区宜设停车场及活动场所。

6.7 道路、围墙及出入口布置

6.7.1 站场进站道路宜为公路型道路，并应短捷顺直。线路阀室进站道路受地形限制时可为人行道、坡道或踏步等。

6.7.2 站场主出入口外宜设置临时停车场地。

6.7.3 站场进站道路建设标准应与站内道路一致。

6.7.4 一、二、三、四级站场进站道路路面宽度不宜小于6m，五级站场进站道路路面宽度不应小于4m，路肩宽度不宜小于0.5m。

6.7.5 一、二、三级站场应设置不少于两个通向外部道路的出入口，且出入口宜在不同方向设置，当受周围环境限制，不能满足时，则两个对外出入口的间距不宜小于50m。

6.7.6 围墙及出入口布置应满足GA 1166《石油天然气管道系统治安风险等级和安全防范要求》的规定。

6.7.7 站场内消防车道布置应符合下列要求：

a） 一、二级站场的内部消防车道净宽度不应小于6m，三、四、五级站场消防车道净宽度不应小于4m；

b） 油气站场储罐组宜设环形消防车道。四、五级站场和受地形等条件限制的三级站场内的储罐组，可设有回车场的尽头式消防车道，五级站场回车场不宜小于15m×15m，三、四级站场回车场不宜小于18m×18m（含道路）；

c） 储罐组消防车道与防火堤的外坡脚线之间的距离不应小于3m。储罐中心与最近的消防车道之间的距离不应大于80m。两组油罐防火堤之间无消防道路时，应设净宽不小于7m的平坦隔离空地；

d） 甲乙类液体厂房及油气密闭工艺设备距消防车道的间距不应小于5m；

e） 消防车道的净空高度不应小于5m；一、二、三级油气站场消防车道转弯半径内缘不应小于12m，纵向坡度不应大于8%。

6.7.8 站场工艺设备区当短边≥30m或面积≥2000m^{2}时宜采用环形道路。

6.7.9 当站场内道路高出附近地面2.5m以上，且在距道路边缘15m范围内有工艺设备或可燃气体、可燃液体储罐及管道时，应在该段道路的边缘设护墩、矮墙等防护设施。

6.7.10 站场内道路的布置应与竖向设计及管线布置相协调，并应与厂外道路有顺畅方便的连接。在满足生产、维修、消防等通车要求的情况下，应减少场区内部道路的设置。

6.7.11 站场内的道路交叉时，宜采用正交；若需斜交，交叉角不应小于45°。

6.7.12 站场内道路宜采用城市型道路，路缘石宜高出路面80mm～120mm。

6.7.13 人行道的宽度宜为 1m～2m。人行道边缘至屋面为无组织排水的建筑物外墙不应小于 1.5m，至屋面为有组织排水的建筑物外墙净距不宜小于 1m。

6.7.14 站内道路纵坡不宜小于 0.3%，不宜大于 8%。人行道纵坡大于 6%时，应局部改作台阶式。

6.7.15 道路边缘至相邻建（构）筑物的净距应符合表 6.7.15 的规定值。

表 6.7.15 道路边缘至相邻建（构）筑物的距离

单位为 m

建（构）筑物名称			最小距离
建筑物外墙面	当建筑物面向道路一侧无出入口时		1.5
	当建筑物面向道路一侧有出入口但不通行车辆时		3.0
	当建筑物面向道路一侧有出入口且通行汽车时	连接引道的路面为单车道时	7.0
		连接引道的路面为双车道时	6.0
		连接引道为电瓶搬运车行道时	4.5
围墙（内边缘）			1.5

6.7.16 甲、乙类厂房（设备、容器）至围墙（栏）的间距不应小于 5m。

6.7.17 站场应设置围墙，围墙高度应从场外地面起算，采用不低于 2.5m 的非燃烧体材料砌筑，顶部设置不小于 0.5m 的防护网。

6.7.18 生产区与办公区之间宜设置围墙（栏）或绿篱等加以分隔。

6.7.19 35kV 及以上变电所室外变配电设施应设置高度不低于 1.5m 围栏与其他区域隔离。

6.7.20 站场宜设置供人员紧急疏散的安全门，安全门外应便于疏散，不应存在阻挡疏散的障碍物、陡坎等。

7 竖向布置

7.1 一般规定

7.1.1 站场的竖向设计应与平面布置同时进行，并应与场区外周围地形标高、道路及防洪排水条件相协调。

7.1.2 场地的平整坡度应有利于排水，并应根据土质、植被、铺砌、生产、运输以及土（石）方工程量等条件确定。

7.1.3 站场的竖向设计应符合下列规定：

a) 方便生产联系，满足交通运输及消防安全的技术要求；

b) 合理利用自然地形，为站场各建（构）筑物确定适宜的地坪标高；

c) 场地设计标高应满足站场的防洪设计要求；

d) 场地设计标高应与周边的村镇、相邻企业、居住区和道路等的标高相适应；

e) 山区或丘陵地区，应注意对周围山坡的加固和植被的保护，避免水土流失，确保填挖方边坡的稳定和场区的安全；

f) 填（挖）方工程应防止滑坡、塌方，宜减少土（石）方、护坡和挡土墙等工程量，宜使填、挖方量平衡，且运距短捷方便；

g) 分期建设的站场，在场地标高、坡度、排水系统等方面，应使近期与远期工程相协调；改（扩）建工程应与现有场地竖向相协调，充分利用和保护现有排水系统。

7.1.4 站场竖向布置宜采用平坡式，当站场所在区域地形坡度较大且站场用地面积较大时，站场竖向布置可采用阶梯式。

7.1.5　特殊地质条件的竖向设计应符合下列规定：

a）膨胀土地区，应保持原生覆盖土表层。露头地段应进行处理，防止时干时湿，膨胀变形；

b）湿陷性黄土区的竖向设计应符合 GB 50025《湿陷性黄土地区建筑标准》的相关规定；

c）对岩石地基地区、软土地区、地下水位高的地区，不宜挖方。岩石地基地区的平土应与基槽的开挖结合考虑；

d）盐渍土地区，采用自然排水的场地设计坡度不得小于 1%。

7.2　设计标高的确定

7.2.1　受江、河、湖、海的洪水、湖水或内涝水威胁的场地设计标高应高出设计频率水位 0.5m，当有波浪侵袭和壅水现象时，应加上波浪侵袭高度和壅水高度。

7.2.2　站场内外道路、排水沟渠的标高应统一考虑。主要出入口的道路路面标高宜高于场区外部路面的标高。当场区内道路标高无法高于外部路面时，宜采取逆向坡等处理措施，并在坡谷处连接排水系统，确保外部雨水不进入场区内。

7.2.3　站场内场区地面设计应符合下列规定：

a）循环水和污水处理区内，除人行道、车行道和操作场地应硬化外，其他场地宜植草皮或铺石子；

b）人行道应高出其附近场区地面 50mm～100mm，宜采用混凝土预制块等块体材料铺砌。

7.2.4　站场内雨（污）水收集、处理、排放设施宜布置在地势最低处。

7.2.5　油品管道站场内，人员集中的场所、全厂性重要设施、明火或散发火花地点宜布置在地势较高处。储罐区、工艺设备区宜布置在地势较低处。

7.3　平坡式竖向设计

7.3.1　下列地区的站场竖向设计宜采用平坡式：

a）自然地形坡度不大于 2.0%的地区；

b）自然地形坡度为大于 2.0%小于等于 3.0%，且垂直等高线方向不大于 500m 的地区；

c）处于地形破碎的微丘地区。

7.3.2　场地设计平整坡度宜采用 0.3%～2.0%；在大面积地形平坦的地区，采用连续平坡式整平时，不得小于 0.2%；在局部高差较大的地段，不得大于 3.0%。

7.4　阶梯式竖向设计

7.4.1　台阶的划分应符合下列要求：

a）联系密切的生产设施及建（构）筑物宜布置在同一台阶或相邻台阶上；

b）台阶的长边宜平行自然地形的等高线布置；

c）台阶的宽度和面积除应能满足生产设施、道路、管线和绿化的布置外，还应满足施工安装、生产操作、设备检修和消防的用地需要；

d）台阶高度应按生产要求、水文地质条件，结合生产流程、运输联系、消防及土方平衡要求等因素综合考虑。台阶高度宜为 1m～4m。

7.4.2　阶梯式布置中，在台阶的边缘处应有防止油品或雨水从高台面漫流到低台面的措施。台阶高度大于 1.2m 时，应在高台面设置防护设施。

7.4.3　相邻台阶之间可采用自然放坡、护坡或挡土墙等连接方式。

7.4.4　人行道纵向坡度大于 8%或跨越台阶时，应设人行阶梯。当人行阶梯连续数量大于 18 步时，应设休息平台。

7.4.5　台阶距建筑物、构筑物的距离应符合下列规定：

a） 台阶坡脚至建（构）筑物的距离应考虑采光、通风、排水及自身稳定性要求，且不应小于 2.0m。

b） 台阶坡顶至建筑物、构筑物的距离尚应考虑建筑物、构筑物基础侧压力对边坡或挡土墙的影响。坡顶上的建（构）筑物，其基础底面外边缘至坡顶的水平距离应符合 GB 50007《建筑地基基础设计规范》的规定。

7.5 边坡处理

7.5.1 边坡处理方式选择时应考虑工程地质及水文地质条件、阶梯高度、挖填情况、荷载分布、建（构）筑物布置及用地情况，结合技术经济的合理性和坡体的稳定性等因素综合确定。

7.5.2 当场地有放坡条件，且无不良地质条件时宜优先采用自然放坡。

7.5.3 自然放坡应符合下列规定：

a） 场地挖方、填方边坡的坡度允许值应据地质条件、边坡高度和拟采用的施工方法、工程经验综合确定，且应符合 GB 50007《建筑地基基础设计规范》和 GB 50330《建筑边坡工程技术规范》的规定；

b） 在岩石边坡整体稳定的条件下，岩石边坡的开挖坡度允许值，应根据当地经验按工程类比的原则，并结合本地区已有稳定边坡的坡度值加以确定。对无外倾软弱结构面的边坡，可按表 7.5.3-1 确定。

表 7.5.3-1 岩石边坡坡度允许值

边坡岩体类型	风化程度	坡率允许值（高宽比）	
		H<8m	8m≤*H*<15m
Ⅰ	未（微）风化	1:0.00～1:0.10	1:0.10～1:0.15
	中等风化	1:0.10～1:0.15	1:0.15～1:0.25
Ⅱ	未（微）风化	1:0.10～1:0.15	1:0.15～1:0.25
	中等风化	1:0.15～1:0.25	1:0.25～1:0.35
Ⅲ	未（微）风化	1:0.25～1:0.35	1:0.35～1:0.50
	中等风化	1:0.35～1:0.50	1:0.50～1:0.75
Ⅳ	中等风化	1:0.50～1:0.75	1:0.75～1:1.00
	强风化	1:0.75～1:1.00	—

注 1：*H*——边坡高度。

注 2：Ⅳ类强风化包括各类风化程度的极软岩。

注 3：全风化岩体可按土质边坡坡率取值。

c） 土质边坡坡度允许值应根据工程经验，按工程类比的原则并结合已有稳定边坡的坡度值分析确定，当无工程经验且地质条件良好、地下水贫乏、无不良地质作用和地质环境条件简单时，挖方土质边坡，其坡度可按表 7.5.3-2 确定。下列情况之一时，挖方边坡的坡度允许值应另行计算。

1） 边坡的高度大于表 7.5.3-2 的规定；

2） 地下水比较发育或具有软弱结构面的倾斜地层。

表 7.5.3-2 挖方土质边坡坡度允许值

边坡土体类别	状态	坡率允许值（高宽比）	
		坡高小于 5m	坡高 5m～10m
碎石土	密实	1:0.35～1:0.50	1:0.50～1:0.75
	中密	1:0.50～1:0.75	1:0.75～1:1.00
	稍密	1:0.75～1:1.00	1:1.00～1:1.25
黏性土	坚硬	1:0.75～1:1.00	1:1.00～1:1.25
	硬塑	1:1.00～1:1.25	1:1.25～1:1.50
注 1：碎石土的充填物为坚硬或硬塑状态的黏性土。 注 2：对于砂土或充填物为砂土的碎石土，其边坡坡度允许值应按砂土或碎石土的自然休止角确定。			

d） 填方的边坡允许值应根据填方高度、土（岩）层的种类等因素经稳定性计算后结合地区经验确定。填方边坡允许坡度值应满足表 7.5.3-3 规定。

表 7.5.3-3 填方边坡坡度允许值

填土类别	边坡允许坡度值（高宽比）	
	坡高在 8m 以内	坡高为 8m～15m
碎石、卵石	1:1.25～1:1.50	1:1.50～1:1.75
砂夹石（其中碎石、卵石占全重 30%～50%）	1:1.25～1:1.50	1:1.50～1:1.75
土夹石（其中碎石、卵石占全重 30%～50%）	1:1.25～1:1.50	1:1.50～1:2.00
黏性土（$8<I_p<14$）	1:1.50～1:1.75	1:1.75～1:2.25
注 1：用大于 20cm 的石块砌筑的填方边坡，坡度酌情确定。 注 2：需在坡顶上大量弃土或作堆场时，应进行坡体稳定性验算。 注 3：道路路堤边坡应按 GBJ 22 执行。 注 4：I_p 为塑性指数。		

7.5.4 边坡防护、加固措施应根据当地的自然条件、工程经验，以及场地的具体情况综合确定。

7.5.5 受用地限制时，挡土高度小于 5m 的边坡宜采用重力式挡土墙。

7.5.6 边坡坡顶上方应设置截水设施，边坡坡脚应设置排水设施，确保积水顺利排出。

7.5.7 边坡处理方式应按下列要求选择：

a） 边坡高差小于等于 0.5m 时，宜采用自然放坡或护坡的处理方式；

b） 边坡高差大于 0.5m 且小于等于 1.5m 时，宜采用护坡的处理方式，且坡度不宜大于 1:1.5；

c） 边坡高差大于 1.5m 且小于等于 5m 时，受用地限制时可采用挡土墙的处理方式；

d） 边坡高差大于 5m 时，宜采用自然放坡或护坡与挡土墙相结合的处理方式，当边坡高度大于 8m 时，不宜单独采用重力式挡土墙。

7.5.8 挖方边坡坡脚距离围墙不宜小于 2m，填方挡土墙可作为围墙基础。

7.6 土（石）方工程

7.6.1 场地土（石）方工程量应根据场地地形复杂程度、场区面积大小和计算精度要求选择合理的计算方法。

7.6.2 场地整平时，表层土处理应符合下列规定：

a） 填方地段基底较好的表土，应碾压密实后，再进行填土；

b） 填方地段当表层为有机质含量大于 5%的耕土或表土、淤泥和腐殖土时，应先挖除或处理后，再进行填土处理。

7.6.3 土（石）方的计算，应考虑土壤的松散性质，不同种类土壤的松散系数参见本规范附录D。

7.6.4 场区平整范围应以站场实际用地范围为界。

7.6.5 场地平整填土应分层压（夯）实，每层厚度不宜超过300mm，其压（夯）密实度为90%以上，并应统筹考虑建（构）筑物基础以及边坡处理的压（夯）密实度。场地平整土（石）方工程的施工要求及其回填质量应符合相关规范的要求。

7.6.6 土（石）方计算时，除场地平整的土方量外，还应考虑单项工程的土方余缺量，包括建（构）筑物和设备的基础、管沟基槽、油罐基础（包括防火堤）、仓库和道路路基、花池填土等余缺土量，以及稻田、水沟、水塘表土清除量与回填利用量。

7.7 场地排雨水

7.7.1 站场应设置清污分流排水系统，应根据地形和地质条件结合建（构）筑物密度、道路形式、环境卫生和绿化等因素，合理选择排雨水方式。

7.7.2 站场内雨水不宜采用暗管（沟）方式排放。集水井或提升井至站场围墙外可采用暗管（沟）的排水方式。

7.7.3 当采用明沟方式排放场地雨水时，应符合下列规定：

a） 场区内宜采用透空式盖板沟；明沟的设计流量及水力计算，应符合GB 50014《室外排水设计标准》的规定；

b） 明沟宜沿道路平行布置或沿站场围墙边缘布置，宜避免与道路的交叉。排出场区的雨水，应避免对其他工程设施或农田造成危害；

c） 未经铺砌的明沟与建（构）筑物基础边缘水平距离不应小于3m；

d） 明沟的断面形式宜采用矩形或梯形，特殊地质条件下可采用三角形；

e） 明沟起点及分水点深度不宜小于0.3m，沟底宽不宜小于0.3m；

f） 明沟纵坡不宜小于0.3%，在地形平坦地段最小纵坡坡度不得小于0.2%。按流量计算的排水明沟，沟顶应高出计算水位0.2m；

g） 湿陷性黄土、盐渍土等特殊地质土壤的排水明沟设置应满足相关规范的要求。

7.7.4 当采用暗管（沟）方式排放场地雨水时，应符合下列规定：

a） 雨水口应便于集水，并位于与雨水管道有良好的连接条件的地段，不应设在建筑物门口、分水点及其他地下管道上；

b） 雨水口间距宜为20m～50m，且应符合本规范附录E的规定。

7.7.5 采用地面自然排渗方式排放场地雨水时，应符合下列规定：

a） 应避免冲刷场地地面；

b） 不应出现影响生产、交通、消防、管理等的积水区域。

7.7.6 在山坡地带建设站场时，应在场区外部上方设截洪沟。截洪沟边距场区挖方坡顶不宜小于5m。沟深、沟宽需按汇水面积计算确定。当挖方边坡不高且土质良好，或截洪沟铺砌加固时，该距离可减至2.5m。

7.7.7 站场围墙外截洪沟、排水沟不应穿过场区，当在围墙外绕行时，应确保站场区生产、运输和管理不受影响。

8 管线综合

8.1 一般规定

8.1.1　管线综合布置应符合站场的近期建设规划要求，并兼顾中远期发展的需要。

8.1.2　管线综合布置，应与站场的平面布置、竖向布置、道路布置和绿化布置等相结合，协调好管线与管线、建（构）筑物、道路和工艺设备之间在平面及竖向上的关系，紧凑合理、短捷顺畅。

8.1.3　管线分类示例参见本规范附录F。

8.1.4　下列情况时宜采用地上敷设管线方式：

a）场区地形复杂、多雨潮湿、地下水位较高且土壤及地下水的腐蚀性较大；

b）管线数量较多；

c）管线与道路交叉较多；

d）工艺设备区内的工艺管道和热力管道；

e）具有腐蚀性、毒性的液（气）体管道；

f）湿陷型黄土地区和永久性冻结地区的带压液体管道。

8.1.5　下列情况时宜采用地下敷设方式：

a）管线数量较少；

b）要求隐蔽的管线；

c）无腐蚀性、无毒性、无爆炸危险性的液体管道，电缆和水力输送管道等；

d）泵进口管道等工艺对高度有要求的管道。

8.1.6　各种管线宜按走向集中成管带布置，地上管线不应包围建（构）筑物和工艺设备，管线与道路宜为正交；需斜交时，其交角不应小于45°。

8.1.7　管线综合布置不应妨碍工艺设备等的检修维护。

8.1.8　在满足安装、生产、安全、检维修的条件下，管线宜采用共架或共沟、多层或同槽施工方式敷设。

8.1.9　工艺管道、热力管线和各种电缆，不应在道路路面下纵向平行道路敷设，直埋管线不应上下平行敷设。在路肩上可设置照明电杆、消火栓和跨越道路管线的支架。

8.1.10　在管线布置发生矛盾时，应按下列原则避让：

a）临时性的让永久性的；

b）管径小的让管径大的；

c）压力管让自流管；

d）易弯曲的让不易弯曲的；

e）新建的让现有的；

f）检修次数少、方便的让检修次数多的、不方便的。

8.1.11　在高填方区，管线宜避开土壤较大沉降差区域。

8.1.12　易燃易爆管道不应布置在人员常出入的通道口。

8.1.13　湿陷性黄土、盐渍土、膨胀土等特殊工程地质条件下，地下管线综合应执行相关规范。

8.2　地上管线布置

8.2.1　地上管线的敷设方式应根据介质性质、管线安装、生产操作、安全、维修管理、交通运输等因素，综合考虑确定。

8.2.2　工艺管道不应穿过与其无生产联系的建（构）筑物。

8.2.3　管线布置不宜影响建筑物的自然通风和采光，以及门窗的正常开闭。

8.2.4　在管墩、管架上敷设的管线间距应满足安装、生产操作、安全、维修管理等要求。

8.2.5　工艺管道不应采用建筑物支撑的敷设方式。

8.2.6　管架与其他建（构）筑物等之间的最小水平净距，应符合表8.2.6的规定。

表 8.2.6 管架与建（构）筑物之间的最小水平净距

单位为 m

建（构）筑物的名称		最小水平净距
建筑物墙壁外缘或突出部分外缘	有门窗	3.0
	无门窗	1.5
道路		1.0
人行道路外沿		0.5
围墙（中心线）		1.0
照明或通信杆柱（中心）		1.0
注：本表不适应于地下式及建筑物支撑式管架。		

8.2.7 架空管线跨越道路的最小净空高度，应符合表 8.2.7 的规定。

表 8.2.7 架空管线跨越道路的最小净空高度

单位为 m

名称	最小净空高度
道路（从路拱算起）	5.0
人行道（从路面算起）	2.5
注：表中最小净空高度：管线自防护设施的外缘算起；管架自最低部位算起。	

8.3 地下管线布置

8.3.1 管沟敷设方式主要有通行管沟敷设、半通行管沟敷设和不通行管沟敷设。管沟尺寸宜符合表 8.3.1 的规定。

表 8.3.1 管沟尺寸设计要求

单位为 mm

管沟类别		管线至沟壁净距	管线至沟顶净距	管线至沟底净距	管沟净高	通道净宽
通行管沟		120～150	300～350	150～200	≥1800	≥700
半通行管沟	单侧布置	100～150	200～300	100～200	1 400～1 600	500～600
	双侧布置					≥700
不通行管沟		100～150	50～100	100～200	—	—

8.3.2 管线共沟敷设应符合下列规定：

a） 凡有可能产生互相影响的管线，不宜共沟敷设。受条件限制需共沟敷设时，相互有干扰的管线应采用有效措施隔离；

b） 管沟应采取防止可燃气体窜入和积聚的措施；

c） 管沟内的污水应经水封井排入生产污水管道。沟底宜设不小于 0.2%的坡度，最低处设排水点。

8.3.3 输送易燃可燃介质的埋地管道不宜穿越电缆沟。

8.3.4 直埋管线之间、直埋管线与地面管墩式管线之间均不应平行重叠敷设。

8.3.5 直埋管线的埋设深度应以管线不受到损坏为原则，且应考虑最大冻结深度和最高地下水位的影响，管顶距地面不宜小于 0.5m。

8.3.6 地下管线穿越道路时，管顶至道路路面结构层底的垂直净距，不应小于 0.5m。当不能满足要求或有特殊要求时，管线应设防护套管（或管沟），其套管两端应伸出路堤坡脚、城市型道路路面、公路型道路路肩或路堤坡脚以外，且不得小于 1m。当路边有排水沟时，其套管应延伸出排水沟沟边 1m。

8.3.7 地下管线至建构筑物最小水平净距应符合表8.3.7的规定。对于管线埋深大于建（构）筑物基础的管线，管线与建（构）筑物之间的最小水平距离可按附录G计算，并与表8.3.7的数值比较后，采用其较大值。

表8.3.7 地下管线至建（构）筑物的最小水平净距[b、c]

单位为m

序号	项目		压力流给水、排水管 公称直径[d、f] ≤200 mm	压力流给水、排水管 公称直径[d、f] ＞200 mm	自流给水、排水管线	热力管线	易燃和可燃液（气）体管线	≤10kV电力电缆	照明、通信、仪表控制电缆[g]
1	建（构）筑物基础外缘[a、e]		2.5	3.0	2.0	1.5	3.0	0.5	0.5
2	道路	路面或路沿边缘	1.5	1.5	1.5	1.5	1.5	1.5	0.5
		排水沟外壁	1.0	1.0	1.0	1.0	1.0	1.0	0.5
3	管架基础外缘[i]		1.0	1.0	1.0	1.0	1.0	0.5	0.5
4	围墙基础外缘		1.0	1.0	1.0	1.0	1.0	0.5	0.5
5	照明电线杆柱[h]		1.0	1.0	1.0	1.0	1.0	0.5	0.5
6	灌木		不限	不限	不限	1.5	2.0	0.5	0.5
7	乔木中心		1.5	1.5	1.5	1.5	2.0	1.5	1.0

[a] 各种管线与建（构）筑物基础外缘的净距，除按表中规定外，管线埋深超过建（构）筑物基础底面埋深0.5m以上时，应按附录G计算确定，但不得小于表列数值。

[b] 表中净距除注明者外，均自管壁、沟壁、防护设施的外缘或最外一根电缆算起。

[c] 本表不适用于湿陷性黄土地区及膨胀土等特殊地区。

[d] 对于管径大于等于700mm的压力流给水排水管线，其间距应适当增加。

[e] 注水管线距建（构）筑物的最小水平净距不应小于5m。否则，应采取相应的安全措施。

[f] 当排水管线埋深超过建筑物基础埋深时，净距应不小于3.0m，并应布置在基础外缘压力影响范围以外。

[g] 通信电缆管线与建、构筑物基础外缘的间距，应为1.2m；电缆沟间距要求与电力电缆相同。

[h] 高压电力杆柱或铁塔（基础外边缘）距本表中各类管线的间距，应按表列照明电线杆柱间距增加50%。

[i] 当双柱式管架分别设基础时，可在管架基础之间敷设管线，但应满足本表要求。

8.3.8 不同类埋地管线之间的最小水平净距应符合8.3.8的规定。

表8.3.8 地下管线之间的最小水平净距

单位为m

序号	项目				消防、给水、排水管线[a、e] 无阀井 公称直径 ≤200mm	消防、给水、排水管线[a、e] 无阀井 公称直径 ＞200mm	消防、给水、排水管线[a、e] 有阀井	热力管线（沟）[b、c、f]	易燃和可燃液（气）体管线	≤10kV电力电缆（沟）[d、g]	照明、通信、仪表控制电缆[g]
1	消防、给水、排水管线[d、g]	无阀井	公称直径	≤200mm	0.5	0.6～1.0	管外壁与阀井外壁0.2	1.0	1.0	0.8	0.5
				＞200mm	0.6～1.0	0.6～1.0		1.5	1.2	1.0	1.0
		有阀井			管外壁与阀井外壁0.2			1.0	1.5	0.8	0.5
2	热力管线（沟）[c]				1.0	1.5	1.0	—	1.0	1.5/1.0	1.0/0.5
3	易燃和可燃液（气）体管线				1.0	1.2	1.5	1.0	—	1.0	1.0

表 8.3.8　地下管线之间的最小水平净距（续）

序号	项目	消防、给水、排水管线[a、e]			热力管线（沟）[b、c、f]	易燃和可燃液（气）体管线	≤10kV 电力电缆（沟）[d、g]	照明、通信、仪表控制电缆[g]
		无阀井 公称直径		有阀井				
		≤200mm	＞200mm					
4	≤10kV 电力电缆（沟）[e、f]	0.8	1.0	0.8	1.5/1.0	1.0	—	0.5
5	照明、通信、仪表控制电缆	0.5	1.0	0.5	1.0/0.5	1.0	0.5	—

注 1：本表不适用于湿陷性黄土地区及膨胀土等特殊地区。

注 2：热力管线在管沟内敷设时，采用分母数字。

[a] 两平行相邻给水排水管线管底标高差大于等于两管中心距时，深埋管线应在浅埋管线外壁或基础底面边缘的 45°休止角以外。

[b] 当利用热力管道为工艺管道伴热时，间距不限。

[c] 当热力管道（沟）与电力电缆间距不能满足表列间距时，可采取隔热措施，以防电缆过热。

[d] 局部地段电力电缆穿管保护或加隔板后与给水管道、消防管道、排水管道、压缩空气管道的间距，可减少到 0.5m，与穿管通信电缆的间距，可减少到 0.1m。

[e] 当给水管道、消防管道与排水管道共同埋设在砂土类土壤中，且给水管道、消防管道的材质为非金属或非合成塑料时，给水管道、消防管道与排水管道间距不应小于 1.5m。

[f] 仅供采暖用的热力管沟与电力电缆、通信电缆及电缆沟之间的间距，可减少 20%，但不得小于 0.5m。

[g] 35kV 级的电力电缆与本表中各类管线的间距，可按 10kV 的数值增加 20%。

8.3.9　同类埋地管线之间的最小水平净距应符合下列规定：

a）　当管线公称直径≤200mm 时，净距为 100mm～200mm；

b）　当管线公称直径为 250mm～400mm 时，净距为 300mm；

c）　当管线公称直径＞400mm 时，净距不小于 400mm。

8.3.10　地下管线交叉时的最小垂直净距应符合表 8.3.10 的规定。

表 8.3.10　地下管线交叉时的最小垂直净距　　单位为 m

序号	管线名称		给水、消防管线	排水管线[a]	热力管线	压缩空气管线	易燃可燃液（气）体管线	不大于 10kV 电力线路[b]		通信线路		排水明沟（沟底）
								直埋	套管[c]	直埋	套管	
1	给水、消防管线		0.15	0.15	0.15	0.15	0.15	0.5	0.15	0.5	0.15	0.5
2	排水管线		0.15	0.15	0.15	0.15	0.25	0.5	0.15	0.5	0.15	0.5
3	热力管线		0.15	0.15	0.15	0.15	0.15	0.5	0.25	0.5	0.25	0.5
4	压缩空气管线		0.15	0.15	0.15	0.15	0.25	0.5	0.25	0.5	0.25	0.5
5	易燃可燃液（气）体管线		0.15	0.25	0.25	0.25	0.10	0.5	0.25	0.5	0.25	0.5
6	不大于 10kV 电力线路	直埋	0.5	0.5	0.5	0.5	0.5	—	—	0.5	0.5	0.5
		套管	0.15	0.15	0.15	0.25	0.25	—	—	0.5	0.5	0.25
7	通信线路	直埋	0.5	0.5	0.5	0.5	0.5	0.5	0.5	—	—	0.5
		套管	0.15	0.15	0.25	0.25	0.15	0.5	0.5	—	—	0.25

表 8.3.10 地下管线交叉时的最小垂直净距（续）

序号	管线名称	给水、消防管线	排水管线[a]	热力管线	压缩空气管线	易燃可燃液（气）体管线	不大于 10kV 电力线路[b]		通信线路		排水明沟（沟底）
							直埋	套管[c]	直埋	套管	
8	排水明沟（沟底）	0.5	0.5	0.5	0.5	0.5	0.5	0.5	0.5	0.25	—

注：垂直净距系指下方管线管顶与上方管线管底或基础底间的净距。

[a] 排水管线与生活给水管交叉时，排水管应在下方，其垂直净距不应小于 0.4m，否则应加套管或采取其他加固措施。

[b] 电力电缆与通信电缆，仪表电缆交叉时，电力电缆应在下方，当在交叉点前后各 1.0m 范围内用隔板隔开或采用了套管时，净距可为 0.25m。

[c] 若各种管线、电缆均加套管，排水明沟的基础经过加强，净距可适当减少，套管应伸出明沟沟壁 1.0m。

9 绿化

9.1 站场绿化应根据平面布置、竖向设计、生产特点、消防安全、环境特征等因素综合考虑。

9.2 站场绿化布置，应符合下列要求：

a） 与平面布置、竖向设计、管线综合相适应，并与周围环境和建（构）筑物相协调；

b） 不妨碍工艺设备、储运设施等散发出的气体的扩散；

c） 工艺设备区、罐区与周围消防道路之间不宜种植绿篱或茂密的灌木；

d） 不妨碍道路的视距安全；

e） 不妨碍生产操作、设备检修、消防作业和物料运输；

f） 充分利用通道、零星空地。

9.3 绿化设计宜根据站场平面布置的功能分区及其性质，布置在以下区域：

a） 辅助生产区的建（构）筑物周围；

b） 办公区内空地区域；

c） 站场内道路两侧；

d） 围墙内周边地带。

9.4 站场绿化植物的选择应符合下列要求：

a） 选择相应的耐性好、抗污、净化、减噪或滞尘力强的植物；

b） 选择有利于安全生产和职业卫生的植物；

c） 不应选择油性植物。

9.5 站场绿化设计指标，应以站场绿化用地系数表示，并应符合下列要求：

a） 一般地区不宜小于 12%，且应满足地方的相关规定；

b） 沙漠、盐碱地等特殊地区可根据具体情况确定；

c） 站场绿化用地系数参见附录 H 计算确定。

10 安全及环境保护

10.1 站场取土、弃土应就近选择并符合水土保持的要求。

10.2 输油管道站场宜远离海、江、河、湖泊。当确需邻近建设时，应采取防止事故状态下事故液对周边水体污染的相应防护措施。

10.3　站场应结合当地情况，选取合理的雨水排放和收集方案，避免由于雨水排放造成的水土流失、环境污染等情况的发生。

10.4　输油站场生产区周围宜设置防止事故状态下事故液漫流的导流和收集设施。

10.5　天然气放空管或火炬，应远离人员集中的场所和全厂性重要设施，并应位于站场外地势较高处和场区全年最小频率风向的上风侧。

10.6　防火堤内场地的排雨水应采取截油排水措施。

10.7　防火堤内地面宜进行防渗处理。

10.8　油品设备区宜设硬化地面，并在周边设置不低于 0.15m 的围堰或排水明沟。

10.9　站场内的废水、废气及废渣（液），应遵循国家和地方现行有关环境保护的标准进行无害化处理，达标后排放或填埋。

10.10　站场噪声控制应符合 GB 12348《工业企业厂界环境噪声排放标准》的规定。

附 录 A
（规范性附录）
输送介质火灾危险性分类示例

长输油气管道输送介质火灾危险性分类示例见表A。

表A 输送介质火灾危险性分类示例

火灾危险性类别		输送介质
甲	A	液化石油气、天然气凝液、液化天然气
	B	原油、稳定轻烃、汽油、天然气、硫化氢
乙	A	原油、煤油
	B	原油、轻柴油
丙	A	原油、重柴油
	B	原油
注：石油产品的火灾危险性分类系以产品标准中确定的闪点指标为依据。有些炼厂生产的轻柴油闪点若大于或等于60℃，在储运过程中可视为丙类。闪点小于60℃并且大于或等于55℃的轻柴油，如果储运设施的操作温度不超过40℃，也可视为丙类。		

附 录 B
（资料性附录）
防火间距起算点的规定

各类建（构）筑物、设备、设施等的防火间距起算点规定如下：

a） 城市型道路，从路面边缘算起；公路型道路，从路肩边缘算起；
b） 铁路从中心算起；
c） 建（构）筑物从外墙壁算起；
d） 各种容器从外壁算起；
e） 管道从管壁外缘算起，管架从最外边缘算起；
f） 各种机泵、变压器等设备从外缘算起；
g） 火车、汽车装卸油鹤管从中心线算起；
h） 火炬、放空管从中心算起；
i） 架空电力线、通信线从杆、塔的中心线算起；
j） 加热炉、水套炉、锅炉从烧火口或烟囱算起；
k） 油气井从井口中心算起；
l） 居住区、村镇、公共福利设施和散居房屋从邻近建筑物的外壁算起；
m） 相邻厂矿企业从围墙算起。

附 录 C
（资料性附录）
站场布置主要技术指标的计算规定

C.1 站场用地面积：系指站场围墙内用地面积，按围墙中心线计算。

C.2 建（构）筑物用地面积按下列规定计算：

a） 建筑物：以散水外边线计算；

b） 构筑物：按最大外边投影面积计算；

c） 储罐区：设防火堤的按防火堤中心线计算，不设防火堤的按成组设备最外边缘计算；

d） 球罐：周围有铺砌场地时，按铺砌面积计算；

e） 生产设备及操作场地：以设计边界线计算；

f） 露天堆场：以设计边界线计算；

g） 站区围墙：中心线以内基础宽×围墙长。

C.3 管线用地面积按下列规定计算：

a） 架空电线：横担长×线路长；

b） 地上管线：管线（墩）基础外缘宽×管线长；

c） 管沟及电缆沟：基础外缘宽×沟长；

d） 埋地管线：地下管线带宽×管线长。

C.4 道路及场地面积按下列规定计算：

a） 厂区铁路（围墙内）：路基宽（包括边沟）×路长；

b） 厂区道路（围墙内）：路基宽（包括边沟）×路长；

c） 人行道：路面宽×路长；

d） 检修场地及回车场：以设计边界线计算。

C.5 土地利用系数按下式计算：

$$\text{土地利用系数}=\frac{\text{建(构)筑物用地面积}+\text{管线用地面积}+\text{道路及场地面积}}{\text{站场用地面积}}\times 100\%$$

C.6 容积率按下式计算：

当建筑物层高超过 8m，在计算容积率时该层建筑面积应加倍计算。

$$\text{容积率}=\frac{\text{总建筑物面积}}{\text{站场总面积}}$$

附 录 D
（资料性附录）
土壤松散系数

土壤松散系数见表D。

表D 土壤松散系数

土壤		土壤名称	系数	
等级	种类		最初	最后
第一级	松土	粉质黏土	1.08～1.17	1.0～1.03
		植物性土壤	1.20～1.30	1.03～1.04
		轻型及黄土质的砂黏土，潮湿及松散的黄土，软的重轻盐土，含粒径小于15mm以下的中和小圆砾，密实的含草根的种植土，含粒径小于30mm的树根的泥炭及种植土，夹有砂、卵石及工程废料的杂黄土	1.14～1.28	1.02～1.05
第二级	普通土	轻腴的黏土，重砂土，粒径15mm～40mm的圆砾，干燥黄土，含直径小于30mm的树根的泥炭及种植土，圆砾或卵石的天然含水量的黄土，混有碎、卵石及工程废料的杂黄土	1.24～1.30	1.04～1.07
第三级	硬土	除泥炭石、软石灰石以外的各种硬土	1.20～1.32	1.03～1.09
		泥炭石、软石灰石	1.33～1.37	1.11～1.15
第四级	软土	软土	1.30～1.45	1.10～1.20
第五、六级	次坚石、坚石	次坚石、坚石	1.45～1.50	1.20～1.30
注：一级到六级土壤，挖方转化为虚方时，乘以最初松散系数；挖方转化为填方时，乘以最后松散系数。				

附 录 E
（资料性附录）
场地内雨水口的间距

场地内雨水口的间距见表E。

表E 场地内雨水口的间距

道路纵坡/%	雨水口间距/m	备注
<0.3	20～40	当道路纵坡大于0.3%或汇水面积大于30000m^{2}时，雨水口宜加密设置
0.3～0.4	40～50	
0.4～0.6	50～60	
0.6～0.7	60～70	
0.7～3.0	80	

附 录 F
（资料性附录）
管线分类示例

管线分类示例见表F。

表F 管线分类示例

管道类别	示例
工艺管道	原油、成品油、天然气、污油等管道
化学药剂管道	降黏剂等管道
消防管道	消防给水、消防泡沫混合液等管道
给水管道	生活给水、生产给水、中水等管道
循环水管道	循环冷水、循环热水、自流循环热水等管道
排水管道	雨水、生活污水、生产污水等管道
热力管道	蒸汽、热水给水、热水回水、凝结水等管道
电力线路	高压、低压、照明等线路
通信线路	控制、通信、有线电视等线路
公用管道	氮气、净化风、导热油等管道
其他管道	

附 录 G
（资料性附录）
直埋管线与建（构）筑物最小水平距离计算

对于管线埋深大于建（构）筑物基础的管线，管线与建（构）筑物之间的最小水平距离应按下列公式计算：

$$L=(H-h)/\operatorname{tg}\sigma+B/2$$

式中：

L——管线中心至建（构）筑物基础边水平距离，m；

H——管线敷设深度，m；

h——建（构）筑物基础底砌置深度，m；

B——沟槽开挖宽度，m；

σ——土壤内摩擦角，（°）。

附 录 H
（资料性附录）
站场绿化用地系数的计算

站场绿化用地系数应按下列公式计算：

$$Q = W / M \times 100\%$$

式中：

Q——站场绿化用地系数，%；

W——站场绿化用地计算面积，m^2，按表H计算；

M——站场占地面积，m^2，按站场围墙坐标计算。

站场绿化用地计算面积见表H。

表H 站场绿化用地计算面积

单位为 m^2

序号	植物类别	用地计算面积	备注
1	单株乔木	2.25	
2	单行乔木	$1.50 \times L$	
3	多行乔木	$(B+1.50) \times L$	
4	单株大灌木	1.00	
5	单株小灌木	0.25	
6	单行绿篱	$0.50 \times L$	
7	多行绿篱	$(B+0.5) \times L$	
8	草坪、花坛	按实有面积	在草坪中的乔、灌木不另计用地面积
9	花圃、苗圃	按实有面积	

注1：站场占地面积不包括站场预留地的面积，站场绿化用地计算面积不包括站场预留地的绿化用地计算面积。

注2：表中：

B——多行乔木或绿篱的总行距，m；

L——多行乔木或绿篱的行长，m。

本规范用词说明

1 为便于在执行本规范条文时区别对待，对要求严格程度不同的用词说明如下：

1） 表示很严格，非这样做不可的：
正面词采用“必须”，反面词采用“严禁”；

2） 表示严格，在正常情况下均应这样做的：
正面词采用“应”，反面词采用“不应”或“不得”；

3） 表示允许稍有选择，在条件许可时首先应这样做的：
正面词采用“宜”，反面词采用“不宜”；

4） 表示有选择，在一定条件下可以这样做的，采用“可”。

2 条文中指明应按其他有关规范执行的写法为：“应符合……的规定”或“应按……执行”。

中华人民共和国石油化工行业标准

长输油气管道站场布置规范

SH/T 3169—2022

条 文 说 明

2022 年　北　京

修 订 说 明

《长输油气管道站场布置规范》（SH/T 3169—2022），由工业和信息化部 2022 年 4 月 8 日以第 10 号公告批准发布。

本规范是在《长输油气管道站场布置规范》（SH/T 3169—2012）的基础上修订而成，上一版的主编单位是中国石油天然气管道工程有限公司，参编单位是华东管道设计研究院、胜利油田胜利设计咨询责任公司、中石化洛阳工程有限公司，主要起草人员是陆勇、郭宝申、边荣霞、张建国、万军、李祥勇、李亚云、李津、易世友、董旭、张文伟、赵蕊、简朝明、叶宏跃、陈枫、于良俊、胡柏松、刘中庆、龚云峰。

本规范修订过程中，编制组进行了广泛的调查研究，总结了油气管道站场总图设计的实际经验，同时参考了国内外相关标准、规范。

为便于广大设计、施工、科研、学校等单位有关人员在使用本规范时能正确理解和执行条文规定，《长输油气管道站场布置规范》编制组按章、条顺序编制了本规范的条文说明，对条文规定的目的、依据以及执行中需注意的有关事项进行了说明。但是，本条文说明不具备与规范正文同等的法律效力，仅供使用者作为理解和把握标准规定的参考。

目　次

长输油气管道站场布置规范

3 术语和定义

3.1 长输管道的概念是根据《特种设备生产和充装单位许可规则》（TSG 07—2019）以及原《压力管道安装许可规则》（TSG D3001—2009）中关于长输管道设计类别、级别的划分及内容进行概括和总结的，一般设计压力大于或者等于4MPa。

3.2 长输油气管道站场有很多种类，包括首站、末站、加热站、注入站、分输站、压气站、泵站等，而中间站场也可能包括多种功能比如既加压又加热，既是一条管线的末站，又是其他管线的首站或分输站，等等。

3.14 线路截断阀室属于管道线路的附属设施，其设置原则不同于站场，更多的是体现在保证管道线路安全、防止事故扩大方面。

3.16 总图与运输一般包括：

1） 合理确定建筑物、构筑物和各种工程设施的平面位置；

2） 合理地组织人流、物流，选择运输方式，布置交通运输线路，进行铁路线路、道路设计；

3） 根据工艺、运输要求，结合地形，合理地进行竖向设计；

4） 为协调室外管线敷设，根据各有关专业的管线设计进行管线综合布置，最终确定室外管线在平面和竖向上的位置；

5） 进行站场的绿化和美化设计。

3.19 平面布置是总图与运输的一部分，主要是对建构筑物进行水平投影上的定位，通常采用坐标的形式进行标注。

3.20 竖向布置是站场总图运输的重要组成部分：建构筑物、道路等除用坐标确定其水平面定位外，还需用标高确定其竖向定位，这样建筑物、构筑物和各种管路的空间位置才能确定。竖向布置的内容有：

1） 选择竖向布置形式和场地平整方式；

2） 确定站场场地平整标高，计算土（石）方工程量；在满足防洪排涝和使用的前提下，力求站场土方填挖总量最小，并接近平衡；

3） 确定建筑物、构筑物、铁路、道路、排水沟构筑物、管线地沟、广场的设计标高，并使之相互协调（适应）；

4） 确定场地雨水排放方式和设施，使地面雨水能以短捷路径迅速排出，保证站场不发生内涝灾害；

5） 确定站外四周的挡护设施如挡土墙、护坡、截洪沟、堤坝等，防止洪水、滑坡等水文地质灾害对站场造成危害。

3.21 场地处理方案一般包括：开挖、换填、分层夯实等。

4 基本规定

4.1 火灾危险性分类

4.1.1 长输油气管道输送介质的火灾危险性按照 GB 50183《石油天然气工程设计防火规范》进行分

类，具体说明请参见现行国家标准 GB 50183《石油天然气工程设计防火规范》第 3.1.1 条的条文说明。

4.2 站场等级划分

石油天然气站场的分级，根据原油、天然气生产规模和储存油品、液化石油气、天然气凝液的储罐容量大小而定，具体说明参见现行国家标准 GB 50183《石油天然气工程设计防火规范》的条文说明。

5 站址选择与区域布置

5.1 一般规定

5.1.1 管道站场的选址应避免妨碍当地城乡建设和发展，应在当地城乡发展规划的要求下进行，对于暂时没有进行规划的地段，应征求当地城乡规划部门的同意。同时，管道站场的选址程序遵循国家有关法律法规和国家对工程建设前期工作的有关规定进行，应该严格遵循工程建设的基本程序，对于大型站场和工程地质复杂的站场，应有选址报告。

5.1.2 节约用地、保护耕地是我国的基本国策，站场选址时应切实做到合理利用和节约使用土地，尽量提高土地利用率，并减少代征地。凡有荒地可利用的地区不得占用耕地，凡有劣地可利用的地区不得占用良田。

5.1.3 站场的区域布置系指站场与周边相邻企业和设施、居民区等之间的相互关系，处理好它们之间相互关系，才能确保站场的安全。由于石油天然气是易燃、易爆的物质，对周边环境存在着发生火灾和爆炸的威胁，而周边环境的不安全因素也是多种多样的。因此，站场区域布置时，应充分考虑站场、相邻企业和设施的特点及火灾危险性，并结合地形、风向等多方面因素，合理布置，防止和减少相互影响和危险事故的发生。

5.1.4 长输油气站场的设置应符合工艺计算的要求，站场与站场之间的线路长度是有限制的。站场选址应与管线路由总体走向保持一致，站址比选在管线纵方向上进行时，不会增加线路的长度。对于目前的大管径的长输油气管道来说，避免增加线路长度是控制工程投资的主要手段之一。

5.1.5 长输油气站场选址应考虑交通运输、用水、用电等社会依托条件等因素，这些因素考虑的合理与否，对工程的建设总投资、生产管理以及长期的运营费用等各方面都起着重要的影响作用。站外道路短捷方便除了满足运营管理的要求外，还有利于站场事故时消防车辆的迅速到达和抢救车辆的快速通行。

5.1.6 根据《中华人民共和国环境保护法》，“一切企业、事业单位的选址、设计、建设和生产，都需充分注意防止对环境的污染和破坏。”此外，在《基本建设项目环境保护管理办法》《工业企业设计卫生标准》等法律法规中具有关于环境保护的要求，为了避免站场在事故时跑冒滴漏的油气对环境造成污染，油气站场在选址时应满足国家现行环境保护法律法规的要求。

噪声是危害人体健康的重要污染源之一，据医学界介绍，噪声可以造成噪声性耳聋、会引起噪声性失眠，噪声会使人烦恼、激动、发怒、疲劳，会引起一系列神经性疾病，会使胎儿畸形，会影响少年儿童的智力发育，本条强调了产生高噪声的管道站场，如压气站，应远离居民区、学校、医疗区，科研机构和军事区，与上述区域的距离应满足《工业企业噪声控制设计规范》规定。

5.1.7 管道各类油气站场虽然从工艺上都要求采用密闭输送，但在输送过程中油气的“跑冒漏滴”总是难以避免的，为了防止在风力作用下，散发的油气对城镇和居住区等人员聚集区产生影响，站场应布置在上述区域全年最小频率风向的上风侧。同时，为了防止散发出的油气在场区内和场区周围聚集，在站址选择过程中应注意避开窝风的地段，以免造成危险。

5.1.8 工程地质及水文地质条件，对站场址的选择影响重大。土壤承载能力过低的软弱地基不宜建设油气站场；地下水位高时，除会影响电缆沟、管沟、埋地管线的建设外，还会对建筑物的基础产生腐蚀，也可能会使亚黏土、轻亚黏土发生液化，从而造成对建筑物的不良影响。目前，随着管道直径越来越大，站场的设备也越来越大型化，特别是大型的压缩机组等设施，运营时还伴有振动，因此对基础的稳定性要求非常高，良好的工程地质条件对节约工程建设投资和建设期限均有很大的作用。

5.1.9 因长输油气管道站场是易燃易爆场所，站场内部建构筑物和设备之间以及站场与周边的企事业单位、居民区、道路、铁路、电力线等设施之间具有安全距离的要求。因此，在站址选择时，需保证足够的用地面积，才能保证上述间距的要求。此外，随着我国经济的快速发展，长输油气管道建设也在加快，很多管道投运没几年就开始增输改造，因此，站场选址时应根据远期规划发展的需要，预留适当的建设用地。

5.1.10 选择站址时，应注意防洪排涝的问题。根据周围地形，场址宜选在易于排除雨水的高点或斜坡上。不论在任何季节选址，都应查明被选地段是否有积水的历史，是否有被洪水淹没的危险，是否有泄放洪水的可能。在山区选址时除了要避开山洪的威胁之外，还应注意避开因山洪的暴发而造成滑坡和泥石流的威胁地段。

5.1.11 本条文中的前 4 项均是容易发生地质灾害而危害站场安全的区域，为了避免造成不必要的经济损失和安全事故，站址选择时应避开上述区域。第 7 项指的是国家级自然保护区、历史文物和名胜古迹保护区、重要的水源卫生保护区、重要军事设施的防护区等区域，为了防止工程建设对上述区域造成破坏，国家有相关法律法规明文规定在这些区域是严禁进行工程建设的，因此，站址选择也应避开这些区域。

当站址不可避免地位于低洼地、沼泽和泄（滞）洪区内时，应采取有效的措施，如提升站场标高、增加安全管理预案等措施，避免站场受洪水和内涝影响。

5.1.13 本条所指的同类企业一般为油气田站场、油气管道站场、石油库、储气库、城镇燃气站场、石油化工企业。

5.1.15 与站场生产无关的输油、输气管道若穿越石油天然气站场，会带来生产管理、泄漏、火灾的相互影响。为了避免石油天然气站场与本站场生产无关的输油、输气管道之间相互影响，规定与本站场生产无关的输油、输气管道不得穿过石油天然气站场。本条参照现行国家标准 GB 50074《石油库设计规范》和 GB 50028《城镇燃气设计规范》，规定了石油天然气站场与本站场生产无关的输油、输气管道之间防火间距。

5.1.16 长输油气管道站场是产生和散发易燃、易爆石油气的场所，为了安全，以防止发生火灾，避免发生火灾后它们之间的相互影响，应使管道站场与相邻的企业、铁路、道路、供电、村镇、居民点等保持一定的建筑安全距离，避免造成二次事故。本条文中规定的间距与现行国家标准 GB 50183《石油天然气工程设计防火规范》的有关规定是一致的。

5.1.17 输气管道站场和线路截断阀室一般需设置放空管，必要时还可能采用放空火炬，放空的天然气危险性较大，在布置时其应位于站场、村庄、相邻工业企业和居住区的全年最小频率风向的上风侧。排污池（罐）也是可能散发较多油气的设施，应同样布置。

放空管或火炬布置在地势较高处，有利于有害气体的扩散。

5.1.18 为了防止油品站场事故时跑冒的油品沿江河流入邻近的重要性建（构）筑物、取水口，站场应布置在它们的下游。

5.1.19 站场的防洪排涝与区域的防洪排涝是点和面的关系，站场的防洪排涝需遵循区域防洪排涝规划的要求，在区域的防洪排涝规划的指导下进行。

5.2 输油管道站场

5.2.1 原油输送管道的首站与集中处理站、矿场油库、油库等毗邻布置是为了尽可能缩短进油管线的间距。为了使主干线顺直，首站位置应位于外输方向的一侧。

5.2.2　本条文是指原油末站宜靠近用户。

5.2.3　本条文是指成品油首站宜靠近油品的供应源。

5.2.4　本条文是指成品油末站、分输站宜靠近用户。

5.3　输气管道站场

5.3.1　本条文是指天然气首站宜靠近天然气的供应源。

5.3.2、5.3.3　本条文是指天然气末站和分输站宜靠近用户。

5.4　线路截断阀室

5.4.1　线路阀室应在管线路由上进行布置。现行国家标准 GB 50251《输气管道工程设计规范》和 GB 50253《输油管道工程设计规范》中对于相关阀室的间距在一、二、三、四类地区均有规定。

5.4.3　线路阀室的主要作用是管道事故状态时对管道紧急截断，为了确保事故时，巡检抢修人员能迅速靠近阀室和管线，线路阀室附近应有方便的道路交通。

5.4.4　GB 50251《输气管道工程设计规范》对于阀室与周边设施间距有明确规定。

5.4.5　输油气阀室的火灾危险性相当，因此本条文编制参照了 GB 50251《输气管道工程设计规范》和 GB 50183《石油天然气工程设计防火规范》（报批稿）。间距的起算点按照阀室外侧围墙中心线计算。阀室内设施、设备与外部建构筑物及设施的间距，按照相关规范确定。

6　平面布置

6.1　一般规定

6.1.1　管道站场生产设施包括用于油气储存、加热和输送等生产过程所有的容器、设备和各种建（构）筑物，它们是油气管道输送工程各类站场建设中的主要工程内容。

管道站场生产设施的火灾危险程度、散发油气量的多少、生产操作的方式等差别较大，有必要按生产操作、火灾危险程度、生产管理等特点进行分区布置。把特殊的区域加以隔离，限制一定人员的出入，有利于安全管理，并便于采取有效的消防措施。

对生产设施的布置除应和工艺流程一致外，还应考虑物料流向、生产管理、安全防火、设备维修等因素，应尽量避免管网多次交叉、物料多次往返流动，应充分利用压能和热能，并按不同功能将设备相对集中分区布置。

6.1.2　管道站场的建（构）筑物面积都不大，在符合生产使用和安全条件下，将性质相近的设施合并建造，既可减少站场用地，又便于生产操作和管理，这是长输（油气）管道总平面布置设计的一个主要原则。可以合建的设施有甲、乙、丙类油品泵房；油品泵房与其相应的配电间；仪表间与控制室；消防泵房与消防值班室、消防器材间等。

6.1.3　自控水平高且性质相近，小型站场的站控室宜与办公室合建；为减少占地，四、五级站场的辅助生产区与办公区可合并建设。

6.1.4　为了安全生产，站场内部平面布置应结合地形、风向等条件，对各类生产设施和工艺装置进行功能分区，防止或减少火灾的发生及避免相互间的影响。

6.1.5　为防止事故情况下，大量泄漏的可燃气体扩散至明火地点或火源不易控制的人员集中场所引起爆燃，故规定可能散发可燃气体的场所和设施，宜布置在人员集中场所及明火或散发火花地点的全年最小频率风向的上风侧。

6.1.6　为防止甲、乙类液体储罐破裂后，可燃液体溢出防火堤，四处流淌，宜将甲、乙类液体储罐布置在站场较低处。

为防止泄漏的可燃液体进入排洪沟而引起火灾，规定甲、乙类可燃液体储罐不宜紧靠排洪沟布置，但允许在储罐与排洪沟之间布置其他设施。

6.1.7 站场内的锅炉房、35kV 及以上的变（配）电所、加热炉等是站场的动力中心，又是明火或散发火花的地点，遇有泄漏的可燃气体会引起爆炸和火灾事故，为减少事故的可能性，宜将其布置在站场或油气生产区的边缘。

另外，35kV 及以上的变（配）电所的进线因埋地敷设时技术比较复杂也不经济，而采用架空电力线路，为确保安全，架空高压输电线路要有一定宽度的线路走廊，为此，一般设在站场的边缘地带，高压线不引入站场区内，这样既对安全有利，又可避免浪费站场内高压线走廊占地。

6.1.8 空气分离装置要求吸入的空气应洁净，若空气中含有可燃气体，一旦被吸入空分装置，则有可能引起设备爆炸等事故，因此应将空分装置布置在不受可燃气体污染的地段，若确有困难，亦可将吸风口用管道延伸到空气较清洁的地段。

6.1.11 为了管理方便和降低投资，长输（油气）管道的抢（维）修中心（站）经常与站场合并建设，且抢(维)修中心(站)的机具、设备、材料相对较多，为方便人员和机具进出，宜设置单独的出入口。

6.1.12 随着自动化水平、操作人员水平及设备质量可靠性的提高，我国长输油气管道站场基本实现了中控或站控自动控制，从安全生产和管理的要求考虑，规定一、二、三级站场的站控室不宜靠近主要油气生产工艺设备的操作区；而对于四、五级站场，可以布置在主要油气生产工艺设备的操作区附近，但应符合国家现行有关爆炸危险场所划分标准和防火规范的要求。

6.1.13 本条规定是为了防止设备区发生事故时能保护室内设备及人员安全。

6.2 防火间距

6.2.1 本条是参照国家标准 GB 50183《石油天然气工程设计防火规范》制定的。目前，国内长输管道站场设计的防火间距基本是执行 GB 50183。

6.2.2 该条为新增条款。在多起火灾事故中，油气管道发生泄漏后造成了严重的流淌火事故，如大连7.16 事故，输油管道泄漏后导致消防泵站被烧毁，泡沫灭火系统瘫痪，因此明确了油气管道与消防设施和其他重点建筑物的防火间距。

6.3 生产设施布置

6.3.1 本条文主要是从安全第一的角度出发，规定工艺设备宜棚式或露天布置。从建筑形式看，室内布置虽有利于设备保护和操作环境，但一方面加大了建房、通风等的投资，另一方面容易积聚油气，于安全不利；露天式布置造价低、油气不容易积聚，但设备和操作人员易受环境气候影响；棚式布置则介于室内布置与露天式布置之间，是一种较好的布置形式。

在寒冷或严寒地区，因受低温的影响，有些油品工艺设备需要保温和采暖才能满足工艺操作的要求，这些工艺设备只能布置在建筑物内。

a） 规定可以减少工艺管线在站内的长度，避免其穿越站内与其无关的建筑和设施。在考虑布置在站场边缘时，应注意要远离站场的主要出入口，以免进出站的人员和车辆对工艺设备区产生影响；

b） 规定是为了减少动力电缆的长度。随着设备的不断大型化，泵和压缩机的动力电缆为了满足相应的技术要求，在长度上有一定的限制。此外，动力电缆的规格和数量也随着设备大型化而越来越大，投资也越来越高，因此，靠近动力源也将有利于节约站场的投资；

c） 加热炉布置在站场或生产区的边缘，除了有利于与其他工艺设备之间的安全外，还可以避免它们排放出来的烟雾、灰尘等对站场的卫生造成影响，有利于站场的环境美观。因油气扩散的范围容易受到风速的影响，为了消除或减少油气被风吹到上述设备区而造成事故的隐患，应将它们布置在散发油气场所的最小风频的下风侧；

d） 工艺设备区内设备间距满足安装、操作、维修即可。

6.3.2 ESD阀的作用是在站场发生事故时，及时有效地将干线与站场切断。ESD阀安装在事故时操作人员便于接近的位置，有利于其紧急截断作用的发挥。

6.3.3 本条所指变配电间或控制室是为泵房配套的配电或仪表操作间。针对小型站场，为了减少占地，可以将泵房与其配套的变配电间或控制室就近布置，但考虑到变配电间或控制室的设备、仪表一般为非防爆的，规定其门、窗应位于爆炸危险区范围之外，可减少不必要的灾害和损失，又有利于安全生产。当毗邻时，应采用无门窗、洞口的防火墙隔开。当需在防火墙上开窗时，应设固定式防爆窗。关于爆炸危险区域范围划分应符合现行国家规范的要求。

6.3.4 本条主要是从流程设置上考虑，将泄压回注泵或转油泵与其配套的油罐就近布置，以减少泵的吸入管路损失，保证泵的吸入。但从方便操作，保证安全的角度考虑，为避免油罐泄漏不至于妨碍泵的操作，因此规定泄压回注泵或转油泵与其配套的油罐就近布置时，应布置在罐区防火堤外侧。

6.3.5 燃料油、污油、含油污水、混油、天然气凝液等的装卸设施在装卸过程中，都有大量油气泄漏和扩散，车辆往来频繁，人员活动杂乱，为了保证装卸设施的安全，减少对站场内的污染，不影响厂区交通和管理方便，装卸设施应放在站场的边部，靠近道路，方便运输车辆进出。明火与风向是影响安全与污染的主要因素，因此在考虑装卸设施布置时，应将装卸设施布置在有明火的场所全年最小频率风向的上风侧。

6.3.6、6.3.7 防火堤是储罐区的重要防护措施，在事故状态下能对事故液进行有效的防控，极大限度地将事故控制在较小的范围，防止事故蔓延，为消防赢得时间。储罐区防火堤的布置应符合现行国家标准 GB 50351《储罐区防火堤设计规范》的有关规定。

6.3.8 站场中所用的加热炉、锅炉与其附属设备、燃料油罐应属于同一单元，同类性质的防火间距的内部应有别于外部。站场内不同单元的明火与油罐，由于储油罐容量比加热炉的燃料油罐容量大，作用也不同，所以应有防火距离。而加热炉、锅炉与其燃料油罐之间的防火间距如按明火与储油罐对待，就要加大距离，增加占地和投资。

6.3.9 加热炉附属的燃料气分液罐、燃料气加热器是加热炉的一部分，所以规定燃料气分液罐、燃料气加热器与加热炉的防火间距不限；但考虑到部分偏远小站的燃料气分液罐有可能就地排放凝液，因此规定其排放口距加热炉的防火间距应不小于 15m。

6.3.10 主要考虑成品油管道的顺序输送问题，为了避免管道盲端、分支管路长所引起的混油量增加，同时鉴于成品油管道站场收发球操作频繁，为了操作、管理方便，成品油管道站场应分区布置、清管器收发筒宜布置在同一区域，布局及结构应紧凑。

6.3.11 成品油管道站场流量计一般采用在线标定，标定管路尽量短且易于操作，一般设在计量区边缘，因此规定在线标定场地应方便标定车进出，位置不应妨碍正常的检（维）修。

6.3.12 成品油管道站场混油处理设施是指对回掺不完而又不具备外运的混油进行重新蒸馏分离的设备，与炼油厂的蒸馏、分离装置性质一样，只是规模要小得多。

6.3.13 主要是考虑天然气凝液、稳定轻烃压力储罐泄漏时容易扩散，发生事故时对人员及其他建筑物的危害较大，故作此规定。

6.3.14 天然气凝液、稳定轻烃压力储罐储存是在外界物理条件作用下，由气态变成液态的储存方式，这样的储罐往往是在常温情况下压力增大，储罐处在内压力较大的状态下，储存物质的闪点低、爆炸下限低。一旦出现事故，就是瞬间的爆炸，而且除了切断气源外还没有有效的扑救手段，事故危害的距离和范围都非常大，产生的次生灾害严重，而无论何种油品储罐，均为常温常压液态储存，事故泄漏和裂罐起火燃烧，可以有有效的扑救措施，事故的可控制性也较大。火灾危险性质不一样，事故性质和波及范围不一样，消防和扑救措施不相同的这两种储罐，是不能同组布置在一起的。

6.4 辅助生产设施布置

6.4.1 变电所布置在场区边缘，有利于进线电缆的敷设，避免高压电缆穿越各区，减少安全危害；靠近负荷中心，可以减少配线电缆的长度，节约投资。为避免在生产过程中产生腐蚀性气体、粉尘、水雾等对电气设备造成腐蚀，因此提出从风向考虑与产生上述危害介质的场所布置的位置要求。

6.4.2 10kV 及以上的变配电装置露天独立设置，有利于安全，为了避免无意的人员伤害，有必要在其周围设置一定高度的围栏。

6.4.3 消防泵房是确保站场安全的重要设施，油罐一旦起火爆炸、油品外溢，将会向低洼处流淌，尤其在山区，若消防泵房地势比储罐区低，流淌火焰将会直接威胁消防泵房。

6.4.4 消防泵房分消防供水泵房和消防泡沫供水泵房两种。中小型站场一般只设消防供水泵房不设消防泡沫泵房，大型站场这两种泵房均设，这时宜将两种消防泵房合建，方便统一管理。

消防水泵房与生活或生产的水泵房合建主要是能减少操作人员，并能保证消防水泵经常处于完好状态，火灾时能及时投入运转。

6.4.5 如果站场的生产和生活用水量都不是很大，可以都由站内自备井供应，在符合饮用条件时，合并建设有利于减少占地，节约投资，方便管理。

6.4.7 热动力设施和锅炉房为全站场的主要公用设施之一，其所处位置应考虑用户的分布情况、用量大小、至各用户连接的管线长短，以及热能消耗在技术经济上是否合理；锅炉房的有害气体对周围环境的影响；并有利于自然通风和采光。经综合分析后，选择较为合适的位置。

6.4.8 一方面全厂性发电设施与总变（配）电间的性质一致，应划分在一个区域，另一方面全厂性发电设施属于电源备用系统，一旦出现电源中断的情况，就要启用发电设施，通过总变（配）电间向用电设施供电，所以全厂性发电设施宜靠近总变（配）电间。独立的发电设施宜靠近负荷中心，可以保证电力的供应，还可节约电缆投资。

6.4.9 甲、乙类生产厂房内设备在事故状态下，散发大量的可燃液体或可燃气体，而空压机产生的压缩空气若与可燃气体大量汇集，会快速地达到爆炸极限，由此产生的事故比较严重，因此规定空压机间不应与甲、乙类生产厂房毗邻建设。

6.5 泄压和放空设施布置

6.5.1 输气管道站场和线路截断阀室一般需设置放空管，必要时还可能采用放空火炬，放空的天然气危险性较大，应远离站内人员集中的场所和全厂性重要设施，且宜布置在其全年最小频率风向的上风侧。排污池（罐）也是可能散发较多油气的设施，应同样布置。

6.5.2 火炬筒周围进行可燃气体放空可能导致大范围引火，危险性很大，30m 的防火距离是最低的要求，建议实际设计时尽量加大。

6.5.3 本条是对火炬高度的要求。火炬高度与火炬筒中心至油气管道站场各部位的距离有密切关系，热辐射计算的目的是保证火炬周围不同区域所受热辐射均在允许范围内。有关火炬计算的内容可参见美国石油学会标准 API RP 521《泄压和减压系统导则》的有关部分。

6.5.4 连续排放的可燃气体比间歇排放的危险性更高，所以要求的安全范围更大是合适的，本条的安全范围和高度参考 GB 50183《石油天然气工程设计防火规范》确定。

6.6 办公区布置

6.6.1 办公区是站场的生产指挥和行政管理的中心，不同规模的站场其所需的办公管理的规模也不一样，应结合站场规模、性质和使用功能等因素合理布置。

6.6.2 一、二、三级站场的生产管理人员较多，办公区的规模较大，同时随着长输管道自动化水平的提高，在运行管理过程中，不需要管理人员频繁进入生产区，为避免人员频繁进入生产区减少不安全因素、方便管理，办公区宜远离生产区布置，独立成区。

为了解决边远地区小站的人员值班问题，除液化石油气和天然气凝液站场外的五级石油天然气站场可以在站内设值班休息室（包括宿舍、厨房、餐厅）。

6.6.6 考虑对外联系和职工用车停靠方便，在办公区设停车场是比较合适的。出于安全和生活方便，居住区与站场是分开的，一般相距较远，职工在站场工作期间，实行封闭、集中管理，从以人为本的角度考虑，有必要为正常上班期间倒班的职工设置一定的活动场所。

6.7 道路、围墙及出入口布置

6.7.1 站场为易燃易爆的危险场所，事故时要求消防车辆和抢修车辆能迅速到达，因此，站场均应设置车行进站道路，且宜为6m宽双车道。阀室因设施较少，在进站道路工程量较大的情况下，进站道路可设置为人行道、坡道或踏步，维抢修车辆到达附近后可以步行进入即可。

站场进站道路所连接的道路宜为等级公路。线路阀室可与管线伴行路、乡村路等连接。

这样做主要是为了满足站场事故时消防车辆和抢修车辆快速到达的要求。线路阀室设施较少，对消防车辆和抢修车辆的快速通行的要求不高，因此，其进站道路所连接的道路可为管线伴行路、乡村路等。

6.7.2 站场属于危险场所，外来车辆未经允许不得轻易驶入站内，因此，在站场主出入口外应设置停车场地，供外来车辆停放。

6.7.3 为了确保站内和站外道路交通的顺畅衔接，避免交通出现瓶颈路段，故本条文规定进站道路的路面宽度和等级应与站内主干道相当。

6.7.4 进站道路路面宽度设为 6m 主要是为了满足相向车辆的通行，站场事故时不仅需要消防车辆和抢修车辆快速到达，而且站内人员也需要迅速疏散，因此，为了不发生进站道路交通堵塞的情况，进站道路路面宽度宜为 6m 宽双车道，路肩宽度不宜小于 0.5m。对于一些无人值守的清管站、减压站等简单的站场，可以不考虑相向车辆通行的问题，但也应保证单向车辆的顺利通行，因此，路面宽度不宜小于 4m。

6.7.5 大型油气站场占地面积较大，从安全出发，站场内铺设管道、装置检修、车辆及人员来往，或因事故切断等阻碍了入口通道，当另设有出入口及通道时，消防车辆、生产用车及工作人员就可以通过另一出口进出。当遇到紧急事故时，出入口设在不同方向可以减少逃生人员对消防车辆的干扰。

6.7.6 GA 1166《石油天然气管道系统治安风险等级和安全防范要求》规定了石油天然气管道系统的治安风险等级、安全防范级别、安全防范要求及保障措施，应结合工程具体情况按照该标准设置站场围墙及出入口。

6.7.7 本条对油气站场内消防道路布置提出了要求：

a） 一、二、三级站场内油罐组的容量较大，是火灾危险性最大的场所，其周围设置环形道路，便于消防车辆及人员从不同的方向迅速接近火场，并有利于现场车辆调度；

四级以下站场及山区罐组如因地形或用地面积的限制等，建设环形道路确有困难者，可设计有回车场的尽头式道路；

尽头式道路回车场的面积应根据消防车辆的外形尺寸，以及该种型号车辆的回转轨迹的各项半径来确定。目前消防车辆趋于大型化、重型化，根据消防车辆的外形尺寸及车辆回转轨迹的最小内缘半径要求，确定供重型消防车使用的回车场面积不宜小于 15m×15m；

c） 消防车道边到防火堤外基脚线之间的最小间距按 3m 确定是考虑道路肩、排水沟、路灯所需要的尺寸之后，尚能有 1m 左右的距离。其间若需敷设管线、消火栓等，可按实际需要适当放大。只有一侧有消防道路时，为了满足消防用水量的要求，需有较多的消火栓，此时规定任何储罐中心至消防道路的距离不应大于 80m。两组油罐防火堤之间留有宽度不小于 7m 的平坦隔离空地，有利于消防车辆的通行和调度，能及时转移到有利的扑救地点；

e） 消防车道的净空距离、转弯半径、纵向坡度、平交角度的要求等都与有关国家现行规范规定相符合。

6.7.9 当石油天然气站场采用阶梯式布置并且阶梯高差大于 2.5m 时，为避免车辆从上阶的道路冲出，砸坏安装在下阶的生产设施，造成大事故，规定上阶道路边缘应设护墩、矮墙等设施，加以防护。

6.7.10 站场内的道路主要在施工期间利用率较高，投入生产后，站场内道路（除产品运输道路外）主要用于消防和检修，利用率很低。因此在满足生产、检修和消防的情况下，减少站场内道路对节约投资、减少占地、减少管线跨越和管线长度都是有利的，故要求在设计中应与平面布置、竖向设计及管线布置相结合，力争做到一路多用。

6.7.11 主要从安全行车以及考虑道路与管线相交叉时，垂直交叉跨越长度最短、最经济。交角越小，对施工、检修、安全越不利。

6.7.12 大型油气站场采用城市型道路，不仅整洁、美观，而且能提高土地利用率，在目前土地越来越紧张的情况下采用城市型道路是非常有益的。

6.7.15 道路边缘至相邻建（构）筑物的净距最小值要求，主要考虑汽车能安全行驶，表中道路与管架的距离，以及道路与围墙的距离所取值与现行国家标准 GBJ 22《厂矿道路设计规范》相同。对于管线较多的站场，可根据实际需要，加大表中距离。

6.7.16 规定站场内甲、乙类设备、容器及生产建（构）筑物至围墙（栏）的距离，是考虑到围墙以外的明火无法控制，需要有一定的间距，以保证生产的安全。门卫等生活类建筑不在此类。

6.7.17 设置围墙是从安全防护考虑，而且方便管理。围墙高度及其上部防护网设置要求是参照 GA 1166《石油天然气管道系统治安风险等级和安全防范要求》规定的。

6.7.18 生产区与行政管理区之间加以分隔主要是使各个区域相对独立，方便管理。

6.7.19 对大于或等于 35kV 场区内的变电所，由于其高低压变配电设施较多，占地面积较大，为了变电所的安全应设高度不低于 1.5m 的围栏，对外部的围墙高度仍不小于 2.2m。

6.7.20 主入口是人员与车辆进出的主要通道，生产区离主入口近不方便日常生产管理。生产区附近围墙设逃生门主要是方便生产操作人员紧急情况下逃生用。

7 竖向布置

7.1 一般规定

7.1.1 竖向设计是场地设计中一个重要的有机组成部分，它与总平面布置密切联系而不可分割，总平面布置与竖向设计相互制约，二者需同时考虑，反复调整，协调一致，才能做出合理的总图设计。另外在考虑场地的地形利用和改造时，须兼顾平面和竖向的使用功能要求，统一考虑和处理设计过程中各种矛盾和问题，才能保证场地建设与使用的合理性、经济性。

竖向设计还应与周围场地标高、外部排水系统、运输线路有一个妥善衔接，确保内外道路连接顺畅，站场内排水系统与外部排水畅通，不受内涝、外涝危害。

地处复杂地形、地质区内的站场，其竖向设计应在进行综合技术经济评价比较后确定。方案比选是竖向设计重要内容，从站场的成本、生产、运输、安全、管理、场地环境和施工等方面优选技术先进、经济环保的方案。

7.1.3 竖向设计应符合下列要求：

a） 不同生产性质、不同运输条件的场区，对竖向设计的要求是不同的，应充分考虑生产与管理的工作流程，考虑运输线路的负荷与特性，作出相应的竖向设计；

b） 利用自然地形进行竖向设计是设计的基本要求，对于节约土方工程量、降低工程投资、优化设计方案、丰富站场景观等方面起着重要作用。建（构）筑物标高包括各建（构）筑物室内地坪和周围场地标高的确定；

c） 本条是油气站场竖向设计刚性要求，长输管道工程站场防洪设计重现期为50年，竖向设计中场地控制点标高应为站场所在地域的设计洪水重现期对应的最大洪水位波浪线0.5m以上；

d） 满足场地雨水顺畅排除的要求，确保场区不受内外洪水的侵袭是竖向设计的基本内容。建立合适的场地排水系统，既可防止场外洪水进入场地，又确保场地内雨水迅速排除；

e） 山区或丘陵地区建设站场时，会出现大量切坡和深填方地段，因此应对该区域工程地质和水文地质条件清楚，做好防护设计；

f） 填、挖方工程是产生滑坡、塌方的主要因素，应根据土壤性质、受力情况计算确定采取何种保护措施，确保边坡稳定与安全，减少土方、护坡等工程量，填挖方接近平衡，运距短捷，是经济性要求，在满足生产与管理前提下优先考虑经济性因素；

g） 分期及扩建站场工程，一般分为站场内和站场外两种情况。站场内改扩建受已建部分限制，要求内部土方综合考虑，最好总体考虑，一次整平。考虑后期建设的弃土因素，兼顾生产，避免后期工程可能产生的爆破工程等。站场外主要在前期站场选址时要充分考虑后期可能发生的填、挖土方工程量。在竖向布置上，为前后期工程可能产生的交通要求及工艺布置要求等创造条件。总之，分期及扩建站场工程均应统一规划，分步实施。

7.1.4 平坡式竖向布置是接近于自然地形的一个或几个坡向的整平面，整平面之间连接平缓，无显著的坡度和高差变化，该种布置方式一般适用于自然地形较为平缓，坡度在3%以内且用地宽度不小于500m的场地。此种方式十分有利于建筑布置、道路交通和管线敷设，更适应于油气站场工艺管网布置要求。另外，对于适合平坡式竖向布置的站场，因其接近自然地坪，土方量小，可节约投资。但此种方式对排水条件不利，场地需设置满足排水最小坡度要求。对自然地形坡度大于4%、面积较大或单体建筑占地较小、建筑布置分散、道路交通联系简单、管线不多等要求的建设项目，为满足生产和管理、节约投资等要求，可采用阶梯式布局。阶梯式布置能够较好地适用自然地形的复杂变化，土方工程量较小，排水条件较好，但不同台阶间管网敷设相对困难。

7.1.5 几种特殊地质条件下的竖向布置要求：

a） 膨胀土

分两种情况，一是原状浸润性，场地平整需要保持必要的表土覆盖层，以防止蒸发失水干缩变形，不宜改变原来地下水的深度；另一种是干燥型，场地平整时也要保持必要的表土覆盖层，以防止雨水渗透而崩溃。当采用阶梯布置时，坡面时干时湿，可能引起崩塌，要求施工完毕后加以保护，防护前护面土体的水要引出，然后人工加固封闭；

b） 自重湿陷性黄土

特点是大孔隙、湿陷，竖向布置时防止湿陷的主要办法是保持必要的地面坡度，不使场地积水，坡度不小于0.5%；存放液体和排放雨水的构筑物，应采用防渗结构和防水材料。出现两种不同等级的湿陷性黄土时，禁止在不同等级的湿陷性黄土上布置同一建（构）筑物，但为联系用的道路除外；

c） 岩石地基地区

减少挖方，增加投资。基槽开挖宜与场地平土同时进行，近远期基槽宜同时开挖，主要防止爆破对建（构）筑物结构造成危害；

d） 盐渍土地区

盐渍土在干燥状态下为强度较高的结晶状态，遇水时晶体溶解，强度很低，压缩性强，吸水后，由于地表蒸发快，常有一层盐霜或盐壳，厚度在几厘米至几十厘米不等。盐渍土在吸水前后的工程性质差别大，缺乏稳定性，不能直接在上面做基础。针对以上特点，规定盐渍土地区场地坡度不小于1%是为了迅速排除场地雨水，减少对基础造成危害。另外还应对基础进行防腐处理，对于埋地金属构件更应进行严密的防腐处理。

7.2 设计标高的确定

7.2.1 根据本条确定的场地设计标高，可确保地面雨水自流排出，不需要设置提升装置。对不需用土填方或适当运土填方就能高于设计频率水位的场地应根据本条款确定场地设计标高。

7.2.2 站场道路排水设施的内外连接点标高往往是制约站场竖向标高的主要因素，如果不采取措施，站外雨水易进入站场内，增加站内排水负荷。

7.2.3 站场内场区地面设计主要目的是：

a） 循环水和污水处理区域内，维修操作场地应做必要的硬化。另外区域内人行道和车行道也应硬化，其他空地尽量绿化或铺石子等，可减少夏季日照反射热，美化站场环境；

b） 为保证人行道干燥，其铺装面高度不宜小于 0.05m，但也不宜大于 0.1m，从现场调研看，大多油气站场装置区人行道采用混凝土预制块铺砌，施工维护及就地取材方便，当然也可使用其他非燃烧材料。

7.3 平坡式竖向设计

7.3.1 油气站场的理想地面坡度多在 0.2%～2.0%之间，少数特殊站场采用较大地面坡度。0.2%为场地最小排水坡度要求，根据场地地面表面材料粗糙度不同有所变化。当自然地形坡度达到 3%～4%时，平整到2%时土方量较大，且填挖方高度的增加给土建基础工程带来不便。因此应限制场地坡度。场地坡度由 3%整平到 2%，宽度为 500m 场地，填挖方高度可达 2.5m，结合二次竖向设计时由于余土就地平衡等因素，场地最大填方高度在 3m 左右，故地形坡度在 3%以下可采用单向平坡式，当自然地形坡度超过 3%时，应采用其他方式。

7.3.2 据 7.3.1 条分析可知，场地设计坡度以 0.5%～3%为宜。场地最小坡度，取决于地面排水、管线敷设和施工质量等因素。场地最大坡度选择取决于土质能否不受冲刷影响，地面最大不冲刷坡度取决于暴雨大小和土壤类别。

7.4 阶梯式竖向设计

7.4.1 台阶划分要求：

a） 油气站场大多按储油、加工、装卸、输出由高向低布置，划出台阶层次，有利于自流输送；方便生产管理，节约运输费用；

b） 按此布局，可减少土（石）方、护坡等构筑物工程量，有利于建筑物基础处理，也保证本台阶的高程连续完整和独立性，节约投资；

c） 划分台阶的依据主要满足生产工艺和日常分区管理要求，推荐台阶宽度在 100m～200m 之间较为有利，中小型站场可适当减小台阶宽度。台阶的容许宽度可参考公式进行估算：

$$B_{容} = (175 \sim 180) \times H_{容} / (i_{地} - i_{整})$$

式中：

$H_{容}$ —— 台阶的容许高度；

$i_{地}$ —— 自然地形坡度；

$i_{整}$ —— 场地设计整平坡度（0.5%～2%）。

d） 台阶高度划分首先取决于生产和运输对高程需要，其次是自然地形坡度、地质条件等因素，它们互相影响，互相牵制，互相关联，要综合考虑。台阶高度在 1m～4m，不宜大于 6m，主要为避免台阶间连接道路坡道过长、交通组织困难并增加挡土墙等支挡结构工程量。当台阶高差处理为斜坡时，随高度增加，护坡占地过大，增加投资，也影响总平面布局；台阶高度也不宜过低，一般不小于 1m。过低的台阶虽能减少一些土方量，但意义不大，一般不设台阶，可采取提高地面坡度的办法处理。

7.4.2 在台阶边缘处采取防漫流措施，目的是减少在生产、检修、调试等作业中不慎漫油造成的油污面积，也可阻挡雨水集中汇流造成危险。在台阶高度大于 1.2m 且经常有人员停留时，台阶上缘应设置护栏，以保护人身安全。

7.4.3 台阶之间采用挡土墙连接，可节约空间，提高场地利用率，但工程量大、投资高。自然放坡节约投资，场地利用率低，但草皮加固护坡和场区绿化结合，如果管理到位，既美化环境，也降低投资。石砌或其他护坡，投资稍高，夏季表面温度高，对环境不利，选择时要综合考虑。

根据实践经验，台阶有下列情况之一者，宜设置挡土墙：

1） 建（构）筑物密集，土地紧张地区；

2） 地质不良，切坡后的土坎需采取支挡措施，受水冲刷，易产生塌方或滑坡，采用边坡防护无法解决问题时；

3） 景观要求时。

根据实践经验，台阶有下列情况之一者，应设置护坡：

1） 土壤松散，易流失地段；

2） 边坡受水流冲刷地段；

3） 陡坡及侵蚀严重地段。

7.4.4 人行阶梯每级高度 0.12m～0.18m，宽度不小于 0.26m；连续蹬跨 18 步应设平台等，是按照人体蹬高的舒适尺寸要求考虑的，与 GB 50352《民用建筑设计统一标准》要求统一。

7.4.5 台阶坡脚至建（构）筑物之间的距离，应满足建（构）筑物、运输线路、绿化排水明沟等布置要求及操作、检修、消防、施工等用地需要；应考虑对采光和通风要求及开挖基槽对边坡或挡土墙的稳定要求。两者间距离太近，在开挖建（构）筑物基槽时，易破坏台阶坡底地基稳定性，破坏坡面或挡土墙，故保持规定距离。对于长期有人员停留的管理或居住用房，则要按 GB 50352《民用建筑设计统一标准》及现行相关规范卫生等要求，加大台阶坡脚至建筑物间距离，对于人员较少停留的工艺配套用房，其间距可适当减小，但最少不得小于 2m。该距离是设置建筑物散水、排水沟及施工要求的最小距离。

基础底面外边缘至坡顶距离与基础类型、基底宽度、坡脚及基础埋深等因素有关，设计时除按给定的公式计算外，对于特殊情况下间距计算，应按现行国家标准 GB 50007《建筑地基基础设计规范》进行边坡稳定性验算。

7.5 边坡处理

7.5.2 自然放坡工程量小、施工方便、工期短、投资少、对环境影响小等优点，但土地利用率低，放坡要严格按土质特性及坡度允许值范围进行施工等缺点。

填、挖方坡度允许值参考 GB 50330《建筑边坡工程技术规范》，经过多年实践证明是安全可靠的，供一般情况下开挖边坡时采用，但遇有边坡高度大于表中规定或其他特殊情况时，应符合 GB 50007《建筑地基基础设计规范》要求，并经计算确定。

7.5.4 坡处理措施有多种，主要有植草护坡、表面喷抹、护墙等方法，原则上根据当地常用处理方法，就地取材，节约投资。

7.5.5 山区或采石方便地区优先采用重力式挡土墙，造价相对低。

7.5.6 边坡坡顶及坡脚设置排水设施的作用采用双重措施，确保边坡减少额外的水侧压力。

7.5.7 划分自然放坡、护坡及挡土墙的条件为经验数据，设计时可据现场要求和当地习惯处理适当调整。

7.5.8 主要从节约用地和确保围墙基础的安全稳定性方面考虑的。

7.6 土（石）方工程

7.6.1 由于计算机的辅助应用，土（石）方量计算变得精确而速度很快。目前应用较广泛的计算方法有方格网法和断面法等，其中方格网边长和断面间距的选择受场地地形复杂程度、场地面积大小及计算要求精度等制约，一般场地大的网格边长也适当加大。当场地面积小于 10 000m^2 时，网格边长或断面间距可设置在 5m 左右，当场地面积大于 10 000m^2 时，其间距可设置为 10m。

7.6.2 本条文根据 GB 50201《土方与爆破工程施工及验收规范》编写，参考现行国家标准 GB 50007《建筑地基基础设计规范》；场地平整时，宜先将表层耕土挖出，集中堆放，作为绿化及复垦土造田之用，并应将其计入土（石）方工程量统计中。

7.6.5 填土每层厚度不超过 30cm，分层碾压，就是为了保证场地土压实系数在 0.9 以上，在有建(构）筑物的地方，按 GB 50007《建筑地基基础设计规范》要求，其地基土压实系数为 0.91～0.97，视结构类型不同而异，施工前应重新夯实地基直到满足要求；公路路基按 GBJ 22《厂矿道路设计规范》规定，0.8m 以内为 0.93～0.95，超过 0.8m 为 0.91～0.93，视所在地区而异。按路面要求，高级路面，地基压实系数为 0.98。道路区域在修道路时重新碾压至满足规范要求。显然场区大面积提高压实系数，增加投资，影响进度，实践证明，一般区域，压实系数 0.9 可保证地坪的稳定性。

7.6.6 土（石）方平衡计算中仅考虑场地平整的平衡是不够的。因在场地实施过程中多项单项工程（如管沟、室内地坪、设备基础等）会出现大量的土（石）方余缺量，从而影响场地的总的土（石）方量的平衡，因此在计算场地土（石）方平衡时要综合考虑各单项工程余缺土量影响。

7.7 场地排雨水

7.7.1 决定场地雨水排除方式的因素很多，难以统一规定。若所在地区有雨水下水道，应优先采用暗管，若所在地区无雨水下水道，很难采用暗管排水方式。根据经验，场地排水方式可参考下列条件选择：

1）年降雨量小、土壤渗透性强，不产生径流，或虽有少量径流，场地人员稀少，允许少量短时间积水地段，可采用自然排渗方式。站场边缘地带或场区较小，设置排水沟和管网困难，站场外有接受场地内雨水条件，且易于地面排水地段，可采用自然排水；

2）场地平坦，建筑物和管网密集地区，埋管施工及排水出口无困难者，采用暗管排水方式；

3）建筑物和管网密度小，采用重点式平土的场地、场区边缘地带、设置暗管排雨水有困难的地段，如多泥砂而管道易堵的场地、基底为不易开挖的岩石场地、排水出口处水体标高太高，雨水管内水无法排入的场地，采用明沟排水方式。

7.7.2 密度大于空气的输送介质一旦泄漏于场地后，就会囤积于暗沟中，达到一定浓度后易产生爆炸，非常危险。但当受地形限制或有其他要求时，由集水井或提升井至站场围墙外的排水方式可采用暗管（沟）。

7.7.3 对明沟排水要求说明如下：

b）明沟沿道路两侧布置，有利于雨水收集、排放，明沟与道路交叉，需考虑接口方式，涉及涵洞、涵管、路基保护等问题，工程较复杂，增加投资，应尽量避免，如果交叉，以垂直交叉为宜。明沟排出站场外排放口的选择应取得地方相关部门同意认可；

c）本条规定主要为保护建（构）筑物的基础等不受洪水冲刷；

e）满足水力经济断面要求的明沟断面形式有梯形、矩形和三角形等，一般采用梯形断面，主要是施工方便，断面过水量较大；三角形断面主要用于汇水面积小或位于岩石地段。另外，明沟类型选择还应考虑投资省、就地取材、施工方便等因素；

f）规定明沟起点深度及矩形、梯形断面沟底最小宽度都是考虑明沟常年暴露在外，容易清扫沟内积聚的垃圾，确保明沟的有效排水断面；

g）规定明沟纵坡最小坡度，为了满足明沟最低排水动力要求，低于此值时，沟内雨水处于静止状态，雨中夹带的泥砂容易淤积，削弱明沟排水能力；

h）按流量计算的明沟断面，在其水流深度以上，另增加 0.15m 高度作为明沟的设计高度值，其作用是防止水流波动、溢溅、冲击等保护高度。

7.7.4

a）雨水口的位置，应考虑集水方便，使场地雨水顺畅排出，并与雨水管道系统有良好连接。雨水口布置在道路最低点收集雨水效果最佳，并应设在雨水检查井附近 25m 以内，尽可能接近干管，以缩减部分雨水管的直径，减少检查井的数目；

任何情况下，雨水口应避免设在建筑物门口、分水点及其他地下管道上。置于建筑物门口，给进出建筑物带来不便。置于管道上会影响管道正常使用寿命。置于分水点则很难收集到水，造成浪费；

一个雨水口可负担的汇水面积，应根据重现期、降水强度、土壤性质、铺砌情况和采用雨水口形式等因素决定，一般采用 $3000m^2$～$5000m^2$ 设一个，但多雨地区可少些，干旱地区可大到 $10000m^2$ 设一个；

b）雨水口的间距一般按其能负担汇水面积的大小，并结合平土排水设计要求确定。本条给出的数据均是经验数据，设计时还应通过水力计算确定；

暗管排水方式是在目前用地紧张、站场环境要求越来越高、在城市市区普遍采用的很成熟的一种排水方式。道路是排水网络的中心，排水流程为建（构）筑物→场地→道路→场地排水干管→站场外。道路集水往往雨水量很大，对道路雨水口布置要求很高。本条给出的表中数据均为经验数据，可作为参考，设计时还要根据当地年最大降雨量等指标通过水力计算确定雨水口布置间距。

7.7.6　在位于挖方区上方适当位置设置截水沟，以截留坡顶下来的雨水，是在山坡地带建设站场的基本做法。截水沟的断面应通过计算上部汇水面积后综合确定。截水沟距场地挖方坡顶边缘距离不小于 5m，主要是保证挖方边坡及其护坡构筑物的安全稳定性考虑的。

7.7.7　截水沟水量尤其在雨季时，瞬间雨水量很大，稍有不慎，易对场地形成冲击，故不应穿过场区。当周围没有截水沟通行路径而不得不从场地穿行时，首先应绕开建构筑物位置，其次应在截水沟上方采取加强和保护措施，确保生产和管理不受影响。

8　管线综合

8.1　一般规定

8.1.1　本条要求站场管线综合布置时应综合考虑站场近、远期建设的要求。实践证明，近、远期工程的管线布置处理不当，会造成土地浪费、布置混乱、生产环境不佳、安全卫生得不到保证，并给施工、检修、生产和经营带来诸多不便，故在建设时就应考虑中远期发展扩建的需要。通常管线带内预留 10%～20%的管线用地是必要的。对于已确定分期建设的工程项目，管线预留用地可根据规划适当加大。

8.1.2　管线综合设计与平面布置、竖向布置、道路布置和绿化布置等，既有相互制约的一面，又有相辅相成的一面，在总体布置时应合理设计，以达到互相完善的目的。

在站场总图设计中，应结合平面布置、竖向布置等全面规划、统一安排总体布置范围内的各种管线、电气线路、道路等，使其满足生产需要，符合防火、安全要求，避免相互干扰，节约用地，节约能耗，有利于施工检修及站场的发展，同时减少管线工程量、降低投资。管线综合的过程就是解决和消除管线空间位置矛盾的过程，最终达到站场设计的总体优化，并为今后站场管理创造有利条件。

8.1.4 管线敷设一般分为地上敷设和地下敷设两类。在选择管线敷设方式时，应综合考虑安全、交通运输、用地、投资等各种因素。

通过对西气东输管线、西南成品油管线、兰成渝管线的油气站场调研，站场内进出站、装置区之间的连接油气管线大都采用了地下敷设方式，目前已安全运行多年。考虑到油气输送管道站场输送的原油、天然气虽属易燃、易爆、爆炸性介质，但腐蚀性较小，加上成熟可靠的管线外防腐设计，管线腐蚀穿孔机率较小。与地上敷设相比，采用地下敷设投资低、地面可做绿化美化、有利于厂容，故本条文未强制要求可燃、易燃、爆炸性介质管线采用地上敷设。尽管如此，输送易燃、易爆、有毒性及腐蚀性的介质一旦泄漏危险性较大，为便于及早发现泄漏事故从而及时采取防护措施，此类管线尚应优先考虑采用地上敷设。本条文对腐蚀性、毒性的液（气）体管道要求采用地上敷设的方式。

在湿陷性黄土、盐渍土、膨胀土等特殊工程地质条件下，管线综合应执行相关规范的有关规定。

8.1.6 管线集中布置成管线带可减少占地、节省投资，且有利于厂容。通常根据主要用户和支管多少设在道路两侧，可使管线占地大致趋于平衡，也为检修提供方便。

地面式和低支架式管架环绕建（构）筑物和工艺设备，将直接影响检维修和消防时的车辆出入，并影响消防车辆的消防作业，故应尽量避免使用。

管线跨越道路对交叉角的要求，主要是因为交叉角度越小，影响面越大，因此要求减少交叉。当交叉时，为了缩小影响面，要求交叉角不得小于45°，以便于施工和节约投资。

管线综合布置也需为工艺设备的检修维护留出通道。

8.1.8 为了方便施工、维修及节省土地，本条提出了共架或共沟、多层或同槽施工方式敷设。管线敷设方式与节约用地有直接的关系，共沟、共架都是集中布置方式，是节约用地的有效途径。故建议应优先采用共架、共沟的敷设方式，它比分散的直埋式用地明显节省。目前采用共架布置的形式已较多。集中共沟布置方式一般适用于场区的主管带、地面硬化区。它不仅不占地表面积，更不破坏地面就可进行检修及其他管线作业。但该形式投资大、施工周期长，且不适用于输送有爆炸危险介质的管线，因此采用的较少。

8.1.9 本条主要考虑管线埋设较浅时，容易被车辆压坏，管线检修时又必然影响交通，尤其是在事故情况下，不但会影响交通，还会引起其他严重后果，故作此规定。

在路肩上敷设管线，也容易受到车辆的碰撞，特别是与生产有密切关系的工艺热力管线和水管线都规定不得在路肩上敷设。但在困难情况下，可在路肩下敷设照明电缆、通信电缆、生活污水管及其他自流管道，因为这些管线一般埋深在0.8m左右，距道路路面边缘0.5m，检修时一般不会破坏路面，同时还可充分利用路肩，节约用地。

8.1.10 管线综合布置中，经常会产生矛盾，本条列出了常见的主要矛盾及解决的原则，按这些原则处理，有利生产、方便施工、减少工程量、节省投资。

8.1.11 本条是为了防止土壤沉降不均匀对管线造成损坏。

8.1.12 本条是为了避免天然气管线发生事故时，阻碍站内人员的安全撤离。

8.2 地上管线布置

8.2.1 本条为指示性条文，提出了确定地上管线敷设方式时应考虑的主要因素。敷设方式主要有管架式、管墩式及建筑物支撑式。

8.2.3 为防止管道泄漏时对与其无关建筑物、构筑物造成危害，导致不必要的损失，同时也避免建筑物、构筑物内部发生事故，对危险性介质的管道造成损坏，带来二次灾害，特制定本条规定。

8.2.5 本条为防止甲、乙类火灾等级、腐蚀性及有毒介质的工艺管道事故时对建筑物产生影响，而作此规定。除使用此工艺管道的建筑物、构筑物外，均不得采用建筑物支撑式的敷设方式。

8.2.6 本条所指的管架是指一般性质的介质管线的管架，其他的建（构）筑物是指耐火等级为一、二级并与管线无关的厂房。对有泄压门、窗的墙壁不适用。

8.2.7 架空管线跨越道路时垂直净距为5m，是由于消防事业的发展、消防设备不断更新以及长输管道大型设备整体运输的需要。有大型设备运输要求的道路，其垂直净距应为最大设备直径加运输设备的车辆总高，或为车辆装载大型设备后的最大高度另加安全高度。安全高度要视物件放置的稳定程度、行驶车辆的悬挂装置等确定。现行国家标准 GBJ 22—87《厂矿道路设计规范》规定的安全高度为0.5m～1.0m。

8.3 地下管线布置

8.3.2

a） 管沟敷设管道，在沟内容易积存污油和可燃气体，成为火灾和爆炸事故的隐患。例如某厂蜡油管沟曾四次自燃着火。一些老厂的管沟和下水道合在一起，事故也很多。因此要求输送可燃、易燃介质的工艺管道尽量不采用管沟敷设，需采用管沟敷设时，应按本条规定采取安全措施。管沟在进出设备及厂房处应妥善隔断，是为了阻止火灾蔓延和可燃气体或可燃液体流窜；

b） 为方便共沟敷设管线的安装、检修和维护，避免管线相互产生不利影响，本条作出了原则性规定。为防止可燃气体在管沟内聚积，通常采用填充细沙、强制通风等措施。

8.3.3 本条考虑易燃、可燃介质一旦泄漏到电缆沟内危险性较大。为了防止管道破损发生油气泄漏，穿越电缆沟段管线需设套管，工艺管道输送介质温度超过 60℃时还应设置隔热层，防止电缆因受热而加速其绝缘体老化、造成损坏。

8.3.4 本条为避免管线之间相互干扰，便于施工、检维修等。

8.3.6 本条为保护地下管线不受或少受外力影响而制定。穿越道路的管线，会受到上方活载荷的影响，为避免损坏管线，管线至道路面层之间应留有一定的安全距离。道路下面的距离，以往从路面顶层起算 0.7m，近年随着运输和检修车辆的大型化和重型化，道路结构层的厚度亦随之变大，故规定从路面结构层底起算 0.5m。

8.3.7、8.3.8、8.3.10 这几条规定是在参照现行标准 GB 50187《工业企业总平面设计规范》、SH/T 3054《石油化工厂区管线综合设计规范》等标准规范而制定的。表中数据是从多年在设计、施工、检维修、生产管理等方面不同的实践角度，总结了我国数十年来管线综合的经验和教训，参阅了有关资料，并收集了各方面的意见，进行了调查、讨论、分析和研究，考虑了满足安全、管线施工、维护、检修、减少相互之间的有害影响等因素，达到安全生产、节约用地的目的，最终取得了共识和认同。

条文中规定的间距最小值，是在满足安全、施工、维护、检修、生产管理等方面要求，尽可能减少相互间的有害影响的条件下制定的。

9 绿化

9.2 站场绿化布置是总图布置的重要组成部分，所以，在绿化设计中应充分考虑和妥善处理与其相关因素的关系：

a） 为合理利用绿化用地，获得绿化、美化的理想效果，绿化布置应与总平面布置、竖向布置、管线综合相适应，与周围环境和建（构）筑物相协调；

b） 工艺设备、罐组和装卸设施等是工厂的主要污染源，为利于有害气体的扩散，其周围抗污染绿化植物的布置，不应妨碍通风；

c） 工艺装置或可燃气体、液化烃、可燃液体的罐组与周围消防道之间，不宜种植绿篱或茂密的灌木丛，以有利于消防作业；

d） 厂区道路和铁路两侧的绿化，在布置上应注意道路、铁路的建筑限界、行车视距、信号、照明等方面的技术要求，以确保行车安全；

e） 绿化布置不得妨碍生产操作、设备检修、消防作业和物料运输，是一项重要的设计原则，应予充分注意，否则，可能对上述生产活动带来不便或其他后果，或者绿化植物遭到破坏或被迫清除；

f） 为有效地利用站场场地，在绿化布置时应充分利用可绿化的通道、空地和预留地；一般情况下，不宜因绿化而增加厂区占地面积。

垂直绿化是一种占地少，可充分利用空间美化光秃的墙面、护坡而充实、提高绿化质量的重要措施，在站场绿化设计中应予重视。

9.5 站场绿化，应注意因地制宜、节约用地，充分利用通道、零星空地和预留地，合理进行布置，有效地发挥绿化植物的功能。

站场绿化设计指标，是总图运输设计重要的技术经济指标。采用“绿化用地系数”作为站场绿化设计指标。

10 安全及环境保护

总图设计中的每个环节均应充分考虑安全及环境保护。此章从站址选择、平面布置、竖向设计、管线综合、绿化等方面均考虑相应的安全及环保措施，尽量避免或减少生产或检修过程中产生的有害物质对周边环境及居民等的影响，严格控制废水、废气、废渣（液）的达标排放，确保工程安全及环境改善。

10.2、10.4 输油管道站场虽然属于密闭输送，但是工艺设备区存在着跑、冒、滴、漏等现象，同时也存在事故泄漏可能，因此需要对站场进行必要的防护，一方面避免事故造成环境污染，另一方面可以有效地控制影响范围。防护措施一般是在工艺设备区四周设置围堰。

10.7、10.8 油品生产操作区域一般在生产、维修过程中易溢出油气，污染周围环境，所以要采取措施将该区域雨水收集。同时相关的工艺设备区、罐区等应考虑相应的防渗漏措施，避免污染物泄漏影响地下水。